A. Cakir   D. J. Hart   T. F. M. Stewart

Bildschirmarbeitsplätze

Ergonomie   Arbeitsplatzgestaltung
Gesundheit und Sicherheit   Aufgabenorganisation

Mit 194 Abbildungen

Springer-Verlag
Berlin Heidelberg New York 1980

Dr. Ing. Ahmet Cakir
Technische Universität Berlin
Institut für Arbeitswissenschaft
Ernst-Reuter-Platz 7
D-1000 Berlin 10

Dipl.-Ing. David J. Hart
IFRA
Washingtonplatz 1
D-6100 Darmstadt

Dipl. rer. nat., Dipl.-Psych. Thomas F. M. Stewart
Loughborough University of Technology
Department of Human Sciences
GB-Leicestershire LE 11 3 TU

Das Buch verdankt sein Entstehen der Initiative und Unterstützung des IFRA-Instituts (Internationales Institut für Zeitungstechnik) Darmstadt. Autorisierte Übersetzung von „The VDT Manual", IFRA-Institut 1979. Eine weitere englische Ausgabe erschien 1980 bei John Wiley & Sons Ltd., ISBN 0-471-27793-2.

ISBN-13: 978-3-540-10068-3   e-ISBN-13: 978-3-642-67647-5
DOI: 10.1007/978-3-642-67647-5

CIP-Kurztitelaufnahme der Deutschen Bibliothek
Cakir, Ahmet: Bildschirmarbeitsplätze: Ergonomie, Arbeitsplatzgestaltung, Gesundheit und Sicherheit, Aufgabenorganisation / A. Cakir; D. J. Hart; T. F. M. Stewart. – Berlin, Heidelberg, New York: Springer, 1980.
Einheitssacht.: The VDT Manual (dt).
ISBN 3-540-10068-7 (Berlin, Heidelberg, New York);
ISBN 0-387-10068-7 (New York, Heidelberg, Berlin)
NE: Hart, David J.; Stewart, Thomas F. M.

Das Werk ist urheberrechtlich geschützt. Die dadurch begründeten Rechte, insbesondere die der Übersetzung, des Nachdruckes, der Entnahme von Abbildungen, der Funksendung, der Wiedergabe auf photomechanischem oder ähnlichem Wege und der Speicherung in Datenverarbeitungsanlagen bleiben, auch bei nur auszugsweiser Verwertung, vorbehalten. Bei Vervielfältigung für gewerbliche Zwecke ist gemäß § 54 UrhG eine Vergütung an den Verlag zu zahlen, deren Höhe mit dem Verlag zu vereinbaren ist.

© by Springer-Verlag Berlin Heidelberg 1980
Softcover reprint of the hardcover 1st edition 1980

Die Wiedergabe von Gebrauchsnamen, Handelsnamen, Warenbezeichnungen usw. in diesem Werk berechtigt auch ohne besondere Kennzeichnung nicht zu der Annahme, daß solche Namen im Sinne der Warenzeichen- und Markenschutz-Gesetzgebung als frei zu betrachten wären und daher von jedermann benutzt werden dürften.

Layout: R. G. Vestman, Satz und Montage: IFRA, Darmstadt
Druck und Verarbeitung: Druckerei H. Frotscher KG, Darmstadt
2145/3140/543210

VORWORT

Es ist eigentlich verwunderlich, daß trotz der riesigen Menge von Literatur, die es auf dem Computergebiet gibt, nur wenig über die Menschen an diesen Computern und über ihre Arbeitsbedingungen geschrieben wurde. Denn schließlich sind Computer seit langem ein vertrauter Bestandteil der Arbeitsumgebung vieler Menschen, in den verschiedensten Lebensbereichen. Auch wenn wir in unserer Arbeit nicht direkt mit dem Computer in Berührung kommen, irgendwie zu tun haben, beeinflußt er unser tägliches Leben doch, sei es bei der Erstellung unserer Gehalts- oder Lohnabrechnung, unserer Kontoauszüge, Stromabrechnungen oder Reisebuchungen.

Am Arbeitsplatz kann der Computer den so häufig anzutreffenden repetitiven Datenverarbeitungsaufgaben viel von ihrer Eintönigkeit nehmen. Sicher ist dies ein erstrebenswertes Ziel, das aller Anstrengung wert ist. Man schafft sich damit aber wieder neue Probleme. Die Fähigkeit des Computers, große Datenmengen schnell und zuverlässig zu verarbeiten, bedeutet meist, daß für eine bestimmte Aufgabe weniger Arbeitskräfte benötigt werden. In manchen Fällen gleicht sich das aus, da gerade durch die elektronische Datenverarbeitung ganz neue Aufgaben angepackt werden können und damit der Arbeitsanfall an sich wächst. Es bleibt jedoch die Tatsache, daß Computer ein zunehmend drückendes Beschäftigungsproblem hervorrufen.

In den frühen Tagen der Computertechnik war die volkstümliche — gar nicht so falsche — Vorstellung von einem Computer die einer überdimensionalen Addiermaschine, die zwar sehr schnell und sehr viele, aber doch nur einfache arithmetische Berechnungen ausführen konnte. Der Computer von heute ist jedoch ein wesentlich verfeinertes Instrument, in seiner Konstruktion und in seinem Programmierniveau. Die Konstrukteure von Rechenanlagen haben reiche Vorteile aus der Entwicklung der Elektronik-Technologie gezogen. Die Entwicklung der Computer-Endgeräte hat die Möglichkeiten und die Effektivität im Zugang zu Computern verbessert. Speicher- und Verarbeitungskapazität ist billiger geworden. All dies, zusammen mit der Entstehung höher entwickelter Software, bedeutet, daß der Computer heute seine Aufgaben in einem viel breiteren industriellen Anwendungsfeld suchen kann, als seine weniger differenzierten, schwerfälligeren Vorläufer.

Diese Ausdehnung des Anwendungsbereichs bringt Computer mehr und mehr mit Berufen in Berührung, die höhere Ansprüche an Können und Fertigkeiten stellen. Für eine industrielle Beurteilung interessiert deshalb nicht nur die Anzahl der Menschen, deren Beschäftigung durch die Verwendung von Computern beeinflußt wird, sondern auch die Anspruchs-Kategorien. Dies wird vielleicht nirgends deutlicher als gerade in der Druckindustrie.

Wenn es auch nicht Thema dieses Buches ist, die sozialen Probleme der Computertechnologie zu behandeln, so ist doch jedes Buch dieser Art vor diesem Hintergrund geschrieben. Die Zeitungsindustrie steht gegenwärtig in der vordersten Linie der Computerisierung. Dies erklärt vielleicht, warum die Initiative zur vorliegenden Arbeit aus einem Industriezweig kam, der im allgemeinen nicht dafür bekannt ist, in der vordersten Linie der technischen Forschung zu stehen.

Für viele Menschen ist die Aussicht, mit Computern und Bildschirmgeräten arbeiten zu müssen, Anlaß zu Besorgnis. Oft steht dahinter die Angst vor dem Verlust des Arbeitsplatzes. Für viele jedoch entspringt die Sorge auch aus der Befürchtung, daß die Arbeit an einem Bildschirmgerät — der häufigsten Nahtstelle zum Computer — irgendwie auch ein Risiko für Sicherheit oder Gesundheit darstellt. Gerade in den letzten zwei oder drei Jahren war dies der Gegenstand heftiger Diskussionen. Aber trotz mancher Forschungsanstrengungen war die Information, die hierzu verfügbar war, weitgehend unkoordiniert und in vielen Punkten zu sporadisch, um eine praxisgerechte Betrachtung des Themas zu erlauben.

Um diese Kenntnislücke überbrücken zu helfen, hat die International Research Association for Newspaper Technology, IFRA, zwei führende europäische Autoritäten auf dem Gebiet der Ergonomie und besonders der Mensch-Computer Beziehungen beauftragt, die ergonomischen gesundheitlichen und Sicherheits-Aspekte der Arbeit mit Bildschirmgeräten zu analysieren. Das Ergebnis dieser Arbeit liegt, mit diesem Buch dargestellt. Nicht ohne einen gewissen Stolz darauf dankt IFRA den Professoren und Mitarbeitern des Instituts für Arbeitswissenschaft der Technischen Universität Berlin und dem Department of Human Sciences, University of Loughborough in England für ihren Enthusiasmus und ihre nie versagenden Anstrengungen während der Dauer dieser zweijährigen Studie. Bei der Durchführung dieser Untersuchung fanden die Autoren bereitwillige Unterstützung bei vielen Mitarbeitern medizinischer Institute, Fachgremien für Gesundheit und Sicherheit am Arbeitsplatz, Behörden, Universitäten, Gewerkschaften und vielen Herstellerfirmen. Nicht zuletzt waren die Autoren aber auch auf die Hilfe und Mitarbeit einer großen Zahl von Benutzern von Bildschirmgeräten und Computern angewiesen. So viele Personen haben Informationen und Stellungnahmen zu dieser Untersuchung beigetragen, daß es unmöglich wäre, sie einzeln zu würdigen. Ihnen allen möchten die Autoren hiermit ihren herzlichsten Dank aussprechen.

Angesichts eines Themas, das so weitgespannt und so kompliziert ist, wurde angestrebt, dieses Buch so zu schreiben, daß diejenigen, die am meisten betroffen sind — also die Benutzer selbst — die gegebenen Informationen leicht verstehen und anwenden können. Die Erfahrung hat zweifellos gezeigt, daß es die wohl beste und sinnvollste Rückversicherung gegen künftige Unzufriedenheit und Klagen über Unbequemlichkeiten ist, wenn man die Mitarbeiter, die schließlich mit einem Computersystem arbeiten sollen, von Anfang an bei der Konzeption und Einführung beteiligt. Dabei muß man natürlich berücksichtigen, daß eine solche Beteiligung nur sinnvoll ist, wenn der betreffende Personenkreis über gewisse Grundkenntnisse verfügt.

Diese Überlegungen waren der Anlaß zu diesem Werk. Im gleichen Sinne hoffen IFRA und die Autoren dieses Buches, dazu beigetragen zu haben, Licht in ein Thema zu bringen, das von größter Bedeutung für viele Benutzer von Computern und Bildschirmgeräten ist.

INHALTSVERZEICHNIS

VORWORT	V
EINLEITUNG	XV
KAPITEL 1: GRUNDLEGENDES ZU BILDSCHIRMGERÄTEN	1
DER AUFBAU DES BILDSCHIRMGERÄTS	2
DIE KATHODENSTRAHLRÖHRE	2
Die Strahlablenkung	5
Entzerrung	6
Der Phosphor	8
Körnung	8
Lichtausbeute	8
Farbe	9
Nachleuchtdauer, Bildwiederholrate	12
Zeichenerzeugung	13
Faksimile-Erzeugung	13
Strich-Raster-Darstellung	14
Lissajous'sche Erzeugung	15
Punkt-Matrix-Darstellung	15
DIE TASTATUR	16
Das alphanumerische Tastenfeld	16
Der numerische Block	18
Der Funktionstastenblock	19
Die Kursor-Steuertasten	20
Vom Tastenanschlag zum Bildschirm	20
WEITERE GESICHTSPUNKTE	22
Die Kühlung des Sichtgeräts	22
Spannungsstabilität	22
Unterbrechungslose Stromversorgung	23
Sicherheitsmaßnahmen gegen Implosion	24
STRAHLUNG	24
RF-Strahlung	24
Mikrowellenstrahlung	25
Infrarotstrahlung	25
Ultraviolette Strahlung	25
Roentgenstrahlung	26

Hintergrundstrahlung	26
Roentgenstrahlung im Beruf	27
Roentgenstrahlungsquellen in VDTs	28
JEDEC-Roentgenstrahlungsbegrenzungskurve	29
Die ISO-Strahlungsmengen-Kurve von JEDEC	30
Röhren in der Hochspannungsstromversorgung	31
Alter und Funktionsstörungen des Bildschirmgerätes	31
Die Absorption von Roentgenstrahlen in CRTs	32
Roentgenstrahlungsmessungen an VDTs	34
DAS BILDSCHIRMGERÄT ALS SYSTEM-KOMPONENTE	36
Das 'intelligente' Terminal	37
INFORMATIONSAUSTAUSCH	38
Datenübertragung	38
Übertragungsart	38
Übertragungsgeschwindigkeit	39
Berechtigungsprüfung, Fehler- und Paritätsprüfung	39
Systemantwortzeiten	40
System-Kapazität	40
Systembelastung	40
Art der Anforderung	41
Die Verarbeitungskapazität des VDTs	41
Übertragungsverzögerungen	41
DAS TERMINAL IM SYSTEM	42
On-line und off-line-Verarbeitung	42
Tragbare Bildschirmgeräte	43
Einzelterminals und Terminalgruppen	44
Direktanschluß	45
Das Multiplex-Verfahren	47
Einsatz von Konzentratoren	47
Dank und Anerkennung	48

KAPITEL 2: LICHT, SEHEN UND DIE OPTISCHEN EIGENSCHAFTEN VON SICHTGERÄTEN 49

LICHT UND SEHEN	50
Das menschliche Auge und das Sehvermögen	51
Augenbewegungen	53
Lichtempfindlichkeit des Auges	54
Adaptation	55
Alter und Sehvermögen	55
Sehschärfe	56
Akkommodierfähigkeit	58

Blendempfindlichkeit 60
Verlust der Kontrastempfindlichkeit 60
Lichtmessung 61
Lichtstrom 61
Leuchtdichte 62
Beleuchtungsstärke 62
Der Reflexionsgrad 63
Transmissionsgrad 65
Absorptionsgrad 66
Leuchtdichtekontrast 66
SELBSTLEUCHTENDE STATT BELEUCHTETER ZEICHEN 67
Die optischen Eigenschaften von Sichtgeräten 68
Leuchtdichte der Zeichen 68
Kontrast 70
Sehschärfe und Lesbarkeit 70
Die optischen Eigenschaften von Quellendokumenten 71
**Subjektive Bewertung der Lesbarkeit von Quellendokumenten
und Bildschirm-Texten** 76
BLENDUNG 79
Reflex-Blendung 80
BILDSCHIRMREFLEXIONEN 81
Die störenden Auswirkungen von Bildschirmreflexionen 81
'Blendung' durch Reflexion 81
Reflexionen und Akkommodationsschwierigkeiten 82
Verringerung des Kontrasts 83
Die Verwendung von Filtern 84
Reflexionsgrad der unbehandelten CRT-Glasoberfläche 84
Filterscheiben 86
Polarisationsfilter 87
Mikromeshfilter 87
Ätzen der Glasoberfläche des Bildschirms 90
Aufsprühen von Antireflexionsbelägen 91
Aufgedampfte Beläge 91
Dünnfilmschichten 91
Tubus 91
Die subjektive Beurteilung von Schirmfiltern 92
Zusammenfassung 93

KAPITEL 3: ERGONOMISCHE ANFORDERUNGEN AN VDTs 95

DER BILDSCHIRM 96
Über die Lesbarkeit 96

Leserlichkeit und Lesbarkeit	97
Leserlichkeit	98
Zeichengestaltung	100
Zeilenzahl	100
Höhe und Breite der Zeichen	100
Zeichenabstand	102
Zeilenabstand	102
Groß- und Kleinbuchstaben	105
Zeichenkapazität	105
Bildschirmgröße	105
Zeichenhöhe	106
Bildwiederholspeicher, Abrollen	106
Bildstabilität	107
Flimmern	108
Darstellungsform	111
Fortlaufende Darstellung	111
Tabellarische Darstellung	112
Einfachheit, Relevanz	114
Reihenfolge	114
Übereinstimmung	114
Gruppenbildung	114
Anzeigengestaltung	115
Zeichencodierung	115
Alphanumerische Codes	115
Hervorhebungscodierung	117
Helligkeitscodierung	117
Umkehrcodierung	118
Blinkcodierung	119
Symbole und Schriftarten	119
Mehrfach-Codierung	120
Redigierspur	120
Andere Codierdimensionen	121
Der Kursor	121
DIE TASTATUR	122
Tastaturschreiben	122
Die Gestaltung der Tasten und die Anordnung des Tastenfeldes	125
Form und Profil der Tastenoberflächen	125
Form und Profil des Tastenfeldes	126
Dicke der Tastatur	127
Abmessungen der Tasten	127
Größe und Inhalt der Tastenbeschriftung	127
Tastendruck und -weg	128

Anschlagcharakteristik 129
Sicherheitseinrichtungen 130
Anschlagwiederholung 132
Farbe und Reflexionseigenschaften von Tasten und Tastenfeldern 132
Tastenfeld-Layout 136
Alphabetische Tasten 136
Numerische Tasten 143
Funktionstasten 144
ZUSAMMENFASSUNG DER EMPFEHLUNGEN 144

KAPITEL 4: ARBEITSWISSENSCHAFTLICHE ANFORDERUNGEN AN BILDSCHIRM-ARBEITSPLÄTZE ... 153

ERGONOMIE DES ARBEITSPLATZES 154
Die Bedeutung der Tätigkeit 154
Arbeitsplatztypologie 155
Dateneingabe-Arbeitsplätze 155
Dialog-Arbeitsplätze 155
Arbeitsplätze für Datenausgabe 156
Allgemeine Überlegungen zum Arbeitsplatz 156
Die Verwendung von Arbeitsplatz-Modellen 159
Anthropometrische Aspekte von VDT-Arbeitsplätzen 159
Arbeitshöhe 160
Schreibtischhöhe 162
Stuhl, Sitzhöhe und Rückenstütze 164
Fußstützen 165
Konzepthalter 166
Reichweite der Arme und Arbeitsebene 169
Haltung und Bewegung des Kopfes 170
Drehen des Kopfes 172
Sehabstand 172
UMGEBUNGSBEDINGUNGEN 173
Beleuchtung 173
Beleuchtungsstärke 173
Leuchtdichten und Leuchtdichteunterschiede 176
Blendung und Reflexionen 177
Die Beleuchtung 177
Farbtemperatur 178
Blendschutz 178
Verteilung der Leuchten im Raum 178
Schaltung der Leuchten 180
Fenster und Vorhänge 180

Klimatisierung	180
Temperaturprobleme an VDT-Arbeitsplätzen	180
Luftfeuchte	181
Lärm	181
Maßnahmen gegen statische Aufladung	182
ZUSAMMENFASSUNG DER EMPFEHLUNGEN	182
KAPITEL 5: GESUNDHEITLICHE, SICHERHEITS- UND ORGANISATORISCHE ASPEKTE DER ARBEIT MIT VDTs	191
PROBLEME DER KÖRPERHALTUNG	192
Durchführung der Arbeit	192
Haltung und individuelles Verhalten	192
Anpassung der Haltung an die visuelle Aufgabe	194
Konstruktive Maßnahmen zur Verbesserung der Haltung	197
Der Bildschirm	197
Die Tastatur	199
Die Benutzung von Belegen	205
VISUELLES UNBEHAGEN	208
Die Ursachen für visuelles Unbehagen	208
Fehlsichtigkeit	209
Sehanomalien und ihre Korrektur	209
Abhilfe durch Brillen	211
Können die Augen auf Dauer geschädigt werden?	214
Sehtests für VDT-Benutzer	216
Grauer Star	218
Visuell stimulierte Epilepsie	219
PROBLEME DURCH KLIMAANLAGEN	220
Temperatur	221
Relative Luftfeuchtigkeit	222
Luftzirkulation	223
Klimatisierung von VDT-Arbeitsräumen	224
PSYCHOLOGISCHE ASPEKTE	227
Untersuchung mentaler Arbeitsbelastung	228
Subjektive Untersuchungsmethoden	229
Leistungsbezogene Untersuchungsmethoden	230
Physiologische Untersuchungsmethoden	231
Entfremdung	231
Entfremdung und Maschinen-Kontrolle	234
Leistungskontrolle durch den Computer	234
Ermüdung und Monotonie	236
Ermüdung/Monotonie-Verhältnis und Qualifikationsverlust	236

Arbeitszufriedenheit 238
Arbeitsteilung und Arbeitszufriedenheit 241
Der Grad der Arbeitsteilung 242
Arbeitsqualität und Arbeitszufriedenheit 243
Arbeitsbelastung und Zeitdruck 243
Arbeitsorganisation und physische Anforderung 245
Ergonomische Anforderungen an VDTs und Aktivierung 245
Zum Thema der Ruhepausen 246
Ermüdung und Pausen 247
Messung der Ermüdung 248
Die Gewährung von Ruhepausen 248
Pausen und Art der Tätigkeit 251

ANHANG I: ERGONOMISCHE CHECKLISTE FÜR BILDSCHIRMGERÄTE UND BILDSCHIRMARBEITSPLÄTZE 255

ANHANG II: SEHTESTS FÜR BILDSCHIRMBENUTZER 273

ANHANG III: LITERATURNACHWEIS 281

ANHANG IV: GLOSSAR 299

EINLEITUNG

Das Hauptanliegen dieses Berichts ist es, Konstrukteuren, Planern und Benutzern von Computersystemen die neuesten ergonomischen Kenntnisse für die Gestaltung und Auswahl von Bildschirmgeräten und Bildschirmarbeitsplätzen zu vermitteln. Dieses Wissen wurde aus einer großen Anzahl von Versuchen und Praxiserhebungen gewonnen, die von den Autoren und vielen anderen in den letzten Jahren durchgeführt wurden. Auf detaillierte Referenzen im Text wurde bewußt verzichtet, weil der Bericht hauptsächlich eine praktische Hilfe und weniger eine akademische Abhandlung sein soll. Der Literaturnachweis enthält jedoch die benutzen Quellen, auf die der ausführlich interessierte Leser zurückgreifen kann.

Gliederung des Berichts

Dieser Bericht gliedert sich in fünf Hauptteile. Das erste Kapitel enthält eine grundsätzliche Beschreibung der Arbeitsweise eines Bildschirmgerätes und eine Erörterung des Bildschirmgeräts als *Systemkomponente*. Das zweite Kapitel vermittelt Grundlagen über *Licht und Sehen*, soweit sie für das Verständnis der folgenden Abschnitte erforderlich sind.

Kapitel drei geht ausführlicher auf die *Ergonomie von Bildschirmgeräten* ein. Es beginnt mit Fragen der Darstellung von Zeichen und ihrer Lesbarkeit und endet mit der bedienergerechten Anordnung von Tastaturen. Es ist aber bekannt, daß viele ergonomische Probleme beim Arbeiten mit Bildschirmgeräten mehr vom Arbeitsplatz und der Arbeitsumwelt herrühren, als von dem Gerät selbst.

Kapitel vier erläutert deshalb die verschiedenen Anforderungen an *Bildschirmarbeitsplätze* und behandelt Umweltfaktoren wie Beleuchtung, Heizung, Klimatisierung.

Beide Kapitel, 3 und 4, gehen sehr ins Detail. Um die Anwendung der darin enthaltenen spezifischen Empfehlungen zu erleichtern, werden diese in Form einer Checkliste am Ende jedes Kapitels wiederholt.

Das letzte Kapitel stellt die Aussagen der früheren Kapitel in direkten Bezug zu den gesundheitlichen Einflüssen auf den Benutzer.

Der Bericht schließt mit einer Anzahl von Anhängen, die den Text der fünf eigentlichen Kapitel ergänzen. Sie enthalten die Gesamt-Checkliste, ein Glossar, den Literaturnachweis, sowie die Beschreibung eines Augentestverfahrens für Bildschirmgerätbenutzer.

Wie soll man den Bericht lesen?

Der Bericht wurde so geschrieben daß jedes Kapitel mehr oder weniger in sich abgeschlossen ist. Eine gewisse Überlappung zwischen den Kapiteln wurde dabei in Kauf genommen, um sicher zu gehen, daß ein Leser, der lediglich in einem Kapitel nachschlägt, nicht wichtiges oder wesentliches Material in anderen Abschnitten übersieht. Immer wieder wird dabei deutlich, daß es viele Faktoren bei der Konstruktion, Auswahl und Einführung von Bildschirmgeräten und Bildschirmsystemen gibt, die miteinander wechselseitig verknüpft sind. Schon deshalb wird man beim Umsetzen der Empfehlungen dieses Berichts mit Fingerspitzengefühl und Kompromißbereitschaft vorgehen müssen. Man wird vieles in dem Bericht besser verstehen können wenn man sich über die grundsätzliche Rolle der Ergonomie in der Konstruktion Gedanken macht.

Bei der Entwicklung von Geräten und der Gestaltung von Arbeitsplätzen und Arbeisumwelt hat der Arbeitswissenschaftler zwei Hauptziele. Das erste ist, das Wohlbefinden und die Sicherheit des Benutzers bei der Arbeit sicherzustellen, das zweite besteht darin, dessen Fertigkeiten und Fähigkeiten bestmöglich zu nutzen.

Wenn das erste Ziel außer acht gelassen oder übersehen wird, so können sich daraus für beide Parteien, Arbeitnehmer und Arbeitgeber, große Nachteile ergeben. Ungesunde, gefährliche oder unbequeme Arbeitsplätze sind nicht nur aus humanitären Gründen unerwünscht, sie bringen auch zunehmend in Konflikt mit der Gesetzgebung der verschiedenen Länder.

Läßt man das zweite Ziel außer acht, so sind die Ergebnisse gewöhnlich weniger dramatisch, obgleich sie, auf längere Sicht gesehen, ebenso kostspielig sein können. Wenn es dem Benutzer nicht möglich ist, seine Fertigkeiten und Fähigkeiten optimal einzusetzen, dann führt dies zu überhöhten Fehlerquoten und generellen Leistungseinbußen. Schließlich kann auch das wieder einen schädigenden Einfluß auf das Wohlbefinden des Benutzers haben. Zum Beispiel kann mangelnde Anpassung einer Computeranlage (in Hardware und Software) an die Erfordernisse des jeweiligen Arbeisplatzes eine Hauptquelle von Unzufriedenheit darstellen, ganz abgesehen von der objektiv leistungshemmenden Wirkung.

Es gibt aber auch Fälle, in denen 'unergonomische' Gestaltung nicht zu einer merklichen Abnahme der Leistung führt. Das liegt dann meist daran, daß der Mensch die nicht-funktionsgerechten oder sogar hinderlichen Eigenschaften des Geräts durch geistigen oder physischen Mehraufwand kompensiert. Eine solche dauernde Anstrengung fordert ihren Preis und kann auf lange Sicht zu Problemen führen. Deshalb müssen Leistungsmessungen, zum Beispiel über Schreibgeschwindigkeit oder Fehlerrate von Messungen der subjektiven Anstrengung und Belastung begleitet sein, um einem Gerät oder einem Arbeitsplatz wirklich gerecht zu werden.

Ergonomische Anforderungen an Bildschirmgeräte

Man muß nach alledem die ergonomischen Anforderungen an ein Bildschirmgerät zunächst einmal daran ausrichten, daß es alle verlangten Funktionen erfüllt. Ob diese Forderungen zufriedenstellend erfüllt werden oder nicht, hängt nicht nur von der Gestaltung des Geräts und des Arbeitsplatzes ab, sondern auch von den individuellen Eigenschaften des Benutzers oder der Benutzer und von der Art der Arbeiten, die sie ausführen wollen.

Deshalb gibt es nicht nur ein einziges ergonomisch 'richtiges' Bildschirmgerät. Verschiedene Kombinationen von Benutzern und Aufgaben erzeugen ihre eigenen spezifischen Anforderungen.

Nun gibt es allerdings in der Zeitungsindustrie Anwendungen, die auch bei unterschiedlichen Zeitungen relativ ähnlich sind, und die deshalb eine Basis für gemeinsame Anforderungen geben könnten, z.B. für ein Redaktions- oder Seitenumbruchterminal. Im einzelnen werden aber die ergonomischen Ansprüche an ein solches Bildschirmgerät wiederum von den Besonderheiten der Aufgabenstellung abhängen. Aus diesem Grunde räumt die vorliegende Untersuchung der menschlichen Gesichtspunkte der Arbeit mit Bildschirmgeräten der Analyse der verschiedenen Aufgaben einen vorrangigen Platz ein. Es bleibt zu hoffen, daß man einmal detaillierte Aussagen über ergonomische Anforderungen für bestimmte Arten der Bildschirmanwendung wird machen können. Bis dahin müssen wir uns mit einem Katalog von mehr allgemeinen Anforderungen begnügen der die Grundlage dieses Berichtes bildet.

Die relative Gewichtung dieser Anforderungen wird natürlich je nach Aufgabenstellung verschieden sein, so daß die Empfehlungen, die in der Checkliste gegeben werden, sorgfältig interpretiert werden müssen. Die 'beste' Anwort ist nicht immer so offensichtlich, wie es scheinen könnte.

In allen Fällen, wo eine allgemeine Empfehlung sinnvoll ist, macht die Hauptcheckliste entsprechende Angaben. Meist hängt jedoch die bevorzugte Anwort von der spezifischen Aufgabe ab und kann nur von denjenigen gegeben werden, die mit der Planung eines Systems direkt befaßt sind. Um ein Beispiel zu geben: Schlecht leserliche Zeichen sind sicher für keine Aufgabe wünschenswert. Solange der Blick auf den Bildschirm aber nur einer gelegentlichen Überprüfung dient, ist dieser Punkt nicht so kritisch. Wenn jedoch das Lesen der Bildschirmschrift die überwiegende Beschäftigung ist, zum Beispiel beim Korrekturlesen, dann ist eine gute Leserlichkeit der Anzeige eine ganz wesentliche Eigenschaft des Bildschirmgeräts. So kann man generell sagen, daß nicht alle denkbaren Geräteeigenschaften für jede Aufgabe notwendig oder auch nur nützlich sind, so daß das Bildschirmgerät mit der größten Vielzahl von Möglichkeiten sicher nicht für jeden Anwendungsfall die gegebene Wahl sein wird.

Eine weitere Einschränkung der Allgemeinverbindlichkeit einer solchen Checkliste ergibt sich daraus, daß die psychischen und physischen Eigenschaften der Menschen innerhalb weiter Grenzen schwanken. Es mag grundsätzlich sinnvoll sein, bei der Gestaltung auf den 'Durchschnittsmenschen' abzustellen. Man muß sich dann wohl damit abfinden, daß das Resultat weder dem einen noch dem anderen Ende des Streubereiches gerecht wird. So stellen die Empfehlungen zur Sitzhöhe, zum Bildschirmformat oder zur Arbeitsplatzgestaltung einen Kompromiß dar, der für einen möglichst großen Anteil, sagen wir 95%, aller Benutzer paßt. Es versteht sich, daß die Angaben für den verbleibenden Rest der Benutzer völlig unpassend sein können.

Wenn man für 95% der Bevölkerung konstruiert, dann heißt das, daß jeweils eine von 20 Personen als schwierig oder gar unmöglich empfindet, mit dem entsprechenden Gerät zu arbeiten. In der Praxis kann dies ein zu großer Anteil sein, als daß man ihn ignorieren könnte — besonders bei Systemen, die von einer großen Zahl von Personen benutzt werden. Bei der Anwendung von Empfehlungen, wie sie in diesem Bericht gegeben werden, muß deshalb ein gewisser Grad an Flexibilität erhalten bleiben. Aus diesem Grunde wurden für viele Empfehlungen in diesem Bericht Bereiche von Werten angegeben, die dem Benutzer erlauben, seine Arbeitsumwelt so zu gestalten, daß sie seinen Bedürfnissen am besten angepaßt ist. Es kann nicht genug betont werden, daß für den Arbeitswissenschaftler und für den vorliegenden Bericht nicht ein hypothetischer Durchschnitt, sondern die Bequemlichkeit und das Wohlbefinden des einzelnen Individuums im Vordergrund des Interesses stehen.

Kapitel 1

GRUNDLEGENDES ZU BILDSCHIRMGERÄTEN

Vorwort

Seit der Entwicklung des Bildschirmterminals zur Datendarstellung vor kaum mehr als einem Jahrzehnt, haben Sichtgeräte, auch VDT (Video Display Terminal) genannt, und die Computeranlagen, deren Bestandteil sie sind, weit verbreitete Anwendung in der graphischen Industrie sowie in der Text- und Datenverarbeitung gefunden. Das VDT als Eingabe/Ausgabe-Einrichtung ermöglicht den Zugang zu der Speicher- und Verarbeitungskapazität eines zentralen Rechners und den Dialog mit ihm. Mit anderen Worten, das Datensichtgerät ist Teil einer Anlage, die einen Rechner, Endgeräte und andere periphere Geräte enthält, z.B. Drucker, Regel- und Steuereinrichtungen und ein Software-Paket, das speziell auf die Verarbeitungsbedürfnisse des betreffenden Anwendungsgebiets zugeschnitten ist.

Der Grund für die schnelle Verbreitung der Rechneranlagen in den meisten Wirtschaftszweigen liegt in der hohen Verarbeitungsgeschwindigkeit und in dem hohen Umfang der Datenmengen, die verarbeitet werden können. In den letzten Jahren haben sich die Aufgaben der Rechner von der ursprünglichen Funktion (Eingabe—Verarbeitung—Ausgabe) immer weiter verlagert zu Dialogverarbeitung. Der Rechner und der Mensch sind Dialogpartner geworden. Das Datensichtgerät bildet in den meisten Fällen die Schnittstelle zum Menschen. Es ist daher kein 'Gerät', das ausschließlich nach technisch-funktionalen Gesichtspunkten ausgelegt werden kann. Es soll vielmehr dazu dienen, die Verarbeitungskapazität der Rechenanlage in einer der Arbeitsweise des Menschen gerechten Form, unter Berücksichtigung seiner physischen, psychischen Eigenschaften, Fähigkeiten und Fertigkeiten und seiner individuellen und aufgabenbezogenen Anforderungen, zur Verfügung zu stellen. Bei der Konzeption einer Rechneranlage sind daher nicht nur Funktionen der Verarbeitung, sondern auch die Anforderungen des Menschen zu berücksichtigen, d.h. ergonomische Kriterien.

Dieses Kapitel gibt eine Einführung in Konstruktions- und Betriebsmerkmale von VDTs und VDT-Systemen und beschreibt insbesondere die Rolle, die die beiden Hauptelemente des Datensichtgeräts spielen — der Bildschirm und die Tastatur. Vieles davon ist notwendiger Hintergrund für ein besseres Verständnis der nachfolgenden Kapitel, die die arbeitswissenschaftlichen Anforderungen an VDT-Anlagen und VDT-Arbeitsplätze behandeln.

DER AUFBAU DES BILDSCHIRMGERÄTS

Ein Bildschirmgerät (auch VDT) umfaßt mindestens vier Hauptbestandteile:

- eine Anzeigeeinheit
- eine Tastatur
- einen Elektronikteil
- und die Stromversorgung.

Diese Bestandteile sind üblicherweise in einem Metall-, Glasfaser- oder Kunststoff-Gehäuse untergebracht und werden mit Hilfe eines motorgetriebenen Ventilators gekühlt, um die Innentemperatur auf einem sicheren Betriebsniveau zu halten.

Für die meisten praktischen Anwendungen braucht der Benutzer eines VDTs nicht viel mehr als dies zu wissen, um das Gerät für seine Arbeit verwenden zu können. Um jedoch beurteilen zu können, welche der Konstruktions- und Betriebsmerkmale des Terminals und des VDT-Systems unter menschlichen Gesichtspunkten wichtig sind, braucht man ein bestimmtes Maß an grundlegendem Verständnis, wie ein Datensichtgerät arbeitet und welche Rolle es als Systemkomponente spielt.

Die folgenden Abschnitte sollen die Grundlage für ein besseres Verständnis der anschließenden Kapitel dieses Berichts bilden, da diese sich noch spezifischer mit den arbeitswissenschaftlichen Anforderungen an Ausführung und Betrieb eines Datensichtgerätes befassen. Dieses Kapitel ist nicht als umfassender Text über alle komplexen Eigenschaften einer VDT-Anlage gedacht *), sondern es soll als Leitfaden dienen, anhand dessen wir zu einem besseren Verständnis der Bedeutung der beiden wichtigsten Bauteile des VDT kommen können — des Bildschirms und der Tastatur. Denn dies sind die Punkte, an denen der Mensch mit dem VDT selbst und mit dem System in Kontakt kommt, dessen Bestandteil das Sichtgerät ist.

DIE KATHODENSTRAHLRÖHRE

Die Kathodenstrahlröhre, oder in der englischen Abkürzung auch CRT (Cathode ray tube) genannt, ist das Hauptelement, um das herum die meisten Bildschirmterminals aufgebaut sind.

Eine Kathodenstrahlröhre ist im Grunde eine Vakuum-Glasröhre mit einer 'Elektronenkanone' am einen Ende und einem Bildschirm am anderen, das ist eine Schicht aus lichtemittierendem Material, dem sogenannten 'Phosphor'.

Wenn an die Elektronenkanone eine hohe elektrische Spannung gelegt wird — gewöhnlich zwischen 12 und 15 kV — wird ein Elektronenstrom erzeugt. Dieser Strom wird dann mit Hilfe einer elektronischen 'Linse' zu einem engen Strahl gebündelt, der in jede gewünschte Position auf den Bildschirm gelenkt werden kann. Dies geschieht durch ein elektrostatisches oder ein elektromagnetisches Ablenksystem, das im Hals der Röhre bzw. um ihn herum angeordnet ist, siehe Abb. 1.2.

Wenn der Strahl die Phosphorbeschichtung auf der Innenseite des Bildschirms trifft, bringen die Elektronen den Phosphor am Auftreffpunkt zum Leuchten. Dem Betrachter

---

*) *Das Thema VDT-Konstruktion und Betrieb wurde in mehreren neuen Veröffentlichungen behandelt, und hier ist besonders zu erwähnen: „Visual display units — and their application", herausgegeben von D. Grover und veröffentlicht in IPC Science and Technology Press Limited, London 1976 im Auftrag der British Computer Society.*

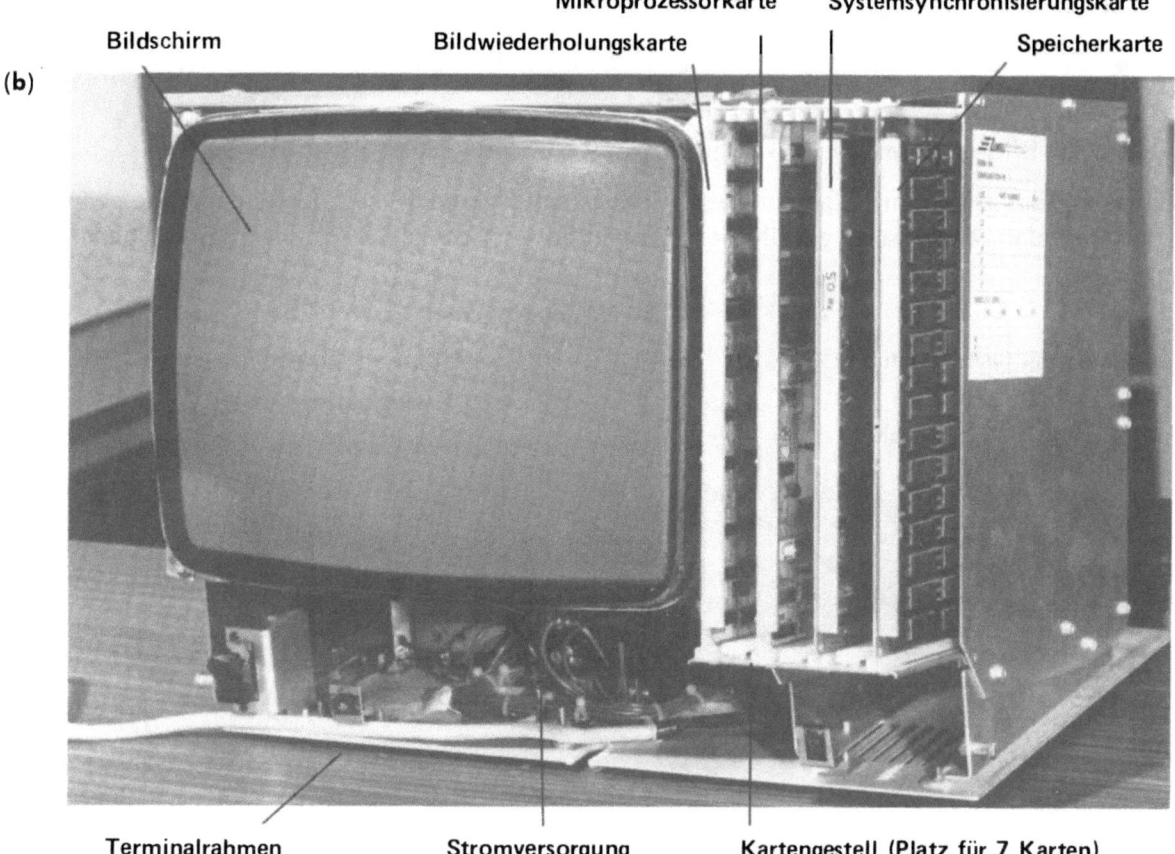

Abb. 1.1 Ein typisches Bildschirmgerät für Textverarbeitung (a) von außen gesehen, (b) mit den wichtigsten inneren Bestandteilen.

der Bildschirmoberfläche erscheint jeder Auftreffpunkt als heller Lichtpunkt, dessen Größe, Farbe und Helligkeit von den Eigenschaften des Phosphors abhängen.

Die Reaktion zwischen Elektronenstrahl und Bildschirmphosphor sowie die Methode, mit der die Zeichen erzeugt werden, spielen eine entscheidende Rolle bei der Bewertung der Sichtqualität der Wiedergabe. Nicht alle Anwendungsgebiete stellen in dieser Hinsicht gleich hohe Ansprüche, aber für die meisten Anwendungen in der Textverarbeitung ist eine hohe Wiedergabequalität von großer Bedeutung.

Es gibt zwei Grundtypen von Kathodenstrahlröhren:

- *Bildwiederholungs-Kathodenstrahlröhren*, bei denen das Bild ständig erneuert werden muß, um eine stabile, flimmerfreie Wiedergabe für den Betrachter zu gewährleisten, und

- *Speicher-Kathodenstrahlröhren*, mit der Fähigkeit, das Bild auf dem Bildschirm festzuhalten, ohne daß ständige Erneuerung erforderlich ist.

Die Kathodenstrahlröhren, die in Textverarbeitungs-VDT-Systemen Verwendung finden, gehören gewöhnlich zum Typ Bildwiederholungsröhren. Sie sind sehr ähnlich, oft sogar identisch mit den Bildröhren, die in Heim-Fernsehempfängern verwendet werden. Kathodenstrahlröhren dieses Typs sind besonders für Arbeiten geeignet, die interaktiv sind, wie z.B. das Redigieren und Korrigieren von Texten.

Speicherröhren andererseits sind für die Wiedergabe graphischer Informationen weiter verbreitet, z.B. für Diagramme, Kurvendarstellungen usw., wegen ihrer hohen Bildstabilität und -auflösung. VDT-Geräte dieser Art waren jedoch für die Verwendung auf dem Gebiet der Textverarbeitung bisher weniger geeignet, hauptsächlich aus drei Gründen:

- Für die Erzeugung des Bildes wird mehr Energie benötigt als bei Bildwiederholungsröhren,

- das Bild ist gewöhnlich weniger hell als bei Bildwiederholungsröhren,

- ist das Bild einmal geschrieben, und es soll irgendein Teil der Wiedergabe geändert werden, dann ist es gewöhnlich notwendig, den ganzen Bildschirm zu löschen.

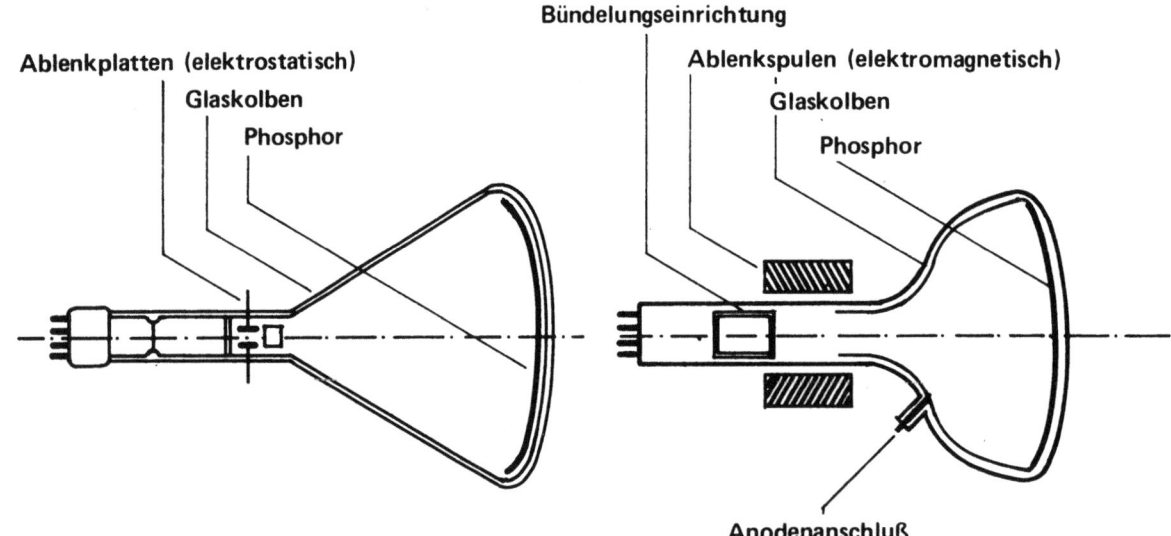

Abb. 1.2 Aufbau einer Kathodenstrahlröhre: Der Elektronenstrahl, der verwendet wird, um die Zeichen auf den Bildschirm zu 'schreiben', wird entweder (a) durch ein elektrostatisches oder (b) durch ein elektromagnetisches Ablenksystem gesteuert.

Trotz dieser Nachteile macht die Speicherröhrentechnologie schnelle Fortschritte — insbesondere durch die Schaffung der Möglichkeit für selektives Löschen mit Hilfe verfeinerter Software und durch Verwendung von Speichernetztechniken. Kathodenstrahlröhren dieser Art sind besonders gut geeignet für gewisse Layoutarbeiten, Ganzseiten-Umbruch usw.

Die folgenden Abschnitte beschäftigen sich nur mit den Kathodenstrahlröhren des Bildwiederholungstyps.

Die Strahlablenkung

Die Strahlablenkschaltung lenkt den Elektronenstrahl über die gesamte Nutzfläche des CRT-Bildschirms in einer Folge horizontaler oder vertikaler Linien, die regelmäßige Abstände haben und *Bildzeilen* genannt werden. Die einzelnen Zeichen werden dann auf der Bildschirmoberfläche geschrieben, indem man den Strahl 'ein' oder 'aus'-schaltet, während er durch sein Abtastmuster fährt.

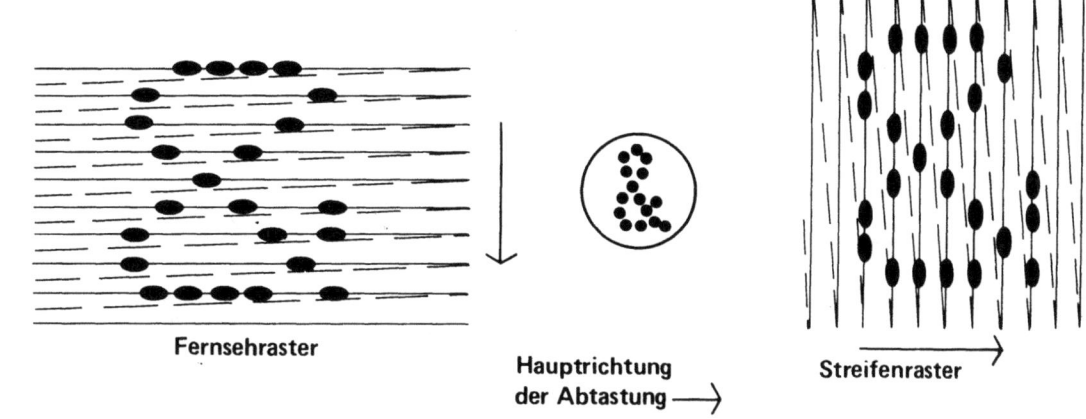

Abb. 1.3 Aufbau eines Zeichens mit Hilfe einer (a) horizontalen oder (b) vertikalen Strich- und Punkt-Matrizen-Technik (im Kreis: normales Erscheinungsbild). Ref. G. 19

Mit wenigen Ausnahmen folgt die Bewegung des Elektronenstrahls bei Textverarbeitungs-Kathodenstrahlröhren dem gleichen Rastertyp wie bei herkömmlichen Fernsehempfängern. Aus diesem Grunde wird das Raster oft als *Fernsehraster* bezeichnet.

Eine andere Technik, die jedoch weniger häufig Anwendung findet als das herkömmliche Fernsehraster, besteht darin, die Zeichen in vertikalen Streifen abzutasten. Diese Art Strahlablenkung, die in Abbildung 1.3 wiedergegeben ist, wird gewöhnlich als *Streifenraster* bezeichnet.

Komplizierte Techniken werden nur bei solchen Datensichtgeräten verwendet, auf denen verschiedene Zeichengrößen wiedergegeben, oder auf denen graphische Informationen zusammen mit Text abgebildet werden sollen.

Die Anzahl der Zeilen ist einer der Faktoren, der die Auflösung der Wiedergabe bestimmt. Allgemein gesprochen, je mehr Zeilen zur Verfügung stehen, um so feiner ist die Auflösung der Zeichenformen. Kathodenstrahlröhren, die für die USA gebaut worden sind, arbeiten mit 525 Abtastzeilen, während in europäischen Kathodenstrahlröhren 625 Zeilen verwendet werden. Dabei bleibt die Anzahl der Zeilen konstant, *unabhängig* von der Größe der Kathodenstrahlröhre. So sind zum Beispiel die Zeilen auf einer 24-Zoll-Röhre (60,96 cm) doppelt so weit voneinander entfernt wie auf einer 12-Zoll-Röhre (30,48 cm).

Die Eigenschaften des Phosphors und die Auflösung der Zeichen zusammen bestimmen den Zeitaufwand, der für die Wiedergabe einer einzigen Textzeile erforderlich ist. Dies und die Anzahl von Textzeilen auf dem Bildschirm bestimmen wiederum den Zeitaufwand für die Erzeugung eines vollständigen Schirminhalts. Bei Bildschirmen großer Zeilenkapazität stellt das ein Problem für den Konstrukteur dar, da es immer schwieriger wird, eine angemessene Bilderneuerungsrate zu erhalten, ohne die Wiedergabeauflösung zu opfern. Um dieses Problem zu überwinden, können VDT-Hersteller das herkömmliche Fernsehraster auf zweierlei Art und Weise ändern, entweder mit Hilfe des *Zeilensprungs* oder durch *Überspringen der Zwischenzeilen* (Skip-Technik), siehe Abbildung 1.4.

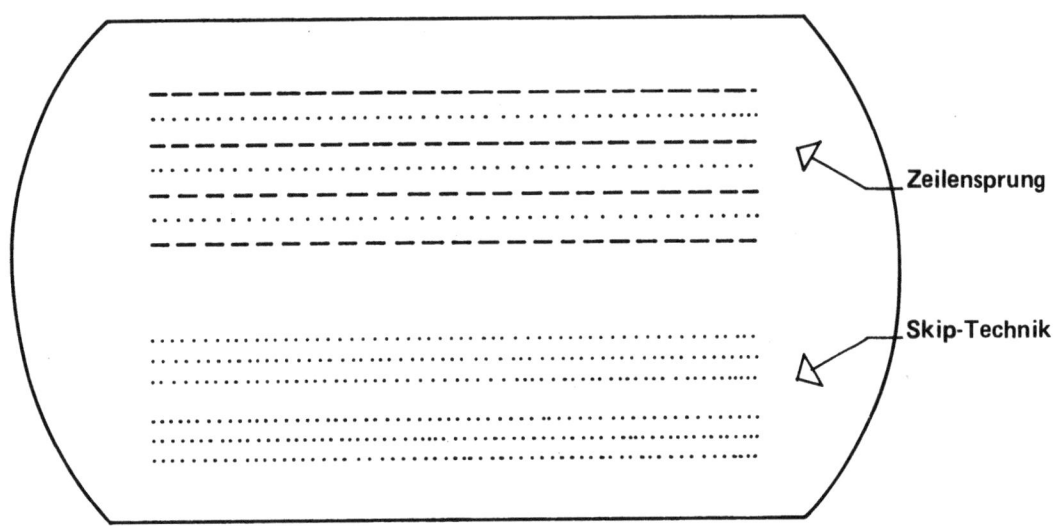

Abb. 1.4 (a) 'Zeilensprung' und (b) 'Skip-Technik' zur Verhinderung von Bildschirmflimmern. Bei der Zeilensprung-Rasterabtastung werden wechselweise Zeilen in aufeinanderfolgenden Teilbildern wiederholt. Bei Verwendung der 'Skip-Technik' werden nur solche Abtast-Zeilen wiederholt, die tatsächlich Zeichen schreiben. Ref. G. 19

Beim Zeilensprungverfahren wird bei einem Durchgang jeweils nur jede zweite Abtastzeile aufgefrischt. Für den Betrachter ergibt dies den visuellen Eindruck einer schnelleren Bilderneuerung als es tatsächlich der Fall ist.

Die Skip-Technik beruht auf einem anderen Prinzip. In diesem Falle wird die Bilderneuerungsrate dadurch beschleunigt, daß man nur solche Linien schreibt, die die vertikale Ausdehnung der Zeichen festlegen. Bei Verwendung dieser Technik springt der Elektronenstrahl zu einander folgenden Sequenzen von Linien weiter, die dann die einzelnen Textzeilen ergeben.

Entzerrung

Der Strahl, der das Bild auf den Schirm der Kathodenstrahlröhre zeichnet, wird so gebündelt und abgelenkt, daß er einen horizontalen oder vertikalen Kreissektor bestreicht. Der 'Brennpunkt' des Schreibstrahls befindet sich in einem festen Radius vom Ablenkpunkt entfernt. Da jedoch die Oberfläche des Bildschirms relativ flach ist, ist die Brennebene des Schreibstrahls nicht die gleiche wie die Ebene des Bildschirms, siehe Abb. 1.5. Tatsächlich schneiden sich die beiden Ebenen, mit dem Ergebnis, daß — wenn man keine Korrekturen vornähme — die Zeichen auf dem Bildschirm ausgefranst und verzerrt erscheinen würden, mit Ausnahme der Bereiche, an denen die Brennebene des Strahls und die Ebene des Bildschirms zusammenfallen.

Im Falle einer 110°-Kathodenstrahlröhre ist der Abstand vom Ablenkpunkt zu den Bildschirmecken um ca. 40% größer als der Abstand zum Zentrum des Schirms. Bei einer 90°-Kathodenstrahlröhre beträgt der Unterschied nur ca. 10%, siehe Abb. 1.6.

Die unterschiedlichen Krümmungsradien von Brennebene und Bildröhrenoberfläche führen auch zu anderen Arten von Verzerrung, die korrigiert werden müssen, um ein gutes Bild zu gewährleisten.

Beispielsweise würde eine über die Fläche des Bildschirms gezogene Linie ohne Korrekturschaltung gekrümmt erscheinen, wobei diese Wirkung am Bildschirmrand am größten wäre. Diese Art Verzerrung ist als 'Kissen-' oder 'Tonnen'-Verzerrung bekannt. Auf ähnliche Weise kann die Wölbung des Bildschirms eine optische Wirkung erzeugen, bei der die abgebildeten Zeichen in der Mitte des Bildschirms größer zu sein scheinen als die an den Rändern. Diese Art Verzerrung nennt man 'Zigarren-Verzerrung'.

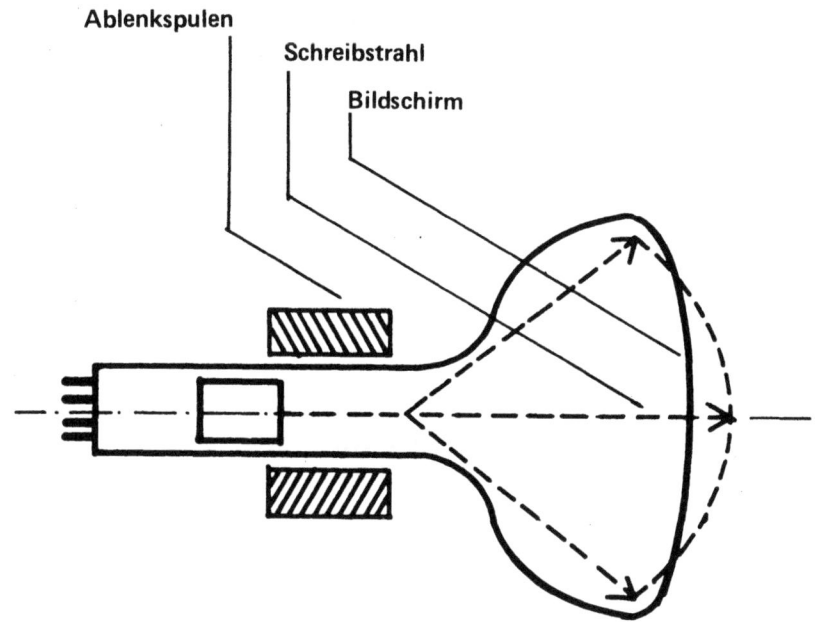

Abb. 1.5 Da die Phosphoroberfläche der CRT relativ eben ist und der Brennpunkt des Schreibstrahls sich in einem festen Radius vom Ablenkpunkt entfernt befindet, werden die Zeichen leicht unscharf (deformiert) während der Strahl über den Bildschirm streicht.

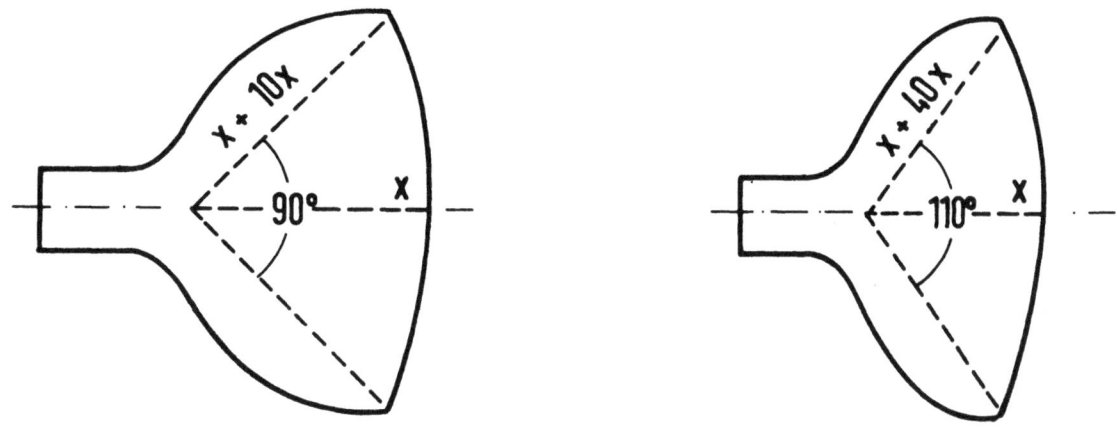

Abb. 1.6 Verzerrung, die durch Defokussierung des Schreibstrahls verursacht wird, ist im Falle (a) einer 90°-Kathodenstrahlröhre weniger ausgeprägt als bei (b) einer 110°-Kathodenstrahlröhre, wegen des relativ geringeren Abstandes vom Ursprung zum Bildschirmmittelpunkt. Ref. R. 18

Um diese Arten von Verzerrung zu vermeiden, muß die Bewegung des Elektronenstrahls entsprechend modifiziert werden. Auch wird man den Schreibbereich der Wiedergabe möglichst zur Mitte anordnen, so daß die Zeichen nicht zu nahe am Bildschirmrand geschrieben werden.

Generell kann gesagt werden, daß diese Arten von Verzerrung in dem Maße zunehmen und schwieriger kompensiert werden können, in dem die Länge der Kathodenstrahlröhre relativ zur Bildfläche abnimmt. Bei Verwendung einer längeren Kathodenstrahlröhre, d.h. bei kleinerem Ablenkwinkel des Schreibstrahls, ist es leichter, Bildverzerrungen zu korrigieren, gleichzeitig wird jedoch auch das Gerät entsprechend tiefer.

Der Phosphor

Die lichtemittierende Beschichtung, die auf der Innenfläche des CRT-Bildschirms aufgebracht wird, nennt man *Phosphor*. Diese Materialien sind kristalline Verbindungen — gewöhnlich Sulfide oder Fluoride — die fluoreszieren, während sie von einem Elektronenstrahl angeregt werden, und die noch phosphoreszieren, nachdem die Anregung selbst beendet ist.

Gemäß Vereinbarung werden Bildschirmphosphore mit einer 'P'-Nummer gekennzeichnet, z.B. P4, P11. Dem Konstrukteur von Bildröhren stehen viele Phosphorarten zur Verfügung, wobei deren Einsatzfähigkeit für spezifische Anwendungen unterschiedlich ist. Im Falle der Wiedergabe alphanumerischer Zeichen sind die wichtigsten Faktoren bei der Wahl des Phosphors:

- *Körnung*
- *Lichtausbeute*
- Farbe oder *Chromatizität* des ausgesendeten Lichts
- Abfallzeit oder *Nachleuchtdauer*

Körnung

Die optische Qualität der dargestellten Zeichen hängt primär von der Auflösung der einzelnen Punkte oder Striche ab, aus denen die Zeichen gebildet werden. Diese Auflösung ihrerseits resultiert aus der Teilchengröße oder Körnung der Phosphorbeschichtung. Hinzu kommt, daß der Abstand zwischen den Punkten, also auch die Breite eines jeden Zeichens und damit die Anzahl der Symbole, die in einer Zeile wiedergegeben werden können, in einem direkt proportionalen Verhältnis zur Punktgröße stehen.

Um ein scharfes und gut abgegrenztes Bild zu erzeugen, müssen die Punkte gleich klein, rund und scharf sein, d.h. frei von Auszackungen, und dies erfordert die Verwendung eines Phosphors mit feiner, gleichmäßiger Körnung. Eine zu grobe Körnung ergibt ein weniger gut gezeichnetes, ausgefranstes Bild und erhöht das Risiko, daß beim Schreiben Punkte überlappen oder gedehnt werden.

Lichtausbeute

Nicht die gesamte Energie des Elektronenstrahls wird von dem Phosphor in Lichtenergie umgewandelt. Tatsächlich übersteigt die Lichtausbeute des Phosphors selten ca. 20%, siehe Abb. 1.7, wobei die restliche Energie in Wärme umgewandelt wird.

Die überschüssige Wärmeenergie muß so gut wie möglich abgeleitet werden, um örtliches Überhitzen oder *Einbrennen* des Phosphors zu verhindern.

Die Einbrennfestigkeit des Phosphors ist eine kritische Eigenschaft, da sie entscheidende Auswirkung auf die Lebensdauer einer Kathodenstrahlröhre hat. Aus diesem Grund fallen alle Phosphorarten, die in Textverarbeitungs-Bildschirmen verwendet werden, in die Kategorien 'hoch einbrennfest' oder zumindest 'mäßig einbrennfest'.

Phosphor	Lichtausbeute (lm/W)	Strahlungsausbeute (%)
P1	520	6
P4	285	
P7	230 .. 285 .. 370	
P11	140	21
P31	425 .. 350	
P39	515	

Abb. 1.7 Leuchtkraft und Lichtemission für einige typische Phosphore.

Farbe

Die Farbe des Lichtes, das vom Phosphor ausgestrahlt wird, sollte in die Überlegungen zur Wahl eines Bildschirmphosphors mit einfließen.

Phosphor	Farbe	λ_{max} (nm)	Koordinaten im CIE-Farbdreieck x	y
P1	Gelblich-grün	525	0.218	0.712
P4	Weiß	460/560	0.270	0.300
P7	Gelblich-grün	555	0.357	0.537
	Violett-Blau	440	0.151	0.032
P11	Blau	460	0.139	0.148
P31	Grün	520	0.193 .. 0.226	0.420 .. 0.528
P39	Gelblich-grün	520	0.223	0.698

Abb. 1.8 Wellenlängen der maximalen Lichtstrahlung und Farborte einiger typischer Kathodenstrahlröhrenphosphore.

Die empfundene Farbe der Wiedergabe ist das Ergebnis einer vom Auge vorgenommenen Integration der verschiedenen Wellenlängen des Lichts, das von einem Phosphor erzeugt wird. Diese Farben sind niemals rein, da Kristalle und andere Festkörper bei dieser Art der Lichterzeugung breite Spektren und nicht einzelne Spektralfarben abstrahlen. Die *Chromatizität* mehrerer häufig verwendeter VDT-Phosphore wird in dem CIE-Farbdreieck in Abbildung 1.9 gezeigt.

Zwei Überlegungen sind wichtig bei der Wahl einer Farbe für eine CRT-Röhre:

- Notwendigkeit das Bild in scharfen Fokus zu bringen
- Notwendigkeit auf dem Bildschirm einen ausreichenden Kontrast zu gewährleisten

Unter gewissen Bedingungen sollte auch die Farbempfindlichkeit des Auges berücksichtigt werden, besonders wenn das Wiedergabegerät in nicht hellen Räumen verwendet werden soll. Bei den meisten Büroanwendungen werden allerdings selten so schwache

Lichtverhältnisse angetroffen. Die Fähigkeit des Betrachters, leicht zu fokussieren, ist hier wichtiger.

Das hell-adaptierte menschliche Auge ist im grün-gelben Bereich des Spektrums am empfindlichsten. Bei abnehmender Helligkeit verschiebt sich das Maximum der Empfindlichkeit zum blauen Ende des Spektrums hin (Purkinje-Effekt). Aus Gründen der Empfindlichkeit wird empfohlen, eine Phosphorfarbe zu wählen, die im grün-gelben Bereich liegt. Es muß allerdings darauf hingewiesen werden, daß für die Lesbarkeit die Schärfe der Abbildung sowie der Helligkeitskontrast zwischen Zeichen und Hintergrund viel wichtiger sind als die Farbe.

Bei der Darstellung von hellen Zeichen auf dunklem Hintergrund kann nur gefordert werden, keine Farben aus den beiden Enden des sichtbaren Spektrums zu wählen. Bei der umgekehrten Darstellung ist die Bedeutung der Farbe wichtiger, da die leuchtende Fläche so groß ist, daß das Auge sich darauf einstellt (Farbumstimmung). Wenn man seine Blickrichtung ändert, sieht man ein farbiges Nachbild in der Komplementärfarbe (z.B. rot nach grün). Diesen Effekt kann man durch einen 'unbunten' *) Phosphor vermeiden.

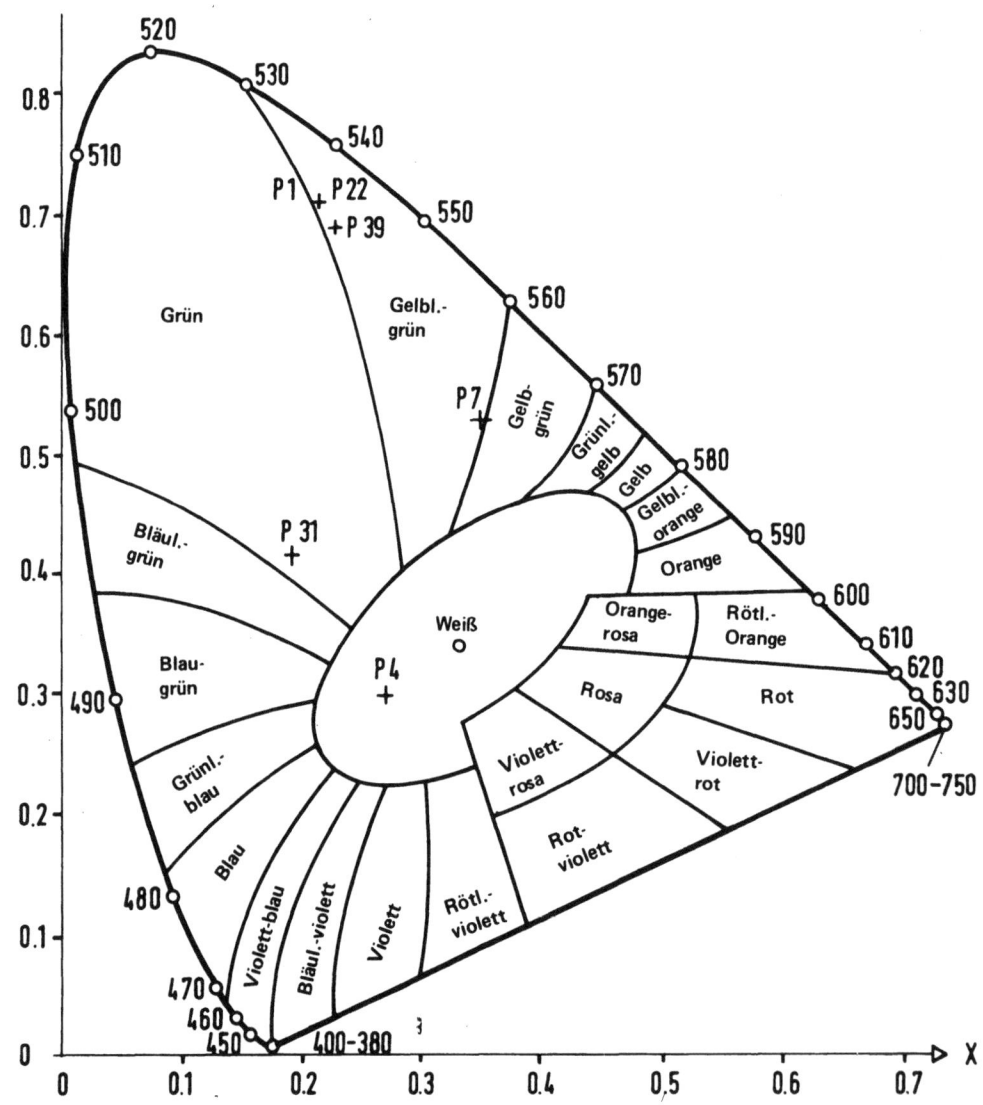

Abb. 1.9 Farborte einiger gebräuchlicher VDT-Phosphore im CIE-Farbdreieck. Ref. C. 2

*) Unbunte Farben = schwarz, weiß, grau.

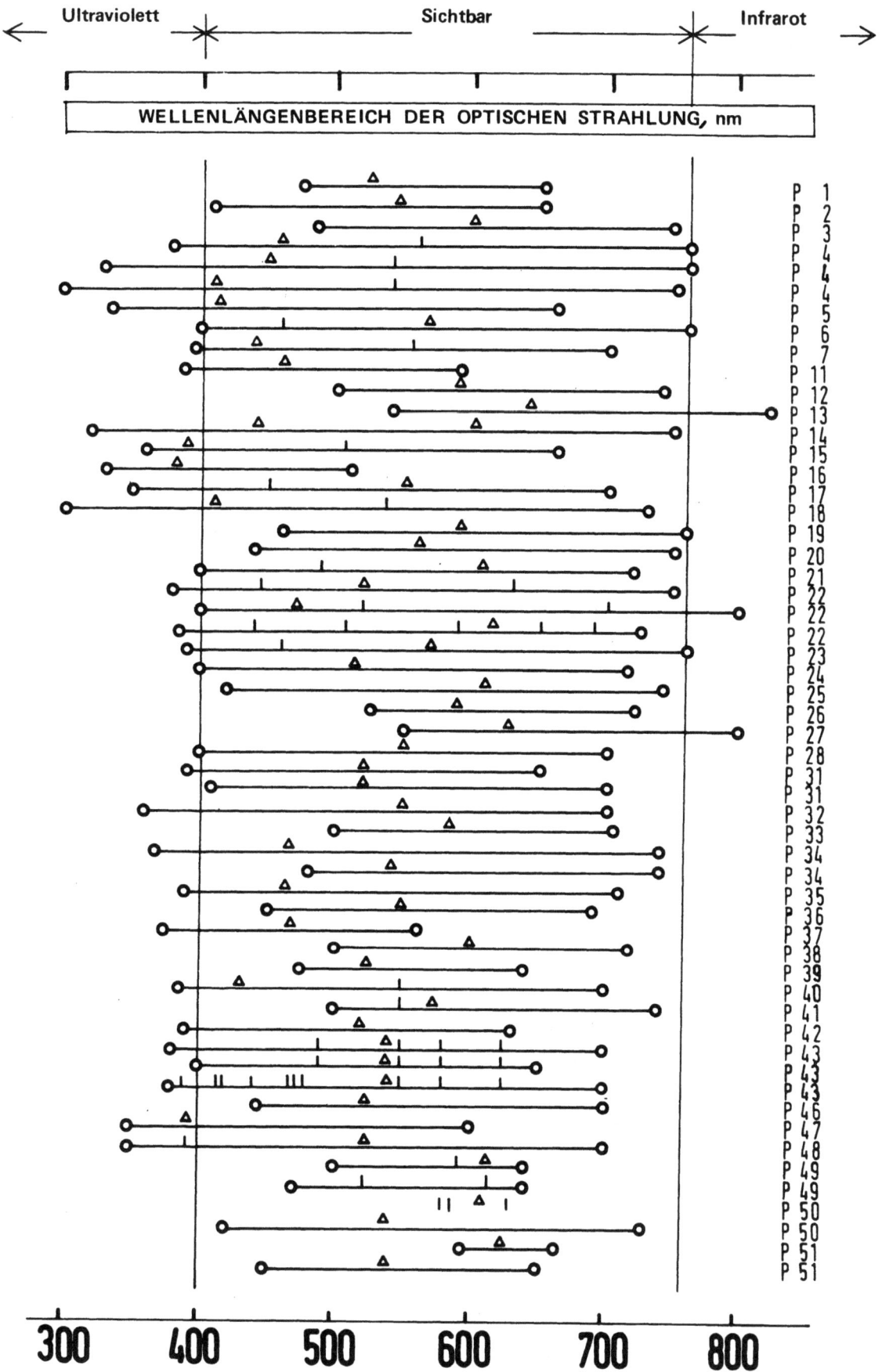

Abb. 1.10 Geschätzte Spektralenergie-Verteilungseigenschaften von CRT-Phosphoren. Ref. M. 31

Nachleuchtdauer, Bildwiederholrate

Nachdem ein Zeichen auf dem Bildschirm dargestellt worden ist, beginnt es zu verblassen — mit einer Geschwindigkeit, die von der *Nachleuchtdauer* des Phosphors abhängt. Damit das Bild auf dem Bildschirm sichtbar bleibt, muß es ständig erneuert werden. Wenn es nicht genügend häufig erneuert wird, beginnt es zu 'flimmern', was nicht nur irritiert, sondern auch die Augen des Betrachters belastet.

Die *Bildwiederholrate* eines CRT-Phosphors bedeutet die Häufigkeit, mit der jeder Punkt auf dem Bildschirm von dem Elektronenstrahl erneut zum Leuchten gebracht wird. Wie oft es notwendig ist, diese Anregung zu wiederholen, um den Eindruck des Flimmerns zu vermeiden, hängt von der Nachleuchtdauer des Phosphors ab, d.h. wie lange er erleuchtet bleibt, nachdem der Elektronenstrahl ihn angeregt hat.

Die Nachleuchtdauer der CRT-Phosphore ist in drei Kategorien eingeteilt: kurze, mittlere und lange Nachleuchtdauer. Obwohl die Unterscheidungen bis zu einem gewissen Grad willkürlich sind, kann man die Nachleuchtdauer doch mit Hilfe der *Zeitkonstante* des Phosphors ausdrücken, d.h. die erforderliche Zeitdauer, bis die Lichtintensität auf ca. 1/e oder 37% ihres Anfangswertes abfällt. Bei kurzlebigen Phosphoren beträgt die Dauer der Phosphoreszenz gewöhnlich nicht mehr als 1 Millisekunde. Phosphore mit mittlerer Nachleuchtdauer phosphoreszieren etwa 2 Sekunden, während Langzeit-Phosphore mehrere Minuten nachleuchten können.

Wenn die Wiedergabe ein ruhendes Bild zeigt — wie im Falle der alphanumerischen VDT-Geräte — werden im allgemeinen Phosphore mit kurzer bis mittlerer Nachleuchtdauer verwendet. Fernsehempfänger andererseits haben immer Phosphore mit kurzer Nachleuchtdauer, da andernfalls die Bewegung des Bildes auf dem Bildschirm zu Unschärfe führen würde *).

Grundsätzlich gibt es drei Methoden, wie man ein flimmerfreies Bild erreichen kann:

- Beschichtung des Bildschirms mit einem Phosphor mit Langzeit-Nachleuchtdauer, was eine niedrige Erneuerungsrate erlaubt.

- Verwendung eines Phosphors mit kurzer oder mittlerer Nachleuchtdauer, kombiniert mit einer hohen Erneuerungsrate — in der Größenordnung von 50–60 Hz.

- Verwendung der Zeilensprung- oder Skip-Technik, gewöhnlich in Verbindung mit einem Phosphor mit mittlerer Nachleuchtdauer.

Die Nachleuchtdauer-Eigenschaften der am häufigsten bei der Textverarbeitung verwendeten Bildschirmphosphore sind in Abb. 1.11 zusammengefaßt.

Bei den in der Praxis angestrebten Nachleuchtdauer-Werten gibt man meist die Zeit an, die ein Bild braucht, bis es auf einen bestimmten Bruchteil seiner Anfangs-Leuchtstärke zurückfällt. Dabei wählt man oft 10% und 1% als Referenzniveau, wobei ersterer Wert als Mindesthelle bei hoher Raumausleuchtung gilt und letzterer als die untere Grenze der Schirmhelligkeit in schwach beleuchteten Räumen.

Wenn wir die relativen Vorzüge von Phosphoren mit kurzer und langer Nachleuchtdauer betrachten, so sollte jedoch noch ein weiterer Faktor berücksichtigt werden. Um die gleiche durchschnittliche Zeichenhelligkeit zu erzeugen, müssen Phosphore mit kurzer Nachleuchtdauer zu einer größeren Spitzenhelligkeit angeregt werden als Phosphore mit langer Nachleuchtdauer. Folglich variiert die Lichtintensität über einen viel weiteren

---

*) *Die Nachziehbilder beim Farbfernsehen werden durch die Kamera und nicht erst bei der Wiedergabe erzeugt.*

Bereich, mit dem Ergebnis, daß diese Phosphortypen zwar objektiv ein scharfes und stabiles Bild erzeugen können, daß dieses Bild aber dennoch oft weniger scharf erscheint als bei Phosphoren mit langer Nachleuchtdauer.

Das Ergebnis all dieser Überlegungen ist, daß man bei Bildschirmen für Textverarbeitung meist hohe Bildwiederholraten und Phosphore mit kurzer bis mittlerer Nachleuchtdauer kombiniert. Dabei wird die Wiederholfrequenz mit der Netzfrequenz — 50 Hz in Europa, 60 Hz in den USA — synchronisiert.

Phosphor	Chromatizität		Nachleuchtdauer	
	Fluoreszenz	Phosphoreszenz	10% (s)	1% (s)
P1	Gelblich-grün	Gelblich-grün	24×10^{-3}	
P4	Weiß	Weiß	22×10^{-3}	150×10^{-3}
			60×10^{-3}	470×10^{-3}
P7	Violett-blau	Gelblich-grün	$46 .. 60 \times 10^{-6}$	300×10^{-6}
			$0,4 .. 3$	3
P11	Blau	Blau	$35 .. 50 \times 10^{-6}$	
P31	Grün	Grün	35×10^{-6}	250×10^{-6}
P39	Gelblich-grün	Gelblich-grün	150×10^{-3}	

Abb. 1.11 Nachleuchtdauer und Chromatizität einiger VDT-Anlagen für Textverarbeitung üblicherweise verwendeter Bildschirmphosphore.

Zeichenerzeugung

Bei alphanumerischer Zeichendarstellung können grundsätzlich vier Methoden zur Zeichenerzeugung auf dem Bildschirm angewendet werden:

- *Faksimile-Erzeugung*, wobei eine fotografische Vorlage des Zeichensatzes von einem Lesestrahl abgetastet wird, um Informationen zu erzeugen, die dann auf dem Bildschirm den Schreibstrahl so steuern, daß die Zeichenform kopiert oder 'faksimiliert' wird.

- *Strich-Raster-Darstellung*, wobei die Form des Zeichens aus einer Reihe verbundener Linienabschnitte oder 'Striche' gebildet wird.

- *Lissajous'sche Erzeugung*, wobei die Form der einzelnen Zeichen aus Abschnitten untereinander verbundener, elektronisch erzeugter Kurven aufgebaut wird (sogenannte Lissajous'sche Kurven).

- *Punkt-Matrix-Darstellung*, wobei die Form des Zeichens durch eine Anordnung von Punkten in einem vorgegebenen rechtwinkligen Muster aufgebaut wird.

Faksimile-Erzeugung

Vor der Entwicklung des elektronischen Datenspeichers, der das Speichern der Zeichenform-Information in Digitalform gestattet, war die Technik der Faksimile-Erzeugung bei visuellen Wiedergabegeräten weit verbreitet gewesen. Bei Anwendung dieser Technik wurden die Zeichenformen analog auf einer Maske gespeichert, die in eine Kathodenstrahlröhre eingebaut war. Sobald ein Zeichen auf dem Tastenfeld gewählt worden war, wurde die Zeichenmaske vom Lesestrahl abgetastet und die dabei gewonnene Information wurde verwendet, um gleichzeitig die Bewegung des Schreibstrahls in der Kathodenstrahlröhre des Wiedergabebildschirms zu steuern.

Strich-Raster-Darstellung

Bei Verwendung der Strichrastertechnik sind die Zeichenformen aus einer Reihe von geradlinigen Abschnitten oder 'Strichen' zusammengesetzt.

Die Strichkoordinaten für die einzelnen Zeichen werden digital im Zeichen-Generator gespeichert, zusammen mit einem geeigneten Signal für die Strahlintensität. Das Zeichen wird auf dem Bildschirm durch eine Folge von horizontalen, vertikalen und diagonalen Bewegungen des Elektronenstrahls gebildet. Gewöhnlich wird nur die erforderliche Zahl und Sequenz von Strichen für jedes gewünschte Zeichen angesprochen, wobei das Signal für die Strahlintensität auf einem festgesetzten Wert gehalten wird. Es ist aber auch möglich, die Gesamtheit der möglichen Strichbewegungen zu durchlaufen und nur diejenigen zu verstärken, die für den Aufbau des Zeichens gebraucht werden. In diesem Fall wird der Elektronenstrahl 'ein'- und 'aus'-geschaltet, je nachdem, wie es die Zeichenform- und Strahlstärke-Information im Datenspeicher anordnet.

Jedes Zeichen besetzt ein Rechteck oder eine Zelle, deren Größe durch Höhe und Breite der Zeichen bestimmt wird. Ein bestimmter Grad an Rundung des Zeichens an den Ecken kann mit Hilfe von Integratoren im Strahlablenksystem erreicht werden. Um eine gleichmäßige Zeichenhelligkeit zu erhalten, wird die Intensität des Elektronenstrahls gewöhnlich bei längeren Strichen verstärkt. Zusätzlich kann ein 'Jitter-' (Bildverzerrungs-) Signal verwendet werden, um die Breite der Linien zu vergrößern und die Zeichen besser lesbar zu machen.

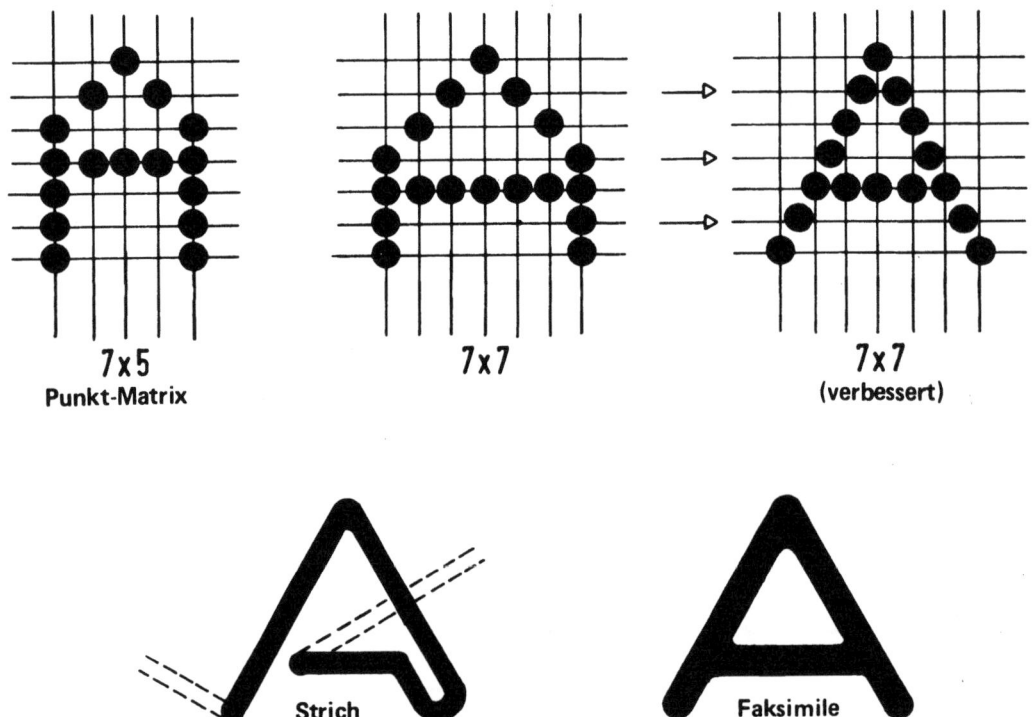

Abb. 1.12 Die Zeichen werden gewöhnlich (a) aus einer Reihe von Punkten in einer sogenannten Punkt-Matrix aufgebaut, oder (b) durch eine Reihe von Strichen, oder (c) durch eine Faksimiledarstellung des Zeichens. Ref. G. 19

Lissajous'sche Erzeugung

Bei der Lissajous'schen Erzeugung bestehen die Zeichenformen aus Folgen von gebogenen und geradlinigen Elementen, die elektronisch zusammengesetzt werden. Wie bei der Strichrasterdarstellung werden die Start- und End-Koordinaten aller Elemente für jedes Zeichen digital in der Zeichengenerator-Logik gespeichert. Diese Information steuert auch das Ein- und Ausschalten des Elektronenstrahls während das Bild auf dem Schirm gezeichnet wird.

Es gibt auch eine etwas einfachere Version der Lissajous'schen Erzeugung, bei der geradlinige Segmente mit kreisförmigen Quadranten kombiniert werden.

Punkt-Matrix-Darstellung

Die Punkt-Matrix-Darstellung ist die am weitesten verbreitete Technik für Textverarbeitungs-VDTs, die nach dem Raster-Abtast-Prinzip arbeiten.

Bei dieser Methode werden die benötigten Punktpositionen für jedes Zeichen in einem *Punkt-Matrix-Speicher* gespeichert, der als Teil des Bildwiederholungsspeichers mit dem Ablenksystem der Bildröhre verbunden ist. Die für das an der Tastatur ausgewählte Zeichen erforderliche Punkt-Information wird aus dem Bildwiederholungsspeicher herausgeholt. Sie dient dazu, den Elektronenstrahl an den entsprechenden Stellen hellzutasten. Die Folge von Punkten, die auf diese Weise erzeugt wird, ergibt das Zeichen auf dem Schirm.

Jedes Zeichen wird durch ein ausgewähltes Punktmuster in einer rechteckigen Punktmatrix gebildet, wenn der Elektronenstrahl sein Raster beschreibt. Die Auflösung der Matrix wird durch die Zahl von horizontalen und vertikalen Punkten (in dieser Reihenfolge) bestimmt, die die maximal mögliche Ausdehnung des Zeichens festlegen, z.B. 5 x 7, 7 x 9 usw.

Im allgemeinen reicht eine 5 x 7 Matrix aus, um Großbuchstaben und Zahlen darzustellen. Für die gleichzeitige Abbildung von Groß- und Kleinbuchstaben jedoch bildet sie die absolute Untergrenze. Der Grund dafür wird deutlich, wenn Kleinbuchstaben mit Unterlängen auf dem Sichtgerät wiedergegeben werden (siehe Abb. 1.13).

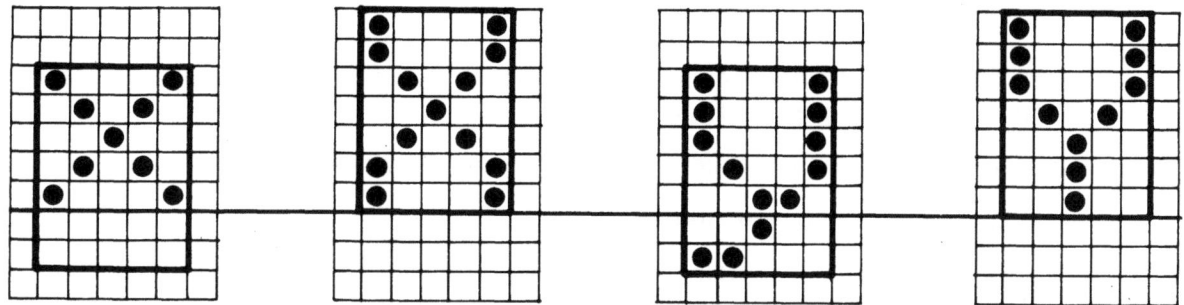

Abb. 1.13 Große und kleine Buchstaben X und Y dargestellt in einer 5 x 7 Punkt-Matrix. Die Gesamtfläche, die von jedem Zeichen tatsächlich auf dem Schirm eingenommen wird, ist 7 Positionen breit und 10 Positionen hoch. Das Zeichen selbst muß aber auf die 5 x 7 Fläche beschränkt werden, die durch das stark umrandete Rechteck markiert wird. Man beachte, daß der kleine Buchstabe um zwei Positionen nach unten versetzt ist.

Das Zeichen selbst wird dabei zwar noch mit einem 5 x 7 Punktraster gebildet; um aber eine gemeinsame Schriftlinie zu erhalten, muß die Matrix bei Kleinbuchstaben mit Unterlängen um zwei Positionen unter die Grundlinie versetzt werden. Auf diese Weise wird tatsächlich eine 5 x 9 Matrix erzeugt, von der die oberen sieben Punkte für Großbuchstaben und die unteren sieben Punkte für Kleinbuchstaben mit Unterlängen benutzt werden. Zusammen mit den Zeilenabständen und Zeichenzwischenräumen ist die Gesamtfläche, die für ein Zeichen benötigt wird, tatsächlich sieben Positionen breit und zehn Positionen hoch — obwohl das Zeichen selbst auf die grundlegende 5 x 7 Matrix beschränkt bleibt.

Im Interesse einer besseren Nutzung des Rasters und um Verwechslungen zwischen ähnlich aussehenden Zahlen, Großbuchstaben und Kleinbuchstaben zu vermeiden (zum Beispiel B, 8, m, w), wird gewöhnlich dichteren Punktrastern der Vorzug gegeben. Matrix-Dichten von 7 x 9 und darüber sind für Text-Bildschirme weit verbreitet.

Um die Form und damit die Lesbarkeit des Zeichens in der Matrix noch weiter zu verbessern, wurden verschiedene Techniken zur *Steigerung der Zeichenqualität* erdacht, siehe Abb. 1.14.

Eine allgemein gebräuchliche Technik ist die sogenannte *Halbverschiebungs*-Verbesserung oder Zeichenabrundung, die darin besteht, bestimmte Punkte in der Matrix horizontal um die Hälfte eines Punktabstandes zu verschieben, und zwar je nach Bedarf entweder nach rechts oder nach links. Der Effekt zeigt sich am deutlichsten bei Großbuchstaben und Zahlen, die dadurch besser proportioniert erscheinen. Andere, ebenfalls einfache und kostengünstige Techniken arbeiten mit Punktstreckung oder -dehnung.

Man kann allgemein sagen, daß sich die Zeichenform mit zunehmender Dichte der Punktmatrix verbessert; aber bisher wurde die Vorliebe für die 5 x 7-Matrix durch die wirtschaftliche Notwendigkeit bestimmt, den Aufwand an Speicherkapazität für die Punktinformation pro Zeichen in Grenzen zu halten. Erst kürzlich sind die Kosten für Datenspeicher so gesunken, daß die Benutzung dichterer Zeichenmatrizen wirtschaftlich vertretbar ist.

DIE TASTATUR

Die Tastatur eines Textverarbeitungs-Terminals besteht normalerweise aus drei, manchmal aus vier Tastenfeldern oder *Tastenblöcken*, siehe Abb. 1.15:

- dem *alphanumerischen* oder Haupt-Tastenfeld,
- dem *Funktionstastenfeld* einschließlich Umschaltung und Feststeller sowie der Tasten für die Redigierfunktionen,
- der *Cursor-Steuerung* einschließlich Tabulator und Zwischenraumtaste, und
- — möglicherweise — einem zusätzlichen *numerischen Tastensatz*.

Daneben findet man oft eine Reihe von Anzeigelampen im Tastaturbereich. Sie dienen der Betriebszustandsanzeige des Terminals, zum Beispiel EIN/AUS, SENDEN/EMPFANGEN. Diese Lampen und andere Bedienelemente können aber auch entlang des Bildschirmrandes angeordnet sein.

Das alphanumerische Tastenfeld

Das *alphanumerische Tastenfeld* gestattet die Eingabe von Text- und numerischen Daten. Anordnung und Funktion dieses Tastenfeldes sind meist identisch mit der gewohnten Schreibmaschinen-Tastatur, siehe Abb. 1.16.

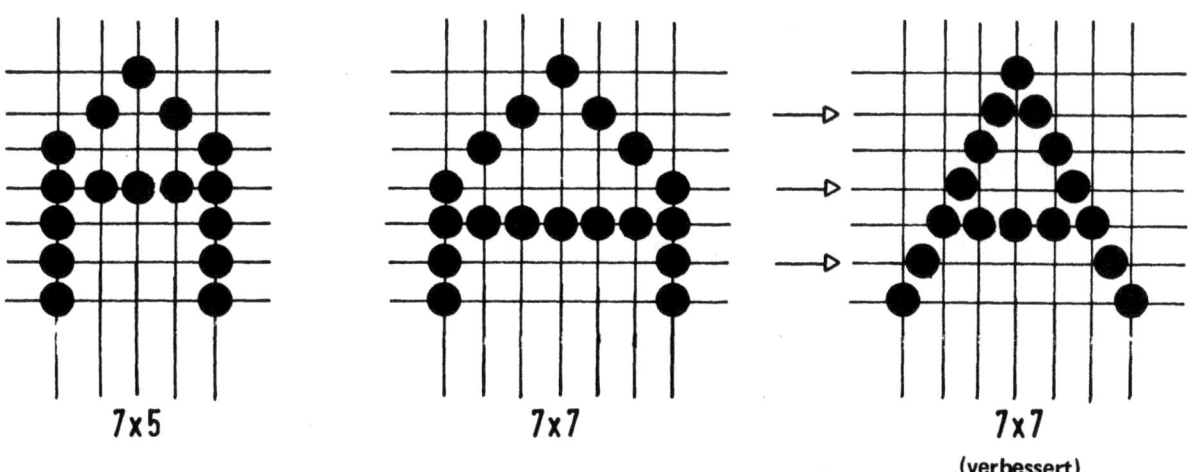

Abb. 1.14 Das Aussehen eines Zeichens kann verbessert werden, wenn man einige horizontale Punkte in der Matrix um die Hälfte eines Punktabstandes versetzt. Dies wird Halbverschiebungs-Zeichenverbesserung genannt. Ref. G. 19

Abb. 1.15 Vielgestaltige VDT-Tastenfeldanordnung. (Mit freundl. Genehmigung von ATEX)

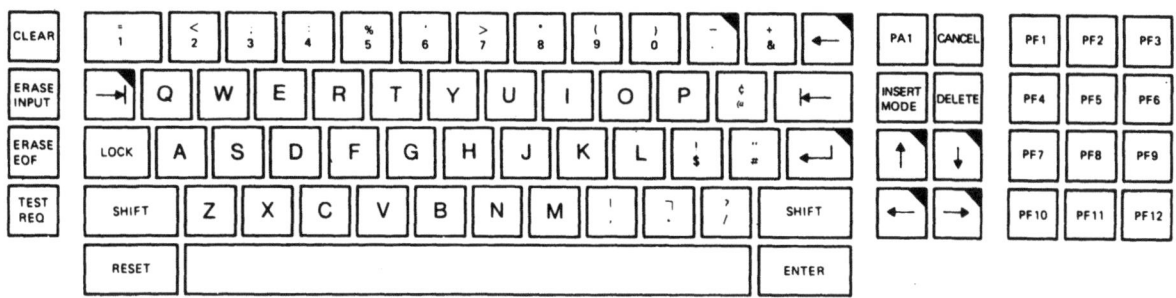

Abb. 1.16 Das alphanumerische Tastenfeld 'QWERTY'. (Mit freundlicher Genehmigung von IBM)

Das Grundtastenfeld besteht aus 26 großen und kleinen Buchstaben, 10 Ziffern und einer Anzahl von speziellen Symbolen und Satzzeichen.

Gewisse Abweichungen (sowohl in der Anzahl der Tasten für Zeichen und Symbole, als auch in der Anordnung der Haupt-Tastengruppe) können notwendig werden, abhängig von:

- dem Vorkommen von Buchstaben mit Akzentzeichen (die englische Sprache ist eine der wenigen europäischen Sprachen, die keine Buchstaben mit Akzenten in ihrem Alphabet hat),
- nationalen Präferenzen bezüglich der Anordnung bestimmter Buchstaben auf dem Tastenfeld (z.B. die QWERTZ-Anordnung, die in deutschsprachigen Ländern benutzt wird, und die AWERTY-Anordnung in Frankreich),
- der Forderung nach einer besonderen Anordnung der Zifferntasten, gewöhnlich bei umfangreicher numerischer Dateneingabe,
- der Forderung nach besonderen, anwendungsbezogenen Symbolen, sowie
- dem möglicherweise zusätzlich vorhandenen numerischen Block (10er-Block).

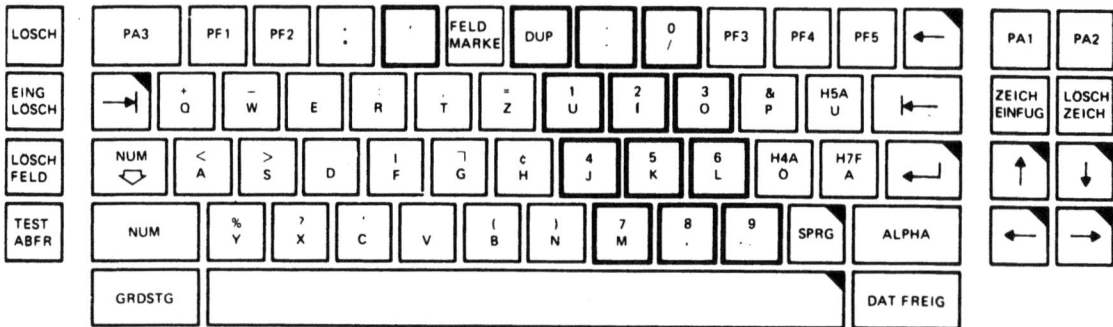

Abb. 1.17 Die QWERTZ-Anordnung, wie sie in deutschsprachigen Ländern benutzt wird (ohne Funktionstasten). Bei dieser Anordnung sind die Ziffern in das Buchstabenfeld integriert. (Mit freundl. Genehmigung von IBM)

Der numerische Block

Für bestimmte Anwendungen, insbesondere solche, die die schnelle Eingabe von großen Mengen rein numerischer Daten erfordern, wird zusätzlich zu den Zifferntasten im alphanumerischen Feld ein getrenntes numerisches Tastenfeld vorgesehen. In diesem Fall werden die Tasten (meist in der bei Rechenmaschinen üblichen Anordnung) rechts vom Haupt-Tastenfeld untergebracht, siehe Abb. 1.18.

Abb. 1.18 Ein VDT-Tastenfeld mit einem numerischen Block. Die Tasten sind wie bei Rechenmaschinen angeordnet. (Mit freundl. Genehmigung von Chromos)

In der einfachsten Ausführung funktioniert dieser numerische Block in genau gleicher Weise wie die Zifferntasten des Haupttastenfeldes, nur wird er nicht durch die Umschaltung beeinflußt.

In anspruchsvolleren Terminals können einigen oder allen dieser zusätzlichen Zifferntasten aber auch Funktionen zugeordnet sein, siehe Abb. 1.19. Je nach Intelligenz des Bildschirms können dies festgelegte Redigierfunktionen sein, zum Beispiel Einfügen, Löschen, Suchen, oder vom Anwender festzulegende Funktionen, zum Beispiel Blöcke mehrerer Zeichen, die auf einen einzigen Tastendruck hin auf dem Schirm abgebildet oder übertragen werden.

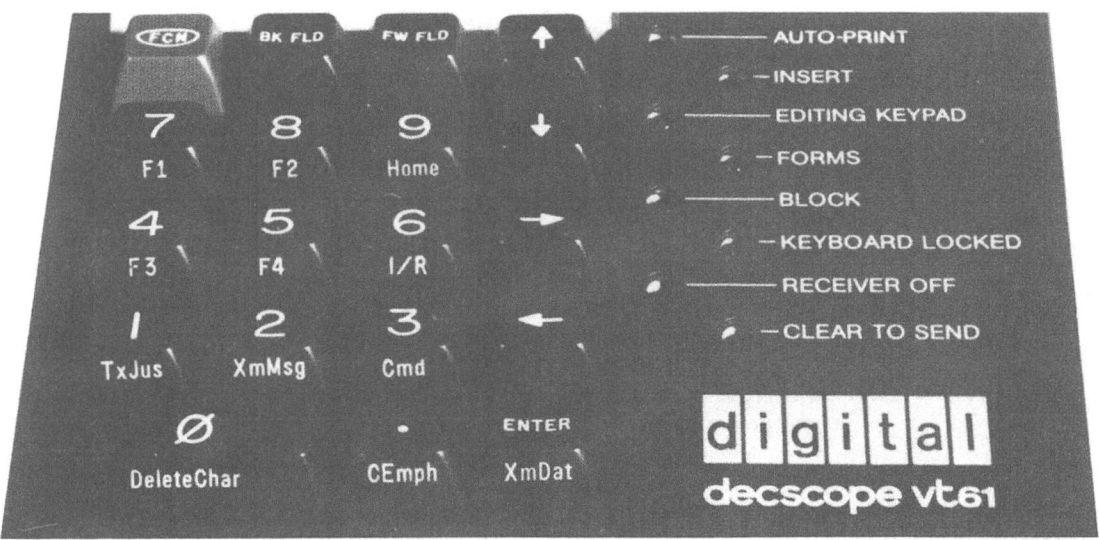

Abb. 1.19 In anspruchsvolleren Terminals kann die numerische Hilfstastatur zusätzlich mit speziellen Funktionen belegt werden, die durch eine Umschalt-Taste erreicht werden können. (Mit freundl. Genehmigung von DEC)

Der Funktionstastenblock

Die Funktionstasten erlauben vier Arten von Befehlen:

- *Bedienungs- und Satzbefehle*, zum Beispiel Umschaltung, Abrollen, Auszeichnung, die den Bediener in die Lage versetzen, von einem Bedienungszustand auf den anderen zu wechseln, zum Beispiel Umschaltung von Klein- auf Großbuchstaben, Wechsel zwischen halbfett oder kursiv und gewöhnlich.

- *Redigierbefehle*, zum Beispiel Einfügen, Löschen, die entweder unveränderlich in der Terminal-Software enthalten sind, oder manchmal auch vom Anwender programmiert werden können.

- *Übertragungsbefehle*, zum Beispiel SENDEN, DRUCKEN, die eine Verbindung herstellen vom Bildschirmgerät zum Zentralrechner, zur Steuereinheit oder zu irgendeiner anderen Ausgabeeinheit, wie einem Zeilendrucker.

- Vom Anwender *programmierbare Instruktionen*, die über eine Funktionstastengruppe zugänglich gemacht werden können, oder auch über den numerischen Block in Verbindung mit einem Shift- oder Supershiftbefehl. Diese Tasten erzeugen Codes, die vom Programm interpretiert werden. In ihrer einfachsten Anwendung können diese Tasten dazu benutzt werden, häufig wiederkehrende Zeichenfolgen aufzurufen, sogenannte 'IWT' (immer wiederkehrende Texte). Hierdurch wird die

Anzahl der benötigten Tastenanschläge reduziert. In weiter ausgebauten Programmen können die speziellen Funktionstasten benutzt werden, um komplexere Redigierfunktionen, zum Beispiel Suchen/Ersetzen, auszuführen.

Die Kursor-Steuertasten

Der *Kursor* ist ein Positionsanzeiger, der die Aufmerksamkeit des Bedieners auf eine bestimmte Stelle des Schirms lenken soll. Er wird als spezielles, oft blinkendes Symbol dargestellt, — gewöhnlich eine Unterstreichung oder ein das Zeichen überlagerndes Rechteck. Die Kursor-Steuertasten sind gewöhnlich in einem getrennten Block untergebracht, der sich rechts oder auch links vom Haupt-Tastenfeld befindet.

Die Kursor-Steuerung schließt folgende Grundfunktionen ein:

LAUF	getrennte Tasten bewegen den Kursor nach links, rechts, aufwärts, abwärts, zum Anfang der ersten Zeile (home top) oder zum Anfang der letzten Zeile (home bottom).
TAB	bewegt den Kursor an den gewünschten Tabulator-Stop.
RÜCKSTELLUNG	bewegt den Kursor auf die erste Zeichenposition der nächsten Zeile.
ZEILENSPRUNG	bewegt den Kursor an dieselbe Position in der nächsten Zeile.

Vom Tastenanschlag zum Bildschirm

Der vollständige auf dem Schirm darstellbare Zeichensatz, bestehend aus alphanumerischen und Spezial-Symbolen, wird in codierter Form in der Zeichengenerator-Logik

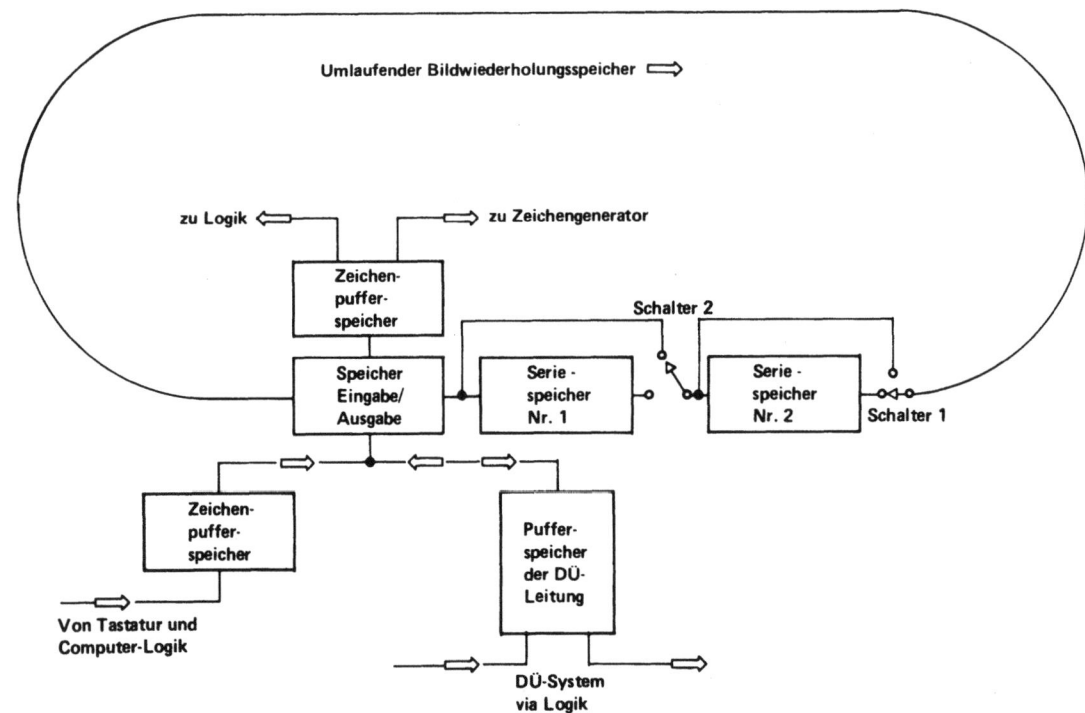

Abb. 1.20 Typischer Wiederholungsspeicher mit Logik und Steuercharakteristik. Ref. G. 19

gespeichert. Damit die Anlage auf einen von der Tastatur kommenden Befehl mit der Anzeige des richtigen Symbols antworten kann, muß jede Taste mit dem Zeichengenerator verbunden sein und das Signal, das durch den Tastendruck übertragen wird, muß vom Zeichenspeicher richtig interpretiert werden, siehe Abb. 1.20.

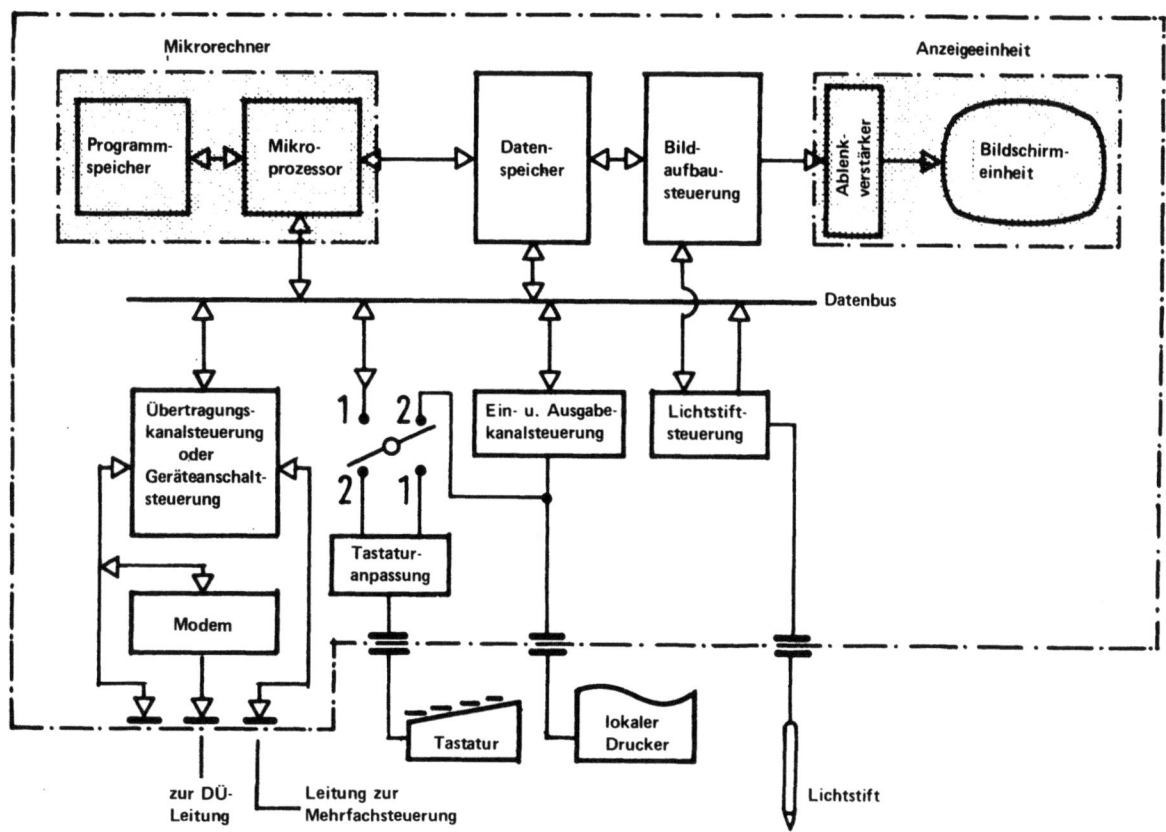

Abb. 1.21 Schematisches Blockdiagramm eines Bildschirmgeräts, das den grundsätzlichen Informationsablauf zwischen Tastendruck und Darstellung auf dem Schirm zeigt.

Die meisten VDTs für das Redigieren und Setzen von Texten sind für einen der zwei international standardisierten Daten-Codes gebaut, den ASCII (ISO) 7-bit Code oder den EBCDIC 8-bit Code. Der ISO-Code bietet insgesamt 128 Kombinationen, von denen 32 für Steuercodes reserviert sind. Der EBCDIC-Code hat 256 Kombinationen.

Die *Steuercodes* unterscheiden sich von den Anzeigesymbolcodes insofern, als sie üblicherweise nicht darstellbar sind. Sie dienen dazu, Befehlfunktionen, zum Beispiel 'neue Zeile', 'Shift' und 'Tab', zu verschlüsseln.

Bei den meisten redaktionellen Anwendungen beginnt und endet eine Meldung mit einer Folge von 'Start' und 'Schluß'-Codes, die zum Beispiel dazu benutzt werden können, den Autor und den Empfänger der Meldung anzugeben, und Beginn und Ende des Textes zu kennzeichnen. Zusätzlich sind aber auch Steuercodes im Text verborgen, zum Beispiel der 'neue-Zeile'-Befehl. Diese Codes müssen erkannt, interpretiert und befolgt werden, und es ist eine 'Entscheidung' zu treffen, ob der fragliche Steuercode zusammen mit dem Text gespeichert werden soll.

Aus diesem Grund passiert jedes Signal, das von der Tastatur kommt, zunächst einen *Comparator*, der den Zeichengenerator wissen läßt, ob es sich um ein Zeichen oder um einen Steuercode handelt.

WEITERE GESICHTSPUNKTE

Die Kühlung des Sichtgeräts

Wie alle elektrischen oder elektronischen Geräte erzeugt ein Datensichtgerät Wärme. Abhängig von dem Gesamt-Leistungsbedarf des Terminals, d.h. der Bildröhre und der Steuerelektronik, liegt die von einem VDT erzeugte Wärme im allgemeinen zwischen 100 und 400 Watt. Zum Vergleich, eine herkömmliche elektromechanische Schreibmaschine erzeugt ca. 35 bis 50 Watt und ein arbeitender Mensch ca. 100 Watt.

Diese Wärmemenge genügt, um die Temperatur innerhalb des Terminalgehäuses meßbar zu erhöhen. In Räumen mit vielen Datenterminals, vor allem wenn die Geräte ständig in Betrieb sind, kann die Raumtemperatur durch die von den VDTs erzeugte Gesamt-Wärmemenge merklich ansteigen. In solchen Fällen ist die Wärmeerzeugung durch die Terminals ein wichtiger Faktor für die Berechnung der Klimatisierung eines Raumes.

Die Wärmeerzeugung kann aus zwei Gründen problematisch werden. Einmal kann Temperaturerhöhung in unmittelbarer Umgebung des Geräts dem Bediener lästig werden, sogar dann, wenn die Raumtemperatur insgesamt nicht bedeutend ansteigt. Zweitens kann, wenn die Wärme nicht ausreichend abgeführt wird, die Temperatur innerhalb des Gehäuses einen Wert annehmen, bei dem die Zuverlässigkeit elektronischer Bauteile bedroht ist.

Um dem Problem abzuhelfen, sind die meisten VDTs mit einem Ventilator ausgerüstet, der für Luftzirkulation innerhalb des Terminalgehäuses sorgt. Belüftungsschlitze erlauben einen freien Luftstrom in das Gehäuse hinein und aus ihm heraus.

So wünschenswert ausreichende Kühlung durch einen Ventilator auch sein mag, man tut gut daran, an die Geräusch- und Zugluftprobleme zu denken, die in der Praxis daraus entstehen können. Sie werden in einem späteren Abschnitt genau betrachtet werden.

Spannungsstabilität

Die Stabilität der elektrischen Stromversorgung ist eine wichtige Voraussetzung, sowohl für die Betriebssicherheit des zentralen Rechners, der Bildschirmgeräte und anderer Bestandteile des Systems, als auch für die Erhaltung der Information, die in der Anlage gespeichert ist.

Die Spannung im öffentlichen Netz ist nicht so konstant wie vielleicht angenommen wird. Dies gilt besonders in Gebieten mit einer Konzentration von Schwerindustrie und dort, wo die Belastung des Netzes während des Tages und der Nachtstunden größeren Schwankungen unterworfen ist. Solche Änderungen der Gesamtbelastung der Stromversorgung führen zu 'langsamen' Spannungsschwankungen, wobei Unterschiede von ±10% zur angegebenen Netzspannung nicht ungewöhnlich sind.

Zusätzlich zu diesen Schwankungen der Netzspannung können Spannungsveränderungen auftreten, wenn Anlagen mit hoher Leistungsaufnahme, wie Rotationsmaschinen, Fahrstühle, Klimaanlagen, an- oder abgeschaltet werden. Diese Stöße von Leistungsaufnahme und -freisetzung können schlagartig ganz erhebliche Spannungsspitzen oder -einbrüche im Netz verursachen, die allerdings meist von sehr kurzer Dauer sind. Die meisten Geräte in einer Computer-Anlage sind so konstruiert, daß sie sowohl solche Spannungsspitzen wie auch langsame Veränderungen der Versorgungsspannung und -Frequenz verkraften können. Es gibt jedoch Grenzen. Werden diese überschritten, so muß man damit rechnen, daß das System Schaden nimmt.

Für die Betriebsbereitschaft liegt das Risiko einer unstabilen Spannungsversorgung im *möglichen Ausfall der Anlage*, hervorgerufen durch das Ansprechen der Hauptsicherung oder einer der zahlreichen Einzel-Sicherungen. Allerdings bieten selbst diese nicht immer hinreichenden Schutz für einige der empfindlichen elektronischen Bauteile, so daß die erneute Betriebsaufnahme oft nicht ohne besondere Wartungsmaßnahmen möglich ist. Auf jeden Fall können wiederholte Schwankungen der Netzspannung über einen längeren Zeitraum die Lebensdauer bestimmter Bauteile verkürzen und damit die Gesamt-Verfügbarkeit der Anlage reduzieren, sowie den Bedarf an Wartung erhöhen.

Aber auch während des Betriebs der Anlage kann eine Instabilität der Stromversorgung das Abspeichern und die Anzeige von Informationen beeinträchtigen. Überspannungen, zum Beispiel, können bewirken, daß die im Speicher enthaltene oder auf den Bildschirmen angezeigte Information gelöscht oder geändert wird. Weniger drastische, aber für den Bediener doch recht störende Effekte können auch im Hinblick auf die Bildschirmdarstellung auftreten. Kurzzeitige Spannungsstöße — zum Beispiel, wenn die Klimaanlage ein- oder ausgeschaltet wird — können ein Springen der Information auf dem Bildschirm verursachen. Wenn die Versorgungsspannung erheblich unter der Nennspannung des VDTs liegt, kann die Signalstärke ungenügend sein, um ein ruhiges Bild zu gewährleisten. Das Bild oszilliert oder 'zittert' dann so sehr, daß es für den Bediener wahrnehmbar wird. Es kann ihn zu der falschen Annahme führen, daß es sich dabei um Bildwiederholungs-'Flimmern' handelt.

Aus den genannten Gründen wird üblicherweise empfohlen, das Computersystem mit einer eigenen, 'sauberen' Leitung zu versorgen, die nicht gleichzeitig für andere Geräte oder Anlagen verwendet wird, insbesondere nicht, wenn diese einen großen und schwankenden Strombedarf haben.

Unterbrechungslose Stromversorgung

Meistens hat der Betreiber einer Rechenanlage wenig oder keinen Einfluß auf die Ursachen einer instabilen Stromversorgung. Deshalb kann es notwendig werden — abhängig von den jeweiligen Bedingungen im Ortsnetz, aber auch von der Wahrscheinlichkeit und den Schadensfolgen eines Systemfehlers aufgrund von Spannungsschwankungen — die Zwischenschaltung einer stabilisierenden Stromversorgungsanlage in Betracht zu ziehen.

Ein Lösungsweg ist die Installation einer unterbrechungslosen Stromversorgung (uninterruptable power supply oder UPS). In einer typischen UPS wird der vom Netz gelieferte Wechselstrom zunächst in einen Gleichstrom umgewandelt, der wiederum einen Wechselstromgenerator (in Festkörpertechnik) speist. Seine Leistung ist erheblich konstanter als die ursprüngliche Netzspannung, normalerweise innerhalb ±0,5%.

Es gibt drei Grundtypen von UPS, nämlich statische, rotierende und Hybrid-Generatoren. Eine *statische* UPS besteht aus einem Stromwandler, der die Wechselspannung für die Anlage aus Gleichstrom erzeugt, wie er von Gleichrichtern und Batterien geliefert wird. Die Batterien puffern die Gleichstromleitung so ab, daß bei fehlender Eingangsleistung der Stromwandler weiterhin Leistung an die Anlage abgibt, über einen Zeitraum, dessen Länge von der Kapazität der Batterien abhängt. Für den Fall, daß ein Reserve-Generator vorgesehen wird, ließe sich die erforderliche Kapazität der Batterien natürlich reduzieren.

Die Entscheidung, ob man für eine Computeranlage auch eine unterbrechungslose Stromversorgung vorsehen sollte, ist im wesentlichen wirtschaftlicher Natur. Dabei sind die Kosten eines System-Ausfalls infolge einer Instabilität der Stromversorgung (Ersatzteile, Wartung, Ausfallzeit und Folgekosten) gegen die Investitions- und Betriebskosten einer UPS-Anlage abzuwägen. Das Ergebnis einer solchen Kostenrechnung kann von Fall zu Fall anders aussehen. Die Anschaffung einer UPS-Anlage wird sich im allgemeinen immer dann empfehlen, wenn ein Systemausfall kritische Konsequenzen haben kann.

Sicherheitsmaßnahmen gegen Implosion

Da der VDT-Benutzer dicht vor dem Bildschirm sitzt, muß man einen Schutz für den Fall eines Bruchs der Bildröhre vorsehen. Unter normalen Bürobedingungen ist die Wahrscheinlichkeit eines solchen Vorfalles gering. In einer anderen Umgebung, zum Beispiel in Werkhallen, kann das Risiko von Beschädigung und Bruch aber größer sein.

Die Bildröhren, die in VDT-Geräten benutzt werden, besitzen gewöhnlich ein Metallband, das sogenannte Kragenband, das unter Spannung um das Bildschirmende der Röhre gelegt wird. Dieses Band hält die Bruchstücke des Bildschirms im Schadensfall zusammen. Zusätzlicher Schutz gegen fliegende Bruchstücke vom hinteren Teil der Röhre kann durch einen Implosionsschirm erreicht werden.

STRAHLUNG

Die Eignung des CRT-Bildschirms für die Darstellung von Information basiert auf der Abstrahlung sichtbaren Lichtes, das durch das Auftreffen des Elektronenstrahls auf dem Bildschirmphosphor erzeugt wird. Je nach den Spektraleigenschaften des Phosphors können aber auch andere Arten von Strahlungsenergie als Nebenprodukte dieses Prozesses freigesetzt werden. So können die physikalischen Vorgänge, die bei der Einwirkung des Elektronenstrahls auf das Phosphormaterial ablaufen, zur Erzeugung von Roentgenstrahlung führen, und schließlich können einige Bauteile und elektronische Schaltungen im Gerät selbst Hochfrequenzstrahlung erzeugen.

Die Erzeugung einer oder mehrerer Arten sekundärer elektromagnetischer Strahlung ist eine unvermeidliche Konsequenz der Anwendung der Kathodenstrahltechnik beim Bau von Bildschirmgeräten. Dies hat aber auch zum Erlaß einschneidender *Sicherheitsbestimmungen* geführt, denen sich die Hersteller von Kathodenstrahlröhren und anderen elektronischen Geräten unterwerfen müssen.

Es ist allgemein bekannt, daß die Einwirkung bestimmter Formen von Strahlung schädlich sein kann, ohne daß uns unsere Sinne vor einer solchen Schädigung warnen. Für den am Bildschirmgerät arbeitenden Menschen ist deshalb der Gedanke, daß das VDT eine Strahlungsquelle darstellen *könnte*, durchaus Anlaß zur Besorgnis. Aus diesem Grund werden die verschiedenen Arten von Strahlung, die hier zur Diskussion stehen, im folgenden Abschnitt näher betrachtet.

RF-Strahlung

Das RF (Radiofrequenz) -Band erstreckt sich von wenigen Hz bis etwa 10^9 Hz, mit Wellenlängen zwischen vielen Kilometern und etwa 0,3 m. Der höherfrequente Teil des Bandes wird für Hör- und Fernseh-Rundfunk benutzt.

Die Feldstärke der RF-Strahlung kann definiert und gemessen werden durch die Stärke der elektrischen und magnetischen Felder, die durch die Strahlung induziert werden. Die Wahrscheinlichkeit, daß diese Art von Strahlung von einem Bildschirmgerät ausgesendet wird, hängt von den Betriebseigenschaften der elektronischen Schaltungen und Bauteile ab, insbesondere der Oszillatoren. RF-Strahlung kann mit unterschiedlichen Frequenzen ausgesendet werden, je nach den Schwingungseigenschaften des Bauteils oder des Schaltkreises, von dem die Strahlung ausgeht. In der Praxis jedoch dürften die Feldstärken dieser Strahlungsart sehr gering und damit auf die unmittelbare Nachbarschaft der Quelle beschränkt sein. Dies wurde durch die Ergebnisse von RF-Feldstärkemessungen an einigen Typen von Textverarbeitungs-VDTs bestätigt, bei denen weder elektrische noch magnetische Felder in meßtechnisch erfaßbarer Stärke nachgewiesen werden konnten.

Mikrowellenstrahlung

Das Mikrowellengebiet des Spektrums reicht von ungefähr 10^9 bis 3×10^{11}, d.h. von Wellenlängen im Bereich von 30 cm bis 1 mm.

Quellen von Mikrowellenstrahlung in VDTs oder Fernsehempfängern sind nicht bekannt.

Infrarotstrahlung

Das Infrarotspektrum erstreckt sich von annähernd 3×10^{11} Hz bis etwa 4×10^{14} Hz. Bei großer Intensität kann Infrarotstrahlung Augenschädigung hervorrufen ('Glasmacherstar'). Das gesamte Infrarotband wird normalerweise in vier Bereiche unterteilt, bezogen auf ihre Nachbarschaft zum sichtbaren Spektrum. Damit ist das *nahe* Infrarotband am dichtesten zum sichtbaren Licht gelegen und erstreckt sich von ca. 780 bis 3000 nm. Das *mittlere* Infrarotband geht von 3000 bis 6000 nm, das *entfernte* Infrarotband von 6000 bis 15 000 nm und das *äußerste* IR-Band von 15 000 nm bis 1 mm.

Der Phosphor in einer Kathodenstrahlröhre fluoresziert, wenn er durch den Elektronenstrahl angeregt wird. Abhängig vom Emissionsspektrum des Phosphors können dabei geringe Anteile infraroter Strahlung im nahen IR-Band erzeugt werden, siehe Abb. 1.10. Allerdings überlappen nur sehr wenige Phosphore in den Infrarotbereich. Messungen, die in Großbritannien gemacht wurden, haben die Abwesenheit wahrnehmbarer Infrarotstrahlung im Bereich 400 nm bis 1400 nm bestätigt, in jenem Teil des nahen IR-Bands also, der dem sichtbaren Emissionsspektrum des Phosphors am nächsten gelegen ist. Dies wurde auch durch Untersuchungen bestätigt, die kürzlich durch die NIOSH (National Institute for Occupational Safety and Health) in den Vereinigten Staaten durchgeführt wurden.

Ultraviolette Strahlung

Der ultraviolette Bereich des Spektrums erstreckt sich von ungefähr 8×10^{14} Hz bis ungefähr 3×10^{16} Hz.

Etwas ultraviolette Strahlung kann zwar durch Phosphor eines bestimmten Emissionsspektrums erzeugt werden, siehe Abb. 1.10, aber aufgrund der Absorbtionseigenschaften der im Glas enthaltenen Mischungsbestandteile ist es unwahrscheinlich, daß UV-Strahlung den Schirm durchdringen kann. Zum Beispiel würde schon eine geringe Menge (z.B. 0,08 bis 0,1%) von Eisenoxyd Fe_2O_3 den UV-Anteil unterhalb von 250 nm zurückhalten. Messungen von UV-Strahlung an VDTs und Fernsehempfängern in England, Schweden und den Vereinigten Staaten haben gezeigt, daß eine Emission von UV-Strahlung im Bereich 200 bis 400 nm normalerweise nicht meßbar ist. Messungen, die kürzlich von der NIOSH in USA an drei Gerätetypen in der Zeitungsproduktion durchgeführt wurden, zeigten, daß die UV-Strahlung im Bereich von 200 bis 400 nm zwischen 0,5 bis 2×10^{-9} W/cm² schwankte. Dies liegt weit unter dem Arbeitsschutzstandard von 1×10^{-3} W/cm².

Roentgenstrahlung

Roentgenstrahlung wird erzeugt, wenn das den Atomkern umgebende Elektronenfeld in einem Maß gestört wird, daß mindestens eines der gebundenen Elektronen gezwungen ist, von einem niedrigeren in ein höheres Energieband und zurück zu wandern. Eine solche Störung kann hervorgerufen werden, wenn man das Atom mit anderen Teilchen, zum Beispiel freien Elektronen beschießt und damit die gebundenen Elektronen stört.

Die Strahlung, die auf diese Weise erzeugt wird, wird *induzierte Strahlung* genannt.

In dem — allerdings höchst unwahrscheinlichen — Extremfall, daß eines der Kernelektronen aus dem Atomverband herausgeschlagen wird, ergibt sich eine starke *Ionisation* und dadurch eine entsprechend hohe Roentgenstrahlenemission. Dies stellt die obere Grenze der überhaupt möglichen Strahlungsenergie dar.

In den meisten Fällen ergibt die Wechselwirkung zwischen auftreffenden freien Elektronen und nuklear gebundenen Elektronen nur eine vorübergehende Veränderung des Elektronen-Energieniveaus, was Roentgenstrahlung niederer Energie (sog. 'weiche' Strahlung) verursacht. Das heißt: Wenn die Atome einer Materie durch einen Elektronenstrom beschossen werden — das geschieht bei jeder Elektronenröhre, also auch bei einer Kathodenstrahlröhre in einem Fernsehempfänger oder einem Bildschirmterminal — so wird weiche Strahlung erzeugt, die sich über ein Energiespektrum erstreckt, das aber eine genau definierte Obergrenze hat.

Die äußerst kurze Dauer dieser Einzel-Reaktionen führt zu den sehr kurzen Wellenlängen der Roentgenstrahlen, nämlich etwa 10 000 mal kürzer als die Wellenlänge des wahrnehmbaren Lichts, also zwischen 0,25 bis $1,0 \times 10^{-8}$ cm.

Um derartig kleine Werte besser beschreiben zu können, werden Wellenlängen von Strahlung oft nicht in m gemessen, sondern in einer Einheit, die als Ångstrom-Einheit bekannt ist: ein Å = 10^{-10} m. In dieser Einheit ausgedrückt, erstreckt sich sichtbares Licht von 4000 bis 7500 Å. Die Wellenlängen verschiedener Spektralfarben sind, zum Beispiel, ungefähr 4000 – 4500 Å für Violett, 5700 – 5900 Å für Gelb und 6300 – 7500 Å für Rot.

Wenn die Wellenlänge eines gegebenen Photons oder Strahlungspaketes bekannt ist, kann die Strahlungsenergie berechnet werden. Hierdurch werden in der Praxis die Sicherheitsvorkehrungen bestimmt, die bei Vakuumbauteilen wie Elektronenröhren und Kathodenstrahlröhren das Austreten von Roentgenstrahlen aus dem Gerät verhindern sollen.

Hintergrundstrahlung

Der Mensch ist immer einer Vielzahl von Strahlen natürlichen Ursprungs ausgesetzt. Die Intensität dieser Hintergrundstahlung ergibt eine Bezugsgröße, mit der die Intensität von künstlichen Strahlungsquellen verglichen werden kann.

Um die Strahlungsdosis zu messen, wird gewöhnlich eine Einheit benutzt, die *rad* genannt wird und die die Energiemenge darstellt, die pro Gramm Materie ausgestrahlt wird (1 rad = 100 ergs/Gramm). Zusätzlich wird eine *rem* genannte Einheit verwendet, um die absorbierte Energiemenge auszudrücken, wobei man die unterschiedliche biologische Wirkung verschiedener Arten von Strahlung entsprechend berücksichtigt. Im speziellen Fall der Roentgenstrahleneinwirkung ist die gebräuchlichste Einheit der Strahlendosis das *Roentgen*. Für Roentgenstrahlung gilt: *1 rad = 1,07 Roentgen* und *1 rad = 1 rem*.

Mit Ausnahme einiger geographischer Gebiete, die reich an örtlichen Ablagerungen radioaktiver Mineralien (wie Uran und Thorium) sind, schwankt die Dosis an Hintergrundstrahlung, welcher die Bevölkerung als Ganzes ausgesetzt ist, gewöhnlich zwischen ungefähr 0,1 und 0,3 Roentgen pro Jahr, d.h. ca. 0,01 – 0,03 Milliroentgen pro Stunde (mR/h).

Roentgenstrahlung im Beruf

Zum Schutz der Gesundheit hat der Gesetzgeber festgelegt, daß jeder Arbeitsplatz, an dem der arbeitende Mensch einem hohen Niveau von Strahlungsintensität ausgesetzt sein könnte, als Beschränkungsbereich gekennzeichnet sein muß und daß der Arbeitgeber angemessene Schritte zu unternehmen hat, um den Zugang zu solchen Arbeitsbereichen unter strenger Kontrolle zu halten. Aufgrund der zur Zeit in Europa und in den Vereinigten Staaten geltenden Vorschriften gilt dies für jeden Arbeitsbereich, in dem die Strahlungsdosis einen Wert von im Durchschnitt 1,25 bis 1,5 R/Jahr oder 0,65 bis 0,75 mR/h überschreiten kann, abhängig von speziellen örtlichen Vorschriften und von der Definition des 'Arbeitsjahres'. Personen, die in einem Bereich hoher Strahlung beschäftigt sind, müssen außerdem bei den örtlichen Gesundheitsbehörden erfaßt und mit Strahlungs-Dosimetern oder 'Film-Badges' ausgestattet sein, und sie müssen unter regelmäßiger ärztlicher Überwachung stehen.

In Fällen, in denen aufgrund der Art der Arbeit bestimmte Körperteile besonders stark der Strahlung ausgesetzt sind, werden die erlaubten Strahlungsdosen für verschiedene Körperteile und Organe vorgeschrieben. In den Verordnungen des Arbeitsministeriums der Vereinigten Staaten, die sich auf Beschäftigte in Beschränkungsgebieten beziehen, sind die erlaubten Dosen z.B. wie folgt festgelegt:

Zulässige Strahlendosis (Rem/Kalendervierteljahr)	Hinweise
1,25	Ganzer Körper, Kopf und Rumpf, Augen Geschlechtsdrüsen, blutbildende Organe
7,5	Haut des ganzen Körpers
18,75	Hände, Unterarme, Füße, Knöchel

Abb. 1.22 Zulässige Roentgenstrahlungsdosen gemäß den Bestimmungen des Amerikanischen Arbeitsministeriums.

Wenn in einem Arbeitsbereich diese Strahlungsmengen vorkommen, ist die Benutzung von Strahlungs-Dosimetern für jede Person erforderlich, die höchstwahrscheinlich einer Strahlung von mehr als 25% dieser Dosis ausgesetzt sein wird. Kein Beschäftigter unter 18 Jahren darf mehr als 10% dieser Werte ausgesetzt werden. Unter üblichen Praxisbedingungen kann jedoch ein Arbeitgeber einem in einem Beschränkungsgebiet arbeitenden Mitarbeiter erlauben, seinen Körper Strahlungsdosen auszusetzen, die höher als diese Werte sind, solange die absolute Dosis nicht über 5 x (N−18) rem hinausgeht (wobei N das Alter des Mitarbeiters in Jahren an seinem letzten Geburtstag ist). Ähnliche Bestimmungen werden auch durch die europäischen Gesundheits- und Arbeitsschutzbehörden vorgeschrieben.

Wo die Bestimmungen von einer zulässigen Strahlungsdosis 'pro Kalendervierteljahr' sprechen, bezieht man dies normalerweise auf eine beliebige Periode von drei aufeinanderfolgenden Monaten, bestehend aus dreizehn Arbeitswochen. Allerdings sehen die US-Bestimmungen auch ein 'Mindestkalendervierteljahr' vor, das aus zwölf aufeinanderfolgenden Wochen besteht.

Nach beiden Definitionen und unter der Voraussetzung einer Fünftagewoche mit 40 Arbeitsstunden entsprechen die Bestimmungen in Europa und den USA einer zulässigen Bestrahlung von ungefähr 2,5 mR/h auf die Augen, das sind ca. 125 mal mehr als der Hintergrundpegel.

Jeder Hersteller von Geräten, die Strahlung hoher Intensität erzeugen, muß den Beweis dafür erbringen, daß angemessene Maßnahmen zum Schutze der Gesundheit der Arbeitskräfte ergriffen wurden, die das Gerät benutzen, warten oder testen. Diese Vorschrift trifft jedoch nicht zu für die große Zahl von Geräte-Typen, in denen Strahlen sehr niedriger Intensität also zum Beispiel VDTs, in denen Strahlen sehr niedriger Intensität ('weiche' Roentgenstrahlen) im normalen Betrieb als Nebenprodukt anfallen. In Europa und in den Vereinigten Staaten ist der Hersteller solcher Geräte lediglich verpflichtet, sicherzustellen und auf Verlangen nachzuweisen, daß ausreichende Abschirmung vorgesehen worden ist, um jede Abstrahlung mit einem Pegel von mehr als 0,5 mR/h zu unterbinden. Dieser Wert gilt für jede beliebige Stelle in einer Entfernung von 5 cm von der Oberfläche des Gerätes. Er ist ungefähr 25 mal größer als die typischen Pegel von Hintergrundstrahlung und bezieht sich auf alle Arten von Bildschirmen für häuslichen oder industriellen Gebrauch, die mit einer Kathodenstrahlröhre oder anderen Elektronenröhren für Gleichrichtung oder Spannungsregelung ausgestattet sind.

Roentgenstrahlungsquellen in VDTs

Das am weitesten verbreitete elektronische Bauteil, in dem Roentgenstrahlen erzeugt werden können, ist die Hochleistungs-Vakuum-Röhre, in der unter der Einwirkung von Hochspannung ein Elektronenstrom von der Kathode zur Anode fließt. Grundsätzlich kann jeder Typ einer solchen Elektronenröhre, der mit einer Anodenspannung von mehr als etwa 5 kV arbeitet, Roentgenstrahlen erzeugen.

In einem VDT gilt das vor allem für die Kathodenstrahlröhre. Bei den in der Textverarbeitung verwendeten Sichtgeräten liegt die Betriebsspannung oder *Anodenspannung* gewöhnlich nicht höher oder meist sogar niedriger als in herkömmlichen monochromen Fernsehempfängern, d.h. zwischen ca. 12 und 20 kV. Dieser Wert ist die wichtigste Bestimmungsgröße für die Intensität der Roentgenstrahlung in einer Kathodenstrahlröhre.

Außerhalb dieses normalen Betriebszustandes der Kathodenstrahlröhre, insbesondere wenn die Anodenspannung die maximal zulässige Betriebsspannung der Röhre übersteigt, kann jedoch Roentgenstrahlung auftreten, dann meist durch den Hals der Röhre. Dies geschieht als Folge einer Hochspannungspanne oder eines Ableitstroms an der Elektronenkanone. Die so induzierte Strahlung ist unabhängig vom Strahlstrom. Die Röhrenhersteller sind gehalten, die maximale Spannungsdifferenz anzugeben, für die zugesichert werden kann, daß auch die Roentgenstrahlung durch den Hals der Röhre 0,5 mR/h nicht überschreitet.

Da schließlich die Absorptionseigenschaften des Anodenkontakts geringer sind als die des umgebenden Glases, wird zusätzliche Abschirmung vorgesehen, die den Austritt von Roentgenstrahlung durch diesen Kontakt verhindert.

Aufgrund nationaler Bestimmungen über Zulässigkeit der Roentgenstrahlungsaufnahme durch Arbeitspersonen — aber auch als Folge der in der Praxis von der Elektronikindustrie akzeptierten Normen — müssen CRT-Hersteller die Spannungswerte angeben, die beim Betrieb ihrer Bildröhren zur maximalen Emission von Roentgenstrahlung führen. Dies führte zu strengen Fertigungskontrollen, sowohl hinsichtlich der Wahl der Glassorten, aus denen Bildröhren hergestellt werden, als auch hinsichtlich der Röhrenleistungen und Prüfmethoden.

Die Strahlungseigenschaften von CRTs können auf verschiedene Art beschrieben werden, aber die beiden grundlegenden Methoden, die von JEDEC in den USA entwickelt wurden, sind besonders anschaulich und verständlich.

JEDEC-Roentgenstrahlungsbegrenzungskurve

Für eine bestimmte Röhre wird die in mR/h gemessene Strahlungsmenge durch die während des Betriebs auftretende Kombination von Anodenspannung und Strahlstrom bestimmt. Wenn man die Strahlungsmenge graphisch gegenüber der Anodenspannung für einen bestimmten Strahlstrom darstellt, so ergibt sich ein Diagramm von der in Abb. 1.23 gezeigten Art. Die Strahlungsemissions-Eigenschaften aller CRTs folgen dieser gleichen Grundform, aber ihre genauen Positionen im Diagramm variieren entsprechend den Absorptionseigenschaften des Röhrenglases.

Die Form der Kurve zeigt, wie schnell die Strahlungsmenge mit steigender Anodenspannung ansteigt; die Strahlungsmenge ist typischerweise proportional der *zwanzigsten* Potenz der Anodenspannung.

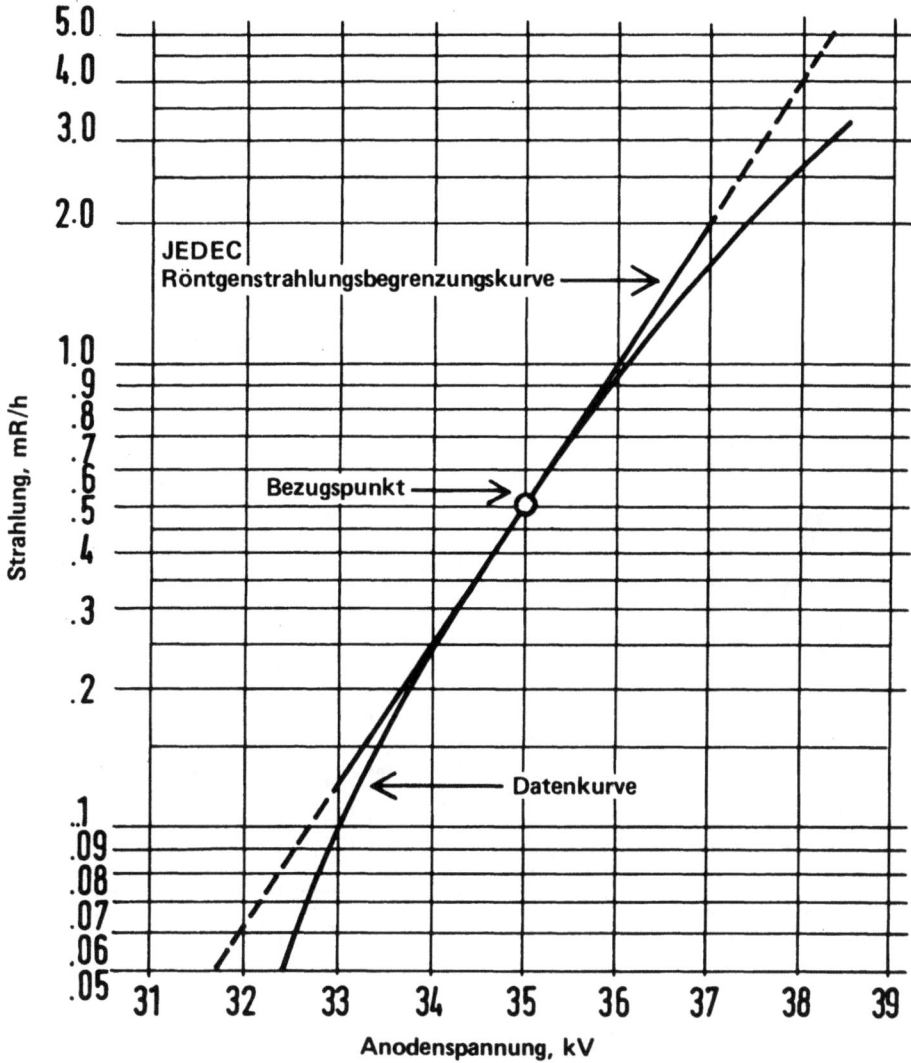

Abb. 1.23 Die Strahlungsemissionskurve für Schwarz/Weiß und für Farb-CRTs. Wenn die Kurve für eine typische CRT bekannt ist, so kann die Strahlung in mR/h für eine bestimmte Anodenspannung festgelegt werden, so daß man zulässige Spannungen für die CRT vorschreiben kann. Ref. J. 3

Solche Diagramme werden verwendet, um die zulässige Spannung einer bestimmten CRT zu bestimmen, und zwar in der Weise, daß man einen Referenzpunkt auf dem Diagramm sucht, der der angestrebten Strahlungsmenge entspricht. Da eine Strahlungsmenge von 0,5 mR/h üblicherweise das zulässige gesetzliche Limit für Roentgenstrahlung darstellt, wird dieser Wert oft als Konstruktionsleitwert bei der Auswahl von CRT-Gläsern angewandt. Dieser Wert war auch die Grundlage für die Definition der Referenzspannung von CRTs für Fernsehempfänger und Sichtgeräte.

Nachdem man den Bezugspunkt entsprechend einer Strahlungsmenge von 0,5 mR/h auf der Roentgen-Strahlungskurve gefunden hat, die der Röhrenhersteller mitliefert, zieht man eine gerade Linie tangential zur Kurve an der betreffenden Stelle: diese Linie nennt man *Begrenzungslinie*. Diese Begrenzungslinien entsprechen einem konstanten Strahlstrom von 300 Mikroampères bei Farbfernsehröhren und 250 Mikroampères für Schwarz-Weiß-Röhren.

Die Begrenzungslinien werden zur Festlegung der zulässigen Spannung für die CRT benutzt, und da die Begrenzungslinie tangential zur Datenkurve gezogen wird, sind abgelesene Spannungspegel, die entweder höher oder auch niedriger sind als die Referenzspannung, ebenfalls ungefährlich.

Die ISO-Strahlungsmengen-Kurve von JEDEC

Die sogenannte ISO-Strahlungsmengen-Kurve ist eine weitere nützliche Methode zur Darstellung der Roentgen-Strahlungseigenschaften einer CRT. Bei dieser Darstellungsform wird die Anodenspannung den entsprechenden Werten des Strahlstroms zugeordnet, so daß sich ein vorbestimmter und konstanter Wert der Strahlungsmenge ergibt. Das ergibt eine Kurve von der in Abb. 1.24 gezeigten Art. Der Hauptvorteil bei dieser Art Diagramm besteht in seiner Übersichtlichkeit: alle Kombinationen von Anodenspannung und Strahlstrom, die oberhalb der Kurve liegen, ergeben eine Überdosis an Roentgenstrahlung, während alle Kombinationen von Anodenspannung und Strahlstrom, die unterhalb der

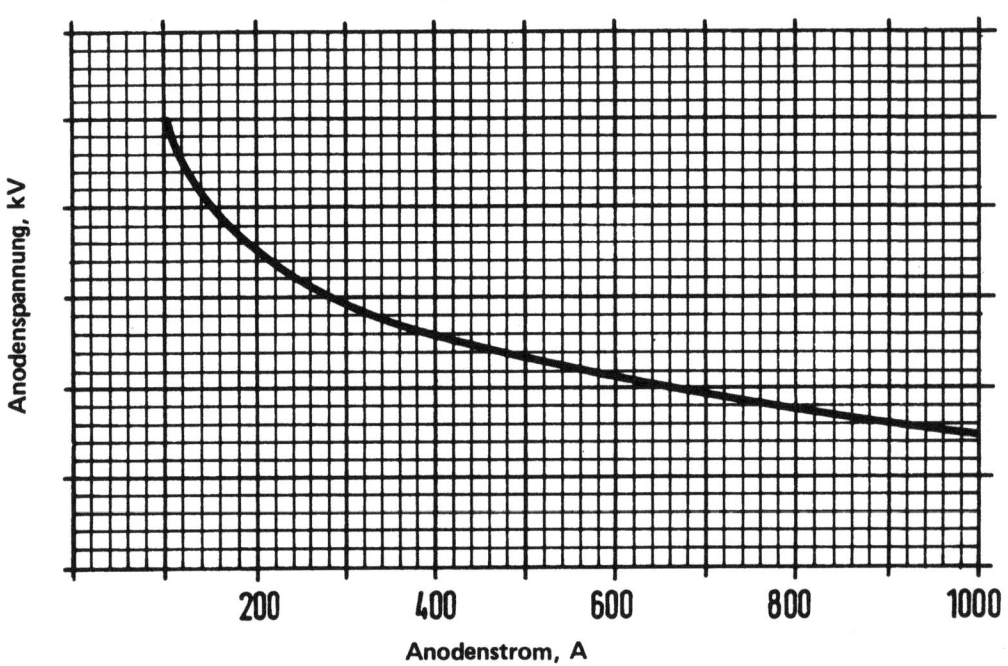

Abb. 1.24 Form der ISO-Strahlungsmengen-Kurve entsprechend bekannter Kombinationen von CRT-Anodenspannung und Strahlstrom. Dies ermöglicht, Werte von Anodenspannung und Strahlstrom zu vermeiden, die zu erhöhter Roentgenstrahlung führen würden. Ref. J. 3

Kurve liegen, Strahlungsmengen gewährleisten, die gleich dem vorgeschriebenen Wert oder geringer sind. Wie schon erwähnt, nimmt man gewöhnlich eine Strahlungsmenge von 0,5 mR/h als Zielwert für die Berechnung dieser Kurven, wozu man im übrigen die ausgemessene Roentgen-Strahlungskurve heranzieht. Bei Schwarz/Weiß-Kathodenstrahlröhren wird die Kurve mit einer Spannungstoleranz von ±2 kV um die vorher erwähnte Bezugsspannung erstellt. Bei Farbfernseh-Kathoden-Strahlröhren-Empfängern erstreckt sich die Stromspanne von 50 bis 2000 Mikroampères.

Röhren in der Hochspannungsstromversorgung

Vor der Entwicklung der Festkörpertechnik mußten die Konstrukteure Vakuumröhren einsetzen, um die Hochspannungsversorgung von Kathodenstrahlröhren in Bildschirmgeräten und Heimfernseh-Empfängern zu gewährleisten. Heute hat sich die Situation gewandelt. Verbesserungen in der Zuverlässigkeit von Festkörper-Bauteilen, gekoppelt mit deren Kompaktheit, sind die Hauptgründe dafür, daß die Festkörpertechnik die Vakuumröhre in der Steuerelektronik moderner Sichtgeräte verdrängt hat.

Dennoch enthalten einige ältere Typen von Bildschirmgeräten immer noch Röhren für die Spannungsgleichrichtung und -Regelung. In den frühen Stadien der Entwicklung von Computern und anderen elektronischen Geräten (z.B. auch Bildschirmterminals) stellte man fest, daß unter bestimmten Umständen von solchen Geräten Roentgenstrahlung ausgehen kann. Meistens trat eine solche Strahlung erst mit der alterungsbedingten Verschlechterung der Röhren-Elektroden auf. Diese Beobachtungen hatten zur Folge, daß Röhrenhersteller und Gerätekonstrukteure bessere Vorkehrung zur Abschirmung dieser Streustrahlung trafen. Glas mit wesentlich verbesserten Absorptionseigenschaften wurde nun allgemein angewendet, und Metallschirme dienten zusätzlich der Abschirmung der ganzen Röhreneinheit.

In allen modernen Datensichtgeräten ist die Hochspannungsversorgung vollständig in Festkörpertechnik ausgeführt. Damit gibt es in diesem Bereich keine Bauelemente mehr, die irgend eine Art von Roentgenstrahlung erzeugen könnten.

Alter und Funktionsstörungen des Datensichtgerätes

Wenn auch feststeht, daß unter normalen Betriebsbedingungen von einem Bildschirmgerät Roentgenstrahlung nur in vernachlässigbaren Mengen ausgeht, so ist doch die Frage berechtigt, ob man bei zunehmendem Alter des Geräts oder bei Funktionsstörungen mit einer Zunahme der Strahlung rechnen muß.

Betrachten wir zunächst die Kathodenstrahlröhre selbst. Solange die Anodenspannung nicht den für die Röhre zugelassenen Wert überschreitet, bleibt die abgegebene Roentgenstrahlung innerhalb der vorgeschriebenen Grenzen. Wird jedoch aus irgend einem Grunde die Anodenspannung auf ein Potential vermehrt, das wesentlich über dem zugelassenen Wert liegt, so könnte sich auch die Strahlungsdichte entsprechend vergrößern. Die Ursache hierfür könnte in der Fehlfunktion eines elektronischen Bauteils in der Hochspannungsversorgung zu suchen sein, zum Beispiel einem Gleichrichter oder dem Hochspannungstransformator. Bliebe aus diesem oder einem anderen Grund die Anodenspannung auf einem höheren als dem zugelassenen Potential, so wäre ein Spannungsüberschlag an der Elektronenkanone die Folge, und der damit entstehende Lichtbogen oder Spannungsabfluß würde zu höherer Strahlungsemission durch den Röhrenhals führen.

Aus diesem Grund ist der Röhrenhersteller gehalten, die maximale Spannungsdifferenz anzugeben, für die die Strahlungsmengen mit Sicherheit nicht 0,5 mR/h überschreiten, und zu gewährleisten, daß die gefährdete Zone genügend gut gegen höhere Strahlungsemissionen abgeschirmt ist. Wenn es auch in der Praxis eine — allerdings minimale — Möglichkeit gibt, daß eine solche Fehlfunktion vorkommt, so würde das im übrigen mit an Sicherheit grenzender Wahrscheinlichkeit bedeuten, daß das Gerät bis zur Behebung des Fehlers ohnehin ganz ausfallen würde.

Wenn eine Kathodenstrahlröhre altert, beginnen die Strahlung aussendenden Elektroden zu zerfallen. Streuteilchen breiten sich über die ganze Röhre als ungebundenes Gas aus. Wenn dies geschieht, sagt man zuweilen, die Röhre habe 'Gas gezogen'. Normalerweise dauert es viele Jahre bis sich dieser Zustand einstellt; wenn es aber geschieht, dann stören die Gaspartikel den Elektronenstrom oft so stark, daß die Darstellung auf dem Schirm unscharf wird.

Wegen der dann immer häufigeren Zusammenstöße zwischen Elektronenstrahl und Gaspartikeln dürfte die Roentgenstrahlungsdichte allerdings eher *abnehmen* als zunehmen.

Es wurde schon erwähnt, daß bestimmte Fehlfunktionen im Hochspannungsteil die Anodenspannung der CRT so beeinflussen könnten, daß höhere Strahlungsdichten theoretisch möglich werden — wobei allerdings das Datensichtgerät nahezu mit Sicherheit aufhören würde zu funktionieren. In einigen älteren Typen von Anzeigegeräten jedoch, und zwar denen mit Röhrengleichrichtern, könnte der Funktionsverfall des Gleichrichters unter bestimmten Umständen höhere Strahlungsdosen hervorrufen. Zwar ist das Spannungspotential zwischen den Röhrenelektroden sehr gering im Vergleich zu dem hohen Potential in der CRT — normalerweise zu gering, um Strahlungsmengen hervorzurufen, die nicht vollständig durch die Röhrenwandung absorbiert werden. In einer verbrauchten Röhre jedoch würde die Kathodenemission immer mehr abnehmen und damit ein zunehmend größeres Potential zwischen den Elektroden entstehen. Schließlich wäre ein Zustand denkbar, in dem die Röhrenwandung die Strahlung nicht mehr voll absorbieren könnte, so daß die Abstrahlungsmenge zunehmen würde.

Bei Hochspannungsteilen, die in Festkörpertechnik ausgeführt sind, besteht diese Gefahr nicht. Aber auch bei älteren Ausführungen würde eine Verschlechterung der Röhrenfunktion die Bereitschaft des Geräts so beeinträchtigen, daß es sehr bald ganz ausfallen würde.

Die Absorption von Roentgenstrahlen in CRTs

Da die Kathodenstrahlröhre ein evakuierter Glaskolben ist, müssen die Glaswände genügend dick sein, um dem atmosphärischen Druck auf die Oberfläche standzuhalten und so dem Risiko einer Implosion zu begegnen. Die erforderliche Wandstärke ergibt sich aus der mechanischen Festigkeit des gewählten Glases und aus der der Konstruktion zugrundegelegten Sicherheitsgrenze. Neben der mechanischen Festigkeit hat aber auch die Fähigkeit, Roentgenstrahlen zu absorbieren, Einfluß auf die Auswahl der Glasqualität.

Die Dämpfung von Roentgenstrahlen durch ein Absorptionsmaterial ist direkt proportional der Intensität der einfallenden Strahlung. Bezeichnet I_o die Strahlungsdichte am Anfang und I_x die Dichte der Roentgenstrahlen, die bis zu einer Tiefe x in das Absorptionsmaterial eingedrungen sind, so gilt die Formel:

$$I_x = I_o e^{-\mu x}$$

wobei die Konstante μ linearer Absorptionskoeffizient genannt wird.

Die Dicke des Absorptionsmaterials (hier des Glases), die erforderlich ist, um die Anfangsdichte um die Hälfte zu reduzieren, nennt man *Halbwertschicht*.

$$x_{0,5} = \frac{\ln 2}{\mu}$$

Bei den meisten Arten weicher Strahlung reicht eine Absorptionsschicht vom 8 bis 10fachen der Halbwertschicht aus, um die Strahlung praktisch vollständig zu absorbieren.

Glas wird durch Mischen vieler verschiedener Materialien hergestellt, wobei man eine bestimmte Kombination optischer und mechanischer Eigenschaften anstrebt. Mit anderen Worten, Glas ist ein zusammengesetzter Werkstoff, wobei jede einzelne Komponente Strahlung völlig unabhängig von den anderen Komponenten absorbiert. Für den Röhrenkonstrukteur ist es jedoch der lineare Absorptionskoeffizient μ_g der Glaszusammensetzung, der angibt, wie wirkungsvoll das Glas Roentgenstrahlen absorbiert und welche Dicke erforderlich würde, um eine bestimmte Strahlungsmenge zu absorbieren.

Vorausgesetzt, die Absorptionseigenschaften der verschiedenen Glaskomponenten sind bekannt, so kann der lineare Absorptionskoeffizient der Glaszusammensetzung μ_g hinreichend genau berechnet werden. Um diese Berechnung durchzuführen, wird der lineare Absorptionskoeffizient für eine bestimmte Strahlungswellenlänge als Produkt der Dichte ρ, und des sogenannten *Massenabsorptionskoeffizienten*, ω_g, für diese Wellenlänge definiert, so daß:

$$\mu_g = \rho \, \omega_g$$

Für eine Zusammensetzung wie Glas kann der Massenabsorptionskoeffizient berechnet werden, indem man die Wirkung der einzelnen Komponenten summiert, so daß:

$$\omega_g = \sum \omega_c f_c$$

wobei f_c den Gewichtsanteil jeder einzelnen Komponente bezeichnet.

Gemäß den Empfehlungen der JEDEC in den Vereinigten Staaten, ist es üblich, die Roentgenstrahlen-Absorptionseigenschaften von Fernsehglaskolben durch den linearen Absorptionskoeffizienten für eine Wellenlänge von 0,6 A.E. zu charakterisieren. Dies entspricht einer theoretischen Grenz-Strahlungsdichte im Roentgenstrahlungsspektrum für eine Anodenspannung von ungefähr 20 kV.

Zur Veranschaulichung des relativen Absorptionsvermögens einiger üblicher Glasbestandteile wurden die Massenabsorptionskoeffizienten für eine Anzahl von Stoffen in Abbildung 1.25 zusammengestellt. Diese Tabelle zeigt zum Beispiel, wie wirkungsvoll Bleioxyd mit seinem hohen Atomgewicht Roentgenstrahlen absorbiert.

Betrachten wir zum Beispiel eine Bildröhre, die mit einem Anodenpotential von 20 kV arbeitet. Die ausgestrahlte Dichte im Roentgenstrahlungsspektrum erreicht ihr Maximum bei einer Wellenlänge von 0,93 A.E. Die Strahlungsenergie bei dieser Wellenlänge würde ungefähr 13,3 kV betragen und eine Halbwertschicht von ca. 0,3 mm Dicke erfordern, und zwar aufgrund der Absorptionseigenschaften von Pyrex-Glas. Angenommen, daß eine Dicke vom ungefähr 10fachen der Halbwertschicht ausreichen würde, die Strahlung vollständig zu absorbieren, so wäre eine Wandstärke von 3 mm erforderlich. Tatsächlich findet man aber Wandstärken zwischen 10 und 15 mm auf der Schirmseite der Bildröhre und Wandstärken zwischen 5 und 6 mm am Röhrenhals (siehe Abb. 1.26). Diese Stärken bedeuten eine sehr hohe Sicherheitsreserve gegen das Risiko eines Austritts von Roentgenstrahlen an irgend einer Stelle der Röhre. Am Röhrenhals, wo die Strahlungsmenge im Falle eines Spannungsüberschlages ansteigen könnte, wird ausnahmslos ein Glas mit hohem Bleigehalt (durchschnittlich bei 40 Gew.%) als zusätzliche Schutzmaßnahme gewählt.

Material	ω_c	Material	ω_c
TiO_2	9,12	CeO_2	25,3
Al_2O_3	2,11	As_2O_3	33,2
Li_2O	0,55	Rb_2O	54,5
Na_2O	1,69	SrO	53,4
K_2O	8,45	BaO	25,1
MgO	1,92	PbO	82,9
SiO_2	2,34	Sb_2O_3	18,2
F	1,20		

Abb. 1.25 Massenabsorptionseigenschaften für Glasbestandteile für eine Strahlungswellenlänge von 0,6 A.E. Ref. J. 3

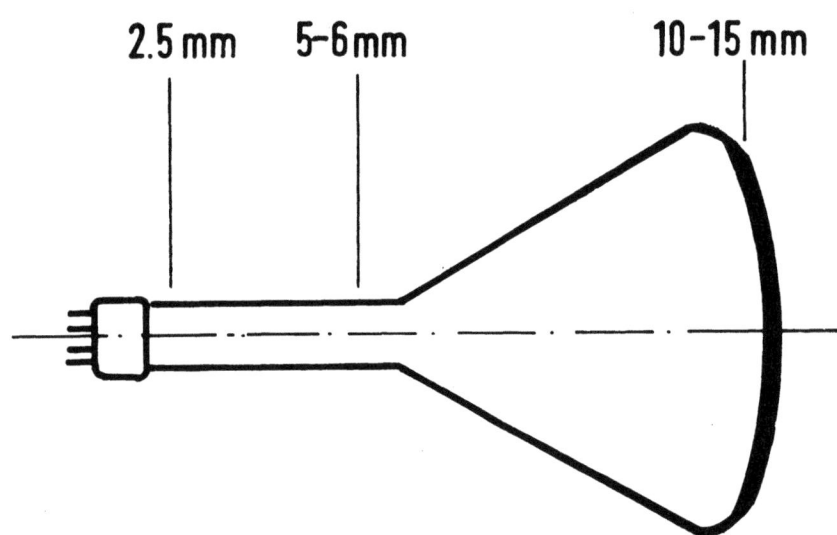

Abb. 1.26 Typische Wandstärken von CRT-Glaskolben. Im Kolbenhals Glas mit etwa 40% Bleigehalt.

Roentgenstrahlungsmessungen an VDTs

In den letzten Jahren haben sich viele nationale Arbeitsschutzbehörden und Industrieverbände zusammengetan, um die Ergebnisse von Strahlungsmessungen zu analysieren, die sie selbst in Auftrag gegeben hatten oder die von verschiedenen Herstellern von Glaskolben, von CRTs oder von Sichtgeräten durchgeführt worden waren. Aufgrund der ausgetauschten Daten wurden die notwendigen Kontroll- und Prüfverfahren festgelegt, um die CRT-Hersteller in die Lage zu versetzen, den einschlägigen Sicherheitsbestimmungen zu entsprechen.

Dieses Datenmaterial stammt meist von Messungen, die an Schwarz/Weiß- und Farb-Fernsehempfängern gemacht wurden. Da jedoch die CRTs in Datensichtgeräten in vielen Fällen identisch sind mit den Bildröhren in Heimfernsehern, sind diese Ergebnisse auch im vorliegenden Zusammenhang relevant.

Die JEDEC hat kürzlich einen Überblick über die Strahlungseigenschaften in den Vereinigten Staaten hergestellter CRTs veröffentlicht. Die Ergebnisse dieser Tests zeigten bis auf wenige Ausnahmen, daß die einer Strahlendosis von 0,5 mR/h *) entsprechende Anodenspannung größer als 20 kV war. Ebenso waren auch die Anodenspannungen, die der typischen Strahlungsdosis bei Hintergrundstrahlung entsprechen, d.h. ca. 0,02 mR/h, größer als 20 kV.

Aus diesen Beobachtungen kann man wohl folgern, daß ein Datensichtgerät, das sonst völlig in Festkörpertechnik ausgeführt ist und mit einer Anodenspannung von weniger als 20 kV arbeitet, keine meßbare Roentgenstrahlung über die normale Hintergrundstrahlung hinaus erzeugt.

Im Verlauf der vorliegenden Untersuchung wurde eine Befragung bei Herstellern von VDTs für Textverarbeitung durchgeführt, mit dem Ergebnis, daß alle vorhandenen VDTs den örtlichen Sicherheitsbestimmungen entsprechen. Einige Ergebnisse dieser Übersicht werden in Abb. 1.27 dargestellt.

Terminal	Röntgenstrahlung (mR/h)	Anodenspannung (V)	Quelle
IBM 3277			Philadelphia Newspapers
Ferranti 38B/1090		16 kV/100 A 16 kV/200 A	Ferranti Ltd.
Siemens 8150 Siemens 8151 Siemens 8152	< 0,2	10kV	Bayerisches Landesinstitut fuer Arbeitsschutz
Dymo DELTA 5000		18kV/250 A	Clinton Electronics
Harris 1100 Harris 1500 Harris 1600			University of Florida
Atex EDIT I Atex EDIT II Atex EDIT V			Atex Inc.
Linoscreen 300			Linotye-Paul
Hendrix Edit III			Hendrix
Teleram P1800			Teleram Communication Corp.
Compugraphic Unified Composer			Compugraphic Corp.

Abb. 1.27 Strahlungsmessungen an einigen VDTs für Textverarbeitung. Beachte: Die Strahlungswerte sind so gering, daß es schwierig ist, sie genau zu messen.

*) *Diese Forderung ist in DHEW-42-CFR-Part 78 enthalten. Ähnliche Anforderungen gibt es überall in Europa.*

DAS BILDSCHIRMGERÄT ALS SYSTEM-KOMPONENTE

VDTs werden nicht für sich allein benutzt. Gewöhnlich sind sie Teil eines *Systems* für Daten- oder Textverarbeitung. Um die benutzerbezogenen Aspekte bei Konstruktion und Anwendung eines VDTs zu verstehen, muß man auch die Rolle betrachten, die das Datensichtgerät als Systembestandteil spielt.

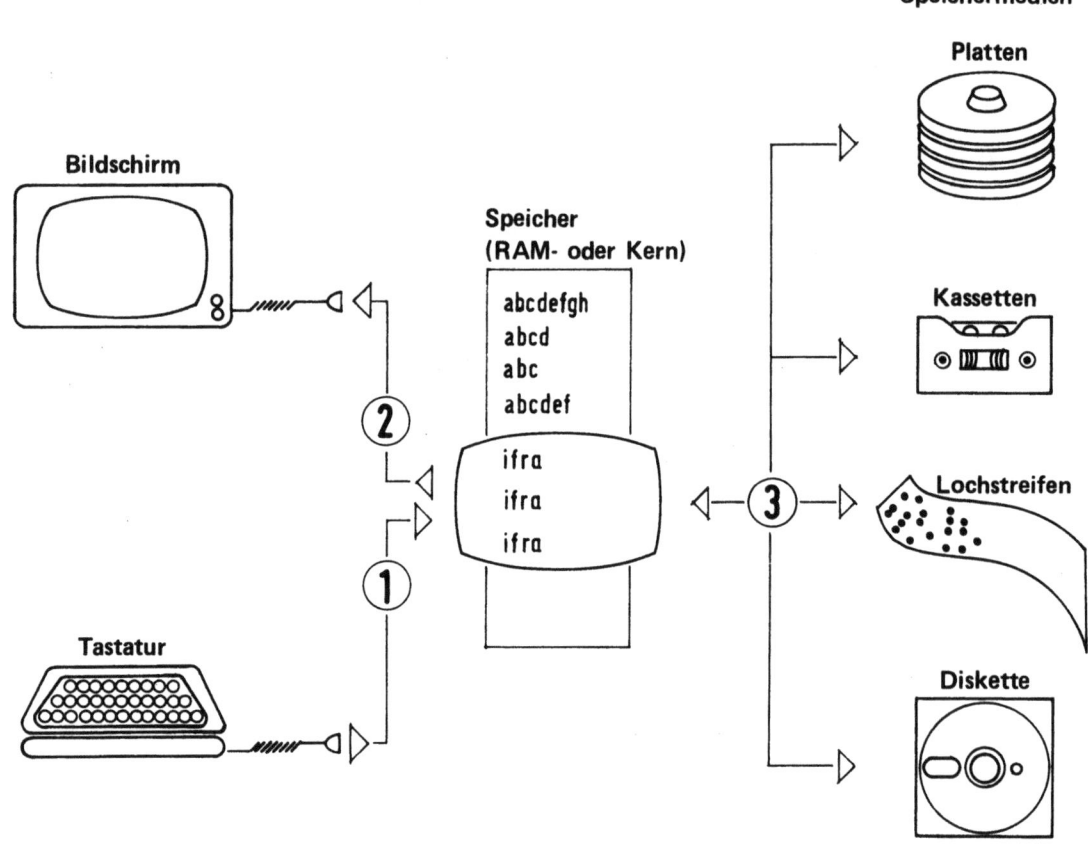

Abb. 1.28 Wesentliche Komponenten eines Systems für Eingabe, Redigieren und Speichern von Text. Ref. K. 26

Ungeachtet der Größe und der Anwendungsart eines Systems kann das Bildschirmterminal folgende Aufgaben übernehmen:

- Eingabe von Daten und Texten oder Befehlen in das System,
- Wiederaufrufen und Durchsicht der gespeicherten Information, entweder in Rohform oder in verschiedenen Verarbeitungsstufen,
- Redigieren und Korrigieren von Daten/Text mit Hilfe der internen Verarbeitungskapazität *des Terminals* oder der angeschlossenen Kapazität des Computers,
- Zuweisung der verarbeiteten Information zur Weiterverarbeitung, entweder direkt oder indirekt, d.h. über die interne Speicherkapazität des zentralen Rechners oder über einen Zwischenspeicher, z.B. Lochstreifen, Magnetband, Kassette, Floppy-Disk.

In den meisten praktischen Anwendungsfällen bieten VDT-Systeme den Vorteil einer hohen Verarbeitungsgeschwindigkeit, verbunden mit genauem Arbeiten und einem hohen Wirkungsgrad vor allem bei der Verarbeitung großer Datenmengen, die von verschiedenen Datenquellen und zu unterschiedlichen Zeiten eingehen.

Beim Entwurf eines VDT-Systems für eine *bestimmte Aufgabe* sollte man drei Hauptfaktoren gleich zu Beginn betrachten:

- Die Arbeitselemente, die *grundlegend* für die durch das System auszuführende Aufgabe sind,
- *Zusätzliche* Abläufe und Einrichtungen, die zwar nicht grundlegend für die Aufgabe sind, die aber die Geschwindigkeit und Effizienz der Ausführung verbessern könnten, und
- die Wahrscheinlichkeit, daß sich die Anforderungen zu einem späteren Zeitpunkt einmal *ändern* könnten und daß dadurch eine Änderung der System-Konfiguration notwendig wird.

Mit anderen Worten, der Planer muß die Grundanforderungen der Aufgabe betrachten, er muß die Frage untersuchen, ob und wie weit sich diese Anforderungen allein schon durch den Einsatz des Systems ändern könnten oder sollten, und schließlich, wie die Aufgabe selbst sich mit der Zeit ändern könnte.

Die nächste Gruppe von Faktoren, die in Betracht zu ziehen sind, betreffen die Verarbeitungsgeschwindigkeit des Systems, seine Möglichkeiten, die Leichtigkeit der Benutzung und schließlich seine Zuverlässigkeit. All dies hängt nicht nur von der Software und von den Hauptbestandteilen der System-Hardware ab, z.B. den Endgeräten, den Steuereinheiten, dem zentralen Rechner, sondern auch von:

- Der *'Intelligenz'* der VDTs und anderer Teile des Systems,
- der Struktur der Leistungsfähigkeit und der Zuverlässigkeit des *Kommunikationsnetzes*, d.h. der Übertragungsleitungen und der Schnittstellen, über die die Terminals mit dem Zentralrechner oder anderen Systembestandteilen verbunden sind, z.B. Steuereinheiten, Druckern usw. und
- der *Konfiguration* der Endgeräte, d.h. der Art und Weise, in der sie einzeln oder in Gruppen an den Zentralrechner angeschlossen sind.

Das 'intelligente' Terminal

Noch bis vor kurzem wurden Computersysteme oft für eine bestimmte Aufgabe fest 'verdrahtet', in dem Sinne, daß die elektronischen Schaltkreise im Computer für diese und nur diese Aufgabe ausgelegt wurden. Die spätere Übernahme zusätzlicher Abläufe oder auch nur die Anpassung an veränderte Anforderungen erforderte ausgedehnte Änderungen in den Schaltungen, die gewöhnlich mit hohen Kosten verbunden waren. Lange Jahre war dadurch die Verwendbarkeit eines Computersystems auf Aufgaben beschränkt, in denen die Grundoperationen oder *Algorithmen* unverändert blieben (z.B. mathematische Berechnungen).

Mit der Einführung der Halbleitertechnologie jedoch wurden die Kosten sowohl der Verarbeitungskapazität als auch der Datenspeicherung wesentlich herabgesetzt. Dadurch ergaben sich gänzlich neue Möglichkeiten.

Der anfängliche Trend war, die Intelligenz eines Systems insgesamt zu erhöhen, indem man im Computer selbst eine größere Vielfalt von Möglichkeiten bereitstellte. Diese *zentralisierte Intelligenz* bot zwei praktische Vorteile:

- Durch Erhöhung der Intelligenz der Zentraleinheit wurde gleichzeitig die Intelligenz für alle angeschlossenen Terminals erhöht und
- es konnten relativ einfache und weniger kostspielige Terminals benutzt werden.

Die Hauptnachteile einer vollständig zentralisierten Intelligenz liegen jedoch auf der Hand, wenn man an einen Ausfall der zentralen Verarbeitungseinheit denkt. In diesem Fall legt dieser Ausfall das ganze System so lange still, bis der Rechner wieder einsatzbereit ist.

Um die Zuverlässigkeit der Systeme zu verbessern und gleichzeitig den Übertragungsaufwand zu reduzieren, geht der heutige Trend in Richtung dezentralisierter oder *verteilter Intelligenz*.

Dies wurde durch die Entwicklung der Mikroprozessoren erleichtert, die im Terminal selbst oder in anderen Bestandteilen der Anlage untergebracht werden können (z.B. in den Terminalkontrollern, in den Multiplexern usw.) um den Hauptrechner von einem Teil der Anforderungen zu entlasten und einen Teil der Datenübertragung überflüssig zu machen.

Das Wort 'intelligent' ist ein gängiges Adjektiv geworden, wenn es darum geht, die Leistungsfähigkeit von Systembestandteilen, und nicht zuletzt des Terminals selbst, zu beschreiben. Die meisten alphanumerischen Bildschirme sind heute 'intelligent', wenn auch in unterschiedlichem Maße. Die redaktionellen Grundfunktionen können gewöhnlich im Terminal selbst ausgeführt werden. Dies bedeutet, daß weniger Übertragungen zum und vom Zentralcomputer erforderlich sind. Ferner erlaubt die interne Verarbeitungs- und Speicherkapazität des Terminals im Falle eines Ausfalls der Zentrale in gewissem Umfang eine Weiterarbeit 'off-line'.

INFORMATIONSAUSTAUSCH

Datenübertragung

Die Übertragungsverbindung zwischen Bildschirmarbeitsplatz und Rechner ist gewöhnlich eine feste Datenleitung. Bei dezentralen Arbeitsplätzen ist dies meist eine Sprechleitung, d.h. eine Telefonleitung, die entweder direkt oder über ein *Modem* *) die Terminalübertragungsschnittstelle mit dem Computer verbindet.

In manchen Terminals ist das Modem bereits fest eingebaut. In diesem Fall kann das Terminal direkt an die Telefonleitung angeschlossen werden. Üblicherweise ist jedoch das Modem eine separate Einheit.

Tragbare Terminals verwenden meist einen *akustischen Koppler*, der das Terminal mit Hilfe eines ganz gewöhnlichen Telefonhörers und durch Wählverbindung über eine öffentliche Telefonleitung mit dem zentralen Rechner verbindet.

Übertragungsart

Der Datenaustausch zwischen dem Terminal und dem Zentralcomputer erfolgt entweder im *Halb-Duplex-Betrieb* (Information kann zwar in beiden Richtungen übertragen werden, aber nicht gleichzeitig) oder im *Voll-Duplex-Betrieb* (Daten können gleichzeitig in beiden Richtungen übertragen werden).

Wenn die Außenstelle nur der Eingabe dient, z.B. Übermittlung vom tragbaren Terminal eines Reporters im Außendienst zur Zentralredaktion, dann reicht die Übertragung in eine Richtung aus, der sogenannte *Simplex-Betrieb*.

Textverarbeitungssysteme können für Halb-Duplex oder für Voll-Duplex-Betrieb ausgelegt sein. Wenn es auch selten notwendig sein mag, gleichzeitig in beiden Richtungen zu

---

*) *Modem = modulator – demodulator*

übertragen, so bietet die Voll-Duplex-Übertragung doch den Vorteil kürzerer Antwortzeiten. Die Übertragungsleitungen müssen dann ohnehin Voll-Duplex-Leitungen sein, wenn das Terminal gepuffert ist und Meldungen vom Zentralrechner oder irgend einer anderen Datenquelle empfangen soll, während eine Übermittlung läuft.

Die Übertragung der Datenleitungen kann 'synchron' oder 'asynchron' sein.

Bei *asynchroner* Übertragung kann das Zeitintervall zwischen der Übertragung aufeinanderfolgender Zeichen verschieden sein. Bei *synchroner* Übertragung andererseits ist die Folge, in der das Terminal Daten überträgt, mit der Empfangsseite am Computer synchronisiert und das Zeitintervall zwischen den Zeichen bleibt immer konstant. In diesem Fall wird ein Zeittakt mitübertragen, um vollständige Synchronisation zu gewährleisten.

Die meisten Terminals für Textverarbeitung sind mit eigener Speicherkapazität ausgestattet, so daß die Datenübertragung vom Terminal zur Zentraleinheit blockweise oder meldungsweise erfolgen kann, anstatt Zeichen für Zeichen. Dies bedeutet, daß die Übertragungszeit nicht von den langen und unterschiedlichen Zeitintervallen abhängt, die für die Eingabe der einzelnen Zeichen benötigt werden — so wie es noch oft bei Fernschreibverbindungen der Fall ist. Dadurch können synchrone, schnellere Übertragungsarten benutzt werden.

Übertragungsgeschwindigkeit

Im Außenstellenbetrieb sind die Bildschirme mit dem Computer meist durch eine Telefonleitung mit Sprachqualität verbunden, die normalerweise die Übertragungsgeschwindigkeit auf 4800 Baud (etwa 500 Zeichen/Sekunde) oder weniger beschränkt. Höhere Geschwindigkeiten, aber selten mehr als 9600 Baud, sind auf eigenen oder gemieteten Standleitungen möglich.

Um die Effizienz der Datenübertragung in einem verzweigten System zu verbessern, schaltet man die Übertragungsleitungen gewöhnlich so, daß möglichst viele Daten so schnell wie möglich über die geringste Anzahl von Leitungen übertragen werden. In den meisten Fällen erreicht man das, wenn man die Terminals in Gruppen zusammenfaßt, wobei jede Gruppe mit der zentralen Verarbeitungseinheit über eine schnelle Voll-Duplex-Leitung verbunden ist.

Je nach Anwendungsfall kann man die Leistungsfähigkeit des Kommunikationssystems noch weiter verbessern, wenn man Duplex-Übertragung mit unterschiedlichen Geschwindigkeiten vorsieht, d.h. Übertragung mit niedriger Geschwindigkeit vom Terminal zur Zentraleinheit und Übertragung mit hoher Geschwindigkeit in der umgekehrten Richtung.

Berechtigungsprüfung, Fehler- und Paritätsprüfung

Ist die Verbindung zwischen Terminal und Zentralprozessor hergestellt, so gibt es drei grundlegende Arten, wie eine Meldung *überprüft* werden kann:

- Überprüfung der Berechtigung des Benutzers
- Überprüfung auf Fehler in den Steuer- und Funktionscodes, wie sie zum Beispiel durch Vergessen eines Kommandoanschlags entstehen können und
- Überprüfung auf Fehler in der Zeichencodierung, die entweder auf Leitungsstörungen oder Gerätestörung auf der Sendeseite (VDT) oder der Empfangsseite (Zentraleinheit) zurückzuführen sind.

Aus Sicherheitsgründen kann man den Zugriff zu bestimmten Informationen oder Funktionen auf einen begrenzten Benutzerkreis beschränken. Ihre Identität muß dem System bekanntgegeben und von ihm bestätigt werden, bevor die Benutzung freigegeben wird. Dies geschieht gewöhnlich durch ein Kennwort, das nur dem Benutzer und dem System bekannt ist. In manchen Fällen ist die Kennung eine Folge von Anschlägen, in anderen ist das Kennwort auf einer Ausweiskarte — gewöhnlich eine Plastikkarte mit einem Magnetstreifen — als Code verschlüsselt. Diese Ausweiskarte wird am Terminal selbst in ein besonderes Lesegerät eingeschoben.

Übertragungsfehler können auf vielfältige Weise entdeckt werden. die einfachste ist die *Paritäts-Prüfung*. In diesem Fall wird in jeden ungeraden Zeichencode ein zusätzliches Bit eingefügt, so daß jedes Byte eine gerade Anzahl von Stellen enthält. Diese Prüfung schützt vor Fehlern, die durch fehlerhafte Zufügung oder Unterdrückung von Impulsen bei der Übertragung entstehen. Für viele Anwendungen ist sie ausreichend zuverlässig, aber es gibt auch verfeinerte Fehlerprüfroutinen, die die Zuverlässigkeit der Fehlererkennung weiter verbessern.

Systemantwortzeiten

Im Idealfall sollte ein textverarbeitendes VDT-System 'sofort' auf jeden Tastenbefehl antworten. In der Praxis jedoch gibt es immer eine Zeitverzögerung oder Wartezeit zwischen der Eingabe des Befehls und der Ausführung auf dem Bildschirm. Diese Wartezeit wird *Systemantwortzeit* genannt und wird bestimmt durch:

- die Verarbeitungskapazität des Systems,
- die Belastung des Systems zur Zeit der Anforderung,
- die Art der erteilten Aufgabe nach Komplexität und Umfang,
- die Verarbeitungs- und Speicherkapazität des VDT,
- Übertragungsverzögerungen.

System-Kapazität

Die Verarbeitungskapazität des Systems bezieht sich auf:

- die Anzahl der Befehle, die das System gleichzeitig bearbeiten kann,
- die Geschwindigkeit, mit der es jeder Anforderung nachkommen kann, einschließlich der Zugriffszeit auf den benötigten Speicherbereich.

Systembelastung

Natürlich wird die Wartezeit um so größer sein, je mehr Terminals auf Bedienung durch die Zentraleinheit warten.

Während der Spitzenzeiten vor dem Redaktionsschluß für eine Zeitungsausgabe zum Beispiel nimmt die Belastung eines Redaktions- und Satz-Systems mit der wachsenden Anzahl von Beiträgen zu, für die nach redaktioneller Bearbeitung Zeilenausschluß, Silbentrennung und schließlich Satzherstellung laufen müssen. In der Praxis ist die Spitzenkapazität (nach Anzahl, Abfolge und Umfang der auszuführenden Arbeiten) ein ausschlaggebender Faktor für die Bestimmung der Verarbeitungskapazität des zentralen Rechners, der Terminalkontroller und der einzelnen Terminals, sowie für Struktur und Leistung des Übertragungsnetzes.

Ständige Verzögerungen aufgrund langer Wartezeiten oder völliger Systemausfälle sind oft der Grund für Verärgerung und Unmut bei den Benützern.

Art der Anforderung

Nicht alle Textverarbeitungs-Befehle brauchen gleich viel Zeit und Speicherplatz. Viele, wie Löschen oder Einfügen eines Zeichens oder einer Reihe von Zeichen, fordern deutlich weniger Verarbeitungszeit und -Kapazität als beispielsweise das *Ausschließen* und *Silbentrennen* eines vollständigen Beitrages oder das Aufrufen eines Artikels aus dem Speicher. Bei den meisten Textverarbeitungs-Systemen können einfache Redigierfunktionen im Terminal selbst verarbeitet werden, also ohne Zugriff auf die Kapazität des zentralen Rechners und ohne entsprechende Datenübertragungs-Abläufe.

Wenn die Erledigung einer bestimmten Aufgabe den Dialog zwischen Terminal und Zentraleinheit erforderlich macht, dann kann man davon ausgehen, daß die Wartezeiten um so länger werden, je größer der Umfang oder die Komplexität der abzuarbeitenden Aufgaben wird.

Die Verarbeitungskapazität des VDTs

Die interne Speicherkapazität eines VDTs liegt gewöhnlich zwischen 1 000 und 10 000 Zeichen. Größere Kapazitäten können gewöhnlich durch Hilfsspeicher (wie Magnetband-Kassetten oder Floppy-Disks) zur Verfügung gestellt werden. Manche Systeme bieten auch zusätzliche Speicherkapazität in den Terminalkontrollern.

Auf der niedrigsten Stufe ist die interne Verarbeitungleistung eines VDTs auf die Funktionen beschränkt, die im Tastenfeld festgelegt sind. Sie können durch programmierbare logische Bauteile erweitert werden. Soweit zumindest einfache Redigierbefehle intern abgewickelt werden können, ist die Antwortzeit durch die Verarbeitungsgeschwindigkeit des VDTs und durch die Schreibgeschwindigkeit auf dem Schirm bestimmt.

Übertragungsverzögerungen

Die Geschwindigkeit, mit der das VDT an die zentrale Verarbeitungseinheit senden und von ihr empfangen kann, hat wesentlichen Einfluß auf die Antwortzeiten. Im allgemeinen kann die Übertragungszeit in zwei Teile zerlegt werden:

- Die echte Übertragungszeit für das Senden von Daten vom Terminal zur Zentraleinheit (direkt oder über einen Kontroller) und umgekehrt;
- die Abrufzeit oder Verweilzeit, d.h. die Zeit, die dadurch verloren geht, daß die Zentraleinheit Routineabfragen aller VDTs oder Konzentratoren machen muß, um das System unter Kontrolle zu behalten.

Je nach 'Intelligenz' der Steuereinheit kann die Übertragungsgeschwindigkeit vom VDT zum Computer und umgekehrt durchaus verschieden sein. Wenn die Daten einen großen Verarbeitungsaufwand erfordern, ist es nicht ungewöhnlich, VDTs zu wählen, in denen das Tastenfeld (Sender) und der Schirm (Empfänger) logisch getrennte Elemente darstellen. Bei einem solchen *Parallel-Anschluß* wird die Tastatur mit dem Rechner über eine serienmäßige Schnittstelle für niedrige Geschwindigkeiten verbunden, während der Bildschirm über eine Schnittstelle für hohe Geschwindigkeiten, gewöhnlich 4800 oder 9600 Baud, angeschlossen wird.

DAS TERMINAL IM SYSTEM

On-line und off-line- Verarbeitung

VDTs können in einem System auf dreierlei Weise arbeiten: on-line, off-line und on/off-line.

Wenn der Bildschirm on-line an die Zentraleinheit angeschlossen ist, dann hat man vom Bildschirm aus bei Bedarf direkten Zugriff zum Rechner. Wenn man das VDT off-line benutzt, dann werden die eingegebenen Daten zunächst auf einen Zwischenspeicher gebracht, z.B. Lochstreifen, Magnetband oder Floppy-Disk. Die Daten werden dann nach Bedarf an die Zentrale übertragen oder physisch transportiert.

Wenn das Terminal keine eigene Verarbeitungs- oder Speicherkapazität hat, dann kann es nur in Verbindung mit der Zentraleinheit benutzt werden. Das heißt aber auch, daß *im Falle einer Störung im Hauptrechner am Terminal nicht weitergearbeitet werden kann*. Hat das Bildschirmgerät dagegen seine eigene Verarbeitungs- und Speicherkapazität, dann ist die Bedienung nicht unmittelbar mit der Verfügbarkeit des Zentralcomputers verbunden. In diesem Fall kann bei einer Systemstörung off-line weitergearbeitet werden.

Abb. 1.29 Terminal im on-line-Betrieb: die am VDT eingegebenen Daten werden direkt zum Computer gesendet und die Anlageverfügbarkeit wird durch die Verfügbarkeit des Zentralcomputers bestimmt.

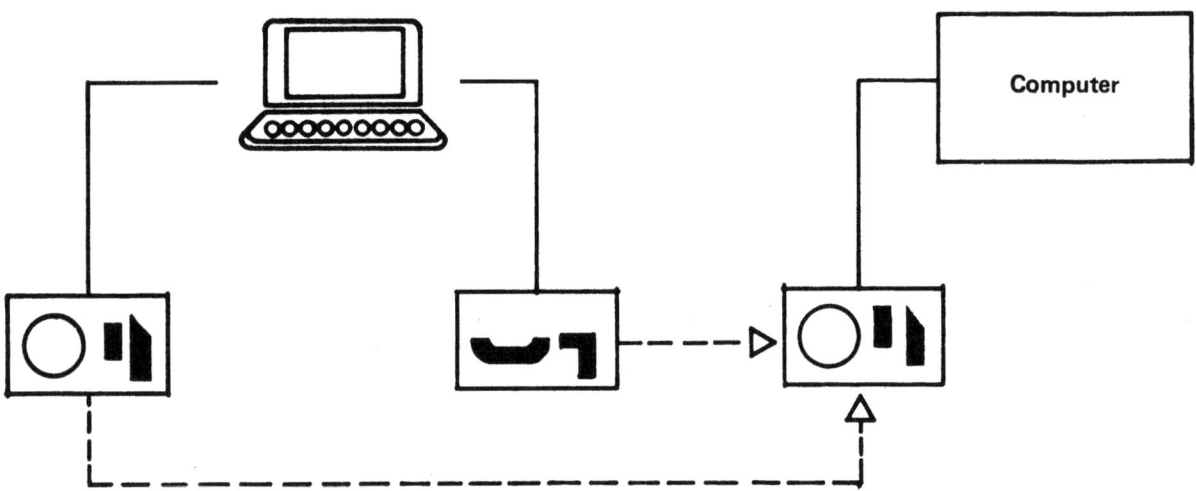

Abb. 1.30 Off-line-Terminal-Betrieb: Am VDT eingegebene Daten werden entweder intern oder in einem externen Zwischenspeicher gespeichert. Die Daten werden nach Bedarf zur Zentrale gesendet oder physisch dorthin transportiert.

Manchmal kann es praktisch sein, in einem System nach Bedarf on-line oder off-line zu arbeiten. Das ist möglich, wenn man die Terminals oder Terminalgruppen wahlweise direkt mit dem Computer verbinden oder auf einen Zwischenspeicher ausgeben kann.

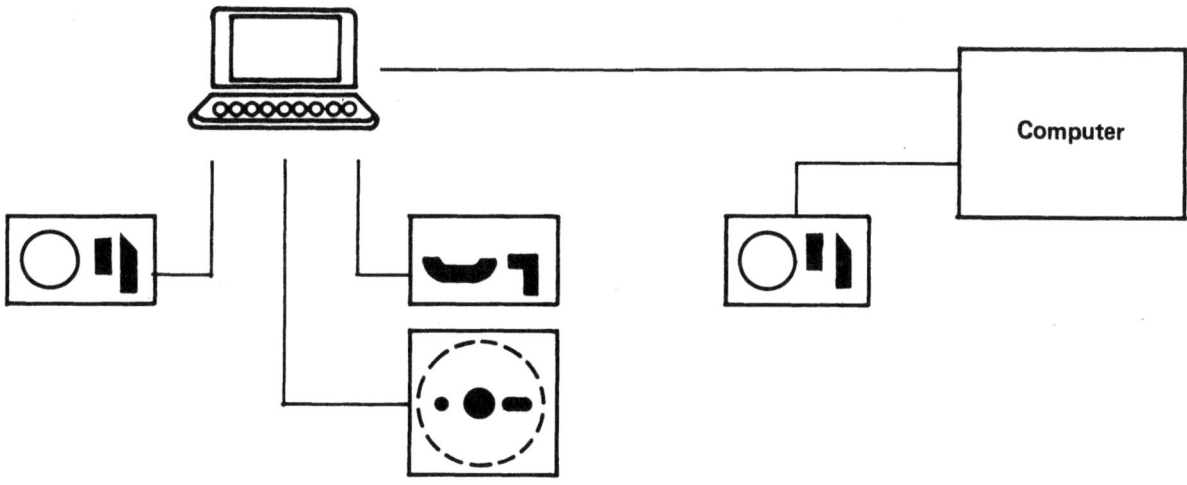

Abb. 1.31 On/off-line-Terminal-Betrieb: Wahlweise on-line- und off-line-Übertragung.

Tragbare Bildschirmgeräte

Manche Einsatzarten bei der Berichterstattung für Zeitungen, z.B. Reportagen über Sportveranstaltungen und andere Direktberichte vom Ort eines Geschehens, verlangen geradezu nach einem Ferneingabe-Terminal, mit dem der Reporter seinen Beitrag direkt in den Redaktionscomputer eingeben kann. Solche *tragbaren Terminals* sind überallhin mitzuführen und können aus jeder Steckdose betrieben werden, oder wenn notwendig auch aus einer Autobatterie.

Der Inhalt des Arbeitsspeichers wird blockweise auf einer Magnetbandkassette festgehalten. Von dort erfolgt die Übertragung an den zentralen Rechner von irgend einem Telefon mittels eines eingebauten akustischen Kopplers.

Empfangsseitig wird das Signal aufgenommen und einem Drucker, Streifenlocher, Magnetbandrekorder, einem anderen VDT oder direkt dem Speicher der Zentraleinheit zugeführt.

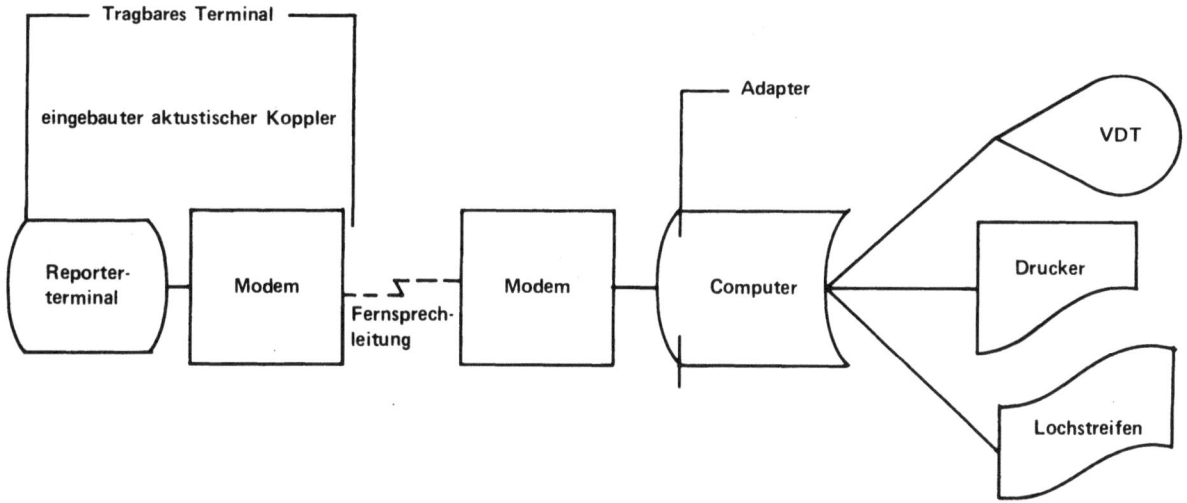

Abb. 1.32 Blockdiagramm für ein tragbares Terminal in Verbindung mit einem System. Terminals dieser Art werden für Berichte vom Ort eines Geschehens benutzt.

Einzelterminals und Terminalgruppen

Man unterscheidet oft zwischen Einzelterminals und Gruppenterminals, abhängig von Art und Umfang des Datenverkehrs, der in dem System abgewickelt werden muß, und von der Intelligenz der Terminals selbst. Diese Unterscheidung ist jedoch nicht ganz eindeutig. Sogenannte 'Einzelterminals' können durchaus in Gruppen zusammengefaßt sein.

Mit den Ausdrücken 'einzeln' und 'Gruppe' beschreibt man besser die Systemkonfiguration als die Eigenschaften der Terminals selbst, obwohl es hier natürlich logische Zusammenhänge gibt.

Einzelterminals sind direkt mit der Zentraleinheit verbunden. Bei Außenstellen erfolgt diese Verbindung über ein Modem und eine Telefonleitung.

Um die Übertragungskosten zu senken, sind jedoch die Terminals in größeren Systemen meist in Gruppen um eine Terminal-Steuereinheit angeordnet. Dabei haben die Terminals jeder Gruppe eine gemeinsame Übertragungsleitung von der Steuereinheit zum Hauptrechner. Um die Ausnutzung der Leitung noch weiter zu verbessern, kann man zusätzlich noch Einzelterminals aufschalten, siehe Abb. 1.33.

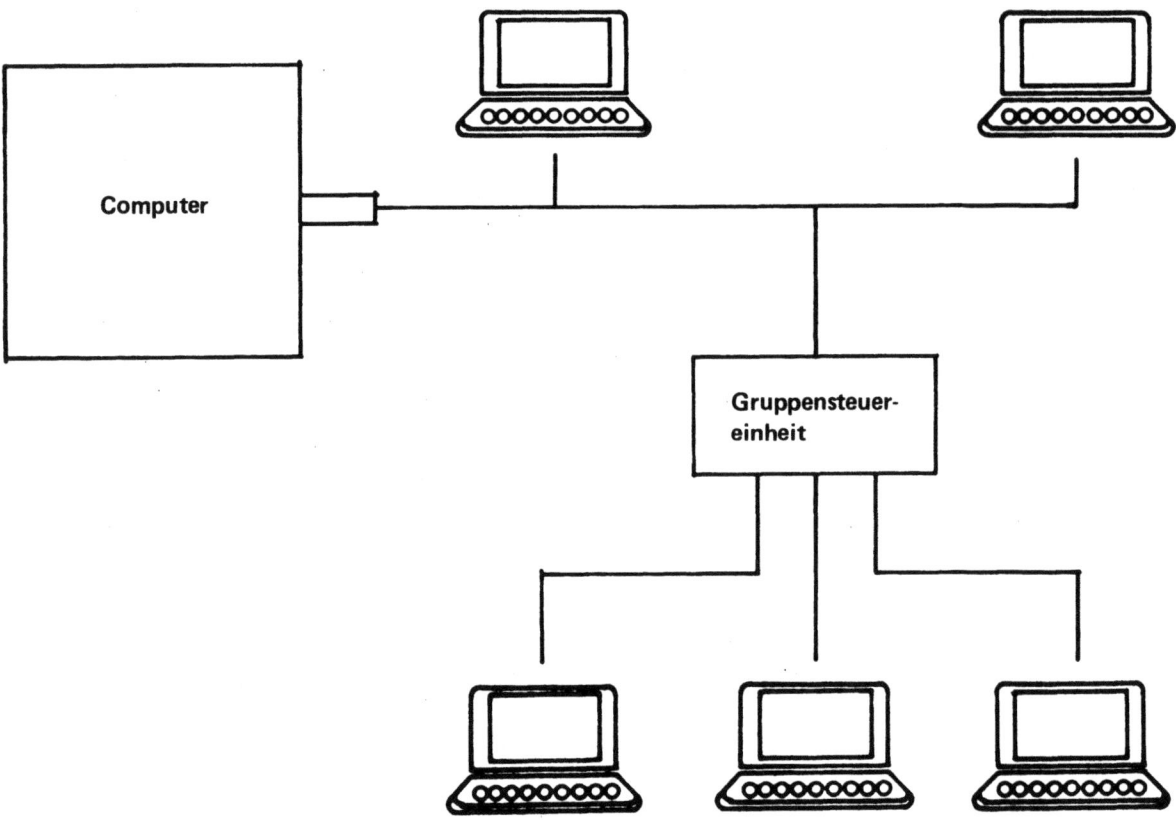

Abb. 1.33 Ein Computer-System mit Einzelterminals und Terminalgruppen. Dies hilft oft, die Übertragungskosten zu senken. Die Terminals einer Gruppe teilen sich in eine gemeinsame Leitung zur Zentraleinheit.

In einigen Systemstrukturen setzt man intelligente Steuereinheiten ein, die nicht nur die Kommunkation zwischen Terminal und Zentraleinheit regeln, sondern selbst Verarbeitungs- und Speicherkapazität zur Verfügung stellen. In einem solchen System wird dem Rechner ein Teil der Systembelastung abgenommen, und auch die Leistungsfähigkeit der Terminals kann gesteigert werden.

Direktanschluß

Wenn jedes Terminal im System für sich mit dem Zentral-Computer über eine eigene Übertragungsleitung verbunden ist, dann spricht man von *Direktanschluß*, siehe Abb. 1.34.

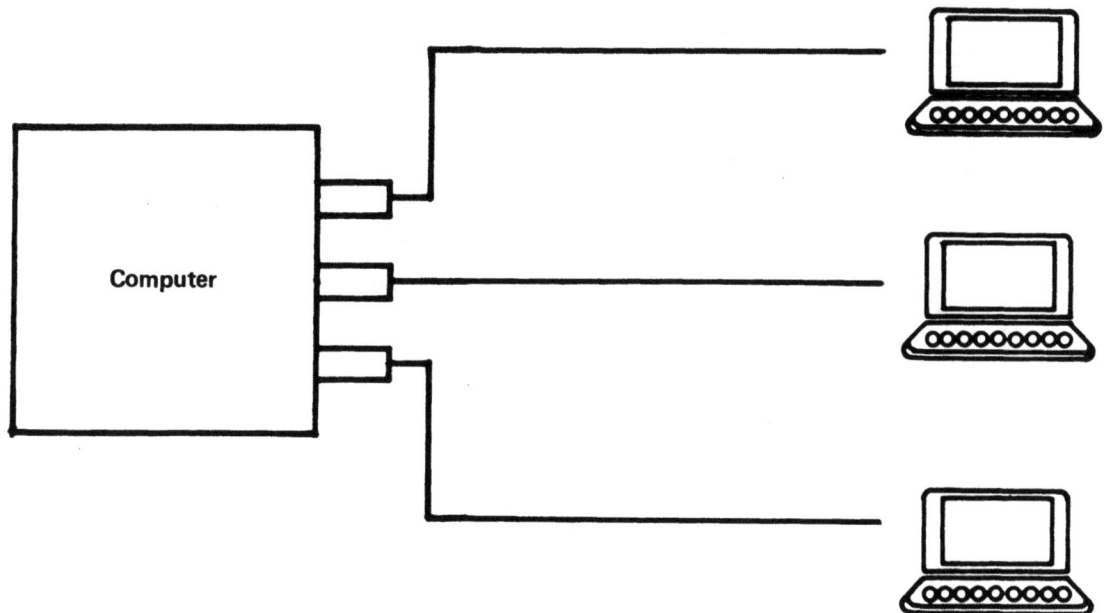

Abb. 1.34 Ein Direktanschluß-Netz. Jedes Terminal ist mit dem Zentralcomputer direkt über seine eigene Leitung verbunden.

Solange die Zahl der anzuschließenden Bildschirme nicht größer ist als die Zahl der Eingangs- und Ausgangs-Schnittstellen, die der Computer noch gut verkraften kann, kann der Direktanschluß Übertragungsverzögerungen vermeiden, da Terminal und Rechner in ständigem gegenseitigem Zugriff stehen. Wenn die Zahl der Terminals aber zu groß für direkten Anschluß wird, dann muß man einen Weg finden, wie man mehr als nur ein Terminal an jede Datenleitung anschließen kann.

Das kann durch Bildung von Terminalgruppen geschehen, wobei alle Terminals in einer Gruppe eine gemeinsame Leitung zum Computer haben. Sowohl im Falle des Direktanschlusses wie im Gruppenanschluß braucht man aber eine gewisse Systemdisziplin, also eine Reihenfolge, nach der jedes Terminal mit dem Zentralrechner verbunden wird. Dafür gibt es verschiedene Möglichkeiten. Man kann den Computer so programmieren, daß er der Reihe nach jedes Terminal zur Datenübertragung auffordert. Man nennt diese Technik *Abrufroutine*, siehe Abb. 1.35. Eine andere Möglichkeit ist, ein Unterbrechungssignal vom Terminal zu senden, wenn es übertragen will. Der Computer wird dann seinen Arbeitsablauf an einer geeigneten Stelle unterbrechen und sich dem signalisierenden Terminal zuwenden.

Immer ist es die Zentraleinheit, und nicht das einzelne Terminal, das den Datenverkehr in einem System steuert. Verständlicherweise gibt es Verzögerungen in der Verfügbarkeit des Computers, die davon abhängen, wie viele Terminals gleichzeitig senden wollen und mit welcher Geschwindigkeit der Computer jede Anforderung verarbeiten kann.

Die Technik der Abrufroutine setzt voraus, daß jedes Terminal seine Antworten erkennen kann. In einer Terminalgruppe kann hierfür entweder in der VDT-Software oder in der Software für den Gruppenkontroller Vorkehrung getroffen werden. Wenn aber auch

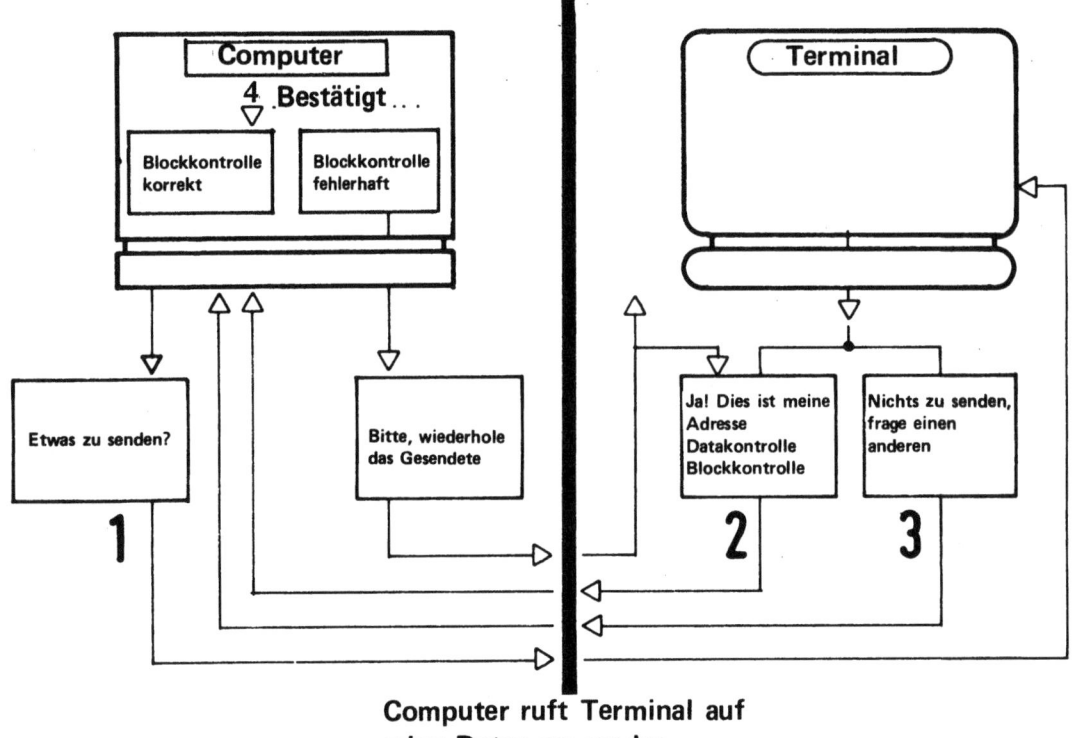

Computer ruft Terminal auf
seine Daten zu senden

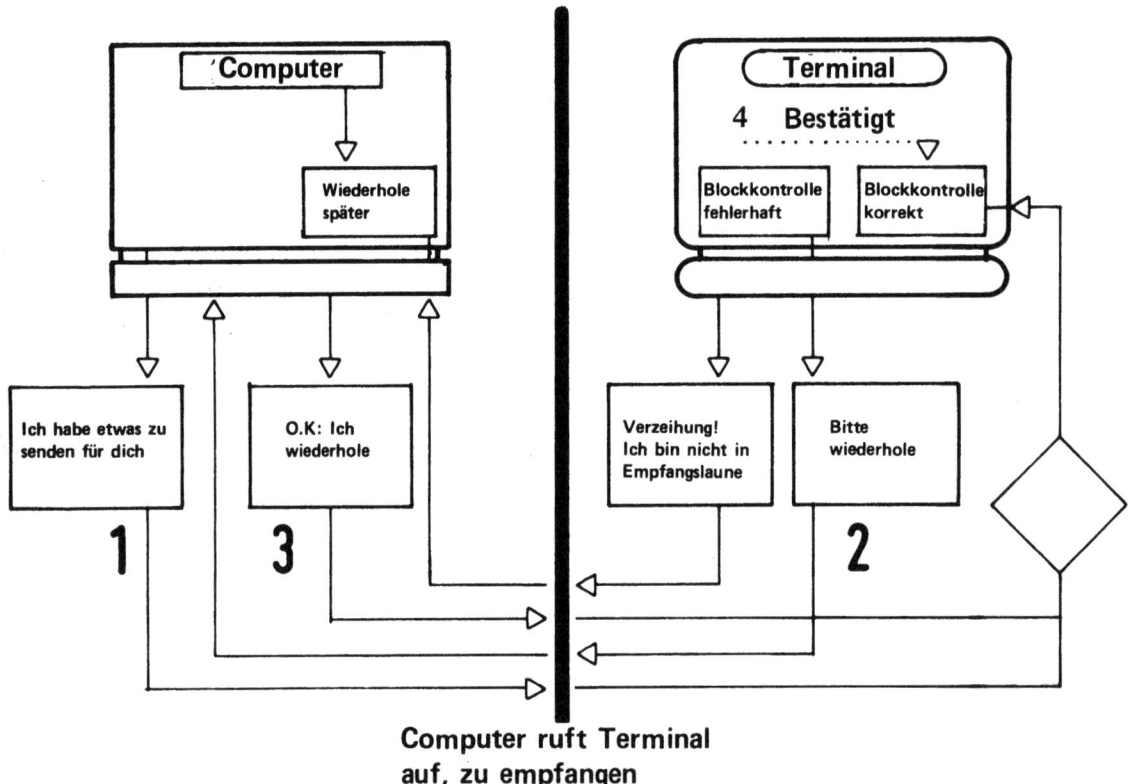

Computer ruft Terminal
auf, zu empfangen

Abb. 1.35 Abrufroutine. Mehrere Terminals teilen sich in eine gemeinsame Leitung zur Zentraleinheit. Ein Mittel, um zu gewährleisten, daß sie alle ausreichend vom Rechner bedient werden, besteht darin, jedes Terminal der Reihe nach aufzurufen, a) seine Daten zu senden, oder b) Daten zu empfangen.

noch Einzelterminals auf die Leitung aufgeschaltet werden, muß die Erkennung in der Terminal-Software selbst geschehen.

Die Entscheidung über die Anzahl der Terminals, die auf einer gemeinsamen Leitung arbeiten, bedeutet in der Praxis einen Kompromiß zwischen den Übertragungskosten einerseits und den Folgen eines Leitungsausfalls und der Anzahl von Terminals, die dadurch in Mitleidenschaft gezogen wären, andererseits.

Das Multiplex-Verfahren

Mit dem Multiplex-Verfahren kann man eine gemeinsame Übertragungsleitung in eine Anzahl von Kanälen unterteilen. Jeder Kanal bildet eine direkte Verbindung zwischen Terminal und zentralem Rechner, oder gegebenenfalls zwischen dem Rechner und den VDT-Steuereinheiten, siehe Abb. 1.36.

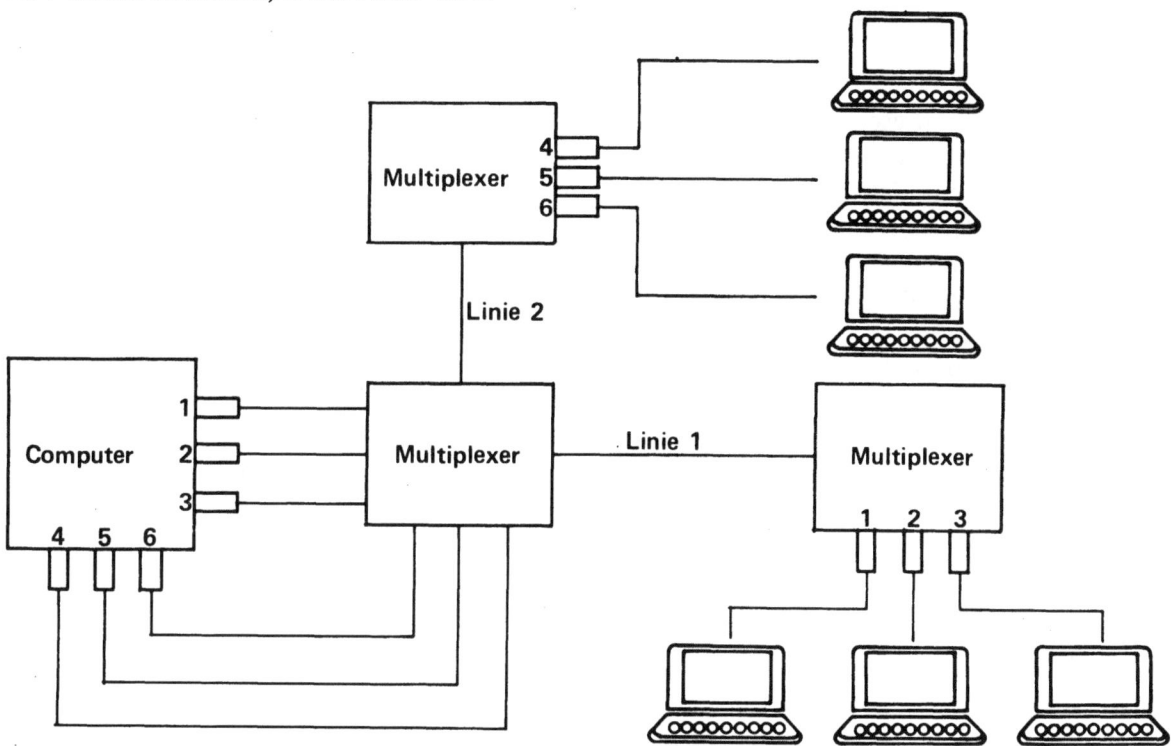

Abb. 1.36 Ein Multiplex-Netz. Eine gemeinsame Übertragungsleitung wird in eine Anzahl von Kanälen unterteilt.

Das Multiplex-Verfahren eignet sich für Systeme, bei denen nur wenige Schnittstellen am Computer einer großen Zahl von Terminals gegenüberstehen, vor allem wenn diese Terminals relativ wenig Dialog mit dem Rechner haben und vorwiegend kurze Meldungen verarbeiten. Beim Umgang mit großen Datenmengen jedoch können die Antwortzeiten ziemlich lang werden, was dem Einsatz des Multiplex-Verfahrens Grenzen setzt.

Einsatz von Konzentratoren

Es ist selten der Fall, daß alle Unterkanäle in einer Multiplex-Leitung gleichzeitig voll ausgenutzt sind. Z.B. werden bei sporadischer Eingabe an der Tastatur — insbesondere bei kleineren Datenmengen — die Multiplex-Kanäle nur wenig ausgelastet. Um den Wirkungsgrad einer Multiplex-Einrichtung zu verbessern, kann ein Gerät, das als *Konzentrator* bekannt ist, eingesetzt werden. Es nimmt die Signale von mehreren Eingangskanälen auf, versieht sie mit geeigneten Erkennungsdaten und sendet sie über nur einen Kanal zum Rechner.

Konzentratoren werden gewöhnlich für ein bestimmtes Netz programmiert, in dem sie arbeiten sollen. Es gibt aber auch intelligente Multiplexer, die flexibel auf die Bedürfnisse eines Netzes programmiert werden können (z.B. wenn sich die Konfiguration des Systems eines Tages ändert) und die manchmal noch zusätzliche Möglichkeit bieten, beispielsweise Fehlererkennung.

Dank und Anerkennung

Die Autoren möchten denen Dank aussprechen, die in so großer Zahl Informationen für diesen Abschnitt des Berichts beigesteuert haben, insbesondere Mr. D. Grover der British Computer Society für die Erlaubnis, das Material heranzuziehen, das in der kürzlich erschienenen BCS-Veröffentlichung 'Visual Display Units — and their application' enthalten ist.

Die Abschnitte dieses Kapitels, die sich mit der Strahlungsemission von VDTs befassen, gründen sich auf Informationen, die von vielen CRT- und VDT-Herstellern und von Arbeitsschutz- und Sicherheitsbehörden in Europa und den Vereinigten Staaten geliefert wurden. Besonderer Dank gebührt jedoch Mr. J. Hassman von der Electronics Industries Association, Washington D.C., U.S.A.; Professor W. Mauderli von der Universität Florida, Gainesville College of Medicine, Gainesville, Fla., U.S.A.; Mr. H. W. Eriksen von der Liberty Mutual Insurance Co., Allentown, Pa.; Mr. E. G. Weatherley von der Health and Safety Executive des Vereinigten Königreichs, London, England; Herrn Eder vom Bayerischen Landesinstitut für Arbeitsschutz, München, Bundesrepublik Deutschland; Herrn J. Karlberg vom Statens Strålskyddsinstitut Stockholm, Schweden. Dank gebührt auch den vielen Zeitungsverlagen und Geräteherstellern, die die Ergebnisse eigener Strahlungsmessungen zur Verfügung gestellt haben.

Kapitel 2

LICHT, SEHEN UND DIE OPTISCHEN EIGENSCHAFTEN VON SICHTGERÄTEN

Vorwort

Um zu sehen, benötigen wir Licht. Um scharf und ohne große Anstrengung zu sehen, benötigen wir genügend Licht, ausreichendes Sehvermögen und sichtbare Objekte, die selbst scharf umrissen und leicht zu erkennen sind.

Körperliches Unbehagen empfinden wir dann, wenn wir uns anstrengen müssen bei dem Versuch, etwas zu sehen. Abhängig von den drei genannten Grundmerkmalen (der Beleuchtung, dem menschlichen Sehvermögen und den optischen Eigenschaften der Sehobjekte) kann dieser Versuch ungünstige Körperhaltung, übermäßige Sehanstrengung und andere Verhaltensweisen zur Folge haben, die sehr schnell zur Ermüdung führen können.

Zum besseren Verständnis der Eigenart dieser Probleme und ihrer Bedeutung für die Entwicklung und den Einsatz von VDTs und Bildschirmarbeitsplätzen ist dieses Kapitel den Themen Licht, Sehen und optische Eigenschaften von gedruckten Darstellungen und Bildschirmanzeigen gewidmet. Zeichenbildung und Lesbarkeit werden im Zusammenhang mit Beleuchtung und Sehschärfe untersucht, und die Problemkreise Blendung und Reflexion werden ausführlicher behandelt.

LICHT UND SEHEN

Licht ist eine Form von Strahlungsenergie, die im Auge eine Hellempfindung hervorruft. Es ist diese Hellempfindung, die unserem *Sehvermögen* zugrundeliegt. Mit anderen Worten, um zu sehen, brauchen wir Licht.

Licht besteht aus 'Paketen' oder *Quanten* von Energie. Die Energie, die in jedem Lichtquantum enthalten ist, ist eine Funktion der Frequenz. Die Frequenzbereiche im sichtbaren Licht können am besten demonstriert werden, wenn ein Lichtstrahl durch ein Prisma gebrochen wird. Für jede Frequenz ist der Brechungswinkel geringfügig anders, so daß der Strahl aus dem Prisma als Lichtfächer austritt, in dem alle *Spektralfarben* sichtbar sind. Jede Spektralfarbe ist Licht von einer anderen, bestimmten Frequenz.

Alle Arten elektromagnetischer Strahlung sind im wesentlichen gleich; der physikalische Unterschied zwischen den ausgestrahlten Wellen (Radiowellen, Infrarot, sichtbares Licht, Ultraviolett- und Roentgenstrahlen) liegt in ihrer Frequenz. Nur ein sehr schmales Band dieser Frequenzen reizt das Auge an, zu sehen und Farben wahrzunehmen.

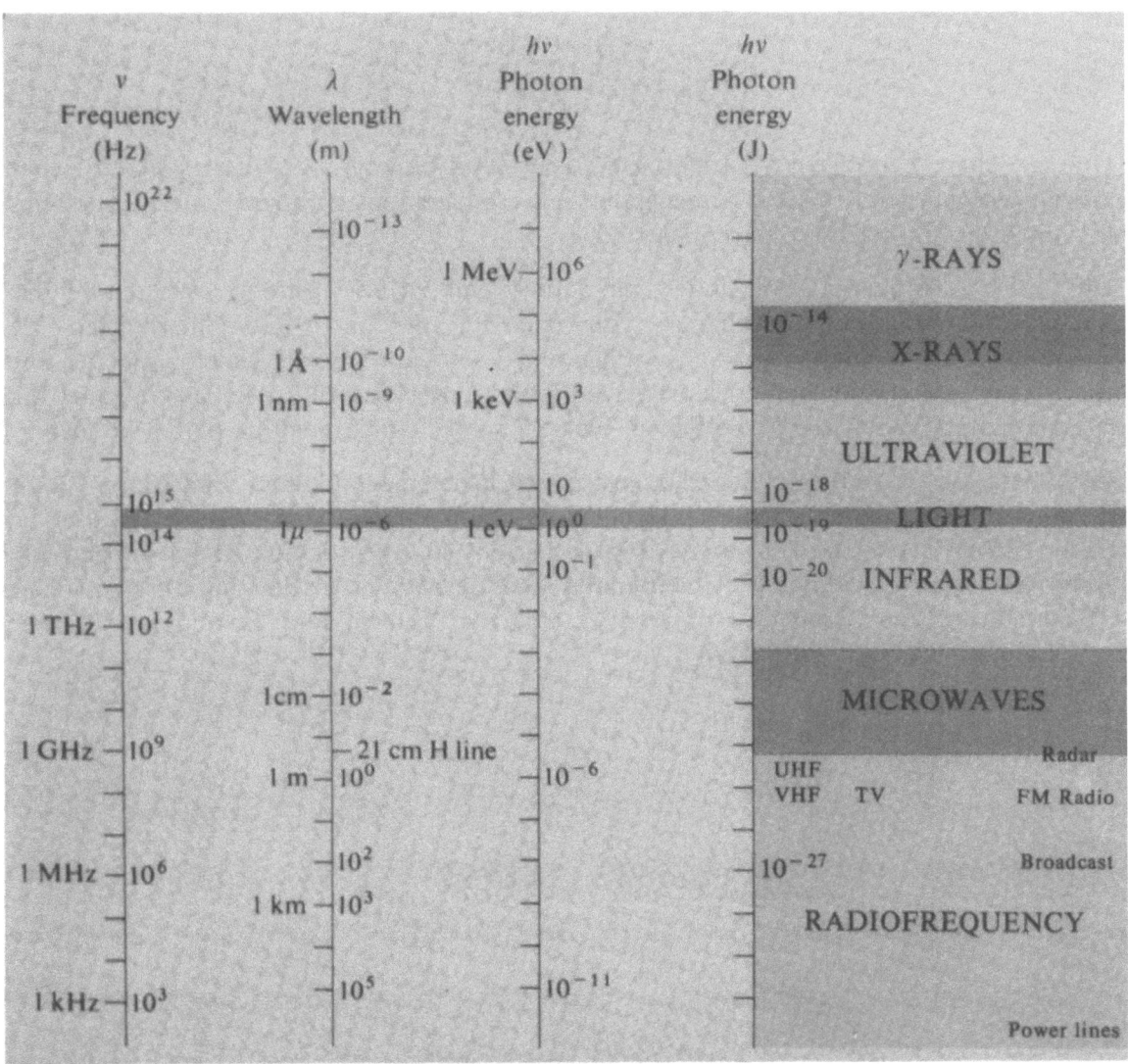

Abb. 2.1 Licht belegt nur einen engen Bereich im gesamten elektromagnetischen Spektrum, das außerdem noch Radiowellen, Infrarot-, Ultraviolett- und Roentgenstrahlen umfaßt. Der physikalische Unterschied liegt nur in der Wellenlänge der Strahlung. Innerhalb des Bereichs, für den das Auge empfindlich ist, rufen verschiedene Wellenlängen verschiedene Farbempfindungen hervor. Ref. G. 16

Das menschliche Auge und das Sehvermögen

Das menschliche Auge ist ein genial konzipiertes, äußerst empfindliches optisches Instrument, dessen Hauptbestandteile in Abbildung 2.2 dargestellt sind.

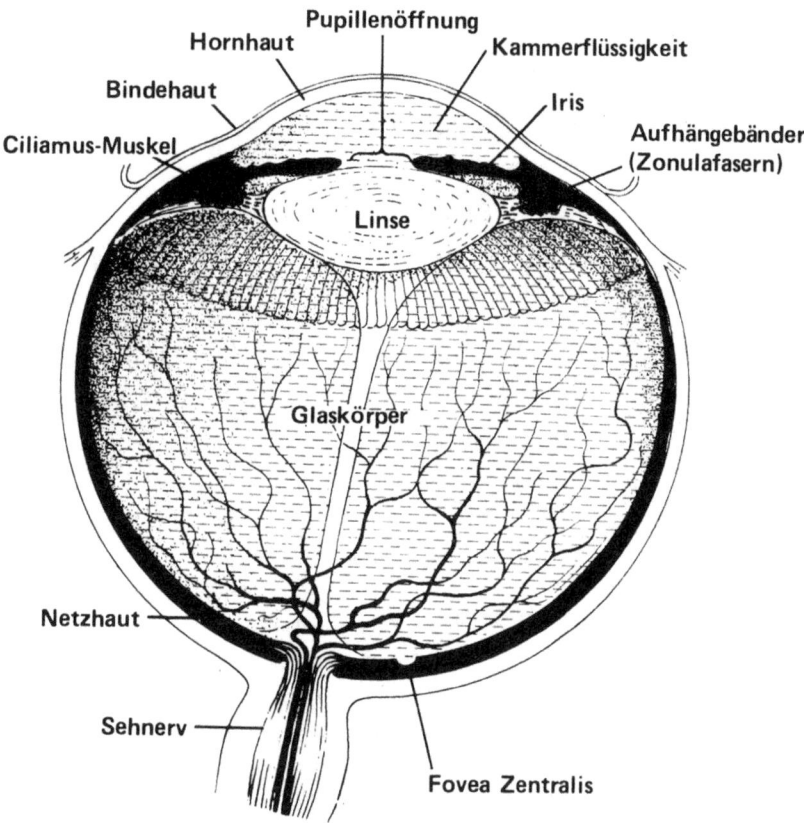

Abb. 2.2 Die Hauptbestandteile des menschlichen Auges. Ref. G. 16

Das Licht gelangt durch die *Hornhaut* in das Auge und wird durch die *Linse* gesammelt, so daß sich ein winziges umgekehrtes Bild ergibt, das auf die *Netzhaut* projiziert wird. Hier werden die Lichtflecken in elektrische Impulse umgewandelt, die über den Sehnerv zu den Sehzentren im Gehirn gelangen.

Die Bewegung jedes Auges wird von sechs äußeren Muskeln ausgeführt, die die Lage des Augapfels in der Augenhöhle bestimmen. Sie drehen die Augäpfel so, daß sie sich auf ein bestimmtes feststehendes Ziel richten oder auch bewegten Objekten folgen. Außer diesen äußeren Muskeln gibt es noch Muskeln innerhalb des Augapfels. Die *Iris* ist ein Ringmuskel, der die Öffnung — die *Pupille* — bildet, durch die das Licht in die Linse gelangt. Die Zusammenziehung der Iris verkleinert die Öffnung der Linse im hellen Licht, oder auch dann, wenn sich die Augen auf ein sehr nahes Objekt einstellen. Ein weiterer Muskel, *Ciliamus* genannt, bestimmt die Form und damit die Brennweite der Linse.

Die Linse ist zwar verhältnismäßig unwichtig für die eigentliche Lichtumwandlung auf der Netzhaut, sie spielt aber eine wesentliche Rolle, wenn es darum geht, das Auge an verschiedene Betrachtungsabstände zu akkommodieren. Dies geschieht durch Veränderung der Linsenform. Zum Sehen in der Nähe wird die Spannung in der umgebenden Membrane durch Zusammenziehen des Ciliamus-Muskels verringert, so daß die Linse eine mehr gekrümmte Form annehmen kann. In diesem Fall macht der verkleinerte Krümmungsradius die Brechkraft der Linse größer. Wenn die Linse falsch eingestellt ist, kann das Bild auf eine Ebene focussiert werden, die etwas vor oder hinter der Netzhaut liegt. Dieses bedeutet entweder Kurz- oder Weitsichtigkeit.

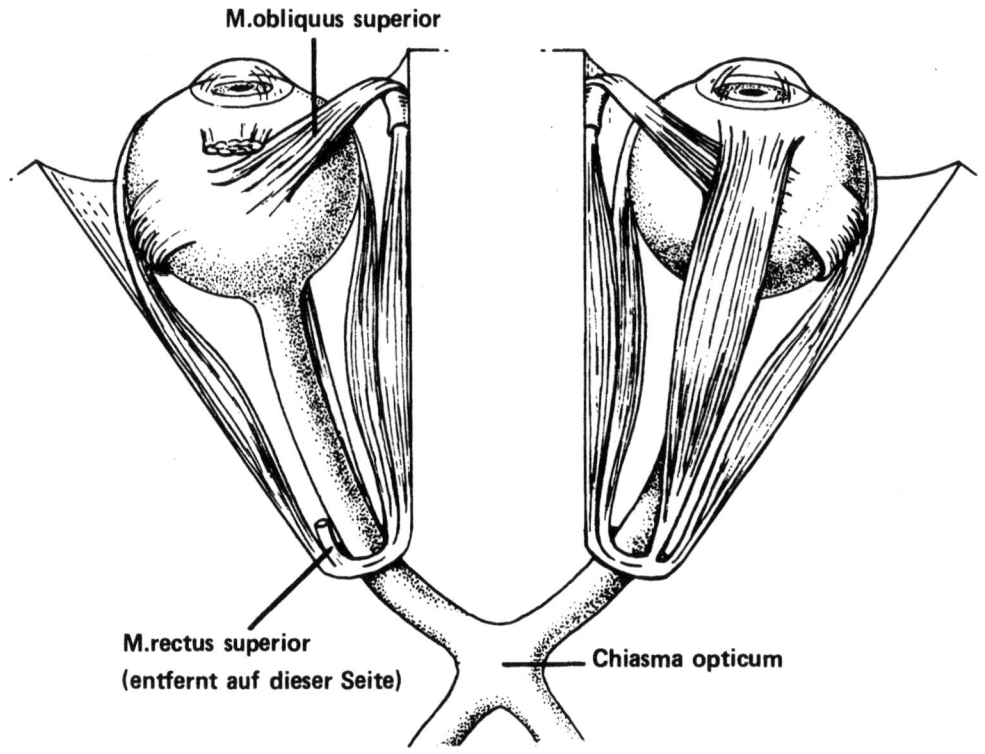

Abb. 2.3 Die Muskeln, die das Auge bewegen. Die Lage des Augapfels wird durch sechs Muskeln bestimmt, die ihn so bewegen, daß der Blick in eine bestimmte Richtung geht, und die auch die Konvergenz beider Augen zur Tiefenwahrnehmung bestimmen. Ref. G. 16

Die Veränderung der Linse im Verlauf des Lebens hat wichtige Konsequenzen im Hinblick auf Sehvermögen und Alter. Die Linse ist in Schichten aufgebaut, — ausgehend vom Mittelpunkt, der damit der älteste Teil der Linse ist. Mit zunehmendem Alter, wenn immer neue Zellen der Linse hinzugefügt werden, werden die Zellen in der Mitte mehr und mehr von der Blutzufuhr abgeschnitten. Abgeschnitten von Sauerstoff- und Nahrungszufuhr sterben sie so ab und verhärten, so daß die Linse zunehmend steifer wird — schließlich zu steif, um eine Formänderung oder Akkommodation zu erlauben.

Die Retina ist ein dünnes Gebilde aus Blutgefäßen, Nerven und anderen Zellen, einschließlich der lichtempfindlichen *Stäbchen und Zapfen*, die das Licht in elektrische Nerven-Impulse umwandeln. Die Retina ist die erste Stufe im eigentlichen Sehvorgang, und ein Objekt kann nur klar und scharf umrissen gesehen werden, wenn das Bild, das auf die Netzhaut projiziert wird, selbst möglichst klar und scharf umrissen ist.

Die Netzhaut wurde oft als 'Verlängerung des Gehirns' beschrieben, und da ein Teil der Datenverarbeitung zur Wahrnehmung tatsächlich in der Netzhaut stattfindet, ist sie zweifellos ein integraler und spezialisierter Bestandteil des Gehirns.

Die Netzhaut ist mit zwei Arten von Lichtrezeptoren-Zellen ausgestattet, die Stäbchen und Zapfen genannt werden. Das Sehen bei Tageslicht, speziell die Wahrnehmung von Farbe, ist Aufgabe der Zapfen. Die Stäbchen arbeiten bei schwachem Licht und gestatten nur die Wahrnehmung von Graustufen. Sehen bei Tageslicht, das heißt überwiegend mit den Zapfen, wird *photopisches Sehen* genannt. An Dunkelheit angepaßtes Sehen, bei dem hauptsächlich die Stäbchen aktiv sind, heißt *scotopisches Sehen*.

Die Größe der Rezeptoren und ihre Packungsdichte auf der Netzhaut sind wichtig für die Fähigkeit des Auges, feine Einzelheiten zu entdecken und zu unterscheiden. Die Dichte der Rezeptoren ist in einem kleinen Bezirk, der *Fovea* genannt wird, am größten. Die Bilder, die auf diesen Bezirk projiziert werden, werden als 'scharf' wahrgenommen. Dies ist der Grund dafür, daß die Netzhaut die Aufnahme unnötiger Information auf ein Mindestmaß beschränken kann. Das gibt uns die Fähigkeit, ein bestimmtes Objekt in unserem Gesichtsfeld auszuwählen, das auch noch viele andere Objekte enthalten kann und gewöhnlich auch enthält.

Augenbewegungen

Die Augen sind in ständiger — sogenannter *sakkadischer* — Bewegung, und diese Bewegungen sind wesentlich für das Sehvermögen. Kurze Zeit nachdem ein Bild auf der Netzhaut stabilisiert worden ist, normalerweise nach wenigen Sekunden, beginnt die Wahrnehmung zu schwinden. Eine der Aufgaben der sakkadischen Bewegungen des Auges ist es nun, das Bild über die Rezeptoren ständig abzutasten, so daß diese sich nicht gewöhnen und damit aufhören, Bildsignale an das Gehirn zu senden.

Die Augen haben einen gewissen Abstand voneinander, mit dem Ergebnis, daß jedes Auge einen etwas anderen Blickwinkel auf ein gegebenes Objekt hat.

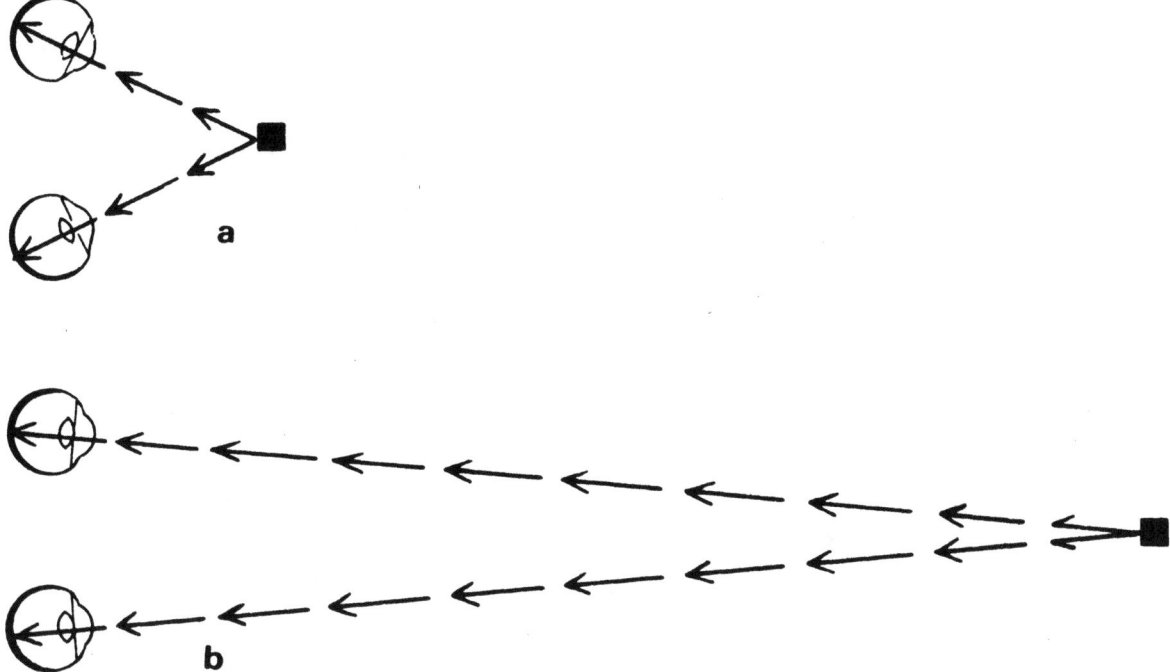

Abb. 2.4 Tiefenwahrnehmung durch Konvergenz oder Entfernungsmesser-Effekt. Die Augen konvergieren auf ein Objekt, das wir anschauen, indem sie die Bilder auf die Fovea bringen. In (a) konvergieren die Augen auf ein nahes Objekt, in (b) auf ein entferntes Objekt. Der Konvergenzwinkel wird dem Gehirn signalisiert und dient als Entfernungsmesser. Ref. G. 16

Bei Objekten, die sich nicht zu weit (vielleicht bis 50 m) vom Auge entfernt befinden, ermöglicht dies die Wahrnehmung der Bildtiefe durch stereoskopisches Sehen, d.h. die Synthese von zwei geringfügig unterschiedlichen Bildern zu der Wahrnehmung eines einzigen, deckungsgleichen Abbilds. Beim Sehen von Objekten in größerer Entfernung sind wir jedoch praktisch einäugig.

Lichtempfindlichkeit des Auges

Im weitesten Sinne bezieht sich der Ausdruck 'Empfindlichkeit' auf die Fähigkeit des Auges — hier besonders der Retina und der Sehzentren des Gehirns —, die Lichtsignale, die ins Auge eintreten, zu erkennen, Helligkeit, Farbe, Bewegung usw. richtig zu deuten.

Mit der Intensität des Lichtes, das in das Auge gelangt, nimmt auch die Stärke der Signale zunächst zu, die die Rezeptoren auf der Netzhaut an das Gehirn senden. Wenn also kein Licht ins Auge gelangt, dann werden — so könnte man vermuten — auch keine Signale zwischen Auge und Gehirn übertragen. Tatsächlich ist es jedoch nicht so. Es fließen ständig Signale im Sehsystem, auch wenn die Netzhaut nicht durch Licht gereizt wird. Fällt nun tatsächlich Licht auf die Netzhaut, dann muß das Gehirn entscheiden, ob die Signale, die von der Netzhaut kommen, auf den Lichteinfall zurückzuführen sind, oder nur auf das 'Rauschen' im System.

Dieses Hintergrundrauschen ist eine besondere Eigenart des Sehvorganges. Das Auge ist auch so schon ein sehr empfindliches Instrument, es könnte aber noch empfindlicher sein, wenn dieser Rauschpegel nicht wäre. Es gibt übrigens Hinweise, daß diese Störungen im Sehsystem mit dem Alter zunehmen und teilweise für die altersbedingte Abnahme unseres Sehvermögens verantwortlich sind.

Im engeren Sinne wird mit (spektraler) 'Empfindlichkeit' die Fähigkeit des Auges beschrieben, verschiedene Wellenlängen des einfallenden Lichtes zu bewerten. Das Auge ist nicht für alle Wellenlängen gleichermaßen empfindlich, obwohl hier auch die in das Auge gelangende Lichtmenge eine gewisse Rolle spielt. Abb. 2.5 zeigt, wie die spektrale

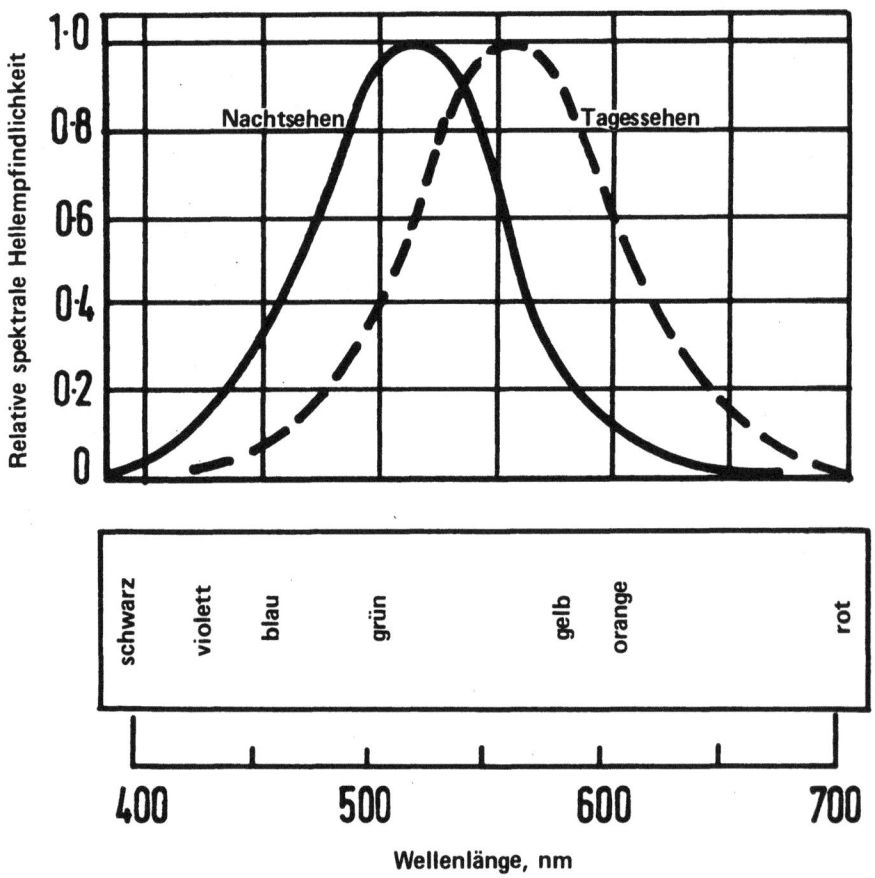

Abb. 2.5 Die spektrale Empfindlichkeit des dunkel und hell adaptierten Auges.

Empfindlichkeit des Auges davon abhängt, ob die Augen hell oder dunkel adaptiert sind, d.h. für Tag- oder Nachtsehen.

Die Stäbchen und Zapfen auf der Netzhaut adaptieren verschieden schnell, in einer Weise, als ob das Auge nicht nur eine, sondern zwei Netzhäute hätte.

Bei Dunkelheit ist das Auge empfindlicher für Blau als bei Tageslicht. Umgekehrt verhält es sich mit der Empfindlichkeit der Augen bei Rot (Purkinje-Effekt). Dazu ist das dunkeladaptierte Auge am empfindlichsten für grünes Licht mit einer Wellenlänge von ungefähr 525 nm. Das hell adaptierte Auge ist am empfindlichsten für einen gelb/grünen Farbton mit der Wellenlänge von ca. 555 nm. In beiden Fällen ist die Empfindlichkeit des Auges gegenüber Rot, ca. 650 nm, nur ungefähr 10% der maximalen Empfindlichkeit. Dies bedeutet, daß die Strahlungsmenge im roten Bereich des Spektrums ungefähr zehnmal größer sein müßte als im Grünbereich, um ebenso hell zu erscheinen.

Adaptation

Der Ausdruck *Adaptation* bezeichnet die Einstellung der Empfangseigenschaften des Auges auf die herrschenden Lichtverhältnisse. Es gibt zwei Mechanismen, die dies ermöglichen. Zuerst kann die Pupille, ein mechanisches Element, ihre Öffnung beim jüngeren Auge im Verhältnis 1 : 16 verändern. Die Lichtmenge, die ins Auge einfällt, ändert sich damit etwa im gleichen Verhältnis. Die Pupille reagiert sehr schnell: die Mindestreaktionszeit beträgt meist etwa 0,2 Sekunden.

Das Auge kann jedoch in einem Verhältnis $1 : 10^{11}$ adaptieren, d.h. die größte Leuchtdichte, bei der das Auge noch arbeiten kann, ist 100 Milliarden mal größer als der niedrigste Pegel. Natürlich kann dieser enorme Bereich nicht der Reaktion der Pupille allein zugeschrieben werden, er erklärt sich vielmehr aus der Natur der Schaltvorgänge im Sehnervensystem.

Die Eigenschaften des Auges weisen je nach den herrschenden Adaptationsbedingungen erhebliche Unterschiede auf. Wenn das Auge im Bereich niedriger Leuchtdichte arbeitet, verliert es an Fähigkeit, Farben zu unterscheiden — nachts sind alle Katzen grau. Das Auge verliert dann auch seine Fähigkeit, auf verschiedene Entfernungen zu akkommodieren (der Nahpunkt wandert vom Auge weg, der Fernpunkt auf das Auge zu, so daß die Tiefenschärfe stark abnimmt). Durch Vergrößern der Leuchtdichte verbessern sich alle Sehfunktionen. Die Farbwahrnehmung nimmt zu, die Fähigkeit zu akkommodieren verbessert sich. Innerhalb eines Bereichs von 1 bis 100 cd/m² *) sind diese Änderungen sehr wichtig. Die Wirkung der Adaptation auf die Sehfunktion wird in Abb. 2.6 gezeigt.

Alter und Sehvermögen

Ab etwa dem zehnten Lebensjahr unterliegen alle Sehfunktionen einer Verschlechterung, obgleich diese Verluste in gewissem Maß durch die Tatsache ausgeglichen werden, daß mit zunehmender Erfahrung und Vertrautheit mit bestimmten Sehobjekten zunehmend weniger Information für die Erkennung nötig ist. Insgesamt gesehen vermindert sich jedoch die Sehfähigkeit mit dem Alter. Wir wollen diese Vorgänge ausführlicher betrachten und versuchen verständlich zu machen, welche Sehfunktionen am meisten betroffen sind und in welcher Weise.

*) *1 cd/m² entspricht einer mäßig beleuchteten Straße bei Nacht, einem schwarzen Sichtgeräteschirm, oder weißem Papier bei einer Beleuchtung von 4 Lux. 100 cd/m² entsprechen weißem Papier bei 400 Lux.*

Sehschärfe

Zwischen dem 20. und dem 60. Lebensjahr nimmt die Sehschärfe eines normalsichtigen Menschen um ungefähr 25% ab. Diese Abnahme vollzieht sich kontinuierlich, allerdings nimmt die Geschwindigkeit, mit der sich die Sehschärfe vermindert, mit steigendem Alter zu, siehe Abb. 2.7 (a).

All dies bedeutet in der Praxis, daß man der Gestaltung von Aufgaben, die Ansprüche an das Sehvermögen stellen, besondere Aufmerksamkeit widmen sollte, um so dem unterschiedlichen Sehvermögen der Menschen am Arbeitsplatz Rechnung zu tragen, insbesondere dem geringeren Sehvermögen älterer Personen. Bei den meisten normalerweise anfallenden visuellen Arbeiten, zum Beispiel dem Lesen gedruckter Texte, reicht es oft schon aus, den allgemeinen Beleuchtungspegel zu erhöhen. In der Praxis ist aber auch diese einfache Abhilfe nicht immer unproblematisch, da sich die Empfindlichkeit gegen Blendung ebenfalls mit dem Alter erhöht.

Abhilfe gegen nachlassendes Sehvermögen zu finden ist noch schwieriger, wenn es darum geht, selbstleuchtende Zeichen auf einem Bildschirm zu lesen. Ist z.B. der Kontrast für einen Menschen im Alter von 20 bis 30 Jahren richtig, so würde eine allgemeine Erhöhung der Beleuchtungsstärke im Raum — im Interesse der älteren Arbeitnehmer — eine Verringerung dieses Kontrastes mit sich bringen. Es ist jedoch genau die entgegengesetzte Wirkung, die im Interesse einer Verbesserung der Lesbarkeit auf dem Bildschirm angestrebt werden sollte. Aus diesem Grunde wäre es wichtig, älteren ebenso wie jüngeren Arbeitskräften Gelegenheit zu geben, vor dem Kauf eines Systems die Bildschirme zu begutachten.

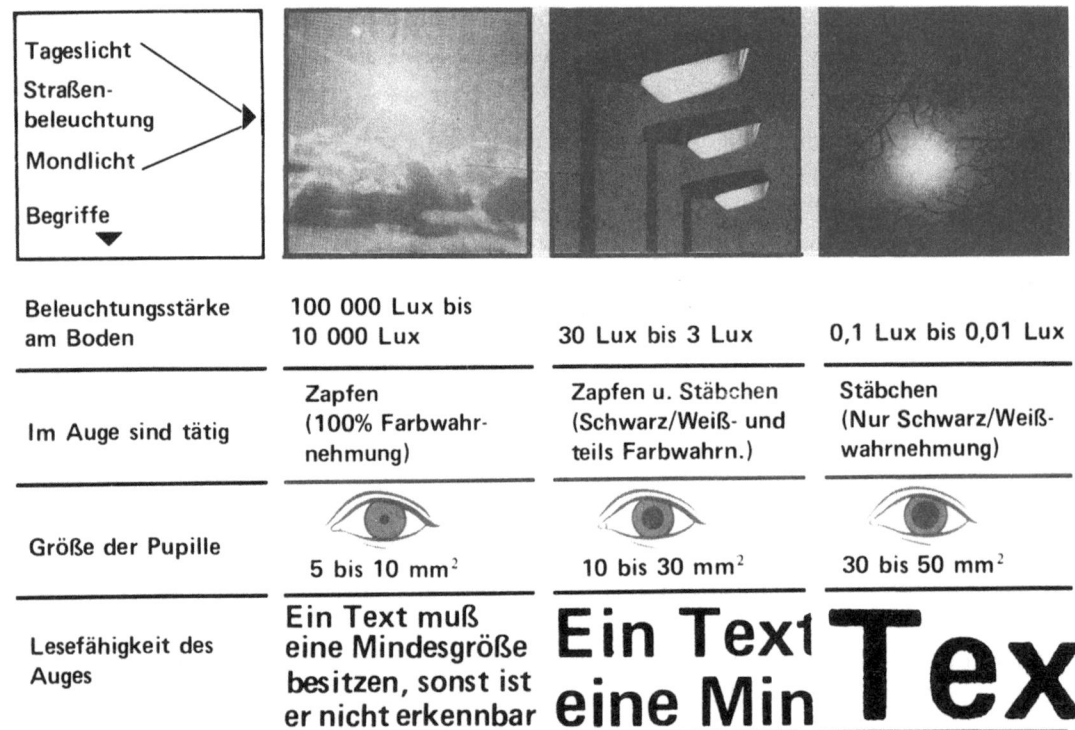

Abb. 2.6 Beleuchtungsstärke: An einem klaren Sommertag liegt die Beleuchtungsstärke von Sonnenlicht gegen Mittag normalerweise bei 100 000 Lux. Die Beleuchtungsstärke der Straßenbeleuchtung beträgt zwischen 3 und 30 Lux; die Beleuchtungsstärke von Mondlicht liegt normalerweise zwischen 0,01 und 0,1 Lux. Dieses Diagramm zeigt die Wirkung dieser Beleuchtungsstärken auf die Größe der Pupille und auf die Lesbarkeit-Mindestgröße von gedrucktem Text. Ref. F. 9

Wenn auch ein Nachlassen der Sehschärfe mit zunehmendem Alter unvermeidbar ist, so können doch die Auswirkungen dieser Reduktion minimiert werden. Abb. 2.7 (b) zeigt die Unterschiede in der Sehschärfe bei einer Gruppe von 696 Personen verschiedenen Alters. Einige Angehörige dieser Gruppe waren keine Brillenträger, andere trugen Brillen, die ihnen schon früher verschrieben worden waren, und die übrigen waren unmittelbar vor dem Test mit Gläsern für bestmögliche Korrektur ausgerüstet worden. Diese Untersuchung zeigt, daß es bei optimaler Korrektur möglich ist, selbst bei der Altersgruppe zwischen 60 und 69 Jahren noch eine Sehschärfe zu erreichen, die besser ist als bei der Altersgruppe zwischen 20 und 29 Jahren mit vorher vorhandenen Brillen.

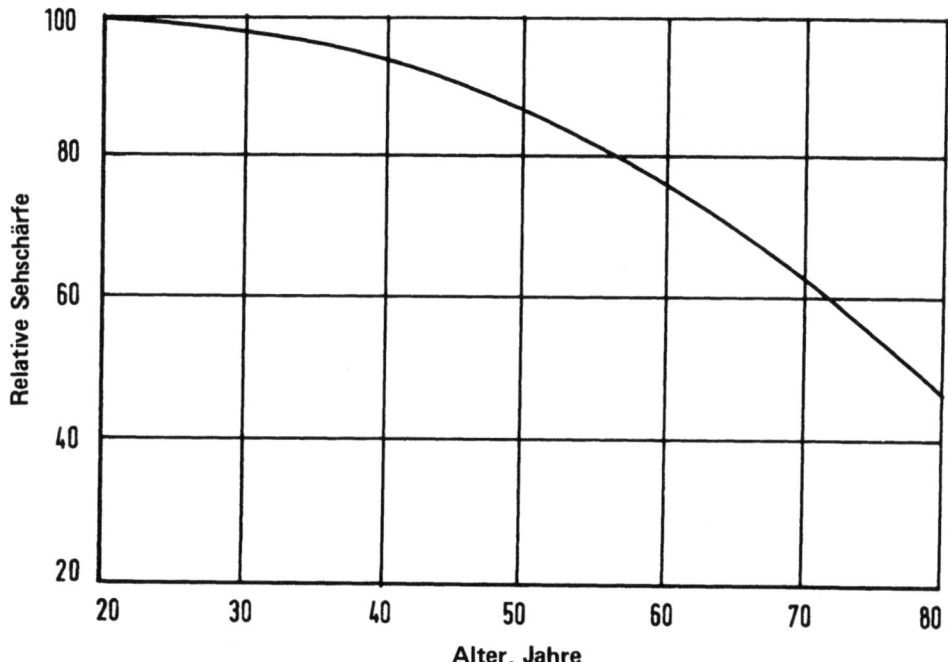

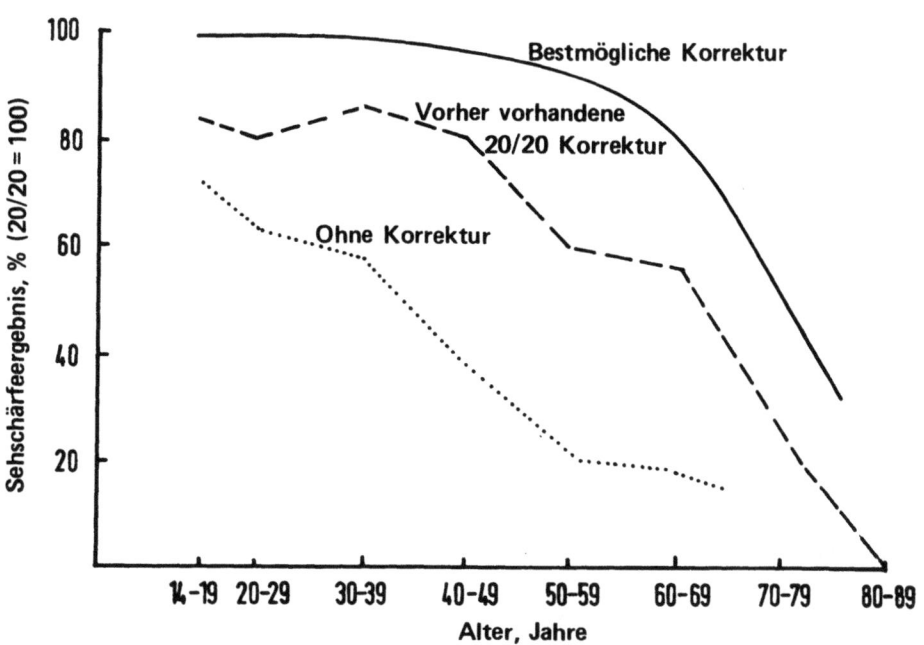

Abb. 2.7 (a) Das Schwinden der Sehschärfe mit dem Alter, und (b) die Wirkung der Brillenkorrektur: (1) ohne Korrektur, (2) mit Brille (aber nicht unbedingt mit optimaler Korrektur) und (3) mit der bestmöglichen Korrektur. Ref. I. 2

Akkommodierfähigkeit

Die Fähigkeit des Auges zu *akkommodieren*, d.h. sich verschiedenen Betrachtungsabständen anzupassen, vermindert sich mit dem Alter sehr schnell, siehe Abb. 2.8. Wie das Diagramm zeigt, nimmt der Akkommodationsbereich von 14 Dioptrien im Alter von fünf Jahren — entsprechend einem Nahpunktsabstand von ca. 70 mm — auf zwei Dioptrien im Alter von 50 Jahren ab; dies entspricht einem Nahpunktsabstand von 500 mm.

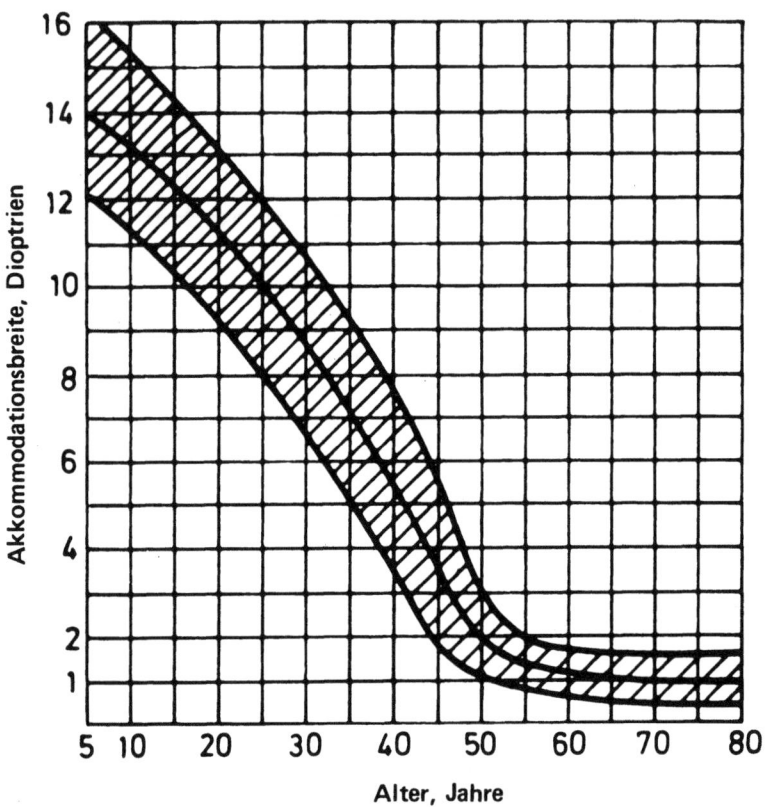

Abb. 2.8 Änderung des Akkommodationsbereichs mit dem Alter. Die mittlere Kurve zeigt die Durchschnittswerte, die schraffierte Fläche den Streubereich für eine große Anzahl von Menschen. Ref. H. 11

Die *Akkommodationsgeschwindigkeit* nimmt mit dem Alter ebenfalls schnell ab. Diese Verlängerung der Akkommodationszeit ist im Zusammenhang mit der Arbeit an Datensichtgeräten besonders wichtig, weil sich dabei die Betrachtungsabstände sehr häufig und sehr schnell ändern (oft in weniger als 0,5 Sekunden). Für typische Dateneingabearbeiten hat man herausgefunden, daß der VDT-Bediener die Blickrichtung zwischen mindestens drei Objekten (dem Schirm, dem Tastenfeld und einem Beleg) alle 0,8 bis 4 Sekunden wechselt. Die mit dem Alter vergrößerte Akkommodationszeit bedeutet, daß der ältere Mensch entweder langsamer arbeiten oder ein größeres Fehlerrisiko in Kauf nehmen muß.

Aus diesem Grund wäre es ideal, wenn die zu betrachtenden Sehobjekte bei der Arbeit am VDT etwa gleich weit vom Auge des Benutzers entfernt wären. Außerdem sollte die ältere Kraft vorzugsweise Arbeiten verrichten, bei denen *Genauigkeit* wichtiger ist als *Schnelligkeit*. Aber auch an diese Punkte sollte man denken:

- Eingabe von redundantem Text erfordert weniger häufige Änderung der Blickrichtung als die Eingabe von weniger redundantem Stoff, z.B. alphanumerischen Daten.

- Das Lesen und zugleich Ausführen von Korrekturen am Bildschirm macht weniger häufige Änderungen des Betrachtungsgegenstandes erforderlich.

- Journalistische Arbeit und viele Arten der Anzeigenaufnahme erfordern nicht unbedingt den Gebrauch von Papier, so daß eines der sonst nötigen Sehobjekte u.U. wegfällt.

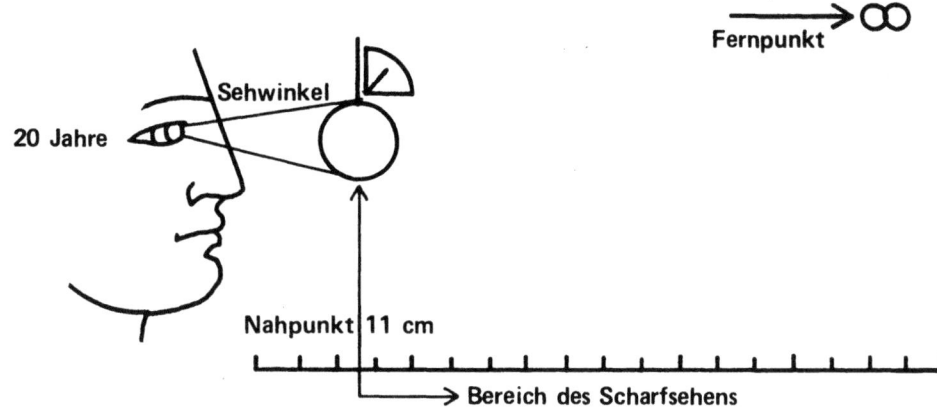

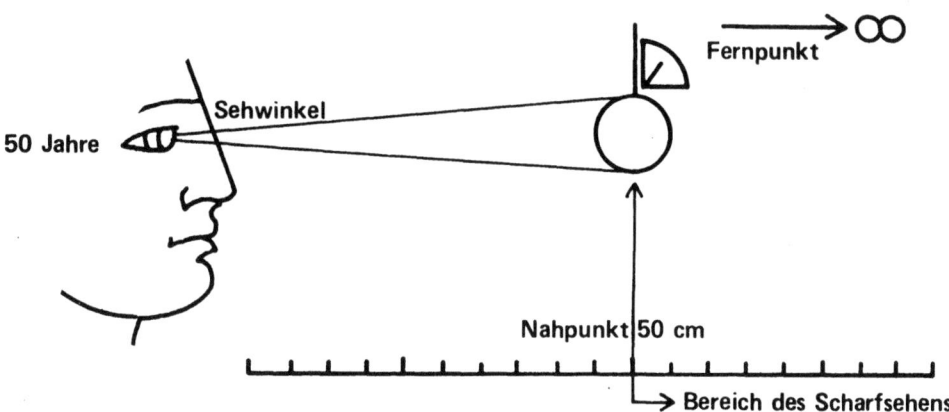

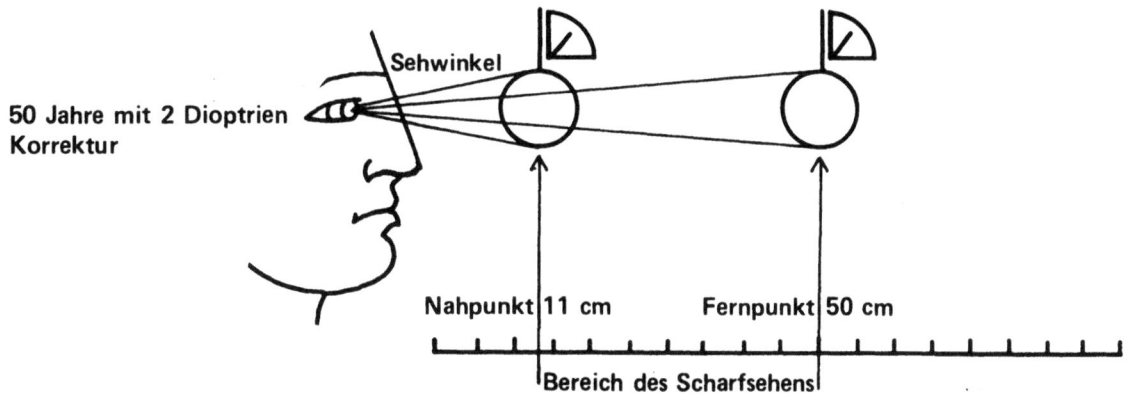

Abb. 2.9 Akkommodationsbereich (Unterschied zwischen dem größten und dem kleinsten Betrachtungsabstand) für ein Lebensalter von 20 bis 50 Jahren mit und ohne Brechungskorrektur.

Blendempfindlichkeit

Die Empfindlichkeit gegen *Blendung* nimmt ebenfalls mit dem Alter zu — aus leicht erkennbaren Gründen, siehe Abb. 2.10.

Blendung wird durch Streuung des Lichts in den Augen verursacht. Dieses Streulicht überlagert das Bild, das auf die Netzhaut projiziert wird. Wenn wir älter werden, wird die Augenflüssigkeit zunehmend trüber. Dadurch wird gleichzeitig die Streuung des Lichts im Auge erhöht und der Kontrast abgeschwächt. Tests haben übrigens gezeigt, daß außer der zunehmenden Trübung der Augenflüssigkeit wohl auch noch andere Prozesse zum Kontrastverlust beitragen müssen, z.B. Veränderung der Färbung der Augenlinsen.

In dem Bemühen, die verminderte Sehfähigkeit älterer Menschen auszugleichen, indem man die visuellen Bedingungen ihrer Arbeit verbessert, muß auch ihrer größeren Empfindlichkeit gegen Blendung Rechnung getragen werden.

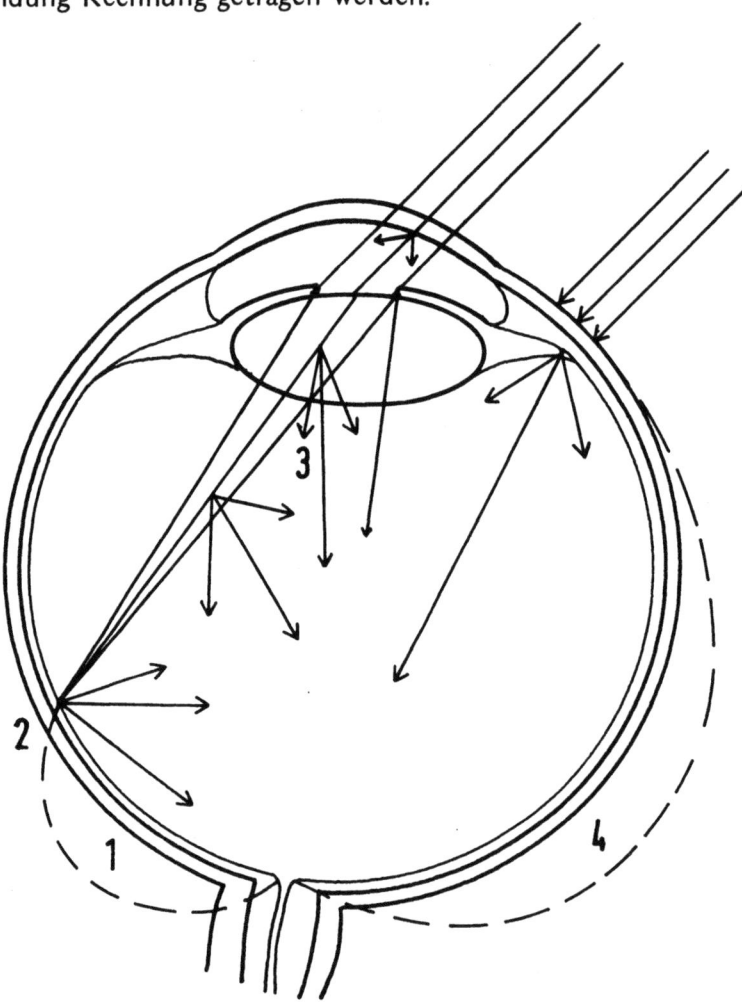

Abb. 2.10 Die physikalische Ursache und die physiologische Wirkung der Blendung. Streulicht auf der Netzhaut, in der Linse und im Glaskörper (3) setzt den Sehkontrast herab. Blendlicht, das auf einen Teil der Netzhaut (2) fällt, setzt die Empfindlichkeit der Netzhaut (1) herab. Eine ähnliche Wirkung hat Licht, das auf die Lederhaut (4) auftrifft.

Verlust der Kontrastempfindlichkeit

Wie die anderen Sehfunktionen vermindert sich mit dem Alter auch die Fähigkeit des Auges, sehr kleine Leuchtdichte-Unterschiede wahrzunehmen. Abb. 2.11 zeigt die Zunahme an Kontrast, die notwendig ist, um eine gegebene Sehaufgabe zu erfüllen. Der Unterschied zwischen Personen im Alter von 20 bis 30 Jahren und von 60 bis 70 Jahren ist augenfällig.

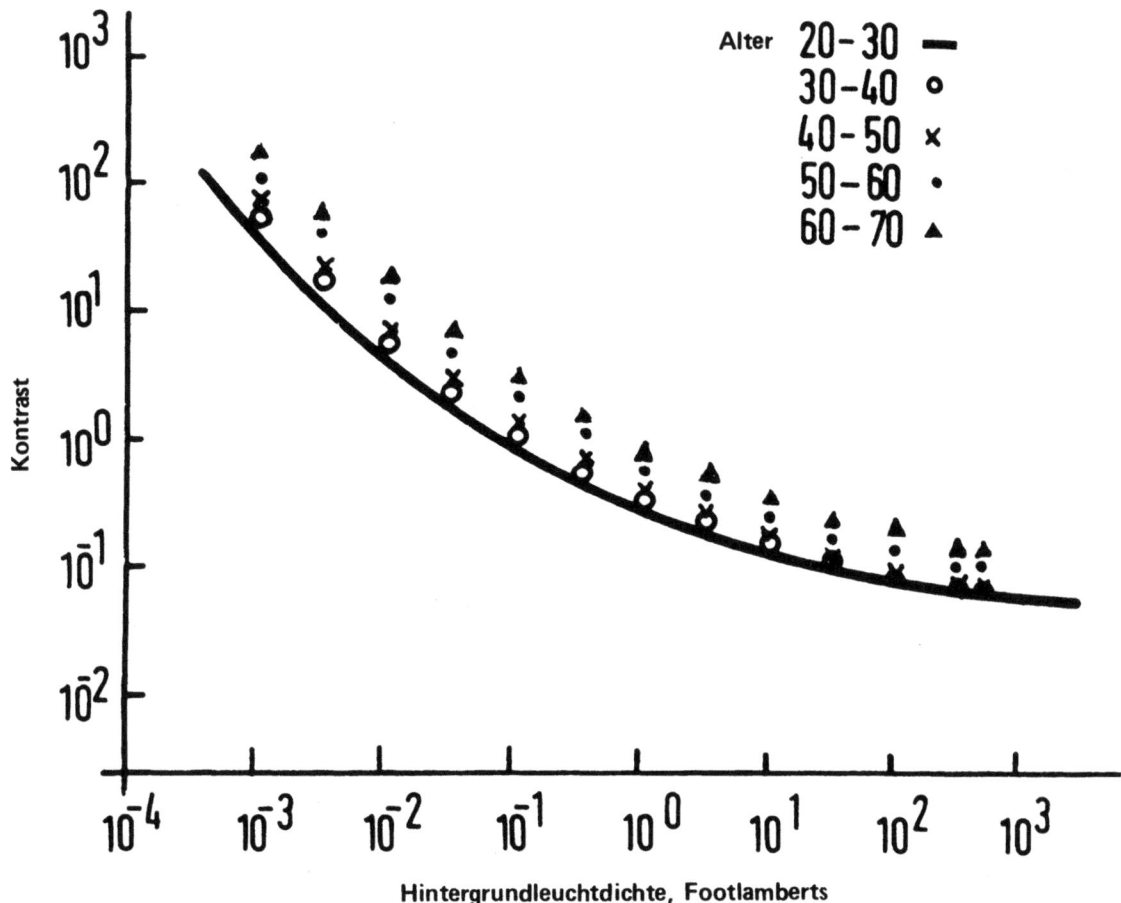

Abb. 2.11 Der Einfluß des Alters auf den für die Ausführung einer Arbeit erforderlichen Kontrast. Ref. I. 2

Lichtmessung

Da Licht eine Form von Strahlungsenergie ist, die eine Hellempfindung im Auge hervorruft, muß der Empfindlichkeit des Auges auch bei der Messung und Beschreibung des Lichtes Rechnung getragen werden. Der Zweig der Wissenschaft, der sich mit der Messung von Licht befaßt, wird 'Photometrie' genannt, und einige der wichtigeren photometrischen Größen werden in den folgenden Abschnitten beschrieben.

Lichtstrom

Der Ausdruck *Lichtstrom* wird benutzt, um die Lichtmenge zu beschreiben, die von einer Lichtquelle pro Zeiteinheit ausgesandt und in der Einheit Lumen (lm) ausgedrückt wird. Der Lichtstrom wird entsprechend der Spektralempfindlichkeit des 'normalen' menschlichen Auges berechnet.

Aus dieser Definition wird deutlich, daß der Lichtstrom keinen Hinweis auf die Richtung des Lichts gibt. Wir wissen aber aus Erfahrung, daß Lichtquellen ihr Licht nur selten gleichförmig in alle Richtungen aussenden. Um diesen Richteffekt zu beschreiben, brauchen wir zusätzliche photometrische Größen.

Leuchtdichte

Die *Leuchtdichte* ist ein Maß für die Stärke des Lichts, das von einer Lichtquelle ausgesandt wird, und zwar pro Flächeneinheit und Raumwinkeleinheit. In diesem Zusammenhang beinhaltet der Ausdruck 'Lichtquelle' nicht nur selbstleuchtende Lichtquellen, wie Lampen, sondern auch lichtdurchlässige oder reflektierende Oberflächen, wie Wände, Schreibtischplatten o.ä.

Größe	Zeichen	Einheit	Abkürzung
Lichtstrom	Φ	Lumen	lm
Lichtstärke	I	Candela	cd
Beleuchtungsstärke	E	Lux	lx
Leuchtdichte	L	Candela/m^2	cd/m^2

Abb. 2.12 Photometrische Größen und Einheiten.

Die Leuchtdichte ist eine sehr wichtige Bezugsgröße für Beleuchtung und Sehen, da sie ein Maß ist, das den Eindruck von Helligkeit oder Leuchtkraft beschreibt. Da ein Objekt Licht so ausstrahlen kann, daß die Lichtstärke in verschiedenen Richtungen unterschiedlich ist, ändert sich auch die Leuchtdichte in den verschiedenen Richtungen. In der Praxis addiert sich in einem Raum das Licht natürlicher und künstlicher Lichtquellen zu einer bestimmten Leuchtdichte-Verteilung, nicht etwa zu einem konstanten Leuchtdichte-Pegel. Dies ist nicht nur für das Sehen wichtig, sondern auch für die ästhetische Qualität der Raumbeleuchtung.

Die Leuchtdichte wird in Einheiten von Candela/m^2, cd/m^2 ausgedrückt und gewöhnlich durch den Buchstaben 'L' bezeichnet.

Beleuchtungsstärke

Die *Beleuchtungsstärke* ist der Teil des Lichtstroms, der auf eine gegebene Fläche fällt. Damit ist sie ein Maß für die gesamte Lichtmenge, mit der eine solche Oberfläche, z.B. eine Schreibtischplatte, beleuchtet wird. In der Praxis hängt dies von der Richtung des Lichts und von der räumlichen Lage der Fläche im Verhältnis zur Lichtquelle ab.

In der Lichttechnik wird die Beleuchtungsstärke normalerweise in der horizontalen und in der vertikalen Ebene gemessen. Die Werte, die man meist in Beleuchtungstabellen, Normenblättern, usw. findet, sind gewöhnlich Werte für *horizontale Beleuchtungsstärke*. Diese Werte sind angebracht, um die Beleuchtung von horizontalen Objekten, z.B. Tischen, zu beschreiben. Sie beschreiben jedoch die Beleuchtung von Objekten in der vertikalen Ebene nicht ausreichend, z.B. in Lagerregalen, in Bücherschränken, auf Bildschirmen. Um zum Beispiel die Lesbarkeit auf einem Bildschirm beurteilen zu können, benötigen wir eine Aussage über das Licht in der vertikalen Ebene.

An Bildschirmarbeitsplätzen sind daher die horizontale und die vertikale Beleuchtungsstärke wichtig. Ein Dokument, das auf einer Schreibtischplatte liegt, wird von der horizontalen Beleuchtungsstärke, ein Bildschirm hingegen von der *vertikalen Beleuchtungsstärke* beleuchtet.

Die Beleuchtungsstärke wird in der Einheit Lux (lx) gemessen und häufig mit dem Buchstaben 'E' bezeichnet.

In einem Büro, das von oben beleuchtet wird, liegt das Verhältnis dieser beiden Größen gewöhnlich zwischen 0,3 und 0,5. Ist die Beleuchtungsstärke in dem Raum z.B. mit 500 lx angegeben, so beträgt die horizontale Beleuchtungsstärke 500 lx während die vertikale Beleuchtungsstärke irgendwo zwischen 150 und 250 lx liegen dürfte.

Der Reflexionsgrad

Der Ausdruck *Reflexion* beschreibt die Fähigkeit einer Oberfläche, auffallendes Licht vollständig oder teilweise zurückzuwerfen. Ist die Oberfläche glänzend, so ist der Winkel zwischen reflektiertem Licht und Oberfläche gleich dem Winkel zwischen einfallendem Licht und Oberfläche. Objekte, die in dieser Weise reflektiert werden, weisen klare Umrisse auf, im Idealfall als Spiegelbild. Diese Art Reflexion ist als gerichtete oder *Spiegelreflexion* bekannt.

Ist die Oberfläche vollständig matt, so wird das reflektierte Licht verstreut. Diese Art Reflexion wird *diffuse Reflexion* genannt.

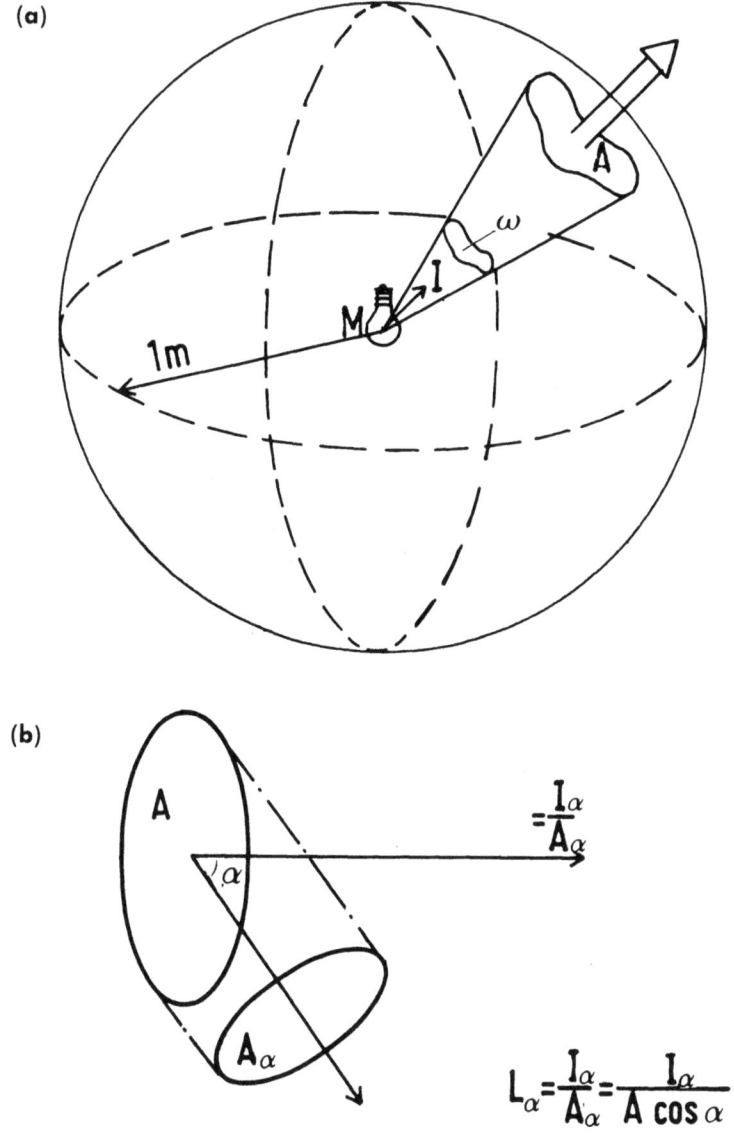

Abb. 2.13 (a) Eine Lichtquelle mit einer Lichtstärke I erzeugt einen Lichtstrom, ϕ. (b) Die Leuchtdichte einer gegebenen Oberfläche hängt ab vom Winkel, unter dem die Oberfläche gesehen wird und der Lichtstärke in dieser Richtung. Ref. O. 13

Der Ausdruck *spektrale Reflexion* bezieht sich auf die Fähigkeit einer Oberfläche, Licht selektiv entsprechend seiner Wellenlänge zu reflektieren. Neutrale Farben (weiß, grau oder schwarz) reflektieren gleiche Anteile des einfallenden Lichtes, unabhängig von seiner Wellenlänge. Bunte Oberflächen dagegen reflektieren das Licht in unterschiedlichem Maße, entsprechend seiner Wellenlänge.

Das quantitative Verhältnis zwischen reflektiertem und einfallendem Licht ist der *Reflexionsgrad*. Er beschreibt eine sehr wichtige Oberflächeneigenschaft. Da sich der Reflexionsfaktor jedoch nur auf die *Mengen* des reflektierten und einfallenden Lichts bezieht, reicht er allein für die Beschreibung der Reflexionseigenschaften einer Oberfläche nicht aus.

Wenn Licht *diffus reflektiert* wird, besteht zwischen *Leuchtdichte* und *Beleuchtungsstärke* folgende Beziehung:

$$L \, (cd/m^2) = \rho \, \frac{E \, (lx)}{\pi}$$

wobei ρ, der Reflexionsfaktor einen Wert zwischen 0 und 1 annehmen kann. Zum Beispiel hat der schwarz gedruckte Text auf dieser Seite einen geringen Reflexionsfaktor, kleiner als 0,1, während das Papier, auf das der Text gedruckt ist, einen hohen Reflexionsfaktor hat, größer als 0,8.

Der Reflexionsfaktor mißt das gesamte Licht, das von einer Oberfläche reflektiert wird. Tatsächlich ist aber der wichtigste Teil des reflektierten Lichtes jener Anteil, der in Richtung des Auges des Beobachters fällt, siehe Abb. 2.14. Beim Betrachten einer völlig matten Oberfläche erscheint die Leuchtdichte der Oberfläche gewöhnlich aus jeder Richtung gleich groß, das heißt, die Oberfläche wirkt gleichmäßig hell. Beim Betrachten einer stark glänzenden Oberfläche dagegen erscheint die Fläche mehr oder weniger hell, wenn sie aus verschiedenen Richtungen angesehen wird. Das ist von großer praktischer Bedeutung, wenn es um die subjektive und objektive Bewertung der Reflex-Blendung geht, z.B. von Tastenfeldern, Bildschirmen usw., und um den damit zusammenhängenden Verlust von Kontrast.

a. Glatte Oberfläche gerichtet

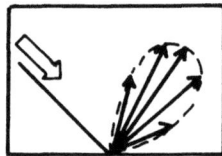
b. Rauhe Oberfläche streuend

c. Matte Oberfläche diffus

Abb. 2.14 Die Art der Reflexion ändert sich mit verschiedenen Oberflächen, (a) polierte Oberfläche (spiegelnd), (b) rauhe Oberfläche (streuend) und (c) matte Oberfläche (diffus). Ref. I. 2

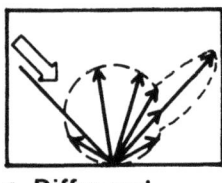
a. Diffus und gerichtet

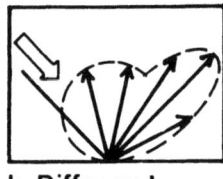
b. Diffus und gestreut

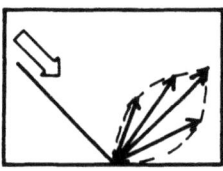
c. Gerichtet und gestreut

Abb. 2.15 Beispiele von zusammengesetzter Reflexion: (a) diffus und spiegelnd, (b) diffus und streuend, (c) spiegelnd und streuend. Diese Arten der Reflexion sind wichtig bei der Bewertung der Blendung durch Reflexion von z.B. Tastenfeldern und Bildröhren. Ref. I. 2

Transmissionsgrad

Der *Transmissionsgrad* beschreibt das Verhältnis zwischen der durchgelassenen Lichtmenge und der einfallenden Lichtmenge. Dabei bezieht sich der Ausdruck 'durchgelassenes Licht' auf den Teil des Lichtes, der von einer anderen Oberfläche eines bestimmten Mediums austritt als der, durch welche das Licht eingefallen ist.

Die wichtigsten lichtdurchlässigen Medien bei einem VDT sind die Vorderseite der Bildröhre und gegebenenfalls die Filter, die man dazu benutzt, die Reflexionen auf dem Schirm zu verringern. Beide Medien sollten das Licht der dargestellten Zeichen durchlassen,

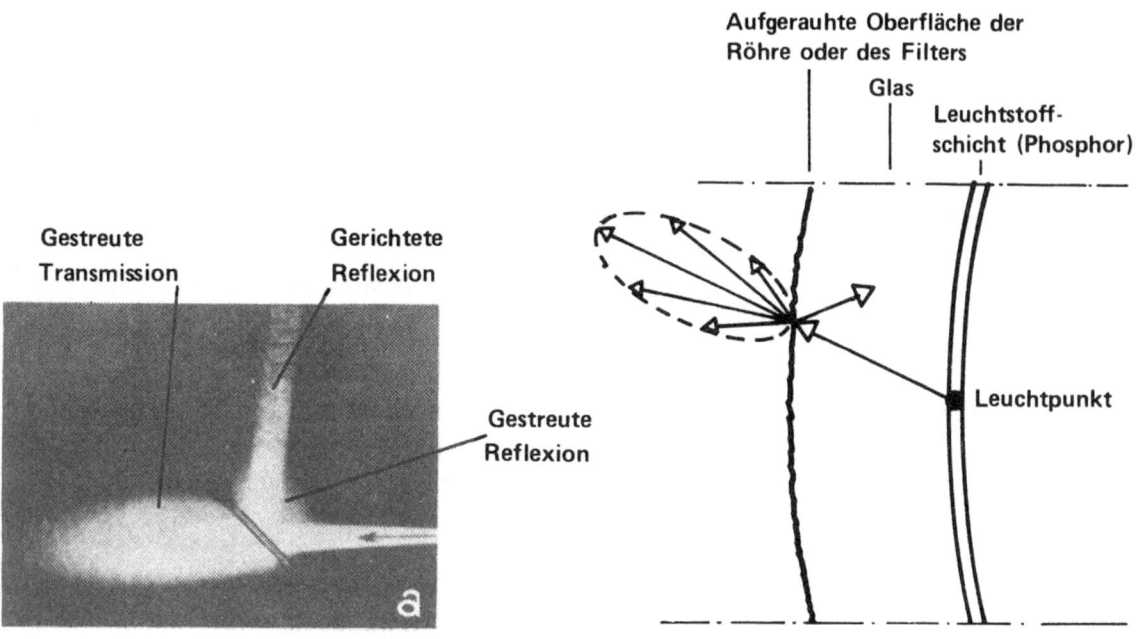

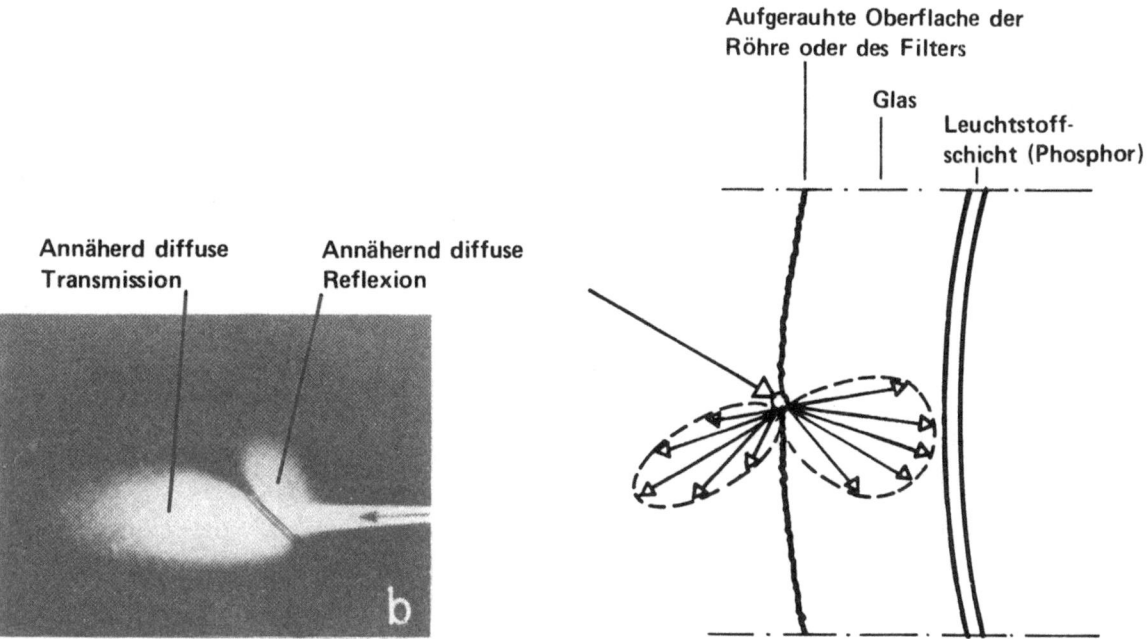

Abb. 2.16 Die Wirkung einer aufgerauhten Bildschirm-Glasoberfläche (a) auf das von einem Zeichen ausgesendete Licht, (b) auf das von der Bildschirmoberfläche reflektierte Licht.

ohne es zu streuen. Wird das Licht gestreut, so sehen die dargestellten Zeichen unscharf aus.

Es ist aber auch wichtig, daß die Oberflächen des Bildschirmes und der Filter nicht glänzen, damit Spiegelreflexionen vermieden werden. Um dieser Bedingung zu genügen, kann die Oberfläche aufgerauht werden, z.B. durch Ätzen. Abb. 2.16 zeigt die Wirkung einer rauhen Oberfläche auf das Licht, das auf die Frontplatte auffällt, und auf das Licht, das von einem Zeichen auf dem Bildschirm ausgesendet wird.

Diese Diagramme zeigen auch, daß die Transmissions- und die Reflexionseigenschaften einer Oberfläche nicht unabhängig voneinander sind. Wählt man eine Oberfläche mit 'guter' Reflexionseigenschaft, das heißt in diesem Fall ohne Spiegelreflexion, so können die wiedergegebenen Zeichen deswegen unscharf werden, weil das durchgelassene Licht gestreut wird.

Absorptionsgrad

Die Summe des Reflexionsgrades und des Lichtdurchlässigkeitsgrades eines Mediums beträgt immer weniger als eins, woraus hervorgeht, daß eine bestimmte Menge des Lichts bei jeder Übertragung verloren geht. Es verbleibt also ein bestimmter Teil des Lichtstroms in dem Medium, ein Vorgang, der als *Absorption* bekannt ist. Die zurückgehaltene Lichtenergie wird normalerweise in Wärme umgewandelt.

Die Summe der reflektierten, durchgelassenen und absorbierten Lichtströme muß immer gleich dem einfallenden Lichtstrom sein. In anderen Worten, die Summe des Reflexionsgrades, des Transmissionsgrades und des Absorptionsgrades ist immer gleich eins.

Leuchtdichtekontrast

Den Ausdruck *Kontrast* wählt man oft, um den wahrgenommenen Unterschied in Farbe oder Helligkeit — oder beidem — von Objekten innerhalb eines bestimmten Gesichtsfeldes oder von einem Zeitpunkt zum anderen anzugeben. Wenn auch der Kontrast, streng genommen, kein physiologischer Begriff ist, so ist er doch eine der wichtigsten photometrischen Größen, da er die meisten Sehfunktionen umfaßt, z.B. Sehschärfe, Kontrastempfindlichkeit und Erkennungsgeschwindigkeit.

Im objektiven Sinne definiert der *Leuchtdichtekontrast* das Verhältnis zwischen der Differenz der Leuchtdichten eines Objektes und seiner Umgebung einerseits und der Leuchtdichte der Umgebung, auch *Hintergrundleuchtdichte*, andererseits.
Damit wird:

$$C = \frac{L_2 - L_1}{L_1}$$

wobei L_2 die Leuchtdichte des Objektes und
L_1 die Hintergrundleuchtdichte ist.

Bei der Berechnung des Kontrastes sollte beachtet werden, daß die Formel nicht symmetrisch ist, das heißt die numerischen Werte des Kontrastes C sind nicht identisch, wenn — für die gleichen Leuchtdichte-Werte — L_2 größer ist als L_1, oder L_2 kleiner ist als L_1.

Wenn die Leuchtdichte eines Objektes sehr viel größer ist als die Hintergrundleuchtdichte, dann nimmt C rasch größer werdende Werte an. Wenn dagegen die Leuchtdichte des Objektes geringer ist als die Hintergrundleuchtdichte, dann nähern sich die Werte für C asymptotisch dem Wert C = − 1.

$$L_2 = 2L_1 \ldots \quad C = 200\% \text{ (oder +2; Positiv)}$$
$$L_2 = 0{,}5L_1 \ldots \quad C = -50\% \text{ (oder -0,5; Negativ)}$$
$$L_2 = 10L_1 \ldots \quad C = 900\% \text{ (oder +9; Positiv)}$$
$$L_2 = 0{,}1L_1 \ldots \quad C = -90\% \text{ (oder -0,9; Negativ)}$$

Abb. 2.17 Leuchtdichtekontrast als Funktion des Verhältnisses zwischen Hintergrundleuchtdichte und Leuchtdichte des betrachteten Objektes.

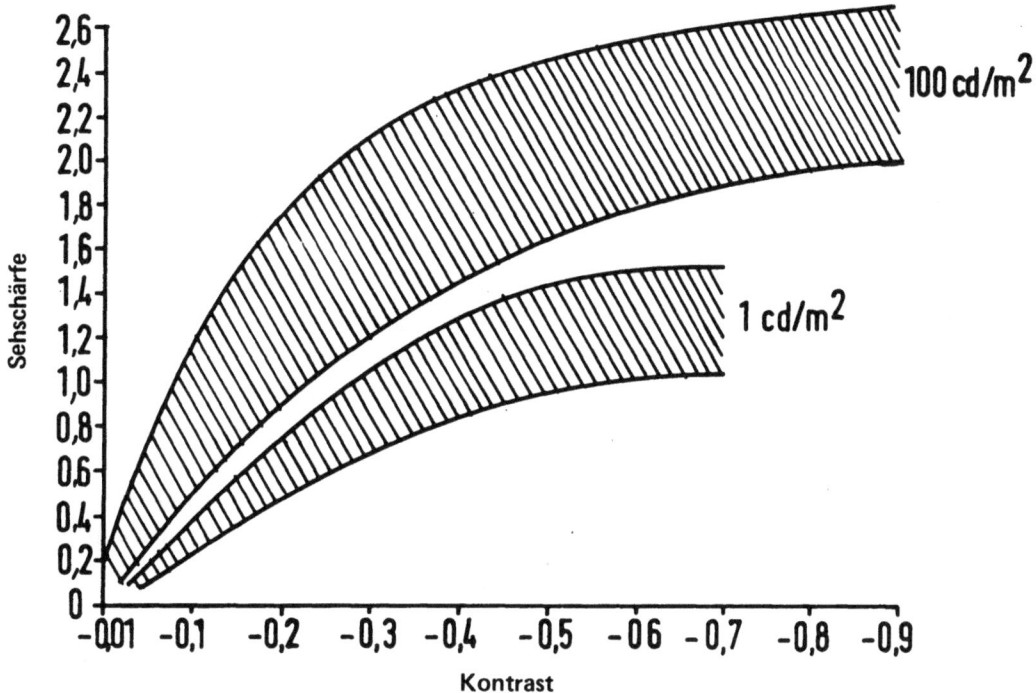

Abb. 2.18 Die Sehschärfe von normalsichtigen Personen (25 − 50 Jahre alt) bei verschiedenen Werten von Kontrast und Hintergrundleuchtdichte (1 und 100 cd/m^2). Ref. H. 11

SELBSTLEUCHTENDE STATT BELEUCHTETER ZEICHEN

Gedruckte Zeichen werden durch das Licht, das auf sie fällt, sichtbar. Die Zeichen auf einem Bildschirm werden sichtbar durch das Licht, das von ihnen selbst ausgeht. Dieser Unterschied ist bedeutsam für das Verhalten gegen Fremdlicht.

Um sichtbar zu sein, muß ein gedrucktes Zeichen das Licht anders reflektieren als seine Umgebung. Je größer der Unterschied in diesen Reflexionseigenschaften ist, um so größer ist der wahrgenommene Kontrast zwischen dem Zeichen und seinem Hintergrund und um so leserlicher wird das wiedergegebene Zeichen. Findet man in der Praxis, daß die Leserlichkeit unbefriedigend ist, so kann die Beleuchtungsstärke erhöht werden. Der Kontrast bleibt dabei jedoch gleich.

Bei selbstleuchtenden Zeichen ist dies nicht möglich. Die Helligkeit der wiedergegebenen Zeichen wird durch die Eigenschaften des VDT bestimmt. Wird das *auffallende Licht verstärkt*, so wird der *Kontrast verringert*. Nun ist das Auge für kleine Kontraständerungen wesentlich empfindlicher als für kleine Helligkeitsänderungen. Es kann deshalb sehr wohl sein, daß sich zwar die Helligkeit des Textbildes wahrnehmbar ändert, daß aber die Leserlichkeit des Textes dadurch nicht wesentlich berührt wird.

Unter bestimmten Bedingungen jedoch kann die Leserlichkeit tatsächlich leiden. Die dafür maßgeblichen Faktoren werden in den folgenden Abschnitten betrachtet.

Die optischen Eigenschaften von Sichtgeräten

Leuchtdichte der Zeichen

Die *Leuchtdichte* eines selbstleuchtenden Zeichens auf dem VDT-Bildschirm ist keine genau definierte Größe. Dafür gibt es mehrere Gründe. Erstens ist es sehr schwierig, die Leuchtdichte von so kleinen Feldern genau zu messen, ohne komplizierte Meßgeräte anzuwenden. Zweitens ist die Leuchtdichte innerhalb der Begrenzung eines Bildzeichens nicht in allen Punkten gleich.

Die Beziehung zwischen Leuchtdichte und Lesbarkeit von gedruckten Zeichen kann untersucht werden, indem die Beleuchtungsverhältnisse für den Text variiert werden. Dies ist jedoch bei einem VDT-Bildschirm nicht möglich, weil sich mit der Gesamtleuchtdichte auch die Strichstärke und die Verteilung der Leuchtdichte innerhalb der Zeichenformen und der einzelnen Striche ändert. Da diese Änderungen wesentlich von der Methode der Zeichenerzeugung abhängen, wäre es nötig, sehr komplizierte Verfahren auszuarbeiten, um zu richtigen und aussagefähigen Messungen der Zeichenleuchtdichte zu gelangen. Obgleich schwierig, könnten diese Probleme sicher gelöst werden. Aber es bleibt eine Anzahl anderer Probleme. Zum Beispiel ist die Größe und Form des Zeichens wichtig. Eine 5 x 7 Puntmatrix-Wiedergabe mit einer Zeichenhöhe von 10 mm und einer Punktgröße von 0,8 mm z.B. wird durch Änderungen der Leuchtdichte weniger beeinträchtigt, als das gleiche Bild mit einer Höhe von sagen wir 4 bis 6 mm.

Aus diesen Gründen gibt es keine Definition der Zeichenleuchtdichte und ihrer Verteilung innerhalb eines dargestellten Zeichens, die allein für sich genommen für die Zeichenerkennung aussagekräftig wäre. *)

Man kann dem Problem teilweise dadurch beikommen, daß man die Leuchtdichte an bestimmten Punkten innerhalb eines Zeichenstriches mißt, um Aussagen über Größe und Verteilung der Leuchtdichte zu machen. Die Ergebnisse einer Meßreihe dieser Art werden in Abbildung 2. 19 gezeigt.

Diese Abbildung zeigt die horizontale und vertikale Verteilung der Leuchtdichte in einzelnen Punkten an verschiedenen Stellen eines vergleichsweise guten CRT-Bildschirms. Vergleicht man die obere und untere Hälfte des Diagramms, so fällt auf, daß die horizontale Ausdehnung der Punkte größer als ihre vertikale Ausdehnung ist. Mit anderen Worten, die Punkte sind nicht vollständig rund, sondern etwas oval. Außerdem sind die Punkte im linken oberen Teil der Schreibfläche bedeutend breiter als in der Mitte.

---

*) *In der Umgangssprache wird der Ausdruck 'Helligkeit' in einem Sinne benutzt, der sich von der exakteren, wissenschaftlichen Definition unterscheidet. Im Falle der Zeichenwiedergabe auf CRT-Bildschirmen jedoch ist es die Zeichenleuchtdichte, die normalerweise mit Helligkeit gemeint ist. Die Leuchtdichte ist eine äußerst wichtige, jedoch nicht die alleinige Größe, die die Helligkeitswahrnehmung beim Sehen eines Objektes bestimmt. Zum Beispiel erscheint Schnee bei Nacht heller als Kohle bei Tage. Mißt man die Leuchtdichten, dann stellt man genau das umgekehrte Verhältnis fest. Die Abweichung ist der Tatsache zuzuschreiben, daß der Helligkeitseindruck nicht allein von der Leuchtdichte des Objektes selbst abhängt, sondern auch von der Leuchtdichte der Umgebung, in der sich das Objekt befindet. 'Helligkeit' hängt vom individuellen Empfinden ab, Leuchtdichte dagegen ist eine meßbare photometrische Größe.*

Eine zusätzliche Eigenart aller CRT-Sichtgeräte besteht darin, daß die Leuchtdichten verschiedener Punkte des Bildschirms über einen weiten Bereich variieren. Im untersuchten Fall fand man, daß die Leuchtdichte zwischen 62 cd/m² in der oberen linken Ecke des Bildschirms, 73 cd/m² in der Mitte und ungefähr 24 cd/m² in der unteren rechten Ecke variierte.

Einzelne Terminals unterscheiden sich in dieser Beziehung stark voneinander. Je weiter die Schreibfläche an den Bildrand der CRT herangeht, desto schlechter wird die Gleichmäßigkeit.

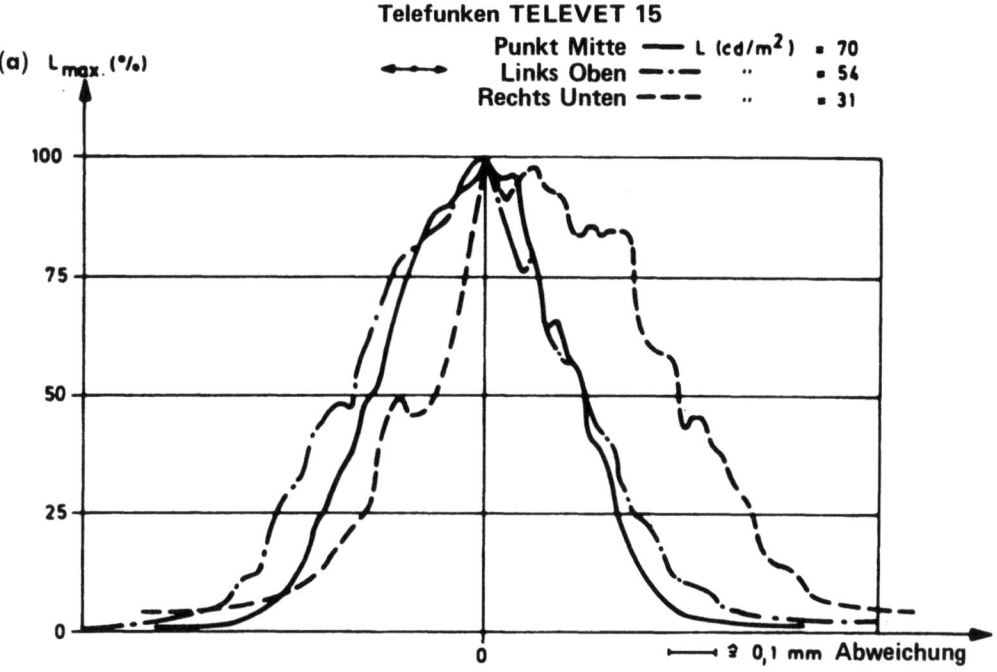

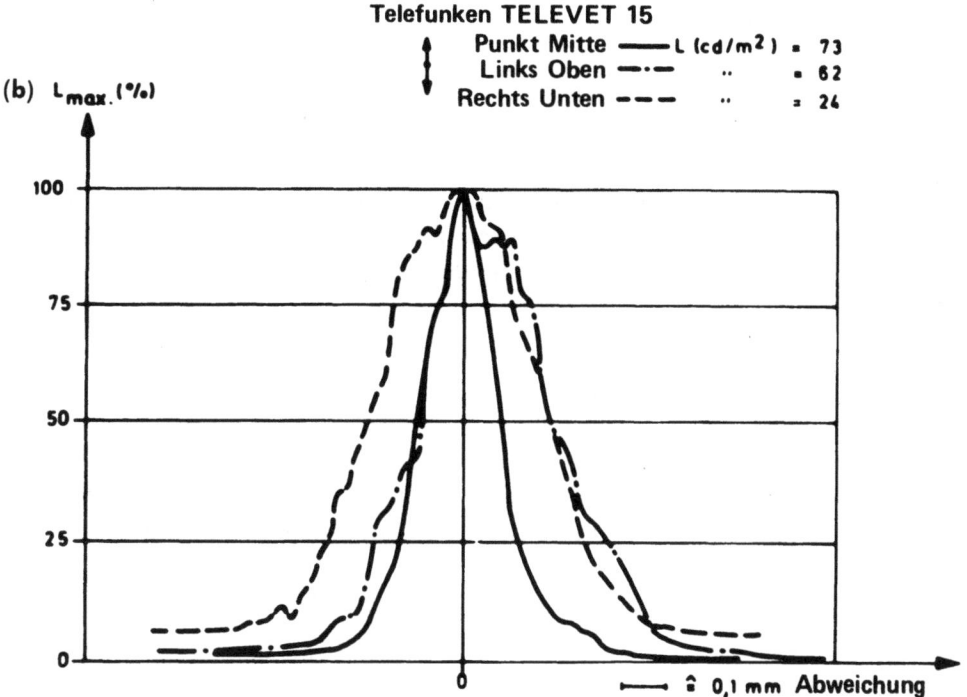

Abb. 2.19 (a) Horizontale und (b) vertikale Leuchtdichteverteilungen über einzelne Punkte an verschiedenen Stellen einer vergleichsweise guten Bildröhre. Ref. C. 2

Abbildung 2.20 zeigt Zeichen auf zwei verschiedenen VDT-Bildschirmen. Die Zeichen wurden in beiden Fällen über eine Punktmatrix erzeugt. Das Terminal, dessen Zeichen auf der rechten Seite dargestellt sind, wird in der Praxis mit einer Leuchtdichte zwischen 80 und 120 cd/m² benutzt, wobei die Wiedergabe noch sehr gut leserlich ist. Das Terminal auf der linken Seite kann eine maximale Helligkeit von nur 30 bis 40 cd/m² erzeugen, wobei die Zeichen bereits unscharf und nicht mehr leserlich sind.

In diesem Falle könnte man 12 und entsprechend 120 cd/m² als maximal anwendbare Leuchtdichtepegel für diese beiden Terminals vorschreiben.

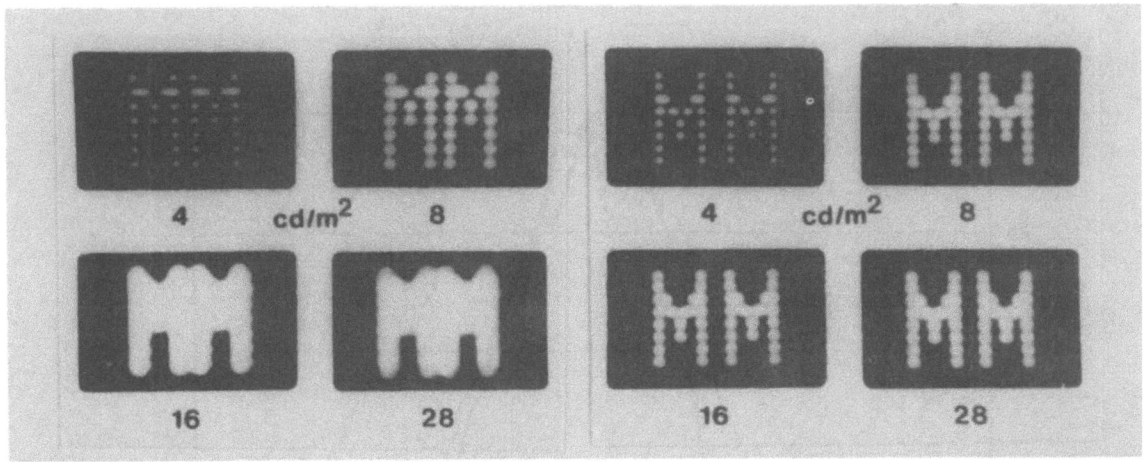

Abb. 2.20 Ein Vergleich von zwei Zeichen auf verschiedenen VDTs, mit vier verschiedenen Leuchtdichtepegeln der Zeichen.

Kontrast

Kennt man die Werte der Zeichenleuchtdichte und Hintergrundleuchtdichte, so können die Kontrastwerte berechnet werden.

Bei den meisten VDT-Typen wird die Hintergrundleuchtdichte und damit der Kontrast durch die Menge des auffallenden Lichtes und die Reflexionseigenschaften der Schirmoberfläche bestimmt.

Unter normalen Büro-Lichtverhältnissen können gute Terminals Kontrastwerte erreichen, die mit den typischen Werten von gedruckten Texten vergleichbar sind. Allerdings sind die Unterschiede in der Bildqualität bei den derzeit am Markt befindlichen VDTs recht beachtlich.

Sehschärfe und Lesbarkeit

Die Bedeutung der Leuchtdichte und des Kontrastes kann am leichtesten an ihrem Einfluß auf die *Sehschärfe* demonstriert werden. Sehschärfe ist ein Maß für die Fähigkeit des Auges, feine Einzelheiten zu unterscheiden, 'aufzulösen', zum Beispiel Zeichen oder auch Teile eines dargestellten Zeichens. Damit ist sie ein wichtiger, außerdem der beste verfügbare Bewertungsmaßstab für die Lesbarkeit eines Schirmbildes. *)

Der Ausdruck 'Sehschärfe' wird hier in einem Sinn benutzt, der sich etwas vom normalen Sprachgebrauch unterscheidet. Man trifft oft die Meinung an, daß es sich hierbei

*) *Die Sehschärfe ist zwar das beste verfügbare Maß für visuelle Informationsübertragung, sie ist jedoch keinesfalls das ausreichende Maß für Lesbarkeit.*

um eine Konstante handelt, die ein festes Maß für die Sehfähigkeit des Auges darstellt. Genau genommen hängt die Sehschärfe aber von einer Reihe von Einflußgrößen ab, zum Beispiel Zeichengröße, Form, Kontrast, Leuchtdichte, Farbe. Wenn für ein gegebenes Gerät die übrigen Parameter festliegen, kann der Einfluß der Leuchtdichte und des Kontrastes auf die Sehschärfe eines bestimmten Betrachters festgestellt werden. Wenn die maximale Sehschärfe eines 'Standard'-Beobachters mit 100% definiert ist, dann kann die Sehschärfe unter verschiedenen Bedingungen damit verglichen werden.

Abb. 2.21 **) zeigt die Sehschärfeeigenschaften von vier VDTs mit verschiedenen Oberflächeneigenschaften und Zeichenleuchtdichten. Bei der Betrachtung dieser Diagramme werden zwei Dinge sofort augenfällig. Erstens, die beiden Bildschirme ohne Filter, Schirme 3 und 4, weisen die höchsten Zeichenleuchtdichten und die größten Reflexionen von der Schirmoberfläche auf. Zweitens, diese Schirme weisen auch die höchste Sehschärfe auf; und zwar unter Lichtbedingungen, wie sie für Büroräume typisch sind.

Um die praktische Bedeutung verschiedener Werte von Sehschärfe für zwei Terminals zu zeigen, betrachten wir folgendes Beispiel. Wenn ein VDT-Bediener einen gegebenen Text aus einer Entfernung von 500 mm bequem lesen kann, so müßte er für einen Text mit 20% weniger Sehschärfe einen Betrachtungsabstand von 430 mm haben. In diesem Falle hätte der Bediener die Wahl, entweder eine etwas höhere Belastung beim Lesen des Textes mit schlechterer Sehschärfe in der gewohnten Entfernung in Kauf zu nehmen, oder seine Haltung zu verändern bis die optimale Leserlichkeit des Textes gegeben ist. Dieser Gesichtspunkt ist sehr wichtig bei den meisten VDT-Anwendungen, weil die Augen sich oft in schneller Folge auf den Bildschirm, auf das Tastenfeld und auf ein Quellendokument einstellen müssen. Als Hilfe bei der Überwindung dieser Probleme ist es deshalb ratsam, VDTs mit einer höheren Sehschärfe zu benutzen, d.h. helle Bildschirme, große Zeichenleuchtdichten und großer Kontrast.

Kommen wir auf die Abbildung 2.21 zurück, so ist der Unterschied in der Sehschärfe zwischen Terminal 1 und Terminal 4 unter Bürogegebenheiten bei 500 lx Beleuchtungsstärke ungefähr 25%. Dies entspricht der Verschlechterung der Sehschärfe einer normalsichtigen Person zwischen dem 20. und dem 60. Lebensjahr.

All diese Überlegungen zeigen sehr deutlich, daß die optischen und photometrischen Eigenschaften von unterschiedlicher, aber sehr realer Bedeutung für Konstruktion und Benutzung von CRT-Sichtgeräten sind.

Die optischen Eigenschaften von Quellendokumenten

Bei den meisten Arbeiten, für die VDTs benutzt werden, verwendet man Papierdokumente für die Eingabe der Informationen, die zu verarbeiten sind, und auch die Ausgabe erfolgt oft wieder in irgendeiner Form auf Papier. Oft sind diese Papierdokumente für die visuelle Aufnahme der Information wichtiger als die Darstellung auf dem Bildschirm.

Informationen, die auf Papier festgehalten sind, erscheinen gewöhnlich als Positiv, d.h. dunkle, gewöhnlich schwarze Zeichen stehen gegen einen hellen, gewöhnlich weißen Hintergrund. Dadurch wird zwar guter optischer Kontrast gewährleistet, doch gibt es keine unbedingte Garantie für leichte Lesbarkeit, nicht einmal bei normaler Bürobeleuchtung oder bei Tageslicht. Wie gut lesbar z.B. ein geschriebener Text ist, hängt u.a. von den

---

**) Diese Zahlen sind auf eine Leuchtdichte-Kontrast-Sehschärfe-Formel zurückzuführen. Es handelt sich hier weder um einen ausreichenden noch um einen genauen Weg, die Sehschärfe-Eigenschaften von VDT-Zeichen zu beschreiben. Dennoch ist dies eine nützliche Methode zur Darstellung der Größenordnung der verschiedenen Einflüsse.

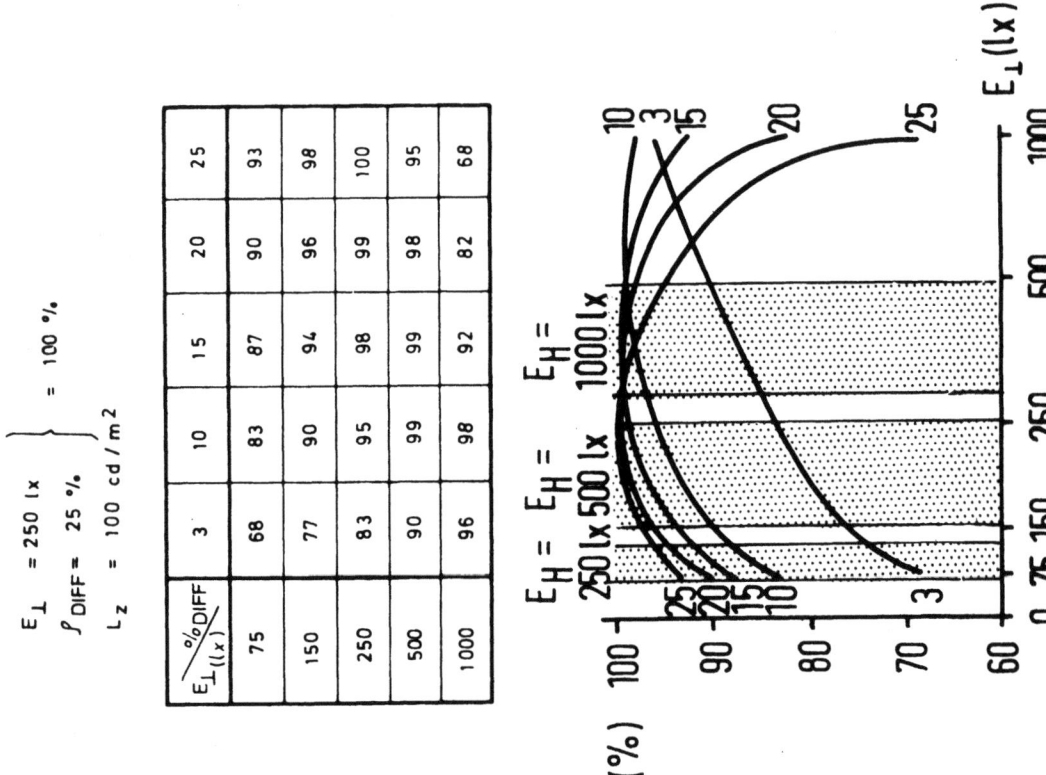

Abb. 2.21 (a) Relative Sehschärfe im Verhältnis zur diffusen Reflexionseigenschaft der Bildschirmoberfläche und Leuchtdichte. (b) Die Sehschärfe-Eigenschaften von 4 VDTs mit unterschiedlichen Bildschirmoberflächen. Ref. C. 2

Reflexionseigenschaften der unbedruckten Papieroberfläche ab und von der Farbe und optischen Dichte der Schrift.

Die Wirkung der Reflexion ist gut zu sehen, wenn wir einen glänzenden Photoabzug betrachten. Abhängig von dem Winkel, in dem das Licht darauf fällt, kann man das Bild entweder als Positiv oder als Negativ erscheinen lassen. Irgendwo dazwischen gibt es einen Winkel, bei dem die ganze Fläche gleichmäßig hell erscheint und das Bild verschwindet. Dieser Effekt wird in Abb. 2.22 dargestellt.

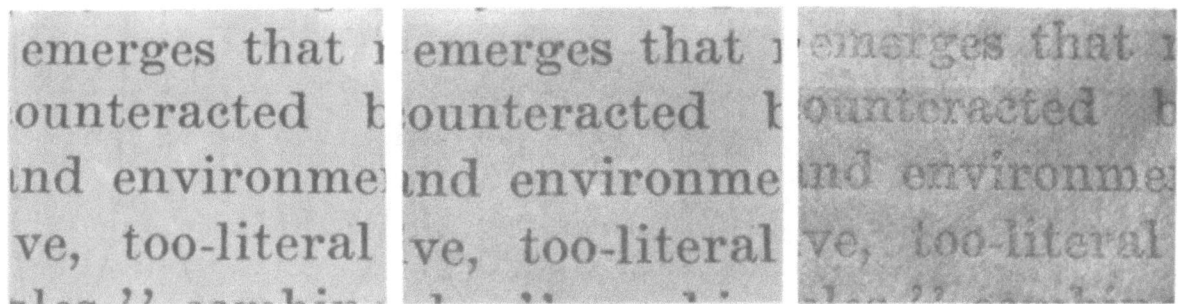

Abb. 2.22 Erscheinungsbild eines Textes, aus verschiedenen Blickwinkeln gesehen.

Das linke Bild wurde unter günstigen Lichtverhältnissen aufgenommen. Das mittlere Bild war weniger günstig beleuchtet; in diesem Fall war eine Lampe direkt über dem Text aufgehängt. Das rechte Bild zeigt schließlich ein Ergebnis, bei dem der Text nicht mehr lesbar ist. Wenn der Beleuchtungswinkel noch größer gemacht worden wäre, wäre der Text völlig verschwunden.

Wenn man glänzendes Papier in einem Winkel von weniger als 30° beleuchtet, erscheinen die unbedruckten Bereiche bei einem entsprechenden Lichtreflexionswinkel noch glänzend. Wenn das Papier mit einer matten Farbe bedruckt ist, so ist die Helligkeit des Textes immer geringer als die der unbedruckten Oberfläche des Papiers, wenn auch der Kontrast in großem Maße vom Sehwinkel abhängt. Verwendet man statt dessen eine glänzende Farbe, so würde kein deutlicher Unterschied in der Helligkeit zwischen den bedruckten und den unbedruckten Bereichen entstehen.

Ein glänzendes Papier, das mit glänzender Farbe bedruckt ist, ergibt bei den meisten Betrachtungswinkeln geringen Kontrast. Ein solcher Text läßt sich am leichtesten bei diffuser Beleuchtung lesen, z.B. bei gleichmäßig bewölktem Himmel. In Arbeitsräumen ist jedoch diese Art Beleuchtung eher die Ausnahme als die Regel, und übrigens auch nicht besonders erstrebenswert.

Ganz offensichtlich: Der sogenannte 'Blendeffekt', der die Fähigkeit, leicht und bequem zu lesen, ernsthaft stören kann, ist nicht nur bei der Benutzung von CRT-Bildschirmen ein Problem; er kann bei allen Arten von visueller Arbeit auftreten.

Die optische Qualität von Quellendokumenten hängt nicht nur von ihrem Kontrast ab, sondern auch von der Helligkeitsverteilung innerhalb eines Zeichenbildes. In Abb. 2.25 werden mehrere Wiedergaben des Buchstabens 'M' gezeigt, beginnend mit einem Abdruck, der mit einer Schreibmaschine mit gutem Kohleband auf mattem Papier erzeugt wurde.

In der täglichen Arbeit sind jedoch getippte Originale selten. Üblicher ist, den ersten oder sogar einen der letzten Durchschläge zu verwenden. Solche Durchschläge, Computer-Ausdrucke, Fotokopien und Telex-Kopien sind die am häufigsten verwendeten Quellendokumente bei VDT-Arbeiten.

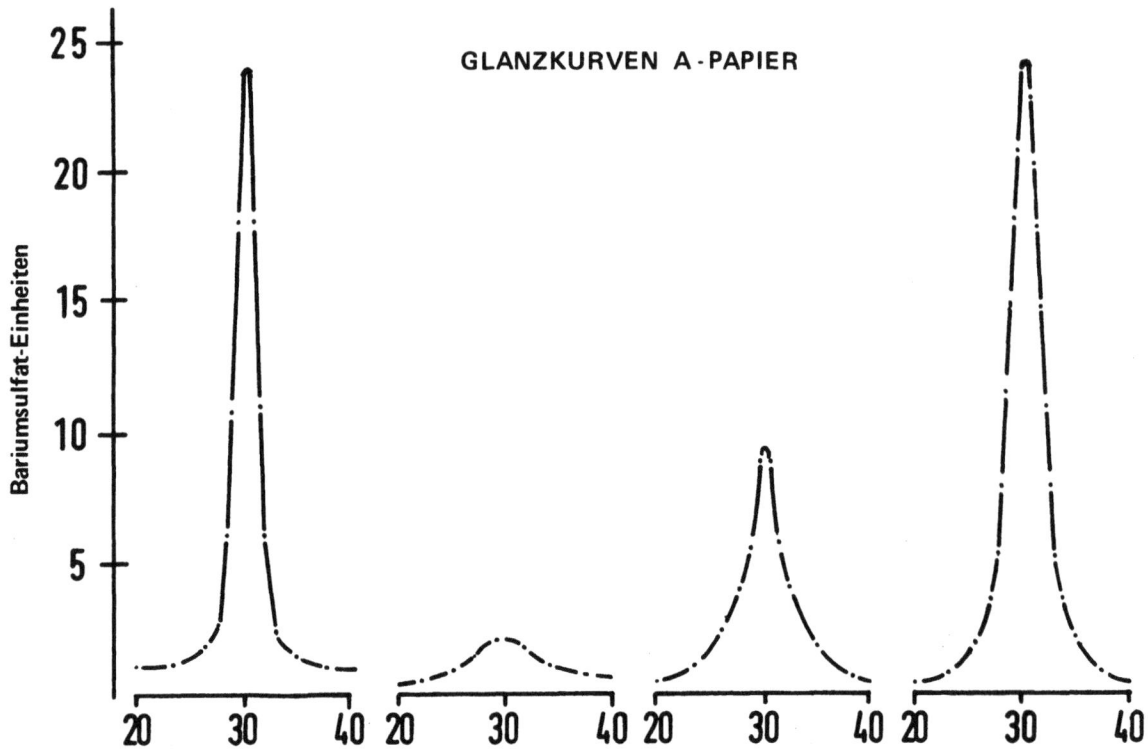
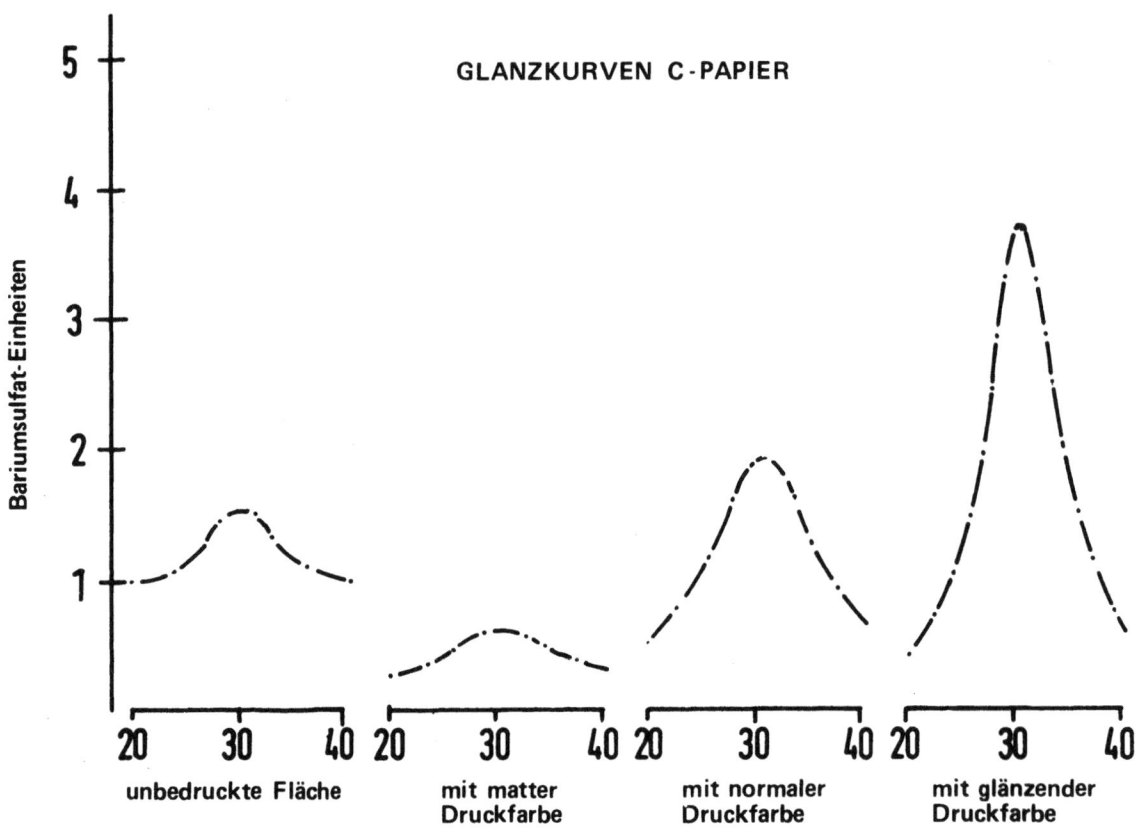

Abb. 2.23 Reflexionseigenschaften von Papieroberflächen und verschiedenen Druckfarben: (a) Glanzpapier, (b) weniger glänzendes Papier. Ref. H. 11

Abbildung 2.25 zeigt, wie die Zeichen bei Kohlepapier-Durchschlägen verzerrt und schlechter lesbar werden. In dem wiedergegebenen Beispiel wurden die Durchschläge auf weißem Papier gemacht, eine Handhabung, die aus organisatorischen Gründen auch seltener wird. Kopien werden häufiger auf farbiges Papier oder auf Papier in gebrochenem Weiß gemacht, wie Fernschreibpapier o.ä. Diese Papiere reflektieren weniger Licht als weiße Papiersorten, so daß der Kontrast gewöhnlich eher noch geringer ist als bei diesen Abbildungen.

Die sich daraus ergebende Auswirkung auf die Lesbarkeit des Textes wird in Abb. 2.26 dargestellt. Bei helleren Papiersorten wird die Lesbarkeit des Textes immer besser. Mikrofilmvergrößerungen haben gewöhnlich eine optische Qualität, die etwa in der Mitte des Diagramms liegt.

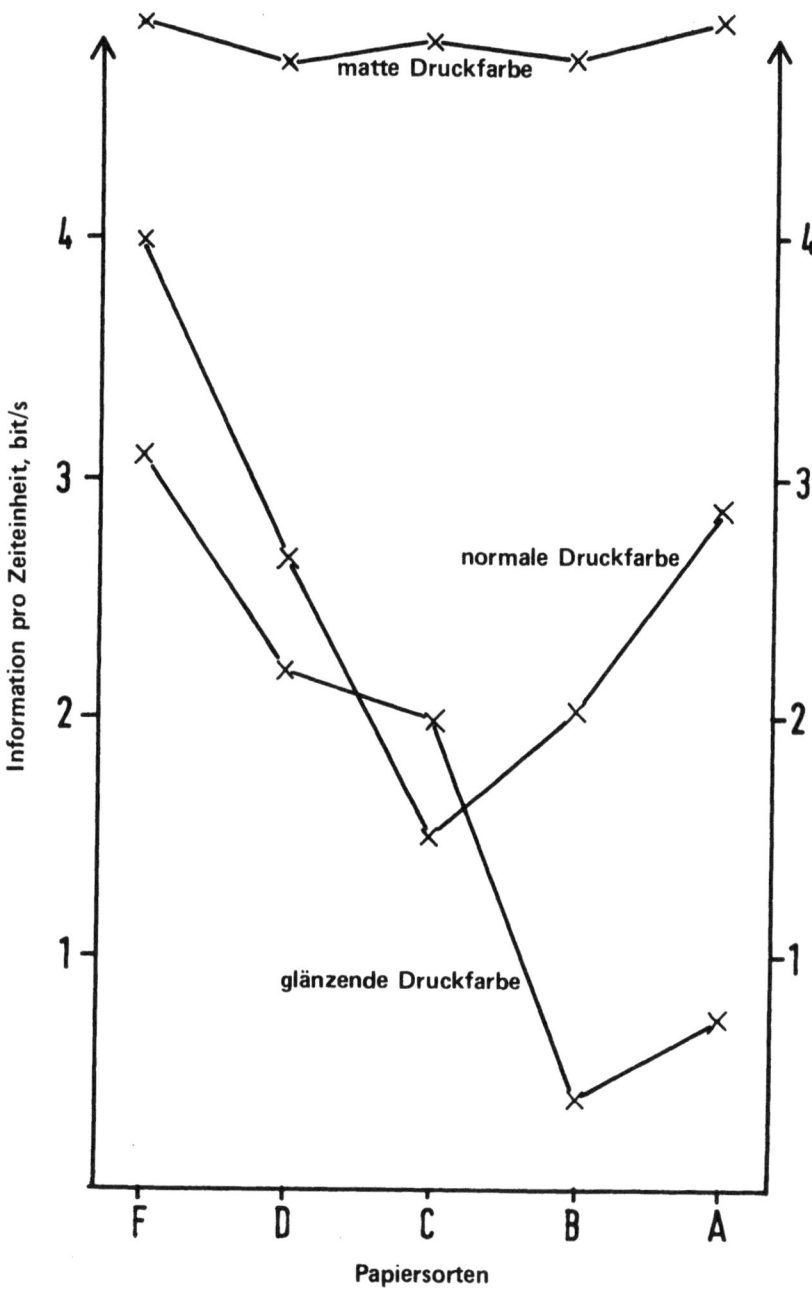

Abb. 2.24 Vergleich der Leseleistungen bei Druckvorlagen mit Papieren und Druckfarben von unterschiedlichem Glanz. Ref. H. 11

Viele VDT-Benutzer arbeiten von Telex-Kopien, deren optische Qualität oft sehr viel geringer ist als die eines CRT-Bildschirms. In solchen Fällen kann die Arbeit 'am Bildschirm' sehr wohl zur Ermüdung der Augen führen, was dann aber mehr auf die schlechte Leserlichkeit der Vorlagen zurückzuführen ist als auf den Bildschirm selbst. Und gerade an VDT-Arbeitsplätzen arbeitet man oft mehr mit Telex-Kopien als mit anderen, besser lesbaren Arten von Belegen.

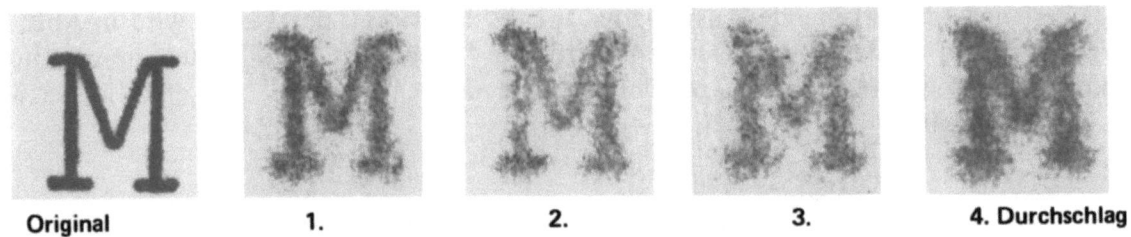

Abb. 2.25 Die Qualität eines Schreibmaschinentextes: Original-Schreibmaschinenschrift und nachfolgende Kohlepapierdurchschläge.

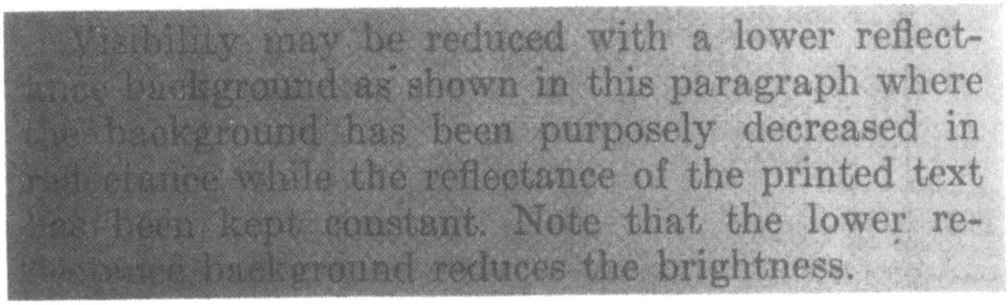

Abb. 2.26 Auswirkung verminderter Papierhelligkeit auf die Lesbarkeit.

Subjektive Bewertung der Lesbarkeit von Quellendokumenten und Bildschirm-Texten

Die schlechte Lesbarkeit einer Vorlage kann auf eine Reihe von physiologischen und psychologischen Gründen zurückzuführen sein, von denen einige in den vorangegangenen Abschnitten betrachtet wurden. Sind nun diese Probleme lediglich von theoretischem Interesse, oder haben sie eine praktische Bedeutung im alltäglichen Arbeitsleben? Und weiter: Wie bedeutsam sind diese Schwierigkeiten im Vergleich zu denen, die beim Lesen und Erkennen der Zeichen auf einem CRT-Bildschirm entstehen?

Zur Beantwortung dieser Fragen wurden eine Reihe von Laboruntersuchungen durchgeführt, mit dem Ziel, die physikalischen und photometrischen Eigenschaften häufiger verwendeter Arten von Quellendokumenten an VDT-Arbeitsplätzen zu quantifizieren. Diese Daten wurden sodann mit den entsprechenden Werten für Text verglichen, die auf CRT-Bildschirmen wiedergegeben waren.

Man fand als Regel, daß die Qualität eines gedruckten Textes oder eines Originals aus einer guten und regelmäßig gereinigten Schreibmaschine der Bildschirm-Wiedergabe überlegen war. Es wurde jedoch auch festgestellt, daß in der Praxis Originaldokumente von so hoher Qualität an den Arbeitsplätzen selten anzutreffen sind.

Vergleicht man die Qualität der Zeichenwiedergabe auf VDTs mit derjenigen auf den gewöhnlich verwendeten Quellendokumenten, z.B. Fotokopien, vielen Arten von Computer-Ausdrucken usw., dann ist meist die VDT-Wiedergabe von besserer Qualität.

Um festzustellen, wie die Bildschirm-Arbeitskräfte selbst diese Unterschiede einschätzen, wurde eine Untersuchung durchgeführt, bei der mehrere einschlägige Fragen gestellt wurden. Auf die Frage: *„Sieht der Text auf dem Bildschirm mehr aus wie ein Schreibmaschinen-Original oder mehr wie ein Kohlepapier-Durchschlag?"* wurden die in Abb. 2.27 dargestellten Antworten gegeben. Sie zeigen eine eindeutige Vorliebe für die CRT-Wiedergabe. Abb. 2.28 zeigt, wie diese gleiche Gruppe die Lesbarkeit ihrer Papier-Vorlagen beurteilte.

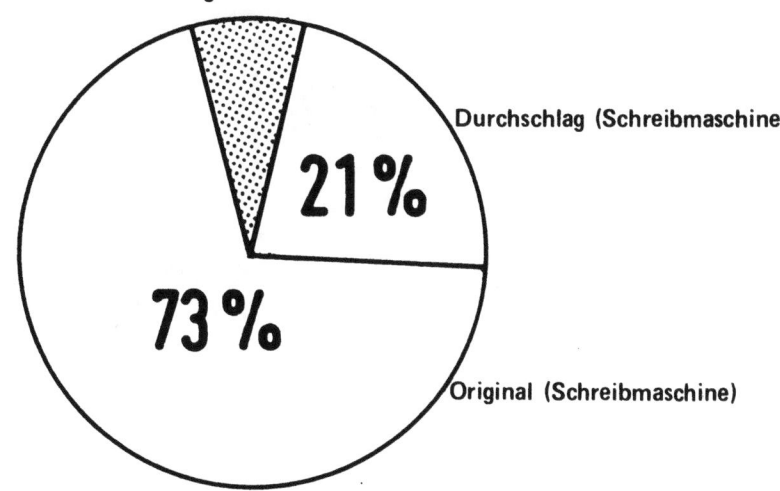

Abb. 2.27 Subjektive Bewertung der Schrift auf dem VDT-Schirm im Vergleich zur Qualität von Schreibmaschinen-Originalen und Kohlepapierkopien.

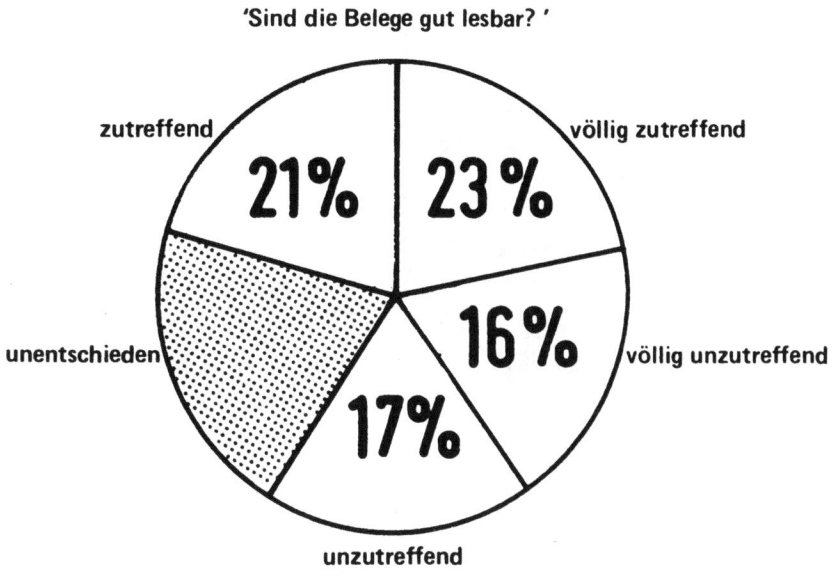

Abb. 2.28 Subjektive Bewertung der Lesbarkeit von Quellendokumenten an VDT-Arbeitsplätzen.

Es bezeichneten mehr Personen ihre Quellendokumente als 'leicht lesbar' (44%) denn als 'schwer lesbar' (33%); aber das heißt noch lange nicht, daß die Zeichenwiedergabe auf den

Originalen als 'gut' beurteilt wurde. Das wäre erst dann der Fall, wenn mehr als 70% 'leicht lesbar' urteilen würden.

Zum Vergleich zeigt Abb. 2.29, wie die Befragten den auf Datensichtgeräten wiedergegebenen Text beurteilten.

Es wird deutlich, daß die Mehrheit die Lesbarkeit der Wiedergabe als 'gut' bezeichnet. Ein unmittelbarer Vergleich der Lesbarkeit von Quellendokumenten und Bildschirmtexten ergibt sich aus Abb. 2.30.

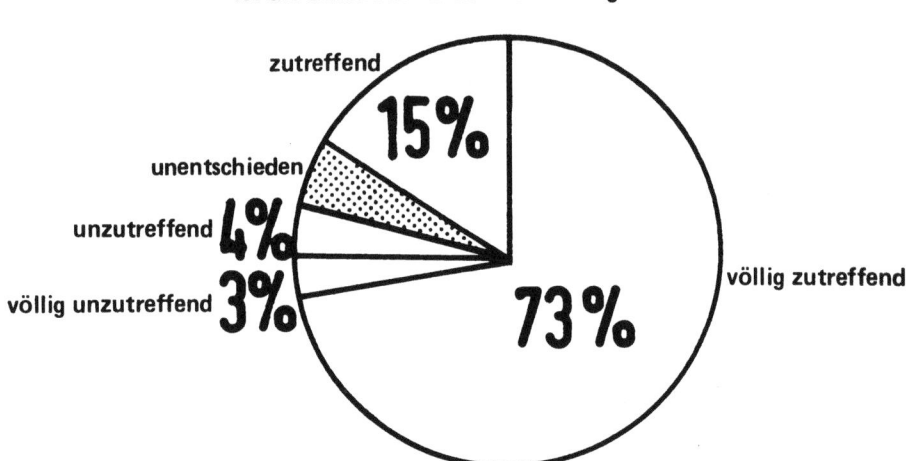

Abb. 2.29 Subjektive Bewertung der Lesbarkeit eines Textes auf einem Bildschirm.

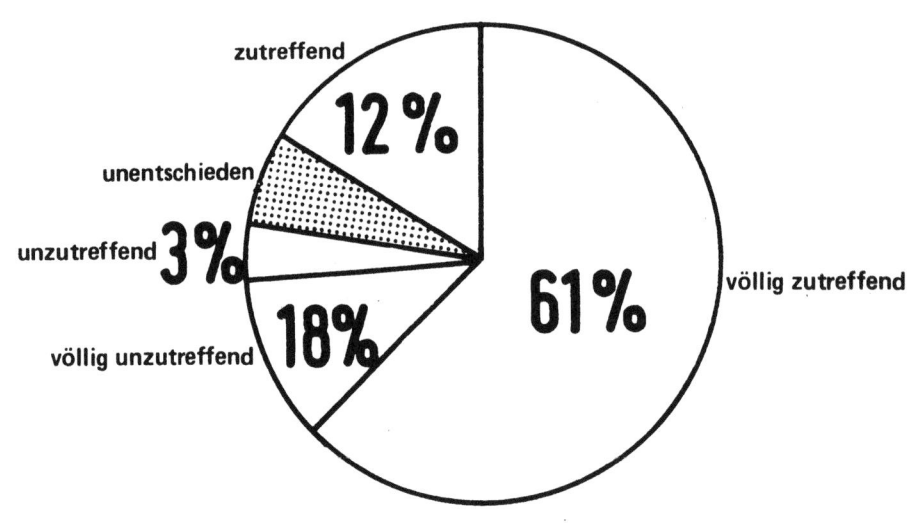

Abb. 2.30 Subjektive Bewertung der Lesbarkeit von Papiervorlagen und Bildschirm-Wiedergaben.

Was sagen nun diese Ergebnisse? Preisen sie — wie es den Anschein hat — generell die Überlegenheit des Datensichtgeräts? Nein, natürlich nicht; das Datensichtgerät, wie alle Arten von Daten- und Text-Wiedergabe, hat seine eigenen Vor- und Nachteile, von denen die meisten an anderen Stellen dieses Berichts besprochen werden. Was uns diese Tests aber zeigen, ist dies: *Wenn man an einem bestimmten Arbeitsplatz Datensichtgeräte einführt, dann dürfen eventuell auftretende Probleme nicht unbedingt immer dem Datensichtgerät selbst angelastet werden!*

In allen Arbeitssituationen, bei denen gedruckte oder geschriebene Vorlagen verwendet werden, können visuelle Probleme auftauchen, die wenig oder nichts mit dem Wiedergabegerät zu tun haben. Es scheint daher wenig sinnvoll, zu versuchen, das 'optimale Datensichtgerät' zu schaffen, wenn viele andere, vielleicht leichter veränderbare Merkmale des Arbeitsplatzes ungünstig bleiben. Das Ziel sollte vielmehr sein, alle Einflußgrößen zu optimieren; auch, aber nicht nur, den Bildschirm.

BLENDUNG

Blendung tritt auf, wenn die Unterschiede der verschiedenen Leuchtdichten im Blickfeld zu groß sind, so z.B. wenn helle Lichtquellen, wie Leuchten oder Fenster, in das Gesichtsfeld fallen — mit dem Resultat, daß der Prozeß der visuellen Anpassung gestört wird. Aufgrund dieses Effekts kann Blendung als störende Ablenkung oder als Ursache tatsächlichen visuellen Unbehagens erfahren werden, oder sie kann in extremen Fällen das Sehen beeinträchtigen, z.B. durch verminderte Sehschärfe.

Blendung kann demnach zwei wichtige Konsequenzen haben:

- Unbehaglichkeit beim Sehen und/oder
- Beeinträchtigung oder Behinderung des Sehens.

Die Art der Blendung, die zu einer Beeinträchtigung des Sehens führt, wird als *physiologische Blendung* bezeichnet, während die Art von Blendung, die als unbehaglich empfunden wird, im allgemeinen *psychologische Blendung* genannt wird. Beide Arten von Blendung können, müssen aber nicht unbedingt gleichzeitig auftreten. Aus diesem Grunde werden sie gewöhnlich getrennt betrachtet.

Blendung, die von Lichtquellen im Raum herrührt, kann Ursache für Unbehagen sein, selten jedoch für Sehstörungen. Wenn man die Beleuchtung für Räume mit Datensichtgeräten plant ist es daher erforderlich, die psychologische Blendung so weit wie möglich zu vermeiden, z.B. durch entsprechende Wahl, Positionierung und Abschirmung der Leuchten. Wenn man jedoch diese Einschränkung zu rigoros durchführt, dann kann die daraus resultierende Beleuchtung schließlich tot wirken und jeder Leuchtdichteänderung entbehren. Man sollte deshalb, auch wenn die Art der Beschäftigung eine starke Einschränkung der Helligkeitsunterschiede erfordert, das Bild dadurch etwas auflockern, daß man einige örtlich aufgehellte Bereiche vorsieht, die dem Raum mehr Profil geben, ohne Blendung zu verursachen.

Man unterscheidet Blendung auch danach, ob sie direkt durch Lichtquellen verursacht wird — *direkte Blendung* — oder durch Reflexion von beleuchteten Oberflächen, z.B. von Wänden oder Tischplatten, — *Reflex-Blendung*.

Die Blendung wächst mit der Leuchtdichte und der Größe der leuchtenden Flächen; sie wird um so geringer, je weiter die Helligkeitsquellen außerhalb der Blickrichtung liegen, oder je heller die sie umgebenden Bereiche sind. Dies ist einer der Gründe, warum man normalerweise helle Decken für Büros empfiehlt.

Unter bestimmten Umständen können die Arbeitsflächen selbst eine Quelle für psychologische oder sogar physiologische Blendung sein. Dies trifft besonders für große Flächen zu, z.B. glänzende Tischflächen, Papier mit zu hoher Leuchtdichte für die herrschenden Lichtverhältnisse.

Leider gibt es keine allgemein anerkannte Methode zur Ermittlung der wahrgenommenen Blendung, da in verschiedenen Ländern unterschiedliche Methoden erarbeitet wurden. In Großbritannien wird Blendung nach der sogenannten BRS-Blendungsformel berechnet. Die verschiedenen Blendungsniveaus werden in einem 'Blendungsindex' *) zusammengefaßt. In den USA wird Blendung mit Hilfe der Guth-Formel ermittelt, während in Westdeutschland die Bewertung der Blendung auf der Verwendung einer Reihe von Grenz-Leuchtdichtekurven basiert (Söllner-Verfahren).

Reflex-Blendung

Die Lichtverhältnisse in einem Arbeitsraum können selbst dann noch zu Problemen mit Blendung führen, wenn das Beleuchtungsniveau an sich richtig ist und wenn die Gefahr der direkten Blendung ausgeschaltet worden ist, z.B. durch die Anbringung von Rastern an den Leuchten, Vorhängen an den Fenstern usw. In solchen Fällen kann das Problem gewöhnlich auf Reflex-Blendung zurückgeführt werden, die auftritt, wenn Lichtquellen mit hoher Leuchtdichte von glatten und glänzenden Flächen reflektiert werden.

In Büroräumen gibt es viele mögliche Quellen für solche Spiegelreflexionen, z.B. Papier, besonders wenn es eine Glanzschicht hat, wie z.B. Fotopapier. In VDT-Arbeitsräumen stellt der Bildschirm eine zusätzliche Quelle für Spiegelreflexion dar, und er kann aus den unten erklärten Gründen zu einer der Hauptquellen für Reflex-Blendung werden.

Aus den IES-Empfehlungen betreffend Blendung kann das Folgende als Richtquelle für die Gestaltung von VDT-Arbeitsräumen verwendet werden:

Visuelle Aufgaben sollten vorzugsweise so angeordnet sein, daß keine hellen Lichtquellen oder deren Reflexbild in der Nähe der Blickrichtung liegen. Wenn dies nicht durchführbar ist, sollte die Quelle des Blendlichts von der Sicht abgeschirmt oder ihre Leuchtdichte reduziert werden, oder man verändert die räumliche Zuordnung von Aufgabe, Arbeitsperson und Lichtquelle entsprechend. Unter bestimmten Umständen mag es auch notwendig werden, das Sehobjekt selbst stärker zu beleuchten.

Wenn in einem Raum mehr als eine Arbeit oder Tätigkeit ausgeführt werden, dann sollte der Blendindex oder die entsprechende Grenzbedingung den untersten Wert der einzelnen Tätigkeiten nicht überschreiten.

Wenn sich ein Blendindex oder entsprechender Wert nicht gut errechnen läßt, oder wenn es nicht möglich ist, die Leuchtdichte der Beleuchtungskörper entsprechend zu reduzieren, z.B. nach den Empfehlungen der CIE, dann muß man mit empirischen Methoden gewährleisten, daß die psychologische Blendung nicht überhand nimmt. Beispielsweise können die Lichtquellen mit Hilfe von Reflektoren, Jalousien oder auch innenarchitektonischen Maßnahmen von der direkten Sicht abgeschirmt sein. Leuchten können diffuse Abdeckungen haben, deren durchschnittliche Leuchtdichte bei den üblichen Blickwinkeln nicht mehr als 500 cd/m^2 beträgt.

*) *Der Blendindex ist eine Reihe von Zahlen, von 13, 16, 19, 22 bis 25. Für eine gegebene Kombination von Raum- und Beleuchtungsverhältnissen kann man den Blendindex errechnen, indem man die im IES-Code beschriebene Methode anwendet. Wenn es zur Durchführung einer bestimmten Arbeit notwendig ist, die psychologische Blendung sehr stark einzuschränken, dann sollte der Blendindex 13 nicht überschreiten. Bei den meisten Aufgaben, die die Verwendung einer Tastatur und das Lesen von Text auf einem Bildschirm umfassen, sollte der Blendindex 16 nicht überschreiten.*

BILDSCHIRMREFLEXIONEN

Die meisten CRT-Terminals haben einen großen Bildschirm — gewöhnlich mit einem Diagonalmaß von 28 cm oder mehr — mit einer gewölbten Glasoberfläche, die einen Teil des auffallenden Lichts reflektiert. Hinzu kommt, daß VDTs oft in hell erleuchteten Büroräumen verwendet werden und häufig in der Nähe von Fenstern und anderen hellen Flächen stehen.

Bei vielen VDT-Anwendungen sind Reflexionen auf dem Bildschirm eine Hauptursache für Lese-Fehler. Klagen über verminderten Sehkomfort bei der Arbeit können oft auf solche Reflexionen zurückgeführt werden.

Die Reflexionseigenschaften von Bildschirmen — und anderen Oberflächen — können durch zwei Komponenten beschrieben werden:

- Grad der *gerichteten Reflexion*, der ein Maß für die Leuchtdichte des Bildes gibt, das man als direkte Reflexion auf der Oberfläche des Bildschirms sehen kann, und

- Grad der *diffusen Reflexion*, der ein Maß der Leuchtdichte des Bildschirms selbst darstellt, soweit sie sich aus reflektiertem Licht ergibt.

Oberflächenreflexionen, die überwiegend auf gerichteter Reflexion basieren, also spiegelbildartige Reflexionen, werden auch als 'Glanz' bezeichnet.

Die beiden Reflexionsarten haben nicht unbedingt etwas miteinander zu tun. Bei geeigneter Auswahl der Oberflächen-Reflexions-Eigenschaften von Geräten, Arbeitsmaterialien und Hilfsmitteln sowie anderer reflektierender Flächen im Arbeitsraum, können Sichtgeräte gewöhnlich teilweise oder ganz von störenden Reflexionen befreit werden. Auf diese Weise können VDTs erfolgreich in einen Büroraum integriert werden, auch was Farbe und Leuchtdichte betrifft.

Die störenden Auswirkungen von Bildschirmreflexionen

Spiegelreflexionen auf dem VDT-Bildschirm sind eine Hauptursache für Irritation und Unannehmlichkeit, und zwar vorwiegend aus zwei Gründen: Erstens, diese Art Reflexion vermindert den Helligkeitskontrast der Wiedergabe mit dem Ergebnis, daß die wiedergegebenen Zeichen schwerer lesbar sind. Zweitens, die reflektierten Bilder überlagern die Wiedergabe.

Nun konnte man außerdem Befürchtungen hören, daß außer den beiden geschilderten Erscheinungen Bildschirmreflexionen auch noch eine Ursache für psychologische Blendung sein könnten. Wir wollen dieser Frage nachgehen:

'Blendung' durch Reflexion

In Büroräumen liegen die höchsten durch die Raumbeleuchtung gegebenen Leuchtdichtepegel gewöhnlich im Bereich von 5000 bis 8000 cd/m^2. Da die gerichtete Reflexion eines Bildschirms mit unbehandelter Oberfläche normalerweise weniger als 4% beträgt, dürfte demnach die Leuchtdichte der auf dem Bildschirm reflektierten Bilder in den Bereich von 200 bis 300 cd/m^2 fallen. Dies ist mit der Leuchtdichte von Papiermanuskripten, Schreibtischplatten usw. zu vergleichen, die typischerweise in den Bereich von 150 bis 200 cd/m^2 fallen.

In Anbetracht der Tatsache, daß Papierdokumente und andere lichtreflektierende

Oberflächen den größeren Teil des Gesichtsfeldes am Bildschirm-Arbeitsplatz einnehmen und daß bei vielen VDT-Aufgaben, z.B. Text- und Daten-Eingabe, diese Dokumente — und nicht der Bildschirm — am häufigsten betrachtet werden, kann man Schirm-'Blendung' von der Helligkeit her nicht als wesentlichen Faktor für visuelles Unbehagen betrachten.

Reflexionen und Akkommodationsschwierigkeiten

Reflexionen auf der Oberfläche eines VDT-Schirms erzeugen ein zusätzliches Bild. Die Sehentfernung für das reflektierte Bild ist größer als für die Zeichen auf dem Bildschirm.

Die Folgen dieser Situation sind in Abbildung 2.31 dargestellt. Sie zeigt die Reflexion einer Lichtquelle L auf dem Bildschirm B, auf dem ein Zeichen, sagen wir Z, dargestellt ist. Um das Zeichen Z klar und deutlich zu sehen, akkommodieren beide Augen entsprechend der Entfernung zwischen den Augen und dem Zeichen. Um zu vermeiden, daß ein doppeltes Bild gesehen wird, schneidet sich die Sehachse beider Augen bei Z. Mit den so akkommodierten Augen wird jedoch die Reflexion von dem linken Auge so gesehen, als ob sie sich in der Stellung L" befände, und vom rechten Auge in Stellung L'. Auf diese Weise nimmt der Betrachter ein doppeltes Bild der Reflexion wahr.

Als Folge davon gehen nun Signale zwischen Augen und Gehirn hin und her, um zu versuchen, das wahrgenommene doppelte Bild in klaren Fokus zu bringen — mit dem Ergebnis, daß die Augen versuchen, sich erneut zu akkommodieren, um die Punkte L" und L' zusammenzubringen. In dieser Stellung wird jetzt jedoch das Zeichen Z so wahrgenommen, als ob es ein doppeltes und unklares Bild sei, und der Akkommodationsvorgang wird wiederholt. So oszilliert die Akkommodationsstellung zwischen der Ebene des Zeichens Z und der des reflektierten Bildes L hin und her.

Diese Störung wird größer:

- je größer die Leuchtdichte des reflektierten Bildes ist,
- je größer die gerichtete Reflexion der Bildschirmoberfläche ist,
- je *schärfer* sich die Form des reflektierten Bildes abzeichnet,
- je mehr die horizontale Ausdehnung des reflektierten Bildes abnimmt,
- je mehr die Zwischenräume zwischen L' und L" abnehmen und
- je mehr der Zwischenraum zwischen Z und L', L" abnimmt.

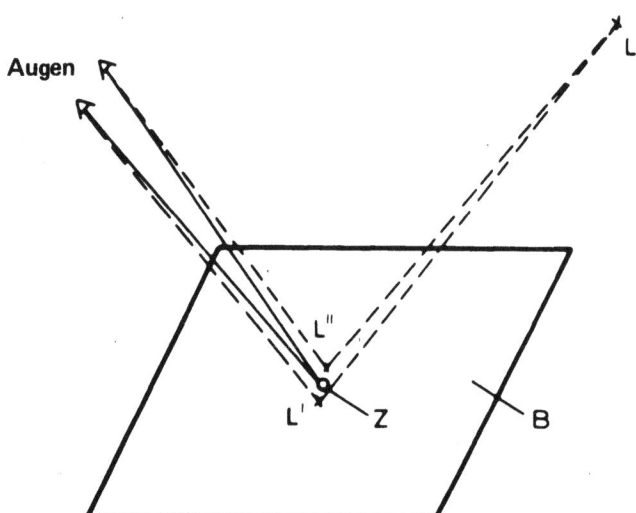

Abb. 2.31 Eine Illustration der Wechselwirkung zwischen Bildschirmreflexion und Akkommodationsschwierigkeit.

Im allgemeinen führt eine unstrukturierte Reflexionsquelle, die keine klar abgegrenzte Form aufweist, zu einem diffuseren Reflexbild, das weniger störend ist als spiegelbildartige Reflexionen mit scharfen Umrissen. Dies ist sehr wichtig für die Gestaltung von VDT-Arbeitsräumen. Beleuchtungskörper sollten abgeschirmt werden, um ihre direkte Reflexion auf den Bildschirmen zu verhindern. Die Fenster sollten vorzugsweise mit Vorhängen ohne Muster oder Rollos ausgestattet werden, nicht aber mit Jalousien, Jalousetten oder ähnlichen Vorrichtungen, die ein Muster von hellen Streifen ergeben könnten — insbesondere an Sonnentagen.

Es hat sich gezeigt, daß für die Vermeidung störender Reflexionen weder die Helligkeit noch die Farbe der Zeichen eine besonders wichtige Rolle spielt. Der entscheidende Faktor ist hier die Gleichförmigkeit der Leuchtdichte des Schirmhintergrunds.

Im allgemeinen sollte man Reflexionen mit scharfen Konturen und hoher Leuchtdichte vermeiden, selbst wenn der Leuchtdichte-Kontrast zwischen Zeichen und Hintergrund auf dem Bildschirm noch ausreichend wäre.

Verringerung des Kontrasts

Wenn keine Reflexionen vorhanden sind, kann der Kontrast auf dem Bildschirm wie folgt berechnet werden:

$$C = \frac{L_Z - L_U}{L_U} \times 100\%$$

Wenn L_D die Leuchtdichte eines direkt reflektierten Bildes ist, so wird der Kontrast auf einen Wert verringert, der nach

$$C' = \frac{(L_Z + L_D) - (L_U + L_D)}{L_U + L_D} \times 100\%$$

berechnet werden kann, wobei L_Z die Zeichenleuchtdichte und L_U die Leuchtdichte des Bildschirmhintergrunds ist.

Betrachten wir das folgende Beispiel: Zeichen- und Hintergrund-Leuchtdichte von VDT-Bildschirmen sind typischerweise $L_Z = 140$ cd/m^2 bzw. $L_U = 20$ cd/m^2. Dies ergibt einen Kontrast C von 600%. Bei einer Umgebungsleuchtdichte von, sagen wir, 8000 cd/m^2 und einem Schirm mit einem direkten Reflexionsgrad von 3% wäre die Leuchtdichte des reflektierten Bildes $L_D = 240$ cd/m^2, wodurch der Kontrast auf 46% herabgesetzt wird!

Nun sind aber die reflektierten Bilder nicht gleichmäßig über den Bildschirm verteilt, mit der Folge, daß die Zeichen auf dem Bildschirm da besser lesbar erscheinen, wo der Kontrast höher ist, im Vergleich zu den Bereichen mit niedrigem Kontrast. Die meisten Bildschirmbenutzer versuchen dieses Problem dadurch zu lösen, daß sie die Zeichen-Leuchtdichte auf einen höheren Wert einstellen. Dies ist einer der Gründe, weshalb die Regelbarkeit der Zeichenleuchtdichte meist als eine wesentliche Eigenschaft eines Anzeigegerätes angesehen wird.

In der Praxis sind Fenster eine der wichtigsten Quellen von Reflexionen auf VDT-Bildschirmen. Auf den ersten Blick scheint es recht einfach, Probleme dieser Art durch Abschirmen der Fenster mit Gardinen oder Jalousien zu vermeiden. Aber in der Praxis ist dies nicht immer so einfach, wie es sich anhört. Die Änderungen des Tageslichts können sogar an einem bewölkten Wintertag den Kontrast um einen Faktor 2 oder mehr variieren. An einem solchen Tag denkt kaum jemand daran, die Gardinen zuzuziehen oder die Jalousien herunterzulassen. Oft erhofft man sich von Lamellenjalousien eine Lösung für dieses Problem, jedoch können solche Jalousetten leicht eine streifenartig gemusterte Struktur der Reflexionen auf dem Bildschirm hervorrufen.

Man kann zwar Reflexionen auf dem Bildschirm auch durch Verwendung eines optischen Filters dämpfen. Das wirkungsvollste und billigste Mittel, diesem Problem abzuhelfen, ist aber nach wie vor, das Terminal so aufzustellen, daß Reflexionen nicht entstehen können.

Bei konstantem Kunstlicht mit einer Beleuchtungsstärke von 500 lx, in einem Raum von 4 m Tiefe und mehr, hat das Tageslicht verhältnismäßig wenig Einfluß auf Bildschirmreflexionen, vorausgesetzt der Bildschirm befindet sich im rechten Winkel zur Fensterfront.

Die Verwendung von Filtern

Optische Filter der einen oder anderen Art werden oft schon vom Hersteller angeboten oder auch von einzelnen Bedienern in dem Bestreben benutzt, den Schirmreflexionen abzuhelfen und damit die optische Qualität der Darstellung zu verbessern. Man sollte sich jedoch im klaren sein, daß die einfache Zwischenschaltung eines Filters zwischen Auge und Bildschirm nicht gleichzeitig alle Eigenschaften, die zur Anzeige-'Qualität' beitragen, verbessern kann. Während die Verwendung eines geeigneten Filters die Reflexionen merklich herabsetzen kann, so geschieht dies doch oft unweigerlich um den Preis verminderter Zeichenhelligkeit und Auflösung.

An die Verwendung von Filtern sollte man deshalb mit Vorsicht herangehen. Es sei noch einmal betont, daß in den meisten Fällen Schirmreflexionen am wirkungsvollsten nicht durch Verwendung eines Filters, sondern durch den viel einfacheren Ausweg einer besseren Plazierung des Terminals reduziert werden können. Wird die Verwendung eines Filters dennoch erwogen, dann sollte man wenigstens die Eigenschaften der verschiedenen Filtertypen, die zur Verfügung stehen, genau kennen.

Reflexionsgrad der unbehandelten CRT-Glasoberfläche

Die glatte Glasoberfläche des CRT-Bildschirms reflektiert im allgemeinen ungefähr 4% des einfallenden Lichtes. Ist die Oberfläche weniger glatt oder staubig, so wird dieser Wert auf etwa 3% herabgesetzt. Auch dies genügt noch, um deutlich sichtbare, scharf definierte Reflexionen auf dem Schirm hervorzurufen. Sogar bei ganz geringem Umgebungslicht kann der Betrachter gewöhnlich sein eigenes Spiegelbild deutlich auf dem Schirm erkennen. Die Leuchtdichte der Zeichen eines unbehandelten CRT-Schirms liegt gewöhnlich im Bereich zwischen 100 und 300 cd/m^2.

Wenn der Phosphor direkt mit der Innenfläche des Glasschirms verbunden ist, ohne Zwischenschaltung einer Filtersubstanz, so liegt die diffuse Reflexion des Schirmes gewöhnlich im Bereich zwischen 22 und 27% und der Schirm erscheint milchig-grau.

Die unbehandelte Schirmoberfläche bietet bei normaler Umgebungsbeleuchtung die höchste Zeichen- und Hintergrund-Leuchtdichte. Es wird aber auch ein Teil des auffallenden Lichtes durch den Phosphor durchgelassen, mit dem Ergebnis, daß Reflexionen innerhalb der CRT auftreten können. Dies führt zu einer Herabsetzung des Leuchtdichte-Kontrastes auf dem Schirm.

diff (%)	Marke, Typ, Hersteller oder Vertrieb	Farbe	L(cd/m²)	L_verh.
<5	alle Anzeigen mit Mikro-Mesh-Filter (Sieb), Pol-Filter ADS 3000, Nixdorf 620/38, Siemens 8161, etc. Nixdorf 8870/b	schwarz	1-2	1:70 1:100
5-10	Pol-Filter, dunkler Glasfilter, dunkler Belag Dietz 600/10, Omron 8025 BD, CMC, Harris 8171, Comko 2000, Alpha 128, Redactron, Ruf System 95, Ruf 90, ICL 2251, ADDS Consul 980, Teleprint M40, Variant, Data 100 Keybatch Data 100-82, CMC 103 Keystation, Interdata CRT 1200, Terminal Products, CDC 730, Tektronix 4015-1	dunkelgrau oder dunkelgrün	2-5 (150 lx) 4-8 (250 lx)	1:70-1:27 1:33-1:17
10-15	Glas-Filter, heller Belag, beschichtete Röhre Tealtronic, Bunker Ramo 9017, Bunker Ramo 9015, Hazeltine Telex System III 3807-25, SEL 3287, 3286, LCL 82, Infoton, MDS 21-20, Telex TC 277 B, CTM 900, HP 2640 A	mittelgrau oder grün	5-7 (150 lx) 8-12 (250 lx)	1:27-1:19 1:17-1:11
15-20	heller Belag, beschichtete Röhre Raytheon, Teleprint VT 5700, SEL 3286	grau	7-10 (150 lx) 12-16 (250 lx)	1:19-1:14 1:11-1:8
20-27	nackte Röhre, evtl. leichte Mattierung IBM, Siemens 8150, Compudata, Consul 980, Interdat CRT 1100, Grundig DS 7240 (Triumph) Digital VT 52, Bross 10	hellgrau	10-13 (150 lx) 16-21 (250 lx)	1:14-1:10 1:8-1:6

Abb. 2.32 Grad der diffusen Reflexion, Schirmleuchtdichte und Leuchtdichtenverhältnis Schirm/Quellendokument für verschiedene VDTs (gemessen auf der Hannover-Messe 1977). Ref. C. 2

Filterscheiben

Wenn es auch mehrere Sorten von (in der Masse gefärbten) Glas- oder Plexiglas-Scheiben gibt, die man vor dem Bildschirm anbringt, um gewisse Filter-Effekte zu erzielen, so ist der Grund für diese Maßnahme doch nicht immer ganz klar.

In einigen Fällen werden solche Filterscheiben benutzt, um die Farbe der Zeichen zu verändern. Es ist nicht ungewöhnlich, daß VDT-Bediener Farbfilter benutzen, um die von ihnen bevorzugte Bildschirmfarbe zu erzeugen. Dies bringt keine Probleme mit sich, solange das Terminal nicht von mehreren Bedienern benutzt wird, die darüber uneinig sind, welche Farbe angenehmer ist! Die Verwendung von Farbfiltern in der Hoffnung, damit eine weniger 'ermüdende' Farbe zu erzeugen, basiert jedoch auf einer kaum beweisbaren Annahme.

Bezüglich des Zusammenhangs zwischen Farbe und visueller Ermüdung herrscht große Verwirrung. Zum Beispiel wird oft behauptet, daß Grün eine gute und wenig ermüdende Farbe für Sichtgeräte sei, weil die spektrale Empfindlichkeit des Auges im grünen Teil des Spektrums am größten ist. Dennoch gibt es keinerlei Anhaltspunkte dafür, daß irgendeine Farbe weniger ermüdend ist als eine andere — vorausgesetzt, Leuchtdichte und Kontrast auf dem Bildschirm sind für gute Lesbarkeit ausreichend.

Wenn auch Farbfilter oft in dem Glauben benutzt werden, daß der Bildschirm dadurch weniger ermüdend für die Augen wird, so neigen diese Filter doch eher zu der entgegengesetzten Wirkung — allerdings aus Gründen, die mit der Farbe selbst gar nichts zu tun haben. Farbfilter, wie die meisten anderen Arten von Glas- und Plastikscheiben, haben gewöhnlich eine glatte, glänzende Oberfläche, die auch weniger gleichmäßig ist als die eigentliche Glasoberfläche des Bildschirmes — und deshalb wesentlich stärker stört.

Ein weiterer Nachteil der Benutzung von Filterscheiben besteht darin, daß das Filtermaterial gewöhnlich zwischen 30 und 70% der Zeichen- und Hintergrund-Leuchtdichte absorbiert. Zusammengefaßt: Filterscheiben verschlechtern die Leserlichkeit der Anzeige und neigen dazu, Reflexionen auf dem Bildschirm stärker sichtbar zu machen.

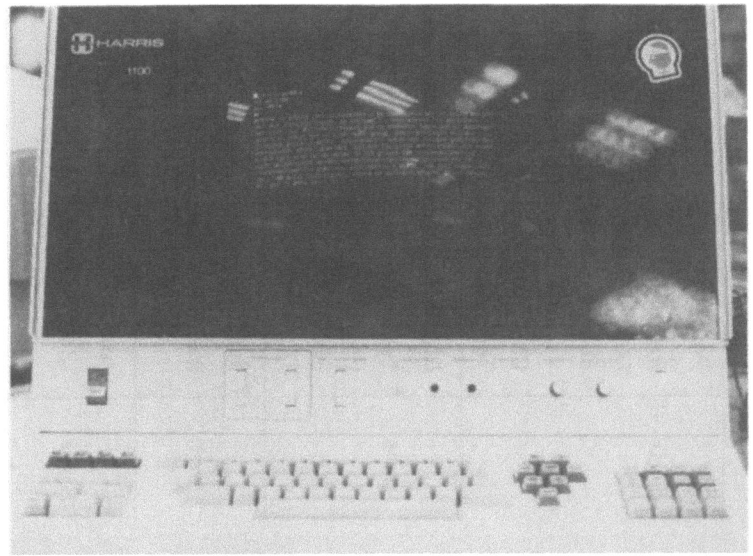

Abb. 2.33 Reflexionen, wie sie von der Oberfläche eines Polarisationsfilters erzeugt werden.

Polarisationsfilter

Der einzige Filtertyp, der manchmal vorteilhaft verwendet werden kann, ist das sogenannte *Polarisationsfilter*, das das auffallende Licht polarisiert und nach der Reflexion an der Schirmoberfläche auslöscht.

Polarisationsfilter verringern sowohl direkte als auch diffuse Reflexionen, besitzen aber den Nachteil, daß sie gewöhnlich selbst glänzen und zum Reflektieren neigen, manchmal in einem solchen Maß, daß die Bilder, die von der Filteroberfläche reflektiert werden, klarer sind als die auf der unbehandelten Bildschirmoberfläche selbst.

Da das Filtermaterial gewöhnlich Plexiglas ist, können Spiegelreflexionen an der Oberfläche des Filters nicht durch Aufdampfen eines Antireflexionsbelages verringert werden. Um diese Schwierigkeit zu überwinden, müßte man eine dünne Glasscheibe entsprechend behandeln und mit der Oberfläche des Filters verbinden.

Polarisationsfilter sind am wirkungsvollsten auf kleinen Anzeigeschirmen, z.B. Meßgeräteanzeigen. Für größere Bildschirme setzt man sie weniger oft ein, eben wegen der praktischen Schwierigkeiten und Kosten, die mit der Bewältigung der oben beschriebenen Probleme verbunden sind.

Mikromeshfilter

Netz- oder *Mikromeshfilter*, die direkt auf oder in kurzem Abstand vor der Bildschirm-Oberfläche angebracht sind, werden sehr oft eingesetzt, um Reflexionen zu verringern. Filter dieser Art geben dem Schirm gewöhnlich ein schwarzes Aussehen. Das Netz hat die Wirkung einer großen Anzahl von sehr kleinen Röhren, deren Wirkung in Abb. 2.34 anschaulich gemacht wird.

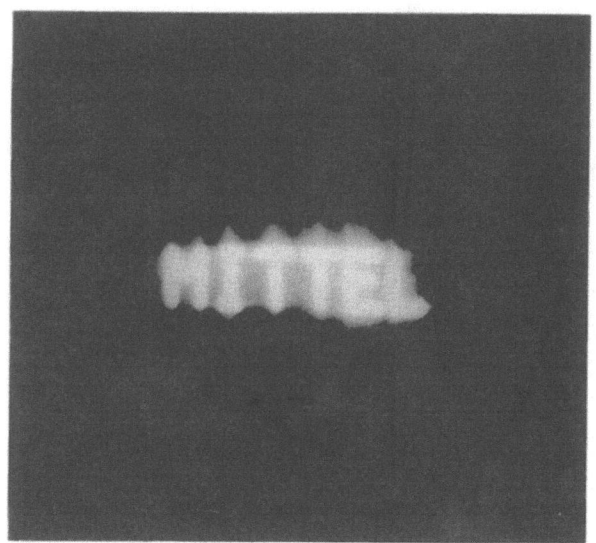
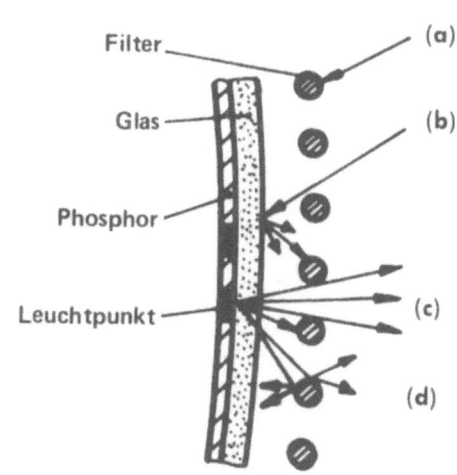

Abb. 2.34 Mikromeshfilter zur Verhinderung von Schirmreflexionen: (a) der Reflexionsgrad der Oberfläche ist sehr gering, das auffallende Licht wird gestreut mit einem diffusen Reflexionsgrad, der typisch bei ca. 5% liegt, (b) der Teil des auffallenden Lichts, der durch das Filter hindurch geht, wird hauptsächlich direkt von der Schirmoberfläche reflektiert, (c) die Zeichenleuchtdichte wird herabgesetzt, (d) ein Teil des Lichtes, das von den Zeichen ausgeht, wird verstreut. Bei schwarzen Filtern z.B. hat das zerstreute Licht eine Leuchtdichte von nur ca. 3 – 5% der ursprünglichen Zeichenleuchtdichte, bei helleren wesentlich mehr.

Mikromeshfilter sind ein wirkungsvolles Mittel, um Reflexionen herabzusetzen. Aber sie haben auch Nachteile, von denen einige die Vorteile in einem Maße überwiegen, daß ihre Anwendung oft von zweifelhaftem Wert ist.

Die Hauptnachteile derartiger Filter sind:

- Abhängig von der Maschenweite des Netzes wird die Anzeige ab einem bestimmten Betrachtungswinkel von dem Netz verdeckt,
- ein Teil des Lichtes, das durch das Netz fällt, wird zerstreut und
- die Zeichen erscheinen weniger hell, weil ein Teil des Lichtes durch das Filter absorbiert wird, in den meisten Fällen zu 70%.

Die richtungsabhängige Lesbarkeit der Anzeige ist dann kein Problem, wenn das Terminal nur von einem Bediener benutzt wird und wenn die Sitzstellung dieses Benutzers und die Höhe des Bildschirms so eingestellt sind, daß die Betrachtung direkt erfolgen kann.

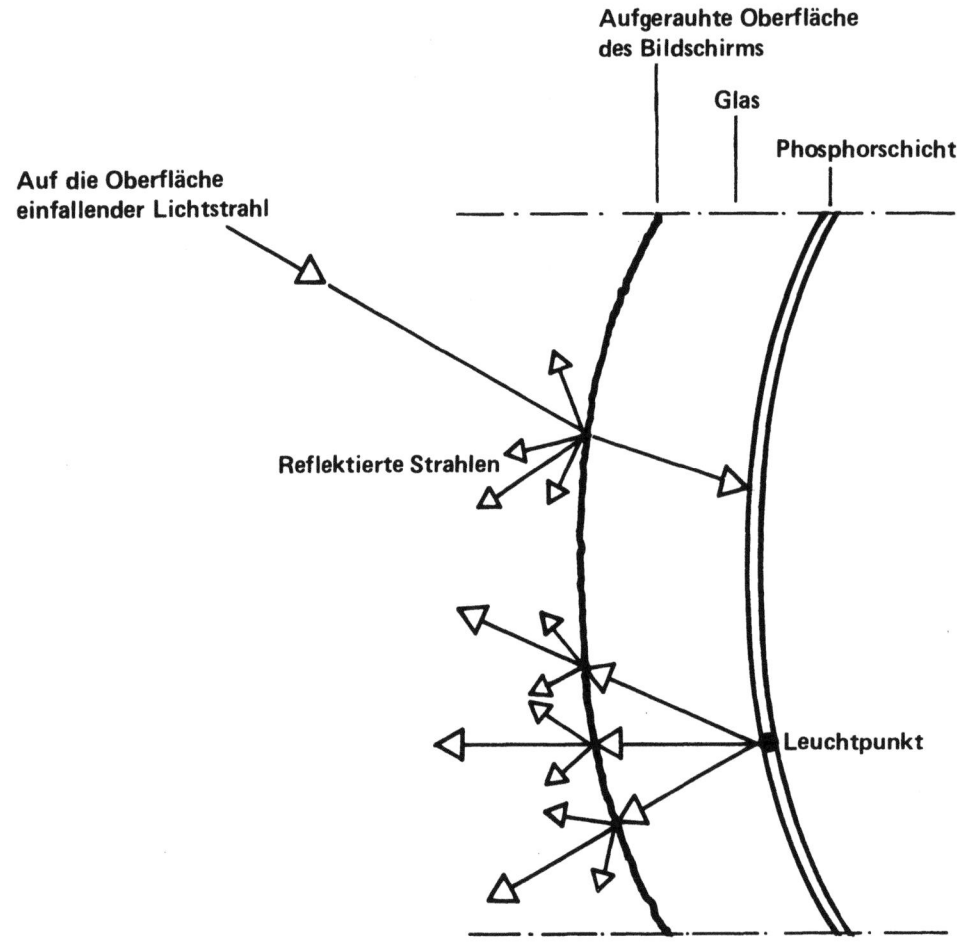

Abb. 2.35 Eine zerstreuende Oberfläche zur Verringerung von Spiegelreflexionen. Wenn Lichtstrahlen von äußeren Lichtquellen auf die erste Oberfläche auftreffen, werden sie zerstreut. Das reflektierte Bild ist diffus und unscharf. Das gleiche geschieht mit Lichtstrahlen, die von einem Zeichen oder Punkt der Anzeige ausgehen. Wenn die von einem Zeichen stammenden Lichtstrahlen durch die zerstreuende Oberfläche hindurchgehen, werden sie ebenfalls zerstreut. Ref. R. 18

Die Eigenschaft des Filters, das hindurchgehende Licht teilweise zu zerstreuen und zu absorbieren, hängt von seiner Maschenweite ab und davon, ob das Filter mit der Schirmoberfläche fest verbunden ist, auf dieser aufliegt, oder in einem kurzen Abstand vor ihr angebracht ist, z.B. in einem Rahmen.

Wird das Netz *berührungslos vor der Bildschirmoberfläche* angebracht, so können direkte Reflexionen nahezu vollständig vermieden werden, weil der Reflexionsgrad der Oberfläche von ungefähr 4% auf weniger als 1% vermindert ist. Die diffuse Reflexion ist ebenfalls herabgesetzt, und zwar von etwa 25% auf ca. 3 bis 5%.

Die Schärfe der dargestellten Zeichen, d.h. die Helligkeitsverteilung innerhalb und entlang den Rändern eines jeden Zeichens, wird durch die Anwendung eines Netzfilters nicht wesentlich beeinträchtigt, solange das Maschennetz frei von Staub ist und nicht verbogen wurde durch Berührung, z.B. mit den Fingern, mit einer Bleistiftspitze o.ä.

Die Verringerung der Zeichenhelligkeit ist jedoch ein schwerwiegenderes Problem. Abhängig von der Grobmaschigkeit des Netzes kann die Zeichenleuchtdichte aufgrund der Lichtreflexion und -absorption innerhalb des Netzes um bis 70% herabgesetzt werden.

Vorausgesetzt, das Netz ist frei von Staub und das Bildschirmglas gleichmäßig glatt, so ist die Verringerung der Schärfe der abgebildeten Zeichen aufgrund der Lichtzerstreuung im Maschennetz normalerweise weniger problematisch. Ist das Glas aber nicht glatt, so können andersartige optische Effekte auftreten, z.B. Newtonsche Ringe. Hinzu kommt, daß die Leuchtdichte der Zeichen gewöhnlich um mehr als 50%, in einigen Fällen sogar um 80% herabgesetzt wird.

Viele dieser Probleme können durch eine *Klebverbindung* von Maschennetz und Glasoberfläche gelöst werden. In diesem Fall liegt der diffuse Reflexionsfaktor der Oberfläche bei selten mehr als 3%. Die Wirksamkeit des Filters hängt jedoch sehr davon ab, wie das Netz mit dem Glas verklebt ist. Es ist wichtig, einen Kleber zu benutzen, der nicht selbst eine glänzende Oberfläche erzeugt.

Mikromeshfilter sind nur vorteilhaft, wenn die Beleuchtungsstärke des Umgebungslichtes mehr als etwa 500 Lux beträgt. Da das Filter aber auch Reflexionen von anderen hellen

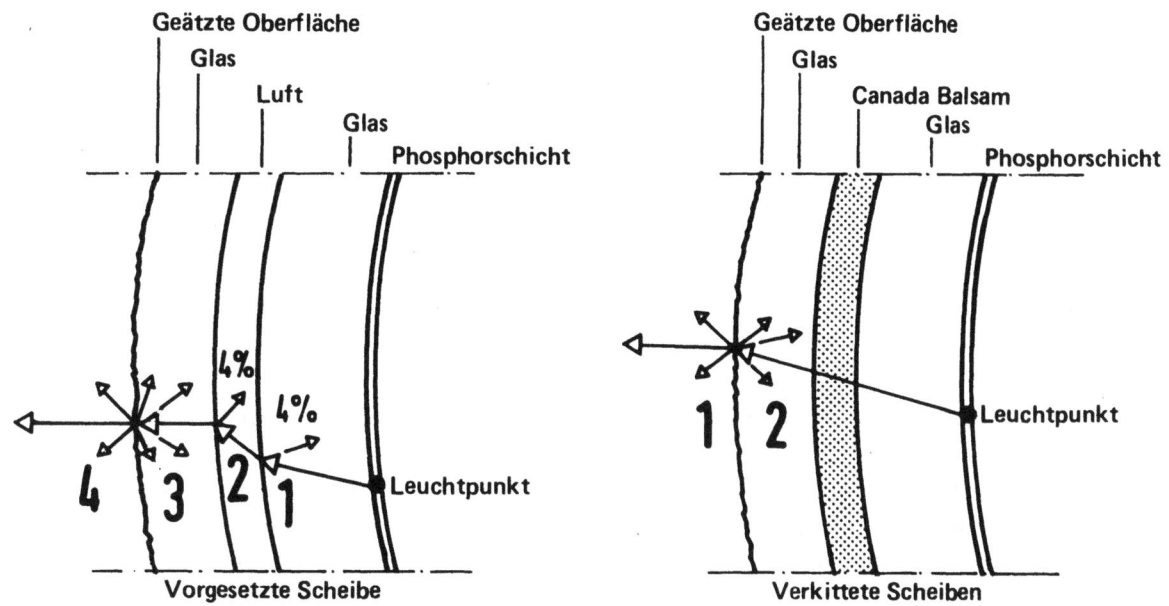

Abb. 2.36 Aufgrund der Reflexion von den Luft/Glas und Glas/Luft-Übergängen zwischen einer vorgesetzten Filterscheibe und dem Bildschirmglas wird das Licht gestreut und dadurch die Qualität der wiedergegebenen Zeichen verringert. Dieser Effekt wird durch Verkitten der Scheibe mit dem Bildschirm minimiert.

Oberflächen im Arbeitsraum verringern hilft, kann es in manchen Fällen schon aufgrund der Leuchtdichte solcher reflektierender Flächen angebracht sein.

Selbst wenn mit Mikromeshfiltern Reflexionen wirksam verringert werden können, so geschieht dies unvermeidlich auf Kosten der Lesbarkeit. Der Anzeigekontrast wird oft in einem solchen Maß herabgesetzt, daß die Anzeige 'flach' aussieht und in extremen Fällen schwerer zu lesen ist als ein handgeschriebenes Manuskript!

Ätzen der Glasoberfläche des Bildschirms

Gerichtete Reflexionen können auch durch Aufrauhen der Glasoberfläche herabgesetzt werden, z.B. durch Ätzen oder durch Anbringen einer aufgerauhten Glasscheibe vor dem Schirm. Dies kann wirksam sein, es bringt aber auch wesentliche Nachteile.

Nur die äußere Oberfläche des Bildschirmglases kann in dieser Weise behandelt werden. Die Folge ist, daß die Schärfe der wiedergegebenen Zeichen durch Lichtstreuung stark herabgesetzt wird, wobei diese Streuwirkung um so stärker auftritt, je größer der Abstand zwischen dem betrachteten Objekt, hier dem wiedergegebenen Zeichen, und der rauhen Oberfläche wird. Noch größer wird sie allerdings, wenn eine aufgerauhte Scheibe vor dem Bildschirm angebracht wird.

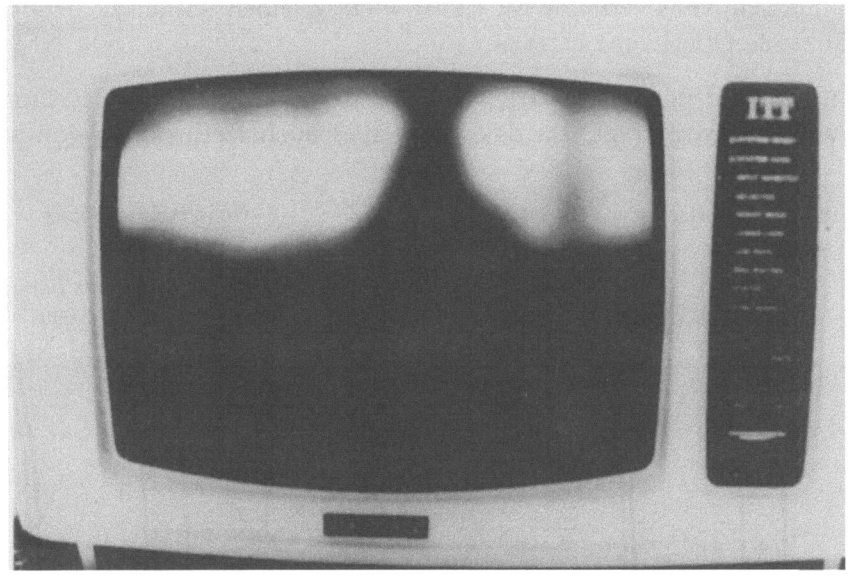

Abb. 2.37 Reflexionen von Flächen mit großer Leuchtdichte auf einer geätzten Bildschirm-Oberfläche.

Eine geätzte Glasoberfläche kann die gerichtete Reflexion von 4% auf ungefähr 2,5 bis 2% oder sogar etwas darunter verringern, jedoch auf Kosten der Bildschärfe. Dabei wäre das Problem der Lichtstreuung allein vielleicht gar nicht so wichtig, wenn es nicht zusätzlich von verringerter Zeichenhelligkeit begleitet wäre. Das Ätzen der Glasoberfläche kann die Zeichenhelligkeit um 80% herabsetzen, und noch mehr, wenn eine geätzte Scheibe vor dem Bildschirm angebracht und nicht aufgeklebt wird.

Wie gut eine geätzte Oberfläche gegen Reflexionen wirkt, hängt sehr davon ab, wie die Ätzung durchgeführt ist. Der erzielte Effekt ist recht unterschiedlich, ausgehend von einer sehr groben, hoch diffusen Oberfläche bis zu einer feinen Oberflächenstruktur, bei der der Streueffekt auf die wiedergegebenen Zeichen entsprechend gering ist.

Wenn man das Bildschirmglas nicht direkt ätzen will, so kann man eine getrennte Scheibe ätzen und dann mit dem Bildschirmglas verbinden. Das Letztere ist wichtig, denn eine lediglich vorgesetzte Scheibe setzt die Reflexionen nicht herab und führt nur zur Verminderung der Wiedergabequalität der Zeichen.

Aufsprühen von Antireflexionsbelägen

Der Hauptnachteil des Aufsprühens von Belägen auf die äußere Oberfläche des Bildschirms besteht darin, daß das Licht beim Hindurchtreten durch den Belag zerstreut wird. Dies verringert die Schärfe der Zeichenwiedergabe manchmal in so großem Maß, daß die Zeichen einen Hof aufweisen. Dieser Effekt zeigt sich besonders dann, wenn der Belag grobkörnig und ungleichmäßig dick ist.

Aufgedampfte Beläge

Es ist technisch möglich, obgleich kostspieliger, einige der Nachteile von Aufsprüh-Belägen zu vermeiden, wenn man eine dünne Schicht geeigneten Materials auf die Glasoberfläche des Schirmes aufdampft. Der Hauptvorteil dieser Technik besteht darin, daß die Struktur der Oberfläche weniger grob ist, so daß die Schärfe der Zeichen bei normalem Leseabstand nicht nennenswert herabgesetzt wird.

Dünnfilmschichten

Eine weitere Möglichkeit, die Glasoberfläche mit einem Antireflexionsbelag zu versehen, ohne daß die wiedergegebenen Zeichen diffus erscheinen, ist das Aufdampfen einer Dünnfilmschicht, deren Stärke einem Viertel der Lichtwellenlänge entspricht. Diese Filterart ist als 'Viertelwellenlänge' oder $\lambda/4$-Schicht-Verfahren bekannt.

Durch Verwendung eines derartigen Filters kann die Leuchtdichte der reflektierten Bilder um ungefähr den Faktor 10 (bei senkrechter Betrachtung) herabgesetzt werden, wobei die Leuchtdichte der wiedergegebenen Zeichen nicht verringert wird. Auf diese Weise wird die Qualität der Zeichenwiedergabe erheblich verbessert.

Trotz der offensichtlichen Vorteile bei der Anwendung dieser Technik ist auch diese Methode nicht ohne einige Nachteile. Einer davon liegt in den verhältnismäßig hohen Kosten des Filters, das nicht direkt auf das Bildschirmglas aufgebracht werden kann, sondern statt dessen auf eine Glasscheibe, die dann mit dem Bildschirmglas verbunden werden muß. Wird die Bildröhre ausgetauscht, so wird ein neues Filter benötigt. Ein zweiter Nachteil liegt in der Empfindlichkeit des Filters gegenüber Staub und Berührung (Schweiß, Fett). Wird die Filteroberfläche nicht regelmäßig und sorgfältig gereinigt, so sehen die wiedergegebenen Zeichen leicht verschmiert aus. Trotzdem ist die Verwendung des $\lambda/4$-Schichtfilters eine sehr wirksame Möglichkeit, Spiegelreflexionen zu verringern.

Tubus

Reflexionen auf dem Bildschirm lassen sich auch verringern, indem man einen Tubus vor den Bildschirm anbringt. Dies ist keine neue Idee. Schirme dieser Art wurden seit der Erfindung der Kathodenstrahlröhre angewendet. Ihre Benutzung in Büros ist jedoch neu.

Solche Röhrenabschirmungen sind oft als Blenden an Kathodenstrahloszillographen befestigt, um Reflexionen zu vermeiden und den Anzeigekontrast zu verbessern. Bei diesen Geräten ist jedoch der Informationsgehalt auf dem Schirm nicht sehr groß — gewiß viel geringer als auf einem VDT-Schirm — und der Bildschirm wird sehr viel seltener betrachtet. Wenn schon eine Röhrenabschirmung an einem VDT angebracht werden soll, dann muß darauf geachtet werden, daß die Abschirmung den Bediener nicht zu einer unbequemen Sitzhaltung zwingt, um die Anzeige überhaupt lesen zu können.

Abb. 2.38 Unter ungünstigen Lichtbedingungen kann eine Röhrenabschirmung Reflexionen vom Bildschirm verringern und den Bildkontrast verstärken. Die Verwendung von Röhrenabschirmungen unter Bürobedingungen ist jedoch eine extreme Maßnahme, da sie dazu zwingen, eine starre und oft ungünstige Haltung bei der Arbeit einzunehmen.

Die subjektive Beurteilung von Schirmfiltern

Meinungsbefragungen bei VDT-Benutzern über Wirksamkeit und Probleme bei der Anwendung verschiedener Arten von Filtern haben keine klare Korrelation zwischen Oberflächeneigenschaften des Sichtgerätes und visuellem Unbehagen ergeben. Das ist sicher zum Teil darauf zurückzuführen, daß es andere Einflußgrößen gibt, die dafür wesentlich entscheidender sind. Erwartungsgemäß hat man jedoch eine sehr deutliche Korrelation zwischen den Oberflächeneigenschaften des Schirms und der Leserlichkeit der Anzeige gefunden.

Bildschirme mit feinkörnigen Anti-Reflexionsbeschichtungen, sogenannte 'blendfreie' Bildschirme oder solche mit einer geätzten Oberfläche mit hoher Qualität werden bei den VDT-Bedienern nach Wirksamkeit gegen Reflexionen und Leserlichkeit der Anzeige höher eingestuft als andere Filterarten. Allein nach ihrer Wirksamkeit gegen Reflexionen wurden Mikromeshfilter gleich hoch eingestuft.

Bildschirme mit Antireflexbelägen sind wirksam gegen Reflexionen bis etwa 500 lx Raumbeleuchtung, aber sie versagen genauso wie andere Filterarten, wenn der Bildschirm einem Fenster gegenübersteht.

Es hat sich gezeigt, daß die subjektive Beurteilung von unbehandelten Bildschirmen sehr von den Sichtverhältnissen abhängt, unter denen das Terminal benutzt wird. Bei der Verwendung von CRT-Bildschirmen dieser Art muß sehr sorgfältig auf Höhe und Neigung des Bildschirms im Verhältnis zum Blickwinkel des Bedieners und auf die Anordnung von leuchtenden und reflektierenden Oberflächen im Raum geachtet werden. Deshalb als wohl allgemeine Regel:

- Sichtgeräte mit Antireflexionsschirmen, sogenannten 'blendfreien' Bildschirmen, sind Sichtgeräten mit unbehandelten Bildschirmen vorzuziehen.

Sichtgeräte mit Glas- oder Polarisationsfiltern werden gewöhnlich weniger günstig beurteilt, besonders unter dem Gesichtspunkt der Leserlichkeit der Darstellung, die unter typischen Bürobedingungen weit geringer als bei anderen Bildschirmen ist. Solange die optische Qualität derartiger Filter nicht verbessert werden kann, kann ihre Verwendung nicht empfohlen werden (Beschichten des Filters mit einer reflexmindernden Schicht).

Auch schwarze Mikromeshfilter werden von den meisten VDT-Benutzern schlecht beurteilt, und zwar wiederum aufgrund ihrer Eigenschaft, die Leserlichkeit der Anzeige zu verschlechtern. Nur wenn die Umgebungsbeleuchtung über 500 Lux liegt und das Problem der Reflexion nicht anders lösbar ist, können Mikromeshfilter vorteilhaft verwendet werden. Dies kann auf manche VDT-Arbeitsplätze zutreffen, die in der Nähe von Fenstern oder an Standorten installiert sind, wo sich die Beleuchtung nicht auf die Erfordernisse des Bildschirms abstellen läßt, z.B. in Läden, Kaufhäusern, Schalterhallen usw.

Zusammenfassung

Die Abschirmung von Bildschirmoberflächen zur Verringerung der Leuchtdichte von Spiegelreflexionen kann zufriedenstellend auf mehrere Arten erreicht werden: Die einfachste, billigste und oft wirksamste Art ist, die räumliche Anordnung von Bildschirmen und Reflexionsquellen zu optimieren. Muß man aber zur Verwendung von Filtern Zuflucht nehmen, so hat jede Technik ihre eigenen Vor- und Nachteile, die sich von einer Anwendungsart und von einer Umgebung zur anderen ändern können. Aus diesem Grunde ist es nicht möglich, allgemeine Empfehlungen für Auswahl und Verwendung von Filtern zu geben, doch läßt sich, normale Bürobedingungen vorausgesetzt, eine gewisse Rangfolge für die verschiedenen Filtertypen aufstellen:

- $\lambda/4$ Dünnfilmschicht
- Ätzen
- Polarisationsfilter mit Antireflexschicht
- Mikromeshfilter
- Polarisationsfilter ohne Antireflexschicht

Wenn die Umgebungsbedingungen ungünstiger sind als in üblichen Büroräumen, kann die Wirksamkeit der Filter in folgender Rangfolge angegeben werden:

- Polarisationsfilter mit Antireflexschicht
- Mikromeshfilter
- Ätzen

Sind die Beleuchtungsbedingungen extrem ungünstig, kann jede dieser Techniken mit der Benutzung eines Tubus kombiniert werden.

Kapitel 3

ERGONOMISCHE ANFORDERUNGEN AN VDTs

Vorwort

Lesbarkeit der Anzeige sowie Anschlagcharakteristik und Anordnung des Tastenfeldes sind oft die wichtigsten Kriterien, nach denen der individuelle Benutzer die 'Qualität' eines Bildschirmgeräts beurteilt — und damit letztlich auch die Vor- und Nachteile der Arbeit mit einem System, das auf solchen Bildschirmgeräten aufbaut. Wurden in den vorausgegangenen Kapiteln die Hauptgesichtspunkte der Gerätekonstruktion und die optischen Eigenschaften von Bildschirmen untersucht, so wollen wir jetzt die ergonomischen Anforderungen betrachten, die bei der Entwicklung und der Auswahl von VDTs berücksichtigt werden sollten.

Um gute Lesbarkeit einer *visuellen Darstellung* zu gewährleisten, sind eine Reihe von Anforderungen an Gestaltung, Aufbau und Stabilität der wiederzugebenden Zeichen zu erfüllen. Codierung sowie Kapazität und Formatierung der Anzeige spielen ebenfalls eine wichtige Rolle, wenn man Eignung und leichte Bedienbarkeit eines Bildschirmgeräts für bestimmte Anwendungsfälle beurteilen will.

Das VDT-*Tastenfeld* unterscheidet sich von dem üblichen Tastenfeld einer Schreibmaschine dadurch, daß es zusätzliche Funktionstasten vorsieht, zum Beispiel für programmierbare Tasten, Kursor-Steuerung, Doppelumschaltung usw. Wegen dieser Unterschiede können weder die Anordnung noch die Benutzung eines VDT-Tastenfeldes direkt mit der Arbeit an einer Schreibmaschine verglichen werden. Diese Unterschiede beeinflussen nicht nur die Arbeitsleistung des Benutzers, sondern auch seine Körperhaltung bei der Arbeit. Es wird im folgenden deutlich werden, daß die Eigenschaften der Tastatur für Ermüdung und andere Arten von Unbehaglichkeit bei VDT-Benutzern eine entscheidende Rolle spielen.

Dieser Abschnitt enthält viele ins Einzelne gehende Empfehlungen, in der Absicht, Konstrukteuren, Käufern und Benutzern von Bildschirmgeräten einen Leitfaden an die Hand zu geben. Diese Empfehlungen sind in Form einer Prüfliste am Ende des Kapitels und noch einmal im Anhang I zusammengefaßt.

DER BILDSCHIRM

Der Bildschirm ist für den Benutzer ein Mittel — oft das einzige Mittel — die Information, die er über seine eigene Tastatur eingegeben hat oder die von anderen Teilen des Systems (vom zentralen Rechner, von anderen Terminals) übertragen wird, auf Inhalt und Richtigkeit zu überprüfen. In den meisten Anwendungsfällen kommt dem Bildschirm deshalb eine *Kontrollfunktion* von entscheidender Bedeutung zu. Er erlaubt, die gespeicherte Information nach spezifischen Einzelheiten, nach Fehlern usw. abzusuchen.

Die Effizienz und Leichtigkeit, womit dies geschehen kann, hängen von *Leserlichkeit* und *Lesbarkeit* der Anzeige ab.

Schlechte Lesbarkeit kann sehr großen Einfluß darauf haben, mit welchem Erfolg und wie zuverlässig der einzelne Benutzer in der Lage ist, seine Arbeit am VDT auszuführen. Entscheidend sind in diesem Zusammenhang die 'Kosten' eines Fehlers.

Auf der niedrigsten Stufe sind Fehler — vor allem, wenn sie nicht zu häufig auftreten — eher lästig als daß sie Kosten verursachen. Auf einer höheren Stufe jedoch, z.B. bei der Rechnungsschreibung oder der Bonitätsprüfung, können Fehler, auch wenn sie nur selten auftreten, schwerwiegende und kostspielige Folgen haben. Auf der höchsten Stufe, zum Beispiel in der Flugsicherung und bei vielen militärischen Anwendungen, können die 'Kosten' von Fehlern katastrophal sein!

Die Leserlichkeit der Wiedergabe ist deshalb ein sehr wichtiges Kriterium, nach dem die Brauchbarkeit eines Terminal-Systems beurteilt wird, und nach dem auch der einzelne Bediener die 'Qualität' seines Bildschirmgeräts beurteilt.

Über die Lesbarkeit

Kein anderer Aspekt in Zusammenhang mit Konstruktion und Beurteilung von Bildschirmen wurde gründlicher studiert als die Form und die Entstehung der Bildzeichen. Wie ein Autor es ausdrückte: „... das Entwerfen alphanumerischer Zeichen ist beinahe eine Industrie für sich geworden".

Leserlichkeitsuntersuchungen bestehen im allgemeinen darin, daß eine oder mehrere Testpersonen versuchen, Buchstaben zu erkennen oder Wörter zu lesen, die auf einem Bildschirm dargestellt werden. Die Buchstabenformen oder Formelemente, die die beste Leseleistung ergeben, z.B. nach Geschwindigkeit der Erfassung und Fehlerfreiheit, werden üblicherweise als am 'leserlichsten' bezeichnet. Das Ziel derartiger Untersuchungen ist gewöhnlich, herauszufinden, wie die Leseleistung von Faktoren wie Zeichengröße, Schriftart, Helligkeit, Zeichenabstand und anderen geometrischen und photometrischen Eigenschaften der Zeichen abhängt. Es wird dann gefolgert, daß bestimmte Werte dieser Faktoren eine 'beste Leserlichkeit' ergeben, weil Lesezeit oder Fehlerrate bei diesen Werten am niedrigsten lagen.

Trotz der generellen Nützlichkeit derartiger Experimente sollten die Ergebnisse bei der Erarbeitung einer VDT-Spezifikation mit einiger Vorsicht interpretiert werden. Eine Spezifikation auf der Grundlage solcher Daten lenkt die Aufmerksamkeit von den praktischen Gegebenheiten und Unterschiedlichkeiten menschlicher Arbeitsweise ab und verleitet dazu, die Details der vermuteten Einflußgrößen zu hoch zu bewerten.

Der Verfasser einer Sichtgeräte-Spezifikation wird versucht sein, bestimmte Werte für die Zeichendarstellung und den Bildschirm aufzulisten, von denen er glaubt, daß sie aller Wahrscheinlichkeit nach eine gute Lesbarkeit ergeben werden. Diese Auflistung von Werten gilt dann als Gerätespezifikation, und man geht davon aus, daß der Bildschirm eine gute Lesbarkeit besitzen wird, wenn die Wiedergabeeigenschaften den festgelegten Anforderungen entsprechen.

Nun ist es zwar einerseits nützlich und technisch vernünftig, bestimmte Bereiche für Helligkeit, Zeichengröße usw. festzulegen, andererseits müssen die Werte, die man dem Gerätekonstrukteur vorgibt, notwendigerweise auf enge Bereiche beschränkt werden, um sicherzugehen, daß nicht eine Kombination von Bedingungen auftritt, deren Zusammenwirken die Lesbarkeit herabsetzen würde. Aus diesem Grunde ist der Verfasser der Spezifikation versucht, die besten bekannten Werte für jede Eigenschaft in die Spezifikation aufzunehmen, mit dem Ergebnis, daß diese übervorsichtig ausfällt.

Eine VDT-Spezifikation, deren einzige Garantie für gute Lesbarkeit auf der Richtigkeit der für die Anzeigeeigenschaften festgelegten Werte beruht, läuft Gefahr, daß das Ergebnis nicht so vorhersagbar und nicht so wunschgemäß ist, wie es sein sollte. Das menschliche Lesevermögen hängt von einer großen Anzahl von Variablen ab (viele von ihnen aufgabenbezogen) deren Wirkungen sich gegenseitig auf komplizierte Art und Weise beeinflussen. Es ist schwierig, wenn nicht unmöglich, aus solchen Daten allgemeingültige Schlüsse auf die zu erwartende menschliche Arbeitsleistung zu ziehen.

Der Verfasser einer VDT-Spezifikation muß sich darüber im klaren sein, daß die Beziehung zwischen den allgemein empfohlenen Werten für die Eigenschaften von Anzeigegeräten einerseits und dem wirklichen menschlichen Leistungsverhalten andererseits technisch nicht ausreichend fundiert ist, als daß man sein Vertrauen *gänzlich* in eine Spezifikation dieser Art setzen könnte.

Leserlichkeit und Lesbarkeit

Die Fähigkeit zu lesen setzen wir meist als gegeben voraus; wichtig dabei ist die Tatsache, *daß* wir lesen können, nicht *wie* wir lesen. Für den Sichtgerätekonstrukteur jedoch ist ein Verständnis der *Vorgänge*, die uns befähigen zu lesen, von sehr wichtiger praktischer Bedeutung, wenn er 'für gute Lesbarkeit' konstruieren will.

Lesen ist im wesentlichen ein vierstufiger Prozeß, siehe Abb. 3.1; er hängt vom Zusammenspiel vieler geometrischer und photometrischer Eigenschaften einzelner Zeichen oder Gruppen von Zeichen ab, und von den Bedingungen, unter denen diese Zeichen gesehen werden. Lesen erfolgt nur dann, wenn alle vier Stufen gleichzeitig und effizient ablaufen.

Die Ausdrücke *Leserlichkeit* und *Lesbarkeit* werden in der Umgangssprache sehr oft synonym verwendet, um diejenigen Eigenschaften einer optischen Darstellung zu be-

Stufe		Darstellung	Mechanismus	Grundbegriffe
1	Wahrnehmen und	Buchstaben	Augen	Leserlichkeit
2	Unterscheiden	und Zeichen		
3	Zusammenfassen in sinnvolle Einheiten	Wörterabstand	Augenbewegungen	Lesbarkeit
4	Integrieren und Verstehen des Inhalts	Texte, Graphische Darstellungen, Tabellen, Layout	Geistige Verarbeitung	Verständlichkeit

Abb. 3.1 Die Stufen der Lesbarkeit

schreiben, die sich auf Erkennen und Verstehen beziehen. Diese Ausdrucksweise ist jedoch weder eindeutig noch richtig.

Leserlichkeit, d.h. die Fähigkeit, einzelne Zeichen zu erkennen und zu unterscheiden, ist eine wesentliche Vorbedingung und damit Bestandteil der Lesbarkeit. Diese Lesbarkeit nun ist notwendige Voraussetzung für Interpretation und Verstehen, und damit wird Lesbarkeit zu einem Bestandteil des Begreifens.

Leserlichkeit

Die Leserlichkeit alphanumerischer Symbole mißt man gewöhnlich an der Häufigkeit der Verwechslung, die beim Erkennen und Unterscheiden einzelner Zeichen einer Gruppe auftritt. Wenn man davon ausgeht, daß die einzelnen Zeichen auf dem Schirm in ausreichender Größe, Auflösung und Helligkeit und kontrastreich dargestellt sind, dann wird die Tendenz, Zeichen zu verwechseln, primär durch Ähnlichkeiten in Form und Aufbau bestimmt. Die am häufigsten verwechselten Buchstaben und Ziffern auf Sichtgeräten sind in Abbildung 3.2 dargestellt.

Gegenseitige Verwechslung	Einseitige Verwechslung
O und Q	C und G
T und Y	D und B
S und 5	H und M oder N
I und L	J, T und I
X und K	K und R
I und I*	2 und Z*
	B und R, S oder 8*

* Diese drei Verwechslungsmöglichkeiten machen oft 50% und mehr von allen Verwechslungen aus.

Abb. 3.2 Oft verwechselte alphanumerische Zeichen. Diese sollten auf dem Bildschirm klar unterscheidbar sein.

Ganz offensichtlich: Je größer die Ähnlichkeit zwischen den wahrgenommenen Formen der Zeichen, um so größer das Risiko, sie bei der Erkennung zu verwechseln und Fehler zu machen. Dabei sind übrigens asymmetrische Zeichen weniger anfällig für Fehlinterpretationen als symmetrische Zeichenformen.

Wenn man Zeichen mit guter Leserlichkeit haben will, so sollte man schon beim Entwurf jedes Zeichen in seiner Form so festlegen, daß feine Unterschiede in Strichlänge, Krümmung, usw. erhalten bleiben, um Ähnlichkeiten zu vermeiden.

Bei Punktmatrixzeichen zum Beispiel wird die Feinheit im Detail um so besser, je größer die Auflösung ist. So wird eine 7 x 9- oder 9 x 13-Matrix unter sonst gleichen Umständen als besser leserlich beurteilt als, sagen wir, eine 5 x 7-Matrix, weil die feinere Matrix die dem Betrachter vertrauten Zeichenformen besser darstellen kann. Im übrigen muß man, im Interesse einer einigermaßen sicheren Zeichenunterscheidung, die 5 x 7-Matrix wohl als Minimalforderung betrachten, besonders für gemischte Darstellung von Groß- und Kleinbuchstaben.

Am Beispiel der Punktmatrix läßt sich auch ein anderer wichtiger Zusammenhang zwischen Leserlichkeit, Auflösung und Zeichengröße deutlich machen.

Es wird oft unterstellt (sicher als Folge der Vertrautheit im Umgang mit schreibmaschinengeschriebenen und gedruckten Schriftstücken), daß die Leserlichkeit von Zeichen

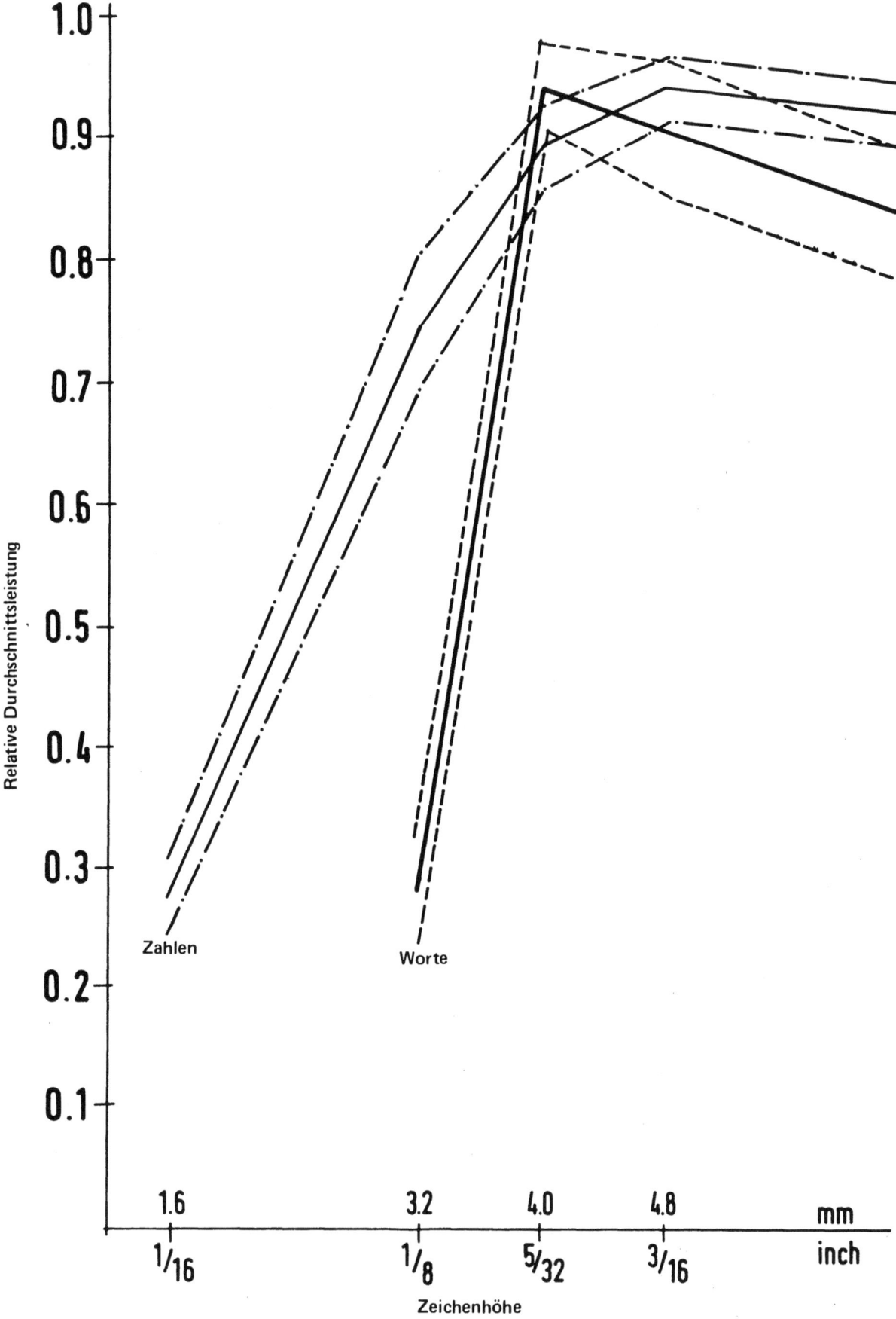

Abb. 3.3 Die Leseleistungen für Worte und Zahlen bei verschiedenen Zeichenhöhen (die gestrichelten Linien: Mutungsintervall für 95%).

mit ihrer Größe zunimmt. Diese Erfahrung gilt jedoch nicht mehr so uneingeschränkt für die Darstellung von Zeichen und Symbolen auf Bildröhren. Ist die Auflösung eines Zeichens, also die Anzahl von Punkt- und Strichelementen, einmal festgelegt, dann läßt sich die Leserlichkeit nur innerhalb eines bestimmten Bereichs verbessern. Geht man über eine bestimmte Grenze hinaus, so führt die weitere Vergrößerung der Zeichenhöhe nur zu einer Trennung der einzelnen Punkt- oder Strichelemente innerhalb des Zeichens. Sie ist dann der Sicherheit und Geschwindigkeit der Zeichenerkennung eher abträglich.

Für die Bildschirmdarstellung gibt es deshalb außer der *Mindestgröße*, die erforderlich ist, um ähnlich geformte Zeichen überhaupt erkennen und unterscheiden zu können, eine *optimale Größe*.

Die für eine bestimmte Auflösung optimale Zeichengröße hängt oft auch von der Helligkeit der Zeichen ab. Bei den meisten Sichtgeräten hat eine Erhöhung der Zeichenhelligkeit die sekundäre Wirkung, daß die einzelnen Punkte oder Striche größer erscheinen. Dieser Effekt wird manchmal dazu genutzt, das spärliche Vorhandensein von Punkten in einer Matrix mit geringer Auflösung wenigstens etwas zu kompensieren.

Zeichengestaltung

Zeilenzahl

Die Anzahl der Rasterlinien der Zeichenmatrix hat einen Einfluß auf den Feinheitsgrad der Zeichenformen. Im allgemeinen sollte sie nicht weniger als 10 betragen.

Höhe und Breite der Zeichen

Selbst unter ungünstigen Bedingungen ist es dem menschlichen Auge meist möglich, einen schwachen Lichtpunkt auszumachen, der z.B. eine Helligkeit von 1 cd/m^2 und eine Ausdehnung von einer Bogenminute aufweist. Auf dieser Grundlage wäre die Mindestzeichengröße bei einer 5 x 7-Punktmatrix 10 Bogenminuten breit und 14 hoch. Vom physiologischen Standpunkt gesehen, stellt dies die Mindest-Zeichengröße dar, bei der eine Erkennung noch möglich ist. Bei einer Seh-Entfernung von 50 cm entspricht dies einer Zeichenhöhe von 2,1 mm. *)

Für die Optimierung der Zeichengröße ist jedoch die Fähigkeit, einzelne Zeichen zu identifizieren (d.h. die unterste Grenze der Wahrnehmbarkeit), weniger wichtig als die Fähigkeit, Gruppen aufeinanderfolgender Zeichen auf einen Blick sicher zu erkennen.

Wenn der zu betrachtende Gegenstand scharf abgebildet ist, dann kann das Auge alle Einzelheiten deutlich erkennen, die in einem Sehwinkel von 1 bis 2 Grad liegen. Bei einem Sehwinkel von 1°, einer Zeichenbreite von 10' oder 15' und einem Zeichenabstand von 50% der Zeichenbreite, können normalerweise nur vier oder fünf aufeinanderfolgende Zeichen mit einer Augenfixierung erkannt werden. Wenn man die Zahl der Augenbewegungen beim Lesen eines Textes minimieren will, dann ist die Festlegung von Zeichenbreite und Abstand ebenso wichtig wie die im Interesse der Leserlichkeit erfolgende Optimierung der Zeichengröße.

Eine Untersuchung, bei der 130 VDT-Benutzer zur Zeichengröße auf dem Bildschirm befragt wurden, zeigte, daß 15% der Befragten eine Zeichenhöhe von ca. 16' als zu gering empfanden. Bei einer Zeichenhöhe von 20' dürfte der Anteil vielleicht noch 5% oder

---

*) Zeichenhöhe (mm) = 0,0003 x Bogen x Sehentfernung (mm)

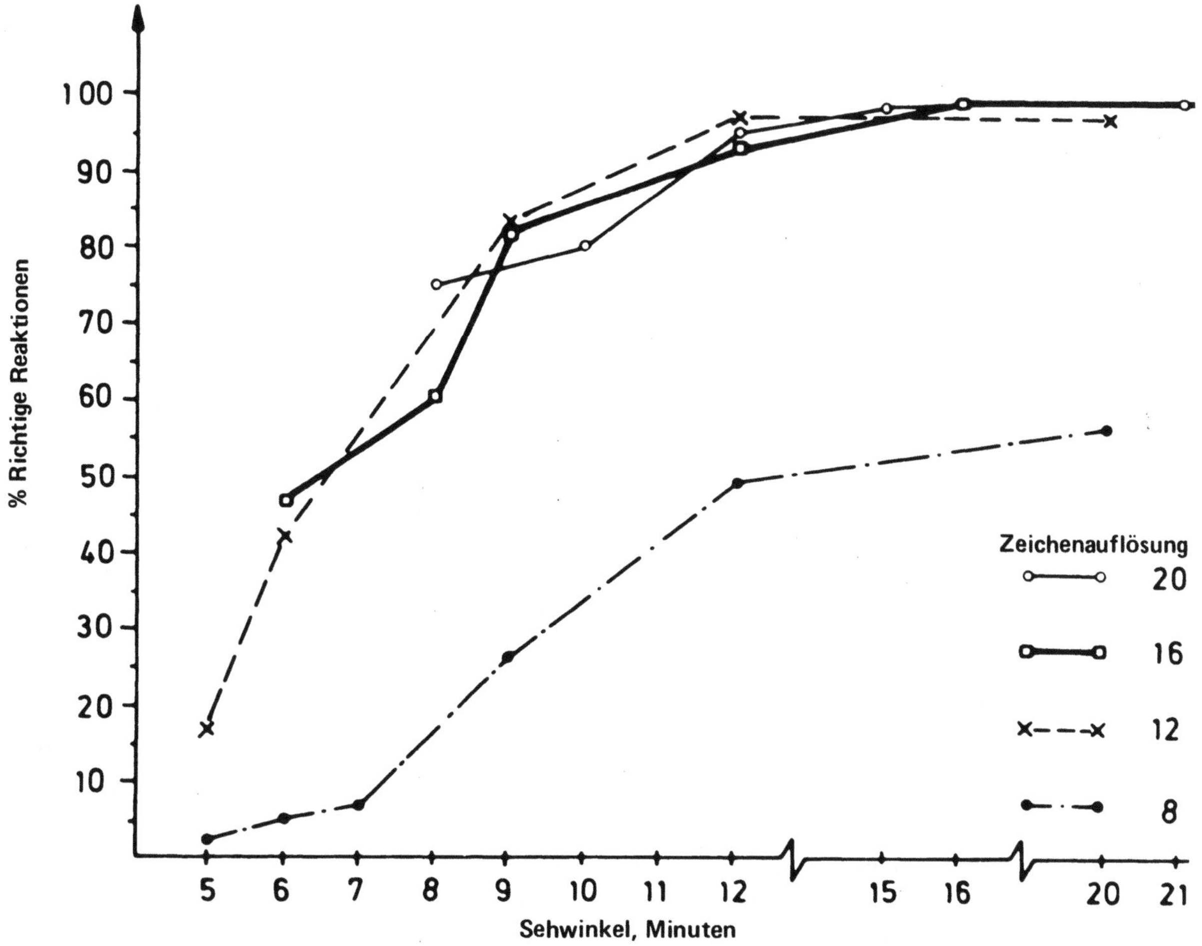

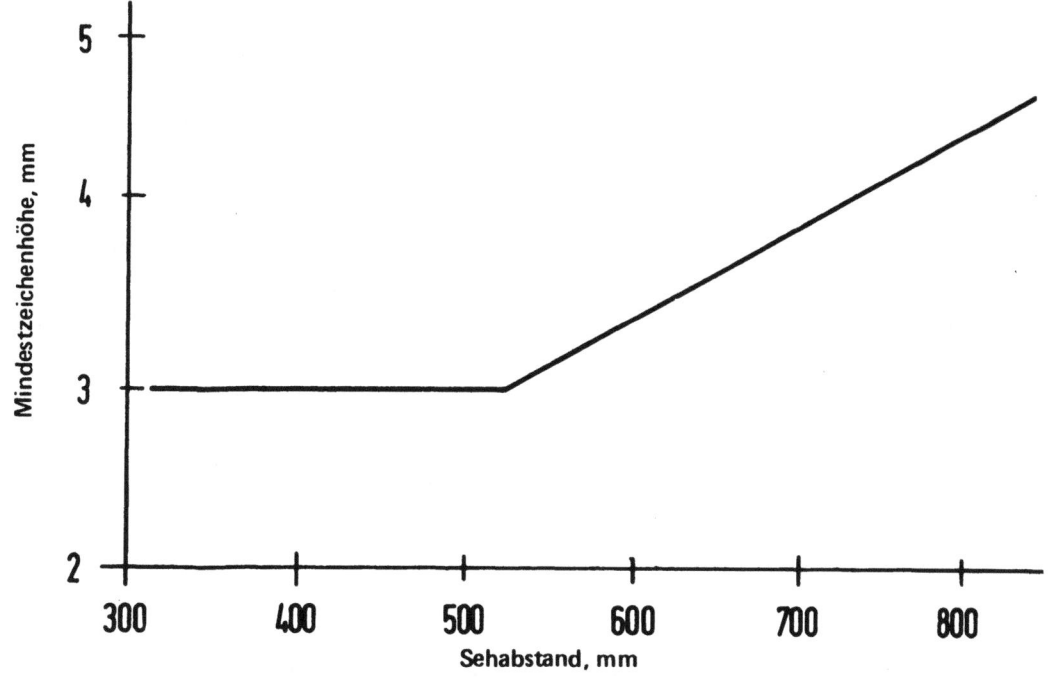

Abb. 3.4 Das Verhältnis zwischen Sehwinkel und Genauigkeit alphanumerischer Zeichenerkennung für verschiedene Zeilenzahlen (Wiedergabegeschwindigkeit: 4 Zeichen in 10 Sek.)

Abb. 3.5 Bevorzugte Mindestzeichenhöhe als eine Funktion des Sehabstandes.

weniger sein. Dieses Ergebnis stimmt gut mit anderen Angaben über optimale Zeichengröße überein, die meist im Bereich von 15' bis 22' liegen, abhängig von der Auflösung und der Methode der Zeichenerzeugung.

Um ein ausgewogenes Bild zu ergeben, sollte die Breite der Zelle, in der das Zeichenbild erzeugt wird, zwischen 70 und 80% ihrer Höhe betragen. Dieses Verhältnis ergibt, wenn auch Zeichenabstand und Zeichenhöhe gut gewählt sind, das richtige Gleichgewicht zwischen der Leserlichkeit des einzelnen Zeichens und der Erfaßbarkeit aufeinanderfolgender Zeichen.

Es soll noch einmal betont werden, daß Zeichenbilder nicht nur zu klein sondern auch zu groß sein können, worunter entweder die Deutlichkeit des Bildes selbst leidet oder aber — durch die größere Zeichenbreite — die Zahl der Augenbewegungen und damit die Leseanstrengung erheblich vergrößert wird.

Die Höhe der Zeichen sollte nicht weniger als 16 Bogenminuten betragen, d.h. 2,5 mm bei einer Sehentfernung von 50 cm, und sollte wenn möglich 20 Bogenminuten übersteigen, d.h. 3,0 mm bei 50 cm. Das folgende Schema zeigt die Mindest-Zeichenhöhen als Funktion der Sehentfernung.

Die Zeichenbreite, besser die Breite der Matrix oder Zelle, in der ein Zeichen gebildet wird, sollte zwischen 70 und 80% der Höhe betragen.

Dabei sollte die Größe eines Zeichens nicht so bemessen sein, daß die Leserlichkeit des einzelnen Zeichens auf Kosten der Lesbarkeit der Zeichengruppe verbessert wird. Es gibt hier Unterschiede, je nach der Methode der Zeichenerzeugung und der Auflösung der Zeichen. Für Zeichen, die von einer 5 x 7-Punkt-Matrix erzeugt werden, beträgt die empfohlene Maximalhöhe ca. 22 Bogenminuten, d.h. ca. 3,3 mm bei einer Sichtentfernung von 50 cm.

Im Interesse der Deutlichkeit der Zeichenbilder sollte die Strichbreite 1/6 bis 1/8, d.h. 12 bis 17%, der Zeichenhöhe betragen.

Zeichenabstand

Der Abstand zwischen den Zeichen bestimmt zusammen mit der Breite der Matrix die Zahl der Zeichen, die in einer einzigen Augenfixierung erkannt werden können. Er ist daher eine wichtige Eigenschaft geschriebener, gedruckter oder auf dem Bildschirm wiedergegebener Texte, wichtig sowohl für die Lesbarkeit als auch für die mehr oder weniger große Anstrengung der Augen beim Lesen.

Neben der grundsätzlichen Überlegung, wie man Schrift auf dem Bildschirm darstellt, spielt der Abstand zwischen den Zeichen besonders dann eine wichtige Rolle wenn man die einzelnen Zeilen durch Vergrößerung der Zeichenabstände auf einheitliche Spaltenbreite justiert.

Für eine ausreichende Unterscheidbarkeit der einzelnen Zeichen sollte der Zeichenabstand nicht geringer sein als ca. 20% der Zeichenbreite. Er sollte jedoch ca. 50% der Zeichenbreite nicht übersteigen, um gute Leserlichkeit zu gewährleisten und die sichere Unterscheidung zwischen einzelnen Zeichen und Wörtern zu ermöglichen.

Zeilenabstand

Der vertikale Zeilenabstand hat ebenfalls entscheidenden Einfluß auf die Lesbarkeit. Wenn man die Zahl der Zeichen pro Zeile und die Zeilendichte auf dem Bildschirm

Datum	Quelle	Zeichenerz.-verfahren	Zeichenhöhe f. 712 mm Sehentf. (Sehwinkel)	Verhältnis Zeichenbreite/-höhe	Verhältnis Strichdicke/ Zeichenhöhe
1956	Harris		Opt. 5,6 mm (27')	3/4	
1959	Howell und Kraft		Opt. 5,6 mm (27') Min. 3,3 mm (16')		
1965	Luxenberg und Bonness	Raster	Min. 2,1 mm (10') bei 10 Zeilen/Zeichen	2/3	1/9
1966	Barmack und Sinaiko		Min. 2,5 mm Max. 7,6 mm		
1966	Poole		hohe Leuchtd. 2,5 – 5,1 mm ger. Leuchtd. 3,8 – 7,6 mm	2/3 – 5/7	1/8 – 1/6
1967	Shurtleff		Min. 2,5 – 3,1 mm (12' bis 15')		
1968	Cropper und Evans		Min. 4,0 mm	4/5 – 5/5 Ziffern 3/5	1/8
1968	Gould	Raster	Min. 10 Zeilen		
1969	Hemingway und Erickson	Raster	Min. 2,1 mm Min. 8 Zeilen		
1970	Giddings	Raster	Opt. 3,6 mm Max. 4,4 mm	4/5	
1970	Vartabedian	Monoscope 9 x 7 Matrix	Opt. 3,1 – 4,1 mm	3/4	

Abb. 3.6 Empfehlungen zur Zeichengröße.

reduziert, dann kann man natürlich entsprechend weniger Zeichen darstellen. Dafür wird jedoch die Lesbarkeit der verbleibenden verbessert.

Eine wichtige Forderung lautet, daß zusammentreffende Ober- und Unterlängen sich nicht überlappen oder schneiden dürfen.

Generell kann man sagen, daß der Abstand zwischen den Zeilen nicht weniger als 100% und nicht mehr als 150% der Zeichenhöhe betragen sollte.

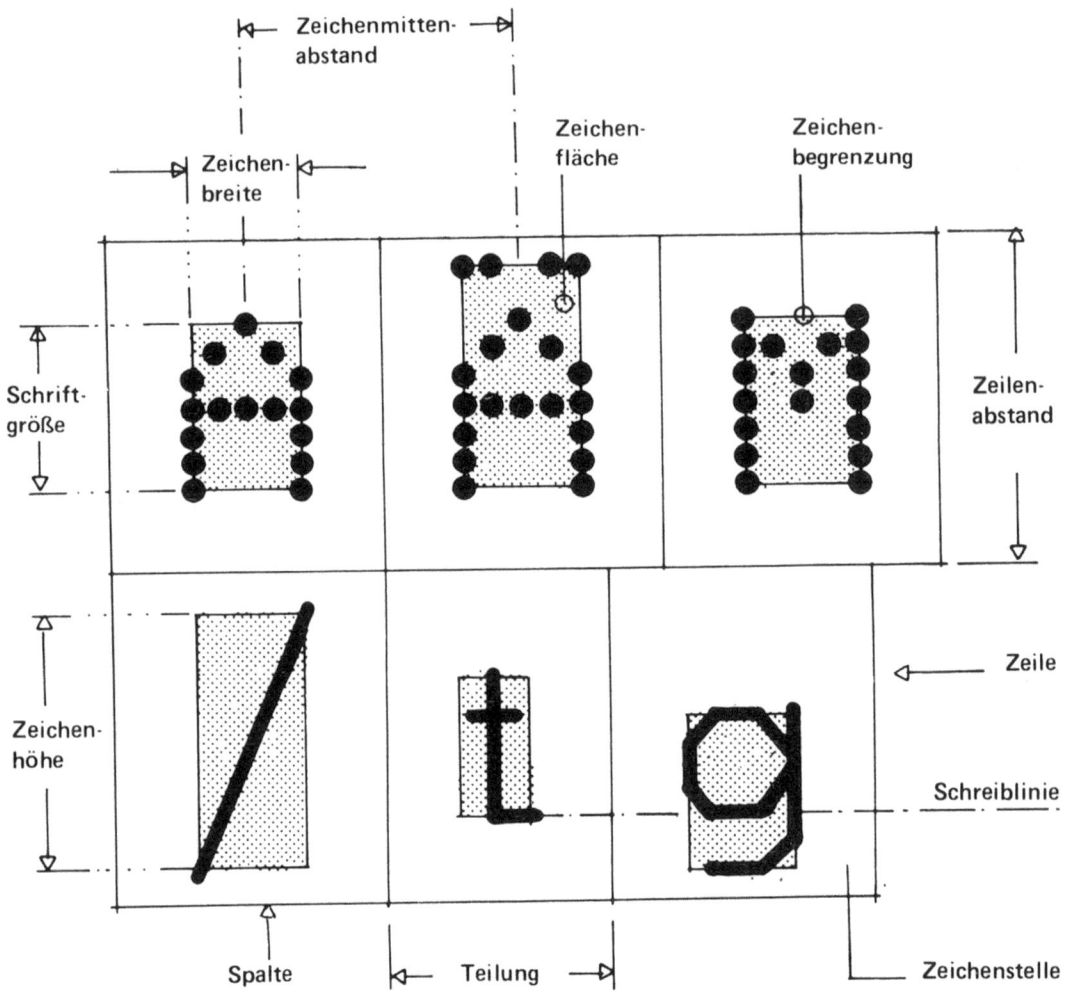

Abb. 3.7 Beziehungen zwischen Zeichengröße und Zeichenabstand.

Mindestzeichenhöhe	15 – 20' (Bogenminuten)
	3,1 – 4,2 mm
Maximale Zeichenhöhe für Punkt-Matrix 5 x 7	4,5 mm
Breite/Höhe Verhältnis	3/4 – 4/5
Strichbreite/Höhe Verhältnis	1/8 – 1/6
Mindestzahl von Rasterlinien	10 Linien

Abb. 3.8 Empfohlene Zeichenabmessungen und Auflösungen.

Groß- und Kleinbuchstaben

Ein Text, der aus Groß- und Kleinbuchstaben besteht, ist im allgemeinen leichter zu lesen als reine Versal-Schrift. Der Hauptgrund dafür ist, daß die Ober- und Unterlängen jedem Zeichen und jedem Wort eine vertrautere und charakterischere Form verleihen, so daß Worte eher als Einheit aufgefaßt und nicht Zeichen für Zeichen gelesen werden.

Es ist daher wichtig, daß Unterlängen unter die Grundlinie der jeweiligen Textzeile reichen. Leider ist dies nicht bei allen Zeichensätzen der Fall, so daß sie oft seltsam aussehen und entsprechend schwerer zu lesen sind.

Allerdings kann die Wiedergabe von Ober- und Unterlängen auch dazu führen, daß die Zahl der Punkte, die für die Mittellänge der Gemeinen (m-Höhe) übrig bleiben, zu gering wird. Dies trifft besonders für die 5 x 7-Punktmatrix zu, wenn man nicht zumindest die Methode der Punkt-Verkettung oder irgendeine Form von Zeichenabrund-Technik anwendet.

Zeichenkapazität

Die Zeichenkapazität eines VDTs hängt ab von:

- der Größe des Bildschirms und
- Größe und Abstand der Zeichen.

Bildschirmgröße

Der Anzeigebereich eines Bildschirms wird gewöhnlich als *Diagonalmaß*, oder auch direkt in seinen Höhen- und Breitenabmessungen angegeben.

Das Verhältnis zwischen Höhe und Breite des Anzeigebereichs nennt man das *Seiten-Verhältnis* des Schirms. Bei den meisten horizontal angeordneten VDT-Schirmen beträgt dieses Verhältnis 3 : 4. Bei VDTs, in denen der Anzeigebereich vertikal angeordnet ist — gewöhnlich für Umbruch oder Ganzseitendarstellung — ist die Höhe entsprechend größer als die Breite. Verwendet man für einen solchen Bildschirm eine handelsübliche Kathodenstrahlröhre, so erhält man ein Seiten-Verhältnis von etwa 4 : 3, was ungefähr den Proportionen eines DIN A4-Blattes entspricht.

Die gebräuchlichsten Bildschirme für Tischmodelle haben das Diagonalmaß von 12 oder 15 inch (30,5 oder 38 cm). Aber auch kleinere (bis 9 oder 7 inch bei manchen tragbaren VDTs) und größere Bildschirme (mit einem Diagonalmaß bis zu 20 inch (50 cm) werden für Texteingabe und Redigieren verwendet.

Man muß jedoch bedenken, daß der Anzeigebereich des Bildschirms immer kleiner ist als die Oberfläche der Kathodenstrahlröhre. Verschiedene Fabrikate nutzen mehr oder weniger des verfügbaren Bereichs, je nachdem, ob man das Hauptgewicht darauf legt:

- den Anzeigebereich so groß wie möglich zu machen,
- die durch die Wölbung des Bildschirms bedingte Verzerrung am Rand des Bereichs möglichst gering zu halten, oder
- ein bestimmtes Höhen/Breitenverhältnis zu schaffen.

Bei einem 12 inch-Bildschirm (30,5 cm) ist der Anzeigebereich normalerweise ca. 6,75 x 9 inch (17 x 23 cm), bei einem 15 inch-Bildschirm ca. 8,25 x 11 inch (21 x 28 cm).

Zeichenhöhe

Die Zahl der auf dem Bildschirm gleichzeitig darstellbaren Zeichen findet ihre Begrenzung vor allem in:

- der Forderung, daß die einzelnen Zeichen groß genug sein müssen, damit man sie leicht lesen und 'überfliegen' kann.

- der Zahl der Raster- oder Abtastzeilen, mit denen die Zeichen erzeugt werden und

- der Forderung, daß die Schreib- oder Abtastgeschwindigkeit mit einer ausreichend hohen Wiederholungsrate gekoppelt sein muß, um eine stabile, 'flimmerfreie' Anzeige zu gewährleisten.

Im allgemeinen gilt eine Zeichenhöhe von 7 Bildpunkten als Mindestforderung für gute Leserlichkeit. Bei den meisten Redaktionsterminals umfaßt die Zeichenhöhe 9 und mehr Punkte. Wenn man nun noch Platz für den Zeilenabstand und für eine Unterstreichung läßt (z.B. für den Kursor), dann kann man auf einer Kathodenstrahlröhre mit 525 Rasterzeilen 24 oder 25 Textzeilen unterbringen. Bei einem Bildschirm mit 600 Abtastzeilen erhöht sich diese Zahl auf etwa 30.

Das optimale Verhältnis Zeichenbreite : Höhe beträgt zwischen 0,7 und 0,8. Ist also einmal die Höhe des Zeichens festgelegt, dann ist auch die Zeichenbreite und damit die Zahl der Zeichen pro Zeile bestimmt.

Die Wiederholungsrate der Kathodenstrahlröhre ist gewöhnlich mit der Netzfrequenz synchronisiert, die in Europa 50 Hz beträgt. Innerhalb dieser gegebenen Grenzen kann man selten mehr als 80 Zeichen auf jeder Zeile darstellen.

Die Anzeigekapazität der meisten Eingabe- und Redigier-Bildschirme übersteigt selten 25 bis 30 Zeilen, mit 80 Zeichen pro Zeile bei einspaltiger Darstellung. Dies entspricht in etwa dem Inhalt eines zweizeilig maschinebeschriebenen A4-Blattes.

Innerhalb bestimmter technischer Grenzen besteht dabei durchaus eine Wahlmöglichkeit zwischen mehr Zeichengröße und mehr Wiedergabekapazität. Manche Hersteller nehmen bewußt etwas weniger Text auf dem Bildschirm in Kauf, um etwas größere Zeichen zu haben, indem sie die Zahl der Zeilen, die Zahl der Zeichen pro Zeile, oder beides verringern.

Bildwiedergabe, Abrollen

In der Praxis erfordert der einzugebende oder zu redigierende Text oft eine größere Zeichenkapazität, als der Bildschirm darstellen kann. Deshalb haben Redigierbildschirme praktisch ausnahmslos eine eigene Speicherkapazität — den *Bildwiederholspeicher* —, der je nach Bildschirmtyp zwischen 1500 und 19000 Zeichen aufnehmen kann. Der Zugriff zu diesen Zeichen erfolgt mit Hilfe des sogenannten *Abrollens*.

Bei den meisten Terminals erfolgt dies als zeilenweises Abrollen (*roll scrolling*), wobei die Bewegung des Textes auf dem Bildschirm ähnlich wie das zeilenweise Weiterschalten beim Fernschreiber abläuft. Jedesmal wenn eine neue Textzeile aus dem Speicher geholt wird, springen alle auf dem Bildschirm befindlichen Zeilen aufwärts oder abwärts, um Platz zu machen. Gleichzeitig verschwindet die oberste (oder unterste) Textzeile vom Bildschirm — es sei denn, die zur Verfügung stehende Wiedergabekapazität ist noch nicht erreicht.

Neben dem zeilenweisen Abrollen bieten einige VDTs die Möglichkeit, den Text seitenweise aus dem Speicher zu holen, also jedesmal den gesamten Bildschirminhalt zu erneuern — das elektronische Äquivalent zum 'Blättern' (*page scrolling*).

In letzer Zeit bieten einige VDT-Hersteller eine dritte Alternative an, das kontinuierliche Abrollen (pan scrolling), das dem gleichmäßigen Ablauf des Abspanns nach Fernsehsendungen ähnelt.

Bei Anwendungsgebieten wie Texteingabe, Redigieren und Korrigieren ist eine zusätzliche Zeichen-Speicherkapazität wichtig, damit der Benutzer in einem Artikel vor- und zurückgehen kann, wenn dessen Länge über die Zeichenkapazität des Bildschirms hinausgeht. Der Umfang der zusätzlich benötigten Speicherkapazität hängt dabei von der jeweiligen Aufgabe ab. Bei der Bearbeitung von Zeitungstexten spielt auch die Frage eine Rolle, welchen Bearbeitungsstatus auf dem Weg zur Satzreife ein Artikel erreicht hat. Generell kann man sagen, daß es nicht viel bringt, wenn man mehr zusätzliche Speicherkapazität schafft als die maximale Artikellänge erfordert. Dies gilt besonders für Eingabeplätze, wo von Manuskripten abgeschrieben wird.

Bei vielen VDT-Anwendungen ist es sehr wichtig für den Benutzer, auf möglichst einfache Weise jeden Bereich eines Textes aufrufen und bearbeiten zu können. In solchen Fällen muß man ausreichende Speicherkapazität in Verbindung mit der Abroll-Möglichkeit vorsehen. Es gibt aber auch Anwendungen, wo die Annehmlichkeit des kontinuierlichen Abrollens nicht so wichtig ist, wo aber die relativ lange Zeitdauer dieses Vorgangs stört. In solchen Fällen ist es oft besser, den gesamten Schirminhalt in einem Zug und mit schneller Antwortzeit zu erneuern.

Schließlich sollten alle Bildschirmgeräte so eingerichtet sein, daß der Anzeigespeicher nicht 'überfüllt' werden kann. Bei manchen Terminals ist es nämlich möglich, mehr Text einzugeben als im Anzeigespeicher gespeichert werden kann. In solchen Fällen besteht die Gefahr, daß ein Teil des Textes verloren geht oder überschrieben wird. Dem sollte man vorbeugen, zum Beispiel durch ein hörbares Signal oder durch eine optische Anzeige, die darauf aufmerksam macht, daß man sich der Endkapazität des Terminals nähert oder diese erreicht hat. Noch besser sind automatische Stopps, zum Beispiel die Sperrung des Tastenfeldes.

Bildstabilität

Die Stabilität des Bildes auf dem Bildschirm ist eine weitere Eigenschaft, nach der die Benutzer oder zukünftigen Benutzer von VDTs deren 'Qualität' beurteilen. Im Idealfalle müßte der Bildschirm völlig frei sein von wahrnehmbarer Bewegung, aber in der Praxis kann die Anzeige — aus verschiedenen Gründen — eine gewisse Instabilität aufweisen.

Die Instabilität einer Anzeige wird häufig als 'Flimmern' bezeichnet. Dieser Ausdruck beschreibt sehr gut das Verhalten eines instabilen Bildes, dessen Bewegung meist als schnelles Blinken oder Flackern wahrgenommen wird. Die unterschiedslose Verwendung des Begriffs 'Flimmern' kann jedoch irreführend sein, da er auch speziell das periodische An- und Abschwellen an Leuchtdichte der Anzeige aufgrund der Bildwiederholfrequenz bezeichnet.

Bei den meisten Bildschirmen mit Zeichenwiederholung läuft diese synchron mit der Netzfrequenz, die in Europa 50 Hz und in den USA 60 Hz beträgt. Bei einer normal funktionierenden Bildröhre ist es allerdings unwahrscheinlich, daß ein wahrnehmbares Flimmern auf dem Bildschirm dieser Frequenz zugeschrieben werden könnte, besonders wenn man einen Phosphor von mittlerer Nachleuchtdauer verwendet. Wahrscheinlich ist, daß eine solche Bild-Instabilität auf gewisse Unregelmäßigkeiten in der Stromversorgung oder auf Störungen in der Synchronisation der Zeilenablenkung zurückzuführen ist.

Bei manchen CRT-Ablenk-Systemen wird der Schirm in zwei oder mehr Felder aufgeteilt. Dies ist zum Beispiel der Fall, wenn man für die Zeichenbildung das Zeichensprungverfahren anwendet. Bei 50 Hz heißt das, daß man zwei in sich verzahnte Felder bildet, die aus jeder zweiten Abtastzeile bestehen und jeweils mit 25 Hz wiederholt werden. Dadurch kann ein störender 'Zitter-Effekt' auftreten. Es hängt von der individuellen Sehschärfe ab, ob man diese Bewegung wahrnimmt. Das ist dann der Fall, wenn die Bewegung groß genug ist, um bei der gewählten Sehentfernung vom Auge aufgelöst zu werden. Wenn das Auflösungsvermögen im Minimum zum Beispiel eine Bogenminute beträgt, dann würde die vertikale Bewegung einer 3 Bogenminuten hohen Abtastzeile dann festgestellt, wenn sie zwischen einer halben und einer vollen Zeilenhöhe beträgt. Man würde sie entweder als Unschärfe oder als tatsächliche Bildbewegung empfinden. Im übrigen unterliegt die Wahrnehmung des Zitterns in etwa den gleichen Bedingungen wie die Wahrnehmung des Flimmerns.

Schwimmen oder *Treiben* ist eine langsame Bewegung des Bildes ohne daß sich die Anzeige selbst ändert. Es wird durch Netzeinflüsse auf die Gleichstromversorgung verursacht und kann durch sorgfältige Überprüfung und Zusammenstellung der elektronischen Bestandteile unterbunden werden.

Fehlerhafte Synchronisation führt zu Erscheinungen, wie wir sie von den Heimfernsehempfängern her kennen. So ist es auf schlechte Synchronisation zurückzuführen, wenn das Bild über den Bildschirm 'jagt', wobei auch hier der wahrgenommene Effekt oft als 'Flimmern' bezeichnet wird. Zu geringe Signalstärke ist eine weitere Ursache für Zeilen-Zittern. Dieser Effekt kann in VDT-Systemen mit unstabilisierter Stromversorgung auftreten, oder wenn die Betriebsspannung der CRT sich dem unteren Grenzwert nähert.

Sporadisch auftretende Instabilität ist oft das Ergebnis kurzzeitiger Spannungsänderungen in einer unstabilisierten Stromzufuhr. Wenn man beispielsweise die Klimaanlage einschaltet, oder wenn in einer Druckerei die Rotationsmaschine in Betrieb gesetzt wird, dann ist die Belastung des Netzes einen kurzen Augenblick sehr hoch und der dadurch bewirkte Spannungsabfall kann das Bild zittern oder springen lassen.

Es ist daher wichtig, daß eine Instabilität des Bildes auf dem Bildschirm nicht automatisch als Frequenz-Flimmern angesehen wird, ohne daß man auch noch an andere mögliche Ursachen denkt. Wenn die Probleme auch oft mit der Wiederholfrequenz zusammenhängen, so liegt doch in vielen Fällen der Schlüssel für eine Verbesserung der Bildstabilität bei der Stabilisierung von Spannung und Frequenz der Stromversorgung.

Flimmern

Nach seiner Erzeugung auf dem Bildschirm beginnt das Zeichen zu schwinden, und zwar mit einer Geschwindigkeit, die von der Nachleuchtdauer des Phosphors abhängt. Um das Zeichen auf dem Bildschirm sichtbar zu erhalten, muß das Signal ständig regeneriert werden. Wenn es nicht häufig genug wiederholt wird, dann blinkt (oder *flimmert*) die Anzeige für den Betrachter.

Die Wahrnehmbarkeit von Bildschirm-Flimmern hängt von einer großen Zahl von Faktoren ab. Die wichtigsten sind Helligkeit, Größe und Dichte der Anzeige, Wellenlänge des Lichts und Alter des Betrachters. In der Regel kann man sagen: je heller, dichter und größer die Anzeige, um so auffälliger ist das Flimmern. Allerdings — wenn wir älter werden und unsere Sehschärfe abnimmt, dann nimmt auch unsere Fähigkeit ab, schnelles Flimmern zu erkennen.

Wenn man die Flimmer-Frequenz erhöht, dann erreicht man irgendwann einen Punkt, an dem das Flimmern aufhört und die aufeinanderfolgenden Eindrücke zu einer kontinuierlichen, gleichmäßigen Empfindung verschmelzen. Dieser Punkt ist als die *kritische Fusionsfrequenz* (Flimmerverschmelzungsfrequenz) oder CFF bekannt.

Die Frequenz, bei der die Verschmelzung stattfindet, ist jedoch nicht konstant. Sie hängt von vielen verschiedenen Bedingungen und von der individuellen Konstitution ab. Das in diesem Zusammenhang wohl wichtigste Konstruktionsmerkmal ist die Bildschirm-Leuchtdichte. Hierzu besagt das Ferry-Porter-Gesetz, daß die kritische Fusionsfrequenz mit dem Logarithmus der Feld-Leuchtdichte zunimmt, aber auch von Lage und Größe des stimulierten Retinabereichs abhängt, vom Anpassungszustand dieses Bereichs und von der Helligkeit des umgebenden Feldes. Das Ferry-Porter-Gesetz ist in Abb. 3.9 dargestellt.

Um das Flimmern zu unterdrücken, muß man also die Helligkeit des Schirms möglichst gering halten; andererseits aber muß aus Gründen der Leserlichkeit ein gewisser Kontrast zwischen den Zeichen und dem Hintergrund erhalten bleiben.

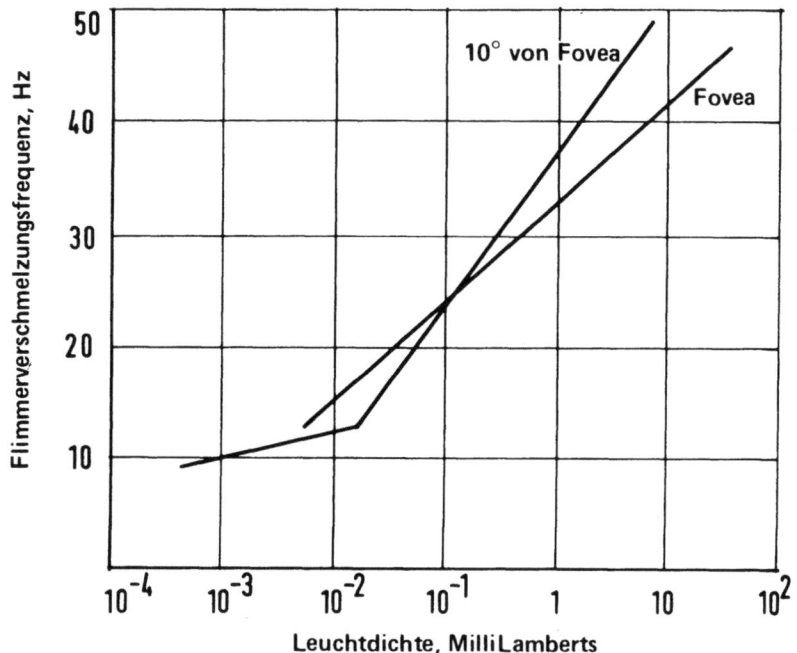

Abb. 3.9 Verhältnis zwischen kritischer Fusionsfrequenz und Leuchtdichte: Das Ferry-Porter-Gesetz.

Die Wiederhol- oder Regenerationsrate richtet sich nach der Bandbreite der Anzeige und der Notwendigkeit, eine ausreichende Auflösung zu erhalten. Zur Erzeugung einer flimmerfreien Anzeige empfehlen sich Regenerationsraten von 50 – 60 Hz. Bildschirme mit einer Wiederholrate von unter 20 Hz sind gewöhnlich sehr unangenehm für den Betrachter, aber selbst bis ca. 50 Hz sind sie nicht völlig flimmerfrei. Allerdings wird geltend gemacht, daß Flimmern nur dann zum Problem wird, wenn die Stimulation sehr intensiv ist und einen großen Bereich der Retina betrifft.

Man versucht vom Hersteller aus, das Flimmern zu reduzieren, indem man die Abtastfolge ändert, einen Phosphor mit längerer Nachleuchtdauer verwendet, oder die kürzere Komponente eines Kaskadenphosphors ausfiltert.

Um die gleiche durchschnittliche Zeichenhelligkeit zu erzeugen, müssen Phosphore mit kurzer Nachleuchtdauer zu einer höheren Spitzenhelligkeit angeregt werden als Phosphore mit hoher Nachleuchtdauer. Deshalb schwankt bei solchen Phosphoren die momentane Lichtintensität über ein breiteres Spektrum, so daß man höhere Wiederholraten braucht, um Flimmern zu vermeiden.

Phosphore mit langer Nachleuchtdauer neigen zwar weniger zum Flimmern, bringen aber den Nachteil, daß das Bild zum 'Schmieren' neigt, wenn es über den Schirm bewegt wird. Außerdem haben Phosphore mit langer Nachleuchtdauer meist eine kürzere Lebensdauer und neigen oft stark zum Einbrennen. Das ist von Bedeutung, wenn bestimmte Texte, z.B. Masken, über längere Zeit auf dem Bildschirm stehen bleiben. So ist es verständlich, daß die beliebtesten und geeignetsten Phosphore (z.B. P4, P31), Phosphore mit kurzer bis mittlerer Nachleuchtdauer sind.

Die Nachleuchtdauer einiger üblicher CRT-Bildschirm-Phosphore ist in Abb. 3.11 dargestellt, zusammen mit empirisch festgestellten kritischen Fusionsfrequenzen bei unterschiedlicher Bildschirm-Leuchtdichte.

Man hat festgestellt, daß die Abtastfolge wenig Einfluß auf die erforderliche Wiederholrate hat, außer bei Phosphoren mit langer Nachleuchtdauer. Zwar sind Pseudo-Random-

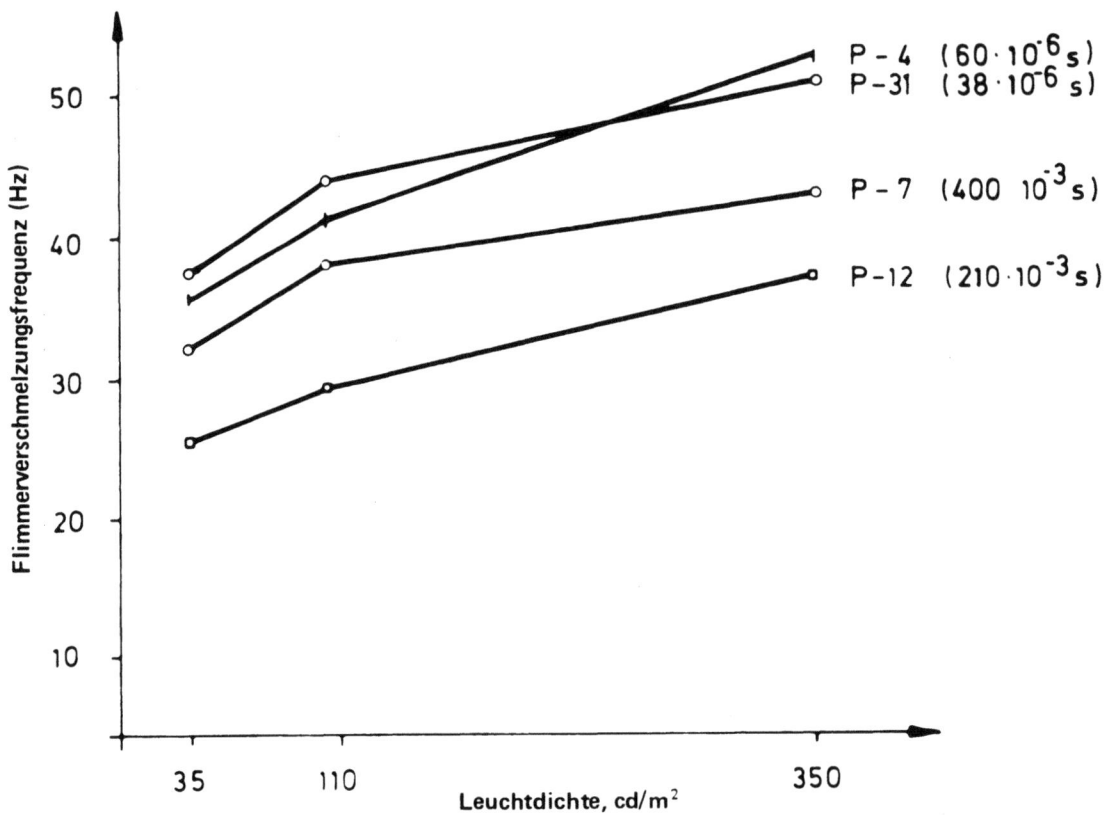

Abb. 3.10 Verhältnis zwischen kritischer Fusionsfrequenz und Leuchtdichte für einige Bildschirm-Phosphore (kleinere Felder, d.h. $<2°$).

Phosphor	Nachleuchtdauer (10%), s	Flimmerverschmelzungsfrequenz (CFF), Hz		
		10 ft L $34{,}3\ cd/m^2$	32 ft L $109{,}6\ cd/m^2$	100 ft L $342{,}6\ cd/m^2$
P4	60×10^{-6}	35	41	47
P7	400×10^{-3}	32	38	43
P12	210×10^{-3}	25	29	32
P31	38×10^{-6}	37	44	51

Abb. 3.11 Nachleuchtdauer und empirisch festgestellte kritische Fusionsfrequenzen einiger üblicher Bildschirm-Phosphore (Gould 1968).

und Random-Abtastung sowie die Zeilensprungabtastung in der Lage, die Wahrnehmbarkeit des Flimmerns zu verringern; aber bei Phosphoren mit kurzer oder mittlerer Nachleuchtdauer ändert das die mindesterforderliche Wiederholfrequenz nicht.

Darstellungsform

Die Grundforderung bei der Festlegung der Darstellungsform einer Bildschirmanzeige besteht darin, sicherzustellen, daß die Beziehung zwischen Benutzer und Computer in einer Weise organisiert und strukturiert ist, die der Art der Aufgabe und den Bezugsbedürfnissen des Bedieners entspricht. Entscheidend in diesem Zusammenhang ist die Struktur und die Sequenz, in der die Daten in das System eingegeben und dargestellt werden sollen.

Fortlaufende Darstellung

Wenn das Bildschirmgerät ausschließlich für die Eingabe und Bearbeitung unstrukturierter Texte verwendet werden soll, wie es für redaktionelle Anwendung typisch ist, dann ist die Form der Darstellung nicht so ausschlaggebend. Hier reicht eine fortlaufende, einspaltige Darstellung meistens aus.

Es gibt jedoch auch Fälle beim Redigieren und Aufbereiten von Texten, wo es wünschenswert ist, gleichzeitig zwei Versionen einer Darstellung zu betrachten. Beispiele sind das Vergleichen und Zusammenfügen von zwei Agenturmeldungen, oder die getrennte Anzeige codierter Satzbefehle und ihrer simulierten Auswirkung auf einen Anzeigentext. Für solche Arbeiten wurden VDTs mit Spalt- und Doppel-Bildschirmen konstruiert.

Bei einem *geteilten Bildschirm* kann die normalerweise einspaltige Darstellung in ein zweispaltiges Format aufgeteilt werden, wobei die Zahl der Zeichen pro Spaltenzeile etwas weniger als die Hälfte der vollen Bildschirmzeile beträgt.

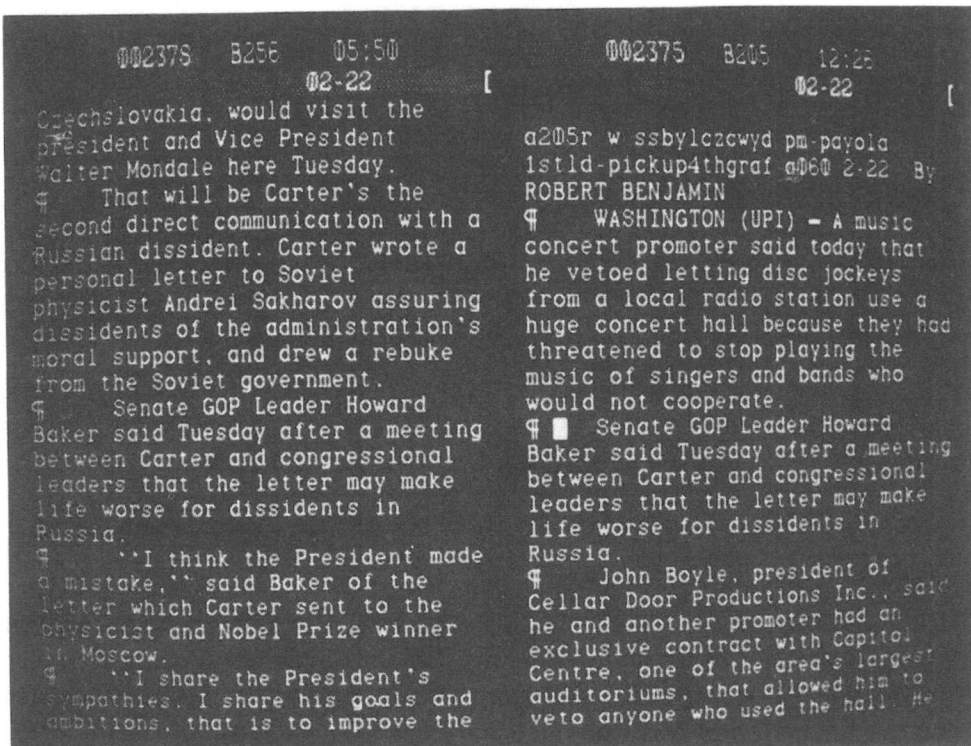

Abb. 3.12 Eine Wiedergabe auf einem geteilten Bildschirm. (Beispiel von Harris)

Gewöhnlich können die beiden Spalten unabhängig voneinander vom selben Tastenfeld aus gesteuert werden, was besonders für das Redigieren und Zusammenführen von Artikeln sehr praktisch ist.

Bei der Herstellung gestalteter Anzeigen werden oft VDTs mit Doppel-Schirm für die Wiedergabe von a) den typographischen Befehlen für das Layout bestimmter Texte und b) für das simulierte Erscheinungsbild dieser Texte entsprechend den codierten Anweisungen verwendet. Die simulierende Darstellung wird auch als 'soft typesetting' bezeichnet und findet Anwendung für den Umbruch von Text und Anzeigen.

Abb. 3.13 Eine Doppel-Bildschirmwiedergabe. (Beispiel von Ferranti)

Tabellarische Darstellung

Bei den meisten VDT-Anwendungsgebieten kommt jedoch der Struktur der Bildschirmanzeige größere Bedeutung zu. In solchen Fällen wird man — abhängig von der betreffenden Aufgabe — einer tabellarischen Form der Darstellung den Vorzug geben.

Für die Darstellung von redaktionellen Übersichten, von Informationen mit stark numerischem Inhalt oder mit bestimmten Anforderungen an die Reihenfolge der Darstellung (z.B. Börsenzettel, Sporttabellen), sind die Vorteile der Tabellenform augenscheinlich.

Eine bestimmte Reihenfolge der Eingabe muß meist auch eingehalten werden, wenn der Terminalbenutzer mit dem Computer oder mit einem Kunden — oft sogar gleichzeitig — einen Dialog führt. Diese Situation entsteht zum Beispiel bei der telefonischen Auftragsannahme, wo der Bildschirm-Benutzer Daten eingibt, die er von einem Kunden erhält. In solchen Fällen beeinflußt die Reihenfolge, mit der Informationen vom Kunden abgefragt werden, nicht nur die Eingabe und Verarbeitung der Daten im System, sondern sie kann auch Auswirkungen auf das Verhältnis zwischen Bildschirmbenutzer und Kunden haben. Hierfür bietet der Empfang von Kleinanzeigen ein brauchbares Beispiel.

Beim Empfang von Anzeigen per Telefon ist es oft notwendig, die Kreditwürdigkeit des Kunden festzustellen, bevor der Anzeigenauftrag angenommen wird. Hier kann man peinliche Situationen vermeiden, wenn man zuerst nach der Identität des Kunden fragt, z.B. „Wie ist Ihr Name und Ihre Telefon-Nummer, bitte?" Für den Kunden scheint diese Frage angebracht und begründet. Wenn nun das System die Kreditdaten nach Namen und Telefon-Nummern sortiert enthält, dann kann es die Bonität des Anrufers diskret und ohne Peinlichkeit prüfen.

Wenn die Bonität in Ordnung ist, kann der Angestellte nach den Informationen fragen, die für das Einrücken der Anzeigen erforderlich sind, z.B. Erscheinungsdatum, welche Ausgabe, Rubrik, Spalten- und Zeilenzahl, Zahlungsweise usw. Diese Informationen, die man auch als *Kopfdaten* bezeichnet, können gut mit Hilfe einer Ausfülltechnik in die Anlage eingegeben werden; hierbei verwendet man ein besonderes Formular ('Maske'), das auf dem Bildschirm wiedergegeben wird. Es enthält freie Räume, in die die entsprechenden Kopfangaben eingetragen werden. Um zu vermeiden, daß mehr Zeichen eingefügt werden als die vom System dafür vorgesehene Anzahl, sind die Bereiche gewöhnlich gegen Überfüllung geschützt.

Nachdem die Kopfdaten eingetragen sind, kann der Text über die Tastatur in ungebundener Form eingegeben werden. Man kann ihn dann dem Kunden noch einmal vorlesen und etwaige Veränderungen gleich auf dem Bildschirm vornehmen.

```
Anze         Aufn-Art  P         SZ   Aus G....  Auftr-Nr   8009652     Vers          BS1
Vorw. ........ Tel ......        KDNR1  .....    Name*VII  ..........................
                                 KDNR2  .....    Zusatz    ..........................
                                                 Strasse   ..........................
                                 LKZ D.. PLZ ..... Ort     ..........................
Bankverbindung  ..........................       Kto-Nr    ................
Bankleitzahl    ..........................       BRA       .....


Platz für Anzeigentext
.
.
.
.
.
.
.
.
.
.
.
.
.


1–3 Termine od. BS2    Rubrik        Plac    PKZ     Menge     Art     SP    TYP    MA   CH
... ..........         ......   N    ....            No        ....   MM    ...   ....  ...  ...
Stichwort              Betreff                       Vertreter-Nr     BAR   BS2   BS3   UV
............           ..........................    ........         ...   N     N    ...
KLI-Kost   Bemerkung f. AV bzw. Montage
.          ...........................................        Storn  N
```

Abb. 3.14 Eine typische Bildschirmmaske für die Aufnahme von Kleinanzeigen bei der Tageszeitung.

Bei der Erstellung einer Maske für ein bestimmtes Anwendungsgebiet sind mehrere Faktoren zu berücksichtigen:

Einfachheit, Relevanz

Die Maske sollte so *einfach* wie möglich sein, d.h. nicht komplexer als es die Erfordernisse der anstehenden Aufgabe tatsächlich diktieren. Es sollten nur Informationen wiedergegeben werden, die direkt *relevant* sind für die Abwicklung bei der Bildschirmaufnahme oder später im Produktionsprozeß. Es ist immer verführerisch, Informationen mit aufzunehmen, die vielleicht bei irgendeiner Gelegenheit einmal nützlich sein könnten. Im allgemeinen überlädt dies aber nur den Bildschirm und macht die eigentlich wichtige Information weniger verständlich.

Reihenfolge

Sinn und Logik der *Reihenfolge*, in der Informationen angefordert und in den Bildschirm eingegeben werden, sollten sich aus der Natur der Aufgabe ergeben, und nicht aus dem Wunsch nach bequemer Verarbeitung im Computer. Dies trifft besonders für die Telefonaufnahme von Anzeigen zu; Verkaufen am Telefon verlangt einen guten Kontakt zum Gesprächspartner und ist nicht einfach nur Dateneingabe!

Übereinstimmung

Bildschirmmasken, die für eine besondere Aufgabe entworfen worden sind, sollten *übereinstimmen*:

    a) mit anderen Bildschirmen, die an der gleichen Aufgabe beteiligt sind,

    b) mit anderen Verfahrensweisen für die Bearbeitung der gleichen Aufgabe, und

    c) mit den Erfordernissen nachfolgender Verarbeitungsstufen.

Anzeigen, zum Beispiel, können über die telefonische Anzeigenannahme, am Schalter oder durch die Post hereinkommen. Die Bearbeitung der Informationen ist einfacher und weniger verwirrend, wenn in allen Fällen gleiche oder sehr ähnlich aufgebaute Formulare verwendet werden.

Außerdem sollten Aufbereitung und Codierung der im System befindlichen Information sowohl den Anforderungen der Satzherstellung als auch der buchhaltungstechnischen Verarbeitung gerecht werden.

Gruppenbildung

Wenn man verwandte Angaben in Gruppen zusammenfaßt, verbessert sich die Lesbarkeit der Anzeige. Außerdem werden die Beziehungen zwischen verschiedenen Datenkategorien besser hervorgehoben. Gruppenbildung und großzügige Verwendung freier Zwischenräume können die Bildschirmanzeige deutlich strukturieren und damit das Auffinden und Erkennen bestimmter Informationen erleichtern.

Für die meisten Anwendungen ist es sehr wichtig, die richtige Darstellungsform für die Bildschirmanzeige zu finden. Es kann sich als falsche Sparsamkeit erweisen, wenn man sich darauf beschränkt, den Benutzer einfach nur mit den richtigen Angaben zu versorgen und dabei die Form ihrer Darstellung gering achtet oder ganz vernachlässigt. Bildschirmanzeigen mit generell schlechter oder für die spezielle Aufgabe ungeeigneter Darbietung bedeuten

Zeitverschwendung, können verwirren und führen zu Fehlern sowohl beim Lesen als auch beim Interpretieren.

Anzeigengestaltung

Aufbau und Typographie von gestalteten Anzeigen oder Kleinanzeigen sind oft von einer Zeitung zur anderen sehr unterschiedlich. Und doch ist das Grundproblem der Typisierung von Anzeigenlayouts immer dasselbe: Es gilt, je nach Art und Stil der Zeitung, eine Anzahl bevorzugter oder 'Standard'-Layouts auszuwählen und die für die Herstellung nötigen Codes im Computer zu speichern.

Die ausgewählten Anzeigentypen werden genau wie eine Tabelle behandelt, nach den gleichen allgemeinen Regeln, wenn auch in unterschiedlichem Ausmaß. Zum Beispiel unterliegt die Anzeigengestaltung (Höhe, Breite, Schriftart usw.) bestimmten Einschränkungen, einige davon praktischer Natur nach Stil und Format der Zeitung, einige ästhetischer Art.

Eine der wichtigsten Vorbedingungen für den programmierten Satz von gestalteten Anzeigen besteht daher in der Auswahl einer geeigneten Anzahl von Standardtypen, um a) so weit wie möglich die vielen Gestaltungswünsche der Anzeigenkunden zu erfüllen und b) den Setzer in die Lage zu versetzen, schnell einen geeigneten Standard zu finden, wenn der Anzeigenkunde keine besonderen Wünsche geäußert hat.

Zeichencodierung

Der VDT-Benutzer hat es meistens mit zwei verschiedenen Arten von Codierung zu tun:

- alphanumerische Codes, z.B. für Textangaben und Befehle,
- Hervorhebungscodes, die dazu dienen, verschiedene Arten von Informationen auf dem Bildschirm hervorzuheben.

Alphanumerische Codes

Um die begrenzte Speicherkapazität des Computers so gut wie möglich zu nutzen, werden manche Arten von Daten (Kennzeichnungen, Computerbefehle) oft in abgekürzter oder verschlüsselter Form gespeichert. Danach werden alphanumerische Codes gewöhnlich in drei Kategorien unterteilt:

a) *Kopierende Schlüssel* (copy code). Hier wird ein Teil der Daten direkt übernommen oder kopiert. Ähnlich wie im Flugverkehr, wo man die ersten drei Buchstaben als Code verwendet, z.B. FRA für Frankfurt, so können die Codes 'SP' und 'SE' verwendet werden, um die Anweisungen SPEICHERN und SENDEN wiederzugeben.

b) *Assoziierende Schlüssel*, wobei jeder Code eine bestimmte Reaktion auslöst, die man ihm vorab zugeordnet hat. Man verwendet diese Technik z.B. bei der Vorwahl für Ferngespräche. So ist 030 die Vorwahl für Berlin. In Textverarbeitungs-Systemen ist die assoziierende Codierung wohl die am meisten verwendete Methode, um Satzbefehle, frei programmierbare Instruktionen usw. zu codieren.

c) *Umformende Schlüssel*. Dabei werden die Daten nach strikten Regeln zu einem Code umgeformt. Zum Beispiel könnte die Identität von J. Smith, 133 Fletcher Street, Manchester als 'JS133FSM' codiert werden.

Sowohl beim kopierenden als auch beim umformenden Schlüssel kann man den Code für neue Daten finden, wenn die Regeln bekannt sind. Bei den assoziierenden Schlüsseln ist jedoch die Auswahl des Codes gewöhnlich willkürlich. Er muß entweder auswendig gelernt oder aus einer Nachschlagliste abgelesen werden.

Welche Codiermethode man auch verwendet, das System sollte für den Benutzer so einfach wie möglich anzuwenden sein. Mit anderen Worten, der Benutzer sollte Anweisungen an den Computer in einer Sprache geben können, die ihm geläufig ist oder leicht erlernt werden kann. Andererseits sollte das System in einer Sprache antworten, die mit der Eingabecodierung übereinstimmt, also ebenfalls in einer Sprache, die eine erkennbare Signifikanz für den Benutzer hat.

Solche Überlegungen — sowohl hinsichtlich einfacher Benutzung als auch leichter Erlernbarkeit — sind wichtig, wenn man alphanumerische Codes verwendet. Wo es ohne Doppeldeutigkeit oder Ungenauigkeit möglich ist, wird man oft die Verwendung allgemeinsprachlicher Ausdrücke oder leicht erkennbarer Abkürzungen einer rein abstrakten alphanumerischen Codierung vorziehen — die menschliche Sprache ist manchmal (aber nicht immer!) besser als die Maschinensprache.

Es gibt jedoch viele Anwendungsgebiete für VDTs, wo die Benutzung einer abstrakten Codierung dem Benutzer bestimmte praktische Vorteile bringt. Dies trifft insbesondere auf Anwendungen zu, bei denen die Anzahl der Codes sehr groß ist, z.B. für Anschriften, Formate, Schriftarten usw., und wo die Verwendung eines einfachen kopierenden Schlüssels entweder zu aufwendig wäre oder zu viel Raum für Falschinterpretation und Irrtum lassen würde. In solchen Fällen spricht vieles für den Einsatz eines eindeutigen, assoziierenden Codierverfahrens.

Kopierende und umformende Schlüssel werden vorteilhaft in Situationen verwendet, wo die Zahl der Codes relativ gering ist, z.B. bei der Dateneingabe und bei journalistischer oder redaktioneller Anwendung.

Nehmen wir zum Beispiel den Journalisten, der einen Artikel an einem Redaktionssystem schreiben möchte. Er muß zuerst einmal der Anlage mitteilen, daß er einen Artikel eingeben möchte, so daß der Zentralrechner für das betreffende Terminal verfügbar ist. Der Journalist muß dem Computer auch sagen, was mit dem Artikel geschehen soll, nachdem er in das System eingegeben wurde, d.h. wo und wie der Beitrag gespeichert werden soll. Zu Anfang muß also eine festgelegte Start-Information gegeben werden.

Der Computer braucht vielleicht nur zwei oder drei Buchstaben oder Ziffern, um diese Anweisungen eindeutig zu definieren. Der Befehlscode könnte in diesem Fall beispielsweise 'ST' heißen, gefolgt von den Initialen des Benutzers, und, wenn gewünscht, noch von einer Speicheradresse.

Die Abbildung 3.15 zeigt, wie ein Hersteller eine solche kopierende Codierung für Texteingabe- und Redigier-Befehle in einem Zeitungs-Redaktionssystem angewandt hat.

Bei all den offensichtlichen Vorteilen einer einfachen Sprachcodierung kann man sich aber auch die Frage stellen, ob Anweisungen dieser Art tatsächlich 'Alltagsbegriffe' sind oder doch eher eine Form synthetischer, wenn auch leicht erkennbarer Codierung.

Wie gut man auch immer die Bildschirmcodierung einer 'Alltagssprache' anpassen kann, so muß man doch erkennen, daß die Übereinstimmung niemals vollkommen sein kann — ganz einfach deshalb, weil die Computer-Technologie den Begriff 'Sprache' auf nur einen *bestimmten Code* für eine *bestimmte Anweisung* beschränkt. Anders gesagt, der Computer bietet nicht die Flexibilität der menschlichen Sprachkommunikation.

Wenn die Zahl der Codes klein und gut überschaubar ist, dann ist ein Teil dieses Problems zu lösen — aber auch dann eben nur ein Teil — indem man in die Befehlscodierung eine gewisse Redundanz einbaut. So könnte man, um die Verbindung zum Computer herzustellen, dem Benutzer die Möglichkeit geben, das Wort 'START' einzutasten, wobei der Computer nur auf die ersten beiden Zeichen ST reagieren würde und die übrigen Anschläge redundant wären. In diesem Fall wird die Gefahr der Mehrdeutigkeit verringert und die Codes sind leicht zu merken, was wiederum die Vertrautheit im Umgang mit dem System fördert.

st	Start
en	Ende
ho	hole
se	sende
du	dupliziere
ve	verbinden
lo	ausstanzen
dr	drucken
be	belichten
hj	ausschließen
mo	verschieben
li	auflisten
na	Nachrichtenagentur

Abb. 3.15 Ein Beispiel für die Verwendung eines kopierenden Schlüssels für Texteingabe und -redaktion.

Hervorhebungscodierung

Der Begriff *Hervorhebungscodierung* bezieht sich auf die Verwendung graphischer Mittel, z.B. Helligkeit, Form oder Farbe, um bestimmte Teile der Information auf dem Bildschirm deutlich hervorzuheben. Eine solche Codierung lenkt die Aufmerksamkeit des Benutzers auf besondere Bereiche der Anzeige und gestattet die visuelle Unterscheidung bestimmter Informationskategorien.

Wenn eine oder sogar mehrere Dimensionen der Hervorhebung zur Verfügung stehen, so ist dies schon ein wichtiger Vorteil, vor allem in einem interaktiven System, bei dem Informationen auf dem Bildschirm gesucht und bearbeitet werden müssen.

Es gibt verschiedene Codierungen, die man einzeln oder kombiniert verwenden kann, um alphanumerische Anzeigen zu differenzieren. Am weitesten verbreitet sind Helligkeitscodierung, Umkehrcodierung, Blink-Codierung und die Verwendung besonderer Symbole und Schriftarten. Die Anzeige graphischer Informationen erfordert oft noch weitergehende Codierdimensionen, z.B. die Verwendung von Farbe, abweichenden Zeichenformen und -größen usw.

Helligkeitscodierung

Eine Möglichkeit, verschiedene Bereiche der Information auf dem Bildschirm hervorzuheben, besteht darin, daß man sie mit unterschiedlicher Leuchtdichte wiedergibt. Diese Technik ist als Helligkeitscodierung oder *Kontrastvergrößerung* bekannt. Sie wird sehr häufig bei der Anzeige alphanumerischer Informationen verwendet.

Die Brauchbarkeit der Helligkeitscodierung und die Zahl der Helligkeitsebenen, die man einsetzen kann, hängen hauptsächlich von der Fähigkeit des Benutzers ab, die Kontrastunterschiede der verschiedenen Codierebenen deutlich zu unterscheiden. Die optischen Eigenschaften der meisten derzeit verfügbaren alphanumerischen Bildschirme sind so geartet, daß man kaum mehr als zwei, höchstens drei Helligkeitsebenen deutlich unterscheiden kann.

Um die Zweckdienlichkeit der Helligkeitscodierung zu gewährleisten, wird empfohlen, nicht mehr als zwei Helligkeitsstufen zu verwenden, entsprechend einem normalen und einem kräftigen Schriftbild. Wenn das Anwendungsgebiet zusätzliche Unterscheidungsebenen erfordert, dann sollte man hierfür andere Codiermethoden verwenden.

Natürlich darf die größere Helligkeit die Lesbarkeit der codierten Daten nicht beeinträchtigen. Diese Gefahr ist bei den meisten auf dem Markt befindlichen Bildschirmen durchaus gegeben, besonders wenn man schon die 'normale' Zeichenhelligkeit sehr hoch einstellt.

Umkehrcodierung

Unter *Umkehrcodierung* versteht man die Technik, hervorzuhebende Daten als Negativbild zu zeigen, d.h. sie stehen nicht, wie sonst, als helle Zeichen auf dunklem Hintergrund, sondern als dunkle Zeichen auf einem hellen Hintergrund. Dies ist dadurch leicht möglich, daß man die Polarität des Elektronenstrahls umkehrt, so daß der Strahl 'an' ist, wenn er normalerweise 'aus' wäre, und umgekehrt. Der Strahl wird also so gesteuert, daß das betreffende Zeichen dunkel bleibt und durch 'Auffüllen' des Hintergrundes sichtbar wird.

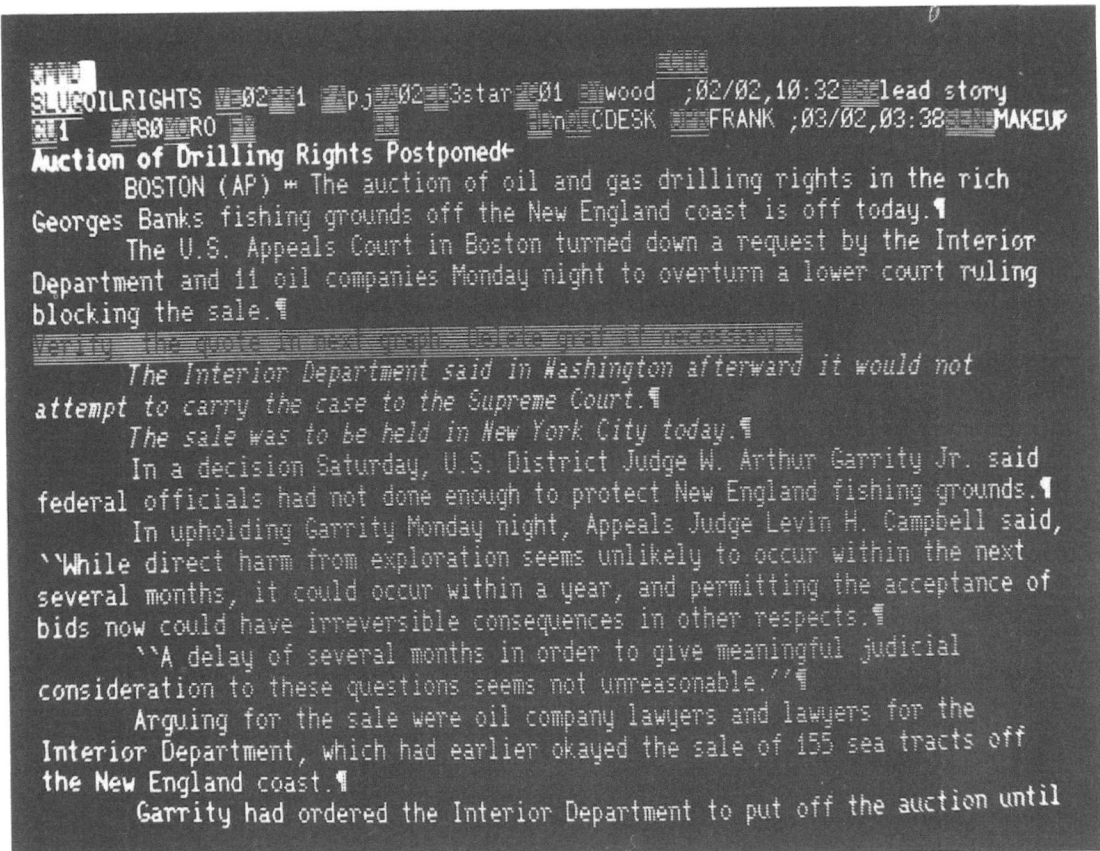

Abb. 3.16 Übliche Hervorhebungsmöglichkeit bei Textverarbeitungsbildschirmen: (a) Helligkeit, (b) Umkehrung, (c) Kursiv.

Umkehrung ist eine sehr wirksame Hervorhebung, und es ist meist möglich, einzelne Zeichen, zusammenhängende Felder oder sogar den gesamten Inhalt des Bildschirms in Umkehrcodierung darzustellen. Man beachte jedoch, daß das Bildschirmflimmern in größeren Negativfeldern mehr auffällt. Die Lesbarkeit der Information kann sich grundlegend ändern (s. Abb. 3.16).

Blinkcodierung

Blink- oder Unterbrechungscodierung lenkt die Aufmerksamkeit des Benutzers auf besondere Teile der Anzeige, indem die hervorzuhebenden Daten blinken. Um den gewünschten Effekt zu erreichen, muß die Blinkgeschwindigkeit so sein, daß der Benutzer die betreffenden Daten so schnell wie möglich lokalisieren kann. Ist die Blinkfrequenz zu gering, so wird das Blinken evtl. nicht sofort von dem Benutzer bemerkt — insbesondere, wenn nur ein kleiner Teil der Anzeige, z.B. ein einziges Zeichen, so codiert wurde. Ist die Blinkfrequenz andererseits zu groß, so wird das Blinken vielleicht eben deshalb nicht wahrgenommen. Dazwischen gibt es eine optimale Blinkgeschwindigkeit, bei der man die codierten Daten am schnellsten findet, und man hat festgestellt, daß sie bei 3 bis 5 Hz liegt.

Es ist technisch möglich, mehr als eine Blinkfrequenz anzuwenden, um die Zahl der Codierebenen zu erhöhen, aber dies ist von fragwürdigem Wert. Erstens ist der Frequenzbereich, in dem Blink-Codierung gut wirksam ist, sehr eng, und es ist zweifelhaft, ob die Einrichtung von mehreren Blinkgeschwindigkeiten helfen würde, die Suchzeit zu verringern. Zweitens (und vielleicht ist das von noch größerer praktischer Bedeutung) kann das gleichzeitige Blinken verschiedener Teile der Anzeige mit unterschiedlichen Frequenzen die Interpretation der codierten Daten eher behindern als fördern. Das gilt besonders, wenn es sich um mehrere kleine Felder handelt, was den optischen Eindruck der Anzeige eher verwirrt.

Ein weiterer Nachteil der Blinkcodierung ist, daß das ständige Blinken den Benutzer sehr oft irritiert. Aus diesem Grunde ist die Blinkcodierung allenfalls für kleine Felder geeignet, und auch da sollte man das Blinken abstellen können, sobald die codierten Daten bemerkt wurden und bearbeitet werden. Diese Art der Codierung sollte so sparsam wie möglich angewendet werden.

Symbole und Schriftarten

Die Verwendung besonderer Symbole zur Kennzeichnung bestimmter Informationen ist in der Datenverarbeitung weit verbreitet, allerdings nicht so sehr bei alphanumerischen Bildschirmen. Solche Symbole sollten klar unterscheidbar und, zumindest auf alphanumerischen Bildschirmen, mit der ihnen zugeordneten Bedeutung leicht assoziierbar sein. Sowohl bei den graphischen als auch bei den alphanumerischen Anzeigen sollten Symbole, die bereits einen bestimmten Bedeutungsinhalt haben, nicht noch einmal für Codierzwecke verwendet werden. Darüber hinaus sollten die Symbole, die man zum Codieren benutzt, gut voneinander zu unterscheiden sein, so daß das Risiko fehlerhafter Interpretation gering ist.

Zwei häufig verwendete Codiersymbole auf alphanumerischen Textverarbeitungsbildschirmen sind Unterstreichen (a) und Durchstreichen (a). Der Einsatz der Unterstreichung als Codiersymbol verbietet natürlich deren Verwendung als Kursor.

Die Darstellung unterschiedlicher Schriftarten ist ebenfalls ein gutes Mittel, Teile einer alphanumerischen Anzeige hervorzuheben. Häufig setzt man dafür die Schrägschrift (Kursive) ein.

Mehrfach-Codierung

Wenn die Hervorhebung ihre Wirkung behalten soll, dann sollte man die Unterscheidungserfordernisse des betreffenden Anwendungsgebietes in Beziehung setzen zu der Zahl und Art der Codierdimensionen, die ein Benutzer noch unterscheiden kann. Die Auszeichnung von Textteilen sollte für den Betrachter eine Hilfe darstellen, nicht eine Behinderung oder ein Anlaß zu Mißverständnissen und Verärgerung.

Bei alphanumerischen Anzeigen ist es im allgemeinen besser, verschiedene Codierarten vorzusehen, anstatt mehrere Ebenen einer bestimmten Hervorhebung zu unterscheiden. Die Verwendung von Kombinationscodes, z.B. Umkehrung mit Blinken, hellere Darstellung mit Unterstreichung, erweitert die Zahl der verfügbaren Codierebenen, ohne dabei die Wirksamkeit der einzelnen Dimension zu stark einzuschränken.

Redigierspur

Meistens kommt man in der allgemeinen Datenverarbeitung mit einigen wenigen Unterscheidungsebenen aus. Für manche Aufgaben in der Textverarbeitung kann aber die gleichzeitige Verwendung mehrerer Codierdimensionen sehr vorteilhaft sein. Nehmen wir als Beispiel die stufenweise Entwicklung eines Artikels, der von einem Journalisten oder Reporter in eine Anlage eingeschrieben wird. Vom ersten Original bis zur druckfertigen Fassung unterliegt er meist mehreren redaktionellen Überarbeitungen, möglicherweise durch mehrere Personen und zu verschiedenen Zeiten. Sowohl für den bearbeitenden Redakteur wie auch für den Autor des Artikels ist es oft nützlich, eine Aufzeichnung der redaktionellen Bearbeitungsstufen zu haben, um nachvollziehen zu können, welche Änderungen wann und von wem vorgenommen wurden. Dies kann man mit einer Technik erreichen, die man als 'Redigierspur' (Edit trail) bezeichnet. Angefangen von der ursprünglichen Version eines Artikels kann man alle Veränderungen darstellen, die an dem Originalinhalt vor-

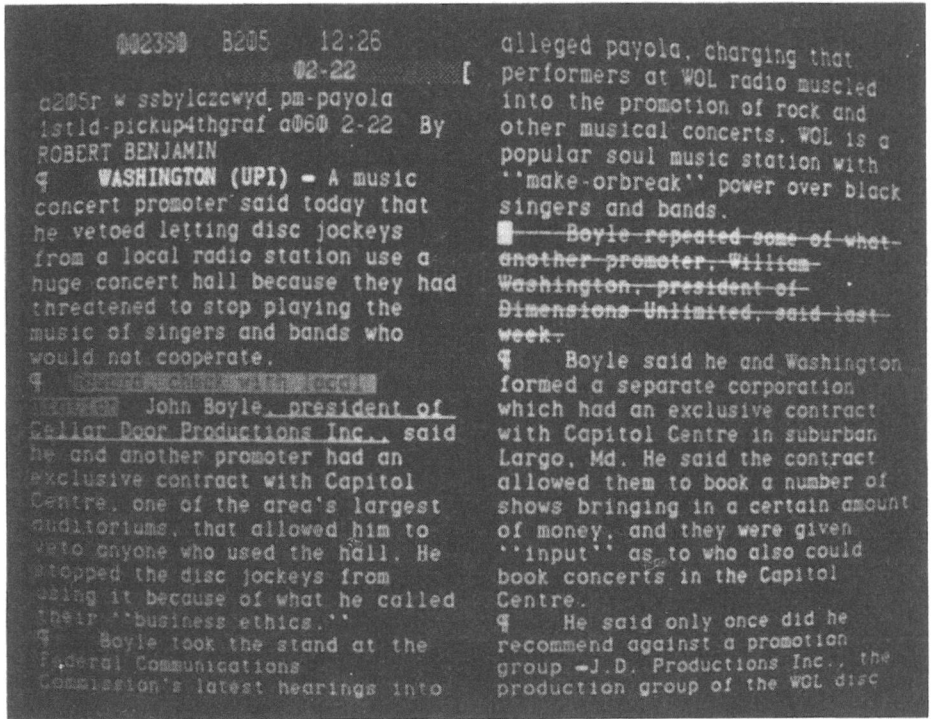

Abb. 3.17 Die 'Redigierspur'. Diese Mehrfach-Auszeichnung gestattet die Wiedergabe des Originaltextes und der redaktionellen Eingriffe in den verschiedenen Bearbeitungsstufen. (Beispiel von Harris)

genommen wurden, z.B. Fehlerkorrekturen, Streichungen, Einfügungen und Umstellungen. Dies geht nur mit mehreren Codierdimensionen, z.B. Durchstreichen, Umkehrung, Kontrastvergrößerung und Unterstreichen.

Andere Codierdimensionen

Die Verwendung von *Farbe* als Codierdimension ist nur auf farbtüchtigen Bildschirmen möglich. Farbe ist ein sehr wirksames Mittel für visuelle Codierung. Sie bietet starken Kontrast und damit gute Unterscheidungsmöglichkeiten zwischen verschiedenen Kategorien von Information. Sie ist aber auch eine kostspielige und technisch komplexe Variante, und außerdem ist die Helligkeit der mehrfarbigen Bildschirme gewöhnlich weniger gut als die eines einfarbigen Bildschirms.

Wenn man Farbcodierung in Betracht zieht, dann sollte man auch daran denken, daß ein ziemlich hoher Anteil der gesamten männlichen Bevölkerung farbenblind ist (ca. 8%). Man hat auch festgestellt, daß die periphere Farbempfindlichkeit von einem Menschen zum anderen stark variiert.

Trotz alledem sind farbige Bildschirme sehr gut geeignet für viele graphische Anzeigen, bei denen die Fähigkeit, schnell und sicher zwischen verschiedenen Elementen zu unterscheiden, eine wichtige Forderung ist.

Größencodierung, d.h. die Möglichkeit, Zeichen in verschiedenen Größen wiederzugeben, ist recht brauchbar, wenn es sich um eine begrenzte Menge von Informationen handelt. Bei mehr als drei verschiedenen Größen jedoch können Interpretationsfehler unannehmbar häufig werden, weil man nicht mehr deutlich zwischen den Codierebenen unterscheiden kann.

Andere Codiermethoden, die bei graphischen Darstellungen und rechnergesteuerten Plottern nützlich sein können, arbeiten mit Bewegung, Unschärfe, Verzerrung und Verlagerung der auf der Bildschirmoberfläche abgebildeten Linien. Bei der Darstellung von dreidimensionalen Körpern helfen oft die durch Linien wiedergegebenen drei Achsen, um die räumliche Wirkung zu erzielen.

Der Kursor

Der *Kursor* ist ein wichtiger Bestandteil der alphanumerischen CRT-Anzeige. Er markiert die Position auf dem Bildschirm, auf die der Benutzer seine Aufmerksamkeit richten soll. Grundsätzlich zeigt der Kursor die Position an, in der das nächste Zeichen erscheinen wird. Insofern ist er mit der Wagenstellung auf einer Schreibmaschine vergleichbar.

Man verwendet den Kursor jedoch auch ganz allgemein als Markierung, um auf bestimmte Informationen in der Anzeige aufmerksam zu machen oder um die Position anzugeben, wo Zeichen eingefügt oder gestrichen werden sollen, oder wo ein Befehl zu geben ist.

Bei alphanumerischen Anzeigen werden mehrere Kursortypen verwendet. Die gebräuchlichsten sind Unterstreichen, Umranden, Ausblocken und die Verwendung anderer Spezial-Symbole. Jedes dieser Kursorsymbole kann blinken oder statisch sein, also nicht blinken. Welcher Kursortyp am besten geeignet ist, hängt sehr von der Anwendung ab. Es gibt Geräte, z.B. nicht-interaktive, reine Wiedergabe-Bildschirme, bei denen man überhaupt keinen Kursor braucht. Bei interaktiven Anlagen dagegen hat der Kursor eine sehr wichtige

Aufgabe, mit entscheidender Auswirkung auf die Leistung des Benutzers. Besonders die verschiedenen Redigierfunktionen werden von der mehr oder weniger guten Eignung des Kursors beeinflußt.

Generell stellt man an einen Kursor folgende Anforderungen:

- Der Kursor muß in jeder beliebigen Stellung auf dem Schirm leicht zu finden sein.
- Der Kursor muß gut zu verfolgen sein, während er durch die Anzeige läuft.
- Der Kursor darf die Lesbarkeit des Zeichens, das er markiert, nicht beeinträchtigen.
- Der Kursor darf nicht so stark ablenken, daß das Absuchen der Anzeige nach anderen Informationen beeinträchtigt wird.
- Der Kursor darf nicht durch ein Verfahren oder ein Zeichen wiedergegeben werden, das auch für einen anderen Zweck in der Anzeige gebraucht wird.

Je nach der Auswirkung auf das markierte Zeichen kann man Kursoren in drei Kategorien einteilen: überlagernde, ersetzende oder auszeichnende Kursoren. *Überlagernde* Kursoren ändern das Aussehen des Zeichens selbst nicht (Beispiel: ein Kasten um das Zeichen). Ein *ersetzender* Kursor ersetzt das markierte Zeichen durch ein besonderes graphisches Symbol, z.B. durch ein Kreuz, wodurch das ursprüngliche Zeichen ausgelöscht wird. Um dieses völlige Auslöschen zu vermeiden, kann man das Kursorsymbol mit dem markierten Zeichen in der Blinkfrequenz alternieren lassen. Ein *auszeichnender* Kursor hebt das markierte Zeichen auf graphische Weise hervor, z.B. indem er die Helligkeit intensiviert oder das Zeichen in Negativ-Umkehrung anzeigt.

Um das Auffinden zu erleichtern, läßt man den Kursor gewöhnlich blinken. Sowohl die Art des Kursors als auch die Blinkfrequenz haben einen entscheidenden Einfluß auf die Suchzeiten und auf die subjektive Bewertung der Auffälligkeit. Eine Blinkfolge zwischen 3 und 5 Hz hat sich als günstig erwiesen, da sie sowohl gute Auffindbarkeit als auch gute Verfolgbarkeit bietet. Man sollte allerdings die Möglichkeit schaffen, das Blinken des Kursors abzustellen. Es wird oft als Belästigung empfunden, wenn man entweder gerade nicht mit dem Bildschirm arbeitet oder wenn man die angezeigte Stelle gefunden hat und die gewünschte Bearbeitung durchführt.

Am besten geeignet sind wohl Kasten- oder Block-Kursoren mit 3 Hz Blinkfrequenz. Die Verwendung eines Unterstreichungskursors ist dann unzulässig, wenn die Unterstreichung auch anderen Funktionen in der Anzeige dient.

DIE TASTATUR

Dieser Abschnitt widmet sich den grundlegenden Vorgängen bei der Bedienung einer Tastatur, dem *Tastaturschreiben*, den Faktoren, die die Tastgeschwindigkeit und Tastsicherheit beeinflussen, und den Konstruktionsmerkmalen von Tastaturen.

Tastaturschreiben

Tastaturschreiben ist ein komplexer psychomotorischer Prozeß, bei dem die Bewegungen der Hände und Finger von motorischen Kommandosignalen aktiviert und kontrolliert werden, die vom Gehirn ausgehen. Diese Signale können entweder als Folge einer kreativen Anstrengung (Schreiben) entstehen, oder durch Erkennen und Wiederholen von

Wortfolgen (Lesen/Schreiben). Sobald der Prozeß einmal in Gang gekommen ist, gehen ständig *Antwortsignale* an das Gehirn zurück. Mit ihrer Hilfe wird der weitere Bewegungsablauf gesteuert.

Man unterscheidet drei verschiedene Arten solcher Rückmeldungen:

- Kinästhetische Rückkopplung, abhängig von Berührung, Stellung und Bewegung,
- Auditive Rückkopplung,
- Visuelle Rückkopplung.

Alle drei Formen der Rückmeldung informieren das Gehirn, daß auf die Kommandosignale eine Handlung gefolgt ist und alle — wenn auch unterschiedlich wirksam — helfen bei der Selbsterkennung von Fehlern. Rückkopplung ist daher wichtig für sicheres und schnelles Tasten.

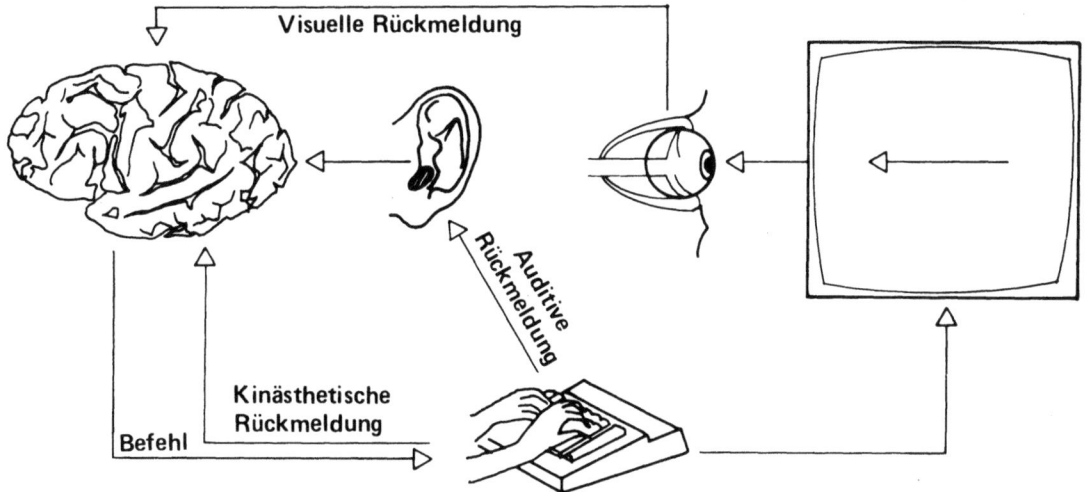

Abb. 3.18 Eine Darstellung der grundlegenden Arten von Rückkopplung bei Tastatureingabe an einem VDT.

Die Hersteller von Schreibmaschinen und Eingabegeräten haben das Tastaturschreiben (Lesen/Schreiben) recht genau untersucht, wobei sich die Hauptelemente beim Tastvorgang so darstellen, wie es in Abb. 3.19 gezeigt wird.

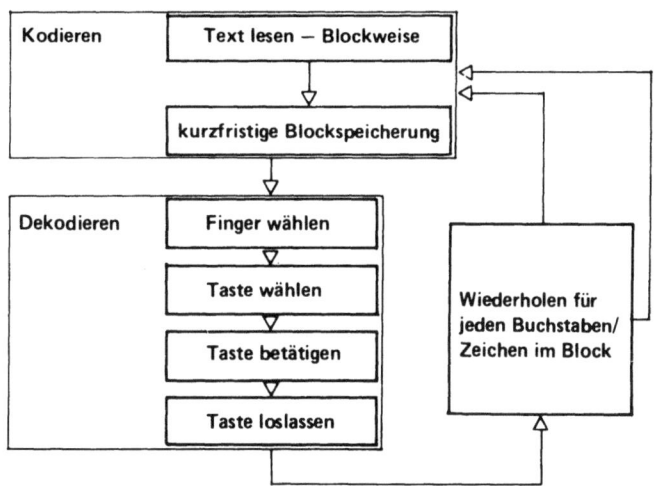

Abb. 3.19 Die Hauptelemente des Tastaturschreibens.

In jeder Phase des Vorgangs kann eine Prüfschleife erforderlich sein oder eingeführt werden, abhängig vom Zutrauen des Bedieners in die richtige Ausführung des Anschlags. Wenn man Prüfschleifen einführt, wird das Tasten langsamer; läßt man sie jedoch weg, können Fehler auftreten — besonders, wenn die Aufgabe insgesamt oder in besonderen Teilbereichen übernormal schwierig ist. Zum Beispiel kann eine schlecht leserliche Vorlage dazu führen, daß kleinere Textblöcke *) im Kurzzeit-Gedächtnis der Schreibkraft gespeichert werden und deshalb mehr Zeit für das Lesen und Prüfen gebraucht wird.

Die Tastgeschwindigkeit hängt auch davon ab, ob der Benutzer seinen Text selbst entwirft oder von einem Manuskript abschreibt. Im ersteren Fall wird das Kurzzeitgedächtnis des Benutzers sowohl für den kreativen Vorgang als auch für das Eintasten gebraucht. Meist ist das kreative Schreiben langsamer und anfälliger für Fehler als das Abschreiben eines Manuskripts.

Ein weiterer für Tastgeschwindigkeit und Tastsicherheit wichtiger Faktor ist Sinngehalt, Ordentlichkeit und Klarheit des Quellenmaterials. Experimente haben gezeigt, daß geübte Schreibkräfte sinnvolles Material, z.B. Fließtexte, sehr viel schneller und sicherer eintasten können als codiertes Material. Auch Vertrautheit mit dem Text wirkt sich positiv aus.

Es treten relativ mehr Tippfehler auf, wenn man weniger häufig gebrauchte Buchstaben des Alphabets eintastet, was sicher auch auf Zielfehler zurückzuführen ist, weil man benachbarte Tasten antippt.

Fehler beim Tasten lassen sich in vier Kategorien aufteilen:

- Ersatzfehler   wobei ein falsches Zeichen an die Stelle eines richtigen tritt.
- Auslaßfehler   wobei Daten beim Tasten verloren gehen.
- Transpositionsfehler (Verdreher)   wobei Zeichen in umgekehrter Reihenfolge eingetippt werden.
- Einfügungsfehler   wobei zusätzliche Tastenanschläge eingefügt werden.

Jede der oben erwähnten Fehlerarten kann beim Eintasten von Texten, von numerischen Daten oder auch von Instruktionen auftreten. Hier kann man noch einen anderen Fehler machen: einen gänzlich falschen Befehl geben. Ein anderer, häufig zu beobachtender Fehler: Wenn der Benutzer einen Befehl getippt hat, aber unsicher ist, ob ihn die Anlage auch registriert hat, dann kann er versucht sein, die Anweisung zu wiederholen. Diese Art von Fehlern kann bis zu einem gewissen Grad durch die Tastaturausführung beeinflußt werden.

Die Rückkopplung spielt eine wichtige Rolle bei der Selbsterkennung von Fehlern. Normalerweise merkt man 70% aller Fehler beim Tasten selbst und kann sie daher gleich selbst verbessern. Diese Fähigkeit, Fehler selbst zu finden und zu korrigieren, kann jedoch ungünstig beeinflußt werden, wenn der Schreiber unter Druck arbeitet.

Visueller Kontakt zum Bildschirm während des Tastens fördert die Selbsterkennung von Fehlern bei Anfängern und ungeübten Schreibkräften, hat aber kaum Auswirkung auf die Leistung geübter Kräfte. Allerdings machen erfahrene, schnellere Schreiber ohnehin weniger Fehler.

Allgemein kann man sagen, daß geübte Schreibkräfte nicht sehen müssen, was sie

---

*) *Der Begriff Block beschreibt hier irgend eine Gruppe von Zeichen oder Zahlen, die eine zusammenhängende, für den Benutzer bedeutungsvolle Information darstellt.*

getastet haben, aber sie brauchen den Blickkontakt zur Tastatur und sie müssen ihre eigenen Tastbewegungen sehen können.

Die Gestaltung der Tasten und die Anordnung des Tastenfeldes

Es gibt eine Reihe von Merkmalen für das Tastenfeld und für die einzelnen Tasten, die das Anschlaggefühl und die Bedienerfreundlichkeit der Tastatur beeinflussen. Dies sind:

- Form und Profil der Tastenoberflächen
- Form und Profil des Tastenfeldes
- Dicke der Tastatur
- Abmessungen der Tasten
- Größe und Inhalt der Tastenbeschriftung
- Tastendruck und -weg
- Anschlagcharakteristik
- Kürzeste Anschlagfolge
- Sicherheitseinrichtungen
- Farbe und Reflexionseigenschaften der Oberflächen von Tasten und Tastenfeld.

Form und Profil der Tastenoberflächen

Die Oberfläche der Taste dient als Kontaktfläche für das Drücken der Taste, aber auch als Beschriftungsfläche für die Abbildung des Zeichens oder die Kennzeichnung der Funktion. Die Form der Tastenoberfläche muß daher mehrere ergonomische Forderungen erfüllen. Sie sollen:

- die sichere Auflage der Fingerkuppe unterstützen,
- wenig glänzen,
- eine geeignete Oberfläche für Tastenbeschriftung bieten,
- verhindern, daß sich Schmutz, Staub, Feuchtigkeit auf der Oberfläche ansammeln oder in die Tastatur fallen,
- weder scharfkantig noch unangenehm zu drücken sein.

Die Form (b) in Abb. 3.20 erfüllt die obengenannten Kriterien am besten und kann im allgemeinen empfohlen werden.

Glänzender Teil der Tastenoberfläche

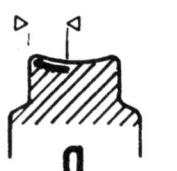  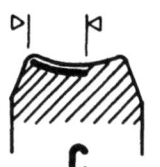 

Abb. 3.20 Tastenprofile, die das Problem der Lichtreflexion bei ungünstiger Beleuchtung illustrieren. Tastenoberflächen sollten matt sein, um die Reflexion gering zu halten. Allgemein ist die Form (b) vorzuziehen.

Die Hersteller haben im Laufe der Jahre eine ganze Anzahl verschiedener Tastenformen verwendet, aber bisher wurde wenig systematische Forschung betrieben, um die praktische Bedeutung der verschiedenen Materialien und Formen zu untersuchen. Die meisten VDT-Tastaturen verwenden gespritzte Kunststofftasten.

Die Oberflächen der Tasten sollten matt sein, um sowohl die Spiegelreflexionen zu verringern als auch das Ausrutschen der Finger zu vermeiden. Dabei ist darauf zu achten, daß die Oberfläche nicht zu stark aufgerauht wird, da dies zu einer schnelleren Staub- und Schmutzansammlung führt, die die Tastenbeschriftung unleserlich macht und die außerdem unästhetisch und sicher auch unhygienisch wäre.

Die jeweiligen Vorteile runder oder viereckiger Tastenoberflächen sind nicht erforscht. Es gibt allerdings Hinweise, daß die Größe der Tasten wesentlichen Einfluß auf Tastleistung und Fehlerrate hat, und da viereckige Tasten bei gegebenem Abstand von Mitte zu Mitte die größere Oberfläche bieten, werden sie allgemein als besser geeignet betrachtet.

Form und Profil des Tastenfeldes

Das Profil des Tastenfeldes kann gestuft, abfallend oder gewölbt sein, siehe Abb. 3.21.

Wenn das Tastenfeld gewölbt ist, muß die Profilwölbung der Tasten in jeder der vier Reihen etwas anders sein, um zu gewährleisten, daß sich die Wölbung insgesamt ergibt. Es heißt, daß diese Form bei geübten Schreibern die Tastgeschwindigkeit erhöht. Wenn man gleichzeitig bei den Tasten der Grundstellung einen etwas längeren Tastenhub vorsieht, dann führt das angeblich zu einem sehr 'sicheren Gefühl'.

Sowohl das Profil als auch die Neigung des Tastenfeldes sind wichtig für die Haltung und die Bewegung der Hände und Finger beim Tasten. Um die physiologische Belastung der Hände so gering wie möglich zu halten und dabei gute Tastleistungen zu erzielen, sollte der Neigungswinkel des Tastenfeldes zwischen 5 und 15° liegen.

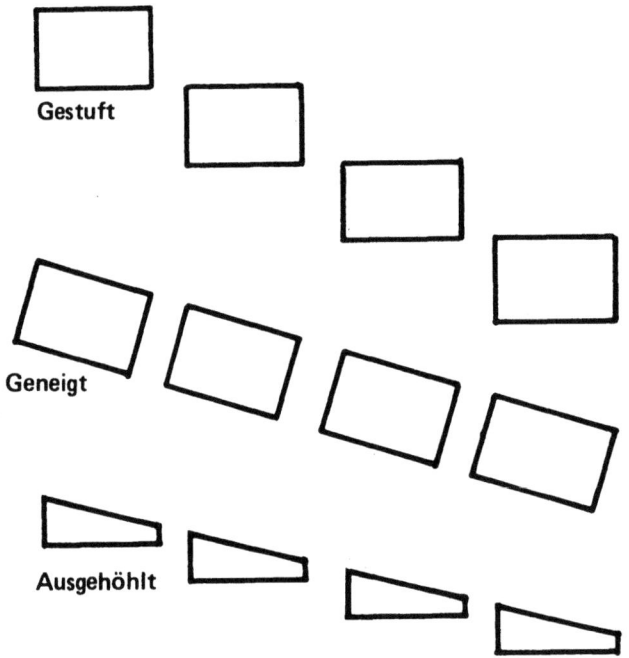

Abb. 3.21 Drei der gebräuchlichsten Tastenfeldprofile.

Dicke der Tastatur

Die Bedienung einer Tastatur erfordert eine bestimmte Arbeitshaltung. Selbst wenn relativ wenig Tastatureingabe erforderlich ist, wird der Benutzer gewöhnlich versuchen, durch Anpassung zum Beispiel der Sitzhöhe eine optimale Haltung der Arme zu erzielen. Die günstigste Armhaltung wäre dann gegeben, wenn man die Tastatur direkt auf den Schoß nimmt, wobei sie auch noch eine möglichst geringe Dicke haben sollte; theoretisch ideal wäre Null.

In der Praxis ist dies natürlich nicht möglich, aber jeder Millimeter, der an der Dicke der Tastatur eingespart werden kann, hilft, die haltungsbedingte Belastung des Benutzers zu verringern, weil die Arbeitshaltung günstiger wird. Die Auswirkungen sind auf doppelte Weise positiv:

- die statische Belastung in den Armen und Schultermuskeln wird reduziert, und

- der Sehabstand zwischen den Augen und den Dokumenten, die auf der Tischoberfläche liegen, wird verringert (falls kein Konzepthalter vorhanden ist oder benutzt wird).

Die Frage der Tastaturdicke und -höhe wird noch im einzelnen im Kapitel 4 behandelt werden. Im allgemeinen sollte die Dicke der Tastatur, d.h. der Abstand von Tastaturunterkante bis zu den Tastenoberflächen der Grundreihe, etwa 30 mm nicht übersteigen.

Abmessungen der Tasten

Die Größe der Tastenoberfläche ist letztlich das Ergebnis eines Kompromisses in dem Bemühen, einerseits eine ausreichend große Oberfläche für Berührung und Beschriftung zu bieten und andererseits die Gesamtgröße des Tastenfeldes so handlich wie möglich zu halten. Obwohl man verschiedentlich Untersuchungen über den Einfluß der Tastengröße angestellt hat, beruht die Tatsache, daß die meisten Schreibmaschinen und VDT-Tasten annehmbare Abmessungen haben, mehr auf Anpassung und Erfahrung. Man empfiehlt eine quadratische Taste von 12 – 15 mm Breite mit einem Mittenabstand von 18 bis 20 mm.

Größe und Inhalt der Tastenbeschriftung

Wenn man Tasten dieser Größe verwendet, dann kann man darauf höchstens zwei Beschriftungen unterbringen. Im Interesse der Haltbarkeit wird zweistufiger Spritzguß empfohlen. Bei dieser Technik werden die Schriftzeichen gleich bei der Herstellung der Tasten in die Oberfläche eingegossen. Zwar sind die Werkzeugkosten hierbei höher als bei anderen Techniken, aber die dadurch erzielte Tastenoberfläche ist außerordentlich widerstandsfähig.

Es gibt keine festen Empfehlungen für die optimale Größe der Tastenbeschriftung. Da aber das Tastenfeld idealerweise genauso weit von den Augen entfernt sein sollte wie der Bildschirm, sollten auch die Schriftzeichen auf den Tasten nicht kleiner sein als die dort geltende Mindest-Zeichengröße, d.h. 3 mm.

Geübte Schreiber brauchen die Beschriftungen meist nur, um weniger häufig gebrauchte Zeichen oder Funktionen aufzufinden. Für wenig geübte oder mit einem Tastenfeld nicht vertraute Benutzer sind alle Beschriftungen wichtig, da die meiste Zeit auf das Tastenfeld gesehen wird. Die Tastenbeschriftungen müssen daher so deutlich und so leicht wie möglich zu verstehen sein. Für Funktionen nimmt man meist einfache Abkürzungen. Wo dies zu Mißverständnissen führen könnte ist es oft besser, eine andere Bezeichnung für einen Befehl oder eine Funktion zu finden, anstatt zu versuchen, eine lange Beschriftung auf der Tastenoberfläche unterzubringen.

Außer Worten und Abkürzungen bieten sich für die Beschriftungen von Funktionstasten oft auch Standardsymbole an. Für die Kursor-Steuertasten z.B. kann man sehr gut Pfeilsymbole einsetzen, wobei auch die Tasten selbst entsprechend der Bewegungsrichtung angeordnet sein sollten. Sonst ist es aber wenig zu empfehlen, Redigierfunktionen durch Symbole zu markieren, da es dafür oft mehrere verwechselbare und gleich plausible Erklärungen gibt. Es ist für Benutzer auch schwieriger, symbolische Beschriftungen zu behalten. Eine sinnvolle Abkürzung für eine bestimmte Funktion läßt sich leichter merken.

Gleichmäßigkeit und Einfachheit bei der Beschriftung hilft bei der Identifikation und läßt den Benutzer schneller die gewünschte Taste finden. Der Ausweg, die Größe der Beschriftung von Taste zu Taste zu ändern, um sich dem zur Verfügung stehenden Platz anzupassen, verwirrt durch seine Inkonsistenz den Benutzer. Die Buchstabenzeichen sollten so groß wie möglich sein, klar und einheitlich in der Größe, gleichgültig, ob andere Zeichen in anderen Umschaltpositionen untergebracht sind oder nicht.

Frei programmierbare Tasten haben deutliche Vorteile bei VDT-Aufgaben, bei denen häufig lange Begriffe oder bestimmte Zeichenfolgen wiederholt werden. Wenn der Benutzer einfach eine Taste drücken kann, anstatt beispielsweise immer wieder 'bevorzugte Wohnlage' tasten zu müssen, können Zeitaufwand und Fehlerhäufigkeit reduziert werden.

Wie man diese Möglichkeiten am besten nutzt, ist jedoch umstritten. Die meisten Benutzer können nicht mehr als einige wenige solcher Funktionen behalten, und es ist schwer vorstellbar, wie man jeweils andere, sinnvolle Abkürzungen auf die entsprechenden Tastenoberflächen bringen könnte. In der Praxis sehen VDT-Benutzer meist in irgendwelchen Nachschlaglisten nach, wenn sie freiprogrammierte Funktionen (oder übrigens auch Zeichen in Mehrfach-Umschaltpositionen) benutzen möchten. Vielleicht ist dies wirklich die beste Lösung; sicher ist sie einem Überladen der Tasten mit Zeichen vorzuziehen, bei dem schließlich alle Beschriftungen unleserlich werden.

Auch ist erwähnenswert, daß Nachschlaglisten dieser Art dem Benutzer oft außerordentlich hilfreiche Erinnerungsstützen bieten — eine Gewohnheit, die man keineswegs aufgeben sollte, nur um ein 'papierloses' Büro zu haben. Man muß ohnehin davon ausgehen, daß die Mitarbeiter sich solche Hilfen schaffen würden, wenn sie es für nötig halten; da ist es schon günstiger, Arbeitsmethoden, die die Benutzer selbst für wertvoll und hilfreich halten, von vorneherein zu fördern anstatt sie verhindern zu wollen.

Tastendruck und -weg

Früher waren Schreibmaschinentastaturen von rein mechanischer Konstruktion, und der Benutzer mußte erheblichen Druck ausüben, um eine Taste richtig anzuschlagen. Die Einführung elektromechanischer und in neuester Zeit elektronischer Tastaturen hat die Schreibleistungen sehr erhöht, indem die aufzuwendende physische Kraft reduziert und dadurch das Eintreten der Ermüdung hinausgezögert wurde. Auch unterliegen die modernen Tastaturen in vieler Hinsicht nicht mehr den Einschränkungen bezüglich Tastenanordnung, Anschlagweg etc., wie sie bei mechanischen Tastaturen üblich waren. Dies bedeutet größere Flexibilität bei der Konstruktion von Tastaturen, und damit bessere Möglichkeiten, die Anforderungen bestimmter Einsatzgebiete oder Benutzer zu berücksichtigen. Diese Flexibilität wird jedoch sicher noch nicht voll genutzt.

Mechanische Tastaturen hatten jedoch für den Benutzer auch einige Vorteile, die man auch bei den modernen Ausführungen beibehalten sollte. Ein solcher Vorteil war die mechanische Sperre, die verhinderte, daß zwei Tasten gleichzeitig angeschlagen wurden. Hierauf wird in dem Abschnitt, der sich mit 'Sicherheitseinrichtungen' befaßt, näher eingegangen. Eine weitere Annehmlichkeit war, daß das 'Gefühl' der Taste auf ihrem Weg eine direkte Beziehung zum Ausgabeprozeß hatte. Es gab viele Rückmeldungen, über das Tastgefühl und über das Gehör, die den Schreiber vergewisserten, daß der Tastenanschlag richtig durchgeführt war. Dagegen bietet bei leichtgängigen Tastaturen das Tastgefühl nicht immer eine ausreichend zuverlässige Kontrolle, ob der Anschlag ausgeführt worden ist. Darüber hinaus bot die Ausführung mancher mechanischer Tastaturen dem Bediener die Möglichkeit, den erforderlichen Tastendruck seiner eigenen Anschlagsart oder sogar dem jeweiligen Ermüdungsgrad anzupassen.

Verfasser	Jahr	Durchmesser		Tastenweg		Last	
		min. mm	max. mm	min. mm	max. mm	min. g	max. g
Grisez (experimentelle Herleitung)	1959	(22,5 mm benutzt)		4 Optimum (min. benutzt)		200 Optimum (min. benutzt)	
Deininger (subjektive Herleitung)	1960	13 Optimum		3 Optimum		99 Optimum	
Wallis	1960	13	-	3	-	227	1361
Dreyfuss	1960	10	25	6	25	113	1361
Morgan	1963	13	-	3	38	284	1134
Kellerman	1963	12	-	-	-	250	1100
Woodson	1964	6	13	3	6	284	1134
Murrell	1965	13	-	6	25	199	850
Damon	1966	13	25	2 (Optimum 3	19 6)	284	1134

Abb. 3.22 Vergleichstabelle über Drucktastenempfehlungen.

Übrigens haben die meisten Untersuchungen gezeigt, daß der akzeptable Bereich für Tastendruck oder Tastenweg ziemlich groß ist, siehe Abb. 3.23.

Tastenanschlagskraft	0,25 - 1,5 N
Tastenweg	0,8 - 8 mm

Abb. 3.23 Empfohlene Tasteneigenschaften.

Anschlagcharakteristik

Die Möglichkeit, aus dem 'Gefühl' der Tastenbewegung zu erkennen, ob das Gerät den Anschlag registriert hat, scheint eine außerordentlich wichtige Eigenschaft einer Tastatur zu sein, obwohl die genauen Anforderungen entsprechend der individuellen Fertigkeit variieren.

Relativ seltenes, ungeübtes Tippen wird sowohl schneller als auch genauer, wenn eine 'Vollzugsmeldung' über das Tastgefühl erfolgt. Abb. 3.24 zeigt, wie hierbei der Taste mit Hilfe einer Feder oder einem Schnapp-Mechanismus ein 'Druckpunkt' gegeben wird, wodurch unvollendete oder mehrfache Anschläge vermieden werden, wie sie durch unsicheres Tasten oder unwillkürliches Berühren entstehen.

Für geübte Schreiber scheint die Rückmeldung über die Taste nicht ganz so wichtig zu sein, wenn auch ein wenigstens leichter Druckpunkt dabei helfen mag, selbst Tippfehler zu entdecken. Ein zu ausgeprägter Druckpunkt kann aber bei erfahrenen Benutzern die Fehlerzahl sogar erhöhen.

Auch ein hörbares Feedback (ein 'Klicken') kann dabei helfen, die Zahl unentdeckter Fehler bei geübten wie ungeübten Schreibern zu reduzieren, zumindest soweit es sich um nicht zu Ende geführte oder doppelte Anschläge handelt. Eine Untersuchung ergab, daß ein solches Signal die Zahl der unentdeckten Fehler um den Faktor 2 oder 3 reduzieren kann.

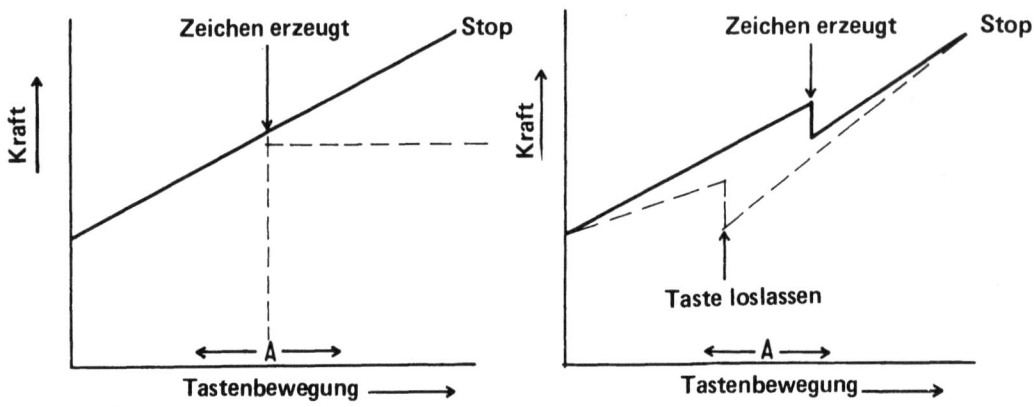

Abb. 3.24 Tastendruck/Bewegungseigenschaften (a) ohne und (b) mit Druckpunkt.

Sicherheitseinrichtungen

Es gibt Einrichtungen an einer Tastatur, die dabei helfen können, Fehler durch ungewollte Tastenberührung oder andere Anschlagprobleme weitgehend zu vermeiden.

Eine der wichtigsten Einrichtungen dieser Art ist der *Anschlag-Puffer*. Wenn man schnell tastet, können bei bestimmten Buchstabenkombinationen sehr kurze Anschlagfolgen eintreten, typischerweise zwischen 20 und 30 ms. Dies führt dann dazu, daß sich mehr als eine Taste in einem bestimmten Augenblick in niedergedrücktem Zustand befindet. Je nach den Puffereigenschaften der Tastatur kann dies zum Verlust von Anschlägen führen. Abb. 3.25 illustriert die Funktion einer Tastatur ohne Anschlagpuffer, mit zweifachem Puffer und mit n-fachem Puffer.

Die Tastatur mit n-facher Pufferung kann — unabhängig von der Zahl der gleichzeitig gedrückten Tasten — alle Anschläge speichern und die Zeichen in der richtigen Reihenfolge erzeugen. Bei Nichtvorhandensein der Pufferung geht der zweite Anschlag verloren.

Der Unterschied ist noch auffälliger, wenn die zweite Taste vor der ersten losgelassen wird. Nur bei n-facher Pufferung werden die Zeichen richtig erzeugt.

Problematisch ist der Wechsel von einer Tastatur mit einer bestimmten Puffercharakteristik zu einer anderen. Anschläge können entweder verloren gehen oder doppelt erscheinen, wobei es für den Benutzer sehr schwer sein kann, die Ursache festzustellen. Fehlerquoten bei n-facher Pufferung können bis zu 30% unter denen bei zweifacher Pufferung liegen. Natürlich wird der Benutzer seine Anschlagweise mit der Zeit an die neuen Bedingungen anpassen, aber bis dahin können die ständigen Schwierigkeiten zu mancher Enttäuschung führen.

Eine andere Art Sicherheitseinrichtung soll die unabsichtliche Betätigung von Befehlstasten für kritische Funktionen verhindern. Man kennt hierfür den *Verbund-Anschlag*, d.h. das gleichzeitige Niederdrücken von zwei oder mehr Tasten, den *Doppel-Anschlag*, d.h. die wiederholte Betätigung derselben Taste und den *Sequenz-Anschlag*, d.h. das Niederdrücken von zwei oder mehr Tasten in festgelegter Reihenfolge. Man kann nicht unbedingt sagen, welche dieser drei Methoden am wirkungsvollsten gegen kritische Fehler schützt. Jedenfalls ist aber bei VDT-Anwendungen, wo fehlerhafte Befehle unangenehme Folgen haben können, eine solche Sicherheitsvorkehrung unbedingt angebracht.

Wenn man jedoch zu viele Sicherheiten vorsieht, bringt das praktisch keine Vorteile mehr und schlägt schließlich ins Gegenteil um. Zum Beispiel, wenn die Anlage automatisch bei jedem Befehl rückfragt, ob dieser wirklich beabsichtigt war, dann besteht die Gefahr, daß die Bestätigung genauso automatisch, ohne zu prüfen, erfolgt. Wenn man aber nur in bestimmten Fällen z.B. Mehrfachanschläge vorschreibt, dann kann der versehentlich oder irrtümliche Tastendruck doch leicht und überlegt unwirksam gemacht werden.

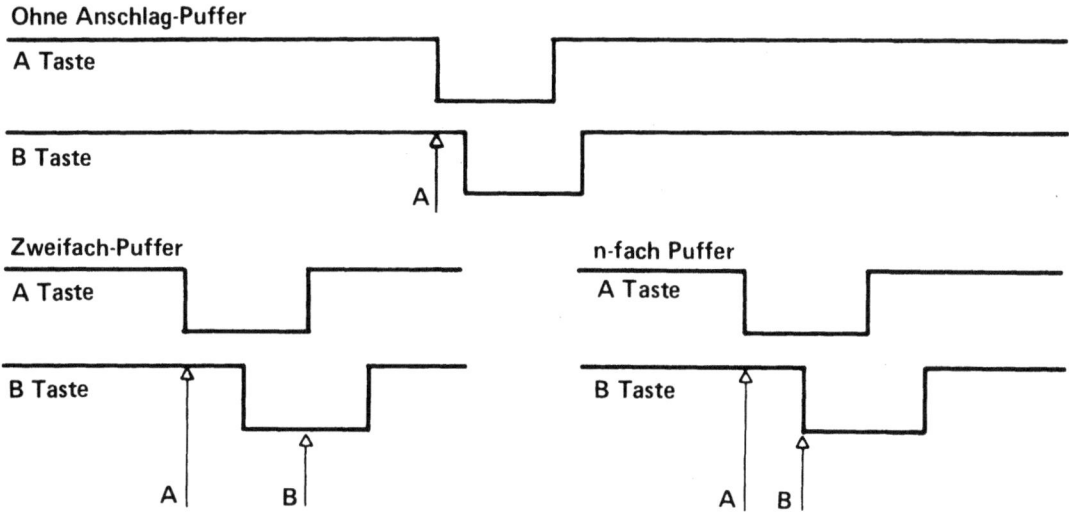

Abb. 3.25 Die Grundzüge der Anschlag-Pufferung, gezeigt am überlappenden Niederdrücken von zwei Tasten, wenn die erste Taste vor der zweiten Taste losgelassen wird. (a) ohne Anschlag-Puffer, (b) mit zweifach-Puffer und (c) mit n-fach Pufferung.

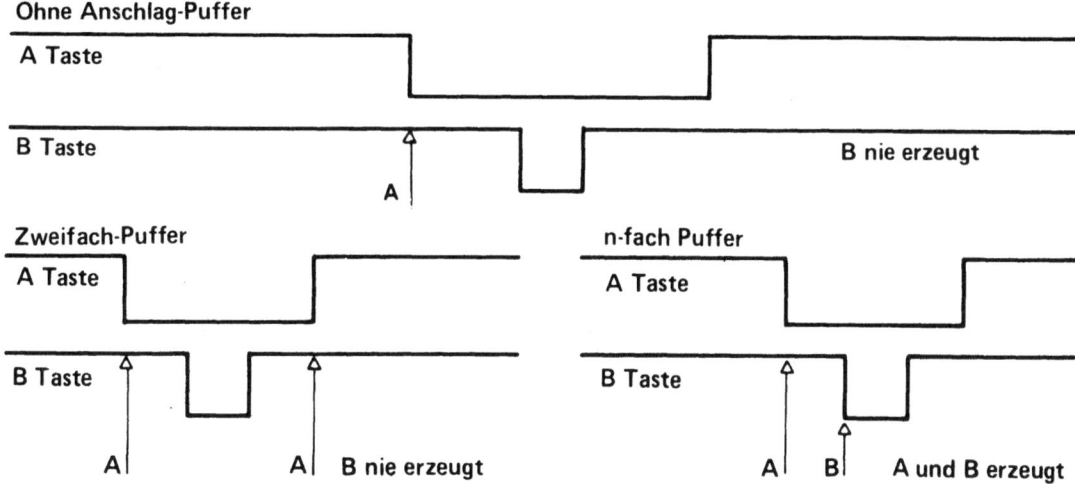

Abb. 3.26 Die Grundsätze der Anschlag-Pufferung, wenn die zweite Taste vor der ersten Taste losgelassen wird, (a) ohne Anschlag-Puffer, (b) mit zweifachem Puffer und (c) mit n-facher Pufferung.

Bei vielen VDT-Systemen ist die Löschtaste eine der gegen unbeabsichtigte Betätigung empfindlichsten Tasten. Außer den genannten Sicherheitsvorkehrungen kann man in manchen Systemen die bereits erfolgte Löschung eines Textes rückgängig machen, wenn man später feststellt, daß sie unangebracht war. *) Eine solche Vorkehrung kann sehr nützlich sein, ohne zwangsweise hohe Software-Kosten zu fordern.

In der Regel sollten Sicherheitsvorkehrungen auf wirklich wichtige oder kritische Funktionen beschränkt bleiben, denn sie tragen erheblich zur Vergrößerung des mit der Eingabe von Befehlen verbundenen Aufwands an Zeit und Mühe bei, und unterbrechen dadurch oft die sonst flüssige Eingabe. Eigentlich sollten in allen gut durchdachten Tastenanordnungen die kritischen Befehlstasten getrennt von den häufiger verwendeten alphabetischen, numerischen und weniger kritischen Funktionstasten untergebracht sein.

Anschlagwiederholung

Die Möglichkeit, bestimmte Zeichen oder Symbole automatisch zu *wiederholen*, kann für den Benutzer eine sehr willkommene Hilfe sein. Dies kann man mit einer eigenen 'Wiederhol-Taste' bewirken, die jede andere gleichzeitig gedrückte Tastenfunktion wiederholt, oder mit den sogenannten 'Typamatik' Tasten, die ihre Funktion automatisch wiederholen, wenn sie länger als einen kurzen Augenblick (meist etwa eine halbe Sekunde) gedrückt werden. Da meist nur einige wenige Zeichen, z.B. die Unterstreichung, regelmäßig wiederholt werden müssen, reicht die selektive Verwendung von Typamatik-Tasten praktisch aus. Man vermeidet damit, daß der Benutzer die andere Hand für die Betätigung einer getrennten Wiederholtaste benutzen muß.

Farbe und Reflexionseigenschaften von Tasten und Tastenfeldern

Die Anordnung des Tastenfeldes sollte es vor allem dem Benutzer erleichtern, die gewünschte Taste zu finden. Die Verwendung einer Farbcodierung der Tasten kann hierbei eine wichtige Rolle spielen. Mit Farbe kann man das Tastenfeld ordnen. Dadurch wird Suchzeit gespart und die Zahl der Suchfehler reduziert. Die Kombination farbiger Tasten und blockweiser Anordnung gibt dem Layout des Tastenfeldes eine Struktur, die funktional sinnvoll und ästhetisch angenehm ist.

Die Reflexionseigenschaften von Tastenfeldern ergeben sich in der Praxis meist mehr aus gestalterischen Absichten als aus arbeitswissenschaftlichen Erwägungen. In vielen Fällen nimmt der Designer stillschweigend an, daß das Tastenfeld von erfahrenen Schreibkräften bedient werden wird, die das Zehnfinger-Blindschreiben beherrschen. In Wirklichkeit ist dies jedoch selten der Fall.

Die Fähigkeit zum Blindschreiben bezieht sich auf die Bedienung eines alphanumerischen Tastenfeldes auf einer herkömmlichen Schreibmaschine. Im Vergleich dazu ist jedoch ein VDT-Tastenfeld wesentlich komplexer. Einerseits ist die Tastatur selbst komplizierter, da zusätzlich zu dem üblichen alphanumerischen Tastenfeld noch ein oder mehrere Blöcke von Funktionstasten vorgesehen sind, vielleicht auch noch ein zusätzlicher numerischer Tastensatz. Selbst die erfahrenste Typistin wird häufig auf das Tastenfeld

---

*) *Bei Systemen, in denen große Textmengen bearbeitet werden und wo das unbeabsichtigte Löschen irgend eines Teiles des Materials schwerwiegende Folgen haben kann, (z.B. Verlust einer oder mehrerer Meldungen in einer Nachrichtenagentur oder in einer Tageszeitung) kann es sich lohnen, einen besonderen Löschspeicher einzurichten. Alle Texte, die (zufällig oder absichtlich) gelöscht werden, werden zunächst in diesem Speicher für eventuellen späteren Abruf bereitgehalten. Die Häufigkeit, mit der ein solcher Speicher durchforstet wird, hängt von seiner Kapazität und vom Textanfall ab. Ob sich der Aufwand in der Praxis lohnt, bemißt sich nach den Fehler-'Kosten'.*

sehen, wenn sie Funktions- oder numerische Tasten bedient. Zweitens erfordert allein schon die Tatsache, daß das VDT Teil einer Anlage ist, in der der Transport und die Bearbeitung von Information in abstrakter Form stattfindet — verglichen mit der greifbaren Form von Papier in einer Schreibmaschine — mehr Sorgfalt bei der Benutzung von Funktions- und Befehlstasten, besonders solcher, deren unbeabsichtigte Betätigung schwerwiegende Folgen haben kann. Dies führt unweigerlich zu häufigerem Sichtkontakt zur Tastatur.

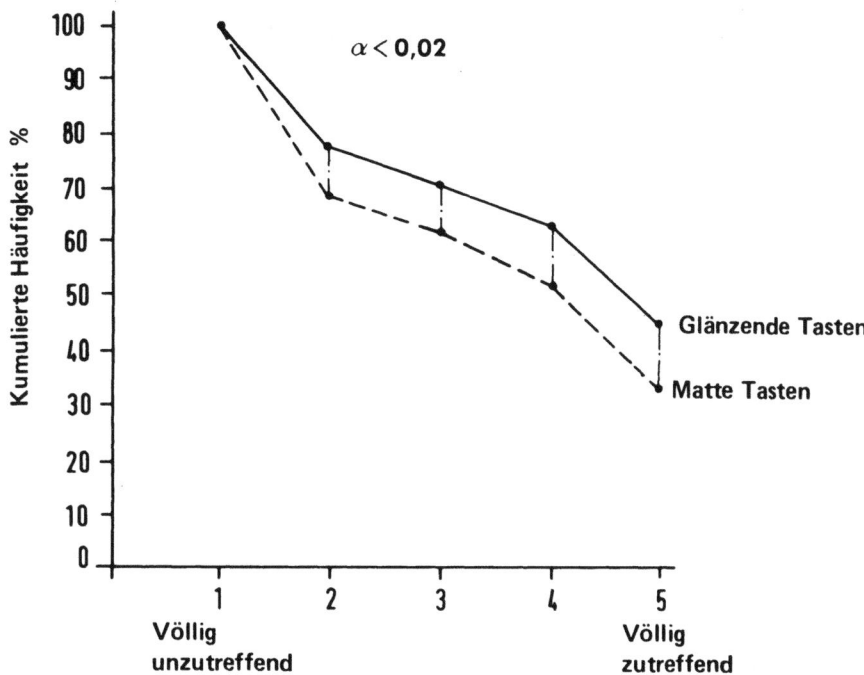

Abb. 3.27 *Subjektive Angaben zum Auftreten von Nackenschmerzen bei der Benutzung von VDTs mit glänzenden oder matten Tasten.*

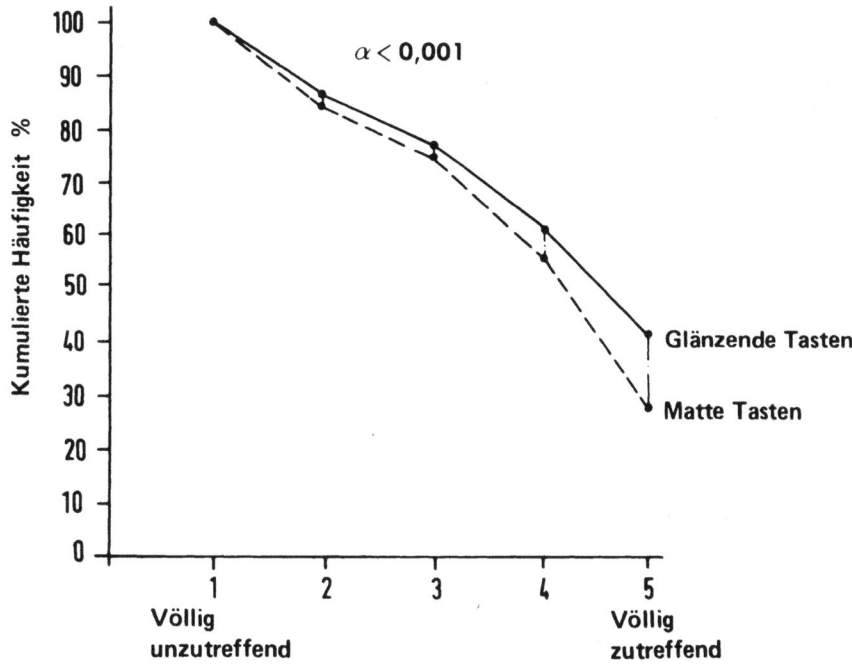

Abb. 3.28 *Subjektive Angaben zur Ermüdung bei der Benutzung von VDTs mit glänzenden und matten Tasten.*

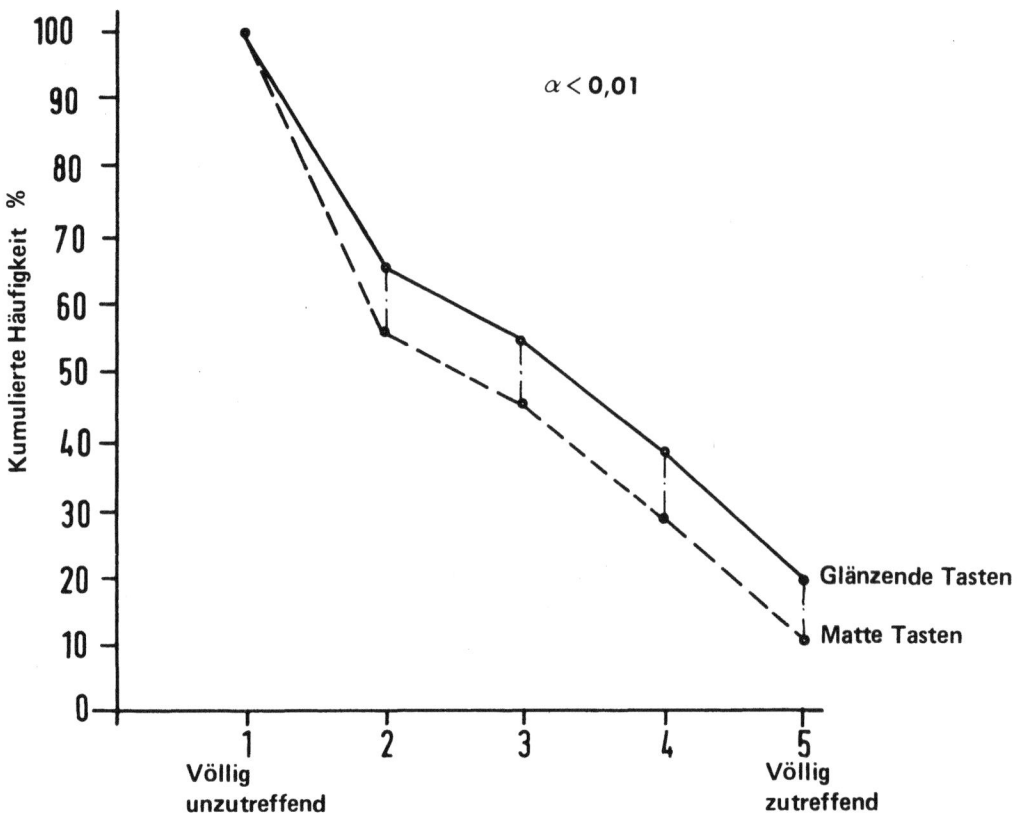

Abb. 3.29 Subjektive Angaben zum Auftreten von Kopfschmerzen bei der Verwendung von VDTs mit glänzenden und matten Tasten.

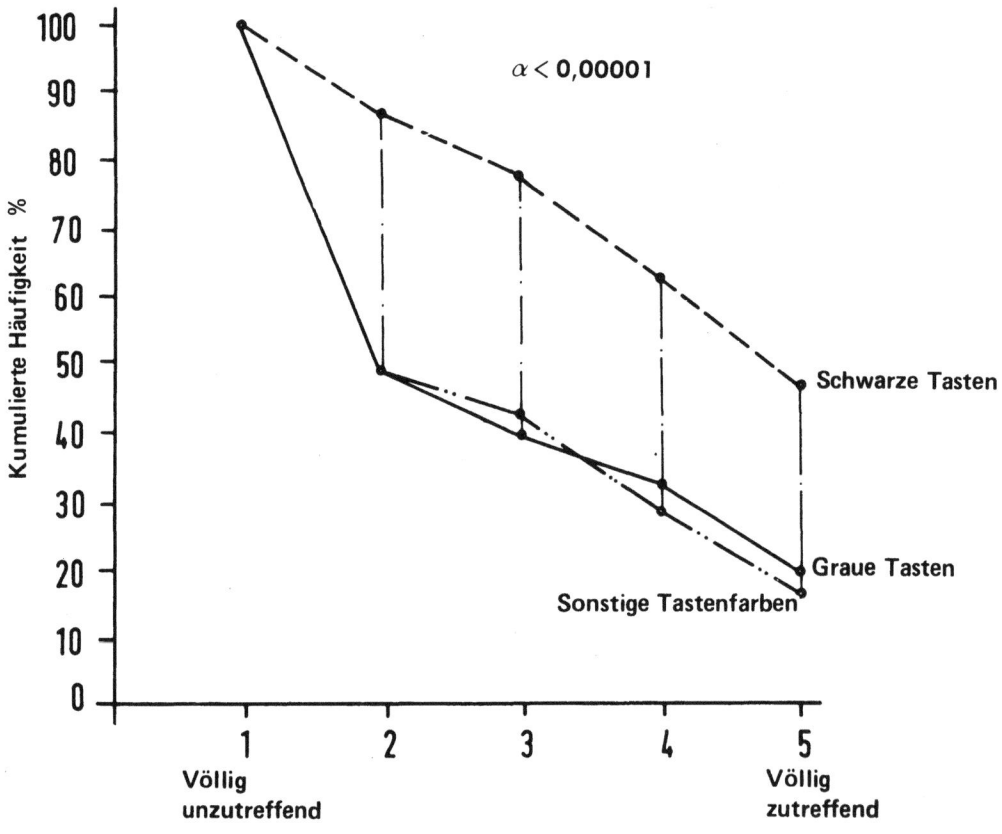

Abb. 3.30 Subjektive Angaben zur Blendung durch Fenster, bei der Benutzung von VDTs mit schwarzen, grauen und andersfarbigen Tasten.

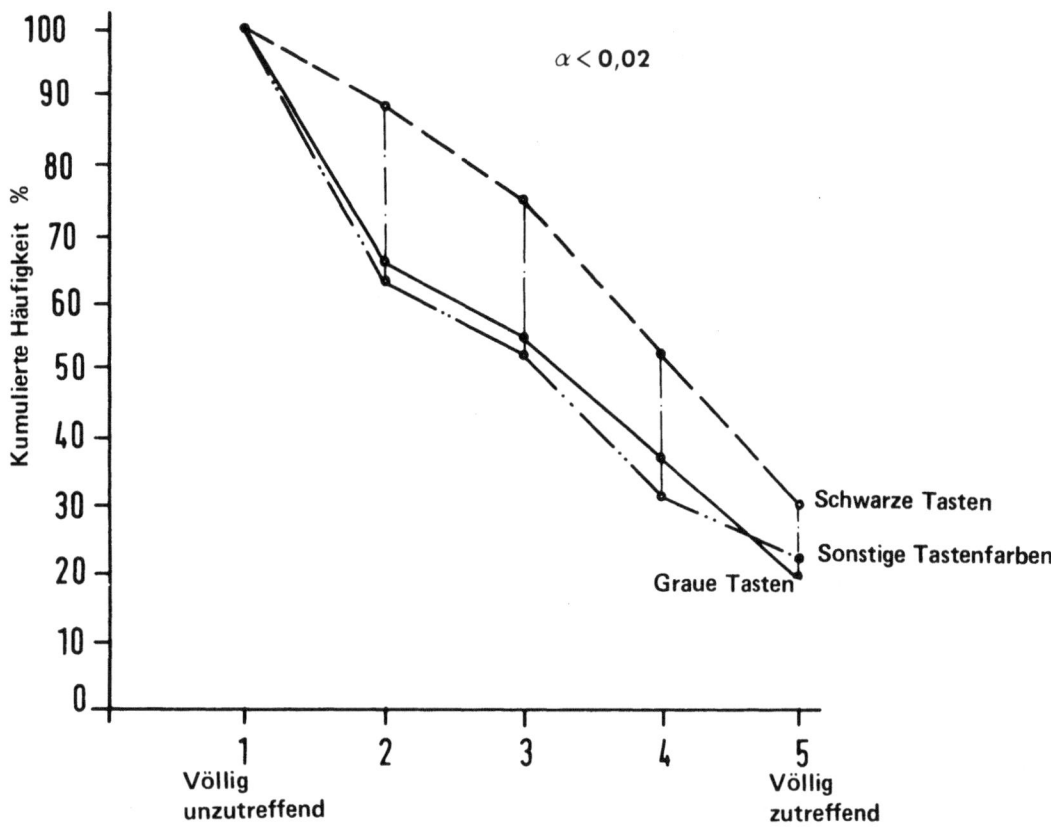

Abb. 3.31 Subjektive Angaben zur Blendung durch Leuchten, bei der Benutzung von VDTs mit schwarzen, grauen und andersfarbigen Tasten.

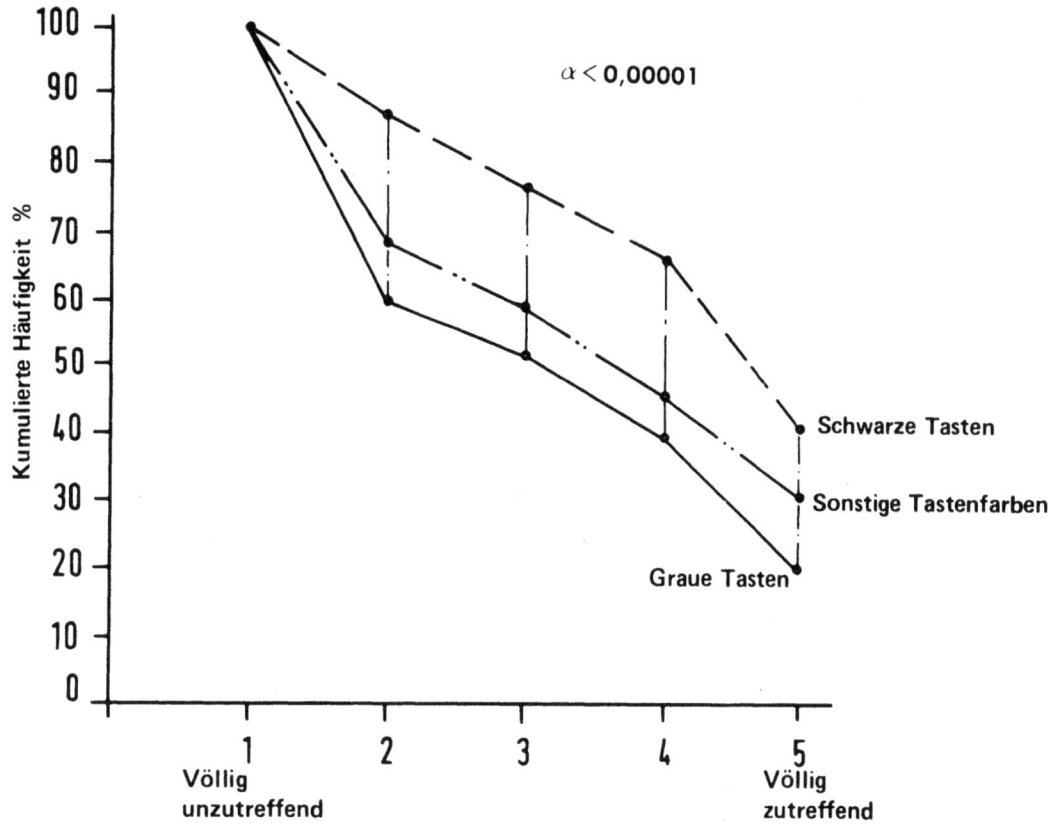

Abb. 3.32 Subjektive Angaben zu Augenbeschwerden, bei der Verwendung von VDTs mit schwarzen, grauen und andersfarbigen Tasten.

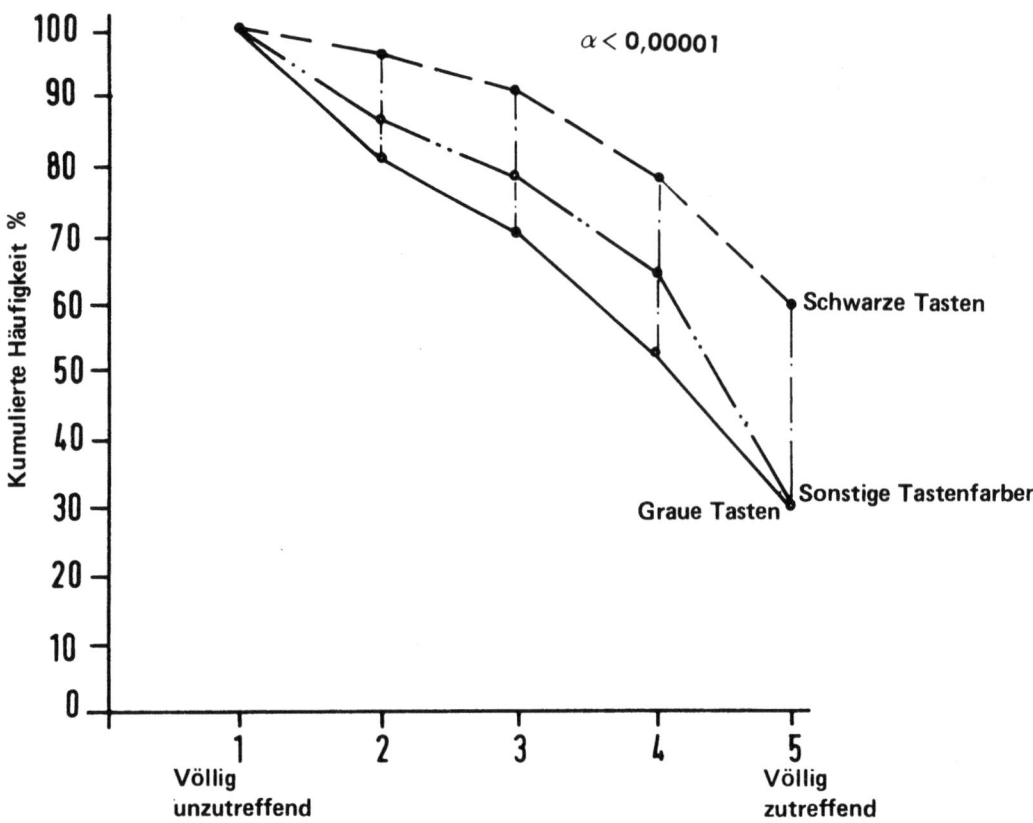

Abb. 3.33 Subjektive Angaben zur Ermüdung bei der Verwendung von VDTs mit schwarzen, grauen und andersfarbigen Tasten.

Tastenfeld-Layout

Alphabetische Tasten

Die grundlegende Anordnung des Tastenfeldes blieb im wesentlichen unverändert seit der Erfindung der Schreibmaschine vor mehr als einem Jahrhundert. Viele der Besonderheiten, die heute bei VDT- und Schreibmaschinen-Tastaturen anzutreffen sind, sind das Ergebnis von Konstruktionszwängen, die sich aus der rein mechanischen Technologie jener frühen Jahre ergaben. Daß sie noch heute bestehen basiert weitgehend auf Gewohnheit und Übereinkunft, nicht auf Beachtung fundierter arbeitswissenschaftlicher Prinzipien.

Das QWERTY-Tastenfeld, mit geringfügigen nationalen Unterschieden, ist zum Universal-Layout für Schreibmaschinen und Bildschirmgeräte geworden. Dabei ergab sich die Anordnung der Zeichen nicht, wie oft angenommen wird, im Interesse größtmöglicher Eignung für den Schreibvorgang, sondern aus der Konstruktion des Typenhebelmechanismus. Die Tasten für einige Buchstaben, die in der englischen Sprache oft nebeneinander stehen (Digrame), wurden weit auseinander gelegt, um das Zusammenschlagen der Typenhebel zu vermeiden. Auch wurden die Tastenreihen so gegeneinander versetzt, daß jede Taste eine direkte, geradlinige Verbindung zum Typenblock hatte.

Diese Maßnahmen führten zu einer erheblichen Steigerung der Schreibgeschwindigkeit, da nun das Verklemmen von Typenhebeln kaum noch auftrat und da es ferner möglich wurde, zumindest die häufigeren Digrame durch Zusammenwirken beider Hände zu tasten.

Abgesehen von den rudimentären Überlegungen, die der Digramhäufigkeit in der englischen Sprache gewidmet wurden, ist die QWERTY-Anordnung aber nicht auf die Struktur irgend einer Sprache zugeschnitten.

Die Bewegung und physiologische Belastung der Hände, Finger und Arme während des Tastens wird stark von den Besonderheiten der jeweiligen Sprache beeinflußt. Besonders wichtig ist in diesem Zusammenhang die Häufigkeit des Auftretens von individuellen Buchstaben im Gegensatz zu Multigramen, von Akzentbuchstaben, typischen Wortwendungen und Wortanfängen usw. Das häufige Vorkommen von Großbuchstaben in manchen Sprachen, z.B. im Deutschen, belastet durch das wiederholte Betätigen der Umschalttasten die kleinen Finger wesentlich mehr als dies bei Texten in englischer oder französischer Sprache der Fall ist.

Die wichtigsten physiologischen Kriterien, die man bei der Anordnung eines Tastenfeldes betrachten sollte, sind:

- Die Bedienung des Tastenfeldes sollte so viele Handwechsel wie möglich erforderlich machen,
- die Tasten der Grundreihe sollten die Buchstaben enthalten, die in der Sprache am häufigsten vorkommen,
- es sollte eine möglichst gleichmäßige Verteilung der Belastung der rechten und der linken Hand gegeben sein, mit leichter Betonung der rechten,
- von den drei Alpha-Tastenreihen sollte die Grundreihe am meisten belastet werden, dann die obere und dann die untere Reihe, in dieser Reihenfolge,
- am wenigsten sollten die Ringfinger und die kleinen Finger herangezogen werden, d.h. die äußeren Tasten sollten die am wenigsten häufig auftretenden Buchstaben der betreffenden Sprache enthalten,
- die Zahl der Kombinationen, die die unmittelbare Folge von Mittel-/Ring- oder Ring-/kleiner Finger erfordern, sollte auf ein Minimum beschränkt werden,
- weite und unangenehme Fingerspannen an jeder Hand sollten vermieden oder zumindest auf ein Minimum verringert werden,
- beim Tasten sollten möglichst wenig Sprünge von der unteren zur oberen Reihe und umgekehrt nötig sein, und
- die Zahl der Tastfolgen, die wiederholt ein und denselben Finger beanspruchen, sollte so gering wie möglich sein.

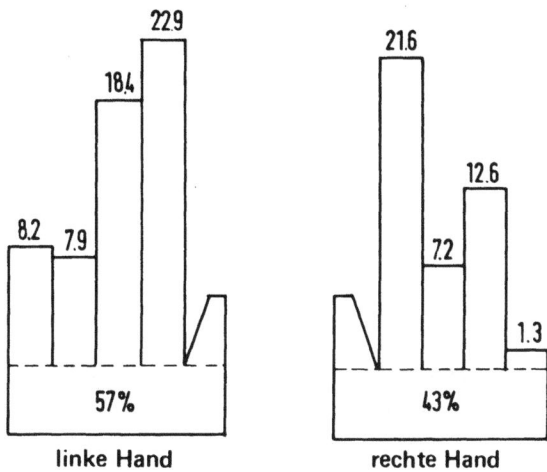

Abb. 3.34 Das QWERTY-Tastenfeld und die Arbeitslast-Verteilung beim Tasten eines englischen Textes. Ref. S. 30

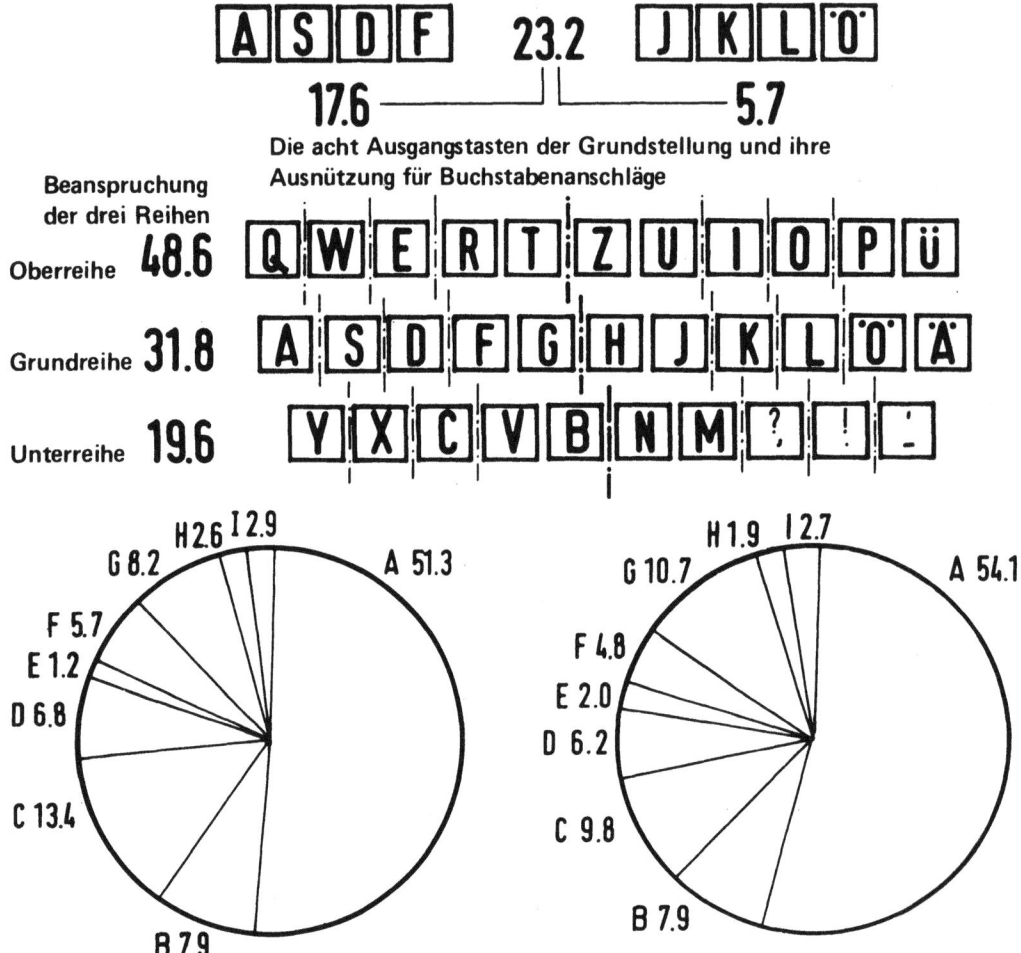

Abb. 3.35 Das QWERTZ-Tastenfeld-Layout und die Arbeitslastverteilung beim Tasten eines deutschen Textes. Ref. M. 17

Wenn man überlegt, wie diese Forderungen bei der Anordnung eines Tastenfeldes am besten zu erfüllen sind, wird die Struktur der Sprache unweigerlich zu einem wichtigen Kriterium. Alle Bestrebungen, das QWERTY-Layout in seinen Grundzügen zu reformieren, basieren auf der Analyse von Buchstaben- und Multigram-Häufigkeiten, und versuchen, die am meisten benutzten Tasten unter die stärkeren Finger zu plazieren und mehr Arbeitsbelastung auf die rechte Hand zu konzentrieren.

So kann man dem QWERTY-Layout zum Vorwurf machen, daß in der englischen Sprache ca. 60% der Arbeitsbelastung auf der linken Hand liegen, die bei den meisten Menschen die nicht bevorzugte Hand ist. Hinzu kommt, daß zuwenig Anschläge auf die Grundreihe entfallen, nämlich ca. 30%, während ca. 50% auf der oberen Reihe liegen. Wie in Abbildung 3.35 dargestellt, ist die Situation in der deutschen Sprache sehr ähnlich.

Aus der Tabelle der Buchstabenhäufigkeiten in Abb. 3.36 ist zu ersehen, daß die zehn am häufigsten gebrauchten Buchstaben in der englischen Sprache 73% aller Anschläge ausmachen. Die entsprechenden Zahlen für die deutsche, die spanische und die schwedische Sprache betragen 72, 76 und 68%. Die sechs Buchstaben 'e', 'a', 'n', 'r', 's' und 'i' sind unter den zehn am häufigsten gebrauchten Buchstaben in jeder dieser vier Sprachen, aber nur zwei dieser Buchstaben, 'a' und 's', liegen auf der Grundreihe des QWERTY-Tastenfeldes.

Wenn man die Buchstaben der gebräuchlichsten Digrame auf dem Tastenfeld gut getrennt hält, wird eine der wichtigsten physiologischen Forderungen an das Layout erfüllt, die nach häufigem Handwechsel. Abb. 3.37 zeigt die gebräuchlichsten Digrame in der deutschen, englischen und der spanischen Sprache.

Die zehn gebräuchlichsten Digrame und ihre Umkehrungen in der deutschen Sprache — siehe Abb. 3.38 — machen etwa ein Drittel aller Digrame in der Sprache aus. Die ersten 20 Digrame stellen etwa die Hälfte und die ersten 40 stellen etwa zwei Drittel der Gesamtzahl dar.

	Englisch			Deutsch			Spanisch			Schwedisch		
		%	$\sum$%		%	$\sum$%		%	$\sum$%		%	$\sum$%
1	e	12,41	12,41	e	16,55	16,55	e	13,77	13,77	e	9,97	9,97
2	t	8,90	21,31	n	10,36	27,01	a	11,26	25,03	a	9,34	19,31
3	o	8,13	29,44	i	8,14	35,15	o	8,41	33,44	n	8,78	28,09
4	a	8,09	37,53	r	7,94	43,09	s	8,40	41,84	t	8,62	36,71
5	r	7,13	44,66	s	5,57	48,66	n	6,94	48,78	r	8,41	45,12
6	i	6,46	51,12	t	5,43	54,09	r	6,84	55,62	s	6,51	51,63
7	n	6,41	57,53	a	5,15	59,24	d	5,61	61,23	i	5,71	57,34
8	s	6,41	63,94	h	4,76	64,00	i	5,56	66,79	l	5,29	62,63
9	h	4,73	68,67	d	4,21	68,21	l	4,83	71,62	d	4,47	67,10
10	l	4,10	72,77	u	4,01	72,22	c	4,58	76,20	o	4,04	71,4
	.			.			.			.		
	.			.			.			.		
	z	0,10	100,00	y	0,03	100,00	w	0,01	100,00	q	0,01	100,00

Abb. 3.36 Ein Vergleich relativer Buchstaben-Häufigkeiten in vier Sprachen. Ref. M. 17, A. 7

Geht man zum Beispiel von einer kombinierten Digramhäufigkeit in der deutschen, englischen und spanischen Sprache aus, so können nur 17 der 30 häufigsten Digrame, d.h. ca. 20% der Gesamtzahl, mit Handwechsel getastet werden — und von diesen 17 gehören nur sehr wenige zu den gebräuchlichsten.

Im Laufe der Jahre hat es viele Versuche gegeben, die Tastenfeldanordnung zu reformieren, indem man die Tastenverteilung besser auf die Anforderungen der einzelnen Sprache zuschneidet, also sprachgebundene Tastenfeld-Layouts entwickelt. Darüber hinaus gab es eine Reihe von Versuchen, mehrsprachige Anordnungen zu entwickeln — einige davon recht erfolgreich. Unter den bekanntesten mehrsprachigen Anordnungen sind diejenigen von Levasseur, Dvorak und Meier, am bekanntesten hiervon vielleicht das Tastenfeld von Dvorak.

Bei der Dvorak-Anordnung konzentrieren sich ca. 56% der Arbeitsbelastung beim Tasten englischer Texte auf die rechte Hand, und die Belastung der einzelnen Finger konzentriert sich auf die stärkeren Zeige- und Mittelfinger. Darüber hinaus sind ca. 70% der Anschläge auf die Grundreihe konzentriert, 20% entfallen auf die obere Tastenreihe und 10% auf die untere.

Bezogen auf die Digramhäufigkeit in der englischen, deutschen und spanischen Sprache sind bei der Dvorak-Anordnung 23 der 30 häufigsten Digrame, d.h. ca. 40% aller Digrame, Zweihand-Tastfolgen. Beim Levasseur-Tastenfeld sind es sogar 45%.

Angeblich soll das Dvorak-Layout die erforderliche Ausbildungsdauer reduzieren, und geübte Benutzer dieses Tastenfeldes sollen bessere Leistungen bringen (gemessen an der Zahl der Worte pro Minute). Aber trotz verschiedener Untersuchungen und Leistungsvergleiche wurden diese Behauptungen niemals wirklich bestätigt.

Deutsch			Englisch			Spanisch		
en	ne	6,1 %						
er	re	5,7 %						
ei	ie	4,4 %						
						de	ed	4,0 %
			er	re	3,9 %			
						es	se	3,8 %
			th		3,5 %	en	ne	3,5 %
						re	er	3,5 %
ch		3,3 %						

Abb. 3.37 Die häufigsten Digrame in der deutschen, englischen und in der spanischen Sprache. Ref. M. 17

1. en	ne	6,1 %	6,1 %		6. te	et	2,7 %	25,0 %
2. er	re	5,7 %	11,8 %		7. in	ni	2,5 %	27,5 %
3. ei	ie	4,4 %	16,2 %		8. ge	eg	2,2 %	29,7 %
4. ch		3,3 %	19,5 %		9. es	se	2,2 %	31,9 %
5. de	ed	2,8 %	22,3 %		10. un	nu	2,2 %	34,1 %

Abb. 3.38 Die zehn gebräuchlichsten Digrame und ihre Umkehrungen in der deutschen Sprache. Ref. M. 17

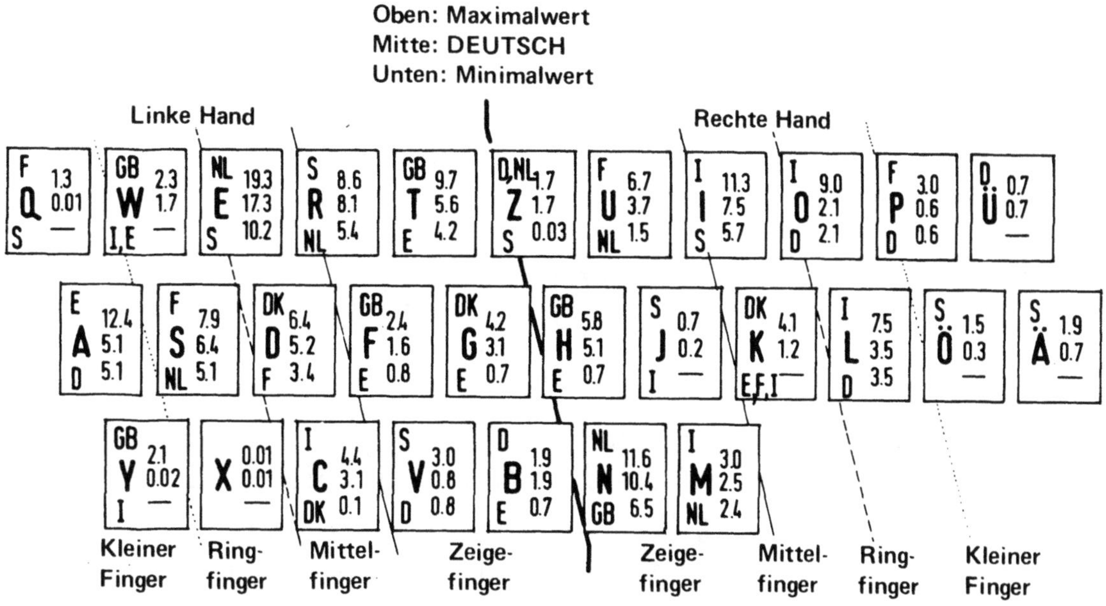

Abb. 3.39 Häufigkeit der Tastenbenutzung für acht Sprachen. Ref. M. 17

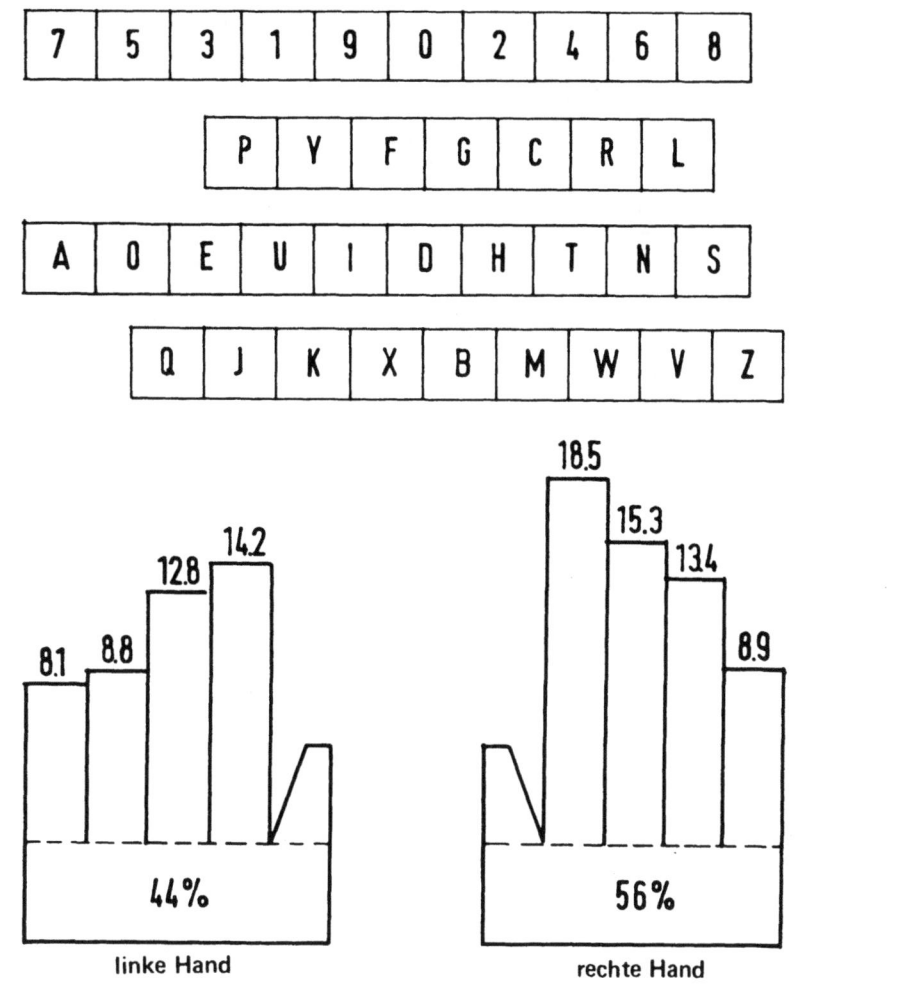

Abb. 3.40 Das DVORAK-Tastenfeld-Layout und die Arbeitsverteilung bei englischsprachigem Text. Ref. S. 30

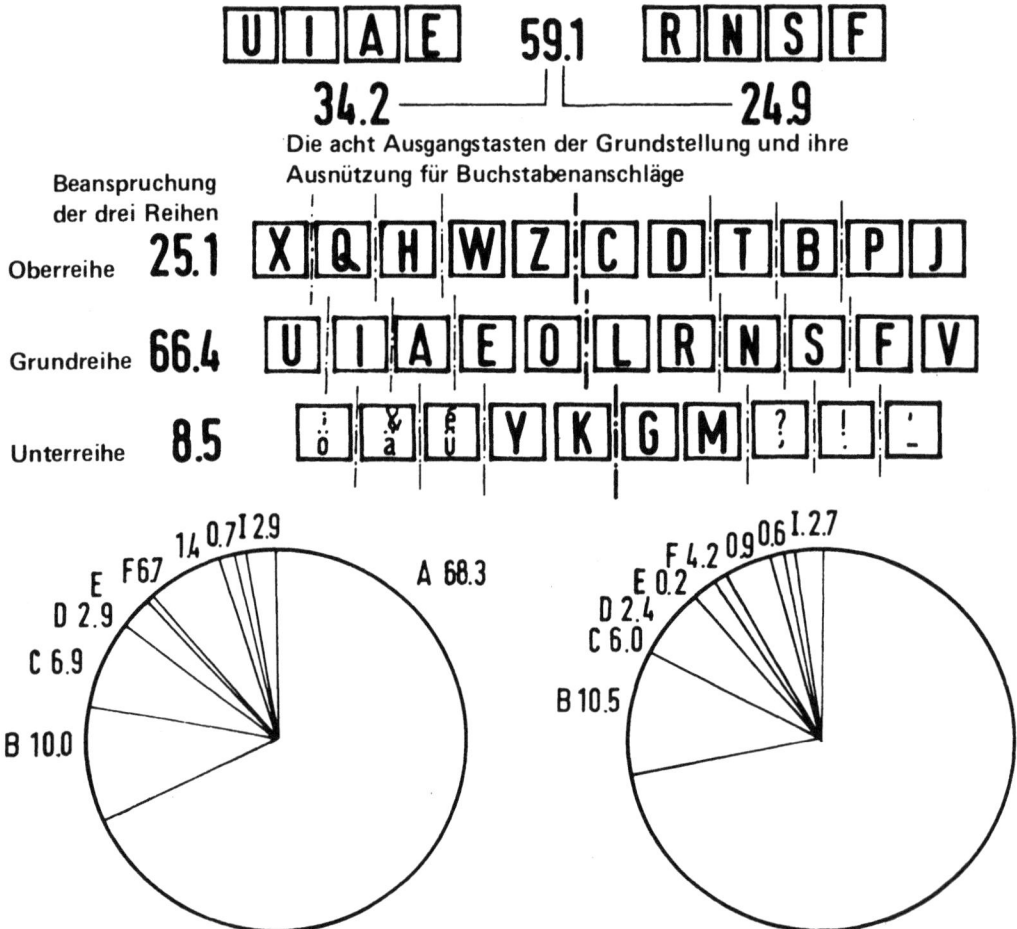

Abb. 3.41 Die Meiersche Tastenfeld-Anordnung und Arbeitslast-Verteilung auf der Grundlage der Häufigkeit einzelner Buchstaben in der deutschen, englischen und spanischen Sprache. Ref. M. 17

Die Anordnung und Bedienungsweise des Meierschen Tastenfeldes sind in Abb. 3.41 dargestellt. Auch hier zeigt sich, daß die augenscheinlichen Mängel des QWERTY-Layouts überwunden werden können, ohne daß man den grundlegenden Vorteil eines mehrsprachigen Tastenfeld-Layouts opfern muß.

Eine ganz andere Art von Tastenfeldanordnung überlegte man ernsthaft, als man immer mehr nichtausgebildete Typisten an Computer-Terminals einsetzte: das sogenannte alphabetische Tastenfeld. Zunächst erscheint dies als recht logische Anordnung, noch dazu, da man auf die traditionellen mechanischen Beschränkungen keine Rücksicht mehr zu nehmen braucht. Verschiedene Experimente erbrachten jedoch keine praktischen Vorteile dieses Layouts, das es dem Benutzer eigentlich nur leichter macht, die ersten und letzten paar Buchstaben des Alphabets zu finden. Der geringfügige Vorteil, der darin liegt, daß es vielleicht etwas leichter ist, die Tastenreihen nach einem bestimmten Buchstaben abzusuchen, wird mehr als aufgehoben durch die Umständlichkeit beim Tasten der gebräuchlichsten Digrame und anderer Buchstabenfolgen.

Trotz dieser und vieler anderer Versuche, die Tastenfeldanordnung zu reformieren, hat das QWERTY-Layout überlebt und ist zu einem echten Standard geworden — nicht zuletzt wahrscheinlich wegen der offensichtlich hohen Kosten der Umschulung bei einer Veränderung.

Numerische Tasten

Es bestehen immer noch erhebliche Unterschiede bei der Unterbringung der numerischen Tasten auf dem Tastenfeld. Allerdings unterscheidet sich die geeignetste Anordnung auch von einer Aufgabe zur anderen. Wenn das Tastenfeld hauptsächlich für Texteingabe verwendet wird, sollten die Zifferntasten in der obersten Reihe des Tastenfeldes untergebracht werden, wie bei einer herkömmlichen Schreibmaschinen-Tastatur.

Wenn jedoch in größerem Umfang Zahlen eingegeben werden müssen, dann sollte man einen getrennten Ziffern-Tastensatz vorsehen, und zwar zusätzlich zu den Standard-Zifferntasten. Das hat den Vorteil, daß Blockfolgen von Zahlen mit einer Hand eingegeben werden können, während gemischte alphanumerische Daten in herkömmlicher Weise getippt werden.

Die Anordnung der Tasten in numerischen Tastenfeldern ist Gegenstand vieler Debatten gewesen, weil beim Telefon und bei Rechenmaschinen unterschiedliche Reihenfolgen verwendet werden. Für die meisten Verwendungszwecke bieten beide Layouts bessere Voraussetzungen als die Standard-Anordnung in einer Reihe. Dabei scheint die Telefonanordnung dem Layout der Rechenmaschine überlegen zu sein, insbesondere für wenig erfahrene Benutzer.

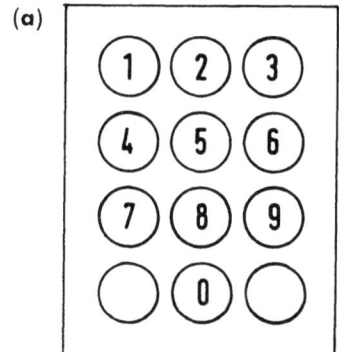 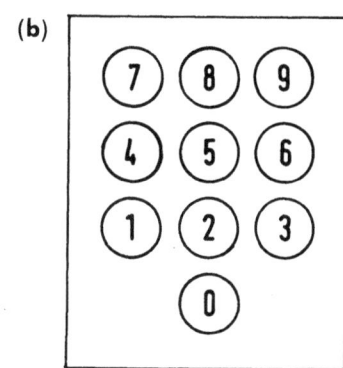

Abb. 3.42 Numerische Tastenfeldanordnung: (a) Telefon-Layout, (b) Rechenmaschinen-Layout.

Selbst wenn man von rein arbeitswissenschaftlichen Erwägungen absieht, ist es wünschenswert, daß das Layout von Zifferntastenfeldern mit dem Telefon-Tastensatz übereinstimmt, insbesondere seit immer mehr Drucktasten-Telefone in Verbindung mit VDTs benutzt werden. Auf alle Fälle sollte man langfristig dem 1,2,3,-Layout den Vorzug geben, um Übertragungsfehler zu vermeiden, wenn beide Anlagenteile — das VDT und das Telefon — zusammen Verwendung finden.

Auf manchen VDT-Tastenfeldern sind die Ziffern in den Haupt-Alphasatz integriert und werden durch die Umschalttaste erreicht. Möglicherweise ist diese Anordnung für Anwendungen geeignet, die nur sehr selten die Eingabe numerischer Daten erfordern, aber man riskiert damit doch häufige Umschaltfehler.

Funktionstasten

Wie bereits früher erwähnt gibt es eine optimale Anzahl von Funktionstasten für jeden Anwendungstyp. Wenn zu wenige vorhanden sind, so sind bestimmte Funktionen entweder überhaupt nicht verfügbar oder sie erfordern zu viele Anschläge. Wenn es zu viele gibt, dann werden sie in der Praxis oft gar nicht verwendet, weil es mehr Mühe kostet, sich ihre spezielle Funktion zu merken, als auf einem längeren Weg das gleiche Ziel zu erreichen.

Man neigt heute dazu, nicht mehr Funktionstasten anzubieten, als der Benutzer leicht beherrschen kann, da ein Übermaß an Auswahl schließlich den Einsatz aller Funktionen erschwert. Man muß jedoch einen Unterschied machen zwischen Funktionstasten, die der Benutzer selbst programmiert, um lange Zeichenreihen zu ersetzen, und Funktionstasten, die festgelegte Befehle oder Funktionen darstellen. Im ersteren Falle wird der Benutzer fast immer eine Nachschlagliste konsultieren und so zu Zeiten eine größere Zahl solcher Tasten benutzen können. Im letzteren Fall jedoch wird nur eine begrenzte Anzahl von Funktionen praktisch einsetzbar und notwendig sein. Esoterische Funktionen mögen attraktiv in Verkaufsbroschüren sein, aber in der täglichen Arbeit sind sie nicht nur nutzlos, sondern können sogar die Bedienung des Terminals erschweren.

Es ist wichtig, daß die Anordnung der Tasten so ist, daß typische Betätigungsfolgen auch auf dem Tastenfeld einen logischen Fluß bilden. Das verringert die Fehlerwahrscheinlichkeit und ermöglicht einen flüssigen Tastrhythmus des Bedieners. Ebenso wichtig ist aber, daß erfahrungsgemäß häufig gemachte Fehler keine zu schwerwiegenden Folgen haben. Das unbeabsichtigte Anschlagen häufig verwendeter Tasten oder das Versäumnis, die Umschaltung zu ändern, sind beide außerordentlich üblich und sollten nicht zu kritischen Folgen führen. Tasten mit sehr bedeutsamer Funktion oder 'fataler' Wirkung sollten so angebracht werden, daß unbeabsichtigte Bedienung unwahrscheinlich ist.

ZUSAMMENFASSUNG DER EMPFEHLUNGEN

Der Bildschirm

Gestaltung der Zeichen

	JA	NEIN
1. Reicht die Anzahl der auf dem Bildschirm gleichzeitig darzustellenden Zeichen für die Arbeitsaufgabe aus?	▶ ☐	☐
2. Wenn die Anzeigekapazität geringer ist als die maximal erforderliche Kapazität für die Aufgabe — reicht dann wenigstens der Arbeitsspeicher im Bildschirmgerät (Bildspeicher) aus?	▶ ☐	☐

	JA	NEIN

3. Erfolgt der Zugriff auf den Bildspeicher durch

    roll scrolling? (zeilenweises Abrollen) ☐ ☐

    page scrolling? (seitenweises 'Blättern') ☐ ☐

    pan scrolling? (kontinuierliches Abrollen) ☐ ☐

4. Wird das 'scrolling' von der Klaviatur aus gesteuert? ▶☐ ☐

5. Ist der Zeichensatz ausreichend für die Aufgabe? ▶☐ ☐

6. Ist die Farbe der Zeichen auf dem Bildschirm

    weiß? ☐ ☐

    gelb? ☐ ☐

    grün? ☐ ☐

    andersfarbig? ☐ ☐

7. Ist die Zeichenhöhe größer oder gleich 3 mm? ▶☐ ☐

8. Gewährleisten Zeichenhöhe und Betrachtungsabstand einen Betrachtungswinkel von mindestens 16, vorzugsweise 20 Bogenminuten? ▶☐ ☐

9. Für den Fall, daß die Zeichen durch eine Punktmatrix erzeugt werden: Verschmelzen die einzelnen Punkte genügend gut, so daß ein scharfes, sauber geformtes Abbild entsteht? ▶☐ ☐

10. Ist die Auflösung der Punktmatrix

    5 x 7 ? (ausreichend) ☐ ☐

    7 x 9 oder größer? (vorzuziehen) ▶☐ ☐

11. Beträgt die Zeichenbreite 70–80% der Zeichenhöhe von Großbuchstaben? ▶☐ ☐

12. Ist die Strichbreite zwischen 12% und 17% der Zeichenhöhe? ▶☐ ☐

13. Liegt der Abstand zwischen den Zeichen zwischen 20% und 50% der Zeichenhöhe? ▶☐ ☐

14. Beträgt der Reihenabstand zwischen 100% und 150% der Zeichenhöhe? ▶☐ ☐

15. Erlaubt das Datensichtgerät die Anzeige von großen und kleinen Buchstaben? ▶☐ ☐

16. Reichen die Unterlängen bei der Darstellung von Kleinbuchstaben bis unter die Grundlinie der Matrix? ▶☐ ☐

17. Ist es möglich, klar zwischen der Zahl 0 und dem Buchstaben O zu unterscheiden (es sollte beachtet werden, daß der Buchstabe Ø in einigen nordischen Alphabeten enthalten ist und nicht benutzt werden sollte, um die Zahl 0 darzustellen)? ▶☐ ☐

	JA	NEIN

18. Ist es möglich, zwischen den folgenden Zeichen klar zu unterscheiden

	JA	NEIN
X und K ?	▶ ☐	☐
O und Q ?	▶ ☐	☐
T und Y ?	▶ ☐	☐
S und 5 ?	▶ ☐	☐
I und L ?	▶ ☐	☐
U und V ?	▶ ☐	☐
I und 1 ?	▶ ☐	☐

19. Sind die Zeichen im Normalfall senkrecht, d.h. nicht schräg? ▶ ☐ ☐

20. Sind Kursivzeichen, d.h. schräggestellte Zeichen, für Unterscheidungszwecke verfügbar? ☐ ☐

21. Ist es möglich, den Bildschirm oder das Datensichtgerät um die vertikale Achse zu schwenken? ▶ ☐ ☐

22. Ist es möglich, den Bildschirm um seine horizontale Achse zu drehen? ▶ ☐ ☐

23. Für den Fall, daß der Bildschirm fest ist, ist er annähernd vertikal? ▶ ☐ ☐

24. Ist der obere Bildrand in Augenhöhe oder darunter? ▶ ☐ ☐

25. Entspricht die Gliederung der Anzeige der Gliederung eventuell benutzter Dokumente, z.B. Auftragsformulare? ▶ ☐ ☐

Kodierung, Format

	JA	NEIN

1. Ist Farbgebung ein mögliches Mittel der Anzeigekodierung? ☐ ☐

2. Wie viele Farben müssen unterschieden werden

	JA	NEIN
1 – 5 ?	☐	☐
5 – 10 ?	☐	☐
mehr als 10 ?	☐	☐

3. Wird die Leuchtdichte, d.h. eine gezielte Aufhellung als ein Mittel der Anzeigekodierung verwendet? ☐ ☐

4. Wie viele Helligkeitsstufen müssen unterschieden werden

	JA	NEIN
2 ?	☐	☐
3 ?	☐	☐
mehr als 3 ?	☐	☐

	JA	NEIN

5. Ist es möglich, zwischen den verschiedenen Helligkeitsstufen auch bei Maximaleinstellung deutlich zu unterscheiden? ▶☐ ☐

6. Ist ein Positionsanzeiger (Kursor) vorgesehen? ▶☐ ☐

7. Ist es möglich, den Kursor von den anderen Symbolen auf dem Schirm deutlich zu unterscheiden? ▶☐ ☐

8. Ist es möglich, mit der Tastatur graphische Symbole zu erzeugen? ☐ ☐

9. Ist es möglich, bestimmte Teile des Bildschirms blinken zu lassen? ☐ ☐

10. Beträgt die Blinkfrequenz zwischen 2 und 4 Hz? ▶☐ ☐

11. Ist es möglich, das Dauerblinken des Kursors zu unterdrücken? ▶☐ ☐

12. Ist es möglich, Zeichen verschiedener Größe wiederzugeben? ☐ ☐

13. Ist es möglich, Zeichen verschiedener Schriftarten wiederzugeben? ☐ ☐

14. Sind alle angezeigten Symbole eindeutig? ▶☐ ☐

15. Für den Fall, daß Filter benutzt werden, sind die Zeichen auf dem Bildschirm klar umrissen? ▶☐ ☐

16. Ist es möglich, die Richtung des Bildschirmes des Datensichtgeräts um seine vertikale Achse zu drehen? ▶☐ ☐

17. Ist es möglich, den Bildschirm um seine horizontale Achse zu drehen (Bildwinkel)? ▶☐ ☐

18. Falls der Schirm feststeht, ist er annähernd vertikal? ▶☐ ☐

19. Ist der obere Schirmbildrand in Augenhöhe oder darunter? ▶☐ ☐

20. Entspricht das Anzeigeformat, wo dies in Betracht kommt, dem Format, das auf den Dokumenten benutzt wird, z.B. Auftragsformulare? ▶☐ ☐

21. Können Masken mit geschützten Datenfeldern erzeugt werden? ☐ ☐

Der Bildschirm und die Leuchtdichte

	JA	NEIN

1. Beträgt die Zeichenleuchtdichte

    mehr als 45 cd/m² ? (Minimum) ☐ ☐

    zwischen 80 und 160 cd/m² ? (bevorzugt) ▶☐ ☐

2. Ist die Zeichenleuchtdichte einstellbar? ▶☐ ☐

	JA	NEIN

3. Bleiben die abgebildeten Zeichen auch bei maximaler Zeichenleuchtdichte scharf? ▶☐ ☐

4. Ist die Hintergrundleuchtdichte zwischen 15 und 20 cd/m² unter angemessenen Bürobeleuchtungsverhältnissen? ▶☐ ☐

5. Ist die Hintergrundleuchtdichte einstellbar? ▶☐ ☐

6. Ist der Kontrast zwischen den Zeichen und dem Hintergrund

    3 : 1 ? (Minimum) ☐ ☐

    5 : 1 ? (besser) ☐ ☐

    8 : 1 – 10 : 1 ? (optimal) ▶☐ ☐

7. Ist der Kontrast zwischen dem Bildschirmhintergrund und anderen Gegenständen am Arbeitsplatz, z.B. Dokumenten, besser als

    1 : 10 ? (annehmbar) ☐ ☐

    1 : 3 – 1 : 5 ? (vorzuziehen) ▶☐ ☐

8. Sind die angezeigten Bildzeichen stabil? ▶☐ ☐

Die Tastatur

Allgemeine Kriterien

	JA	NEIN

1. Sind Tastatur und Bildschirm voneinander getrennt aufstellbar, d.h. durch Kabel verbunden? ▶☐ ☐

2. Ist das Gewicht der Tastatur ausreichend, um unbeabsichtigtes Verschieben zu verhindern? ▶☐ ☐

3. Liegt die Bauhöhe der Tastatur (gemessen an der mittleren Tastenreihe)

    unter 50 mm? (annehmbar) ☐ ☐

    30 mm? (vorzuziehen) ▶☐ ☐

4. Beträgt der Abstand zwischen Tischunterkante und mittlerer Tastenreihe weniger als 60 mm? ▶☐ ☐

5. Ist die Tastatur im Profil

    treppenförmig? ☐ ☐

    schräg? ☐ ☐

    schüsselförmig? ☐ ☐

6. Liegt der Neigungswinkel der Tastatur zwischen 5 – 15°? ▶☐ ☐

7. Sind die Oberflächen der Tastatur matt? ▶☐ ☐

	JA	NEIN
8. Liegt der Reflexionsgrad dieser Oberflächen (nicht der Einzeltasten) zwischen 0,40 und 0,60?	▶☐	☐
9. Beträgt das Leuchtdichteverhältnis zwischen Tastatur, Bildschirm und Belegen weniger als 1 : 3 oder 3 : 1?	▶☐	☐
10. Ist vor dem Tastenfeld eine Handauflagefläche von mindestens 50 mm Tiefe vorhanden?	▶☐	☐

Eigenschaften der Tasten

	JA	NEIN
1. Ist die Betätigungskraft zwischen 0,25 und 1,5 N?	▶☐	☐
2. Beträgt der Tastenweg zwischen 0,8 und 4,8 mm?	▶☐	☐
3. Beträgt das Diagonalmaß bei quadratischen Tastenoberflächen zwischen 12 und 15 mm?	▶☐	☐
4. Beträgt der Mittenabstand zweier benachbarter Tasten zwischen 18 und 20 mm?	▶☐	☐
5. Ist das Tastensymbol unempfindlich gegen Abrieb und Abnutzung, d.h. ist es in die Tastenoberfläche eingearbeitet?	▶☐	☐
6. Sind die Tastenflächen zur Verbesserung der Tastsicherheit konkav ausgebildet?	▶☐	☐
7. Bewirkt die Ausführung der Tastenoberfläche eine Minimierung von Reflexionen?	▶☐	☐
8. Wird die Betätigung einer Taste durch ein Rückmeldesignal angezeigt, z.B.		
ein akustisches Klicken?	☐	☐
einem spürbaren Druckpunkt?	☐	☐
ein Einschnappen?	☐	☐
9. Haben die Tasten eine geringe Fehlerrate?	▶☐	☐
10. Welche Fehlerart kann bei einer Tastenfehlfunktion auftreten		
keine Eingabe (Kontaktfehler)?	☐	☐
mehrfache Eingabe (Taste klemmt)?	☐	☐
11. Wird die gleichzeitige Betätigung zweier Tasten signalisiert?	▶☐	☐
12. Ist die Tastatur mit einer Roll-over-Einrichtung ausgestattet		
2-Tasten roll-over?	☐	☐
n-Tasten roll-over?	▶☐	☐

Anordnung der Tasten

		JA	NEIN
1.	Entspricht die Anordnung der Alpha-Tasten (Buchstaben) der herkömmlichen Schreibmaschinennorm?	▶□	□
2.	Entspricht die Anordnung der numerischen Tasten (oberhalb der Alpha-Tasten) der herkömmlichen Schreibmaschinennorm?	▶□	□
3.	Sind die numerischen Tasten getrennt in einem Block zusammengefaßt		
	als alleiniger numerischer Tastensatz?	□	□
	oder als Hilfstastensatz zusätzlich zur Anordnung nach 2?	□	□
4.	Entspricht die Tastenanordnung im Ziffernblock		
	der Rechnernorm (7, 8, 9 oben)?	□	□
	der Fernsprechernorm (1, 2, 3 oben)?	□	□
5.	Ist die Null-Taste oder Abstandtaste unter angeordnet?	▶□	□
6.	Entspricht die Anzahl und Art der Funktionstasten den Anforderungen der Arbeitsaufgabe?	▶□	□
7.	Entspricht die Anordnung der Funktionstasten dem Arbeitsablauf?	▶□	□
8.	Sind Tastfehler kritisch für die erfolgreiche Durchführung einer Aufgabe, d.h. sind sie mehr als nur störend?	□	□
9.	Ist die Farbe der alphanumerischen Tasten neutral, z.B. beige oder grau, oder sind sie schwarz, weiß oder farbig (rot, gelb, grün oder blau)?	▶□	□
10.	Heben sich die verschiedenen Funktionstastenblöcke deutlich von den übrigen Tasten ab durch		
	Farbe?	□	□
	Form?	□	□
	Lage?	□	□
	Abstand?	□	□
11.	Sind besonders wichtige Funktionstasten farblich abgehoben?	□	□
12.	Sind alle Tasten, deren unbeabsichtigte Betätigung schwerwiegende Folgen hat, besonders gesichert durch		
	ihre Lage?	□	□
	höheren Tastendruck?	□	□
	Tastensperre?	□	□
	Zwang zur gleichzeitigen Betätigung einer zweiten Taste?	□	□

	JA	NEIN

13. Entsprechen die Symbole und Beschriftungen auf den Funktionstasten den gleichen Funktionen bei anderen in Gebrauch befindlichen Tastaturen, z.B. Schreibmaschinen oder anderen Bildschirmgeräten am gleichen Arbeitsplatz? ☐ ☐

14. Sind Funktionstasten vorgesehen, die vom Benutzer programmiert werden können? ☐ ☐

Weitere Eigenschaften von Bildschirmgeräten und -Systemen

	JA	NEIN

1. Ist die Wärmeabstrahlung vom Gerät so gering wie möglich? ▶☐ ☐

2. Ist das Gerät unempfindlich gegen Stöße und Erschütterungen? ▶☐ ☐

3. Ist der Benutzer hinreichend vor elektrischen Schlägen geschützt, auch wenn er das Gerät nicht zweckentsprechend behandelt? ▶☐ ☐

4. Entspricht das Gerät allen geltenden Sicherheitsvorschriften? ▶☐ ☐

5. Sind Benutzer und Reinigungspersonal darüber belehrt, welche Reinigungsmittel ohne Schaden für Bildschirm, Gehäuse und andere Komponenten verwendet werden können? ▶☐ ☐

6. Sind Datensichtgerät und Arbeitsplatz servicefreundlich gestaltet? ▶☐ ☐

7. Sind einfachere Reparaturen, z.B. Ersatz der Sicherung, vom Benutzer selbst schnell und leicht durchzuführen? ☐ ☐

8. Sind die Zuleitungen zum Datensichtgerät und zum Arbeitsplatz angemessen gesichert und abgedeckt? ▶☐ ☐

9. Ist die Versorgungsspannung zur VDT-Anlage hinreichend gegen Schwankungen stabilisiert, wie sie z.B. aufgrund von Netzschwankungen, Netzspitzenbelastungen usw. auftreten können? ▶☐ ☐

10. Wird der Benutzer durch ein Signal auf Störungen im VDT-System aufmerksam gemacht,

    durch einen akustischen Alarm? ▶☐ ☐

    durch einen optischen Alarm? ▶☐ ☐

    auf andere Weise? ☐ ☐

11. Wird der Benutzer gewarnt wenn das Datensichtgerät nicht mehr in der Lage ist, Tasteneingaben zu speichern, z.B. wenn der VDT-Speicher voll ist? ▶☐ ☐

	JA	NEIN
12. Sind Datensicherungsprozeduren notwendig?	☐	☐
13. Wie wird dem Benutzer der Betriebsstatus des VDT angezeigt, z.B. wenn das Terminal im Sende-, Empfangs- oder Wartezustand ist:		
keine Anzeige?	☐	☐
Blinklichtanzeige?	☐	☐
Dauerlichtanzeige?	▶☐	☐
14. Ist die Reaktionszeit auch während der Spitzenbelastungszeiten hinreichend kurz?	▶☐	☐
15. Für den Fall, daß die Reaktionszeit sich wahrscheinlich erheblich ändert: Wird dem Benutzer eine Anzeige der Wartezeiten gegeben?	▶☐	☐
16. Für den Fall, daß Terminals sich in eine gemeinsame Übertragungsleitung zum Computer teilen: Kann jedes Terminal Information senden oder empfangen, unabhängig vom Status der anderen Terminals an der gleichen Leitung?	▶☐	☐
17. Sind besondere Vorsichtsmaßnahmen gegen statische Elektrizitätsentladungen getroffen, z.B. leitfähiger Teppichboden, evtl. mit einem unterlegten Kupfernetz?	☐	☐

Kapitel 4

ARBEITSWISSENSCHAFTLICHE ANFORDERUNGEN AN BILDSCHIRM-ARBEITSPLÄTZE

Vorwort

In den vorangegangenen Abschnitten wurden die wichtigsten Bestandteile der Bildschirmgeräte unter dem Gesichtspunkt der Konstruktion und Bedienung behandelt. Dabei wurden arbeitswissenschaftliche Kriterien für die Konstruktion von VDTs besonders betont. In diesem Abschnitt nun befassen wir uns mit der Gestaltung von Bildschirm-Arbeitsplätzen, insbesondere mit den anthropometrischen Anforderungen, die bei Entwurf und Anordnung eines solchen Arbeitsplatzes berücksichtigt werden sollten.

Die Frage, ob der Benutzer eines VDTs bei der Arbeit Empfindungen von Müdigkeit oder Anspannung haben wird, hängt weitgehend von seiner Sitzhaltung am Gerät ab. Die Anordnung des Arbeitsplatzes muß Haltung und Bewegungsspielraum für Hände, Arme, Beine und für den Kopf berücksichtigen, ebenso wie die Sehentfernung zum Bildschirm, zum Tastenfeld und zu anderen Hilfsmitteln, wie Belege oder Telefon. Diese Überlegungen führen zu besonderen Anforderungen hinsichtlich Arbeitshöhe, Höhe der Tischplatte und der Sitzgelegenheit, Reichweite der Arme und Anbringung von Fußstützen, Konzepthaltern usw. Dies sind somit die wichtigsten Bestimmungsgrößen für einen VDT-Arbeitsplatz.

Man darf jedoch nicht vergessen, daß auch die sorgfältigste Beachtung von arbeitswissenschaftlichen Kriterien keine absolute Garantie gegen Beanspruchung beim Sitzen ist. Wenn die Arbeit selbst eine statische Bedienungshaltung erfordert und vielleicht nur einige unvermeidbare Bewegungen zuläßt, so muß noch immer mit einem gewissen Grad an Beanspruchung beim Sitzen gerechnet werden. Bei den Bemühungen, einen optimalen Arbeitsplatz zu schaffen, sollte man daher daran denken, daß die dort zu erfüllenden Aufgaben selbst schon gewisse Einschränkungen für die Konstruktion des Arbeitsplatzes mitbringen. Diese Bedingungen müssen in der Praxis sehr sorgfältig beachtet werden. Insbesondere sollte man von vornherein die Arbeitsmethode so gestalten, daß möglichst keine statische Arbeitshaltung oder respektive Bewegungen über längere Zeit notwendig sind — entweder, indem man mehr körperliche Bewegungsfreiheit zuläßt, oder indem man kurze Pausen einlegt. Diese können auch als Bewegungspause gestaltet werden.

ERGONOMIE DES ARBEITSPLATZES

Wenn man eine Computeranlage in ein Büro einführt, tauchen unweigerlich eine Anzahl organisatorischer Fragen und Probleme auf, die berücksichtigt und gelöst werden müssen, wenn die Anlage zweckmäßig und effektiv arbeiten soll. Die Entscheidung, ein Computersystem anzuschaffen, kann man nicht einfach routinemäßig angehen. Die aufzuwendende Summe ist meist recht beachtlich, und schon deshalb muß man eine ziemlich genaue Vorstellung darüber haben, was die Anlage leisten soll und wie sich die Investition bezahlt machen wird. Auch soll die Anlage von *Menschen* benutzt werden, die dem Gedanken, mit einem Computer zu arbeiten, mit unterschiedlichem Enthusiasmus oder Unbehagen entgegentreten werden.

Man sollte ein Computersystem grundsätzlich so planen, daß es wirklich in der Lage ist, sich den durchzuführenden Aufgaben und den damit beschäftigten Menschen anzupassen, und *nicht umgekehrt.* Dies ist eine grundlegende menschbezogene Forderung und betrifft sowohl die funktionale Struktur des Systems als auch die hardware-mäßige Ausführung der einzelnen Geräte, die die Anlage bilden. Wie gut auch immer eine Computeranlage den technischen Erfordernissen entsprechen mag, wenn sie die Bedürfnisse und Erwartungen derjenigen, die praktisch damit arbeiten, nicht erfüllt, so wird sie Unzufriedenheit und Enttäuschung auslösen und somit nicht effizient arbeiten.

Die Beteiligung der künftigen Benutzer schon im Stadium der Planung und Auswahl einer Anlage ist daher eine wichtige Voraussetzung für die spätere erfolgreiche Einführung. Dies gilt für Konzeption und Ausführung des Systems ebenso wie für die Aufstellung der einzelnen Geräte am Arbeitsplatz. Dieser Abschnitt des Berichts befaßt sich mit dem letztgenannten Problem, der Gestaltung von Bildschirm-Arbeitsplätzen und -Arbeitsräumen.

Wenn der VDT-Hersteller den vollständigen Arbeitsplatz mitliefert, dann wird der Käufer sich meist darauf verlassen, daß die arbeitswissenschaftlichen Anforderungen an die Arbeitsplatzausführung weitgehend erfüllt sind. Die meisten Hersteller bieten jedoch nur die VDTs selbst an, wobei die Gestaltung des Arbeitsplatzes und die Wahl der Möbel dem Ermessen des Käufers überlassen bleiben. Wenn man diese Frage ganz ohne irgendwelche Anhaltspunkte angeht, wird das Ergebnis in vielen Fällen nicht zufriedenstellen. Allerdings kann es oft schon an der Konstruktion des Bildschirmgerätes selbst liegen, daß sich optimale Arbeitsplatzbedingungen gar nicht verwirklichen lassen.

Dafür gibt es viele Beispiele: Bildschirmgeräte, die auf den ersten Blick in Größe und Gestaltung den Vorstellungen des Benutzers zu entsprechen scheinen, die sich dann aber im Gebrauch als ungeeignet erweisen, weil sie die Beine beengen, weil man Arme und Körper zu sehr strecken muß, weil der Bildschirm in einem ungünstigen Blickwinkel steht oder weil sie in anderer Hinsicht ungünstig zu benutzen sind. Bei manchen Textsystemen ist da, wo sonst der Mensch seine Beine unterbringt, die Zentraleinheit oder der Papiervorrat des Druckers untergebracht. Aus diesen Gründen sollte man die Wahl der Geräte *und* die Ausführung des einzelnen Arbeitsplatzes von Anfang an als eng zusammenhängende Aspekte des gleichen Problems sehen.

Die Bedeutung der Tätigkeit

Für die Gestaltung eines VDT-Arbeitsplatzes gibt es sicher nicht die eine einzige Lösung, die allen Situationen und Tätigkeiten gerecht wird. Es wird daher empfohlen, alle Entscheidungen über Gestaltung und Anordnung der Arbeitsplätze mit weitgehender Beteiligung der künftigen Benutzer zu treffen. Dabei sollte man sie *so früh wie möglich* heranziehen, damit sie im Laufe der Zeit ausreichend detaillierte Kenntnis darüber erwerben können, was die Benutzung der Anlage für sie bedeutet. Sie werden dann realistisch und mit fundierten Kenntnissen an der Entscheidung teilhaben. Um zu gewährleisten, daß ein Arbeitsplatz für einen bestimmten Funktionsbereich angemessen ist, muß man zuerst eine vollständige und detaillierte Analyse der dort vorkommenden Aufgaben vornehmen. Es ist wichtig, daß man hierbei die menschlichen Aspekte ebenso beachtet wie die technischen Erfordernisse des Systems. *Das ist leicht gesagt und durchaus einleuchtend, aber nicht ebenso leicht in die Praxis umzusetzen.* Dies liegt zum Teil daran, daß sich technische und ingenieurmäßige Sachverhalte leicht in greifbaren Kostenfaktoren erfassen und ausdrücken lassen, während die Vor- und Nachteile für den Menschen nicht so leicht zu quantifizieren sind. Aber die Erfahrung zeigt doch, daß man die Bedeutung der menschlichen Seite in zunehmendem Maße erkennt — bei den System-Konstrukteuren und vor allem bei denen, die selbst die praktischen Probleme der Einführung eines VDT-Systems erlebt haben.

Arbeitsplatztypologie

Die Bildschirmarbeitsplätze lassen sich im allgemeinen in 3 Kategorien aufteilen: *)

- Dateneingabe
- Dialogartige Aufgaben (bildschirmunterstützte Tätigkeiten)
- Datenausgabe

Dateneingabe-Arbeitsplätze

Wenn das VDT für Text- oder Dateneingabe verwendet wird, sind die Haupttätigkeiten, die von dem betreffenden Benutzer ausgeführt werden (a) das Lesen der Information aus einem Beleg der einen oder anderen Art und (b) die Eingabe dieser Information in den Computer über das Tastenfeld. Bei den meisten Dateneingabe-Aufgaben ist die Quelleninformation zum größten Teil nicht redundant, d.h. ohne eine vorhersehbare logische Sequenz, so daß der Beleg häufig nachgesehen werden muß. Hierauf spezialisierte Arbeitskräfte sind gewöhnlich sehr geübt im Schreiben, so daß die Eingabegeschwindigkeit trotzdem noch relativ hoch ist.

Praktische Untersuchungen haben gezeigt, daß in solchen Anwendungen sogar sehr schwierige *numerische* Daten 'blind' eingegeben werden, wobei 'blind' trotzdem häufigen Blick zur Tastatur bedeuten kann. Kopfbewegungen sind relativ häufig und treten in Abständen von 1—4 Sek. auf. Gibt man andererseits alphanumerische Informationen ein, so wird noch häufiger auf das Tastenfeld geblickt. Kopf- und Augenbewegungen sind entsprechend häufiger und das Tastenfeld ist während etwa der Hälfte der Zeit wichtigstes visuelles Objekt.

Dialog-Arbeitsplätze

Bei dieser Tätigkeit geht der Informationsfluß von einem Dokument oder einer Person (Datenquelle) zum Computerspeicher *und umgekehrt*. Die Kräfte an solchen Arbeitsplätzen besitzen selten die gleiche Fingerfertigkeit wie die Schreibkräfte bei der Dateneingabe.

*) *Nicht alle Arten von VDT-Aufgaben passen genau in eine dieser 3 Kategorien. Die Grenzen zwischen ihnen sind verwischt, und man könnte ebenso gut weitere Kategorien einführen. Trotzdem hilft diese Unterteilung, einige wichtige Beziehungen zwischen Aufgabe und Arbeitsplatz aufzuzeigen.*

Während der Zeit, in der sich der Benutzer im Dialog mit dem Computer befindet, ist er vor allem damit beschäftigt, abwechselnd auf etwa notwendige Dokumente, das Tastenfeld und den Bildschirm zu blicken.

Arbeitsplätze für Datenausgabe

Die Hauptaufgabe an solchen VDT-Arbeitsplätzen besteht in der Abfrage von Informationen aus dem Computerspeicher. Auch hier haben die Benutzer selten die Fingerfertigkeit reiner Dateneingabekräfte, Frequenz und Dauer des visuellen Kontakts mit dem Tastenfeld sind deshalb gewöhnlich sehr viel größer.

Untersuchungen über die verschiedenen VDT-Aufgaben haben gezeigt, daß der visuelle Schwerpunkt bei der Dateneingabe auf dem Ablesen der Informationen von einem Beleg liegt, bei Dialogaufgaben sind Beleg, Tastenfeld und Bildschirm von gleicher Bedeutung, während bei einer Datenabfragestation das VDT selbst oft der wichtigste visuelle Aspekt der Aufgabe ist.

Bei allen drei Arten von VDT-Arbeitsplätzen aber hat das Tastenfeld den größten Einfluß auf die Arbeitsmethode. Zusätzlich zu den alphanumerischen Tasten gibt es viele Funktions- und Kommandotasten, die man bedienen muß. VDT-Benutzer blicken ziemlich häufig auf das Tastenfeld — außer vielleicht bei Aufgaben, die ausschließlich oder vorwiegend aus numerischer Dateneingabe bestehen. Selbst Schreibkräfte, die über eine gute Fingerfertigkeit verfügen, verbringen mehr Zeit damit, auf das VDT-Tastenfeld zu sehen, als man im allgemeinen annimmt. VDT-Benutzer, die nicht so geübt sind wie eine ausgebildete Schreibkraft — und dies trifft auf die Mehrheit der VDT-Benutzer zu — müssen notwendigerweise einen großen Teil ihrer Zeit damit verbringen, auf das Tastenfeld zu blicken.

Allgemeine Überlegungen zum Arbeitsplatz

Es gibt eine Anzahl von Abmessungen und Bewegungsspielräumen, die man bei einem Arbeitsplatz so verändern möchte, daß sie den unterschiedlichen Körpergrößen und Proportionen der Benutzer entsprechen. Im wesentlichen gibt es 3 Grundbereiche, in denen die Anpassung zwischen Benutzer und Arbeitsplatz überprüft werden sollte.

Kann der Benutzer die Bedienungseinrichtungen leicht erreichen? All die verschiedenen Bedienelemente sollten leicht und sicher zugänglich sein. Wichtige Bereiche dieser Art am VDT selbst sind das Tastenfeld, Strom-Ein/Ausschaltung, Helligkeits- und Kontrastregelung und andere. Daneben gibt es oft noch andere Anlagenbestandteile oder *separate Geräte*, die ein Benutzer in Verbindung mit der Bedienung des VDTs handhaben muß, z.B.: Schreibmaschine, Telefon, Rechner, Zeilendrucker, lokaler Speicher (Floppy-Disk).

Kann der Benutzer die Anzeigeflächen richtig sehen und darauf leicht lesen? Die verschiedenen Anzeigeflächen, die der Benutzer an einem VDT-Arbeitsplatz sehen muß (z.B.: Tastenfeld, Bildschirm, Dokumente), sollten in geeigneter Entfernung und günstiger Anordnung im Verhältnis zur Arbeitsposition des Benutzers liegen. Keine der Flächen sollte von einem anderen Gegenstand verdeckt sein. Das gilt besonders, wenn der Benutzer sein Arbeitsmittel wechseln muß, z.B.: wenn er abwechselnd mit dem VDT und einer Schreibmaschine arbeitet.

Kann der Benutzer in bequemer Haltung arbeiten und den Arbeitsplatz leicht einnehmen oder verlassen? Es gibt eine Anzahl grundsätzlicher Freiräume, die eingehalten werden müssen, damit der Benutzer nicht eine unbequeme oder möglicherweise schädliche Stellung einnehmen muß, wenn er seinen Arbeitsplatz benutzt oder hinein oder heraus will.

Z.B.: Kleine VDT-Benutzer brauchen eventuell eine Fußstütze, ausreichende Kniefreiheit zwischen der Unterseite des Schreibtisches und dem Stuhlsitz muß auch für die großen Benutzer vorhanden sein. Der Bildschirm muß immer in einem angemessenen Blickabstand sein, und das Tastenfeld sollte sich in einer solchen Lage befinden, daß man es leicht bedienen kann, ohne unbequeme Hand-, Arm- oder Körperhaltungen einnehmen zu müssen.

Geeignete Abmessungen der Geräte und Möbel sind nicht nur ein Erfordernis der Bequemlichkeit, so wichtig diese auch sein mag, sie dienen auch der Gesundheit und Sicherheit. Rückenleiden machen einen großen Teil der berufsbedingten Erkrankungen aus, und falsche Arbeitsplatzgestaltung ist der Hauptgrund für schlechte Haltung und Rückenschmerzen. Es ist eine unglückliche, kostspielige und doch ziemlich weit verbreitete Fehlmeinung, daß die Arbeitsplatzausführung und die Auswahl von Büromöbeln bei der Einführung eines Systems nur untergeordnete Bedeutung haben.

Platz für zusätzliche *Arbeitsflächen* kann notwendig sein, damit man Papiere hinlegen, lesen und beschriften kann. Die Arbeitsflächen müssen für solche Verwendung hinsichtlich Größe, Anordnung und Zugänglichkeit geeignet sein. Ein Manuskripthalter zwischen Tastatur und Bildschirm kann dabei helfen, Belege in geeignetem Leseabstand unterzubringen.

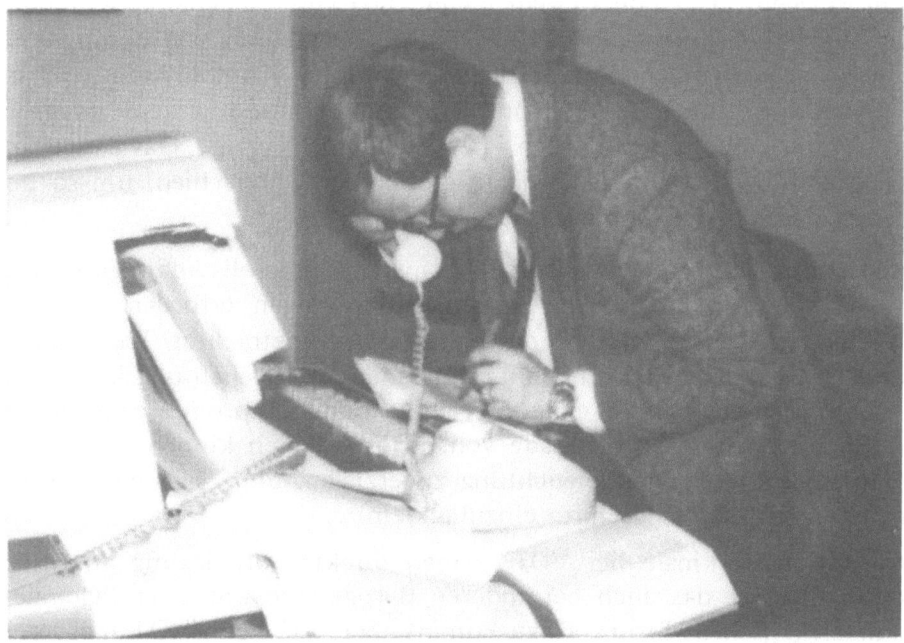

Abb. 4.1 Ein überladener Arbeitsplatz ist unangenehm und nachteilig für die Arbeitshaltung.

Ein weiterer Bedarf an Ablageraum, der oft übersehen wird, ist ein kurzfristiger Übergangsbereich, wo ein- und ausgehende Belege zusammengelegt oder sortiert werden können. Gegenstände wie Rechner, Bleistifte usw. müssen so untergebracht werden, ebenso wie einige persönliche Gegenstände. Wenn man über eine Handtasche oder eine Aktentasche fällt, so ist dies genausowenig entschuldbar und wahrscheinlich ebenso schmerzhaft, wie wenn man über ein freiliegendes Kabel stolpert!

Welche *Sitzmöbel* gebraucht werden, hängt von der Länge der Zeit ab, die der Benutzer am Bildschirm verbringt, und wie oft er von der Arbeit aufstehen muß. Ein Drehstuhl mit einem stabilen Fuß — aber ohne Armlehnen — kann benutzt werden, um Beweglichkeit zu bieten, wenn sich ein fester Stuhl nicht eignet.

Wenn mehr als ein Benutzer oder eine Benutzergruppe sich in das VDT teilen sollen, ist es oft schwierig, eine für alle gut erreichbare Stelle für die Unterbringung des Terminals zu finden.

An Bildschirm-Arbeitsplätzen ist oft eine erhebliche Zahl von Einrichtungen und Materialien nötig, die dem Benutzer ständig zugänglich sein müssen. Wenn man außerdem nicht weiß, wo man weniger wichtige Dinge wie Papiere, Abfälle, Anschlußkabel, Modems oder sogar die Schreibmaschine richtig unterbringen soll, dann entsteht ein großes Durcheinander. Dies ist nicht nur ästhetisch unangenehm, sondern kann auch Probleme für die Arbeitshaltung mit sich bringen.

Auch bei der besten Anlage muß man die Zugänglichkeit für routinemäßige *Pflege und Wartung* sicherstellen. Man sollte aber auch einkalkulieren, daß außerplanmäßige Wartungsarbeiten an ausgefallenen Stellen notwendig werden können, z.B.: Reparaturen an den Kabelzuführungen unter dem Fußboden.

Auch viele physikalische *Umweltbedingungen* gilt es zu berücksichtigen, z.B.: Beleuchtung, Wärme, Lärm, wobei für jede dieser Bedingungen das VDT selbst entweder ursächlich oder betroffen sein kann. Wenn man eine optimale Aufstellung der Bildschirme im Arbeitsraum anstrebt, dann muß man auch diese Umweltfaktoren sorgfältig überlegen.

Einer der schwierigsten Kompromisse besteht darin, ausreichende *Beleuchtung* für die Betrachtung von Belegen oder anderen gedruckten oder geschriebenen Dokumenten vorzusehen, ohne den VDT-Bildschirm selbst übermäßig zu beleuchten und damit den Kontrast der Anzeige stark zu reduzieren. Auch die oft gewählte Kombination von individuell gerichteter Beleuchtung zum Lesen von Dokumenten und einem mehr diffusen, schwächeren Licht für andere Aktivitäten, befriedigt nicht ganz. Das Auge muß dann ständig von Licht auf Dunkel umschalten. Je größer der Unterschied, um so belastender und ermüdender ist das ständige Anpassen.

Der VDT-Bildschirm sollte weder vollständig schwarz noch vollständig gegen Lichteinfall geschützt sein, da dies eine stärkere Anpassung der Augen erfordert, wenn man abwechselnd den dunklen Bildschirm und die hellen Belege betrachtet. Wenn man Blenden und Raster an der Deckenbeleuchtung anbringt und die Beleuchtungskörper richtig im Raum verteilt, kann man gewöhnlich einen befriedigenden Kompromiß erreichen. Oft kann man auch den Bildschirm um einige Grade von der Vertikalen kippen, um eine optimale Kombination von Blickwinkel und Beleuchtung zu erzielen, ohne sich dafür unnötige und störende Reflexionen auf dem Bildschirm einzuhandeln.

Einige Konstruktionsmerkmale bei VDTs haben direkte Auswirkung auf die Betriebssicherheit. Da ist zunächst das auch bei anderen Bürogeräten gegebene allgemeine Risiko des Umgangs mit elektrischem Strom. Dazu kommt aber, daß beim VDT mehrere Bestandteile mit Hochspannung arbeiten — wenn diese normalerweise auch gut geschützt sind. Es ist wichtig, daß Gegenstände wie Büroklammern nicht z.B. durch Ventilationsroste oder Schlitze in das Gerät fallen können. Auch ist die Oberfläche eines VDT kein geeigneter Platz, um eine Tasse Kaffee abzustellen!

Schädliche Einwirkungen auf VDTs reichen von Erschütterung oder Stößen bis zu Stromschwankungen, die alle dazu führen können, daß Daten verändert werden oder ganz vom Bildschirm verschwinden. Selbst wenn diese Unregelmäßigkeiten nur vorübergehend auftreten, können sie außerordentlich störend und ärgerlich für den Benutzer sein.

Chemisch bedingte Schäden können auftreten, wenn Kunststoffteile von falsch gewählten Reinigungsmitteln angegriffen werden oder wenn leichtentflammbare Flüssigkeiten von Kontaktfunken entzündet werden. Entspiegelungen von Bildschirmen können durch Fett und Schweiß von Fingern verschmutzt oder örtlich zerstört werden.

Die Verwendung von Arbeitsplatz-Modellen

Eine der besten Methoden, um die Gestaltung von VDT-Arbeitsplätzen zu testen, besteht darin, daß die Computerspezialisten und die Benutzer gemeinsam einige der möglichen Arbeitsplatzanordnungen durchspielen. Dazu kann man Papier und Bleistiftskizzen verwenden, oder Modelle in reduzierter oder voller Größe. Aufbauten dieser Art muß man nicht mit richtigen Geräten bestücken. Große Pappkartons mit den richtigen Abmessungen können hin und her geschoben werden und eignen sich gut zum Experimentieren.

Wenn eine gute Lösung gefunden ist, kann man sie einfach fotografieren oder skizzieren und alle erforderlich werdenden Veränderungen können gemacht werden, bevor die eigentliche Anlage installiert wird. Solche Modellversuche geben eine gute Gelegenheit, auch Mitarbeiter an der Planung für das Projekt zu beteiligen, die die vorhergehenden Planungsphasen nicht mitgemacht haben.

Anthropometrische Aspekte von VDT-Arbeitsplätzen

Eine Körperhaltung ist um so besser, je weniger sie das Knochengerüst und die *Haltemuskeln* des Körpers belastet. Eine schlechte Sitzhaltung führt zu Ermüdung der Rückenmuskulatur und schließlich auch zu Wirbelsäulenschäden. Studiert man die Arbeitshaltung am VDT-Arbeitsplatz, dann sind vom Knochengerüst besonders die Arme, die Wirbelsäule, das Becken und die Beine wichtig, von der Muskulatur die des Nackenbereichs, des Rückens, des Bauches und ebenfalls die der Arme und Beine.

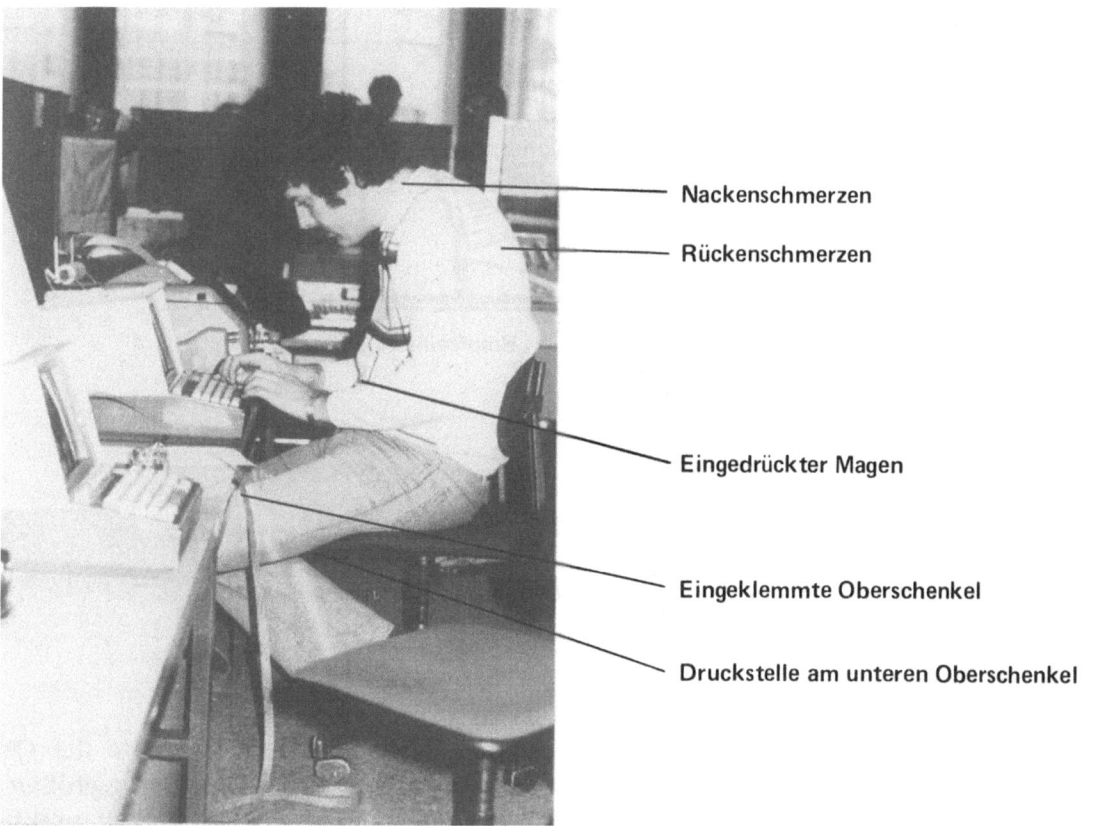

Abb. 4.2 Der VDT-Arbeitsplatz sollte so angeordnet sein, daß er den Körperbau des Menschen berücksichtigt. Andernfalls kann der Benutzer eine Vielzahl körperlicher Unannehmlichkeiten erleiden. Ref. C. 2

Es muß jedoch daran erinnert werden, daß jede Haltung 'schlecht' wird, wenn sie starr ist und längere Zeit eingehalten werden muß: statische Muskelbelastung ist ermüdender als Belastung durch Bewegung. Bei jeder Körperhaltung wird irgend eine Gruppe von Muskeln statisch belastet. Die Anstrengung, die notwendig ist, um eine feste Position einzuhalten, wird schließlich so ermüdend, besonders in den am meisten belasteten Teilen der Muskulatur, daß der Mensch das unbedingte Bedürfnis hat, seine Stellung zu ändern. Deshalb wirkt selbst die beste Haltung mit der Zeit ermüdend, auch das Liegen ohne Bewegung.

Das Gefühl der Ermüdung tritt wesentlich später auf, wenn man die Möglichkeit hat, seine Haltung häufig zu wechseln. Dafür gibt es vor allem zwei Gründe:

1. Veränderungen in der Haltung und in der Belastung der verschiedenen Bereiche der Muskulatur verringert statische Arbeit, die von einer bestimmten Muskelgruppe geleistet werden muß.

2. Die mechanische Arbeit, die bei der Veränderung der Haltung geleistet wird, schafft Erleichterung von der rein statischen Muskelbelastung.

Für die anthropometrische Anpassung des Arbeitsplatzes an den VDT-Benutzer sind u.a. folgende Werte interessant. Es sind Ergebnisse aus Untersuchungen, die unter Berücksichtigung der in Abb. 4.3 dargestellten Faktoren durchgeführt wurden.

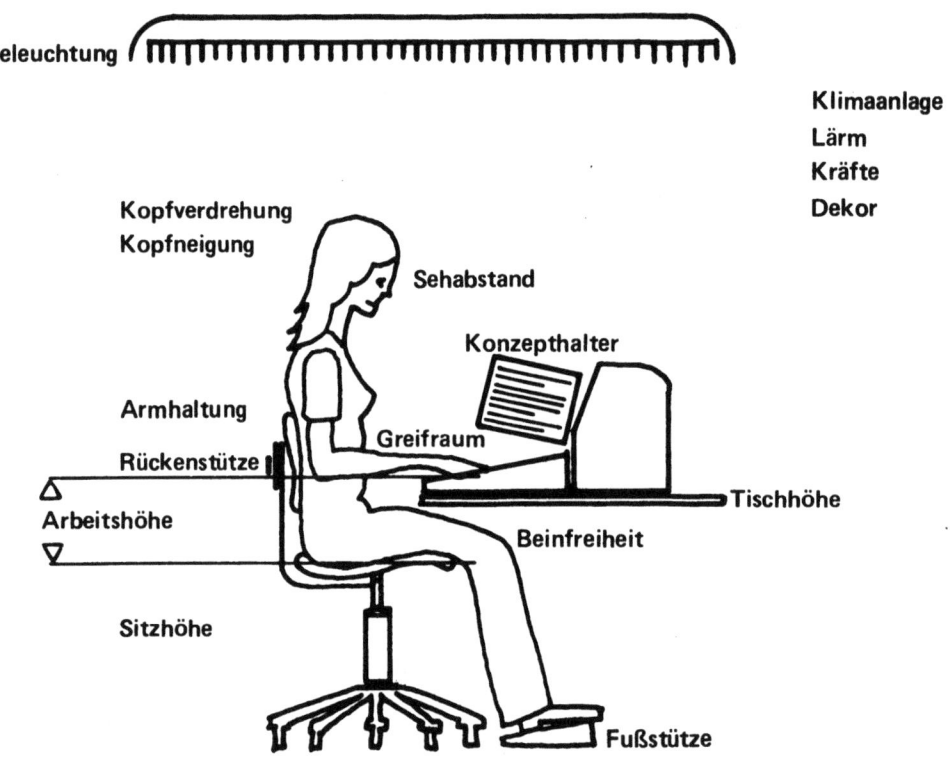

Abb. 4.3 Die wichtigsten Gesichtspunkte für die Gestaltung von VDT-Arbeitsplätzen.

Arbeitshöhe

Die Arbeitshöhe ('Distanz') wird als der Abstand zwischen der Unterseite der Oberschenkel und der Handinnenfläche definiert. Sie ist eine der wichtigsten Bezugsgrößen für die sitzende Arbeitshaltung. Man setzt hierbei voraus, daß die Arbeitsperson praktisch gerade sitzt und Hände und Unterarme waagerecht hält. Nach der deutschen Norm (DIN 33402) beträgt die Arbeitshöhe 220 bis 250 mm entsprechend der unteren 5%-Grenze für die weibliche Bevölkerung und der oberen 95%-Grenze für die männliche Bevölkerung.

Die Arbeitshöhe an einem VDT-Arbeitsplatz umfaßt auch den Abstand zwischen dem Stuhlsitz und der oberen Oberfläche der Oberschenkel, den Abstand zwischen Oberseite Oberschenkel und Unterseite Schreibtisch, die Stärke der Schreibtischplatte und die Höhe des Tastenfeldes, gemessen zwischen Schreibtischoberfläche und Mittelreihe.

Die praktische Bedeutung der Arbeitshöhe liegt darin, daß man a) ausreichende Kniefreiheit braucht und b) eine möglichst günstige Haltung der Hände und Arme bei der Bedienung des Tastenfeldes. Im allgemeinen sollte der Knieabstand zwischen 170 und 200 mm betragen. Da die Schreibtischplatte meist zwischen 20 und 40 mm stark ist, zuzüglich etwa 20 mm für die Dicke des oft vorhandenen Rahmens, bleiben für die Tastatur nur noch rund 30 mm übrig. Da aber die meisten der am Markt befindlichen Bildschirmgeräte eine Tastaturhöhe von 50 bis 120 mm haben, lassen sich beide Forderungen nur selten vollständig erfüllen.

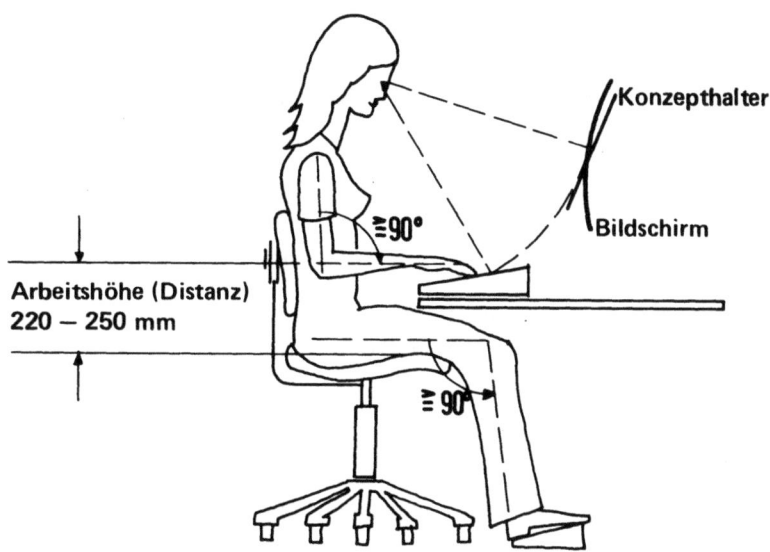

Abb. 4.4 Die Arbeitshöhe ist der Abstand zwischen der Unterseite der Oberschenkel und den Handflächen, wobei sich Hände und Unterarme in etwa horizontaler Lage befinden sollten.

Abb. 4.5 In dieser Stellung sind die Unterarme in der richtigen Lage, aber die Hände sind an den Handgelenken in einem ungünstigen Winkel abgeknickt.

Die Schreibtischplatte, der Tischrahmen und die Tastatur sollten so dünn wie möglich sein, um eine Arbeitshöhe zwischen 220 und 250 mm zu gewähren. Bewegliche Tastaturen mit einer Höhe von mehr als 30 mm sollten in die Schreibtischplatte eingelassen werden. VDTs mit fester Tastatur sollte man aber nicht in die Tischplatte versenken, da sonst der Bildschirm zu niedrig steht, als daß man ihn bequem betrachten könnte, wobei man beachten sollte, solche Geräte nur für spezielle Zwecke anzuschaffen (tragbare Geräte).

Schreibtischhöhe

Wenn man an einer Schreibmaschine oder an einem VDT arbeitet, wird der Körper an drei Stellen abgestützt:

- mit der Sitzfläche und der Unterseite der Oberschenkel auf dem Stuhl
- mit den Füßen auf dem Boden oder auf einer Fußstütze
- mit dem Rücken an der Rücklehne des Stuhles

Theoretisch könnte man jede der drei Variablen (Schreibtischhöhe, Sitzhöhe und Höhe der Fußstütze) festlegen, solange man die beiden verbleibenden Variablen anpassen kann. Aus den folgenden Gründen ist es jedoch empfehlenswert, die Höhe des Sitzes und der Fußstütze im Verhältnis zu einer *festgelegten Schreibtischhöhe* anzupassen:

Eine verstellbare Schreibtischhöhe kann den Nachteil einer zu hohen Tastatur nicht ausgleichen. Wenn man die richtige Arbeitshöhe erreichen will, ist eine geringe Tastaturhöhe unabdingbar.

Viele Bürokräfte wissen entweder nicht, daß sie die Möglichkeit haben, die Höhe ihres Stuhles einzustellen, oder sie machen bewußt keinen Gebrauch von dieser Einrichtung. Man darf vermuten, daß VDT-Benutzer noch weniger dazu neigen werden, die Schreibtischhöhe zu verändern.

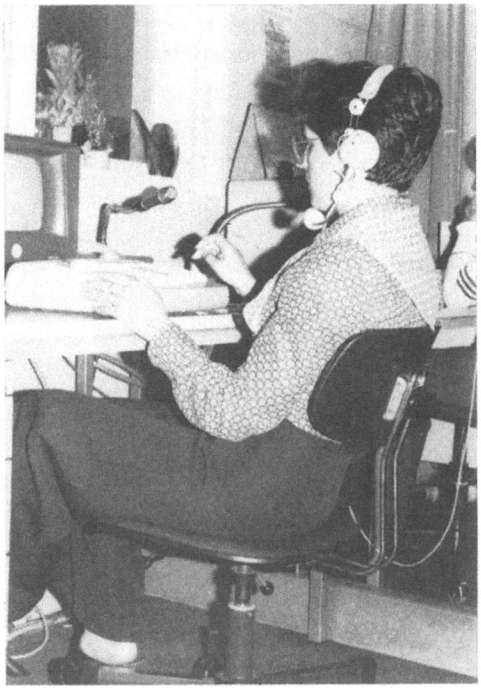

Abb. 4.6 Hier hat das Bemühen, den Bildschirm bequem betrachten zu können, zu einer zu niedrigen Sitzeinstellung geführt. Dadurch wird mehr als ausreichende Beinfreiheit gewährt, aber nur auf Kosten einer sehr ungünstigen Haltung der Hände und Arme bei der Bedienung des Tastenfeldes.

Eine partiell verstellbare Schreibtischplatte, die eine getrennte Einstellung des Tastenfeldes und der Bildschirmhöhe ermöglicht, ist jedoch günstiger. Sie gestattet dem Benutzer, die Haltung seines Kopfes so anzupassen, daß Nacken und Schultern nicht zu stark belastet werden. Eine solche Einrichtung ist auch günstig, um Reflexionen von Fenstern und Lampen zu beseitigen.

Schreibtische für VDT-Arbeitsplätze sollten 720–750 mm hoch sein, mit einer lichten Höhe des Beinraumes von mindestens 650, vorzugsweise 690 mm. Bei beweglichen Tastaturen sollte die Tastenfeldhöhe, d.h. die Höhe der Grundreihe über dem Boden ebenfalls zwischen 720 und 750 mm betragen.

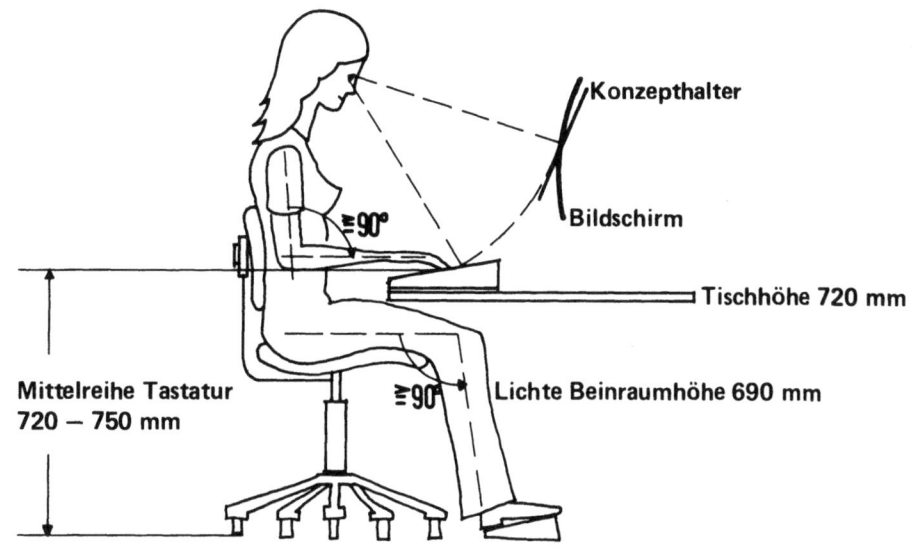

Abb. 4.7 Empfohlene Schreibtischhöhe für VDT-Arbeitsplätze.

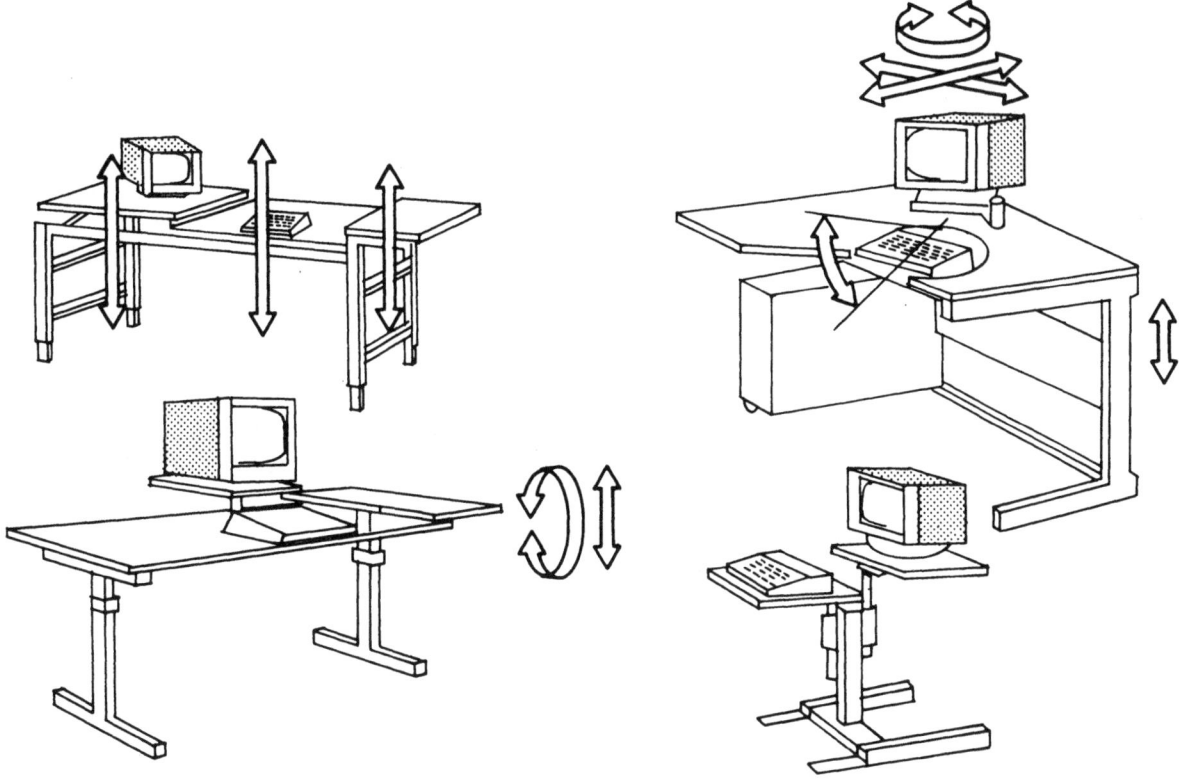

Abb. 4.8 Einige Vorschläge für verstellbare VDT-Arbeitsplätze.

Stuhl, Sitzhöhe und Rückenstütze

Um eine gute Arbeitshaltung zu ermöglichen, sollte die Stuhlhöhe so einstellbar sein, daß die Unterarme beim Schreiben etwa horizontal sind. Die Füße sollten flach auf dem Boden ruhen, die Oberschenkel ebenfalls horizontal sein. In dieser Stellung ist die Arbeit des Stabilisierens der Sitzhaltung auf ein Minimum reduziert, und damit die statische Belastung der Rücken- und Beinmuskulatur. Wenn der Benutzer eine solche Haltung nicht einnehmen kann, ohne sich irgendwie zu strecken, so sollte zusätzlich eine Fußstütze zur Verfügung gestellt werden.

Abb. 4.9 Zwei Beispiele für schlechte Arbeitshaltung, verursacht durch zu hohe Tastatur und mangelnde Beinfreiheit.

Die meisten Bürostuhltypen sind für Terminal-Arbeitsplätze geeignet, vorausgesetzt, daß sie Rückenlehnen haben, die den Bereich der Becken- und Lendenwirbel stützen. Der Bereich der Lendenwirbel ist oft der am stärksten belastete Teil der Wirbelsäule. Eine Rückenlehne reduziert die statische Muskelarbeit, die notwendig ist, um den Rumpf in Sitzstellung zu stabilisieren. Sie sorgt als 'Lendenpolster' für die richtige Biegung der Lendenwirbel und verhindert gleichzeitig die Drehung des Beckens. Die Ränder der Rückenlehne sollten sanft nach außen gebogen sein, damit sie nicht einschneiden oder drücken.

Die Druckverteilung zwischen Körper und Sitzfläche und die Stabilität der Sitzstellung werden auch von der Art der *Sitzbezüge* beeinflußt. In beiderlei Hinsicht sind rauhe Gewebe und flexible Materialien besser geeignet als glänzende und harte Stoffe. Die Oberfläche eines Gewebes erleichtert durch die größere Reibung die Stabilisierung der Sitzhaltung. Flexibilität sorgt für gleichmäßige Verteilung der Belastung und verhindert

Druckstellen. Übrigens sollten die Sitzbezüge auch eine gewisse Luftzirkulation über die Hautoberfläche zulassen.

Sitze aus hartem Material sind ungeeignet, wo langes Sitzen erforderlich ist. Das gilt grundsätzlich auch dann, wenn sie 'körpergerecht' geformt sind. Immerhin verhindern z.B. abgerundete Vorderkanten das Einschneiden in die Oberschenkel.

Stühle für VDT-Arbeitsplätze müssen in der Höhe verstellbar sein (von 450 bis 520 mm). Die optimale Höhe ist gegeben, wenn die Füße flach auf dem Boden ruhen und die Oberschenkel waagerecht liegen.

Die Stühle müssen verstellbare Rückenlehnen haben, um dem Becken und den Lendenwirbeln beim Sitzen eine Stütze zu geben.

Die Benutzer müssen darüber informiert und notfalls regelmäßig daran erinnert werden, daß es möglich ist, die Sitzhöhe und die Rückenlehne einzustellen. In vielen Fällen wurde festgestellt, daß unbequemes Sitzen hätte vermieden werden können, wenn die Betreffenden daran gedacht hätten, ihren Stuhl zu verstellen.

Variante	Tischhöhe		Sitzhöhe		Fußhöhe		Urteil
	fest	variabel	fest	variabel	fest	variabel	
1	■		■		■		arbeitsphysiologisch unbefriedigende Lösung
2	■		■			■	arbeitsphysiologisch befriedigende Lösung, am wirtschaftlichsten
3	■			■	■		höchst unbefriedigende Variante, weil sich der Mensch völlig den Arbeitsplatzelementen anpassen muß
4	■			■		■	siehe 3
5		■	■		■		arbeitsphysiologisch sehr gut, aber unwirtschaftlich
6		■	■			■	arbeitsphysiologisch beste Variante, finanziell sehr aufwendig
7		■		■	■		theoretische Lösung, unwirtschaftlich
8		■		■		■	siehe 7

Abb. 4.10 Eine wirtschaftliche und physiologische Beurteilung der Einstellbarkeit von Schreibtischhöhe, Sitzhöhe und Fußstützenhöhe.

Fußstützen

Wenn man sich für feste Schreibtischhöhe und einstellbare Sitzhöhe entscheidet, dann kann man die richtige Beinstellung für kleinere Personen nur durch eine Fußstütze erreichen. Dabei sind die Oberschenkel horizontal, die Füße ruhen auf der Fußstütze, und der Beugewinkel am Knie beträgt 90° oder etwas mehr.

Fußstützen sollten sich sowohl in der Höhe (bis 50 mm) und in der Neigung (10° bis 15°) verstellen lassen und in der Breite den gesamten Bewegungsspielraum der Beine abdecken. Im Idealfall sollten die Fußstützen am Fußboden oder am Schreibtisch befestigt *) sein, um Wegrutschen zu verhindern. Bewegliche Fußstützen sind weniger günstig, aber besser als gar nichts. Pendelfußstützen sind ungünstig.

*) In diesem Sinne ist eine rutschfeste Gummiauflage eine 'Befestigung'.

Konzepthalter

Um eine ungünstige Neigung des Kopfes oder sogar eine Seitwärtsverdrallung des Körpers zu vermeiden, wenn man abwechselnd das Papier und den Bildschirm betrachtet, sollten Konzepthalter zur Verfügung gestellt und auch benutzt werden. Die am besten geeignete Plazierung des Konzepthalters ergibt sich aus folgenden Überlegungen.

Der am meisten belastete Teil des Körpers ist der Nacken, wobei es anstrengender ist, den Kopf entlang einer vertikalen Ebene zu bewegen, also zu 'nicken', als zu drehen. Nehmen wir nun an, daß der Benutzer Daten vergleichen will, die er von einem Dokument abgelesen hat und die auf dem Bildschirm wiedergegeben sind, dann geht sein Blick schnell zwischen Bildschirm und Dokument hin und her. Dafür sollte, um den Nacken vor unnötiger Anstrengung zu bewahren, möglichst nur eine horizontale Bewegung des Kopfes notwendig sein.

Abb. 4.11 Dieser Konzepthalter sollte hinter dem Tastenfeld aufgestellt werden. Wenn jedoch das Tastenfeld ein fester Bestandteil des VDT-Gehäuses ist, dann steht das Manuskript oft zu hoch. Im dargestellten Beispiel ist dieses Problem kaum gegeben, da der Bildschirm selbst nicht sehr hoch steht — genau genommen steht er zu niedrig, als daß man ihn bequem lesen könnte. Ref. K. 26

Hat ein Benutzer Schwierigkeiten, den Text auf dem Beleg zu lesen, so wird er gewöhnlich versuchen, den Sehabstand zum Dokument zu verringern. Wenn es auf der Tischplatte liegt, dann werden hierdurch Nacken und Rücken zusätzlich belastet. Befindet sich das Manuskript aber neben dem Bildschirm in gleicher Höhe, dann kann der Sehabstand durch Vorwärtsbewegen des Oberkörpers reduziert werden, was Nacken und Rücken viel weniger anstrengt. Auch deshalb ist zu empfehlen, den Beleg auf die gleiche Höhe zu bringen wie den Bildschirm. Wenn man außerdem unterstellt, daß der Kopf beim Lesen des Beleges um etwa 20° nach vorne gebeugt ist, dann sollte man auch den Konzepthalter in einem Winkel von 20° schräg stellen, so daß die Blicklinie rechtwinklig zur Papierebene steht. Diese Maßnahmen sind auch für das Sehen selbst vorteilhaft. VDT-Arbeitsplätze werden gewöhnlich von oben beleuchtet, was bedeutet, daß die Leuchtdichte eines Beleges am größten ist, wenn er flach auf der Tischplatte liegt. Hält man das Papier schräg, so wird die Leuchtdichte so lange reduziert, bis sie (bei etwa 20° zur Vertikalen) nur noch die Hälfte beträgt. Ist zum Beispiel das Leuchtdichte-Verhältnis zwischen dem Bildschirm und einem Dokument, das neben der Tastatur liegt 1:6, so wird es bei entsprechender Schrägstellung auf 1:3 vermindert.

In der praktischen Anwendung sollte man diese Empfehlungen aber flexibel handhaben. Je nach Art des Anwendungsfalles wird man vielleicht andere Lösungen vorziehen. Muß der Benutzer zum Beispiel Zusätze oder Korrekturen anbringen, so wird man oft einen

Abb. 4.12 Ein VDT mit abnehmbarer Tastatur. Bei diesem Beispiel sind Tastenfeld und Manuskript in der günstigsten Stellung, direkt vor dem Benutzer. Ref. K. 26

Abb. 4.13 Der Konzepthalter in diesem Beispiel ist durchsichtig und wenig stabil und verursacht außerdem noch Reflexionen. Ref. K. 26

flacheren Winkel vorziehen. Auch wenn das Manuskript nur mit einem Magnet oder einer Klammer befestigt ist, ist vielleicht ein flacherer Winkel vorzuziehen. Es gibt aber auch Konzepthalter mit einer Lippe am Fuß, bei denen das Papier nicht abrutschen kann.

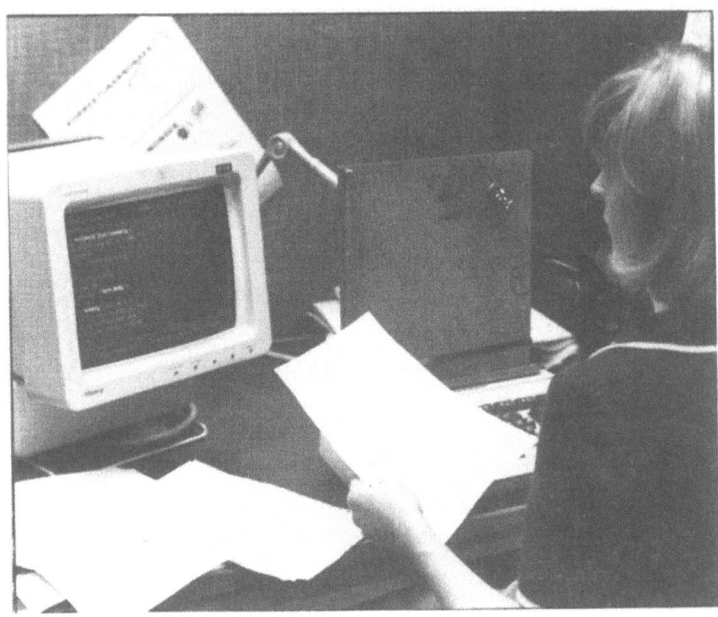

Abb. 4.14 Diese Art Konzepthalter ist günstiger. Mit einem Magneten wird das Manuskript am Halter befestigt. Ref. K. 26

Die Anforderungen an Typ und Stellung des Konzepthalters unterscheiden sich je nach der Art, wie man Quellendokumente verwendet:

Aufgabe	Häufigkeit der Konzeptwechsel	Art und Position des Konzepthalters
Kopieren des Konzepts ohne Manipulationen	Selten	Größe: Konzeptgröße angepaßt Zeilenlineal: ja Ort: links vom Bildschirm 20° zur Horizontalen geneigt
Kopieren des Konzepts mit kleinen Manipulationen (Abstempeln, Abzeichnen u.s.w.)	Selten	Größe: Konzeptgröße angepaßt Zeilenlineal: ja Ort: rechts vom Bildschirm
Kopieren des Konzepts ohne Manipulationen	Häufig	Größe: Konzeptgröße angepaßt Zeilenlineal: möglichst Ort: links vom Bildschirm, oder zwischen Tastatur und Bildschirm
Kopieren des Konzepts mit kleinen Manipulationen (Abstempeln, Abzeichnen u.s.w.)	Häufig	Größe: Konzeptgröße angepaßt Zeilenlineal: möglichst Ort: rechts vom Bildschirm
Kopieren des Konzepts ohne Manipulationen (meist numerische Daten)	Sehr häufig	Größe: Konzeptgröße angepaßt Zeilenlineal: nein Ort: links neben Tastatur

Abb. 4.15 Konzepthalter-Empfehlungen für verschiedene Anwendungen.

Auch wenn man einen automatischen Manuskripthalter verwendet, sollten Höhe, Leseabstand und Neigung einstellbar sein.

Körperbewegungen im Zusammenhang mit dem Lesen von Belegen sind oft ungünstig, lassen sich aber nicht ganz vermeiden. Mit einem Konzepthalter geeigneter Ausführung können jedoch einige dieser Bewegungen vermieden oder auf weniger beanspruchte Körperteile übertragen werden, wie zum Beispiel Armbewegungen anstatt Nackenbewegung, oder Vorneigen des Oberkörpers anstatt Beugen des Nackens.

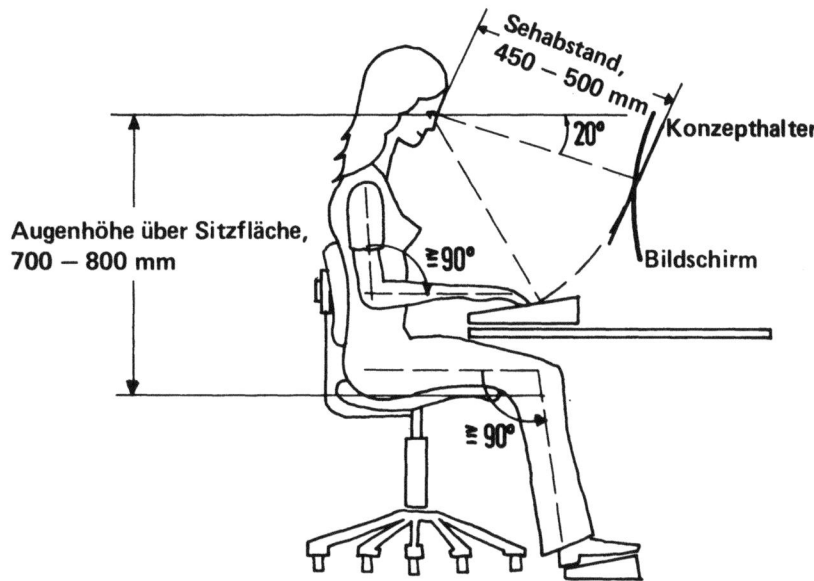

Abb. 4.16 Empfohlene Stellung des Konzepthalters.

Reichweite der Arme und Arbeitsebene

Der Schreibtisch, auf den das VDT gestellt wird, muß nicht nur die richtige Höhe haben, er muß auch ausreichenden Raum bieten, um alle notwendigen Arbeitsutensilien unterzubringen. Das Tastenfeld muß in Reichweite des Benutzers liegen, d.h. die hintere

Abb. 4.17 Bei der Bedienung des Tastenfeldes müssen Hände und Unterarme in einer Stellung sein, bei der die Schreibtischkante das Handgelenk des Benutzers nicht behindert.

Tastenreihe sollte nicht weiter als 400 mm von der Vorderkante des Schreibtisches entfernt sein. Vor der Tastatur sollte etwa 60 mm Platz sein; das ist breit genug für das Auflegen der Hände in der Ruhestellung, und schmal genug, um beim Schreiben das Handgelenk des Benutzers nicht zu behindern.

Ein häufig zu beobachtender Fehler bei VDT-Arbeitsplätzen ist die mangelhafte Vorkehrung für die Benutzung von Arbeitsunterlagen. In manchen Fällen ist so wenig Platz vorhanden, daß der Benutzer gezwungen ist, Akten auf seinen Knien abzulegen!

Abb. 4.18 Ausreichend Platz sollte für Arbeitsunterlagen zur Verfügung stehen! Ref. G. 20

Haltung und Bewegung des Kopfes

Bei visueller Tätigkeit mit Benutzung der Hände, z.B. Lesen im Sitzen mit häufigem Umblättern, ist die bequemste Kopfhaltung bei einem Blickwinkel zwischen 32° und 44° unterhalb der Horizontalen gegeben. Dieser Winkel addiert sich zu etwa gleichen Teilen aus

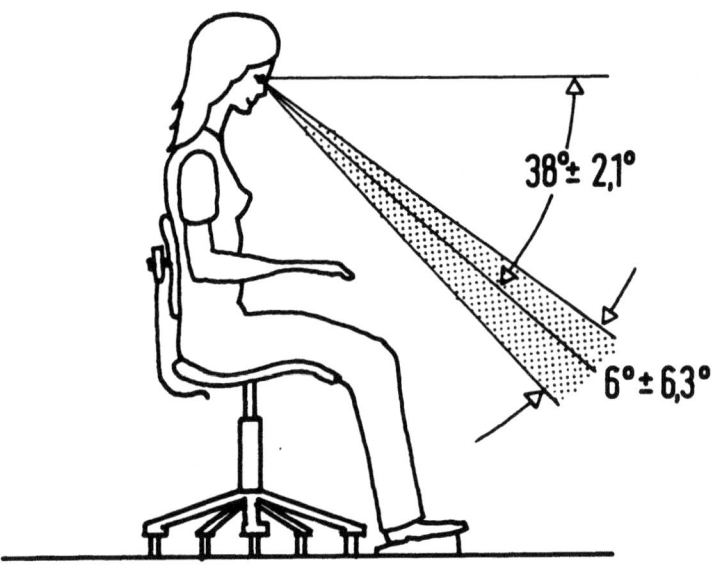

Abb. 4.19 Die normale Sehneigung im Sitzen mit Handbewegungen.

der Neigung des Kopfes und der Normalstellung der Augenachse, entspricht also einer Neigung des Kopfes von etwa 20°.

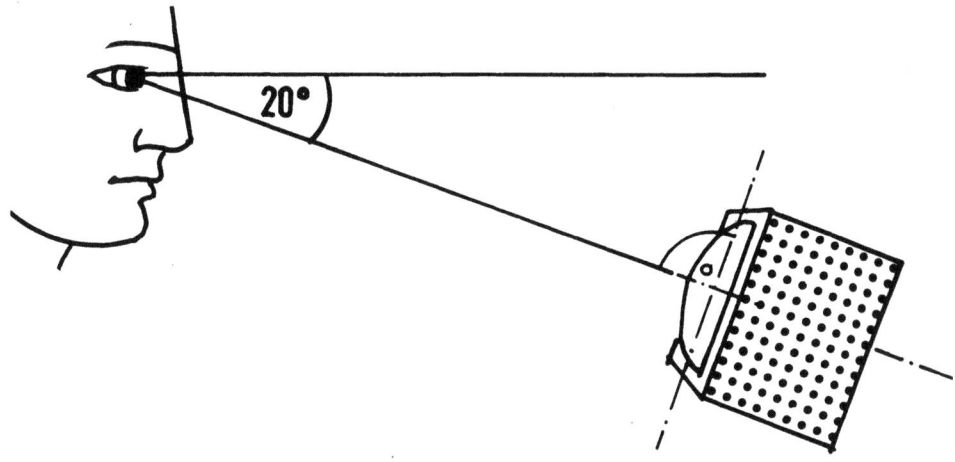

Abb. 4.20 Der Bildschirm läßt sich bei einem Winkel von ca. 20° unter der Horizontalen bequem betrachten.

Für den dargestellten Text und das Manuskript läßt sich dieser Blickwinkel erreichen, indem man Bildschirm und Manuskripthalter entsprechend positioniert. Für die Tastatur ist dies jedoch nicht möglich. Wenn auch die meisten VDT-Benutzer sehr viel auf das Tastenfeld sehen, so ist es doch in erster Linie für die manuelle Bedienung da und muß deshalb so angebracht sein, daß Hände und Arme beim Schreiben ihre optimale Haltung einnehmen. Dies ergibt normalerweise eine Blickneigung von etwa 60° zur Horizontalen, was natürlich viel größer ist, als es für Nacken und Rücken zuträglich wäre. Es ist daher nicht möglich, gleichzeitig die optimale Kopf- und Armhaltung zu ermöglichen. Schon aus diesem Grunde sollten selbst nur gelegentliche VDT-Benutzer gut für die Bedienung des Tastenfeldes ausgebildet sein, damit sie so wenig und so kurz wie möglich auf die Tasten sehen müssen. Dies ist jedoch in der Praxis selten der Fall.

Abb. 4.21 Ein VDT mit fest angebauter Tastatur, die man im Interesse guter Bedienbarkeit in die Schreibtischplatte eingelassen hat. Leider ist nunmehr der Bildschirm zu niedrig, um ihn bequem betrachten zu können. Das führt zu der im Bild erkennbaren Nackenneigung. Ref. K. 26

Drehen des Kopfes

Gleichzeitiges Neigen und Drehen des Kopfes ist meist dann erforderlich, wenn man ein Dokument lesen muß, das auf der Schreibtischplatte neben der Tastatur liegt. In extremen Fällen kann der Kopf um einen Winkel von 45° bis 75° gedreht werden, wobei der Oberkörper ebenfalls gedreht wird. Diese sehr ungünstige Bewegung kann mit Hilfe eines Konzepthalters verbessert werden.

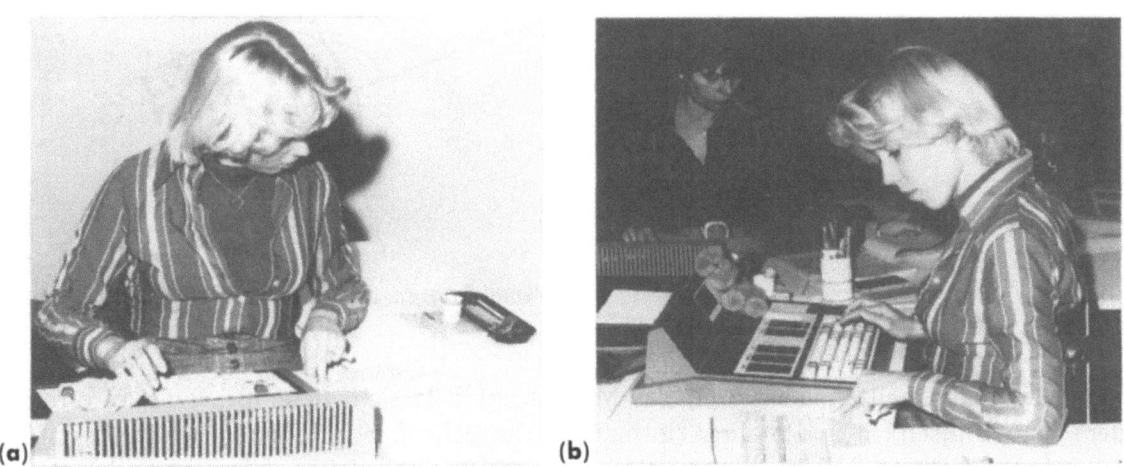

Abb. 4.22 Beispiele ungeeigneter Arbeitsplatzgestaltung. (a) Dadurch daß die Dokumente auf der Schreibtischplatte neben der Tastatur liegen, ist die Benutzerin gezwungen den Kopf zur Seite zu drehen und nach unten zu neigen. (b) Die Benutzung des niedrigeren Schreibtisches zwingt die Benutzerin den Rücken zu krümmen. Sie wird auch durch Blendung von der weißen Schreibtischplatte gestört werden. Ref. C. 2

Sehabstand

Die Frage der Sehabstände am VDT-Arbeitsplatz ist aus mehreren Gründen wichtig:

- Gewöhnlich werden drei verschiedene Objekte — ein Papierbeleg, der Bildschirm und das Tastenfeld — in schneller Folge betrachtet.
- Der Text auf dem Beleg besteht oft aus sehr kleinen Buchstaben, meist weniger als 3 mm hoch.
- Die Zeichen auf dem Bildschirm sind meist ebenfalls nicht sehr groß.

Bei den meisten Büroarbeiten ist die Geschwindigkeit der visuellen Akkommodation *) nicht besonders wichtig, da in der Regel die Leuchtdichte am Arbeitsplatz mehr oder weniger gleichmäßig verteilt ist, und auch die verschiedenen Sehabstände nicht stark variieren. Da aber der Sehabstand zum VDT-Bildschirm bis zu 700 mm betragen kann, im Vergleich zu 450 bis 500 mm Sehabstand zum Tastenfeld, wird die Frage der Geschwindigkeit und Häufigkeit der Akkommodation sehr viel wichtiger.

Aus physiologischen Gründen sollte man Veränderungen des Sehabstandes auf ein Minimum beschränken, um die Akkommodationszeit zu reduzieren. Dabei geht es nicht einmal so sehr darum, Zeit zu sparen, als vielmehr zu verhindern, daß die Arbeitsperson mit schlecht akkommodierten Augen liest.

*) *Der Begriff 'Akkommodation' bezeichnet die Anpassung der Augen an Abstandsänderungen.*

Da außerdem der Bildschirm und das Tastenfeld nicht auf der gleichen Blickebene angebracht werden können, ergibt sich auch noch eine vertikale Verlagerung des Blickpunktes. Solche Änderungen des Blickwinkels strengen die Augen und die Nackenmuskeln mehr an, als es entsprechende Veränderungen in der horizontalen Ebene tun würden, und sollten daher auf ein erforderliches Minimum begrenzt werden.

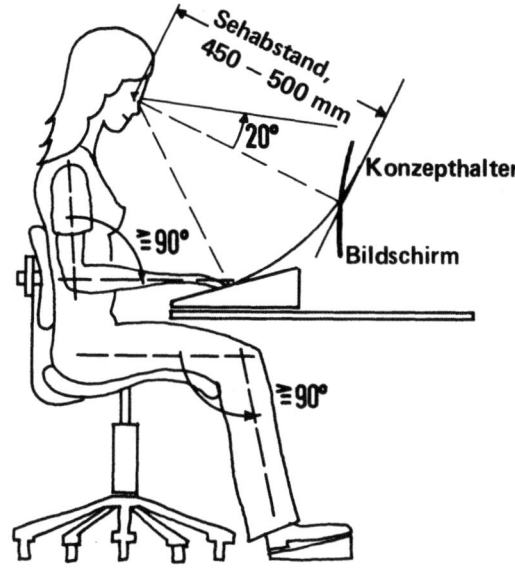

Abb. 4.23 Empfohlener Sehabstand.

UMGEBUNGSBEDINGUNGEN

Von den drei wesentlichsten Kriterien der Arbeitsumgebung — Beleuchtung, Temperatur und Lärm — hat für den VDT-Arbeitsplatz zweifellos die Beleuchtung die größte Bedeutung. Aber auch Temperatur und Klimatisierung müssen sorgfältig überlegt werden, da VDTs eine erhebliche Wärme erzeugen, die man durch ausreichende Klimatisierung ausgleichen muß.

Geräuschprobleme an VDT-Arbeitsplätzen rühren gewöhnlich von anderen Geräten im Raum her und nicht von den VDTs selbst. Bei manchen VDTs jedoch können Geräusche, die vom Kühlventilator oder sogar vom Netzteil und dem Zeilentrafo ausgehen, störend wirken, vor allem auf jüngere Benutzer, die für hochfrequente Geräusche empfindlicher sind.

Beleuchtung

Die Qualität der Beleuchtung und die Schwierigkeit der Sehaufgabe sind ausschlaggebend dafür — wenn man im übrigen normale Sehfähigkeit unterstellt — wie leicht ein Sehobjekt erkannt werden kann. Da die Bedeutung des Blickwinkels, der Leuchtdichte und des Bildschirmkontrasts bereits in anderen Abschnitten behandelt wurde, sollen die nachstehenden Hinweise nur als Richtlinie dienen wie man optimale Lichtbedingungen an VDT-Arbeitsplätzen schaffen kann.

Beleuchtungsstärke

Die Art der Beleuchtung, die für eine bestimmte Aufgabe erforderlich ist, richtet sich nach der Komplexität und visuellen Schwierigkeit der Aufgabe, nach dem durchschnittlichen Sehvermögen der Arbeitsperson und nach der erwarteten Sehleistung, d.h. der Geschwindigkeit und Genauigkeit des Erkennens.

Typische Beziehungen zwischen Sehleistung und Leuchtdichte bei Sehobjekten verschiedener Größe und unterschiedlichen Kontrasts sind in Abb. 4.24 illustriert. Dabei könnten Größe und/oder Kontrast bestimmter Aufgaben vielleicht schon bei verhältnismäßig geringer Beleuchtung, z.B. 50 Lux, die geforderte Sehleistung ermöglichen. Der Gesamteindruck eines Arbeitsraumes ist jedoch bei Beleuchtungsstärken von weniger als 200 Lux recht düster. Deshalb empfiehlt man für Arbeitsräume – unabhängig von dem Schwierigkeitsgrad der Sehaufgabe – mindestens 200 Lux.

Es gibt recht unterschiedliche Empfehlungen zur Stärke der künstlichen Beleuchtung an VDT-Arbeitsplätzen, die von 100 bis 1000 Lux reichen. Dem ersten Wert liegt die Überlegung zugrunde, daß man Reflexionen auf dem Bildschirm vermeiden könnte, wenn man die Beleuchtung auf einem so niedrigen Wert hält. Die IES-Lux-Tabelle andererseits empfiehlt ein Niveau von 1000 Lux für Großraumbüros.

In der Praxis ist jedoch keiner dieser beiden extremen Werte für VDT-Arbeitsplätze geeignet. Künstliche Beleuchtung mit dem äußerst niedrigen Wert von 100 Lux erfordert das zumindest teilweise Abdunkeln des Raums und die Abschirmung der natürlichen Lichtquellen (Fenster), weil sonst die VDT-Benutzer durch die größere Helligkeit draußen gestört und geblendet werden. Abdunkeln des Raumes kann jedoch nur empfohlen werden, wenn die darin ausgeübte Tätigkeit eine solche Umgebung erfordert. Für die Verwendung von VDTs in Büros gilt das aber mit Sicherheit nicht.

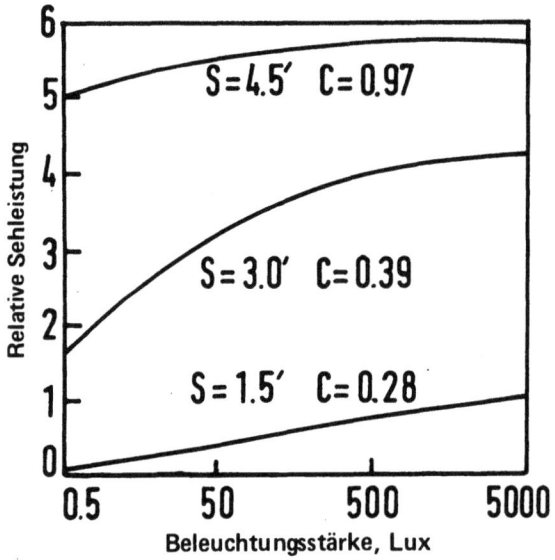

Abb. 4.24 Verhältnis zwischen Sehleistung und Leuchtdichte für verschiedene Objektgrößen (S) und Kontrastwerte (C). Ref. I. 3

Durch allgemeines Verringern des Beleuchtungsniveaus lassen sich Bildschirmreflexionen nicht befriedigend ausschalten. Man kann sie viel leichter und wirksamer beeinflussen, wenn man die Geräte richtig aufstellt und vielleicht zusätzlich eine geeignete Oberflächenbehandlung der Bildschirme durchführt.

Alle Empfehlungen, die auf eine allgemeine Reduktion der Raumbeleuchtung hinauslaufen, übersehen die Tatsache, daß auch bei der Arbeit mit dem Bildschirm viele der benötigten Informationen aus irgendwelchen Belegen entnommen werden müssen. Auch diese, und nicht nur der Bildschirm, müssen klar und leicht lesbar sein. Es wurde sogar festgestellt, daß VDT-Benutzer im allgemeinen die Lesbarkeit der Belege kritischer einschätzen als die des Bildschirms.

Vom physiologischen Standpunkt unterscheidet sich die Lesbarkeit eines Dokuments bei 500 Lux Beleuchtung nicht allzusehr von seiner Lesbarkeit bei 100 Lux Beleuchtung. Zwar hatte eine Untersuchung gezeigt, daß die Leseleistung verbessert wurde, nachdem man die Beleuchtung in einem Büro auf 2000 Lux erhöht hatte, für die Arbeit an VDTs ließ sich eine ähnliche Wirkung aber nicht feststellen. Im Gegenteil, es zeigte sich, daß das Absinken der kritischen Flimmerverschmelzungsfrequenz (als Anzeichen der Ermüdung gegen Arbeitsende) in einem Raum mit 1000 Lux Beleuchtung größer war als bei 500 Lux. Offenbar hatte im ersteren Raum der Versuch zur Herabsetzung der Direktblendung zu einem weniger günstigen Leuchtdichteverhältnis zwischen den Belegen und dem Bildschirm geführt.

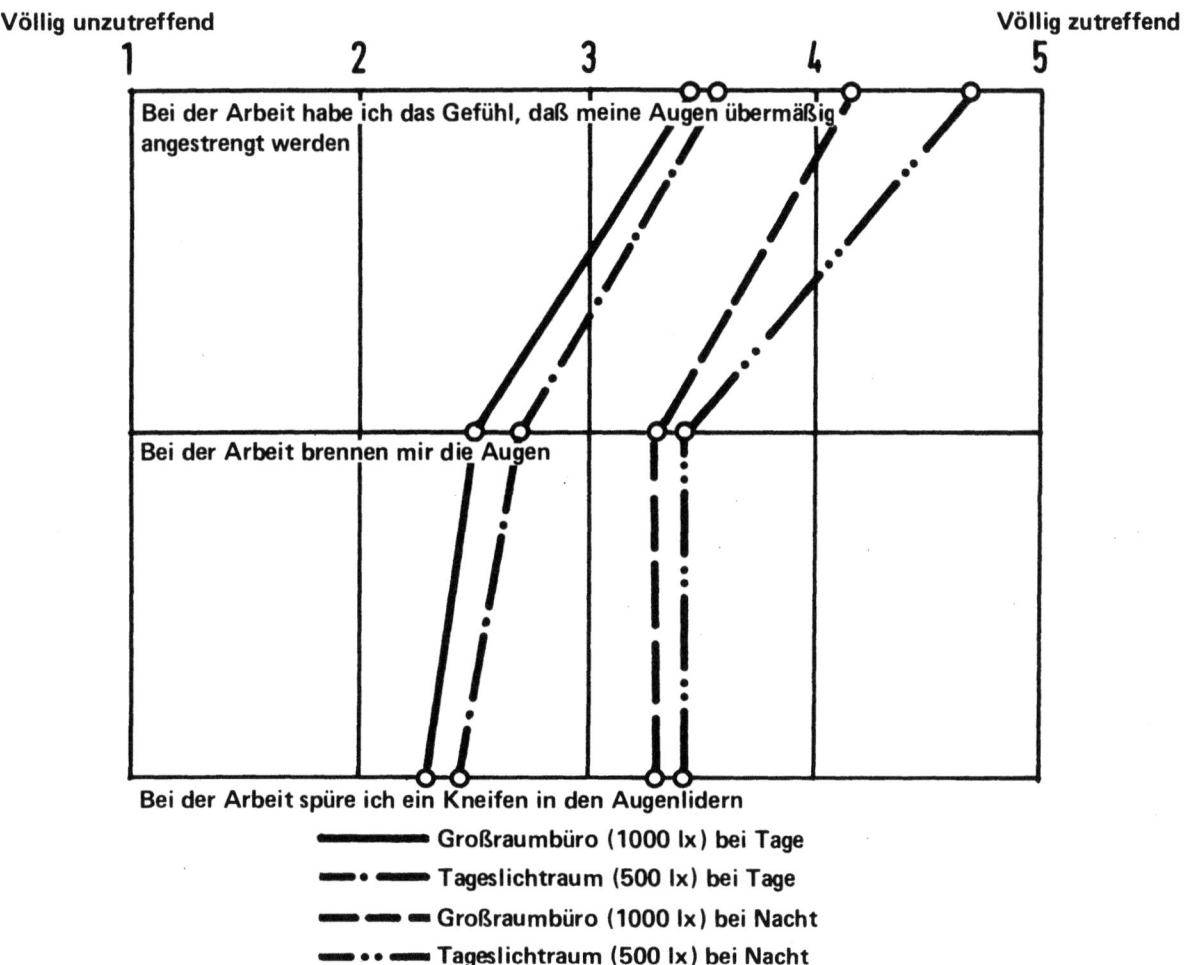

Abb. 4.25 Subjektive Bewertung visuellen Unbehagens unter verschiedenen Raumbeleuchtungs-Bedingungen wenn dieselbe Arbeit auf der gleichen Art von VDTs ausgeführt wird.

Es gibt eine recht detaillierte Untersuchung über die individuelle Reaktion einer Gruppe von VDT-Benutzern auf verschiedene Beleuchtungsstärken, und zwar sowohl im Hinblick auf die Anstrengung beim Lesen wie auf die Annehmlichkeit der Raumbeleuchtung. Diese Untersuchung fand in einem Betrieb statt, bei dem VDTs des gleichen Typs in drei verschiedenen Büros aufgestellt waren. An allen Geräten wurde die gleiche Arbeit im Doppelschichtbetrieb durchgeführt. Es zeigte sich, daß die VDT-Benutzer in den beiden Büros mit 500 Lux Beleuchtung sowohl die Anstrengung beim Lesen wie auch die

Annehmlichkeit der Beleuchtung etwa gleich beurteilten. Im dritten Raum, der mit 1000 Lux beleuchtet war, empfanden die Benutzer das Lesen als wesentlich anstrengender. In jedem der drei Räume wurde übrigens die Beleuchtung abends als angenehmer empfunden als tagsüber, was aber nicht heißen soll, daß ein Raum ohne Tageslichtbeleuchtung auch bei Tage günstiger sein soll. Beobachtungen in der Praxis haben wiederholt gezeigt, daß VDT-Benutzer von sich aus das Licht auf ca. 300 bis 500 Lux zurückschalten, wenn sie die Möglichkeit dazu haben. Je schlechter die Bildschirmqualität, desto geringer ist die gewünschte Beleuchtungsstärke. Das einzige stichhaltige Argument zugunsten von 1000 Lux ist, daß die Leuchtdichte im Raum dem Tageslicht draußen besser entspricht. Aber auch diese Aussage basiert mehr auf qualitativer Empfindung als auf quantitativer Messung. Von den meisten Arbeitsplätzen (zumindest in größeren Büros) kann man vor lauter Trennwänden und ähnlichen Hindernissen ohnehin nicht nach draußen sehen. Oft werden diese Trennwände aufgestellt, um die Blendung durch die Beleuchtungsanlage zu verringern. Dazu kommt, daß man die Leuchtdichte eines VDT-Arbeitsraumes niemals genau derjenigen im Freien anpassen könnte. Aus diesem Grunde wird empfohlen:

> VDT-Arbeitsplätze sollten mit 300 bis 500 Lux beleuchtet werden. *Direkte* und *indirekte* (Reflexions)Blendung muß durch geeignete Maßnahmen so gut wie möglich herabgesetzt werden.

Leuchtdichten und Leuchtdichteunterschiede

Wenn immer wir unsere Blickrichtung verändern, um verschiedene Gegenstände zu betrachten, müssen wir unsere Augen anpassen — es sei denn, die Leuchtdichte jedes sichtbaren Punktes in der Umgebung entspräche genau der Leuchtdichte des zentralen Gesichtsfeldes, also des Gegenstands, den wir gerade betrachten. Nun ist zwar im allgemeinen die Dauer dieser vorübergehenden Anpassung relativ kurz, aber ihr Ausmaß und die dafür aufzuwendende Sehanstrengung hängt sehr von der räumlichen Verteilung der Leuchtdichten ab, an die sich das Auge immer wieder anpassen muß. Um einer Augenermüdung durch diese ständigen Adaptationsvorgänge vorzubeugen, wird empfohlen, daß das Leuchtdichtenverhältnis im zentralen Gesichtsfeld 1:3 nicht übersteigen sollte. Im peripheren Gesichtsfeld sollte es 1:10 nicht übersteigen.

In der Praxis hat sich gezeigt, daß das Leuchtdichtenverhältnis zwischen Papier und Bildschirm bei vielen VDT-Arbeitsplätzen im besten Fall etwa 1:6 beträgt, unter Verwendung normaler Kathodenstrahlröhren ohne Filter. Wenn man Mikromeshfilter oder Polarisationsscheiben verwendet, wird das Leuchtdichtenverhältnis noch sehr viel schlechter — bis 1:100 und mehr — so daß auch bei sonst guter Zeichenbildung auf dem Bildschirm Unbehaglichkeit beim Sehen und Kontrastblendung nicht ganz vermieden werden können.

> Die Leuchtdichtenverhältnisse im Gesichtsfeld (Tastenfeld, Bildschirm, Schreibtisch und Raum) sollten möglichst 1:3:10 nicht übersteigen.

In diese Überlegungen sollte man auch die optischen Eigenschaften des Tastenfeldes einbeziehen, das ja eines der wichtigsten visuellen Objekte am VDT-Arbeitsplatz darstellt. Es sollte im Reflexionsverhalten etwa zwischen dem Bildschirm und dem Papier liegen. Schon aus diesem Grund ist Schwarz keine geeignete Farbe für die Tastenfelder.

Die Tastatur sollte so ausgeführt werden, daß das Leuchtdichtenverhältnis zwischen Tastenfeld und Bildschirm oder zwischen Tastenfeld und Papier 1:3 nicht übersteigt. Ein Verhältnis 1:1 wäre nur theoretisch ideal, läßt sich aber in der Praxis ohnehin nicht erreichen. Es sei dahingestellt, ob es überhaupt wünschenswert wäre, da ein Umfeld mit absolut gleichmäßiger Helligkeitsverteilung langweilig wirkt. Die Aufgabe des Gestalters besteht nicht im absoluten Angleichen aller Leuchtdichten, sondern in der Vermeidung exzessiver Leuchtdichteunterschiede.

Blendung und Reflexionen

Blendung ist eine übermäßige Störung im Anpassungsprozeß des Auges, verursacht durch starke räumliche oder zeitliche Leuchtdichte-Unterschiede.

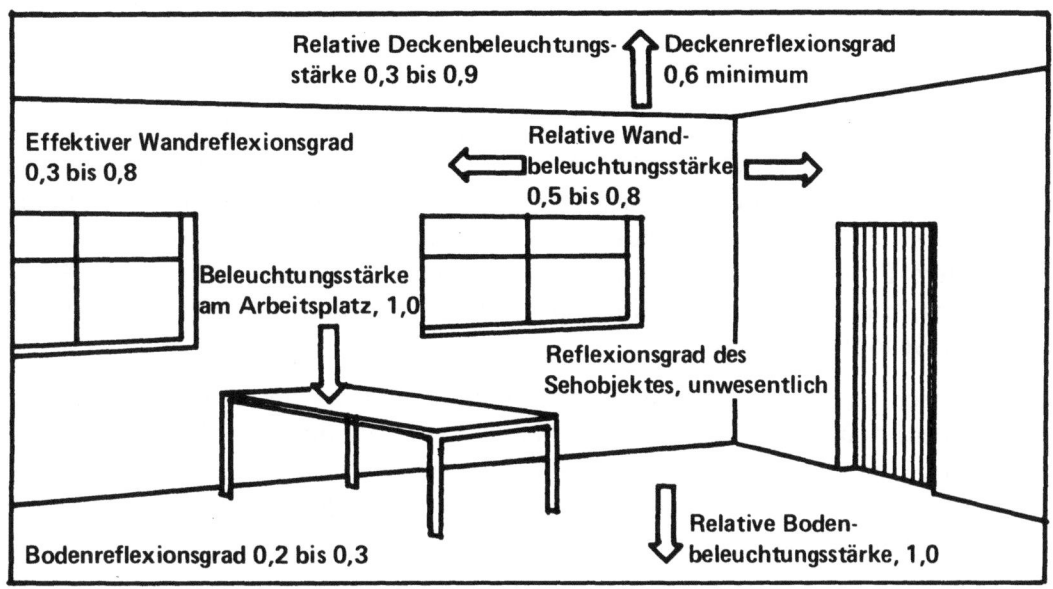

Abb. 4.26 Empfohlene Bereiche für Reflexionsgrade und relative Beleuchtungsstärken für Raumflächen. Ref. I. 3

Direkte Blendung kann man durch geeignete Plazierung der Leuchten weitgehend vermeiden. Hierauf wird in einem späteren Abschnitt noch näher eingegangen. Aber daneben sollte man das Problem der *indirekten Blendung* nicht unterschätzen. Diese Blendung wird durch Spiegelreflexionen von glänzenden Oberflächen oder durch zu große Leuchtdichte-Unterschiede hervorgerufen.

Der Reflexionsgrad der Oberfläche des Schreibtisches sollte sich in der Größenordnung von 0,4 bis 0,6 befinden — wenn möglich, näher am unteren als am oberen Wert. Es ist günstig, wenn die Leuchtdichten der Schreibtischfläche und des Bildschirms möglichst nahe beieinander liegen. Die Tischoberfläche soll auf alle Fälle matt sein, wobei die Farbe nicht so entscheidend ist. Der Tisch darf aber auf keinen Fall weiß sein.

Ein heller Fußbodenbelag mit einem Reflexionsgrad von ca. 0,3 ist von Vorteil, er erhöht den diffusen Anteil der Beleuchtung.

Die Beleuchtung

Die Kriterien für die Wahl des Beleuchtungssystems (Menge und Verteilung der Beleuchtungskörper, Farbtemperatur, usw.) sind für VDT-Arbeitsplätze etwa die gleichen wie für herkömmliche Büroräume. Die Hauptforderung ist die, daß die Qualität der Beleuchtung den Anforderungen an eine ständige Tageslichtergänzungsbeleuchtung mit künstlichem Licht entsprechen muß (Permanent Supplementary Artificial Lighting Installation = PSALI).

Farbtemperatur

Zwar werden subjektiv oft die warmen Lichtfarben den kalten Farben vorgezogen, aber ohne Zweifel vertragen sich Leuchtstofflampen der Lichtfarben 'warmweiß' und 'neutralweiß' am besten mit Tageslicht und sind daher allgemein zu empfehlen.

Beleuchtungsanlagen mit Lichtquellen unterschiedlicher Farbtemperatur können einen störenden und unerwünschten Zwielicht-Effekt hervorrufen. Aus diesem Grunde sollten alle Lampen die gleiche Farbtemperatur haben.

Blendschutz

Viele Untersuchungen haben gezeigt, daß ein starker Zusammenhang besteht zwischen der Art der Beleuchtung an einem VDT-Arbeitsplatz und der Häufigkeit von Klagen über Probleme beim Sehen. Neben Beleuchtungsstärke und Farbtemperatur ist hierbei der Blendschutz besonders wichtig. Blendung bedeutet größere psychologische Belastung und damit schnellere Ermüdung. Aber nicht nur die Beleuchtung kann Brennen in den Augen und den Drang, die Augen zuzukneifen, hervorrufen. Daran ist oft auch die mangelnde Lesbarkeit der Sehobjekte schuld.

Für das Abschirmen der Lampen gegen Blendung gibt es verschiedene Abdeckungen. Eine Untersuchung am Arbeitsplatz setzte subjektive Reaktionen auf direkte und reflektierte Blendung und den resultierenden psychologischen Streß ins Verhältnis zur Art der Abschirmung. Aus diesen Untersuchungen ergab sich die folgende Reihenfolge für die drei bevorzugten Leuchtenabdeckungen:

1. Prismenabdeckung

2. Rasterabdeckung (Spiegelraster)

3. Trübglasabdeckung

Leuchten mit Prismen oder Spiegelrasterabdeckungen geben die beste Lichtverteilung; generell sollte man deshalb die Leuchten für VDT-Arbeitsplätze mit diesen Abdeckungen versehen. Bei der Verwendung von Rastern muß man jedoch bedenken, daß die Leuchtdichte in Bereichen direkt unterhalb der Leuchten kaum verringert wird. Bei solchen Arbeitsplätzen muß man Vorkehrungen treffen, auch Reflexionen von benachbarten Gegenständen zu vermeiden, z.B. der Schreibtischplatte, dem Tastenfeld usw. Zum Beispiel kann man eine Großrasterdecke mit einer Trübglasleuchte kombinieren, um gleichzeitig die Blendung und die Leuchtdichte direkt unter den Leuchten zu reduzieren. Will man aber nur eine Art verwenden, dann sollte man — trotz gewisser Nachteile — Rasterleuchten den Trübglasleuchten vorziehen.

Nicht abgeschirmte Leuchtstofflampen, bei denen die Röhren in einem Blickwinkel von 45° oder weniger sichtbar sind, müssen auf jeden Fall vermieden werden. Selbst in kleinen Arbeitsräumen sollten keine nackten Leuchtstofflampen verwendet werden.

Verteilung der Leuchten im Raum

Die Blendung ist am geringsten, wenn die Leuchten sowohl zur Blickrichtung des VDT-Bedieners als auch zu den Fenstern parallel stehen. Nun ist diese Forderung zwar aus physiologischer Sicht völlig berechtigt, in der Praxis kann aber ihre strikte Erfüllung zu einer recht gleichförmigen Struktur des Arbeitsraumes führen. Deshalb kann man von dieser Empfehlung schon einmal abweichen, wenn die Leuchten selbst so beschaffen sind, daß das Risiko der Blendung so gering wie möglich gehalten wird. Dies gilt vor allem für

Beleuchtungskörper, bei denen die Lampen von der Seite nicht direkt zu sehen sind, weil sie zum Beispiel in die Decke eingelassen oder mit Rastern versehen sind.

Ob man die Leuchten in die Decke einlassen sollte oder nicht, richtet sich auch danach, wie empfindlich man gegenüber einer möglichen Blendung ist. Man muß allerdings beachten, daß die mittlere Leuchtdichte der Decke bei Deckeneinbauleuchten geringer ist als bei Deckenaufbauleuchten oder von der Decke abgehängten Leuchten, weil in diesen Fällen auch die Decke selbst beleuchtet wird.

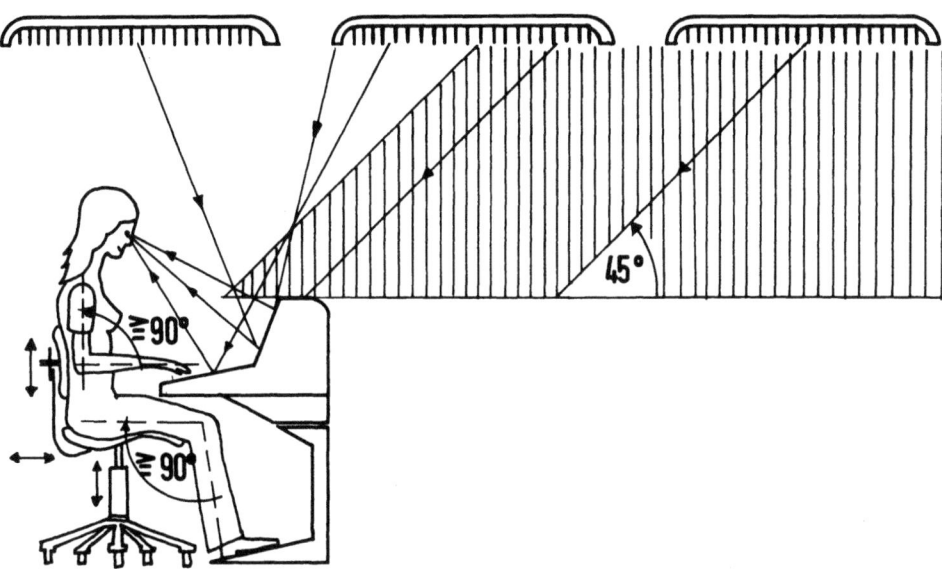

Abb. 4.27 Direkt- und Reflexblendung an einem VDT-Arbeitsplatz. Eine normgerechte Beleuchtungsanlage für Büros mit Rasterleuchten verhindert direkte Blendung (schraffierter Bereich). Der Benutzer ist aber trotzdem noch einiger Reflexblendung vom Bildschirm, vom Tastenfeld und von der Tischplatte ausgesetzt.

Architektonisch extravagante Lösungen in Form von fortlaufenden Reihen von Leuchtstofflampen oder Lampen, die entlang den Unterflächen einer Kassettendecke angebracht sind, können zu leicht zu den unten dargestellten 'Bildschirminhalten' führen. Man sollte daher solche Anordnungen unbedingt vermeiden.

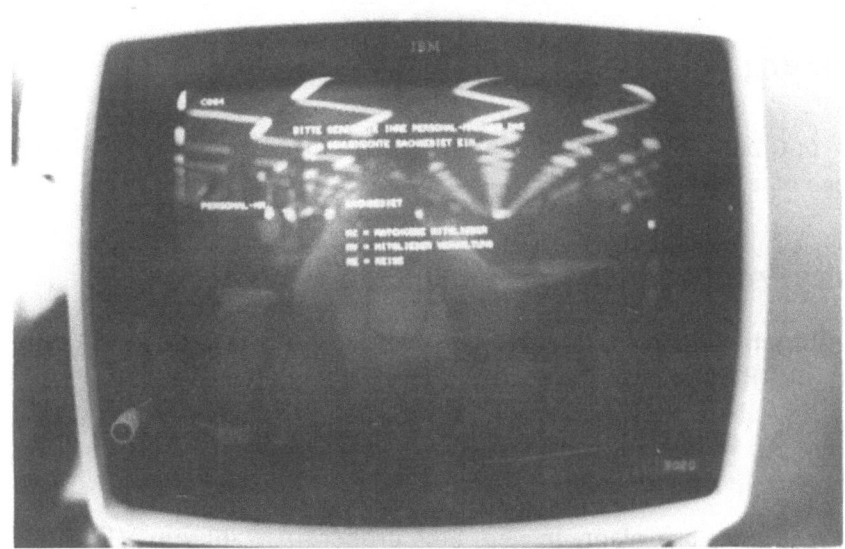

Abb. 4.28 Eine fortlaufende Reihe von Leuchtkörpern spiegelt sich in einem Bildschirm wider und zerstört dessen Bild.

Wenn die Leuchtdichte der Leuchten bei 500 cd/m² oder mehr liegt, dann sollte die Leuchtdichte der Decke selbst möglichst in den Bereich 150 bis 200 cd/m² fallen. In der Praxis wurden aber Decken-Leuchtdichten von 15 bis 35 cd/m² festgestellt, d.h. die Leuchten sind im Vergleich zu ihrer Umgebung zu hell. Eine gewisse Blendung läßt sich nicht ganz vermeiden. Allerdings kann man Decken-Leuchtdichten von 150 bis 200 cd/m² nicht erreichen, ohne die Decke direkt zu beleuchten.

Schaltung der Leuchten

Um stroboskopische Effekte zwischen Bildschirm und Leuchtstofflampen — und zwischen den Lampen selbst — zu vermeiden, empfiehlt sich die Duo-Schaltung, insbesondere in kleineren Arbeitsräumen. Dabei legt man die Spannung mit einem Phasenunterschied an die verschiedenen Lampen an, so daß die Maxima und Minima des Lichtstroms nicht zusammenfallen. Aber auch in großen Räumen sollte man benachbarte Lampen an unterschiedliche Phasen des Drehstromnetzes anschließen. Damit verdreifacht sich die Flimmerfrequenz, was zu viel geringeren Schwankungen in der Beleuchtungsstärke führt und die Störung für den Menschen stark verringert.

Um das Flackern der Lampen gegen Ende ihrer Lebensdauer zu vermeiden, sollte man z.B. DEOS-Starter verwenden, die das Leuchten defekter Röhren verhindern.

Fenster und Vorhänge

Hier interessiert uns weniger das Problem, ob ein Arbeitsraum Fenster haben sollte oder nicht, sondern mehr die Frage, wie sie gegebenenfalls mit Vorhängen, Jalousien usw. auszustatten sind.

Vorhänge bieten einen notwendigen Schutz gegen Blendung, besonders nachts, wenn sie die Reflexion von Lichtquellen im Fenster verhindern. Vorhänge sollten hell und einfarbig sein, mit einem Reflexionsgrad von mindestens 0,5, entsprechend dem der Wandflächen. Wenn man ein dickes und dichtes Material verwendet, tragen die Vorhänge auch zur Geräuschdämpfung bei.

Klimatisierung

Wenn man optimale Bedingungen für die Arbeit mit VDTs schaffen will, dann kommt der Klimaanlage eine wichtige Rolle zu.

Temperaturprobleme an VDT-Arbeitsplätzen

Es gibt unterschiedliche Ursachen für Wärmeprobleme an VDT-Arbeitsplätzen: die Anlage selbst, die Raumbeleuchtung, die Dichte der Besetzung (m³/Person, m²/Arbeitsplatz). Jedenfalls haben VDT-Arbeitsplätze bei der derzeitigen Gerätetechnik eine höhere Wärmebelastung als normale Büroarbeitsplätze, die 30 bis 150% höher liegen kann. Sie steigt sehr schnell mit zunehmender Zahl im Raum installierter Geräte.

> Wenn man ein Büro plant, in dem eine größere Anzahl von VDTs installiert werden soll, so muß man bei der Berechnung der Klimaanlage die Wärmeabgabe dieser Geräte berücksichtigen.

Noch besser ist es aber, das Wärmeproblem an seinen Ursachen und nicht an den Auswirkungen zu bekämpfen. Dazu die folgenden Überlegungen:

- Wenn möglich, VDTs mit geringer Wärmeabgabe verwenden.
- Die Wärme, die von den VDTs ausgeht, sollte nicht auf den Benutzer oder auf benachbarte Arbeitsplätze geblasen werden.
- Es sollten so wenige VDTs wie gerade nötig in einem Raum installiert werden, möglichst gleichmäßig verteilt.
- Die Wärme darf sich nicht im Beinraum ansammeln.

Eine Erhebung, die bei einer großen Zahl von VDT-Benutzern durchgeführt wurde, ergab, daß sich ca. 50% der Befragten in nicht-klimatisierten Räumen, und ca. 30% der Befragten in klimatisierten Räumen, über Temperaturprobleme (zu warm) beschweren. Klagen über Zugluft um die Beine, den Nacken und den Hals kamen (wie die gleiche Untersuchung zeigte) bedeutend seltener bei Räumen ohne Klimaanlage vor. Etwa 25% der Beschwerden über Nackenschmerzen wurden dem Luftzug in klimatisierten Räumen zugeschrieben.

Dies bestätigt nur, daß man die Probleme an ihrer Wurzel behandeln sollte, indem man, wo immer möglich, Geräte mit geringer Wärmeabgabe kauft. Weniger günstig ist der Ausgleich durch stärkere Belüftung oder niedrigere Temperaturen der eingespeisten Luft. In den letztgenannten Fällen verstärken sich die Auswirkungen der Zugluft.

Luftfeuchte

Wenn auch die Luftfeuchtigkeit von einem Bildschirmgerät selbst nicht beeinflußt wird, so ist sie doch für das Wohlbefinden des VDT-Benutzers von großer Bedeutung.

Im Rahmen einer Untersuchung, die in einer großen Zahl von VDT-Arbeitsräumen durchgeführt wurde, bezeichneten mehr als zwei Drittel der dort beschäftigten die Luft als zu trocken — obwohl Messungen zeigten, daß die relative Luftfeuchtigkeit sich im Bereich von 30 bis 40% befand, d.h. innerhalb des normalerweise akzeptierten Annehmlichkeitsbereichs von 30 bis 70%.

Die relative Luftfeuchtigkeit in Büros sollte nicht unter 50% fallen und sollte keinen großen Schwankungen während der Arbeitszeit unterworfen sein.

Lärm

Die Geräuscharmut ist einer der Vorteile des Bildschirmgeräts gegenüber der Schreibmaschine. Vom ergonomischen Standpunkt ist Lärm an VDTs kaum ein Problem. Wo sie auftreten, rühren störende Geräusche an VDT-Arbeitsplätzen gewöhnlich von anderen Geräten im Raum her, z.B. von Schreibmaschinen, Zeilendruckern usw.

Allerdings sind VDTs meist auch nicht geräuschlos. Viele VDTs besitzen einen eingebauten Kühlventilator oder einen Transformator, der surrt oder brummt. Obwohl die Lautstärke dieser Geräusche gering ist, empfinden manche solche Geräusche wegen ihrer Frequenz als lästig. Das gilt besonders für Menschen, die sehr empfindlich gegen hochfrequente Geräusche sind oder deren Aufgabe hohe Konzentration erfordert.

VDT-Arbeitsräume sind so ruhig, daß man die Aufstellung anderer Bürogeräte mit höherem Geräuschpegel sorgfältig überlegen sollte, selbst oder gerade wenn es nur um einige wenige solcher Geräte geht.

Maßnahmen gegen statische Aufladung

Teppiche aus synthetischen Materialien wie Nylon bieten einen haltbaren und ästhetisch ansprechenden Fußbodenbelag. Wenn man jedoch auf solchen Teppichen läuft, so lädt sich der Körper erheblich mit statischer Elektrizität auf, die sich bei einem Kontakt mit Metall entladen kann. Eine solche statische Entladung, z.B. am Rahmen des VDT, kann die Wiedergabe oder andere Bereiche der Anlage stören.

Um solchen Funktionsstörungen vorzubeugen, wird gewöhnlich jedes VDT separat geerdet. Wo dies nicht möglich ist, oder auch als zusätzliche Sicherheit, kann man einen Teppichboden verwenden, in den ein Kupferdraht eingewebt ist. Wenn man außerdem noch ein geerdetes Kupfernetz unter den Teppich legt, hat man einen ausreichenden Schutz gegen Aufladung des Körpers mit statischer Elektrizität.

ZUSAMMENFASSUNG DER EMPFEHLUNGEN

Schreibtische, Fußstützen

	JA	NEIN
1. Sind Arbeitsflächen in ausreichender Zahl vorhanden?	▶☐	☐
2. Sind die Arbeitsflächen groß genug?	▶☐	☐
3. Befinden sich alle Anlagenteile und Arbeitsmittel, die oft gebraucht werden, in normaler Armreichweite des Benutzers, d.h. im Griffbereich, ohne zusätzliche Körperbewegung?	▶☐	☐
4. Beträgt die Schreibtischhöhe zwischen 720 und 750 mm?	▶☐	☐
5. Beträgt die Höhe des Tastenfeldes vom Fußboden zwischen 720 und 750 mm?	▶☐	☐
6. Hat die Schreibtischplatte eine matte Oberfläche?	▶☐	☐
7. Ist der Reflexionsgrad der Schreibtischoberfläche:		
0,4 ? (optimal)	▶☐	☐
0,5 ? (annehmbar)	☐	☐
0,6 ? (maximal)	☐	☐
8. Ist die Beinfreiheit ausreichend?	▶☐	☐
9. Ist die Unterseite des Schreibtisches frei von Untertischeinbauten im Bereich der Schreibfläche und unter der Tastatur?	▶☐	☐
10. Beträgt der horizontale Spielraum für die Beine mindestens 800 mm, um ungehindertes Drehen zu ermöglichen?	▶☐	☐
11. Ist der Raum für die Beine mindestens 700 mm tief?	▶☐	☐
12. Ist der Raum für die Beine gegen die Wärmeabstrahlung vom VDT und anderen Geräten geschützt?	▶☐	☐

	JA	NEIN
13. Ist ausreichend Platz vorhanden für das Aufbewahren von Papieren, Handbüchern, persönlichen Dingen?	▶☐	☐
14. Ist der Raum für die Beine frei von Hindernissen und Verstrebungen?	▶☐	☐
15. Kann der Benutzer den Arbeitsplatz umräumen, z.B. indem er die Anordnung des VDTs und anderer Geräteteile verändert?	▶☐	☐
16. Ist eine Fußstütze vorhanden, die über den ganzen Beinraum geht?	☐	☐
17. Wenn Fußstützen verwendet werden, sind diese verstellbar?		
in der Höhe?	▶☐	☐
in der Neigung?	▶☐	☐
18. Kann die Fußstütze schnell und leicht verstellt werden, um sich den verschiedenen Körpermaßen der Benutzer anzupassen?	▶☐	☐
19. Ist die Oberfläche der Fußstütze so beschaffen, daß man die Füße bequem bewegen kann, ohne abzurutschen?	▶☐	☐

Stuhl

	JA	NEIN
1. Ist der Arbeitsstuhl normgerecht?	▶☐	☐
2. Ist der Stuhl standfest, d.h. kann er nicht umkippen? (fünfarmiges Fußkreuz)	▶☐	☐
3. Sind die Rollen selbstarretierend?	▶☐	☐
4. Ist die Sitzhöhe leicht verstellbar?	▶☐	☐
5. Ist der Sitzwinkel verstellbar?	▶☐	☐
6. Ist die Vorderkante des Sitzes abgerundet, um das Einschneiden in die Oberschenkel zu verhindern?	▶☐	☐
7. Ist der Sitz gepolstert?	▶☐	☐
8. Ist die Höhe der Rückenstütze einstellbar?	▶☐	☐
9. Läßt sich die Rückenstütze nach vorn und nach hinten verstellen?	▶☐	☐
10. Können diese Einstellungen einfach und sicher ohne Aufstehen ausgeführt werden?	▶☐	☐
11. Sind diese Einstellmechanismen gegen unbeabsichtigte Betätigung oder Selbstauslösung gesichert?	▶☐	☐

	JA	NEIN

12. Ist jeder einzelne Benutzer darüber informiert, wie er die optimale Einstellung seines Stuhles erreichen kann? ▶☐ ☐

Arbeitsmittel, Hilfsgeräte

Unterlagen

	JA	NEIN

1. Erfüllen die Unterlagen, die für die Arbeit gebraucht werden, die Anforderungen des Abschnitts I in Bezug auf:

    Zeichenform? ▶☐ ☐
    Kontrast zwischen Zeichen und Hintergrund? ▶☐ ☐

2. Haben alle Belege eine matte Oberfläche? ▶☐ ☐

3. Kann man alle für die Arbeit wichtigen Informationen leicht lesen? ▶☐ ☐

4. Entspricht der Aufbau von z.B. Auftrags- oder Rechnungsformularen der Gliederung auf dem Bildschirm? ▶☐ ☐

Unterbringung von VDT, Arbeitsmitteln und anderen Geräten

	JA	NEIN

1. Sind alle Arbeitsmittel und Geräteteile so untergebracht, daß (abgesehen von kurzen Unterbrechungen) der Benutzer eine optimale Arbeitshaltung einnehmen kann, entsprechend den folgenden Kriterien:

    Kopf um etwa 20° vorwärts geneigt ▶☐ ☐
    Wirbelsäule leicht nach vorne gebogen ▶☐ ☐
    Oberarme vertikal ▶☐ ☐
    Kein Drehen des Kopfes und Rumpfes ▶☐ ☐
    Oberschenkel ungefähr horizontal ▶☐ ☐
    Unterschenkel ungefähr vertikal ▶☐ ☐
    Ausreichende Beinfreiheit ▶☐ ☐
    Bei mehreren in schneller Folge abwechselnd betrachteten Objekten eine Abweichung von 15 bis 30° zur normalen Blickrichtung ▶☐ ☐

2. Sind alle Arbeitsmittel und Geräte im Blick- und Arbeitsbereich untergebracht, entsprechend

    der Häufigkeit der Benutzung? ☐ ☐
    der Art ihres Gebrauchs? ☐ ☐
    ihrer Wichtigkeit? ☐ ☐

UMGEBUNGSBEDINGUNGEN

Beleuchtung

		JA	NEIN
1.	Beträgt die Beleuchtungsstärke zwischen 300 und 500 Lux?	▶□	□
2.	Ist das Gesichtsfeld des Benutzers frei von direkten Reflexionen (vom Bildschirm, Tastenfeld, Schreibtisch, Papieren usw.)?	▶□	□
3.	Gibt es im Gesichtsfeld des Benutzers Quellen für Blendlicht (Leuchten, Fenster etc.)?	▶□	□
4.	Sind die Leuchten mit Prismen- oder Rasterabdeckungen ausgestattet?	▶□	□
5.	Ist die Beleuchtungsanlage phasenverschoben geschaltet?	▶□	□
6.	Sind die VDT-Arbeitsplätze so angeordnet, daß die vorwiegende Blickrichtung der Benutzer		
	parallel zu den Leuchten verläuft?	▶□	□
	parallel zu den Fenstern verläuft?	▶□	□
7.	Sind die Fenster mit Außenjalousien versehen?	□	□
8.	Sind die Fenster mit Innenjalousien versehen?	□	□
9.	Sind die Fenster mit Vorhängen mit einem Reflexionsgrad im Bereich von 0,5 bis 0,7 versehen?	▶□	□
10.	Beträgt der durchschnittliche Reflexionsgrad der Decke mehr als 0,7?	▶□	□
11.	Beträgt der Reflexionsgrad der Wände zwischen 0,5 und 0,7?	▶□	□
12.	Beträgt der Reflexionsgrad des Fußbodens ca. 0,3?	▶□	□
13.	Sind die Lampen mit Startern ausgestattet, die das Flackern am Ende ihrer Lebensdauer verhindern?	▶□	□
14.	Werden die Leuchten regelmäßig gereinigt und gewartet?	▶□	□

Klima im Raum

		JA	NEIN
1.	Ist der Arbeitsraum klimatisiert?	▶□	□
2.	Kann die Raumtemperatur zwischen 21 und 23°C gehalten werden?	▶□	□
3.	Kann die relative Luftfeuchtigkeit zwischen 45 und 55% gehalten werden?	▶□	□

	JA	NEIN

4. Ist die Geschwindigkeit der Luftbewegung geringer als 0,1 m/s

    in Nackenhöhe? ▶☐ ☐

    in Taillenhöhe? ▶☐ ☐

    in Knöchelhöhe? ▶☐ ☐

5. Sind Benutzer oder andere Personen geschützt vor

    Wärmeabstrahlung vom VDT? ▶☐ ☐

    warmem Luftstrom von Kühlventilatoren? ▶☐ ☐

6. Hat man gegen örtlich begrenzte Wärmezonen (unter dem Schreibtisch, in Ecken usw.) vorgebeugt? ▶☐ ☐

Lärm

	JA	NEIN

1. Beträgt der Geräuschpegel:

    weniger als 55 dB(A) in Arbeitsbereichen, wo ein hohes Maß an Konzentration gefordert wird? ▶☐ ☐

    weniger als 65 dB(A) in Bereichen, wo Routinearbeit gemacht wird? ▶☐ ☐

2. Liegen die Geräuschpegel der verschiedenen Geräte nicht mehr als 5 dB(A) über dem Hintergrundgeräusch

    beim VDT (Ventilatoren, Netzteil)? Aber nicht z.B. die auditive Rückmeldung von der Tastatur ▶☐ ☐

    bei anderen Geräteteilen? ▶☐ ☐

3. Sind die Umgebungsgeräusche frei von hohen Frequenzen? ▶☐ ☐

4. Ist der VDT-Raum von äußeren Geräuschquellen beeinflußt (benachbarte Räume, Straße)? ☐ ☐

5. Befinden sich im Arbeitsraum noch andere Geräte, z.B. Drucker, Fernschreiber, die störende Geräusche erzeugen? ☐ ☐

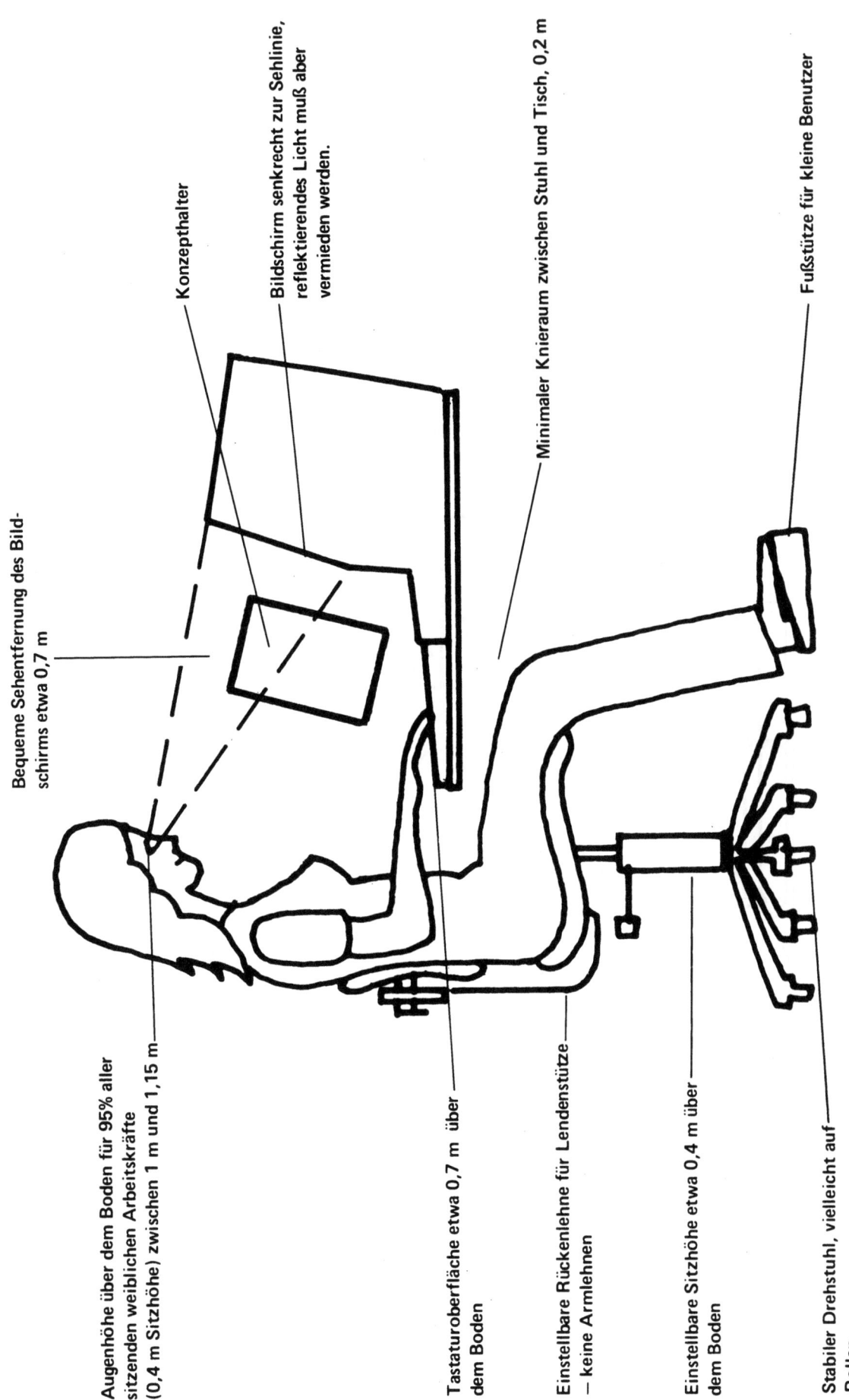

Abb. 4.29 Übliche Abmessungen eines Bildschirmarbeitsplatzes

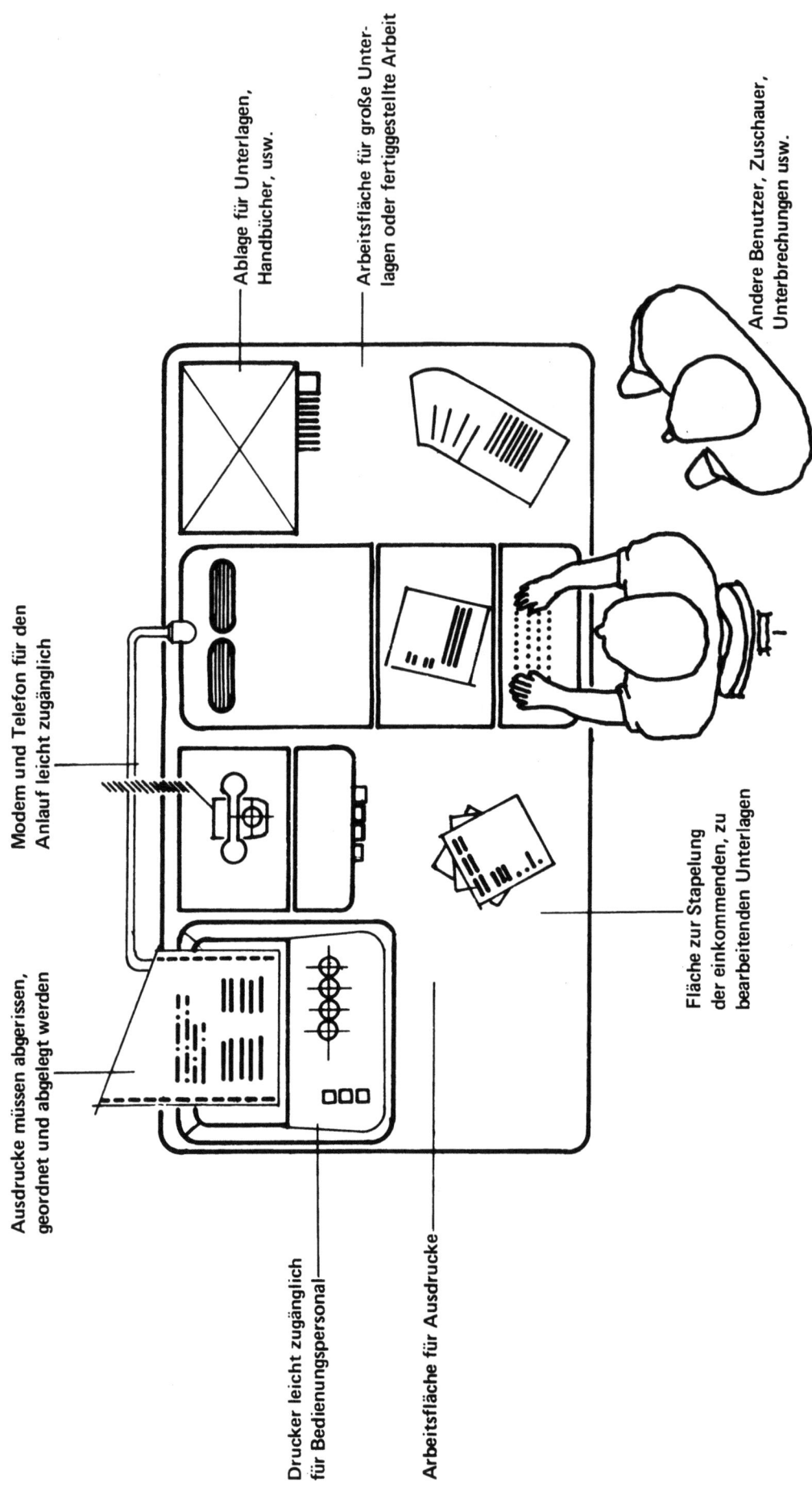

Abb. 4.30 Arbeitsplatz für Bildschirm-Drucker mit Arbeitsflächen und Aufbewahrungsmöglichkeiten

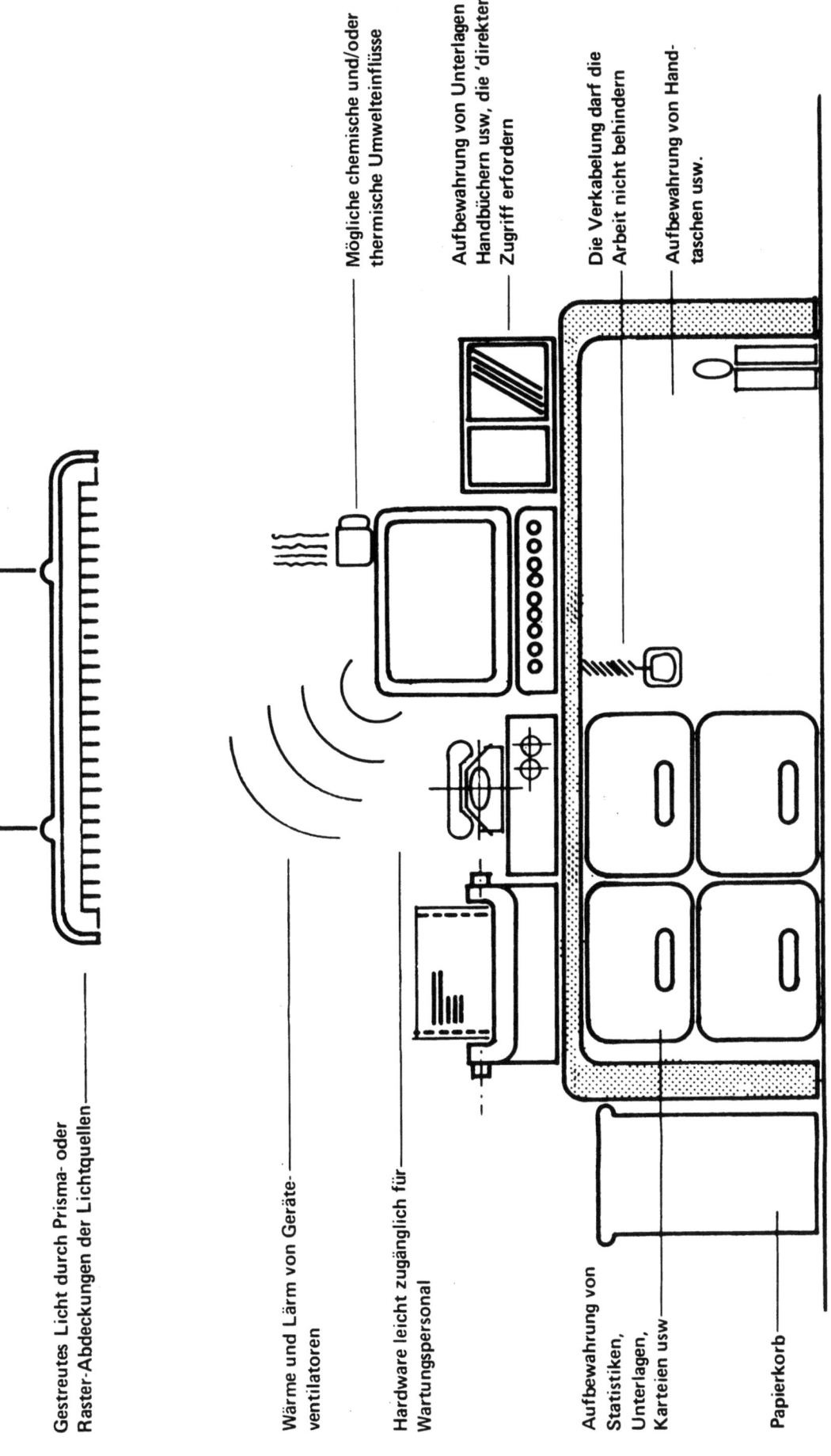

Abb. 4.31 Zusätzliche Punkte die beim Arbeitsplatz für einen Bildschirm-Drucker beachtet werden müssen

Kapitel 5

GESUNDHEITLICHE, SICHERHEITS- UND ORGANISATORISCHE ASPEKTE DER ARBEIT MIT VDTs

Vorwort

Das VDT ist ein relativer 'Neuling' im Bürobereich. Im Vergleich zu herkömmlichen Bürogeräten stellt die Arbeit mit Bildschirmgeräten zusätzliche, ungewohnte Anforderungen an die Augen und damit bestimmte Anforderungen an Konstruktion, Ausstattung und Benutzung der VDTs. In den vorangegangenen Kapiteln wurden diese Forderungen im einzelnen betrachtet. Es wurde gezeigt, daß — wenn auch der Tätigkeit am VDT im Prinzip nichts Schädliches anhaftet — die Arbeit an einem VDT-Bildschirmgerät zu Ermüdungserscheinungen führen kann, wenn diese Anforderungen nicht richtig erfüllt worden sind. Solche Ermüdungserscheinungen bei der Bildschirmarbeit sind aber nicht unvermeidlich, und außerdem sind sie in vielen Fällen noch nicht einmal auf das VDT selbst zurückzuführen.

Diese Ermüdung kann manchmal auf schlechte Haltung aufgrund ungeeigneter Arbeitsplätze zurückzuführen sein oder auf viele andere Faktoren, darunter natürlich auch die visuellen Gegebenheiten der Aufgabe und — nicht zu vergessen — schon vorhandene Sehstörungen der Betroffenen. Ermüdung macht sich auf verschiedene Art bemerkbar, als Unbehaglichkeit oder fühlbare Schmerzen in den Augen, im Nacken, im Rücken und in anderen Körperteilen. Nun ist aber Ermüdung der Augen nicht notwendigerweise ein Zeichen dafür, daß die Ursache des Problems tatsächlich visueller Natur ist. Die Augen wirken oft wie ein 'Frühwarnsystem' für den Rest des Körpers.

Dieses Kapitel beschäftigt sich mit verschiedenen Erscheinungen von haltungsbedingter oder visueller Unbehaglichkeit, wie sie bei der Arbeit mit einem VDT auftreten können. Auch der Frage nach möglicherweise irreversiblen langfristigen Auswirkungen auf das Sehvermögen wird nachgegangen, obwohl diese Überlegungen erschwert werden durch die Tatsache, daß ein hoher Anteil der arbeitenden Bevölkerung (etwa 20 bis 30%) mit nicht oder nicht ausreichend korrigierten Sehfehlern behaftet ist. Schon im Hinblick darauf wurde die Erarbeitung eines geeigneten Sehtests für VDT-Benutzer von vielen Anwenderorganisationen und Gesundheitsbehörden gefordert. Auch dies bildet einen der Schwerpunkte der Untersuchung. Darüber wird in diesem Kapitel und — noch ausführlicher — im Anhang II berichtet.

Ermüdung bei VDT-Benutzern hängt aber auch weitgehend von der Art und Organisation der jeweiligen Aufgabe ab. Klagen über physiologische Unannehmlichkeiten der Bildschirmarbeit stehen in engem Zusammenhang mit der psychologischen Reaktion des Benutzers, der seine eigene Rolle und die beruflichen und organisatorischen Aspekte seiner Arbeit zu der Einführung einer Computeranlage in Beziehung bringt. Gerade in bestimmten Berufszweigen ergaben sich hieraus wichtige Aspekte der Beziehung zwischen Mensch und Arbeit. Auch diese werden in diesem Kapitel behandelt.

PROBLEME DER KÖRPERHALTUNG

Die Probleme der Arbeitshaltung, d.h. der Stellungen und Bewegungen des Körpers während der Durchführung einer bestimmten Aufgabe, hängen von der Art der betreffenden Aufgabe, von der physiologischen Struktur und Funktion des Körpers, aber auch von der psychologischen Einstellung und Belastung des Individuums bei der Arbeit ab. Es ist daher sehr wichtig, daß man bei Klagen über unbequeme Haltung die Arbeitssituation in ihrer Gesamtheit untersucht, um die wahrscheinlichsten Ursachen des Problems aufzuspüren. In vielen Fällen wird sich zeigen, daß sie in der ungünstigen Ausgestaltung des Arbeitsplatzes oder des Arbeitsraumes liegen, wo sie meist ohne großen Aufwand korrigiert werden können. In anderen Fällen können die Klagen aber auch die Folgen einer grundlegenden Arbeitsunzufriedenheit sein, die sich ohne eine grundlegende erneute Durchdenkung der betreffenden Arbeitsaufgabe nicht bessern läßt.

Der menschliche Körper ist für Bewegung gebaut. Statische Belastung — die dann auftritt, wenn man den Körper oder einzelne Körperteile in einer starren Position halten muß — ist viel ermüdender als die Belastung durch Bewegung. Das zeigt sich ganz deutlich, wenn man zum Beispiel den Unterschied zwischen Stehen und Gehen betrachtet. Stillstehen, und sei es nur für ein paar Minuten, kann sehr ermüdend sein. Laufen dagegen kann ein gesunder Mensch viel länger, ohne auch nur annähernd ähnliche Ermüdung zu empfinden. Auch bei der Arbeit ergeben sich daher die wichtigsten Anforderungen an die Ausführung des Arbeitsplatzes direkt aus der Skelett- und Muskelstruktur des Körpers und seiner Affinität für Bewegung, und aus der Notwendigkeit, die statische Belastung so gering wie möglich zu halten. Daraus folgt aber auch, daß ein Arbeitsplatz, der die dauernde Einhaltung einer unveränderten, als 'optimal' bezeichneten Haltung verlangt, eigentlich nicht als 'optimaler' Arbeitsplatz betrachtet werden kann.

Durchführung der Arbeit

Die Forderungen, die in vorangegangenen Abschnitten bezüglich optimaler Arbeitsplatzgestaltung aufgestellt wurden, sind notwendig, aber allein nicht ausreichend zur Vermeidung von Unbequemlichkeit bei der Arbeit. Wenn die Tätigkeit nur ein Minimum an Körperbewegungen zuläßt, dann nützt auch die 'optimale' Anordnung des Arbeitsplatzes relativ wenig.

Natürlich können manchmal auch die Körperbewegungen selbst die Ursache der Belastung sein. Das trifft besonders dann zu, wenn Art und Organisation der Arbeit die ständig wiederholte Bewegung eines bestimmten Körperteils über lange, ununterbrochene Zeiträume erfordert. Da jeder Arbeitsplatz ein Kompromiß ist zwischen einer großen Zahl von Faktoren, die nicht alle für sich optimiert werden können, lassen sich Haltungsprobleme oft nur durch eine andere Organisation der Aufgabe vermindern.

Haltung und individuelles Verhalten

In der Praxis hängt der Erfolg jeder Bemühung, zu einer günstigen Arbeitshaltung bei der Arbeit mit VDTs zu ermutigen, sehr von der Einstellung der Betroffenen ab. Es wäre falsch, anzunehmen, daß man das Verhalten des Einzelnen allein schon dadurch ändern kann, wenn man eine Anzahl von Empfehlungen bereithält, was getan werden *sollte*. Die Erfahrung lehrt uns, daß es sehr schwer ist, menschliches Verhalten zu ändern; alte Gewohnheiten, insbesondere die schlechten, sind sehr zählebig. Selbst wenn die potentiellen Gefahren sehr wohl bekannt sind, ändert sich das Verhalten gewöhnlich nur wenig, und dann sehr langsam. Gute Beispiele dafür sind die Unfähigkeit vieler Zigarettenraucher, das Rauchen aufzugeben, obwohl sie die damit verbundenen gesundheitlichen Risiken kennen, und die Nachlässigkeit im Tragen von Ohrenschützern in Lärmzonen.

Der Grund für dieses Verhalten liegt darin, daß wir dazu neigen, kurzfristiges Vergnügen oder Behagen zu maximieren und dabei den Gedanken an längerfristige nachteilige Konsequenzen zu verdrängen, obwohl wir uns ihrer bewußt sind.

Welches sind nun die richtigen Verhaltensweisen bei der Arbeit mit VDTs, und was kann der Benutzer eines VDTs selbst tun, um sie zu optimieren — und warum?

Die wichtigsten Aspekte der Bildschirmtätigkeit sind:

- Der visuelle Aspekt, d.h. das Betrachten eines Belegs, des Bildschirms, des Tastenfeldes usw.,
- Bearbeitung eines Belegs.

Im allgemeinen neigt der arbeitende Mensch dazu, eine Haltung einzunehmen, die die momentan durchzuführende Aufgabe erleichtert — mit wenig oder keiner Rücksicht auf langfristige Auswirkungen, wie z.B. Ermüdung oder gar Schädigung des Körpers. Dies ist nicht etwa Gleichgültigkeit, sondern erklärt sich daraus, daß wir uns zunächst der unmittelbaren Schwierigkeiten bei der Durchführung einer Arbeit bewußt werden, und auch diese zuerst zu überwinden versuchen. Bei der Arbeit mit einem VDT z.B. merkt man sehr schnell, ob man die Anzeige leicht lesen kann. Wenn die Lage des Tastenfeldes im Verhältnis zur Körperstellung falsch ist, z.B. zu hoch, zu niedrig oder zu weit entfernt, so merkt man das sehr schnell durch Ermüdung in den Armen oder Schwierigkeiten beim Arbeiten mit dem Tastenfeld. Wenn es schwierig oder unbequem ist, die Seiten des Manuskripts zu wenden oder Eintragungen auf einem Beleg vorzunehmen, so wird auch dies sehr schnell erkannt. Auch wenn sich der arbeitende Mensch darüber klar ist, daß eine schlechte Arbeitshaltung schnell zu Ermüdungserscheinungen führen kann, so wird er trotzdem die Haltung einnehmen, die ihm seine Arbeit kurzfristig erleichtert.

Die Benutzung von Belegen bei der Arbeit mit einem VDT illustriert dieses Verhalten sehr gut. Wenn die Aufgabe häufigen Sichtkontakt mit einer Vorlage verlangt, z.B. beim Übertragen komplizierter Informationen von einem Manuskript in ein Computersystem über das Tastenfeld, so wird doch oft kein Konzepthalter verwendet, der es gestatten würde, in optimaler Haltung zu lesen. Das gilt besonders, wenn schriftliche Eintragungen auf dem Dokument zu machen sind. Bei solchen Arbeiten wird der Beleg meist in optimaler Armreichweite des Benutzers in eine Lage gebracht, die es gestattet, bequem darauf zu schreiben. Meist wird er entweder links oder rechts neben dem Tastenfeld flach auf den Tisch gelegt, so daß es notwendig ist, Rücken und Nacken zu beugen und zu drehen, während man das Dokument liest oder es bearbeitet.

In einem solchen Fall kann man die Situation eventuell durch Aufteilung des Arbeitsprozesses in zwei aufeinanderfolgende Schritte verbessern z.B. mit den Dokumenten arbeiten und Eintragungen vornehmen als erster Schritt und dann Eingabe der Daten in das Terminal als zweiten Schritt, wofür der Arbeitsplatz entsprechend eingerichtet sein muß. Auf diese Weise unterteilt man die Aufgabe in zwei Tätigkeiten, die mehr nacheinander als nebeneinander ausgeführt werden, wobei man für jeden Einzelschritt relativ kurze Zeiträume ansetzt, so daß die Arbeitsperson die Stellung häufig wechseln kann. Dabei werden zwar einige organisatorische Schwierigkeiten entstehen, aber es wäre vom ergonomischen Standpunkt wenig vorteilhaft, zu lange Zeitabschnitte für jede Tätigkeit vorzusehen, da Ermüdungserscheinungen meist das Ergebnis lang andauernder statischer Haltung sind.

Die langfristigen Konsequenzen schlechter Haltung, insbesondere die Möglichkeit irreversibler Haltungsschäden, werden von den arbeitenden Menschen selten bedacht. Dies zeigt sich oft an Arbeitsplätzen, wo verschiedene Anforderungen hinsichtlich Haltung miteinander in Konflikt stehen. Wenn es nicht möglich ist, diese unterschiedlichen Forderungen zu erfüllen, dann läßt sich das Problem vielleicht lösen indem man alternative Aufgaben oder regelmäßige Ruhepausen einführt, um eine Unterbrechung der Hauptaufgabe zu ermöglichen.

Natürlich beziehen sich diese Anmerkungen nicht nur auf die Arbeit mit VDTs. Sie treffen für jede Art menschlicher Tätigkeit zu.

Anpassung der Haltung an die visuelle Aufgabe

Abbildung 5.1 zeigt die aus der Sicht vieler Arbeitswissenschaftler optimale Sitzhaltung für Bildschirmarbeit. Würde man aber eine solche Haltung über längere Zeit beibehalten, so würde auch sie schließlich zu einer so hohen statischen Muskelbelastung führen, daß man sie doch nicht länger durchhalten könnte. Statt dessen würde der Benutzer wohl eine Haltung einnehmen, die sich kurzfristig als akzeptabler Kompromiß darstellt zwischen Belastung der Rückenmuskeln und Fähigkeit zur Durchführung der visuellen Arbeit. Ein extremes Beispiel für eine solche Haltung wird in Abb. 5.2 gezeigt, wobei zugegeben sei, daß dieses vielleicht extreme Beispiel ausgewählt wurde, um so deutlich wie möglich zu zeigen, wie sich die Gestaltung des Arbeitsplatzes auf die Haltung auswirken kann.

Eine solche Haltung kann kurzfristig gewisse Vorteile haben, aber je länger sie beibehalten wird, um so größer ist die Wahrscheinlichkeit einer Dauerschädigung der Rückenmuskulatur. Diese Muskelüberbeanspruchung zeigt sich nicht nur an den Stellen des Körpers, die direkt betroffen sind, sondern kann auch zu Beschwerden in anderen Körperteilen führen. Es ist nicht auszuschließen, daß dadurch manche beruflich bedingten Erkrankungen, z.B. Bandscheibenleiden, falsch diagnostiziert werden.

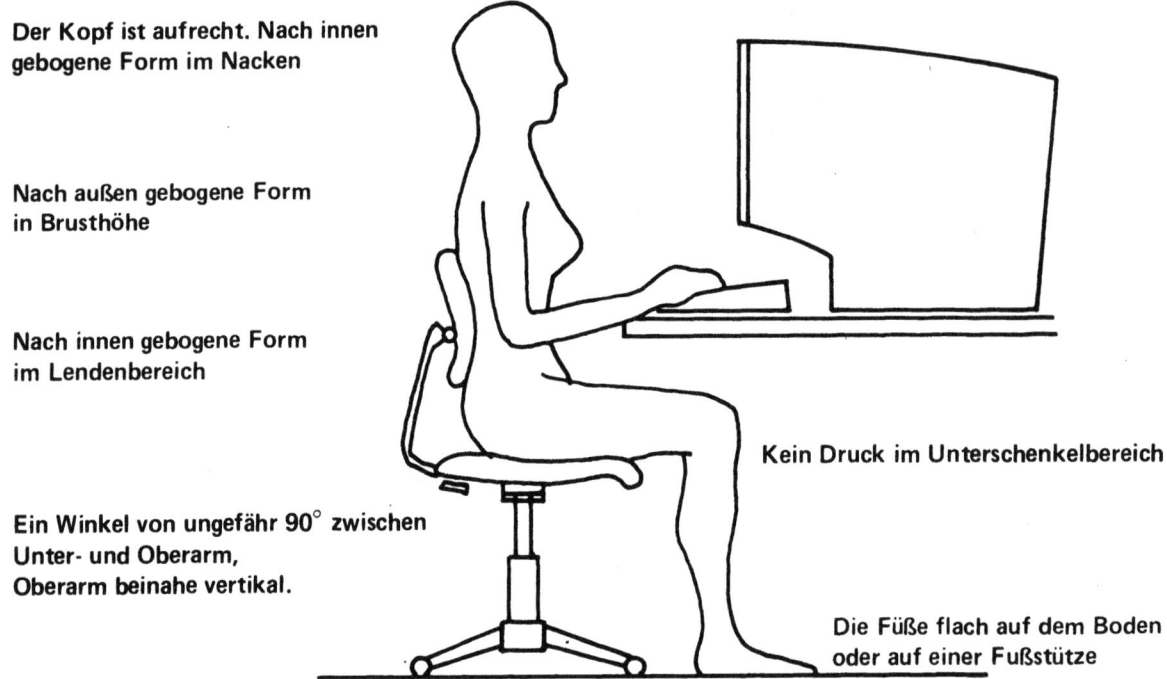

Abb. 5.1 Die hauptsächlichen Kennzeichen einer günstigen Sitzstellung bei der Bildschirmarbeit. Obwohl man diese Haltung im ergonomischen Sinn als richtig bezeichnen kann, gilt auch hier, daß der menschliche Körper besser für Bewegung als für die Einhaltung einer statischen Stellung geeignet ist. Jede statische Haltung, selbst die 'ideale', wird ermüdend, wenn sie über längere Zeit eingehalten werden muß.

Einer der kritischsten Punkte der in Abb. 5.2 gezeigten Stellung ist die hängende Haltung der Kopfes. Man braucht die geringste Muskelanstrengung, wenn die Halswirbelsäule gerade ist. Bei vorgebeugtem Kopf wie in diesem Beispiel belastet die Kopfhaltung sehr stark die Nacken- und Schultermuskeln.

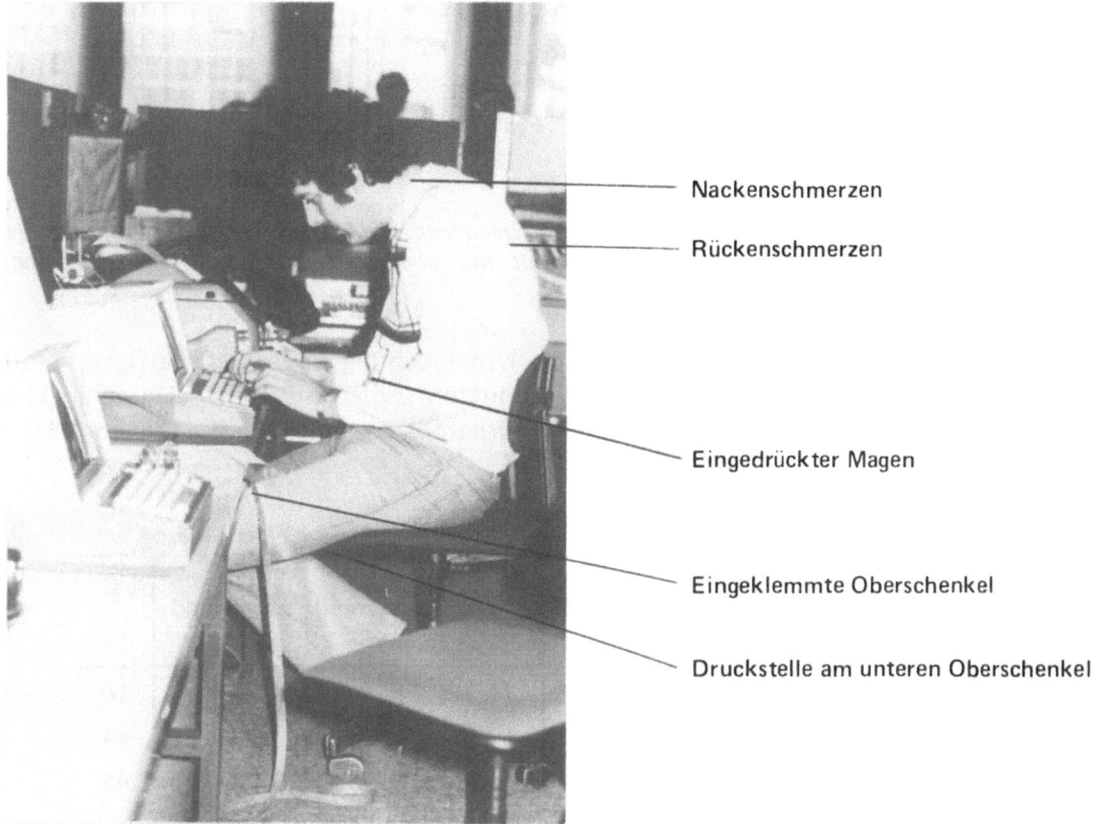

Abb. 5.2 Ungünstiger Arbeitsplatz, der leicht zu einer so schlechten Haltung führen kann. Es ist wichtig, daß die Gestaltung des Arbeitsplatzes und der Büromöbel auf die jeweilige Aufgabe und auf die Bedürfnisse und körperlichen Eigenschaften des Benutzers zugeschnitten sind. Gute Arbeitsplatzgestaltung ist kein Luxus; sie ist notwendiger Schutz gegen unbequeme und ungesunde Arbeitshaltung. Sie führt zu größerer Befriedigung bei der Arbeit und damit schließlich zu höherer Leistung!

Wie schon erwähnt, ordnen die meisten VDT-Benutzer ihre Belege nicht da an, wo sie am besten zu lesen sind, sondern da, wo sie am leichtesten zu handhaben sind. In der Regel ist das irgendwo links vom Tastenfeld, mit dem Ergebnis, daß der Kopf und oft der ganze obere Teil des Körpers verdreht werden muß, um das Dokument zu lesen und mit ihm zu arbeiten.

Abbildung 5.3 faßt die Haupt-Belastungsarten der verschiedenen Teile der Wirbelsäule zusammen, wie sie beispielsweise durch folgende Bewegungsarten entstehen:

- Neigen des Kopfes und Oberkörpers, um den Bildschirm, das Tastenfeld und die Quellendokumente zu betrachten,

- seitliche Bewegung und Drehung, um vom Bildschirm oder Tastenfeld auf das Dokument zu sehen, und

- biegen und strecken, wenn abwechselnd auf den Bildschirm und auf das Tastenfeld gesehen wird.

Eine Erhebung über Haltungsprobleme bei Büropersonal hat gezeigt, daß 57% einer Testgruppe, die aus 261 männlichen und 117 weiblichen Angestellten bestand, über

Beschwerden in verschiedenen Teilen des Rückens klagten. 24% der Gruppe klagten über Beschwerden im Nacken und in den Schultern. *)

Art der Belastung	Hals-wirbel	Brust-wirbel	Lenden-wirbel
Beugung, Streckung	+++	+	+++
Seitliche Neigung	++	+	++
Drehung	++	+	++
Seitwärtsneigung und Drehung	+++	+	+++
Festigkeit	+	+++	++

Abb. 5.3 Die statische und dynamische Belastung verschiedener Teile der Wirbelsäule aufgrund der Stellungen und Bewegungen des Körpers bei der Arbeit mit einem VDT (+ = schwache Belastung, ++ = mittlere Belastung und +++ = starke Belastung).

Abbildung 5.4 vergleicht die Ergebnisse einer Untersuchung über die Häufigkeit von Beschwerden über Haltungsprobleme bei VDT-Benutzern, die mit reiner Dateneingabe beschäftigt sind, und solchen, die verschiedene Büroarbeiten machen, bei denen VDTs verwendet werden.

	Erfassung			Sachbearbeitung		
Art der Beschwerden	zutreffend %	Völlig zutreffend %	Σ %	zutreffend %	Völlig zutreffend %	Σ %
Lendenschmerzen	8	16	24	5	5	10
Rückenschmerzen	24	36	60	19	25	44
Nackenschmerzen	19	51	70	17	28	45

Abb. 5.4 Die Häufigkeit der Klagen über Beschwerden im Nacken und in den oberen und unteren Bereichen des Rückens in einer großen Gruppe von VDT-Benutzern, die mit (a) Dateneingabe und (b) mit anderen Arten von Büro- und Verwaltungsarbeiten unter Verwendung von VDTs beschäftigt sind.

Diese Ergebnisse zeigen, daß Klagen über Rücken- und Nackenbeschwerden unter VDT-Benutzern keineswegs ungewöhnlich sind, daß sie aber — ungeachtet der Verschiedenheit der Aufgaben, die in dieser Untersuchung enthalten sind — im gleichen Umfang aufzutreten scheinen wie bei anderen Büroangestellten, die keine VDTs benutzen.

	Nackenschm.			Rückenschm.			Kopfschm.		
Tätigkeit	4 %	5 %	Σ %	4 %	5 %	Σ %	4 %	5 %	Σ %
Erfassung	19	51	70	23	36	59	23	22	45
Infotypist	21	19	40	16	30	46	9	14	23
Sachbearbeiter	17	28	45	19	25	44	18	12	30
Programmierer	3	19	22	25	13	38	3	3	6
Redakteur	21	18	39	16	13	29	8	0	8

4 = zutreffend   5 = Völlig zutreffend

Abb. 5.5 Die Häufigkeit von Nacken-, Rücken- und Kopfschmerzen unter VDT-Benutzern, die mit verschiedenen Arten von Bildschirmarbeit befaßt sind.

*) Ref. P. 3

Es hat sich herausgestellt, daß Klagen über Haltungsprobleme und über visuelle Ermüdung durch die Arbeit mit Bildschirmen nicht unabhängig voneinander auftreten, sondern in erheblichem Ausmaß zusammenhängen. Außerdem korrelieren beide Symptomarten stark mit dem Auftreten von Kopfschmerzen. Es hat sich auch gezeigt, daß die Häufigkeit aller Arten von Beschwerden mit repetitiver Arbeit ansteigt.

Eine detailliertere Analyse der Häufigkeit von Haltungsbeschwerden bei verschiedenen Tätigkeitsgruppen ist in Abb. 5.5 dargestellt. Sie zeigt deutlich,

- daß die physiologischen Anforderungen an VDT-Benutzer stark von der Art der Tätigkeit abhängen, die sie ausüben,

- daß sie geringer sind, wenn die Arbeit weniger repetitiv ist, und

- daß die geringste Wahrscheinlichkeit von Haltungsbeschwerden bei den Benutzern besteht, deren Tätigkeit abwechslungsreich ist, und die nicht gezwungen sind, ständig an ihrem Arbeitsplatz zu bleiben, z.B. Programmierer und Redakteure.

Eines wird aus diesen Beobachtungen sehr deutlich: man kann bei der Betrachtung von Haltungsbeschwerden bei VDT-Benutzern nicht alle Aufgabenarten zusammenfassen und nur allgemein von 'VDT-Benutzern' sprechen. Jede Art von Bildschirm-Tätigkeit bringt ihre eigenen beruflichen, physischen und psychologischen Gegebenheiten für den Menschen mit sich. Wenn man die Ergebnisse von Untersuchungen bei bestimmten Berufsgruppen auf andere Gruppen mit sehr unterschiedlichen Tätigkeitsmerkmalen überträgt, so kann dies irreführend sein. Es bringt uns auch wieder in Gefahr, zu viel auf Empfehlungen zu geben, die sich eigentlich auf einen 'Durchschnitts-VDT-Benutzer' beziehen; die Bequemlichkeit und das Wohlbefinden des einzelnen Individuums, nicht eines hypothetischen Durchschnitts, sollten uns am Herzen liegen.

Immerhin lassen sich aus diesen Beobachtungen zwei Grundprinzipien mit genereller Gültigkeit ableiten:

- Die Gestaltung des Arbeitsplatzes und die Organisation der Aufgabe sollten zu einer weniger statischen Arbeitshaltung führen und möglichst viele Wechsel der Haltung erlauben.

- Die Ausführung der VDT-Arbeitsplätze sollte die individuelle Einstellung von Leseabstand, Blickwinkel usw. ermöglichen.

Konstruktive Maßnahmen zur Verbesserung der Haltung

Im vorhergehenden Absatz wurden die hauptsächlichen Auswirkungen schlechter Arbeitshaltung behandelt und dargelegt, daß man das Problem zum Teil — vielleicht sogar zum großen Teil — beheben kann, wenn man der Organisation der Arbeit und der Aufgabenbestandteile mehr Aufmerksamkeit schenkt. Eine weitere Möglichkeit, die Wahrscheinlichkeit von Haltungsbeschwerden bei VDT-Benutzern zu verringern, liegt in der richtigen Konstruktion des Gerätes selbst. Hierzu muß man überlegen, wie die verschiedenen Haltungsprobleme mit spezifischen Eigenschaften des VDTs und sonstigen Arbeitsmitteln (wie z.B. Dokumenten) zusammenhängen.

Der Bildschirm

Zunächst müssen die Anordnung und die physikalischen und optischen Eigenschaften des Bildschirms vom Standpunkt des Sehens optimiert werden. Man muß sich aber auch darüber klar werden, wie sich dies auf die Arbeitshaltung des VDT-Benutzers auswirkt.

In der Praxis kann der Bildschirm zu Haltungsproblemen führen,

- wenn die Anzeige zu schwer zu lesen ist, z.B. zu kleine Zeichen, zu geringer Kontrast usw.,
- wenn der Bildschirm falsch angeordnet ist, z.B. zu hoch, zu niedrig oder zu seitlich, oder
- wenn die Oberfläche des Bildschirms zu stark gerichtet reflektiert.

Abbildung 5.6 zeigt zwei unterschiedlich räumliche Verteilungsarten von Zeichenhelligkeit. Beide Bildschirme reflektieren das einfallende Licht diffus und haben eine Hintergrund-Leuchtdichte von 10 cd/m² in jeder Richtung. Die Zeichen auf Bildschirm 1 strahlen ihr Licht vor allem in einer Richtung aus. Die optimale Stellung des betrachtenden Auges befindet sich in diesem Falle an Punkt 1. Selbst bei geringer Abweichung von diesem Punkt, sagen wir an Punkt 2, wird der sichtbare Kontrast stark reduziert. Hier würde also der Betrachter stets versuchen, seinen Kopf in die Stellung zu bringen, die den höchsten Kontrast bietet. Die Zeichen-Leuchtdichte auf dem zweiten Bildschirm ist breiter verteilt. Hier bietet sich dem Betrachter ein mehr oder weniger gleichmäßiger Kontrast über einen größeren Bereich, mit dem Ergebnis, daß seine Bewegungsfreiheit vergrößert wird.

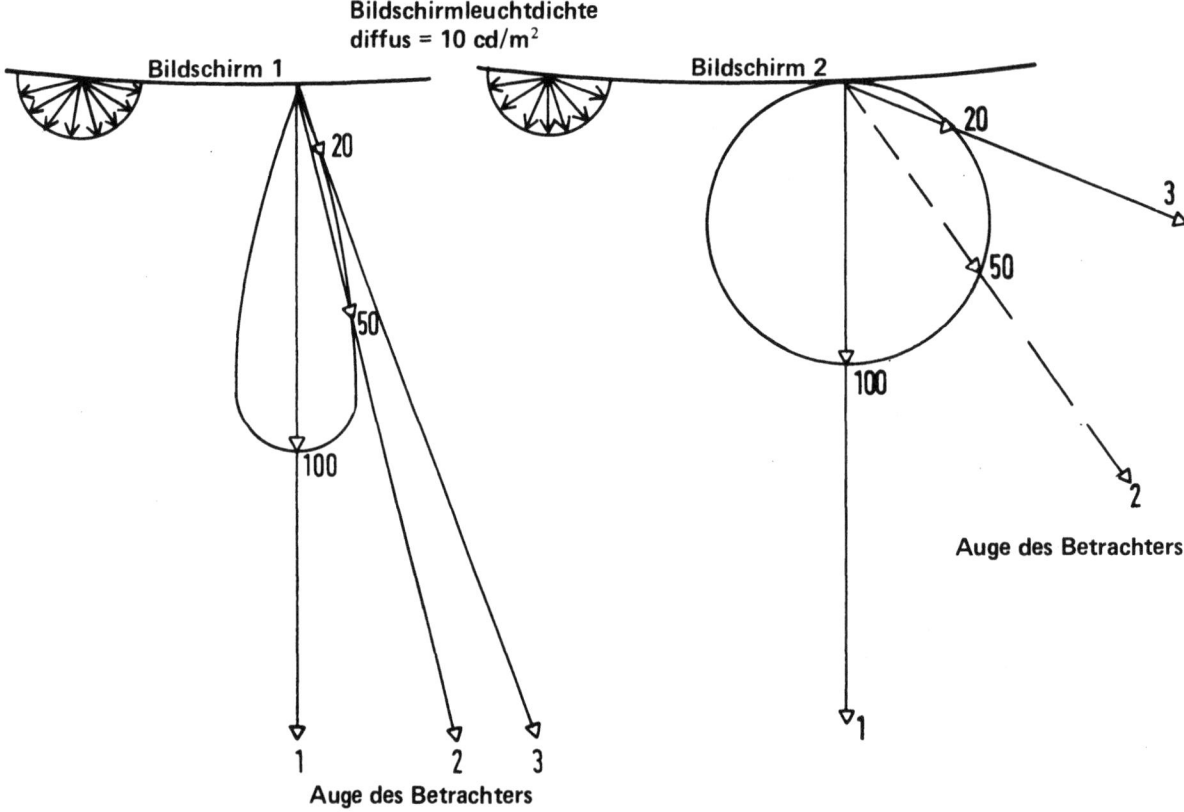

Abb. 5.6 Die Auswirkung der räumlichen Verteilung der Zeichenleuchtdichte auf die Kopfhaltung beim Lesen eines VDT-Bildschirms. Die diffuse Hintergrund-Leuchtdichte der beiden Bildschirme in diesem Beispiel soll 10 cd/m² betragen. In beiden Fällen beträgt der wahrgenommene Kontrast 1 : 10, wenn man den Bildschirm von Punkt 1 aus betrachtet. Aus Punkt 2 wird der Kontrast auf 1 : 5 reduziert und aus Punkt 3 auf 1 : 2. Beim Betrachten von Bildschirm 1 führen schon kleine Veränderungen in der Blickrichtung zu einem deutlichen Kontrastverlust. Um einen maximalen Kontrast zu behalten, wird der Benutzer versuchen, den Bildschirm immer aus einem bestimmten Winkel zu betrachten und seinen Kopf in entsprechend fixierter Stellung halten. Beim Betrachten von Bildschirm 2 dagegen kann der Benutzer verschiedene Blickwinkel oder Kopfhaltungen einnehmen, ohne daß eine größere Kontrastverschlechterung eintritt.

Die praktische Bedeutung dieses Effekts zeigt sich besonders deutlich bei der Arbeit mit optischen Mikroskopen. Die Bedingungen, unter denen ein Mikroskopist arbeitet, sind sehr eng mit den für Bildschirm 1 geschilderten verwandt. Um die optimale Betrachtungsstellung einzunehmen, muß er seinen Kopf in einer bestimmten Stellung halten und die Augen stets auf den gleichen Punkt richten. Dies führt zu den verschiedensten Rücken- und Augenproblemen, deren Ursache — der Mangel an Bewegungsfreiheit — nicht leicht zu beheben ist.

Wenn die Zeichen auf dem Bildschirm schlecht zu lesen sind, dann wird sich der Benutzer normalerweise nach vorn beugen, d.h. den oberen Teil seines Körpers zum Bildschirm hin neigen. Wenn der normale Sichtabstand zum Bildschirm um 500 mm ist, dann wäre er zwar für eine normalsichtige Person gerade richtig, aber trotzdem würden viele Menschen mit weniger gutem Sehvermögen versuchen, besser zu sehen, indem sie sich nach vorne beugen. Wenn aber die Zeichen so sind, daß sie bei durchschnittlicher Sehschärfe noch in ca. 700 mm Entfernung gut zu lesen sind, dann ist bei dem üblichen Bildschirmabstand von 500 mm für ausreichend Bewegungsspielraum gesorgt, und der Benutzer würde nicht gezwungen sein, so nahe wie möglich an den Bildschirm heranzugehen.

Die möglichen Auswirkungen eines falsch angebrachten Bildschirms bedürfen wirklich kaum einer Erklärung. Allerdings wird 'falsch angebracht' je nach Art der Arbeit etwas anderes bedeuten. Wenn es sich um eine Tätigkeit handelt, bei der die Bedienung der Tastatur weniger wichtig ist als das Lesen des Textes auf dem Bildschirm (zum Beispiel beim Korrekturlesen und Korrigieren), dann ist der Bildschirm in der richtigen Stellung, wenn der Text auf dem Bildschirm optimal lesbar ist. Wenn jedoch die Aufgabe in erster Linie Texteingabe über das Tastenfeld verlangt und nur gelegentliches Überprüfen des Textes auf dem Bildschirm, so kann es besser sein, einen etwas größeren Abstand zum Bildschirm in Kauf zu nehmen, um den richtigen Sehabstand zum Tastenfeld zu erhalten.

Wenn auf dem Bildschirm Spiegelreflexionen auftreten, wird der Benutzer normalerweise versuchen, seinen Kopf in eine Stellung zu bringen, in der ihn die Reflexionen nicht mehr stören. Das kann dazu führen, daß der Nacken eine gebogene und ungünstige Haltung annimmt. Solche Probleme sind am leichtesten und wirksamsten zu beseitigen, wenn der Bildschirm um die vertikale Achse drehbar ist. Dies ist eines der wichtigsten Argumente gegen Bildschirme, die fest mit der Tastatur verbunden oder sogar fest in den Arbeitsplatz eingebaut sind.

Die Tastatur

Im Gegensatz zum Schreiben mit der Hand sind bei der Bedienung einer VDT- oder Schreibmaschinen-Tastatur Hände und Arme nicht aufgestützt. Die meisten beruflich bedingten Krankheiten bei Schreibkräften treten daher im Schulter/Arm-Bereich auf, vor allem in den Sehnen und Sehnenscheiden. Sehnenscheidenentzündung zum Beispiel war ein häufiges und bekanntes Leiden in den Tagen der mechanischen Schreibmaschine, bei der erhebliche Kraftanstrengung notwendig war, um die Tasten zu bedienen. Vergleichsweise erfordern moderne elektromechanische Schreibmaschinen viel weniger Tastendruck meist nur etwa 5% einer mechanischen Tastatur, und außerdem sind sie weniger hoch. Sehnenscheidenentzündung müßte deshalb heutzutage seltener auftreten — und dies ist tatsächlich der Fall.

Trotz der Vorteile elektromechanischer Tastaturen im Vergleich zu ihren mechanischen Vorgängern sind jedoch Ermüdungserscheinungen in Schultern und Armen bei Maschinenschreibern auch heute nichts Ungewöhnliches. So ergab eine Umfrage bei einer großen Zahl von Schreibkräften, daß sich 20% über Sehnenscheidenentzündung beklagten. Bei genauer Untersuchung stellte sich jedoch heraus, daß keine einzige wirklich an dieser Krankheit litt. Man kann dies damit erklären, daß die Symptome der Sehnenscheidenentzündung auch durch schlechte Haltung beim Bedienen des Tastenfeldes verursacht werden können, nicht nur durch mechanische Überbelastung. Offensichtlich stellen solche Beschwerden ein zusammenhängendes Syndrom dar, das *Schulter-Arm-Syndrom*.

Man findet dieses Syndrom ziemlich häufig bei VDT-Benutzern, und sogar Menschen, die relativ selten auf der Tastatur schreiben, hatten solche Beschwerden. Hier sind die Ergebnisse einer kürzlich an einer großen Zahl VDT-Benutzern durchgeführten Untersuchung aufschlußreich. Der Feststellung:

„Seit ich an diesem Arbeitsplatz arbeite habe ich an Sehnenscheidenentzündung gelitten"

wurde wie folgt zugestimmt:

Tätigkeit	Durchschnittliche Arbeitszeit am Bildschirmterminal	"Ja" %
Erfassung	7,5 h	17-22
Sachbearbeiter	4 h	10
Programmierer, Redakteure	3,5 h	0
Aufgaben, die Arbeit mit zwei Terminals verlangt, d.h. fortlaufend Sehobjektwechsel *)	5 h	20

*) Als Grundlage liegen die Ergebnisse der Untersuchung bei drei Organisationen vor, wo eine große Anzahl der Benutzer gleichzeitig mit zwei Terminals arbeiteten.

Abb. 5.7 Die Häufigkeit von Klagen über Sehnenscheidenentzündung bei VDT-Benutzern, die mit verschiedenen Arten von VDT-Aufgaben betraut sind. Beschwerden dieser Art sind symptomatisch für ein Ermüdungssyndrom in Armen und Schultern, das durch statische Belastung der Arme hervorgerufen wird, die beim Schreiben freischwebend in angewinkelter Stellung gehalten werden.

Diese Zahlen zeigen, daß bei einförmigen, intensiven VDT-Aufgaben (wie Dateneingabe) ca. 20% der Befragten mit diesem Syndrom belastet waren. Selbst bei den Sachbearbeitern klagten 10% darüber, daß sie unter Sehnenscheidenentzündung gelitten hätten.

Diese Gefahren müssen aber nicht notwendigerweise bei der Einführung von VDT-Anlagen auftreten; man kann ihnen durch überlegte Gestaltung des Arbeitsplatzes und Organisation des Arbeitsverfahrens durchaus wirkungsvoll begegnen. Da die Symptome durch die statische Belastung der Arme hervorgerufen werden, die beim Schreiben freischwebend in abgewinkelter Stellung gehalten werden, kann man sie weitgehend vermeiden, wenn man diese Haltung so wenig extrem wie möglich gestaltet. Das heißt, daß der Abstand zwischen den Oberschenkeln und den Handflächen, also der Arbeitsebene, so klein wie möglich sein sollte.

In der Vergangenheit, als es noch nicht möglich war, die Höhe der Tastatur selbst zu reduzieren, konnte man die Arbeitsebene nur dadurch niedrig halten, indem man die Schreibtischhöhe verringerte. Heutzutage jedoch besteht kein Grund, warum man die Schreibtischhöhe bei VDT-Arbeitsplätzen verringern sollte. Die Forderung geht eindeutig dahin, die Bauhöhe der Tastatur zu reduzieren, nicht die Höhe des Schreibtisches. Es gibt heute schon Tastaturen, die nur 30 mm stark sind, im Vergleich zu 80 bis 100 mm vor nur ein paar Jahren. Das beweist, daß die technischen Probleme, die mit der Reduzierung der Tastaturhöhe zusammenhängen, zu lösen sind.

Der wesentliche Grund, warum sich die Forderung nach einer niedrigen Tastenfeldhöhe nicht nur durch Verringerung der Schreibtischhöhe erfüllen läßt, wird aus Abb. 5.9 deutlich.

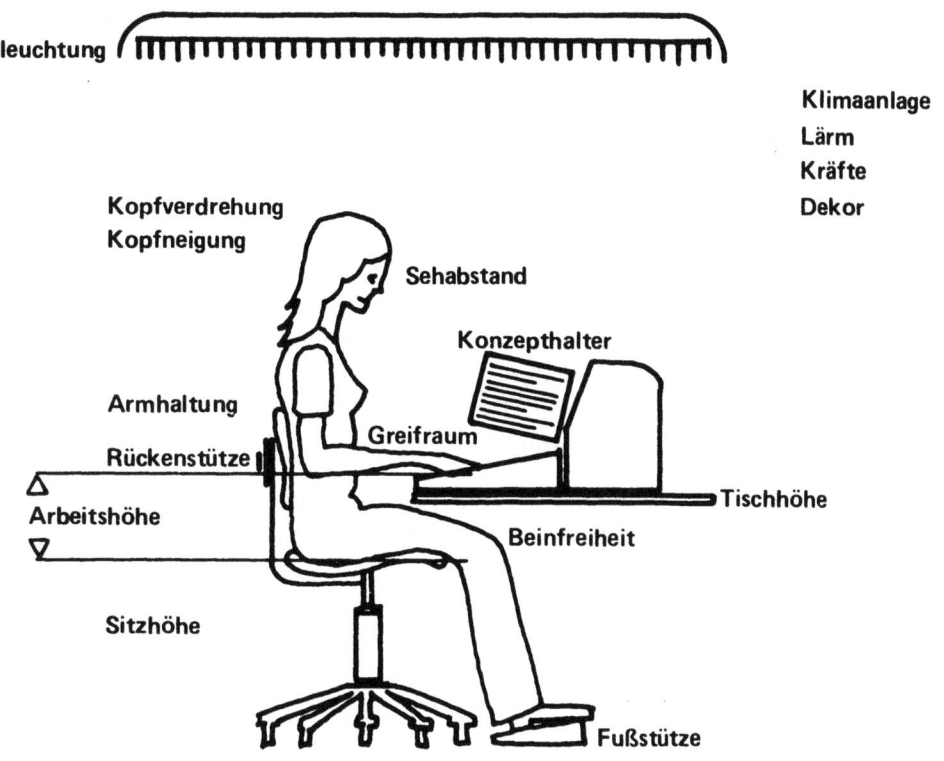

Abb. 5.8 Die Hauptmerkmale eines VDT-Arbeitsplatzes. Jede dieser Eigenschaften muß gut überlegt werden, um die Arbeitsplatzgestaltung sowohl den Erfordernissen der Arbeit als auch den körperlichen Eigenschaften der verschiedenen VDT-Benutzer anzupassen.

Abb. 5.9 Dem Bestreben, die Nacken-, Rücken- und Armbelastung zu verringern, kommt eine flache Tastatur am besten entgegen. Dieses Beipiel zeigt die Auswirkungen einer zu hohen Tastatur, wenn man außerdem noch auf einen Beleg blicken muß, der neben dem Tastenfeld liegt. Nur mit Hilfe eines Konzepthalters und einer flachen Tastatur kann man eine bequeme Haltung sowohl für den Kopf als auch für die Arme erreichen.

Um das Quellendokument lesen zu können, muß diese Person sich nach vorne beugen. Würde man in einem solchen Fall — bei gleicher Sitzhöhe — die Schreibtischplatte senken, so müßte sie sich noch weiter nach vorn beugen, und die Gefahr der Überanstrengung von Nacken und Rücken würde noch weiter erhöht. Nun könnte man meinen, das Problem ließe sich durch eine niedrigere Sitzhöhe lösen; das ist aber nicht der Fall. Durch Verringerung der Sitzhöhe würde dieser Benutzer gezwungen, beim Schreiben seine Arme in einer noch höheren und daher ermüdenderen Stellung zu halten. Verstellbare Schreibtisch- und Stuhlhöhe würden ihm nur die Wahl zwischen zwei Übeln geben, zwischen einer unbequemen Haltung der Hände und Arme bei der Benutzung der Tastatur oder mehr Belastung in Nacken und Rücken. Es wäre nicht möglich, die Sitz- und Schreibtischhöhe so einzustellen, daß man zugleich beide Nachteile ausschaltet. Die weit bessere Lösung wäre, ein Gerät mit niedriger Tastatur einzusetzen, um die Notwendigkeit, den Kopf nach vorne zu beugen, so gering wie möglich zu halten und gleichzeitig eine bequeme Stellung der Hände und Arme beim Schreiben beizubehalten.

Man kann manchmal das Argument hören, daß diesen Überlegungen nicht zuviel Bedeutung zukomme, da die meisten Benutzer von VDTs keine ausgebildeten Schreibkräfte seien. In Wirklichkeit muß aber ein Tastenfeld, das von einer unerfahrenen Typistin benutzt werden soll, noch viel schärferen Anforderungen genügen.

Es stellt sich die Frage, welche anderen Tastatureigenschaften, außer der Höhe, noch überprüft werden müssen, um die Belastung für den Benutzer zu reduzieren. Dabei muß man davon ausgehen, daß auch die erfahrenste Schreibkraft gelegentlich auf das Tastenfeld sehen muß. Eine VDT-Tastatur ist ein komplexes Instrument, und ganz ohne visuellen Kontakt mit dem Tastenfeld wird wohl kaum ein VDT-Benutzer auskommen. Natürlich variieren Häufigkeit und Dauer dieses visuellen Kontakts von einem Menschen zum anderen und von einer Aufgabe zur anderen. Je länger es dauert, die Information auf den Tasten aufzunehmen, und je weniger der Benutzer mit dem Tastenfeld vertraut ist, um so länger wird der visuelle Kontakt mit dem Tastenfeld dauern.

Es wurde bereits gesagt, daß es kaum möglich ist, ein Objekt so zu plazieren, daß der Abstand sowohl für visuellen als auch für manuellen Kontakt optimal ist. Bei der Bedienung einer Tastatur zieht es der Benutzer meist vor, die Sitzhöhe so einzustellen daß die Arme beim Schreiben in ihrer bequemsten Stellung sind.

Die Wechselbeziehung zwischen Tastenfeldeigenschaften und Haltungsmängeln bei VDT-Benutzern wird auch deutlich, wenn man Farbe und Reflexionseigenschaften von VDT-Tastaturen betrachtet.

Angenommen, ein VDT-Benutzer sieht häufig auf das Tastenfeld. Wenn er nun Daten von einem Beleg eingibt, so wird er erst auf das Manuskript sehen und dann auf das Tastenfeld. Haben Papier und Tastenfeld unterschiedliche durchschnittliche Leuchtdichte, dann wird die für Akkommodation und Adaptation benötigte Zeit beim Wechsel zwischen beiden Sehobjekten länger sein, als wenn beide Gegenstände die gleiche Leuchtdichte hätten. Es wird also länger dauern bis man z.B. eine bestimmte Taste gefunden hat. Was jedoch wichtiger ist: dieser Umstand kann einen großen Einfluß auf die Haltung des VDT-Benutzers haben und eine Vielzahl von haltungsbedingten oder visuellen Problemen mit sich bringen.

Die praktischen Auswirkungen von Farbe und Reflexionseigenschaften der Tasten werden in den Abbildungen 5.10 bis 5.13 dargestellt. Die Untersuchung, auf die sich diese Ergebnisse stützen, erstreckte sich auf mehr als 800 VDT-Benutzer, die in verschiedenen Firmen mit sehr unterschiedlichen Raumverhältnissen arbeiteten und die mit einer Vielzahl von Aufgaben betraut waren. Trotz dieser Unterschiede zeigen diese Diagramme sehr deutlich die Bedeutung der Tastenfeld-Farbe. Zum Beispiel ergibt sich aus Abbildung 5.10 ganz deutlich, wie sehr man die Arbeitshaltung verbessern und entsprechende Klagen reduzieren kann, wenn man statt schwarz eine helle Tastenfarbe wählt.

Die Tastenfarbe ist aber nicht nur für die Arbeitshaltung wichtig. Es wurde bereits darauf hingewiesen, daß das Auftreten von Augenbeschwerden bei VDT-Benutzern nicht getrennt von Haltungsfragen betrachtet werden kann. Dies wird aus Abbildung 5.11 deutlich, die zeigt, daß das Arbeiten mit einem schwarzen Tastenfeld auch zu bedeutend häufigeren Klagen über Augenbrennen führt. Wenn man die in den Abbildungen 5.10 und 5.11 zusammengefaßten Daten genauer analysiert, dann zeigt sich eine sehr starke Korrelation zwischen Klagen über haltungsbedingte und über visuelle Probleme.

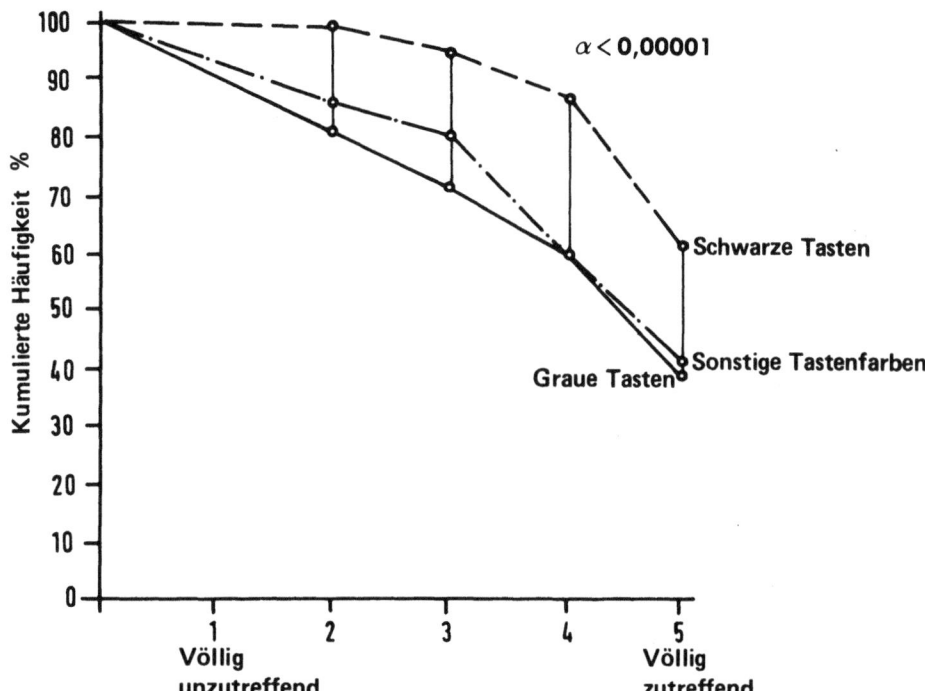

Abb. 5.10 Aussagen über Beschwerden im Rücken im Verhältnis zur Farbe des Tastenfeldes.

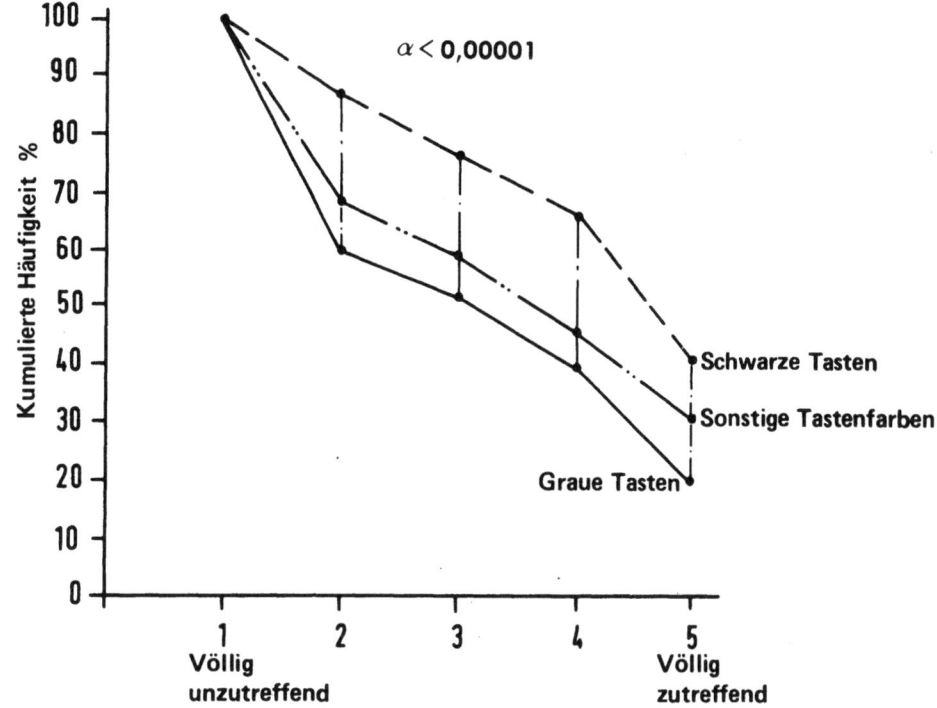

Abb. 5.11 Aussagen über Ermüdung der Augen im Verhältnis zur Farbe des Tastenfeldes.

Diese beiden Diagramme beweisen, daß es möglich ist, das Auftreten visueller Ermüdungserscheinungen bei VDT-Benutzern mit relativ einfachen Mitteln zu reduzieren, in diesem Fall durch die Wahl einer geeigneten Tastenfarbe. Übrigens hängt auch der Reflexionsgrad der Tastenoberflächen mit ihrer Farbe zusammen. In Kapitel 2 ist gezeigt worden, daß bei gleicher gerichteter Reflexion dunkel gefärbte Flächen stärker glänzen als helle.

Jeder, der einmal an einer Schreibmaschinen- oder VDT-Tastatur gearbeitet hat, kennt das Problem der Reflexblendung. Spiegelungen auf den Tastenflächen machen die Beschriftung unleserlich; diesen Effekt versucht man dadurch zu vermeiden, daß man den Kopf in eine Stellung bringt, in der die Reflexionen nicht länger zu sehen sind. Bei diesem Versuch wird jedoch der Nacken meist noch mehr angestrengt, siehe Abb. 5.12. Das schränkt auch die Freiheit der Kopfbewegung ein. Die Aufschriften auf den Tasten können nur klar erkannt werden, wenn man sie aus einer Richtung betrachtet, in der das Reflexbild nicht mehr sichtbar ist.

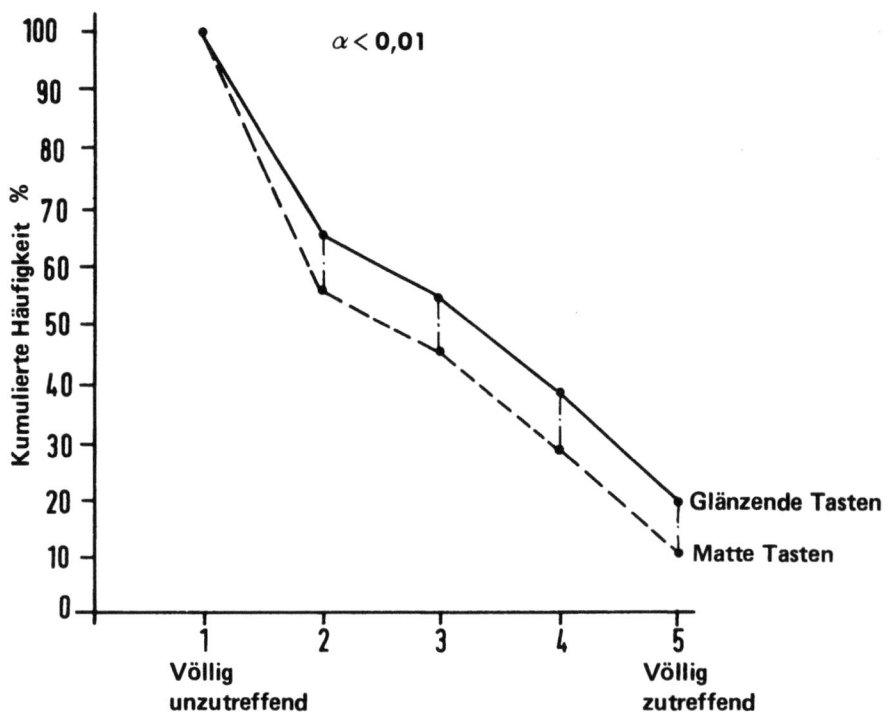

Abb. 5.12 Aussagen über das Auftreten von Nackenschmerzen im Verhältnis zu den Reflexionseigenschaften des Tastenfeldes.

Die Ergebnisse, die in den vorangegangenen Diagrammen dargestellt sind, spiegeln nicht etwa eine nur zufällige Tendenz wider. Abbildung 5.13 zeigt recht eindrucksvoll, daß Klagen über Ermüdung unter den Benutzern von VDTs bei schwarzen Tastenfeldern doppelt so häufig sind als bei den Benutzern von hellen Tastenfeldern.

Zusammenfassend kann gesagt werden, daß die Wahl eines Tastenfeldes mit ungünstigen Eigenschaften zu merklich größeren Belastungen für den Benutzer führen kann. Es ist daher kein Zufall, daß dem Thema 'Tastenfelder' in diesem Bericht so viel Raum gegeben wurde. Das VDT-Tastenfeld ist ein wichtiges Element in der Kommunikation zwischen Mensch und Computer. Es ist sogar noch kritischer als eine normale Schreibmaschinen-Tastatur. Zum einen ist es komplizierter, zum anderen werden viele Bildschirmgeräte nicht von ausgebildeten und erfahrenen Schreibkräften bedient.

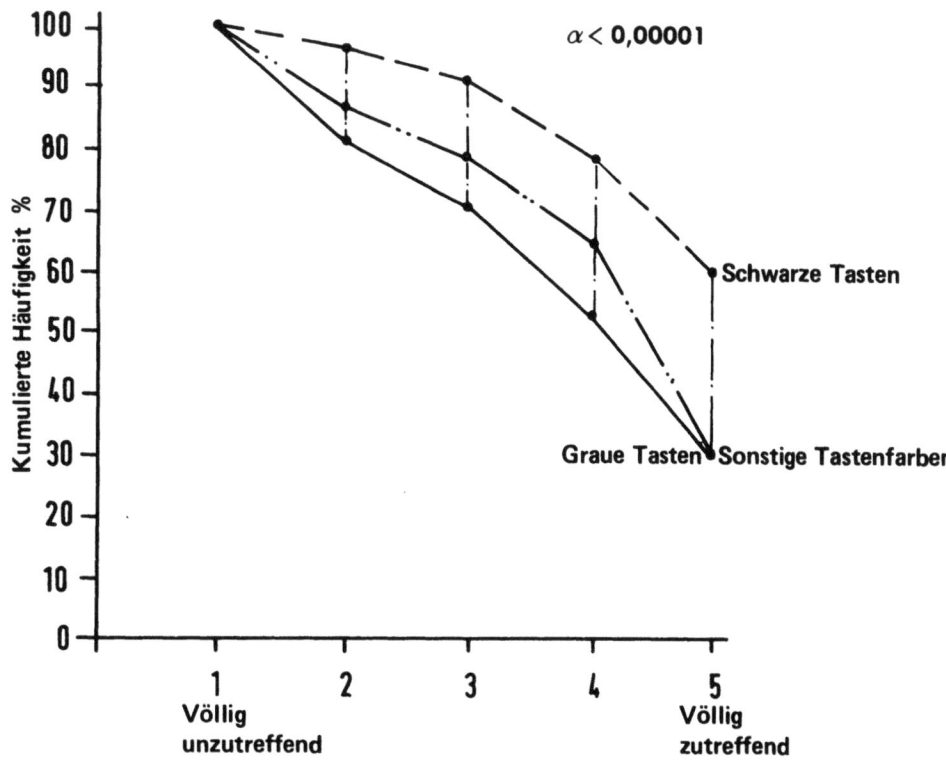

Abb. 5.13 Aussagen über das Auftreten von Ermüdung und Erschöpfung im Verhältnis zur Farbe des Tastenfeldes.

Die Benutzung von Belegen

Die Bedeutung von Belegen für die Bildschirmarbeit zeigt sich schon darin, daß etwa 80% der VDT-Benutzer auch mit Papierdokumenten arbeiten. Dabei kann es aufgrund der unterschiedlichen Eigenschaften von Papier und abhängig von der betreffenden Aufgabe verschiedene Probleme geben.

Die Benutzung von Unterlagen an einem VDT-Arbeitsplatz umfaßt im Prinzip vier verschiedene Tätigkeiten: Lesen (Grundfunktion), Seiten wenden (Hilfsfunktion), Bearbeiten, z.B. Notizen machen (Grundfunktion), und Abschreiben (nach dem Lesen).

Drei dieser Funktionen sind visuell und manuell, und selbst die Aufgabe des Lesens ist oft nicht rein visueller Art, da viele Benutzer die Zeilen mit dem Finger verfolgen. Es ist daher gut verständlich, daß der Benutzer seine Belege meist so anordnet, daß sie möglichst leicht zu handhaben sind. Wo kein Konzepthalter zur Verfügung steht – und dies ist leider in der Praxis sehr oft der Fall – werden die Unterlagen so hingelegt, daß sie leicht zu bearbeiten sind, und diese Lage ist meist nicht optimal vom visuellen Standpunkt. Dies ist ein sehr häufiger und schwerwiegender Fehler an allen Arbeitsplätzen, an denen mit Papierunterlagen gearbeitet wird.

Ob ein VDT-Benutzer seine Haltung freizügig verändern kann, ohne sich damit visuelle Nachteile einzuhandeln, hängt von den optischen Eigenschaften des Objekts ab. Aber wieviel Bewegungsfreiheit hat man wirklich beim Ablesen eines Dokuments?

Stellen wir zunächst die Frage, welche Blickwinkel zwischen Auge und Papier ungünstige Auswirkungen auf die Haltung haben können. Dabei wurden die grundsätzlichen Nachteile der in Abbildung 5.14 gezeigten Arbeitshaltung schon im vorstehenden Absatz behandelt. Hier interessiert uns vor allem die Beziehung zwischen der Lesbarkeit eines Dokuments und der Arbeitshaltung. Abbildung 5.15 zeigt die Häufigkeitsverteilung der bei einer Untersuchung festgestellten Blickwinkel beim Ablesen von Belegen und die dazugehörigen Schwierigkeitsgrade, bezogen auf das Lesen von Bleistiftschrift. (Übrigens ist bei der in Abbildung 5.14 gezeigten Haltung der Blickwinkel größer als in diesen Tests, da das Manuskript noch mehr seitlich liegt als man bei dieser Untersuchung angenommen hatte.) Man sieht, daß die Kurve, die die relative Schwierigkeit beschreibt, für Blickwinkel von mehr als 30° rasch ansteigt. Schon bei etwa 40° wird die Schwierigkeit dem Leser so sehr auffallen, daß er von sich aus versucht, eine Kopfhaltung zu finden, bei der er besser lesen kann. Dadurch wird die Haltung des ganzen übrigen Körpers bestimmt. Meistens beugt sich die Arbeitsperson über das Dokument, wobei oft auch noch der Kopf zur Seite gedreht wird.

Abb. 5.14 Die wichtigste Tätigkeit bei der Dateneingabe ist das Lesen der Information, die in einem Beleg enthalten ist. Wenn kein Konzepthalter vorhanden ist — oder wenn er nicht benutzt wird — dann wird das Dokument neben dem Tastenfeld abgelegt, mit dem Ergebnis, daß der Benutzer seinen Kopf ziemlich stark seitwärts verdrehen und außerdem noch nach vorn neigen muß, um den Sehabstand zu reduzieren. Viele Eingabekräfte behalten diese Stellung über lange Zeit bei, manchmal den ganzen Tag. Bessere Arbeitsplatzgestaltung und die Benutzung eines Konzepthalters können die Ermüdung bei solchen Arbeiten hinauszögern. Ref. C. 2

Inwieweit dies notwendig ist, hängt auch von den Eigenschaften der verwendeten Dokumente ab und von den herrschenden Lichtverhältnissen. Bei diesem Beispiel wurde mit Bleistift handgeschriebener Text herangezogen, der bei größeren Blickwinkeln durch Glanzeffekte leicht unleserlich wird. Bei Bleistiftschrift auf glänzendem Papier gibt es sehr wenige Blickwinkel, die optimale Lesbarkeit gewährleisten. Bei nicht glänzender — gedruckter oder geschriebener — Schrift auf mattem Papier ist die Wahl des Blickwinkels und damit die Bewegungsfreiheit viel größer.

Ganz allgemein ist die Qualität der Dokumente an den meisten Arbeitsplätzen ein Problem. Vor allem aus organisatorischen Gründen arbeiten die meisten VDT-Benutzer mit Durchschlägen oder Fotokopien und nicht mit Originalen. In vielen Fällen läßt aber selbst die Lesbarkeit der Originale zu wünschen übrig.

An den meisten Bildschirmarbeitsplätzen werden vorwiegend Fotokopien und Durchschläge verarbeitet, aber auch viele handschriftliche Manuskripte. Die Benutzung solcher Vorlagen war schon immer eine der Ursachen für schlechte Haltung bei Schreibkräften. Andere Bürokräfte kommen mit diesen Unterlagen besser zurecht, da sie sie in die Hand nehmen und halten können. Wenn man eine Tastatur bedient, ist dies aber nicht möglich. Anstatt das Papier in die Hand zu nehmen und so zu halten, daß es gut lesbar ist, muß der Benutzer nun Kopf- und Körperhaltung so anpassen, daß die Augen den günstigsten Blickwinkel zum Beleg einnehmen.

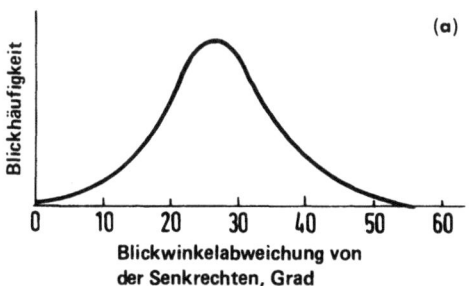
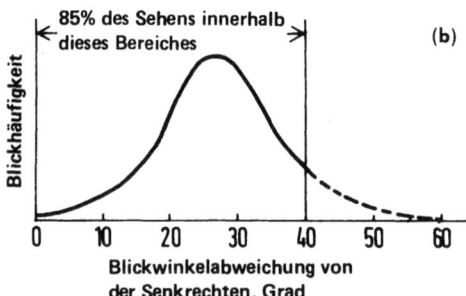
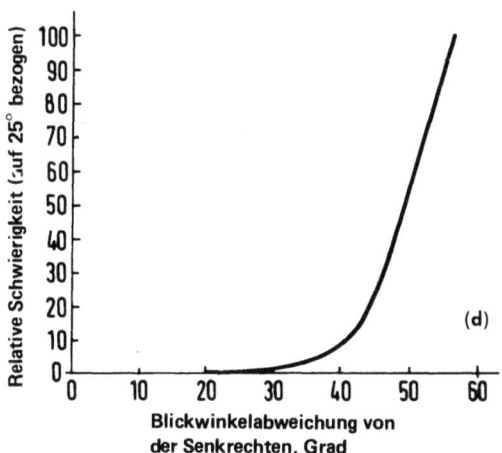

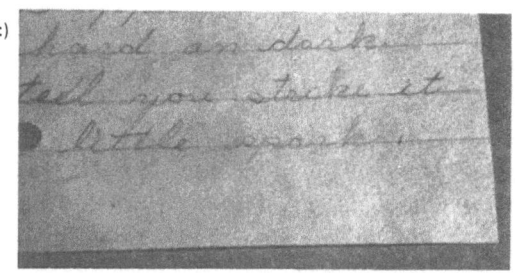

Bleistifthandschrift unter einem Blickwinkel von 25 Grad betrachtet

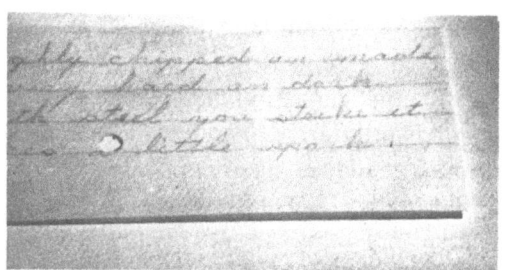

Gleiche Schrift unter einem Blickwinkel von 40 Grad betrachtet. Die Schwierigkeit der Sehaufgabe ist ca. 8 mal größer als bei 25 Grad.

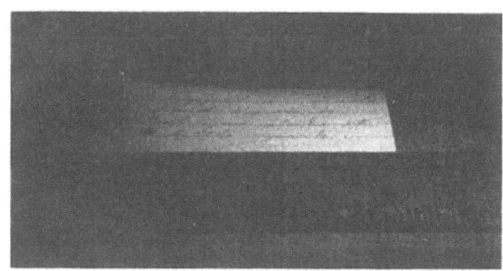

Gleiche Schrift unter einem Blickwinkel von 60 Grad betrachtet, ist mehr als 100 mal größer als bei 25 Grad

Abb. 5.15 Blickwinkel bei der Arbeit. (a) Die Testpersonen benutzten viele verschiedene Blickwinkel bei ihrer Arbeit, mit einer deutlichen Spitze bei etwa 25°. (b) 85% des Sehens liegt im Bereich von 0 bis 40°, wobei das Sehen bei größeren Winkeln auf gelegentliche Blicke beschränkt bleiben muß, da sowohl die perspektivische Verzerrung als auch der Sehabstand nachteilig wirken. (c) Aufnahmen eines Handschriftmusters (wie es vorher in den Untersuchungen der Beleuchtungsstärken verwendet wurde), aus 25, 40 und 60°. (d) Die Kurve zeigt die relative Schwierigkeit beim Lesen von Bleistift-Handschrift (wie in (c) dargestellt), gemessen mit dem Visual Task Evaluator. Ref. I. 2

In der Praxis läßt sich diese besondere Eigenart des Arbeitens mit Tastatur und Vorlage kaum ganz ausschalten, jedoch können die nachteiligen Auswirkungen vermindert werden, wenn man:

- weniger handschriftliche Texte, insbesondere mit Bleistift geschriebene, verwendet,
- die Beleuchtung ausreichend wählt, um gut lesen zu können, ohne jedoch die Leserlichkeit des Bildschirms zu beeinträchtigen,
- die Manuskripte soweit wie möglich auf Konzepthalter stellt.

Die negativen Auswirkungen des Arbeitens mit Dokumenten am Bildschirmarbeitsplatz können durch Beachtung dieser einfachen Regeln reduziert, aber nicht ganz vermieden werden.

VISUELLES UNBEHAGEN

Unbehagen und Ermüdung beim Sehen gelten meist als grundsätzlich visuelle Probleme. Bis zu einem gewissen Grad trifft dies zu; zwar ist Ermüdung beim Sehen eine Folge der *Anstrengung* beim Versuch zu sehen, aber dies ist nicht nur eine Frage der Sehfähigkeit. In den vorangegangenen Abschnitten wurde gezeigt, daß viele visuelle Probleme bei VDT-Benutzern so eng mit Haltungsproblemen verbunden sind — oft sogar direkt davon herrühren — daß man sie nicht getrennt davon behandeln kann. Es gibt jedoch auch den umgekehrten Fall, daß schlechte Haltung oft auf Fehlsichtigkeit der Betroffenen zurückgeht.

Wo VDT-Benutzer Klage über Sehbeschwerden geführt haben, bezog sich das meistens auf eine sogenannte (etwas ungenau definierte) 'Überanstrengung der Augen'. Wenn die Symptome genauer beschrieben wurden, dann wurde über Brennen in den Augen, Zucken der Augenlider, Kopfschmerzen usw. geklagt. Man kann jedoch nicht genug betonen daß solche visuellen Symptome *nicht notwendigerweise auf ein rein visuelles Problem hindeuten.*

Die Ursachen für visuelles Unbehagen

Ebenso vielgestaltig wie die Symptome visueller Ermüdung sind auch die Ursachen, die die visuelle Ermüdung hervorrufen oder beschleunigen können. Aber nicht alle diese Faktoren beziehen sich auf die eigentliche visuelle Aufgabe. Man muß unterscheiden zwischen 'persönlichen' und 'beruflichen' Ursachen für visuelles Unbehagen.

Die wichtigsten *persönlichen Faktoren* sind:

- Nicht korrigierte Sehfehler, z.B. Kurz- oder Weitsichtigkeit, Akkommodationsfehler, Astigmatismus usw.

- Schlechte Arbeitshaltung.

- Konstitutionelle Faktoren, wie zum Beispiel Müdigkeit, schlechte Gesundheit, Auswirkung des Rauchens, Trinkens usw.

- Alter.

Die *beruflichen Faktoren* beziehen sich auf Konstruktionsmerkmale des Bildschirmgeräts, auf Art und Methode der Bildschirmarbeit und auf die Arbeitsplatzumgebung:

- Faktoren im Zusammenhang mit dem Tastenfeld und dem Bildschirm, z.B. Größe und Schärfe der Zeichen, Buchstaben-Zwischenraum (Lesbarkeit), die optischen Eigenschaften des Tastenfeldes und des Bildschirms usw.

- Faktoren im Zusammenhang mit der Arbeitsweise, z.B. Dauer der ununterbrochenen Arbeitsperioden, Grad der notwendigen Konzentration, Pausen nach Wunsch, Benutzung von Dokumenten und anderen Arbeitshilfsmitteln.

- Faktoren im Zusammenhang mit der Büroumgebung, z.B. Beleuchtungsstärke, Vorhandensein von Tageslicht und künstlichem Licht, Auswirkungen reflektierender Flächen wie Fenster, Schreibtische, lackierte Flächen usw.

Die Bedeutung dieser Faktoren wurde bereits detailliert behandelt. In diesem Abschnitt wollen wir einige visuelle Probleme betrachten, die bei der Arbeit mit VDTs auftreten können, die aber nicht unbedingt mit der Arbeitshaltung oder dem Arbeitsinhalt selbst zu tun haben.

Fehlsichtigkeit

Sehr wenige Menschen sind völlig 'normal'-sichtig. Schon weil das Sehvermögen im Laufe des Erwachsenenlebens ständig abnimmt, kann 'perfektes Sehen' bestenfalls ein relativer Begriff sein. Die Abnahme des Sehvermögens ist besonders spürbar zwischen dem 30. und 50. Lebensjahr. Dies muß man — neben anderen üblichen Störungen des Sehvermögens — berücksichtigen, wenn man die visuellen Aspekte einer Arbeit betrachtet.

Die meisten Menschen versuchen, geringe Fehlsichtigkeit durch Anpassung der Sehentfernung auszugleichen, zum Beispiel durch Neigen oder Heben des Kopfes, näher heran oder weiter weg vom Sehobjekt. Manche Probleme lösen sich schon, wenn man die Beleuchtung verstärkt. Wenn es jedoch nötig ist, eine ungünstige Haltung beizubehalten, um gut lesen zu können, so kann dies allein schon zu Haltungsschäden führen, und es kann auch Sehfehler verursachen oder die Auswirkungen bestehender Sehfehler verschlimmern.

In diesem Abschnitt wollen wir zunächst die häufigsten Sehstörungen betrachten, dann die Korrekturmöglichkeiten durch Brillengläser, wie sie meist als Abhilfe verschrieben werden, und ihre Eignung für die Arbeit am Bildschirm.

Sehanomalien und ihre Korrektur

Hyperopia oder 'Weitsichtigkeit' tritt auf, wenn die Refraktionsfähigkeit der Linse nicht ausreicht, um nahegelegene Objekte auf der Retina scharf abzubilden. Die Brennebene des Bildes befindet sich in diesem Fall hinter der Retina und nur Gegenstände, die weiter vom Auge entfernt sind, die also weniger refraktive Kraft brauchen, erscheinen scharf.

Bleibt dieser Zustand unkorrigiert, so wird der Mensch versuchen, vom nahen Objekt abzurücken und so den Aufwand an refraktiver Kraft zu reduzieren, der erforderlich ist, um das Objekt scharf abzubilden. Menschen mit nicht-korrigierter Weitsichtigkeit neigen daher dazu, weiter vom visuellen Bezugspunkt ihrer Arbeit, zum Beispiel dem Bildschirm, abzurücken. Werden jedoch dadurch andere Aspekte der Aufgabe erschwert, beispielsweise die Benutzung des Tastenfeldes oder das Schreiben auf einem Dokument, so wird der geringfügig weitsichtige Mensch die Sehentfernung oft lieber durch Zurückbiegen des Kopfes erhöhen als durch Abrücken der Sitzgelegenheit.

Weitsichtigkeit bringt nicht unbedingt eine Verminderung des Akkommodationsbereichs mit sich. Besonders bei jungen Leuten kann der Zustand der Weitsichtigkeit teilweise durch Akkommodation ausgeglichen werden, d.h. durch die Fähigkeit des Auges, die refraktive Kraft der Linsen zu erhöhen. Dieser Zustand ist als 'latente' Weitsichtigkeit bekannt. In diesen Fällen wird die Muskelkraft, die die Akkommodation steuert, verstärkt — mit dem Ergebnis, daß bei langer Sehanstrengung Augenbeschwerden auftreten.

Weitsichtigkeit kann man durch Brillengläser korrigieren, die die refraktive Kraft der Augenlinsen verstärken. Der Akkommodationsbereich bleibt jedoch der gleiche.

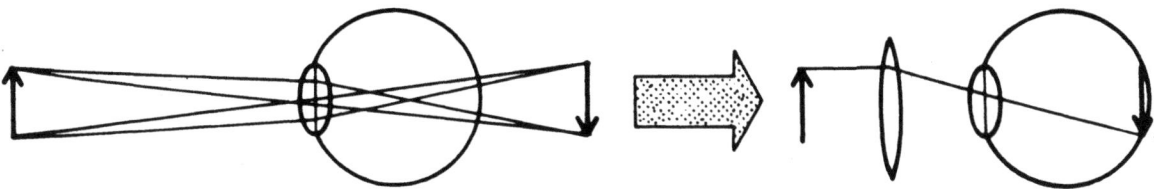

Abb. 5.16 Hyperopia oder 'Weitsichtigkeit' und ihre refraktive Korrektur.

Der Zustand der *Myopia* oder 'Kurzsichtigkeit' tritt auf, wenn die Refraktionsfähigkeit der Augen zu stark ist, mit dem Ergebnis, daß die Scharfeinstellungsebene des Bildes vor der Retina liegt. Um einen Gegenstand in den Brennpunkt zu bringen, werden Menschen mit nicht-korrigierter Kurzsichtigkeit gewöhnlich versuchen, den Sehabstand zu verringern, indem sie entweder näher an das visuelle Objekt heranrücken, oder den Kopf vorwärts neigen.

Das Streben nach Verkürzung des Sehabstandes, selbst bei geringfügig kurzsichtigen Menschen, kann häufige Bewegungen des Kopfes und des Oberkörpers erforderlich machen, um die verschiedenen Sehobjekte zu erfassen, beispielsweise den Bildschirm, die Dokumente usw. Während die Häufigkeit der Bewegung selbst kein Nachteil ist, so kann doch die ungünstige Haltung von Kopf, Nacken und anderen Körperteilen leicht zu Anstrengung und Ermüdung im Nacken und Rücken führen.

Kurzsichtigkeit kann man durch Brillengläser korrigieren, die die Refraktionsfähigkeit des Auges verringern.

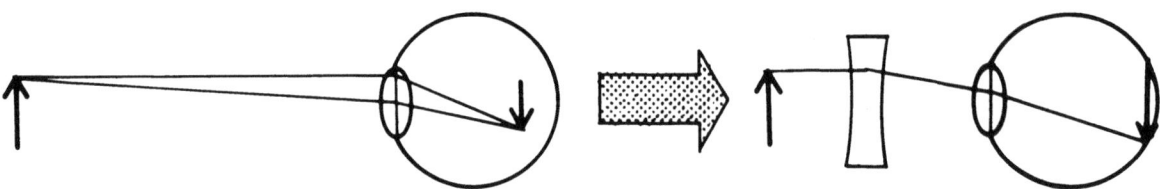

Abb. 5.17 Myopia oder 'Kurzsichtigkeit' und ihre refraktive Korrektur.

Beim normalsichtigen Auge sind Hornhaut, Linse und Augapfel sphärisch symmetrisch, so daß das Licht, das ins Auge eintritt, gleichmäßig über alle Meridiane eines jeden lichtbrechenden Teils des Auges gebrochen wird. In diesem Fall ist das Bild, das auf der Retina entsteht, eine 'unverzerrte' *) Wiedergabe des gesehenen Gegenstandes. Beim astigmatischen Auge ist eines der lichtbrechenden Teile des Auges, gewöhnlich die Hornhaut, sphärisch unsymmetrisch, mit dem Ergebnis, daß Licht entlang der verschiedenen Meridiane ungleichmäßig gebrochen wird. Dieser Zustand wird *Astigmatismus* genannt.

Je nach dem Ausmaß des Brechungsfehlers wird die Sehschärfe sowohl in der Weite als auch in der Nähe reduziert, und oft wird das gesehene Bild verzerrt wiedergegeben. Menschen, die an einem geringfügigen Astigmatismus leiden, neigen oft den Kopf zur Seite, um diese Verzerrung zu verringern.

Der Ausdruck *Phoria* beschreibt eine Unausgeglichenheit der Muskeln, die Stellung und Bewegung der Augäpfel steuern. Durch eine solche Unausgeglichenheit entstehen verschiedene Bilder eines bestimmten Gegenstandes in jedem Augapfel. Eine der wichtigsten Folgen von Phoria ist die größere Anstrengung, die nötig ist, um die Augen zu konvergieren und die Konvergenz jeweils neu einzustellen, z.B. wenn man von einem entfernten Gegenstand zu einem näheren blickt.

Wenn die Unausgeglichenheit der Muskeln nur geringfügig ist, dann kann man noch ein deutliches Bild erzielen, wenn man die Muskelanstrengung erhöht. Je nach dem Grad der Phoria kann dies allerdings ziemlich schnell zu Ermüdungserscheinungen führen. Außerdem funktioniert diese Selbstkorrektur oft nur innerhalb eines bestimmten Entfernungsbereichs.

---

*) *Das Wort 'unverzerrt' bedeutet 'relativ unverzerrt', weil das optische System des Auges nicht in der Lage ist, wirklich unverzerrte Bilder abzubilden.*

Fast jeder zweite Mensch leidet an einer *latenten Phoria* insofern, als eine gewisse Phoria bei bestimmten Sehabständen auftritt, allerdings für gewöhnlich nicht in störendem Ausmaß.

Auch unser visuelles System ist altersbedingten Veränderungen unterworfen. So läßt die Akkommodationsfähigkeit der Augen immer mehr nach, je älter wir werden. Das bedeutet, daß für einen normalsichtigen Menschen, dessen Fernpunkt unendlich ist, der Nahpunkt ständig weiter weg rückt. Diese Erscheinung, die man *Presbyopia* nennt, wird verursacht durch eine fortschreitende Unfähigkeit der Linse ihre Form zu verändern, so daß der Entfernungsbereich, in dem Gegenstände scharf gesehen werden, immer kleiner wird.

Abhilfe durch Brillen

Die meisten Sehanomalien kann man durch Brillen oder Kontaktlinsen ausgleichen. Es versteht sich von selbst, daß man Fehlsichtigkeit so gut wie möglich korrigieren sollte, aber vielleicht sollte man ein wenig darüber nachdenken, was dies in der Praxis bedeutet.

Vom beruflichen Standpunkt sollte die Korrektur von Sehfehlern bewirken, daß man seine Arbeit oder Arbeiten mit optimaler Sehtüchtigkeit ausführen kann. Wenn ein Beruf mehrere Aufgaben beinhaltet, die unterschiedliche visuelle Anforderungen stellen, kann eine Brille gegen Kurz- oder Weitsichtigkeit eventuell nur für eine Art Arbeit ausreichen. Das kann auch der Fall sein, wenn die Arbeit zwar nur eine Aufgabe umfaßt, für die aber verschiedene Geräte und Arbeitsmittel verwendet werden, jeweils mit unterschiedlichen visuellen Anforderungen.

Am meisten verbreitet sind Brillen mit monofokalen Gläsern, die scharfes Sehen in einem vorher festgelegten Nahbereich ermöglichen. Solche 'Lesebrillen' werden normalerweise für Aufgaben verschrieben, die nahes Sehen über längere Zeiträume erfordern, und für die ein breites Gesichtsfeld nötig ist. Der Hauptnachteil der Benutzung von Lesebrillen besteht darin, daß diese die Schärfe im Nahbereich auf Kosten des Sehens in größerer Entfernung verbessert. Wenn die betreffende Aufgabe deutliches Lesen sowohl in der Nähe als auch in der Ferne erfordert, so muß die Brille abgenommen und notfalls durch eine andere ersetzt werden.

An VDTs verursachen solche Brillen mit monofokalen Gläsern normalerweise kaum Probleme solange eine gewisse Akkommodationsfähigkeit vorhanden ist. Dies ist gewöhnlich bei jüngeren Menschen der Fall, aber bei älteren Menschen können wegen der verringerten Akkommodationsfähigkeit manchmal Schwierigkeiten auftreten. Je nachdem, welche Gläser der Arzt verschrieben hat, ergeben sich recht bedeutende Unterschiede in den Schärfebereichen. Es ist wichtig, daß die Gläser nicht zu stark für die betreffende Sehaufgabe sind. Die akzeptablen Schärfebereiche (± 0,5 Dioptrie) für verschiedene Stärken von Nahbereichsgläsern sind in der folgenden Tabelle angegeben:

Linsenstärke Dioptrien	Scharfsehensbereich des (Abbildung im Bereich ± 1/2 Dioptrie)
1	670 mm - 2000 mm
1,5	500 mm - 1000 mm
2,0	400 mm - 670 mm
2,5	330 mm - 500 mm
3,0	280 mm - 400 mm

Abb. 5.18 Akzeptable Schärfebereiche für Nahbrillen.

Nehmen wir den Fall eines 50 Jahre alten Menschen (Akkommodationsbereich 2 Dioptrien), der eine Nahbrille mit einem Nahpunkt von 300 mm trägt (Abstand des Nahpunktes 3,33 Dioptrien). Der Fernpunkt befindet sich in diesem Fall bei 750 mm (1,33 Dioptrien). An seinem Arbeitsplatz kann er den Bildschirm eines VDT (in einem Abstand von ca. 700 mm) und die Tastatur (Abstand meist 450 — 500 mm) gleichermaßen gut sehen. Nun erfordert aber das abwechselnde Sehen auf den Bildschirm und auf das Tastenfeld ständig neue Akkommodation, und in diesem Alter dauert die Akkommodation mehr als eine Sekunde — eine recht lange Zeit. Schon aus diesem Grunde würde unsere Testperson wohl versuchen, die Differenz im Sehabstand zu reduzieren, indem sie die Haltung verändert — allerdings auf Kosten erhöhter Anstrengung in anderen Körperteilen, insbesondere im Rücken und im Nacken.

Der Brillenträger, dessen Brillengläser auf einen Nahpunkt von 250 mm berechnet sind, ist in einer noch weniger glücklichen Lage, da er nur Gegenstände bis zu 500 mm scharf sehen kann.

Der Bereich des Scharfsehens verringert sich von insgesamt 1330 mm bei einer Korrektur von 1 Dioptrie auf 120 mm bei 3,0 Dioptrien. Dies ist ein wichtiger Punkt, da es bei engen Schärfebereichen oft nötig sein wird, den bequemsten Sehabstand durch Haltungsänderungen herbeizuführen. Büroarbeiten erfordern normalerweise Sehabstände zwischen 400 mm und 700 mm, wobei meist nicht alle vorkommenden Sehaufgaben in die gleiche Entfernung gebracht werden können. Es ist daher wichtig, daß für VDT-Benutzer Gläser gewählt werden, die einen ausreichenden *Schärfebereich* bieten.

Ein anderes Problem entsteht oft, wenn Brillen oder Kontaktlinsen mit erheblichem Stärkenunterschied zwischen den beiden Augen getragen werden. Hierbei kann es vorkommen, daß das Bild eines bestimmten Gegenstandes auf der Retina der beiden Augen unterschiedlich groß abgebildet wird. Diesen Zustand nennt man *Aniseikonia*. Er wirkt sich bei einer Brille viel stärker aus als bei Kontaktlinsen, da der Abstand der Gläser von der Retina größer ist. Abbildung 5.19 macht diesen Unterschied deutlich.

Um mit einer Brille auf verschiedene Entfernungen scharf zu sehen, kann man Multifokal-Gläser verwenden, wovon einige Varianten in Abbildung 5.20 dargestellt sind.

Viele weitsichtige Menschen tragen sogenannte Bifokal-Brillen mit zwei Segmenten. Das untere wird zum Sehen in der Nähe benutzt und das obere zum Sehen in die Weite, wobei die beiden Nahpunkte zum Beispiel bei 300 mm und 700 mm liegen können. Ein VDT-Benutzer mit bifokalen Brillengläsern sieht das Tastenfeld durch den unteren Teil des Glases, wobei er sich oft ein wenig nach vorn neigen muß, um das Tastenfeld so deutlich wie möglich zu sehen. Die Frage ist, ob er den Bildschirm durch den unteren Teil oder durch den oberen Teil der Brillengläser betrachtet. Im ersten Fall kann der Sehabstand bis

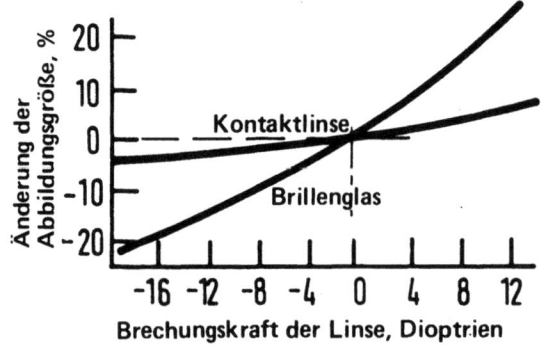

Abb. 5.19 Die Veränderung der Bildgröße auf der Retina durch Brillen und Kontaktlinsen verschiedener Stärken. Ref. R. 18

zu 500 mm betragen, aber die erforderliche Kopfhaltung kann zu Schmerzen im Nacken führen. Sieht er andererseits durch den oberen Teil der Brillengläser, so würde er im Interesse der Sehschärfe den Bildschirm so weit wie möglich entfernt haben wollen. Da aber die Größe der Zeichen auf dem Bildschirm meist nicht für so große Betrachtungsabstände gedacht ist, wird dadurch die Sehaufgabe erschwert. So beträgt der visuelle Winkel für 3 mm hohe Zeichen bei 500 mm Abstand 20,6', bei 700 mm nur 14,7'.

Die Benutzung von Multifokal-Linsen kann zwar die visuellen Bedingungen bei unterschiedlichen Sehabständen verbessern, oft zwingt das aber zu einer ungünstigen Arbeitshaltung und führt dadurch zu Beschwerden im Rücken und Nacken. Dies trifft auf alle Arbeiten zu, bei denen verschiedene Sehabstände die Einhaltung bestimmter Haltungen über längere Zeiträume erfordern.

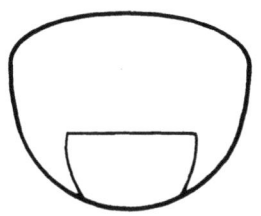

Breitenbegrenztes Bifokalglas
Der Nahteil des Glases ist gewöhnlich nicht sehr groß und im Bereich der Unterkante eingeschliffen. Sie genügen für gelegentliche Arbeiten im Nahbereich und für solche, die sich im unteren Bereich des Gesichtsfeldes befinden oder leicht in diesen herangenommen werden können. In diesem Fall ist das seitliche Sehen naher Objekte zwangsläufig begrenzt.

Breitenbegrenztes Bifokalglas

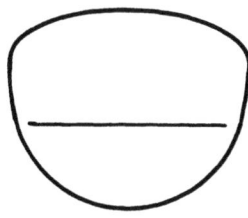

Executive-Bifokalglas
Das Glas ist in zwei Teile geteilt: in den oberen Fernteil und den unteren Nahteil. Die scharfe Trennungslinie kann oberhalb vorzugsweise unterhalb der normalen Sehlinie ferner Objekte angeordnet sein. Beide Teile liefern ein breites Gesichtsfeld. Infolge dieser beiden Vorteile erfreut sich das Executive-Bifokalglas allgemeiner Beliebtheit.

Executive-Bifokalglas

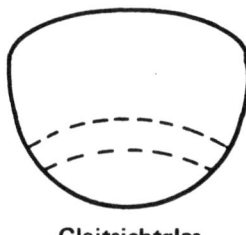

Gleitsichtglas
Wer durch die scharf ausgeprägte Trennungslinie des Executive-Bifokalglases irritiert wird, sollte das Gleitsichtglas wählen, bei dem die Teilung zwischen dem Fern- und Nahteil als allmählicher Übergang erfolgt. Dieser ist einige Millimeter hoch, verursacht eine gewisse Verzerrung und kann dadurch ebenfalls eine gewisse Irritation hervorrufen.

Gleitsichtglas

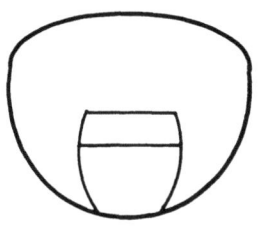 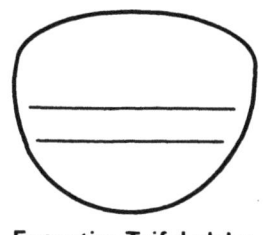

Trifokalglas
In ein Bifokalglas können Zwischenstärken eingeschliffen werden, wodurch es zu einem Trifokalglas oder Mehrstärkenglas wird. Es gibt davon ebenfalls mehrere Arten.

Breitenbegrenztes- Executive-Trifokalglas

Abb. 5.20 Einige Beispiele multifokaler Brillengläser. Ref. R. 18

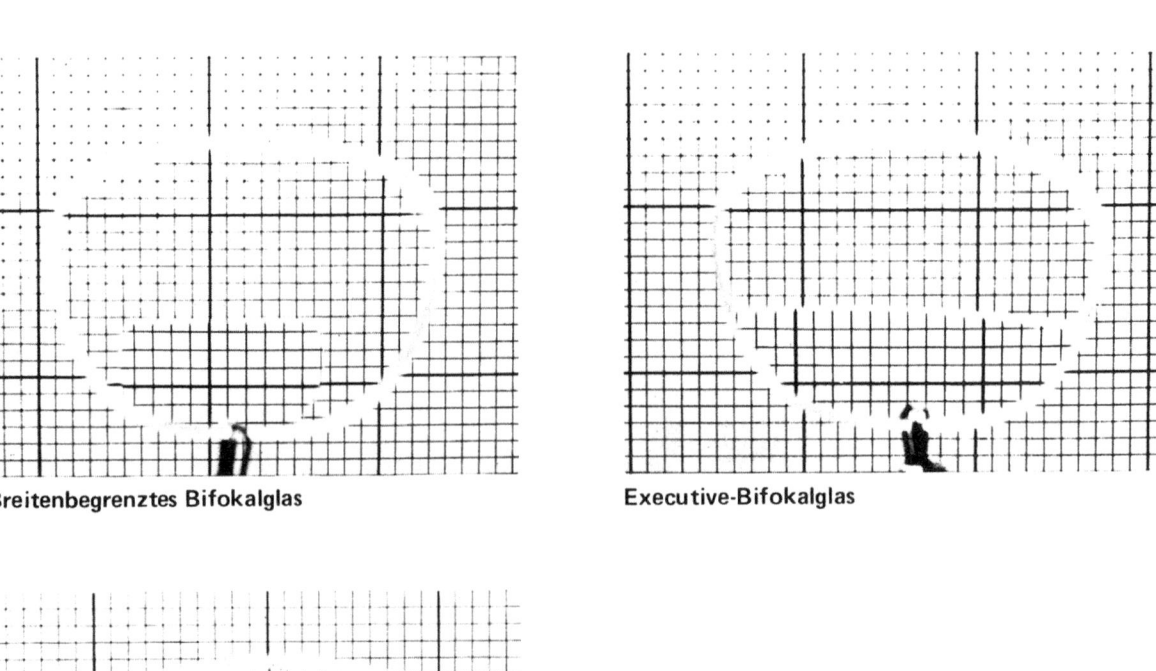

Breitenbegrenztes Bifokalglas

Executive-Bifokalglas

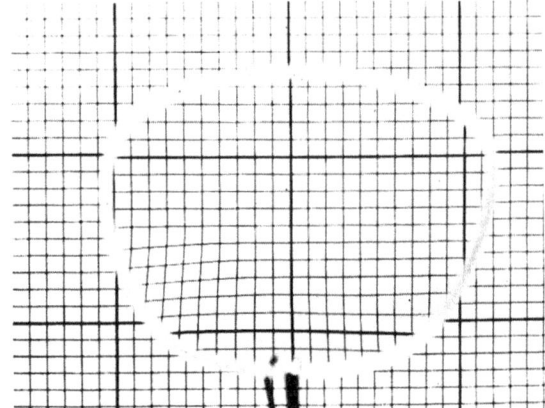

Progressives Bifokalglas

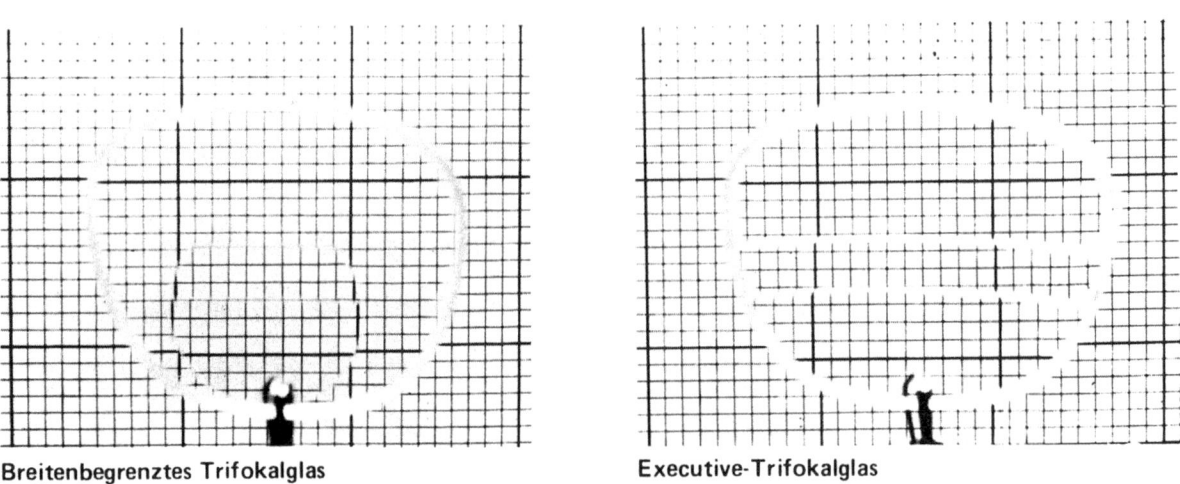

Breitenbegrenztes Trifokalglas

Executive-Trifokalglas

Abb. 5.21 Aufnahmen durch die in Abb. 5.20 beschriebenen Gläser. Ref. R. 18

Können die Augen auf Dauer geschädigt werden?

Eine Frage, die sich viele VDT-Benutzer immer wieder stellen, lautet, ob die Augen 'geschädigt' werden können, wenn man mit VDTs arbeitet. Es gibt aber — trotz umfangreicher Forschungsarbeiten — zur Zeit keinen Anhaltspunkt dafür, daß die Arbeit an VDTs die Augen oder das Sehvermögen schädigen könnte.

Zweifellos bringt der Einsatz von VDTs neue visuelle Anforderungen an den Benutzer mit sich. Das bedeutet aber auch, daß gewisse Erfordernisse hinsichtlich Konstruktion, Aufstellung und Anwendung der VDTs erfüllt sein müssen, um das Risiko von haltungsbedingten und visuellen Beschwerden bei dem Benutzer so gering wie möglich zu halten. In den vorstehenden Abschnitten wurden diese Erfordernisse im einzelnen betrachtet. Es wurde gezeigt, daß die Arbeit an einem VDT zu (unnötiger) Ermüdung führen kann, wenn diese Anforderungen nicht richtig erfüllt sind. Diese Ermüdung kann die Folge von Haltungsproblemen aufgrund ungünstiger Arbeitsplatzgestaltung sein, oder von einer Vielzahl anderer Faktoren herrühren, darunter natürlich auch die visuellen Aspekte der Aufgabe und die visuellen Fähigkeiten der individuellen Arbeitspersonen.

Die Ermüdung kann sich bei VDT-Benutzern durch verschiedene Symptome des Unbehagens oder der Anstrengung in den Augen bemerkbar machen, unabhängig davon, ob die Ursache des Problems tatsächlich visueller Art ist. Dabei können die Augen gewissermaßen als 'Frühwarnsystem' für den ganzen Körper dienen, indem sie ermüden oder schmerzen, obwohl die Ursache des Problems woanders liegt.

In diesem Bericht ist deutlich geworden, daß Symptome der Ermüdung in Haltung und Sehvermögen bei VDT-Benutzern nicht ungewöhnlich sind, besonders bei bestimmten Tätigkeiten. Diese Probleme sind jedoch nicht unvermeidlich, noch sind sie immer nur auf die Arbeit mit VDTs beschränkt. Daß sie auftreten ist lediglich ein Hinweis dafür, daß die Anforderungen an Arbeitsmethode und Haltung, die von der Benutzung von VDTs ausgehen, noch nicht ausreichend verstanden wurden, um Gegenmaßnahmen zu treffen.

Visuelle Ermüdung tritt auf, wenn man sich beim Sehen anstrengen muß. Diese Anstrengung kann eine ungünstige Haltung nach sich ziehen. Schlechte Beleuchtung kann die Ursache des Problems sein oder es zumindest verschlimmern. Lang anhaltendes, konzentriertes Betrachten von Objekten, die nicht scharf abgebildet sind, oder lang anhaltende Konzentration auf einen Punkt kann sehr schnell zu visueller Ermüdung führen.

Die hauptsächlichen Symptome der Ermüdung, z.B. Brennen in den Augen, Abgespanntheit, Kopfschmerzen, sind *reversibel*. Nach einer kurzen Ruhepause klingen die Symptome ab und das normale Wohlbefinden kehrt zurück. Die Annahme, daß die Arbeit am Bildschirm *irreversible* Beschwerden nach sich ziehen könnte, ist nach dem derzeitigen Stand der medizinischen Erfahrung nicht berechtigt. Damit soll jedoch nicht gesagt sein, daß man eine solche Möglichkeit oder, was vielleicht noch wichtiger ist, individuelle Befürchtungen wegen einer solchen Möglichkeit nicht ernst nehmen sollte.

Es wird noch lange Zeit in vielen Organisationen VDTs und VDT-Arbeitsplätze geben, die alles andere als ideal sind. Sie können sehr wohl zu unnötiger oder übergroßer Ermüdung führen, die den Benutzern Tag für Tag zu schaffen macht. Obwohl keine Anzeichen dafür bestehen, daß diese Ermüdung zu irreversiblen Schäden für die Augen oder das Sehvermögen führen könnte, läßt sich die Möglichkeit, daß sie irgendwelche langfristige Auswirkungen haben könnte, nicht ganz ausschließen, da es bislang keine Untersuchungen gibt.

Das Problem wird noch verstärkt durch die Tatsache, daß ein großer Teil der arbeitenden Bevölkerung unter entweder unzureichend oder gar nicht korrigierter Fehlsichtigkeit leidet. Schätzungen des genauen Anteils variieren, aber es sind wahrscheinlich zwischen 20% und 30%. So wurde vielen VDT-Benutzern, die wegen einschlägiger Symptome den Augenarzt aufsuchten, eröffnet, daß sie eigentlich eine Brille brauchten. Natürlich wurde das dann auf die Arbeit am Bildschirm zurückgeführt.

Fehlsichtigkeit und andere Erscheinungen, die zu einer übermäßigen Belastung der Augenmuskeln führen, können visuelles Unbehagen bei allen Arbeiten hervorrufen, die konzentriertes Sehen auf nahe Entfernung erfordern. Leider ist Fehlsichtigkeit selbst unter jungen Erwachsenen schon sehr verbreitet und ist bei über vierzig Jahre alten eher die Regel als die Ausnahme. Auch das Tragen einer Brille garantiert nicht unbedingt, daß der Fehler zufriedenstellend ausgeglichen worden ist. Das hat eine Untersuchung an einer Testgruppe von 500 Büro- und Verwaltungsangestellten deutlich gezeigt. 50% der Gruppe wiesen Sehfehler auf und 37% der Brillenträger brauchten eine neue Brille. 69% der Nicht-Brillenträger benötigten eine optische Korrektur. Eine ähnliche Untersuchung in Skandinavien zeigte ebenfalls, daß bis zu einem Drittel der Angestellten unkorrigierte oder nicht ausreichend korrigierte Sehfehler aufwiesen. In einer neueren Untersuchung an 300 Angestellten einer führenden Nachrichtenagentur in Großbritannien wurde festgestellt, daß zwei Drittel ausreichendes Sehvermögen hatten. Von dem verbleibenden Drittel brauchten 20 unbedingt eine Korrektur, und vier wurden als ungeeignet für die Arbeit mit VDTs befunden.

Die Angst, daß die Arbeit am Bildschirm zu Augenschäden oder schlechterem Sehvermögen führen könnte, läßt sich endgültig nur durch eine Gewißheit überwinden, die das Ergebnis gültiger, langfristiger Beobachtungen ist. Es ist nicht die Aufgabe dieses Berichtes, eine solche Untersuchung zu fordern. Wir halten es aber für wichtig, auf einige Vorbedingungen aufmerksam zu machen, die erfüllt sein müssen, wenn eine derartige Untersuchung gültige und zuverlässige Ergebnisse erbringen soll.

Die Verfahren, nach denen eine solche berufsbezogene Erhebung geplant und durchgeführt wird, müssen genau definiert und kontrolliert werden. Im Prinzip sind Untersuchungen dieser Art relativ unkompliziert, doch sollte man die praktischen Schwierigkeiten in Zusammenhang mit der Auswahl der Testpersonen und Kontrollgruppen, mit der Erstellung der geeigneten Testverfahren, mit dem Sammeln und Analysieren der Ergebnisse usw. nicht unterschätzen. Die arbeitswissenschaftliche Forschung hat gezeigt, daß auch die Art der Aufgabe einen großen Einfluß auf die Ermüdung hat. Dies und die Dauer der Arbeit mit dem Bildschirmgerät sind Faktoren, die genau beachtet werden müssen. Die Zahl der beteiligten Personen muß notwendigerweise groß sein und in ihrer Zusammensetzung repräsentativ für die verschiedenen Aufgaben und Arbeitsbedingungen. Angesichts der vielseitigen Einsatzmöglichkeiten von VDTs ist diese Forderung recht umfangreich. Man muß auch der Tatsache Rechnung tragen, daß ein hoher Anteil der ursprünglichen Testgruppen wahrscheinlich irgendwann während der Untersuchung den Beruf wechseln wird oder aus anderen Gründen aus der Untersuchung ausscheiden muß. Die anfängliche Zahl der Testpersonen muß daher ausreichend groß sein, damit man aus dem voraussichtlich verbleibenden Rest noch aussagekräftige Schlußfolgerungen ziehen kann.

Sehtests für VDT-Benutzer

Eine weitere Schwierigkeit betrifft die Messungen und Tests, die bei Aufbau und Weiterführung des Datenbestandes an jedem Mitglied der Kontrollgruppe vorgenommen werden müssen.

Es gibt eine Reihe von Vorschlägen für Verfahren, mit denen man das Sehvermögen von VDT-Benutzern testen könnte. Auch bei dieser Untersuchung war dies ein wichtiges Thema. Der Sache wäre wenig gedient, wenn man ungeeignete Testverfahren verwenden würde, oder wenn man die sich ergebenden Resultate nicht irgendwie koordinieren könnte, um auch Trends aufzuspüren, die sonst in einer Anzahl kleiner Gruppen verborgen blieben.

Als Folge dieser Überlegungen wurde in England eine VDU-Eye-Test(VET)-Beratungsgruppe gegründet. Die von dieser Gruppe empfohlenen Sehtestverfahren werden in Anhang II beschrieben.

Bei der Erstellung dieser Testverfahren zur Überprüfung des Sehvermögens künftiger VDT-Benutzer und zur begleitenden Kontrolluntersuchung wurden folgende Kriterien beachtet:

- Die Testverfahren müssen zweckmäßig und genügend einfach sein, damit sie von entsprechend ausgebildeten Kräften am Ort durchgeführt werden können, anstatt von irgendeiner zentralen Behörde. Aus diesem Grunde wurden Tests ausgeschlossen, die hochspezialisierte Geräte benötigen, oder die man nur in Forschungslaboratorien durchführen kann.

- Weder die Tests selbst noch die Art ihrer Durchführung dürfen der zu untersuchenden Person unnötige Unannehmlichkeiten bereiten oder sie über Gebühr in Anspruch nehmen, noch dürfen sie zu einseitigen Ergebnissen führen. Auch galt es als wünschenswert, daß die Tests nicht länger als eine halbe Stunde dauern um sowohl die Kosten der Untersuchung als auch den Zeitaufwand der Beteiligten so gering wie möglich zu halten.

- Die in den Test gesammelten Daten müssen so aufbereitet werden, daß eine zentrale Analyse möglich ist.

Auf dieser Grundlage wurde ein Testpaket ausgearbeitet, das bei sachgemäßer Anwendung aussagefähig genug sein dürfte, um Abweichungen aufzuzeigen ohne jedoch übermäßig komplex zu sein.

Dabei liegt die Betonung auf denjenigen Teilen des optischen Apparates, des binokularen und des okulo-motorischen Systems, die zur Entstehung einer scharf umrissenen einzigen Abbildung beitragen, wenn beide Augen mitwirken. Dies ist der wesentliche Vorgang beim Lesen von Zeichen auf einem VDT-Bildschirm oder auf einem Beleg, und damit der Bereich, der von größtem Interesse ist. Außerdem kann die Testperson in diesem Bereich am ehesten einen Fehler feststellen, wie zum Beispiel ein verzerrtes oder doppeltes Bild.

Folgende Tests werden empfohlen:

1. Sehschärfe ohne Hilfen

2. Refraktive Feststellungen

3. Korrigierte Sehschärfe

4. Akkommodationsamplitude

5. Unterdrückung

6. Muskelgleichgewicht in der Entfernung (Maddox Stab)

7. Muskelgleichgewicht in 1 m Entfernung (Maddox Stab)

8. Muskelgleichgewicht in der Nähe (Maddoxflügel)

Es muß darauf hingewiesen werden, daß die hier empfohlenen Verfahren die normale Gesundheitsfürsorge nicht ersetzen können. Sicher wird durch die Einführung dieser Tests eine Anzahl der überprüften Personen erfahren, daß sie eine Brille brauchen, oder neue Gläser. Man wird diesen Personen empfehlen, ihren Augenarzt zu konsultieren. Sollten sie besondere Gläser speziell für die VDT-Arbeit brauchen, so wäre naheliegend, daß sie vom Arbeitgeber zur Verfügung gestellt werden. Oft fällt nämlich der Sehabstand für VDTs genau zwischen den Nahbereich und den Fernbereich, für die Brillen normalerweise verschrieben werden.

Die Tests selbst erbringen nur einen Teil der notwendigen Angaben, die für die langfristige Beobachtung der Auswirkung von Bildschirmarbeit nötig sind. Zum Beispiel wird man auch festhalten müssen, wie lang die tägliche Arbeitszeit am VDT ist. Es wird auch nötig sein, wenigstens in allgemeinen Begriffen die Art der ausgeübten Tätigkeit zu notieren, da bei manchen Aufgaben, z.B. Dateneingabe, der Bildschirm weit weniger betrachtet wird als bei anderen, z.B. Textredigieren. Der Untersucher sollte deshalb ein Datenblatt für jede untersuchte Person ausfüllen, das die Zusatzinformationen aufnimmt, die nötig sind, um die Ergebnisse vergleichbar zu machen.

Grauer Star

Die Frage, ob durch die Arbeit am VDT grauer Star verursacht werden kann, ist zu einer Streitfrage geworden, nicht zuletzt auch bei der Ärzteschaft selbst. Die Kontroverse geht darum, ob bestimmte Formen nicht-ionisierender Strahlungsenergie (insbesondere Mikrowellenstrahlung) zur Starbildung führen kann, wobei man diese Form des Stars als *Strahlungsenergie- oder Kapsel-Katarakt* bezeichnet. Das besondere Merkmal dieser Form des grauen Stars ist, daß er auf der Oberfläche der Linse beginnt, nicht wie sonst als eine Trübung der Linsensubstanz.

Eine Verbindung zwischen dem Auftreten eines solchen krankhaften Zustandes und der Benutzung von VDTs könnte man nur an Hand ausreichender klinischer Beweise herstellen, und auch dann nur, wenn bewiesen werden kann, daß VDTs die als schädlich erkannte Form von Strahlungsenergie aussenden.

Es bestehen gewisse Anzeichen, die darauf hindeuten könnten, daß Mikrowellenstrahlung Star erzeugt, aber die Beweise sind sowohl spärlich als auch umstritten. Die eindrucksvollsten Hinweise auf das Auftreten der Veränderung kommen aus der Luftfahrtindustrie, besonders aus den Kreisen, die mit Radareinrichtung zu tun haben. Diese sind potentielle Quellen hoher Mikrowellenstrahlung. Fälle von Kapsel-Katarakten wurden aus diesen Berufsgruppen mehrfach gemeldet und klinisch bestätigt, aber die Entstehungsgeschichte der Krankheit wurde selten sicher genug festgestellt, um Mikrowellenstrahlung als Ursache eindeutig zu identifizieren. Es ist auch bemerkenswert, daß eine Augenuntersuchung an 1300 US-Militärangehörigen, die mit Radar gearbeitet hatten, und einer Kontrollgruppe, die nicht mit Radar gearbeitet hatte, keine Anzeichen dafür ergab, daß Katarakte aufgetreten wären, weil Menschen — nicht nur kleinen, sondern sogar großen Mengen — Mikrowellenstrahlung ausgesetzt waren.

Auch ist noch keineswegs bewiesen daß VDTs überhaupt Strahlung im Mikrowellenbereich des Spektrums aussenden können. In einem VDT werden verschiedene Arten elektromagnetischer Strahlung erzeugt. Ultraviolette, sichtbare und infrarote Strahlung wird von dem Phosphor-Material ausgesandt, wenn durch einen Elektronenstrahl stimuliert wird. In der Kathodenstrahlröhre können auch Roentgenstrahlen erzeugt werden. Radiofrequenzstrahlung wird von einigen der Elektronik-Teile und der Schaltungen produziert. Aber in einem richtig funktionierenden VDT gibt es kein Anlagenteil, das normalerweise als in der Lage gehalten würde, Strahlen im Mikrowellenband auszusenden. Natürlich könnte die Möglichkeit bestehen, daß fehlerhafte Anlagenteile diese Form der Strahlung aussenden, und dies sollte vielleicht Gegenstand weiterer Untersuchungen sein. Ob es von praktischer Bedeutung wäre, würde jedoch davon abhängen, welche Teile von welcher Fehlfunktion betroffen wären. In den meisten Fällen führt eine Störung in der elektronischen Schaltung eines VDT entweder zum Ausfall des ganzen Geräts oder zu einer Störung der Wiedergabe, die dem Benutzer deutlich macht, daß eine Fehlfunktion vorliegt. Man müßte diese dann wahrscheinlich ohnehin korrigieren, um mit dem VDT arbeiten zu können.

Zusammenfassend kann gesagt werden, daß eine Verbindung zwischen dem Auftreten von grauem Star (Kapselkatarakt) und der Arbeit an VDTs allenfalls als Vermutung existiert. Schon eher läßt sich ein ursächlicher Zusammenhang zwischen dieser Krankheit und nicht-ionisierender Strahlung denken. Es bliebe aber zu beweisen ob VDTs diese Art von Strahlung entweder bei normalem Betrieb oder bei Funktionsstörungen aussenden können. Obwohl dies kaum wahrscheinlich ist, sollte man doch die Möglichkeit sehr genau untersuchen.

Visuell stimulierte Epilepsie

Man schätzt, daß Epilepsie bei ca. 0,5% der Bevölkerung auftritt, bei Kindern zwischen 5 und 14 Jahren sogar bis zu 0,8%. Davon dürften zwischen 1 und 3% an visueller Reflex-Epilepsie erkrankt sein, d.h. epileptische Anfälle aufgrund visueller Stimulation bekommen, wobei dieser Zustand bei Kindern viel häufiger ist als bei Erwachsenen. Das Auftreten photosensitiver Epilepsie, d.h. epileptische Empfindlichkeit gegen flackerndes Licht, beträgt wahrscheinlich zwischen 1 : 2500 und 1 : 10 000. Die Krankheit tritt häufiger bei weiblichen als bei männlichen Personen auf und ist am weitesten verbreitet in den Altersgruppen zwischen 6 und 12 Jahren. Nach dem Alter von 16–18 Jahren fällt die Kurve steil ab. Man vermutet, daß das Auftreten der Krankheit mit der Pubertät zusammenhängt und es bestehen auch gewisse Anzeichen für Erblichkeit.

Ein hoher Anteil der photosensitiven Epileptiker, möglicherweise bis zu 50%, neigen zu Anfällen während sie fernsehen. Diesen Zustand kennt man als *Fernsehepilepsie*. Es gibt eine weitere Gruppe von Menschen, die man vielleicht besser nicht als Epileptiker bezeichnen sollte, die nur dann Anfälle bekommen, wenn sie provokativer visueller Stimulation ausgesetzt sind. Fernseh-Epilepsie ist eine Form der visuellen Reflex-Epilepsie, die durch eine Empfindlichkeit gegen flackerndes Licht und höchstwahrscheinlich auch gegen Muster verursacht wird.

Flimmerfrequenzen zwischen 10 und 25 Hz führen mit größter Wahrscheinlichkeit zu Konvulsionen bei photosensitiven Epileptikern, wobei die höchste Empfindlichkeit zwischen 15 und 20 Hz festgestellt wurde. Die meisten flimmerempfindlichen Epileptiker reagieren auf stroboskopische Stimulation bei Frequenzen in der Nähe von 16 Hz. Dabei gibt es viele Anzeichen dafür, daß die Kombination aus Muster und Flimmern den Empfindlichkeitsbereich erweitert. So ergab eine Untersuchung, daß sich ein Empfindlichkeitsbereich, der bei diffuser Stimulation zwischen 11 und 32 Hz lag, auf 10 – 43 Hz erweiterte, wenn ein Muster dazukam. Dieses Ergebnis bestätigt die Vermutung vieler Forscher, daß gemusterte Stimulation wirksamer ist als diffuse Stimulation. Es wurde auch festgestellt, daß viele photosensitive Epileptiker nicht nur gegen Flimmern empfindlich sind, sondern auch gegen stehende Streifenmuster, wobei sich bei vibrierenden Mustern die Empfindlichkeit verdoppelt. Es scheint übrigens, daß Fernseh-Epileptiker gegen schwarz/weiße Fernsehbilder empfindlicher sind als gegen farbige.

Die epilepsie-erzeugenden Auswirkungen der Arbeit mit VDTs sind noch nicht erforscht, aber man darf annehmen, daß die gleichen Grundsätze gelten. Es könnte sogar sein, daß die deutlicheren linearen Textmuster und die häufig zu beobachtende Bildunstabilität die Empfindlichkeit bei anfälligen Personen erhöhen. VDTs, die Speicher-Kathoden-Strahlröhren verwenden, stellen sicher kein Problem dar, aber VDTs, die mit Wiederholungs-CRTs arbeiten, dürften Anfälle bei dem gleichen Personenkreis hervorrufen der auf den Heimfernseher reagiert.

Die Empfindlichkeit gegen Muster kann gerade bei alphanumerischen Bildschirmen wichtig werden. Nicht nur die Textzeilen bilden auf dem Bildschirm ein Muster, auch das Fernsehraster zeigt eine Streifenanordnung. Bei niedriger Signalstärke ergeben sich dazu noch kleine Schwingungen, die als 'Zeilen-Zittern' bekannt sind. Das Streifenmuster wird normalerweise bei 50 Hz wiederholt. Die Zeilen können aber auch verknüpft sein, wodurch auf der Retina ein Bild entsteht, das mit 25 Hz oszilliert (abgesehen von einem zusätzlichen Zeilen-Zittern).

Auch liegt die Vermutung nahe, daß der VDT-Bildschirm provokativer wirkt als der Fernsehschirm, weil man näher davor sitzt. Unter Einbeziehung des räumlichen Effekts ergibt sich die höchste Musterempfindlichkeit bei 2 Hz pro Sehwinkelgrad, mit einem Spielraum von ca. 0,5 bis 8 Hz pro Grad. Man hat außerdem festgestellt, daß Streifenmuster keine Reaktion mehr auslösen, wenn nur ein Zyklus des Musters einen Bogen von 3,75' oder weniger durchläuft. Bei unserem 625-Zeilen-System, bei dem jeweils gleichzeitig 287 Zeilen sichtbar sind, entspricht dies einem Sehabstand von 1,91 mal der Diagonale des Bildschirms. Das läßt sich bei der Arbeit mit einem VDT sicherlich erreichen.

Die epileptogene Wirkung der Kombination aus Flimmern und Muster kann man verringern, wenn man Größe, Leuchtdichte und Kontrast des visuellen Reizes verringert. Das läßt sich sowohl beim Fernsehschirm als auch beim VDT-Bildschirm ohne weiteres machen, aber der Preis kann sehr wohl eine größere Augenanstrengung beim Lesen sein.

Das Muster und die stroboskopische Veränderung der Leuchtdichte sind wesentliche Faktoren bei der Auslösung solcher Anfälle. Es ist jedoch möglich, daß der eigentliche Reiz nicht in der Zeilen-Abtastfrequenz der Röhre besteht, sondern in geringfügigen Unstabilitäten des Systems, die ein niedrigfrequentes Flimmern erzeugen, das dem Betrachter nicht sofort bewußt wird. Das zeigt sich zum Beispiel am 'Durchlaufen' des Bildes, an schlechter Auflösung und Stabilität des Bildes in der Nähe des Bildschirm-Randes und an geringfügigen Fehlern in der Zeilensynchronisation. Da Empfindlichkeit gegen Frequenzen unterhalb etwa 8 Hz ungewöhnlich ist, wird ein Blink-Kursor von 5 Hz oder weniger wahrscheinlich nicht epileptogen sein.

Man wird wohl davon ausgehen müssen, daß Menschen, die an Fernseh-Epilepsie oder anderen Formen visueller Reflex-Epilepsie leiden, Anfälle bekommen können, wenn sie an oder dicht bei einem VDT arbeiten. Natürlich betrifft dies nur einen sehr geringen Teil der Bevölkerung, noch dazu einen Teil, der höchst wahrscheinlich nicht beruflich mit VDTs zu tun hat. Auf jeden Fall sollte sich aber ein künftiger VDT-Benutzer, der schon einmal unter photosensitiver Epilepsie gelitten hat, einer ärztlichen Untersuchung unterziehen, bevor er das Gerät benutzt. Wenn sich in einem solchen Fall die Möglichkeit von Anfällen oder anderen Beschwerden nicht ausschließen läßt, so müßte man eine andere Tätigkeit vorsehen.

PROBLEME DURCH KLIMAANLAGEN

Wenn Bürokräfte über die äußeren Arbeitsbedingungen klagen, so geht das oft auf das Konto der Klimaanlage. Auch im Rahmen dieser Untersuchung wurde festgestellt, daß Klagen über Unbehagen unter den VDT-Benutzern in vielen Fällen auf schlechte Klimatisierung zurückzuführen waren oder durch diese verschlimmert wurden. Dabei zeigt sich, daß die Ursachen für diese Klagen faßbar sind und mit Hilfe physikalischer Messungen quantitativ überprüft werden können. Aber die Tatsache, daß Klimatisierungsprobleme in ihrem Umfang und in ihren Auswirkungen zu erkennen und zum Teil auch zu messen sind, heißt nicht, daß sie auch leicht gelöst werden können. Zum Teil liegt das an den technischen Schwierigkeiten mit denen Konstruktion und Betrieb von Klimaanlagen behaftet sind. Zum Teil liegt das Problem aber auch in der Natur des Menschen selbst.

Auch bei diesen Untersuchungen wurde festgestellt, daß es Probleme gibt, die technisch nicht gelöst sind und auch nicht gelöst werden können, und zwar eben weil die Physiologie des Menschen so ist, wie sie ist. Dies trifft insbesondere auf eines der Grundprobleme der Klimatisierung zu: wie man alle relevanten klimatischen Komponenten auf einem konstanten Niveau halten kann.

Der menschliche Körper ist auf äußerliche Reize angewiesen, um seinen Rhythmus auf einen 24-Stunden-Zyklus einzustellen. Die Natur bietet diese Reize, z.B. die über den Tag verteilten Licht- und Temperatur-Zyklen. Dagegen sind Klimaanlagen so gebaut, daß sie bestimmte Bedingungen konstant halten oder konstant zu halten versuchen. Somit ist schon das Grundprinzip der Klimatisierung falsch. Aber abgesehen von den technischen Schwierigkeiten, die einer technischen Lösung dieses Problems entgegenstehen, stoßen wir auf ein anderes, grundlegend psychologisches Problem: Der Mensch reagiert auf natürliche und künstliche Umgebung in sehr verschiedener Weise. Beispielsweise wird man normalerweise ein Tageslicht von 5000 Lux als ziemlich düster empfinden, aber als extrem hell in einem Innenraum.

Nun empfinden wir nicht alle natürlichen Temperaturveränderungen als angenehm, nur weil sie Teil des natürlichen Rhythmus sind. Es entspricht unserem natürlichen Verhalten, Klimaverhältnisse, die wir als unangenehm empfinden, zu meiden – sofern wir die Freiheit haben, dies zu tun. Außerhalb des Berufslebens haben wir tatsächlich einen gewissen Grad an Freiheit, das Klima, dem wir ausgesetzt sind, zu wählen oder zu verändern. Bei der Arbeit ist man jedoch bestimmten Umgebungsbedingungen unterworfen, die wir als Einzelne kaum ändern oder beeinflussen können. Man wird deshalb bei der Klimatisierung eines Arbeitsraumes versuchen, die Kombination von Bedingungen zu finden, die der Mehrheit der Betroffenen angenehm ist, und dann diese Bedingungen auf einem möglichst gleichbleibenden Niveau zu halten.

Temperatur

Sowohl zu hohe als auch zu niedrige Temperaturen haben einen schädlichen Einfluß auf das Wohlbefinden und die Leistung bei der Arbeit. Eine zu hohe Temperatur führt zu Müdigkeit, bei zu niedrigen Temperaturen hingegen hat man dauernd das Bedürfnis, sich zu bewegen, so daß die Aufmerksamkeit nachläßt. Hier sei ein Autor für viele zitiert: „Die Sicherheit eines angenehm Raumklimas ist eine notwendige Voraussetzung für die Erhaltung des Wohlbefindens und der vollen Leistungsfähigkeit". *)

Was man jedoch als 'angenehmes' Raumklima empfindet, ist meist Sache des persönlichen Geschmacks. Auch hat man festgestellt, daß Frauen für ihr Wohlbefinden eine Raumtemperatur brauchen, die im Schnitt um etwa 2° höher liegt als die von Männern bevorzugte. Außerdem ändert sich unsere Meinung, was eine angenehme Temperatur ist, von Zeit zu Zeit. Es ist daher praktisch unmöglich, eine Raumtemperatur zu finden, mit der alle Angestellten gleich zufrieden sind. Untersuchungen haben gezeigt, daß es selten mehr als 95% eines bestimmten Personenkreises sind, die eine Zimmertemperatur als angenehm beschreiben. Neuere Ergebnisse lassen vermuten, daß selbst diese Zahl noch zu optimistisch ist. In vielen untersuchten Büroräumen haben nicht mehr als 50% der dort Beschäftigten die Temperatur als angenehm empfunden.

*) *Ref. P. 3*

Zumindest ein Teil des Problems wird durch zu nahes Sitzen am Fenster verursacht. Viele Büroangestellte ziehen es vor, an einem Fenster zu sitzen, da der Blick nach draußen visuelle Entspannung von der Arbeitsumgebung drinnen schafft. Sehr oft jedoch empfinden alle jene, die nahe beim Fenster sitzen, die Temperatur als zu niedrig, da an kühleren Tagen der Körper mehr Wärme in den Fensterbereich abstrahlt als er von dort erhält.

Als generelle Regel wird empfohlen, daß die Temperatur in Büroräumen zwischen 21 und 23 °C (an heißen Sommertagen zwischen 26 – 28 °C) gehalten werden sollte. Wenn man die Innentemperatur in diesen Bereichen hält, dann wird der Unterschied zwischen Innen- und Außentemperatur nicht zu groß.

Relative Luftfeuchtigkeit

Relative Luftfeuchtigkeit ist ebenfalls eine wichtige Komponente des Raumklimas, mit großem Einfluß auf das Wohlbefinden. Zu trockene Luft läßt die Schleimhäute der Nase und der Augen austrocknen. Dadurch wird die Selbstreinigung des Atemsystems verhindert und das Infektionsrisiko erhöht, ebenso wächst die Empfindlichkeit der Augen gegen verschiedene Beschwerden.

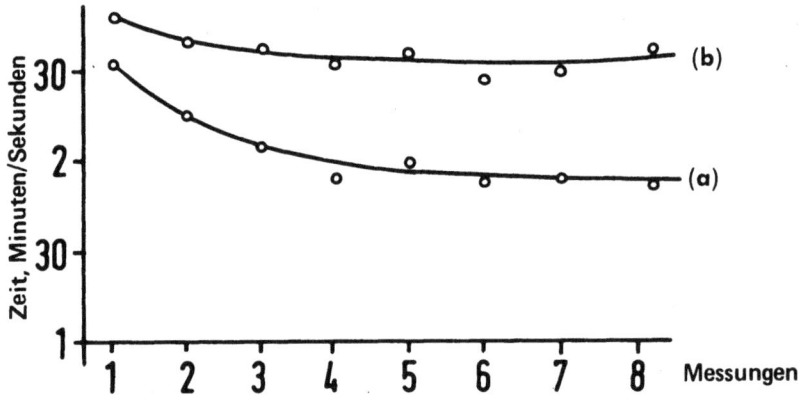

Abb. 5.22 Der Einfluß eines (a) normalen und (b) 'stickigen' Raumklimas auf die Zeit, die notwendig ist, eine bestimmte Arbeit auszuführen. Ref. P. 3

Relative Luftfeuchtigkeit kann auch Einfluß auf die Arbeitsleistung haben. Eine Reihe von Tests in zwei Arbeitsräumen mit unterschiedlichem Klima (der eine mit einem 'normalen' Büroklima: Temperatur zwischen 20° und 22 °C und 40 bis 50% relativer Luftfeuchte; der andere mit einer 'stickigen' Atmosphäre: Temperatur zwischen 22° und 24° und 60 bis 80% LF) haben gezeigt, daß bei der stickigen Umgebung eine gewisse Beklemmung herrscht und bedeutend mehr Zeit gebraucht wurde, bestimmte Arbeiten auszuführen. Obwohl Empfindlichkeit gegen Luftfeuchtigkeit und Temperaturempfindlichkeit meist zusammenhängen, steht jetzt fest, daß man beide Erscheinungen getrennt behandeln sollte. Zwar konnte in der hier erwähnten Untersuchung nicht eindeutig festgestellt werden, ob die Ergebnisse auf den Temperaturunterschied oder auf den Unterschied in der relativen Luftfeuchtigkeit zurückzuführen waren, aber sie zeigen deutlich die negativen Auswirkungen zu feuchter Luft.

In den meisten Büros ist jedoch die Luft eher zu trocken als zu feucht. Zwischen 70% und 95% der in einer kürzlichen Untersuchung Befragten beurteilten die Luft im Arbeitsraum als 'zu trocken'. Messungen haben bestätigt, daß diese Meinung gerechtfertigt war.

Als generelle Regel wird für Büroräume eine relative Luftfeuchtigkeit zwischen 50 und 55% empfohlen.

Luftzirkulation

Die Luftzirkulation, besonders in geschlossenen Räumen wie Büros, hat große Bedeutung für das Wohlbefinden. Wie angenehm oder unangenehm sie jedoch jeweils empfunden wird, hängt von der herrschenden Zimmertemperatur und von einer Reihe anderer Faktoren ab, z.B. ob man schwitzt, sich bewegt usw. Generell kann man sagen, daß ein Luftzug um so unangenehmer empfunden wird, je tiefer die Temperatur ist.

Experimente haben gezeigt, daß die Menschen empfindlicher gegen Luftbewegung sind, als allgemein angenommen wird. 23% der Befragten in einer speziellen Untersuchung über Arbeitsbedingungen im Büro empfanden einen Luftstrom von 0,1 m/Sek. als unangenehmen Zug.

Die gegen Zug empfindlichen Körperteile sind Kopf, Nacken, Schultern und Arme. Auch einige Augenbeschwerden (Trockenheit, Brennen) können auf den Einfluß von Zugluft zurückgeführt werden, da sie die Schleimhautmembranen der Augen austrocknet.

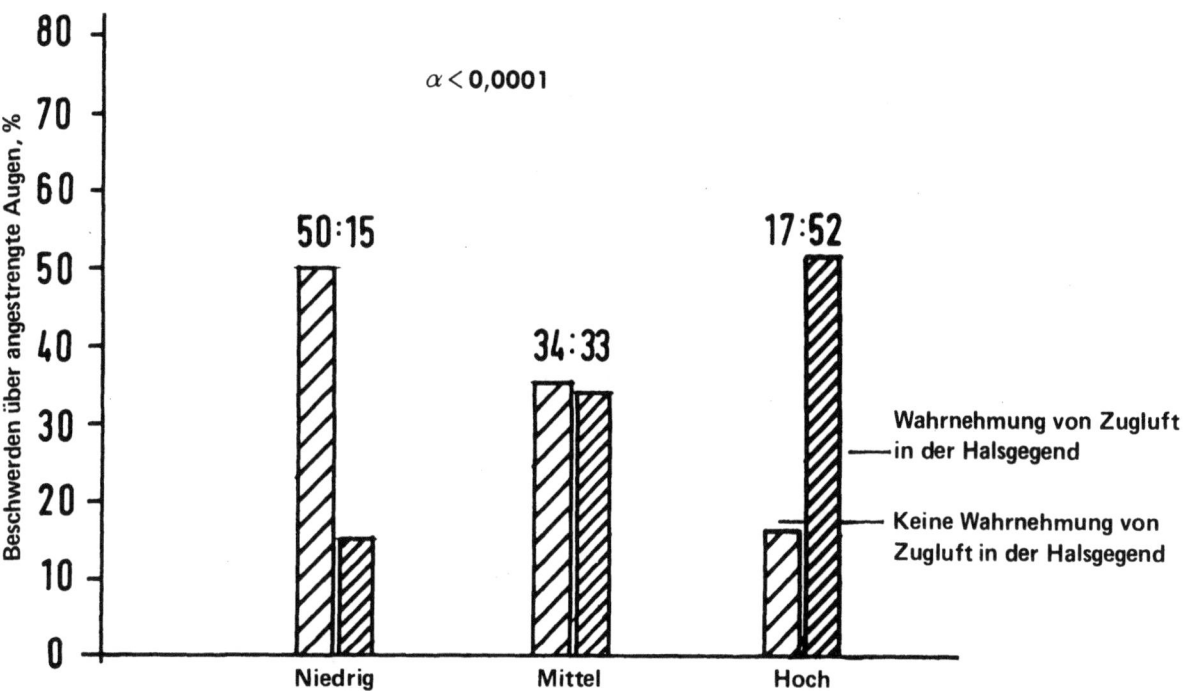

Abb. 5.23 Die Auswirkung von Zugluft in Nackenhöhe auf die Empfindlichkeit von VDT-Benutzern gegen Augenanstrengung. Das Diagramm zeigt die Korrelation zwischen den Reaktionen der VDT-Benutzer auf die Feststellung, „Ich empfinde einen Luftzug im Nacken" und einer Gruppe von Fragen über Augenbeschwerden, z.B. Brennen in den Augen, Zucken der Augenlider, Jucken der Augen und ein subjektives Gefühl intensiver Augenanstrengung bei der Arbeit am VDT. *)

*) Die Verwendung der Begriffe 'niedrig', 'mittel' und 'hoch' entlang der horizontalen Achse in den Abbildungen 5.23, 5.25 und 5.26 basiert auf den Reaktionen von mehr als 800 VDT-Benutzern auf die in den Bildunterschriften angegebenen Fragen. Von den Befragten arbeiteten 69% in klimatisierten Räumen und 31% in nicht-klimatisierten Räumen. Bei der Untersuchung wurde jeder Benutzer gefragt, welche Zahl von 1 bis 5 am besten sein Gefühl hinsichtlich der Relevanz der Frage beschreibt. In dieser Skala bedeutete '1', daß für die betreffende Person die Frage 'unzutreffend' war, und '5', daß die Frage 'zutreffend' war. Mit anderen Worten, die Ziffernskala ist ein Maßstab für die Intensität der Reaktion des Befragten. In den Diagrammen sind die Reaktionen in drei Kategorien zusammengefaßt, wobei 'niedrig' sich auf die Gruppe bezieht, bei der es wenige oder keine Beschwerden gab, 'mittel' bezieht sich auf die Gruppe, die einige Klagen vorbrachte, 'hoch' bezieht sich auf die Gruppe, die sich am meisten beschwerte oder eine positive Antwort auf die entsprechende Frage gab.

Bei Luftzug wird trockene Luft noch trockener empfunden. Um angenehme Arbeitsbedingungen in Büroräumen zu erzielen sollte man selbst sehr geringe Luftbewegungen in Kopf- und Nackenhöhe vermeiden.

Andere Faktoren, die die Luftqualität in einem Arbeitsraum beeinflussen, sind Sauerstoffgehalt, Gerüche und Verschmutzung. Eine angenehme, frische Luft erreicht man nur mit ausreichender Ventilation.

In kleineren Büros kann Fensterventilation ausreichend sein, aber in größeren Büros wird man meistens irgend eine Klimatisierung brauchen. Dabei ist eine Lufterneuerungsrate von mindestens 30 bis 50 m³ pro Person und Stunde erforderlich. Eine solche Luftmenge kann nicht zugfrei in den Raum eingeführt werden. Man sollte aber wenigstens dafür sorgen, daß die Zugluft nicht die am meisten kälte- und zugempfindlichen Körperteile berührt.

Klimatisierung von VDT-Arbeitsräumen

Der Kühlungsbedarf eines modernen Bürogebäudes setzt sich aus verschiedenen Komponenten zusammen, siehe Abb. 5.24. Allerdings konnte man zur Zeit der Untersuchung den eventuellen Einfluß von Bürogeräten noch vernachlässigen. In Räumen, die mit VDTs ausgestattet sind, gilt dies nicht mehr.

(a) Wärmequelle	Büros mit Fenster [1]				Büros ohne Fenster
	Nord	Ost	Süd	West	
Glas	27%	56%	51%	56%	-
Beleuchtung	61%	37%	41%	36%	84%
Mitarbeiter	12%	7%	8%	8%	16%
	100%	100%	100%	100%	100%

1. Prozent von Höchstbelastung in jedem Büro

(b) Wärmequelle	Bürogebäude A	Gehaltsbüro B	Filialgeschäft C	Klinik D
Glas	11,8%	27,0%[2]	5,7%	14,8%
Beleuchtung	42,3%	12,9%	23,3%	16,9%[3]
Dach und Wände	0,7%	16,8%	12,0%	33,4%
Arbeitnehmer	15,4%	12,2%	33,4%	15,5%
Ventilation	26,6%	31,1%	21,4%	19,4%
System Energie	3,2%	-	4,2%	-
	100,0%	100,0%	100,0%	100,0%
Glas + Beleuchtung	54,1%	39,9%	29,0%	31,7%

2. Große Fensterfläche nach West.
3. Vorausgesetzt 50% von der Beleuchtung in Betrieb.

Abb. 5.24 Beispiele für Kühlungsbedarf a) in einem modernen Bürogebäude, b) für verschiedene Anwendungsbeispiele.

In einer Untersuchung, in der 1021 VDT-Benutzer gefragt wurden, ob sie die Temperatur im Arbeitsraum als angenehm empfanden, bejahten nur 14% die Frage. Weitere 10% meinten, die Temperatur sei mehr oder weniger zufriedenstellend. Mit anderen Worten, weniger als ein Viertel der Befragten fanden die Temperatur zufriedenstellend oder besser!

Ein VDT gibt relativ viel Wärme ab. Bei den meisten Anlagen ist die kombinierte Wärmeabgabe aus den VDTs ausreichend, um die Durchschnittstemperatur im Raum zu erhöhen, oft trotz vorhandener Kühlung. Diese Temperaturänderung wurde in mehreren VDT-Arbeitsräumen gemessen. Die darauf fußenden Berechnungen ergaben, daß bei 7 m^3 Luftraum und einem Energieverbrauch von 350 Watt pro Arbeitsplatz (Gerät) ca. 50% der Kühlbelastung auf die VDTs entfielen. Bei einem Energieverbrauch von 100 Watt bzw. 400 Watt pro Gerät und einem Luftraum von 10 m^3 pro Person erhöhte sich die Kühlbelastung um 30% bzw. 120%. Die Differenzen waren also recht beachtlich.

Um festzustellen, ob solche Wärmemengen belästigungsfrei abgeführt werden können, hat man die Befragungsergebnisse aus klimatisierten und nicht-klimatisierten VDT-Arbeitsräumen verglichen. Erwartungsgemäß kam die Antwort 'zu warm' in klimatisierten Arbeitsräumen weniger oft vor (30% gegenüber 45% in nicht-klimatisierten Räumen). In beiden Fällen — und zwar fast gleichmäßig — wurde die Temperatur jedoch relativ selten als 'angenehm' bezeichnet. In einem klimatisierten Raum kann man die optimale Temperatur oft dadurch erhalten, daß man die Lüftungsmenge vergrößert, aber meist geht das nicht ohne fühlbar stärkere Luftbewegung, was wiederum zu Klagen führt.

Zweifellos werden Wohlbefinden und Leistung des arbeitenden Menschen durch die Raumtemperatur und durch die Auswirkungen von Zugluft beeinflußt. Mehr als die Hälfte der Befragten klagte über Zug um Beine und Nacken. Die Klagen über Zugluft und Schmerzen im Nacken korrelieren sehr stark.

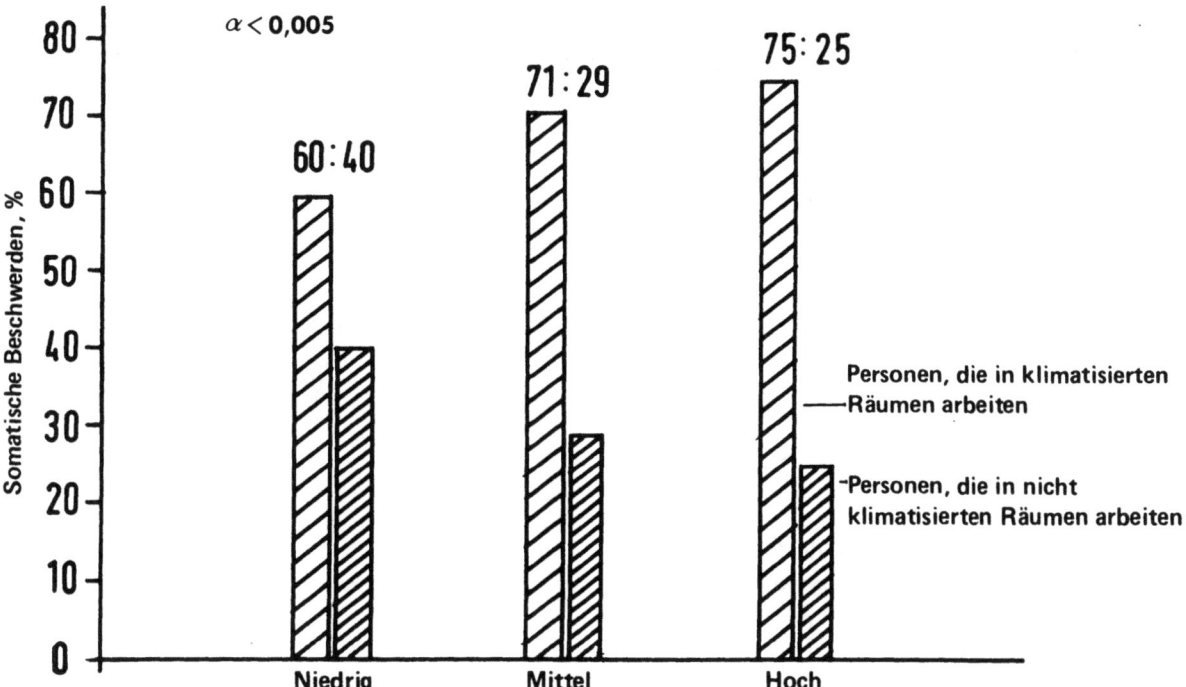

Abb. 5.25 Die Häufigkeit von Klagen über somatische Beschwerden, z.B. Rücken-, Nacken- und Kopfschmerzen, bei VDT-Benutzern in klimatisierten und nicht-klimatisierten Arbeitsräumen. Dargestellt ist die Zustimmung zu der Aussage: „Ich leide an Rücken-, Nacken- oder Kopfschmerzen, wenn ich am VDT arbeite".

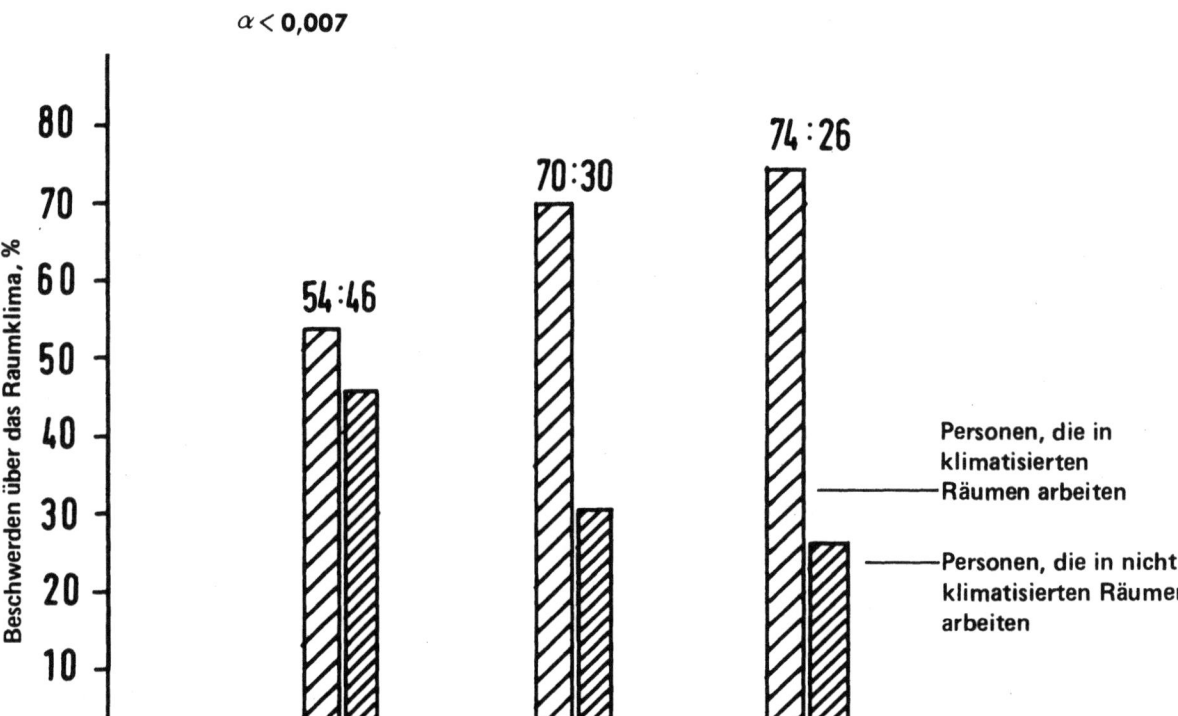

Abb. 5.26 Vergleichende Darstellung von Beschwerden über das Raumklima bei VDT-Benutzern in klimatisierten und nicht-klimatisierten Arbeitsräumen, als Reaktion auf die Feststellung „Ich habe Probleme mit dem Raumklima". Obwohl viele von denen, die in nicht-klimatisierten Räumen arbeiteten, die Temperatur als zu hoch empfanden, gab es im großen und ganzen weniger Klagen als bei denen, die in klimatisierten Räumen arbeiteten.

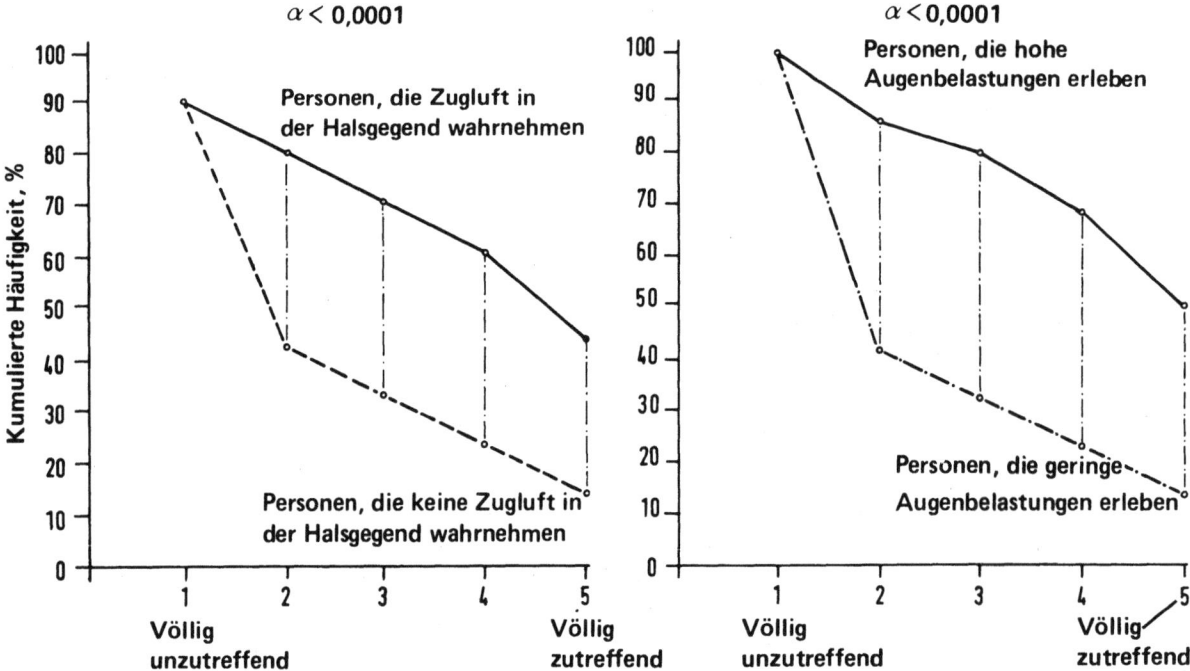

Abb. 5.27 Grafische Darstellung subjektiver Beschwerden über (a) Luftzug um Nacken und Hals und (b) Gefühl des Brennens in den Augen, wobei sich der Zusammenhang zwischen Zugluft im Kopfbereich und dem Auftreten visueller Beschwerden zeigt.

In den Räumen, wo es weniger Klagen über Luftzug gab, gab es auch wesentlich weniger Klagen über Nackenschmerzen. Man sollte deshalb Probleme nicht über verstärkte Kühlung zu lösen versuchen, sondern lieber von vornherein VDTs auswählen, die eine geringere Wärmeabgabe haben, und sie möglichst günstig im Raum verteilen.

Die Frage der trockenen Luft in VDT-Arbeitsräumen kann man auch subjektiv anhand der Reaktion der VDT-Benutzer untersuchen. In der bereits erwähnten Untersuchung bejahten die Frage: „Empfinden Sie die Luft als zu trocken?" 72% der Befragten in klimatisierten Räumen und 68% in nicht-klimatisierten Räumen. Dabei zeigten Messungen, daß die Luft in den klimatisierten Räumen sogar objektiv feuchter war. Daß sie dennoch von einem fast gleichen Prozentsatz als zu trocken bezeichnet wurde, erklärt sich daraus, daß in den klimatisierten Räumen mehr Zugluft herrschte.

Es zeigt sich also, daß die Klimatisierung von Räumen mit VDTs eine Anzahl von Problemen stellt — schon deshalb, weil die Klimatisierung selbst die im Raum Beschäftigten in unterschiedlicher Weise stören kann.

PSYCHOLOGISCHE ASPEKTE

Wie mißt man überhaupt die geistig-seelische Belastung durch die Arbeit? Mit diesem Problem schlagen sich die Industriepsychologen seit vielen Jahren herum, in ihrem Bestreben, die Reaktion des Individuums auf die verschiedenen Faktoren seiner Arbeitswelt zu quantifizieren und meßbar zu machen. Es gibt eine Vielzahl theoretischer Beschreibungen der psychologischen Beziehungen des Menschen zu Arbeit und Arbeitsumwelt. Einige davon können gewisse praktische Beobachtungen der Ermüdung und des individuellen Verhaltens erklären, aber keine konnte bisher eine überzeugende Beziehung zwischen allen Aspekten des psychologischen Verhaltens in der alltäglichen Arbeitsumwelt herstellen.

Die meisten Methoden der Arbeitsstruktur- und Reaktionsanalyse gehen das Problem aus zwei Richtungen an: durch Untersuchung der *objektiven* und der *subjektiven* Reaktionen auf eine bestimmte Aufgabe oder berufliche Situation. Die objektive Methode zerlegt die Aufgabe in ihre strukturellen Bestandteile und beschreibt die menschlichen Anforderungen jeder Phase oder Komponente der Aufgabe. Diese Methode zum 'Messen' der mentalen Belastung ist gut, wenn die Komponenten 'mentaler Belastung' gut definiert sind und wenn man einen Maßstab hat, an dem ihre Intensität gemessen werden kann. Man wird allerdings schon bei der Definition des Maßstabes Probleme bekommen, vor allem wenn man 'äußere', 'objektive' Größen zu finden versucht.

Nun könnte man sagen, daß der arbeitende Mensch selbst am besten in der Lage sein müßte, die Art und Intensität seiner Arbeitsbelastung zu beschreiben, gewissermaßen 'von innen' her. Bei den subjektiven Methoden der Arbeitsanalyse wird daher der Mensch selbst aufgefordert, seine Arbeitssituation im Licht seiner eigenen Erfahrung zu beschreiben. Auf den ersten Blick erscheint dies als eine plausible Methode zur Lösung des Problems, aber sie hat auch ihre Nachteile. Das erste Problem ist, die 'richtigen Fragen' zu stellen. Wie bei der objektiven Analyse, ist es auch hier notwendig, zu Beginn der Untersuchung eine klare Definition der Komponenten mentaler Arbeitsbelastung zu erarbeiten. Auch bedarf es eines ausreichend detaillierten Verständnisses der betreffenden Aufgabe, um eindeutige und relevante Fragen formulieren zu können. Der Erfolg einer solchen Untersuchung hängt ebenso sehr von der *Art* der Befragung ab wie von Thema und Umfang der Fragen selbst. Den meisten Menschen fällt es sehr schwer, ihre Reaktionen auf eine bestimmte Situation zu beschreiben. Deshalb sollten die Fragen so verständlich, unzweideutig und relevant wie möglich sein, und der Interviewer sollte der Testperson dabei helfen, ihre Meinung klar auszudrücken.

Die Technik der subjektiven Erfahrungs-Analyse des arbeitenden Menschen ist schon oft erprobt worden, in einer Vielzahl verschiedener Industrien. Aber es gibt noch immer kein standardisiertes Verfahren, mit dem man die mentale Belastung durch verschiedene Aufgaben zuverlässig vergleichen könnte. Auch ist es meist nicht möglich, die unterschiedliche mentale Belastung durch ein und dieselbe Aufgabe zu vergleichen, die auf unterschiedliche Weise durchgeführt wird, z.B. als Ergebnis von Veränderungen in der Arbeitsorganisation oder aufgrund technologischer Neuerungen.

Untersuchung mentaler Arbeitsbelastung

Jeder Mensch hat, je nach seiner physischen und psychischen Konstitution, bestimmte Möglichkeiten und Grenzen seiner Leistungsfähigkeit. Wenn die organisatorischen und technischen Aspekte unserer Arbeit und unserer Umgebung diese Möglichkeiten und Grenzen nicht berücksichtigen, dann werden wir eine 'Überbelastung' spüren, die physischer und psychologischer Natur sein kann. Jeder von uns wird auch unterschiedlich auf Veränderungen in der organisatorischen und technischen Struktur der Arbeit reagieren. Eine Änderung im Verfahren, die auf den einen anregend wirkt, kann sich sehr wohl als belastend und behindernd für den anderen herausstellen. Viel hängt von der Einstellung zu unserer Arbeit ab, die sich aus Identifizierung und Engagement, aus persönlicher Motivation usw. ergibt.

Die meisten bisherigen Untersuchungen der Ermüdung bei der Arbeit sahen den menschlichen Körper in Analogie zu einer Maschine, fähig u.a. eine bestimmte Aufgabe unter einer Vielzahl verschiedener Bedingungen zu erfüllen und daraus Befriedigung zu gewinnen. Zu den negativen Eigenschaften der menschlichen 'Maschine' gehört die Neigung zur Ermüdung, zu kurzfristigem Leistungsabfall und, je nach Art der betreffenden Aufgabe, die Möglichkeit gesundheitlicher Schäden auf lange Sicht. In den Anfängen der Ermüdungsforschung richtete sich die Aufmerksamkeit hauptsächlich auf Muskelermüdung. Bei schwerer körperlicher Arbeit, also bei Tätigkeiten, die am sorgfältigsten untersucht worden waren, traten oft körperliche Schäden durch Überanstrengung und durch die Belastung bei der Arbeit auf. Aber die Ansichten haben sich seither geändert. Führende Autoritäten auf diesem Gebiet konnten keine greifbare Trennung zwischen physischer und psychischer Ermüdung feststellen, da auch die geistige Ermüdung eng mit einer Funktionsveränderung im menschlichen Organismus zusammenhängt.

Wenn man die geistige Belastung eines Menschen bei der Arbeit analysiert, dann gilt es zunächst festzustellen, welche persönlichen, beruflichen oder Umwelt-Faktoren für die Belastung verantwortlich sind — und in welchem Ausmaß. Erst dann ist es möglich, sinnvolle Vorschläge zu machen, wie man die psychologischen Anforderungen an den Menschen bei der Arbeit reduzieren könnte. Man versucht zuerst, die Arten der Ermüdung festzustellen, denen die Versuchsperson unterworfen ist, weiterhin den Grad der Ermüdung und seine Auswirkungen auf den betreffenden Menschen und die Umstände, die diese Ermüdung mehr oder weniger begünstigen. Es ist auch wichtig, die Veranlagung und Persönlichkeit der Arbeitsperson zu untersuchen, da auch dies einen bedeutenden Einfluß auf seine Beziehungen innerhalb und außerhalb seiner Arbeitsumwelt haben kann.

Es wurde bereits erwähnt, daß das Problem der Ermüdung und der psychologischen Aspekte der arbeitenden Menschen gewöhnlich von zwei Seiten angegangen wird, nämlich durch Untersuchung der objektiven und der subjektiven Reaktionen eines Menschen auf seine Arbeit und seine Arbeitsumwelt. Diese Reaktionen können sich ausdrücken in:

- individueller *Erfahrung*, d.h. persönlicher Meinung, subjektiver Äußerung,

- Ausmaß und Veränderungen von *Leistung und Produktivität*, z.B. durch Messung der Fehlerquote, Veränderungen in der durchschnittlichen Höhe des Ausstoßes oder in der Schwankungsbreite, und

- *physiologische Reaktionen*, z.B. EEG-Aktivität, Atemtätigkeit, Pulsschlag usw.

Seit Beginn dieses Jahrhunderts hat man oft versucht, die Kriterien physischer und psychischer Ermüdung auf der Grundlage dieser drei Reaktionsarten zu definieren. Dabei liegt das praktische Problem in der Tatsache, daß, individuell gesehen, keine eine ausreichend zuverlässige und quantitative Methode darstellt, alle wichtigen Aspekte der Reaktion eines Menschen auf physische und psychologische Aktivität zu beschreiben. Wenn sie zu sinnvollen und verläßlichen Ergebnissen führen soll, dann muß eine solche Untersuchung auf breiter Ebene stattfinden. Selbst dann ist die Messung und Analyse von Ermüdung und psychischer Arbeitsbelastung in einer Industrieumwelt noch ein sehr schwieriges und komplexes Unterfangen. Und doch ist der Ruf nach solchen Untersuchungen immer lauter geworden, in dem Maße, wie man erkannt hat, daß in vielen Berufssituationen die physiologischen Beschwerden und Störungen nicht von den psychologischen Aspekten der Aufgabe getrennt werden können.

Der Begriff der Ermüdung ist noch immer weitgehend undefiniert, ihre Symptome sind jedoch mannigfaltig. Einige davon lassen sich nur subjektiv beschreiben, basierend auf der Erfahrung des Einzelnen und auf seiner Fähigkeit, diese Erfahrung zu beschreiben. Andere kann man objektiver beurteilen.

Die objektiven Symptome von Ermüdung äußern sich — in unterschiedlichem Ausmaß — in Störungen der folgenden Prozesse:

- Aufnahme und Wahrnehmung von Information,

- Koordination (z.B. Auge-Hand-Koordination),

- Aufmerksamkeit und Konzentration,

- Gedankenarbeit,

- Motorische und Kontrollfunktionen, und

- soziale Beziehungen.

Subjektive Untersuchungsmethoden

Wenn man einen Menschen auffordern will, seine Reaktion auf einen bestimmten Umstand in Verbindung mit seiner Arbeit oder seinen Arbeitsbedingungen zu beschreiben, so gibt es dafür grundsätzlich zwei Methoden. Bei beiden setzt man Fragebogen und Interviews dafür ein, Informationen über die hauptsächlichen Begleitumstände der Ermüdung und über die individuelle Reaktion darauf zu erhalten — in einer Weise, die es dem Befragten leicht macht, seine Erfahrung möglichst genau zu beschreiben. Wenn man dafür eine vorgegebene quantitative Skala verwendet, dann erleichtert man auch die Analyse der Untersuchung. Wenn man die richtigen Fragen stellt, dann kann man diese Art der Erhebung auch für die Untersuchung objektiverer Symptome von Ermüdung und psychischer Belastung verwenden.

Bei der ersten Methode wird die Versuchsperson um ihre Reaktion auf eine bestimmte Frage im gegebenen Zeitpunkt gebeten, d.h. es werden spontane Antworten erfragt. Zu diesem Zweck formuliert man eine Anzahl von Schlüsselfragen und läßt die 'Antwort' in

Form einer Zahl ausdrücken, die aus einer vorgegebenen Skala ausgewählt wird. Sie gibt die Intensität der Reaktion der Versuchsperson im jeweiligen Zeitpunkt wieder. Bei der zweiten Methode wird die Versuchsperson aufgefordert, die Frage im Lichte ihrer vorangegangenen Erfahrung zu beantworten, d.h. rückblickend zu kommentieren. Das ist für solche subjektive Untersuchungen eine bewährte und recht zuverlässige Methode. Sie verträgt sich auch gut mit der Multifaktor-Analyse, die man anwenden muß, um die wirklichen Gründe für die gegebenen Antworten herauszufinden.

Da das Auftreten physischer und psychischer Ermüdung und auch die Art, wie sie beschrieben wird, stark von der Persönlichkeit und der Einstellung der Versuchsperson beeinflußt sein kann, muß man bei einer solchen Untersuchung auch versuchen, ein Persönlichkeitsprofil zu gewinnen, in bezug auf gefühlsmäßige Stabilität, Introvertiertheit/Extrovertiertheit usw. Aufschlußreich ist auch die nähere Betrachtung der Faktoren, die eine stärkere Motivation bei der Versuchsperson bewirken, z.B. höhere Bezahlung, der Wunsch nach mehr Verantwortung, Lob, Anerkennung, Erfolg usw.

Leistungsbezogene Untersuchungsmethoden

Wenn man Ermüdung und psychologisches Verhalten nach der erbrachten Leistung beurteilt, dann unterstellt man, daß zwischen dem Ermüdungsgrad und der Leistungs- oder Produktivitätsveränderung während des Untersuchungszeitraums ein unmittelbarer Zusammenhang besteht. Für die Untersuchung der Ermüdung bei VDT-Arbeiten wurden dabei folgende Leistungsmerkmale betrachtet:

- reduzierte Aufnahmefähigkeit für visuelle Reize, reduzierte Wahrnehmungsgeschwindigkeit, Interpretationsfehler,
- reduzierte Aufmerksamkeit und Konzentration, erhöhtes Auftreten von Fehlern, größere Leistungsschwankungen,
- schlechte Koordination zwischen Auge und Handbewegung.

Wenn man den Ermüdungsgrad an Produktivität, Fehlerzahl usw. mißt, dann hat das den Nachteil, daß die Versuchsperson häufig keine verminderte Leistung erbringt, obwohl sie deutlich Ermüdung empfindet. Es ist auch nicht ungewöhnlich, daß sich sogar eine meßbare Erhöhung der Durchschnittsleistung feststellen läßt, z.B. weniger Fehler. Dieses auf den ersten Blick paradox erscheinende Verhalten entspricht sehr gut den Theorien von Aktivierung und Kompensation.

Man kann durch bewußt höhere Aktivierung bestimmte Ermüdungssymptome überwinden, zum Beispiel nachlassende Konzentration oder nachlassende Aufmerksamkeit, die Tendenz langsamer zu arbeiten oder ganz aufzuhören. Manche Versuchspersonen haben durch diese bewußte Kompensation sogar eine höhere Arbeitslast bewältigt, trotz ihrer unzweifelhaften Ermüdung. Im Verlauf der Untersuchungen wurde auch festgestellt, daß bei anspruchsvolleren Arbeiten, d.h. Aufgaben, die größere Verantwortung, Anforderungen an die Genauigkeit o.ä. mit sich bringen, diese kompensierende Aktivierung noch leichter fällt. Aber dies hat vermutlich auch seinen Preis. Die physische Belastung, z.B. höhere Herzschlagfrequenz, die bei höherer Aktivierung auftritt, ist in diesem Zusammenhang sicher ein wichtiger Faktor, da sie die körperliche und psychische Ermüdung auf das Privatleben des Menschen übertragen kann. Man denke hier nur an die Zeit, die notwendig ist, um von einem hohen Aktivierungsgrad am Ende eines Arbeitstages herunterzuschalten. Eine übermäßige Ermüdung im beruflichen Bereich kann zu einer Verarmung der sozialen Kontakte im außerberuflichen Bereich führen.

Physiologische Untersuchungsmethoden

Auf den ersten Blick erscheint die physiologische Untersuchung der Ermüdung als brauchbarer Weg. In gewissem Umfang trifft dies sicher auch zu. Solche Untersuchungen sind andererseits gewöhnlich sehr zeitaufwendig und erfordern oft komplizierte Instrumente und detaillierte Kenntnisse, die sie für die Durchführung an Ort und Stelle wenig geeignet machen. Wenn dazu noch das Verhalten der Versuchsperson durch die Testinstrumentation beeinflußt wird, z.B. durch Einschränkung der Bewegungsfreiheit oder andere Unbequemlichkeiten, so kann dies zu einem ganz uncharakteristischen Verhalten führen, wodurch die Ergebnisse beeinträchtigt werden. Außerdem muß die Zahl der Versuchspersonen relativ groß sein, um sinnvolle Schlüsse zu erlauben. Dadurch werden die Kosten von Untersuchungen dieser Art oft prohibitiv hoch.

Man kann dieses Problem durch eine geringere Anzahl von Testpersonen umgehen, muß sich aber darüber im klaren sein, daß dadurch die Ergebnisse weniger repräsentativ, weniger zuverlässig und vielleicht auch schwieriger zu interpretieren sind. Oft verhält sich die Versuchsperson auch gerade deshalb uncharakteristisch — zumindest anfänglich — weil sie sich bewußt ist, zu einer ausgewählten Gruppe zu gehören. Deshalb gehört zu allen Untersuchungen dieser Art eine Eingewöhnungsphase, in der sich die Versuchsperson an die Situation gewöhnen kann.

Entfremdung

Mit dem Ausdruck *Entfremdung* wird von Sozialwissenschaftlern der Unterschied zwischen dem Zustand eines Menschen charakterisiert, der seiner eigentlichen 'Natur' entsprechen würde, und demjenigen, der ihm durch die Kultur, in der er lebt, aufgezwungen wird. Diese erzwungene Anpassung kann zu schweren inneren Konflikten führen, manchmal in einem Maße, daß der Betroffene seine Identität in Frage stellt.

Obwohl dieser Konflikt als Druck empfunden wird, so besagt das nicht, daß die vollständige Abwesenheit dieses Drucks eine Ideal-Situation darstellt. Die Geschichte der sozialen und kulturellen Entwicklung bietet viele Beweise dafür, daß Druck eine wichtige Voraussetzung für den Fortschritt ist. Gesellschaften entwickeln sich nicht zu Kulturvölkern wenn der äußere Druck auf sie minimal ist, sondern wenn er optimal ist. Das trifft genauso auf die Entwicklung eines Menschen zu: Die ideale Situation ist die, bei der das Anspruchs- oder Anforderungsniveau optimal ist.

Die Entfremdung ist ein außerordentlich wichtiger Aspekt des menschlichen Verhaltens in der Arbeitsumgebung. Dies gilt besonders für die Reaktion eines Menschen oder einer Berufsgruppe auf Veränderungen der technischen oder organisatorischen Gegebenheiten ihrer Arbeit.

Es gibt viele Formen von Druck und Anforderung, denen wir bei der Arbeit ausgesetzt sein können. Wir neigen dazu, diese Belastung unterschiedlich zu beurteilen, je nachdem, ob wir darin einen positiven oder einen negativen Aspekt unserer Arbeit sehen. Wir wollen dies am Beispiel eines Zeitungsredakteurs verdeutlichen. Zeitungsjournalisten und Redakteure sind hoch motiviert und betrachten ihre Arbeit als geistig kreativ. Ausdauer und die Fähigkeit unter Druck kreativ zu arbeiten, sind wesentliche Eigenschaften eines guten Journalisten. Solange der Druck, dem sich der Journalist ausgesetzt fühlt, sozusagen 'beruflich' bedingt ist, also aus dem Wesen des Journalismus erklärt werden kann, wird er als Teil des Berufs akzeptiert und mag sogar mehr als Anregung denn als Entfremdung empfunden werden. Wenn er aber anderen Frustrationsquellen ausgesetzt ist, die er nicht als notwendigen Bestandteil seines Berufs akzeptiert — zum Beispiel in der technischen

Ausführung seiner Arbeit — so können diese Frustrationen zu Unzufriedenheit und Entfremdung beitragen. Wir haben hier das Beispiel eines Journalisten gewählt, das Gesagte gilt aber genauso für jede Berufssparte, bei der gewisse Arten von Druck als 'zum Job gehörend' akzeptiert und vielleicht sogar als stimulierend empfunden werden — während andere Belastungen, die oft vergleichsweise trivial erscheinen, als unerträglich betrachtet werden und tatsächlich ein Hindernis bei der Arbeit werden können.

Früher galt der Fabrikarbeiter in seiner Arbeitsumwelt als Musterbeispiel der Entfremdung; heute sind viele Autoritäten auf diesem Gebiet der Meinung, daß der Büroangestellte einer viel stärkeren Entfremdung ausgesetzt sein kann. Dieser Zustand kann sich in jeder Berufsgruppe aus einer Vielzahl von Gründen einstellen, die zum Teil in der Arbeitswelt selbst zu suchen sind, zum Teil in der allgemeinen sozialen Umwelt. Die Redensart „der Job ist auch nicht mehr das was er war" ist symptomatisch für die Entfremdung und signalisiert einen plötzlichen oder langsamen Rückgang der Identifikation mit der Arbeit, vielleicht als Ergebnis nachlassender fachlicher Anforderung aufgrund der Automatisierung.

Der Begriff 'Entfremdung' wird oft ziemlich diffus verwendet. Er überspannt wenigstens zwei Ebenen: die soziale Ebene und die psychologische Ebene. Ohne Zweifel bestehen sehr enge Beziehungen zwischen diesen Arten der Entfremdung und der optimalen Erfüllung der Arbeitsfunktion, d.h. ihrer individuellen, wirtschaftlichen und gesellschaftlichen Ziele. Der soziale Aspekt der Entfremdung charakterisiert die Situation der Arbeit innerhalb des Gesamt-Produktionsprozesses. Die Arbeit und ihr Ergebnis sind unabhängig von ihm als Mensch geworden. Mit anderen Worten, er fühlt sich nicht mehr als Herr und Meister seiner Arbeit, sondern — umgekehrt — von seiner Arbeit beherrscht. Diese Form der Entfremdung ist nicht an eine besondere Technologie gebunden, sondern stellt in vielen Berufsgruppen ein wachsendes sozialpolitisches Problem dar.

Noch direkter betrifft den Einzelnen aber die psychologische Seite der Entfremdung. Er fühlt sich machtlos, nur als 'Nummer' oder als 'Rädchen in der Maschinerie einer großen Organisation', als jemand, der eine Arbeit tut, deren Sinn er nicht einsehen kann, eingespannt und gleichzeitig isoliert in seiner Arbeitswelt, uneins mit sich selbst wegen seiner Unfähigkeit, die Ziele zu erreichen und die Erwartungen zu befriedigen, die er sich gestellt hat.

Moderne Büro-Computeranlagen sind außerordentlich verfeinerte Geräte, die bei richtiger Anwendung viele bisher anstrengende und zeitaufwendige Verwaltungs- und Büroarbeiten (zum Beispiel Kosten- und Lohnbuchhaltung, Rechnungsschreibung) von ihrer Eintönigkeit und Stumpfsinnigkeit befreien können. Es mag daher befremdlich erscheinen, daß die Verwendung von Computern im Büro oft als 'Maschinen-Herrschaft' bezeichnet wird. Ein Grund dafür liegt vielleicht darin, daß das Büropersonal zwar bereit ist, Computeranlagen als Arbeitsmittel und Hilfe zu benutzen und zu akzeptieren, daß es viele aber ablehnen, wenn ein Computer weitergehende Aufgaben übernimmt, wodurch schließlich das Verantwortungs- und Selbstwertgefühl des Menschen herabgesetzt wird. Hinzu kommt, daß vor der Einführung des Computers das Büropersonal mit Papier-'Speicherung' zu arbeiten pflegte. Obwohl diese Art von Informationsbearbeitung vergleichsweise umständlich ist, so ist Datenverarbeitung und -speicherung auf Papier doch eine greif- und sichtbare Tätigkeit. In einem Computer dagegen wird die Datenverarbeitung zu einem abstrakten Vorgang — einem Vorgang noch dazu, der den Benutzer dazu zwingt, sich den technischen und organisatorischen Erfordernissen des Systems zu unterwerfen. In vielen modernen Büros findet man Computersysteme, bei denen VDTs als Eingabe- und Kontrollvorrichtung verwendet werden. Für viele Bürokräfte ist damit das VDT das einzige Mittel, zu 'sehen', was der Computer macht. Um mit dem VDT in einem solchen System arbeiten zu können, muß der Benutzer wenigstens wissen:

- wie man das alphanumerische Tastenfeld bedient,
- wie man am besten ein Funktionstastenfeld bedient,
- welches die wichtigsten Befehle und Codieranweisungen sind, und
- welche Möglichkeiten die Programme bieten, die ihm zur Verfügung stehen, und wie man sie benutzt.

Um die Anlage so gut wie möglich zu nutzen, muß er auch wissen, zu welchen Zeiten er am besten mit dem Computer arbeiten kann, wie lange die wichtigsten Arbeitsgänge dauern, usw. Er muß sich auch darüber klar sein, daß die Ausgabe der gewünschten Information nur möglich ist,

- wenn die Eingabe richtig erfolgt ist,
- wenn der Computer für die gewünschte Bearbeitung zur Verfügung steht.

Dieser letzte Punkt ist in vielen praktischen Situationen besonders wichtig. Ein Zeitungsredakteur zum Beispiel legt großen Wert auf die Geschwindigkeit, mit der er den verarbeiteten Text aus dem Computer erhält; er möchte ihn so schnell wie möglich. Aber je nach Struktur des Systems muß er vielleicht eine unbestimmte Zeit warten während der Computer die Artikel anderer Redakteure verarbeitet, die an dem gleichen System angeschlossen sind.

Untersuchungen haben gezeigt, daß Journalisten ihren Beruf gern so sehen:

- interessant, anspruchsvoll und abwechslungsreich,
- fordert große persönliche Verantwortung und bietet große Selbständigkeit,
- gibt dem einzelnen Journalisten das Gefühl, sein eigener Herr am Arbeitsplatz zu sein,
- anregend und motivierend, auf eine Weise, die die hohe Arbeitsbelastung nicht als Druck empfinden läßt,
- von einem Wert, dessen sich der Journalist bewußt ist und den er selbst einschätzen kann.

Der Journalist arbeitet unter Zeitdruck. Der Umfang seiner Arbeit ist gewöhnlich nicht im voraus kalkulierbar, und die Qualität seiner Leistung läßt sich nicht quantitativ messen. Das Ergebnis seiner Arbeiten hat hohe soziale Relevanz und ist ständig der Überprüfung und Kritik ausgesetzt. Der Journalist — wie übrigens auch die meisten anderen Freiberufler — reagiert besonders empfindlich auf den Gedanken, daß seine Tätigkeit durch eine Maschine beeinflußt oder kontrolliert werden könnte. Da er sich seiner sozialen Rolle bewußt ist, wird der Journalist vielleicht noch mißtrauischer reagieren als andere Gruppen. Da die Arbeit eines Journalisten kreativer Natur ist, sind es die kreativen und nicht die mechanischen Arbeitsprozesse, die ihn am meisten interessieren. Für die meisten Journalisten ist der Austausch seiner traditionellen Werkzeuge (Bleistift, Papier, Schreibmaschine), gegen das Bildschirmgerät akzeptabel, vorausgesetzt, daß dadurch seine redaktionelle Unabhängigkeit nicht eingeschränkt und die Kreativität seiner Arbeit nicht behindert wird.

Generell kann man sagen, daß die Gefahr der Frustration und Entfremdung größer wird, wenn sich der Mensch von den 'Mechanismen' seines Berufs behindert und eingeschränkt fühlt. Das kann soweit gehen, daß er sich mit dem Produkt seiner Arbeit nicht mehr identifizieren kann, und da dies eine der wichtigsten Voraussetzungen für die berufliche Zufriedenheit ist, müssen die Auswirkungen technischer Neuerung gerade aus dieser Sicht sorgfältig überlegt werden.

Entfremdung und Maschinen-Kontrolle

Bei den meisten Arbeitsabläufen gibt es eine deutliche Hierarchiestruktur. Wegen der hierarchischen Struktur der Unternehmen und der vielen verschiedenen Zuordnungen einer bestimmten Tätigkeit muß ein Mensch den anderen kontrollieren. Innerhalb gewisser Grenzen ist dies eine Situation an die wir gewöhnt sind und mit der wir uns abfinden. Im Gegensatz dazu ist der Mensch meist nicht bereit zu akzeptieren, daß seine Arbeit von einer Maschine beherrscht wird. Während die Kontrolle durch Menschen Bestandteil unserer sozialen Existenz ist, muß man die Kontrolle des Menschen durch eine Maschine wohl als grundlegend falschen Einsatz der Maschine betrachten, einen Fehler, den man bereinigen sollte.

Das klassische Beispiel für die Unterordnung der menschlichen Arbeit unter eine Maschine ist die Fließbandarbeit. Die Geschwindigkeit und der Takt des Bandes diktiert, wann und wo der Mensch seine Aufgabe zu erfüllen hat. Ein weiteres Beispiel ist der frühere Typ von Fernschreibern mit mechanisch begrenzter Tastgeschwindigkeit.

In der modernen Industriewelt gibt es viele Beispiele von Produktionsmaschinen — und der Computer gehört sicher dazu — die das Gleichgewicht zwischen Mensch und Maschine verändert haben. Computer eignen sich ideal für die Ausführung sich wiederholender, eintöniger Aufgaben, die bei manueller Erledigung zu einer monotonen Tätigkeit führen. Wenn sie jedoch etwas von dieser Last nehmen, so hat dies auch seinen Preis. Ein Computer tut nur, was ihm befohlen wird. In menschlichen Beziehungen sind wir gegenüber Irrtum und selbst semantischen Fehlern tolerant. In der Beziehung zwischen Mensch und Computer jedoch gibt es keinen Spielraum für Fehler. Der Computer kann nur solche Befehle ausführen, die ihm in seiner eigenen, sehr präzisen Sprache erteilt werden. Anders als das menschliche Gehirn kann ein Computer nicht denken, sondern nur schon Gedachtes ausführen.

Es gibt Berufe, deren spezielle Aufgabe es ist, mit diesen Eigenheiten des Computers zu leben, zum Beispiel Programmierer, Systemspezialisten. In den letzten Jahren ist ihr 'Marktwert' ständig gestiegen. Heute sprechen wir von 'Software-Paketen', im Gegensatz zu der eng begrenzten Programmierkapazität früherer Computer-Typen. Durch das VDT hat der Zugriff zum Daten- und Programmspeicher des Computers eine neue Dimension erhalten. Die Kosten der Datenspeicherung konnten ständig gesenkt werden, dank der Geburt des 'Chip' und der Entwicklung der Mikroprozessor-Technologie.

Leistungskontrolle durch den Computer

Die Verwendung des Computers zur individuellen Leistungsmessung, beispielsweise durch mengenmäßige Erfassung der Eingabe oder der Produktionsleistung bei Stücklohnermittlung, kann wesentlich zur psychischen Arbeitsbelastung beitragen. Das liegt zum Teil daran, daß der Mensch anonyme Kontrollen seiner Arbeit fürchtet oder einfach ablehnt. Vor allem wenn die Qualität der geleisteten Arbeit an sich nicht in quantitativen Begriffen gemessen werden kann, macht der Gedanke, daß der Computer für solche Zwecke verwendet wird, sehr mißtrauisch. Bei unseren Untersuchungen haben wir festgestellt, daß die Arbeitspersonen um so mehr besorgt sind, daß ihre Leistung der Computerkontrolle unterliegt, je mehr die Arbeit Routine ist, z.B. Dateneingabe, vor allem natürlich bei Akkordarbeit.

Diese und andere Merkmale der Routinearbeit können zu höherem Ermüdungsgrad führen, je nachdem, wie die Tätigkeit organisiert ist. Um diese Aussage zu überprüfen, wurden 50 VDT-Eingabe-Typistinnen, die im Akkord arbeiteten, mit 130 Eingabe-Kräften verglichen, die die gleiche Arbeit nicht im Akkord ausführten. Die Befragung erfolgte vor

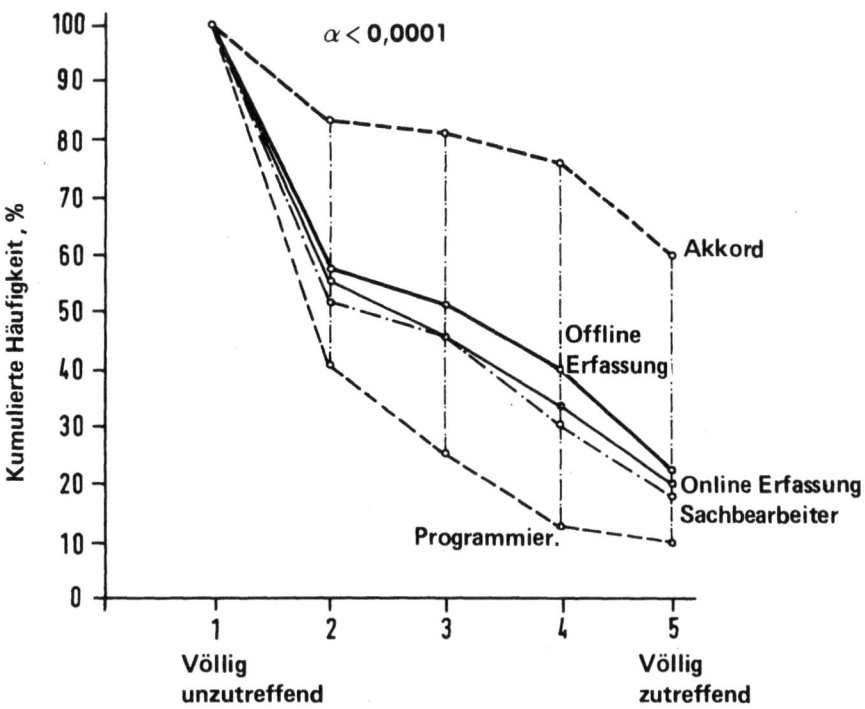

Abb. 5.28 Sechsmal mehr VDT-Benutzer, die Akkordarbeit mit Leistungskontrolle durch den Computer leisten, beschweren sich darüber, daß sie bei der Arbeit 'kontrolliert' werden — verglichen mit den Programmierern, die am wenigsten kontrolliert werden.

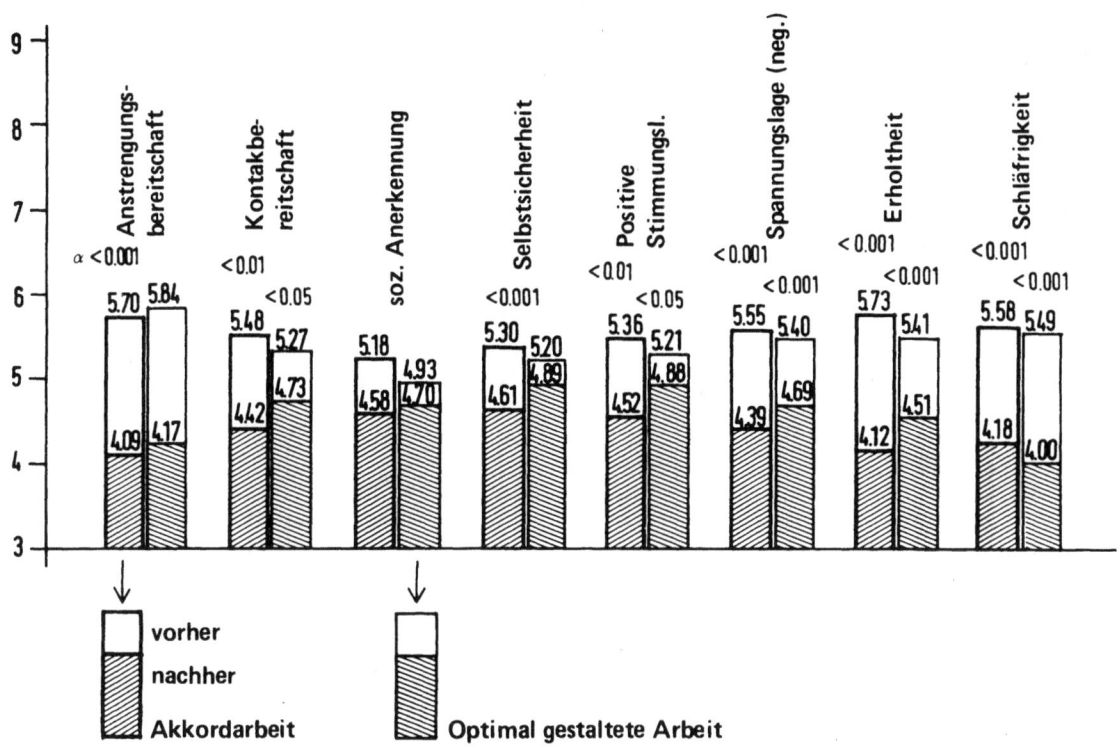

Abb. 5.29 Es bestehen große Unterschiede im Erleben der Arbeit der im Akkordlohn und im Stundenlohn bezahlten VDT-Typistinnen vor und nach der Arbeit. Zwar sind beide Gruppen nach der Arbeit weniger bereit zu Aktivitäten die Anstrengung erfordern, und beide zeigen eine deutliche Abnahme des Wunsches nach gesellschaftlichem Kontakt, aber bei Akkordarbeiterinnen ist dies mehr ausgeprägt. Bei beiden Gruppen baut sich die Spannung im Laufe des Tages auf, aber Akkordarbeiterinnen empfinden größere Ermüdung und einen fühlbareren Abfall im allgemeinen Wohlbefinden.

und nach der Arbeit, um den jeweiligen individuellen Zustand zu ermitteln. Die Ergebnisse dieser Untersuchung zeigten, daß die Veränderungen von Faktoren wie Geselligkeit, Laune, Streß-Zustand, Ermüdung, innere Sicherheit, bei den computer-kontrollierten Typistinnen viel größer waren als bei der anderen Gruppe.

Ermüdung und Monotonie

Es ist eine erwiesene Tatsache, daß monotone Arbeiten schneller ermüden. Um die Beziehung zwischen Monotonie und Ermüdung in Verbindung mit VDT-Aufgaben zu untersuchen, wurden mehr als 1000 VDT-Benutzer in verschiedenen Tätigkeiten beobachtet. Die Ergebnisse zeigten, daß die Benutzer mit der eintönigsten Arbeit (z.B. Eingabe-Typistinnen, die im Akkord arbeiten), die größte Willenskraft brauchen, um mit ihrer Arbeit fortzufahren. Von den Fachkräften, wie Programmierern und Redakteuren, gab kaum einer eine zustimmende Antwort auf die entsprechende Frage. Die Antworten auf die Frage nach der nötigen Willenskraft korreliert sehr gut mit den Beschwerden über Ermüdung. Zum Beispiel geben nur 10% der Programmierer die stärkste Zustimmung bei den Fragen nach der Ermüdung, verglichen mit 55% der Eingabe-Typistinnen.

Ermüdung/Monotonie-Verhältnis und Qualifikationsverlust

Wenn durch die Einführung eines Computersystems eine bisher anspruchsvollere Tätigkeit zu einer Routine-Tätigkeit absinkt, dann wird die Reaktion der Untersuchungspersonen auf das Reizwort Monotonie bedeutend ausgeprägter.

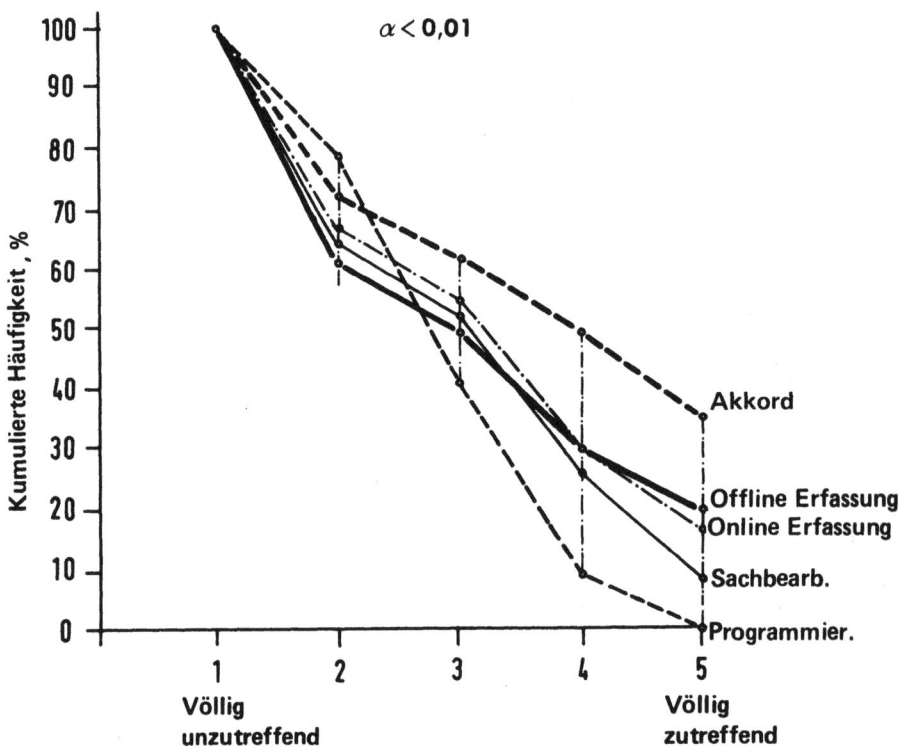

Abb. 5.30 Wenn ein Mensch seine Tätigkeit nicht gern tut, muß er mehr Willenskraft aufbringen, um zur Arbeit zu gehen. Der Prozentsatz der Befragten, auf die diese Feststellung zutraf, betrug 0% im Falle der Computer-Programmierer und 37% bei VDT-Typistinnen, die im Akkord arbeiteten. Je mehr die Arbeit zur Routine wird, um so höher ist der Prozentsatz der Beschäftigten, die sich dieser Anstrengung der Willenskraft bewußt sind.

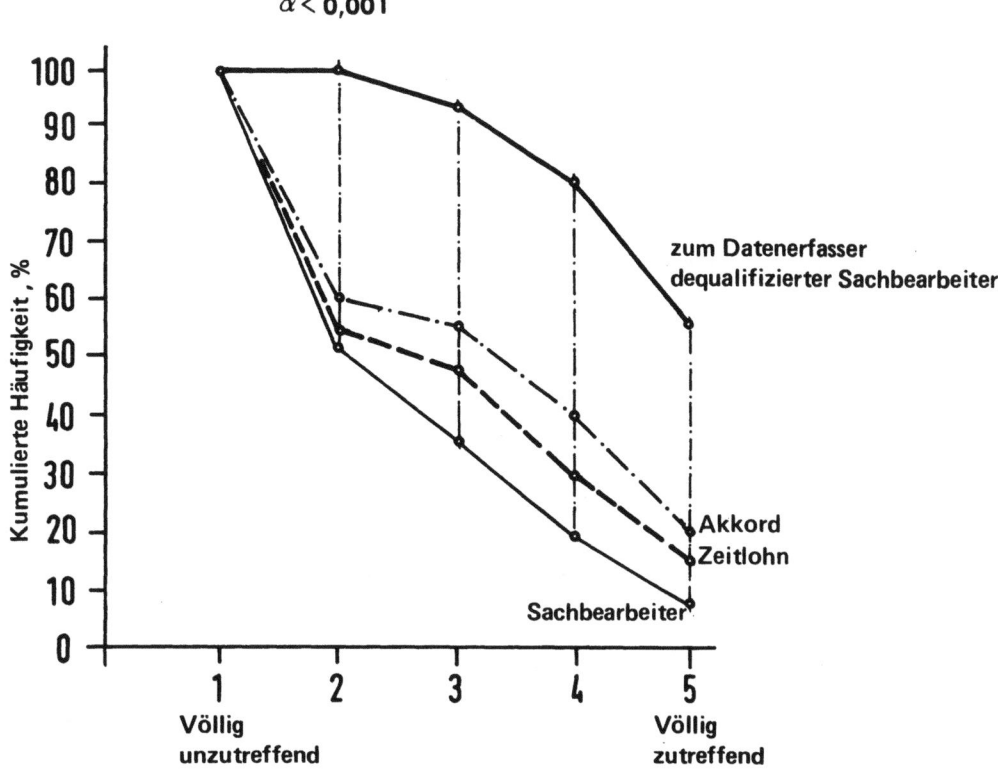

Abb. 5.31 Das Gefühl der Monotonie korreliert stark mit der Qualität der Tätigkeit. Reine Schreibkräfte empfinden es stärker als andere Gruppen von Bürokräften, die VDTs benutzen. Am meisten klagen Bürokräfte über Monotonie, deren Arbeit durch den Computer zu reiner Datenerfassung geworden war (60% gegenüber 10% bei normaler Büroarbeit).

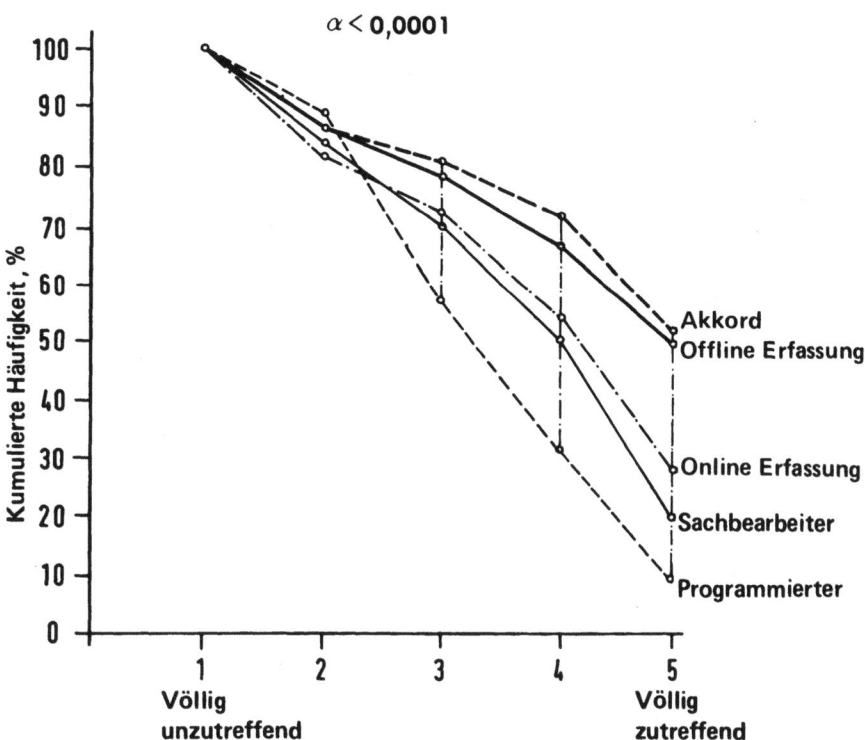

Abb. 5.32 Je mehr Routine eine Tätigkeit beinhaltet, um so größer die Wahrscheinlichkeit extremer Ermüdung. Der Aussage „Meine Arbeit ist sehr ermüdend" stimmten nur 10% der Computerprogrammierer, aber mehr als 50% der Datenerfasser zu.

Die Ergebnisse unserer Untersuchung zeigten, daß normalerweise ungefähr 20 bis 30% der Eingabetypistinnen und ca. 10% der übrigen Bürokräfte über Monotonie klagen. Aber bei der Befragung von VDT-Benutzern, deren Tätigkeit durch die Einführung des Computersystems mehr zur Routine-Arbeit geworden war als vorher, waren es immerhin 60 Prozent, die über Monotonie klagten — obwohl die Art der Arbeit gar nicht so sehr verschieden war von der, die die anderen Typistinnen ausführten, die sich seltener über Monotonie beschwerten. Der Ermüdungsgrad dieser Gruppe liegt sogar noch höher als bei den Typistinnen, die im Akkord arbeiten.

Diese Ermüdung kommt nicht von zu hoher Leistungsanforderung durch die Tätigkeit, sondern von einem Gefühl der Entfremdung. Dies zeigt sich auch in den Antworten der beobachteten Personen auf die Frage, ob sie ihre Arbeit sinnvoll fänden.

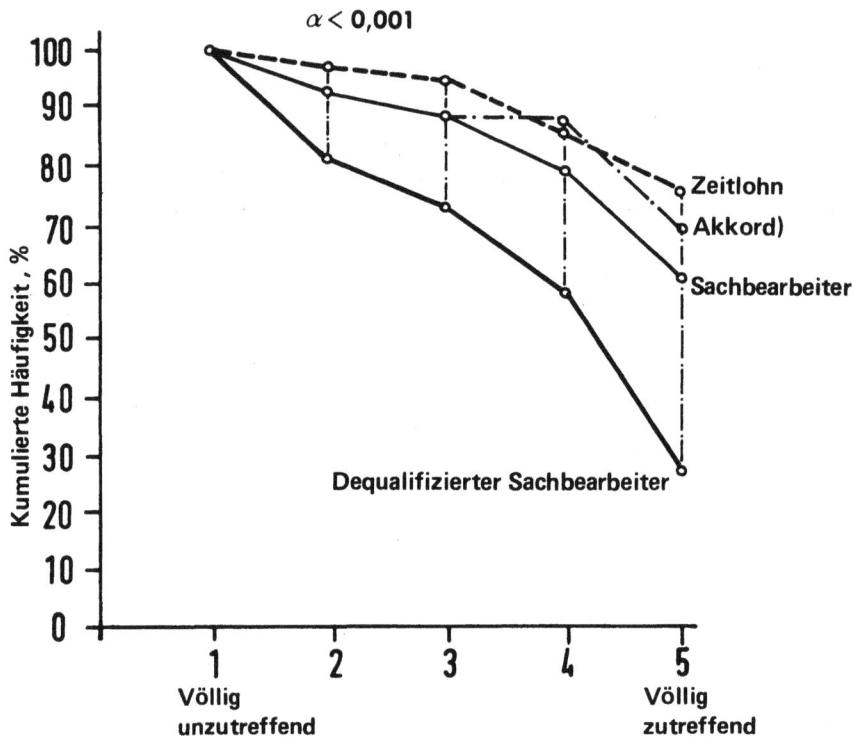

Abb. 5.33 Das Problem der Entfremdung bei Bürokräften, wobei sich die Auswirkung der Herabstufung zeigt. Nur 28% der dequalifizierten Sachbearbeiter waren der Meinung, daß ihre Arbeit „einen Sinn habe".

Nur 28% der Beschäftigten, deren jetzige Aufgaben weniger Qualifikation verlangten als früher, fanden ihre Tätigkeit 'sinnvoll'. Dies ist ein deutliches Zeichen der Entfremdung. Man muß dieses Problem im Auge behalten, wenn man ein Computersystem einführt und Arbeitsabläufe umstrukturiert. Man legt Computer-Systeme heute 'interaktiv' aus, aber weder die Systeme selbst noch die daran Beschäftigten können optimal funktionieren, wenn die 'menschliche Schnittstelle' nicht richtig arbeitet. Dies wird immer dann der Fall sein, wenn Anforderung durch Routine ersetzt wird.

Arbeitszufriedenheit

Es gibt keine genaue Definition für 'Arbeitszufriedenheit'. Man könnte sagen, daß es sich um eine Einstellung handelt, die sich aus Gefühlen der Zufriedenheit oder Unzufriedenheit in allen Beziehungen des Menschen zur Arbeit zusammensetzt. Der Begriff der

Arbeitszufriedenheit ist sehr eng mit Motivation verknüpft. Hier können die Einflußfaktoren in zwei Kategorien eingeteilt werden, in *Motivatoren* (oder Faktoren, die Zufriedenheit erzeugen) und in *Hygiene-Faktoren*, (Faktoren, die Unzufriedenheit erzeugen).

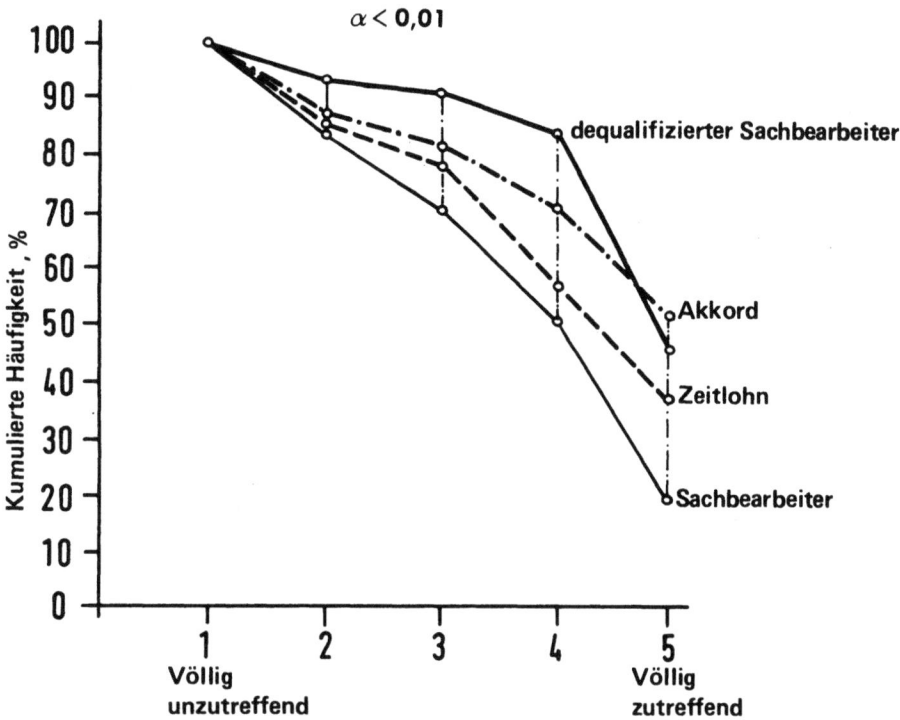

Abb. 5.34 Extreme Ermüdung bei Bürokräften, die VDTs benutzen. Die dequalifizierten Sachbearbeiter litten mehr unter Müdigkeit als im Akkord arbeitende Typistinnen, obwohl sie weniger leisteten.

Abb. 5.35 Die Motivatoren und Hygiene-Faktoren der 'Arbeitszufriedenheit' nach RUEHL und HERZBERG, siehe Ref. C. 2.

Bei Anwendung dieser Methode zur Beschreibung der Arbeitszufriedenheit wird deutlich, daß die Arbeitszufriedenheit und ihr Gegenteil als zwei getrennte Dimensionen zu betrachten sind und nicht als die beiden Pole einer Skala mit einer einzigen Dimension.

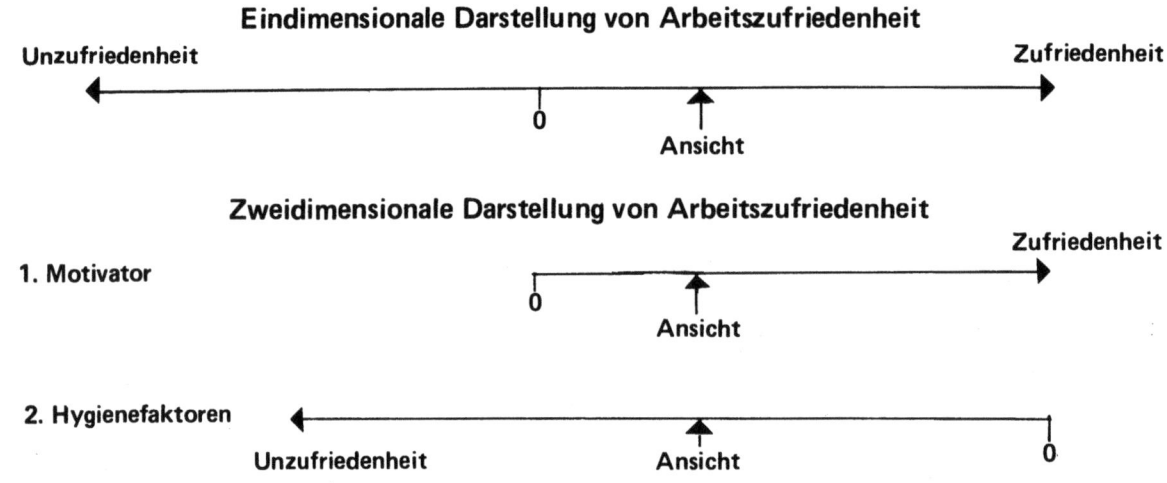

Abb. 5.36 Die Skala der Arbeitszufriedenheit.

Ein Mangel an Motivatoren allein führt noch nicht zu Unzufriedenheit. Umgekehrt, wenn jemand die Hygiene-Faktoren, die er für am meisten relevant für seine Arbeitssituation hält, positiv beurteilt, z.B. angenehme Arbeitsbedingungen, so erhöht dies nicht unbedingt seine Arbeitszufriedenheit. Wenn jedoch jemand gleichzeitig einen Mangel an Motivatoren empfindet und die Hygiene-Faktoren negativ beurteilt, dann ist ein Abgleiten zur Unzufriedenheit die logische Folge.

Zusätzlich zu den Faktoren, die in die Kategorien 'Motivator' und 'Hygiene-Faktor' fallen, gibt es eine Gruppe von Zwischenfaktoren. Sie wirken positiv beurteilt als Motivatoren, und negativ beurteilt als Hygiene-Faktoren. Diese Gruppe umfaßt Bezahlung, Aufstiegschancen, Beziehungen zu Untergebenen und Status.

Eine kürzlich von der US-Regierung durchgeführte Untersuchung hat gezeigt, daß eine sehr enge Beziehung zwischen Arbeitszufriedenheit und 'Lebensqualität' besteht, einschließlich physischer und psychischer Gesundheit. Die Untersuchung ergab, daß Arbeitszufriedenheit und Lebenserwartung, Herzkrankheiten, Magengeschwüre, Arthritis und epileptische Anfälle sehr eng zusammenhängen. Aggression und Frustration bei der Arbeit wirken sich oft auf die familiären Beziehungen aus und können auch zu aggressiver Einstellung im gesellschaftlichen und politischen Leben führen, d.h. sie haben äußerst negative Einflüsse auf das außerberufliche Leben.

In gewisser Weise widersprechen die Ergebnisse dieser Untersuchung der 'Kompensationstheorie', wonach Einschränkungen im Beruf durch ein weniger eingeschränktes Privatleben kompensiert werden. Nach dieser Untersuchung aber scheinen in der Tat negative Erlebnisse im Arbeitsleben auch die privaten und sozialen Beziehungen eines Menschen negativ zu beeinflussen.

An dieser Stelle wollen wir überlegen, ob und wie die Motivatoren und Hygiene-Faktoren direkt oder indirekt durch die Einführung einer neuen Technologie beeinflußt werden.

Es zeigt sich, daß fast alle Faktoren, die zur Arbeitszufriedenheit beitragen, von der Einführung moderner Technologie beeinflußt werden können. Anhand dieser Tabelle kann sich jedermann einen Eindruck davon verschaffen, wie sich seine eigene Situation verändern würde.

Faktor	Effekt	Kommentar
16. Berufliche Sicherheit	Ja, direkt	Wenn frühere Qualifikationen/Fertigkeiten überflüssig werden.
15. Privatleben	(?) indirekt	Hängt von der Arbeitszufriedenheit ab.
14. Arbeitsbedingungen	ja, direkt	Keine Erläuterung notwendig.
13. Aktivität, Organisation und Management	Ja, direkt/indirekt	Wenn die Arbeitsorganisation verändert wird.
12. Kontrolle/Management Techniken	(?) indirekt	Wenn die Arbeitsorganisation verändert wird.
11. Verhältnis zu Kollegen	Ja, indirekt	z.B. wenn eine Arbeitsgruppe aufgelöst wird.
10. Verhältnis zu Vorgesetzten	(?)	Wenn die Arbeitsorganisation verändert wird.
9. Status	Ja, direkt	Siehe 16.
8. Verhältnis zu Untergeordneten	Ja, direkt/indirekt	Wenn die Arbeitsorganisation verändert wird, siehe auch 11.
7. Entwicklungsmöglichkeiten	Ja, direkt/indirekt	Bedeutungsvolle Aufgaben können mit Spezialisten besetzt werden. Qualifikationen können weniger notwendig werden.
6. Entlohnung	Ja, direkt	Siehe 7. und 9.
5. Beförderung	Ja, direkt	Siehe 7. und 9.
4. Verantwortung	Ja, direkt	z.B. andere Verantwortungsverteilung.
3. Aufgabe	Ja, direkt	z.B. andere Aufgabenstruktur und Verteilung
2. Anerkennung	(?)	Wenn die Arbeitsorganisation verändert wird.
1. Selbstbestätigung	Ja, direkt/indirekt	Siehe "Entfremdung und Maschinenkontrolle"

Abb. 5.37 Der direkte und indirekte Einfluß der Einführung einer neuen Technologie auf die Arbeitszufriedenheit.

Diese Tabelle verdeutlicht auch die Kriterien, die beachtet werden müssen, wenn eine neue Technologie, z.B. VDT- und Computer-Systeme, so eingeführt werden soll, daß sie die wesentlichen Arbeitsfunktionen nicht in Frage stellt, nämlich Wirtschaftlichkeit, soziale und individuelle Ziele. Man sollte auch bedenken, daß die Verbesserung von Arbeitsqualität als Teil der sozialen Entwicklung ein *irreversibler kultureller Prozeß* ist.

Arbeitsteilung und Arbeitszufriedenheit

Die Teilung der Arbeit und die Teilung der Verantwortung haben grundlegende Bedeutung für die Arbeitszufriedenheit. Generell kann man sagen, daß die Zufriedenheit mit der Arbeit selbst viel wichtiger ist als die Zufriedenheit mit den äußeren Arbeitsplatzbedingungen. Im Verlauf der vorliegenden Untersuchungen zeigte sich, daß manchen Berufsgruppen schlechte Arbeitsplatzbedingungen gar nicht bewußt werden, solange die Qualität ihrer Tätigkeit insgesamt nicht beeinträchtigt wird. In anderen Gruppen war man am empfindlichsten gegen Gefühle mangelnder Bedeutung und mangelnden Sinns der Arbeit. Bei vielen Büroberufen waren es die zu geringen Anforderungen an die geistigen Fähigkeiten, die als wesentlicher Grund für mangelnde Arbeitszufriedenheit genannt wurden. Diese Beobachtung, die keineswegs neu ist, beschreibt ein wichtiges Merkmal der Arbeitszufriedenheit: ihre Abhängigkeit vom intellektuellen Anspruch an die Arbeit.

Andererseits äußern viele Arbeitspersonen selbst den Wunsch nach mehr Routine in ihrer Arbeit, und selbst bei denjenigen, die mehr Schwierigkeit oder intellektuellen Anspruch suchen, kann man die Arbeit nicht unbegrenzt komplizieren. Wäre dies der Fall, so hätten Arbeitsteilung und die Verteilung von Verantwortung keinen Sinn. Individuelle Erwartungen hinsichtlich Arbeits- und Aufgabeninhalt variieren mit der unterschiedlichen Beurteilung der zutreffenden Motivatoren und Hygiene-Faktoren. Zum Beispiel, ergab die Befragung einer großen Zahl von VDT-Benutzern, die eine sehr repetitive Tätigkeit ausführten, daß 30% bereit wären, größere Verantwortung bei gleichem Gehalt zu übernehmen, während 50% größere Verantwortung gegen höheres Gehalt übernehmen würden. Mit anderen Worten, der Wunsch nach mehr Verantwortung und weniger Routine war weit verbreitet, aber der Motivator Bezahlung wurde ganz unterschiedlich bewertet.

Ganz offensichtlich gibt es einen optimalen Schwierigkeitsgrad für eine bestimmte Tätigkeit, der von einem zum anderen Menschen unterschiedlich ist. Der Grad der Teilung der Arbeit ist deshalb auch ein wichtiger leistungsbestimmender Faktor. Er spielt auch eine wesentliche Rolle bei der Reduzierung der Arbeitsbelastung. Die meisten Kritiker der Arbeitsteilung widersprechen ihr nicht prinzipiell, sondern kritisieren die quantitative Aufteilung in bestimmten Arbeitsbereichen, in denen die Grenzen der Arbeitsteilung überschritten worden sind.

Der Grad der Arbeitsteilung

Eine der wichtigsten Aufgaben für Sozial- und Arbeitswissenschaftler liegt darin, Wege zu finden, wie man die Arbeitsanforderungen den Fähigkeiten des Menschen am besten anpaßt. Dies war schon in den 20er Jahren das Ziel der sogenannten 'Psychotechniker', aber heute stehen uns mehr Mittel und Wege zur Verfügung, um dieses Ziel zu erreichen. Der Computer könnte, richtig eingesetzt, eines dieser Mittel sein.

Ein lohnenswertes Ziel in jedem Arbeitsbereich ist es, die Tätigkeit von ihren repetitiven Elementen so weit wie möglich zu befreien, um Zeit zu haben für die mehr kreativen und anspruchsvolleren Aufgaben. Nehmen wir das Beispiel eines Sportredakteurs in einer Zeitung. Wenn er einen Computer zur Verfügung hat, dann braucht er die Fußball-Tabellen nicht mehr manuell auszurechnen. Der Computer verarbeitet die eingegebenen Ergebnisse automatisch zur neuen Tabelle. Dadurch bleibt dem Redakteur Zeit, seine Kommentare zu schreiben und die eingehenden Artikel der Sportreporter zu redigieren. Und wenn er einen speziellen Beitrag recherchiert, vielleicht über die Geschichte des Derby, so kann er die Namen und Daten der Derby-Sieger aus dem Datenspeicher ziehen (wenn ein entsprechender Speicher in unserem System vorhanden ist) und muß nicht mehrere Stunden mit Hintergrundforschung verbringen.

Eine Erweiterung des Arbeitsgebietes kann man auf verschiedene Weise erreichen: *Job enlargement* beschreibt eine *quantitative* Erweiterung der Tätigkeit durch Zuordnung neuer Tätigkeiten. In unserem Beispiel des Sportredakteurs wäre dies der Fall, wenn er neben Fußball auch noch für Tennis zuständig wird. *Job enrichment* bedeutet eine *qualitative* Veränderung der Tätigkeit. Im vorangegangenen Beispiel könnte man von 'Job enrichment' sprechen, wenn der Sportredakteur selbst seine nunmehr erweiterte Zuständigkeit für befriedigender halten würde. *Job rotation* lockert eine Arbeit mit repetitiven Elementen durch Abwechslung auf. Unser Sportredakteur zum Beispiel arbeitet nicht mit Ziffern und Zahlen an einem Tag und mit Kommentaren am nächsten. Er selbst hat eine gewisse Freiheit darin, wie er die routinemäßigen und die kreativen Teile seiner Tätigkeit zeitlich bewältigt.

Schließlich kann man ein Arbeitsgebiet auch durch *Gruppenautonomie* erweitern. Die Schaffung autonomer Arbeitsgruppen durch entsprechende Planung und Verteilung der Tätigkeiten ist eine recht moderne Methode der qualitativen Bereicherung der Arbeit. Die

Redaktionsabteilung einer Zeitung bietet ein gutes Beispiel hierfür. Jedes redaktionelle Ressort ist für die Qualität der Arbeit im eigenen Bereich verantwortlich, und unterhält enge Koordination mit den anderen redaktionellen Ressorts.

Diese kurze Beschreibung einiger Methoden zur Erweiterung von Arbeitsgebieten zeigt den gegenwärtigen Trend zur Verbesserung der Arbeitsqualität. Sie beziehen sich nicht unbedingt auf die Arbeit mit VDTs, vielleicht in einigen Fällen aber doch.

Arbeitsqualität und Arbeitszufriedenheit

Job enlargement ist eine quantitative Ausweitung der Tätigkeit, die nicht notwendigerweise zu größerer Befriedigung führt. Wenn die Arbeit in ihrer ursprünglichen Form umfassend genug ist, um zu befriedigen, so würde die Einführung zusätzlicher Tätigkeitselemente zu geringerer, und nicht zu größerer Arbeitsbefriedigung führen. Wenn die Zunahme der Zahl der Tätigkeitselemente mehr und schwierigeres Lernen erfordert, dann kann sich job enlargement als Belastung statt als Bereicherung erweisen.

Job enrichment andererseits kann als positive Bemühung um bessere Arbeitszufriedenheit gesehen werden, insbesondere, wenn die kreativen Elemente der Tätigkeit auf Kosten der mehr repetitiven und monotonen Elemente erweitert werden.

Job rotation trägt dazu bei, die Einseitigkeit der Arbeitsbelastung des Einzelnen zu verringern. Wenn job rotation neue Elemente in der Arbeit einführt, so kann dies mehr Lernen, mehr Anpassung und vielleicht auch größere Anstrengung erfordern, mit dem Ergebnis, daß die Arbeitsbelastung sich vergrößert anstatt sich zu verringern. Job rotation bedeutet nicht unbedingt eine qualitativ lohnendere oder befriedigendere Aufgabe, aber in vielen Arbeitssituationen kann es eine wirksame Methode sein, Monotonie zu bekämpfen.

Die Idee der *autonomen Arbeitsgruppen* hat man als eine der fortschrittlichsten Methoden zur Verbesserung der Arbeitssituation gepriesen. Aber sie hat auch ihre Schattenseiten. In manchen Industriebereichen, insbesondere in der Produktion, kommt der Druck nach höherer Leistung von der Gruppe selbst und von Nachbargruppen, nicht nur 'von oben'. In vielen Fällen kann die Gruppe die individuelle Leistung ihrer Mitglieder besser kontrollieren als es einem Vorgesetzten möglich wäre. Aber auch bei den Führungskräften können Probleme entstehen. Sie finden es möglicherweise schwierig, ihren eigenen Arbeitsstil und ihr Verhältnis zu den Mitarbeitern den veränderten Bedingungen anzupassen.

Die Einführung neuer Arbeitsstrukturen ist letztlich ein gesellschaftliches Problem. Die Kosten schlecht geplanter Arbeitsverfahren werden letzten Endes von der Gemeinschaft als Ganzes bezahlt. Hier wurden nur die Probleme der Arbeitsbelastung und Arbeitszufriedenheit betrachtet, und auch das nur kurz. Man kann aber die verschiedenen Aspekte der Arbeitsqualität, Arbeitsbelastung und Bezahlung nicht voneinander trennen. Jede Veränderung dieser Bedingungen ist Gegenstand von Verhandlungen zwischen den betroffenen Sozialpartnern, d.h. den Gewerkschaften und den Arbeitgebern. Man sollte daher nicht vergessen, daß die Arbeitszufriedenheit ein Problem von vielen ist (wenn auch ein sehr wichtiges), das im Rahmen eines viel größeren Komplexes gesehen werden muß.

Arbeitsbelastung und Zeitdruck

Eines der auffallendsten Merkmale der Arbeitsplanung in manchen Industriezweigen ist, daß sie oft nicht möglich ist. In gewissem Umfang trifft dies auf die Presse zu. Ereignisse lassen sich nicht immer vorausplanen, wodurch auch die Arbeitsbelastung nicht vorhersehbar ist. Das heißt, daß Mensch und Maschine *flexibel* sein müssen, um sich wechselndem

Arbeitsdruck anpassen zu können. Jeder ruhigen Periode folgt eine Periode hektischer Aktivität.

Ein weiteres Merkmal der Presse ist es, daß eine Arbeit, z.B. das Schreiben eines Artikels, niemals beendet ist. Der Journalist möchte seinen Artikel stets weiter verändern und verbessern, — auch ein Grund, warum Zeitungsjournalisten und Redakteure immer unter Zeitdruck arbeiten. Nachrichten verlieren ihre Aktualität nach sehr kurzer Zeit. Eine alte Neuigkeit ist keine Neuigkeit mehr! Der Journalist arbeitet auf den unerbittlichen Redaktionsschluß zu, wo alles fertig sein muß — aber was 'alles' ist, das weiß man erst im letzten Moment.

Wenn ein Computer-System in eine solche Arbeitswelt eingeführt wird, dann muß jeder einzelne Teil des Systems die ihm zugedachte Aufgabe mit maximaler Zuverlässigkeit ausführen. Nur dann können die Benutzer der Anlage Vertrauen zu dieser neuen Arbeitstechnik fassen. Welche 'Zuverlässigkeit' wirklich gebraucht wird, das ist je nach der Funktion des Einzelnen und dem Ausmaß seiner Verantwortlichkeit verschieden. Um dies zu erhärten, wurden 49 Redakteure und 62 Daten-Eingabetypistinnen in einer führenden europäischen Presseagentur, die bis zu 4000 Zeilen Text pro Stunde mit VDTs bearbeitet, folgendes gefragt:

a) ob technische Störungen an ihrem Arbeitsplatz seltene Ereignisse seien, und

b) ob sie fänden, daß diese technischen Pannen sehr ärgerlich seien.

Alle Befragten arbeiteten mit demselben System an identischen Geräten, und die Ergebnisse lauteten wie folgt: 62% der Redakteure und 30% der Eingabetypistinnen sagten, daß technische Störungen keine Seltenheit seien. 62% der Redakteure und 37% der Eingabetypistinnen meinten, daß solche Pannen sehr ärgerlich seien. Da beide Gruppen an ein und demselben System arbeiteten, und da die technischen Störungen nicht nur einzelne VDTs betrafen, sondern die gesamte Anlage, beurteilten die beiden Gruppen denselben objektiven Sachverhalt. Der Hauptgrund für den Unterschied in der Reaktion liegt in der unterschiedlichen Funktion und Verantwortlichkeit beider Gruppen.

Es ist bemerkenswert, daß 62% und 37% der befragten Gruppen über technische Störung verärgert waren, die für beide Gruppen gleich oft — absolut gesehen übrigens, aber relativ selten — auftraten. Wären Pannen öfters aufgetreten, so hätte man vermutlich versucht, irgend einen Weg zu finden, um die Zeitverluste auszugleichen, was sicher zu einer grundlegenden Änderung des Verfahrens geführt hätte.

System-Antwortzeiten können ebenfalls eine Ursache psychischer Belastung sein. Die Ergebnisse der gleichen Untersuchung zeigten, daß die Redakteure eine Antwort von 6 Sekunden als zu langsam und frustrierend empfanden. Für normale redaktionelle Funktionen sollte die Antwortzeit am Bildschirm nicht mehr als 2 Sekunden betragen. Dies gilt jedoch nicht für aufwendigere Funktionen wie Ausschließen und Silbentrennung. Angesichts des ständigen Zeitdrucks kann man sich die Reaktion eines Redakteurs auf Antwortzeiten, die bei manchen Systemen irgendwo zwischen Sekunden und Minuten liegen, sehr gut vorstellen.

Man kann den Zeitdruck bei solchen Tätigkeiten reduzieren, wenn ein System zuverlässig, flexibel und schnell arbeitet. Die völlige Abschaffung des Zeitdrucks wäre aber zumindest in der Zeitungsindustrie nicht möglich, und auch kaum wünschenswert, da Journalisten es als wesentlichen Teil ihrer Aufgabe verstehen, daß sie in kürzestmöglicher Zeit Informationen liefern müssen. Es sind die technisch bedingten Verzögerungen, die am meisten Nerven kosten, nicht der selbstauferlegte Zeitdruck.

Arbeitsorganisation und physische Anforderung

Die Ergebnisse dieser Untersuchungen zeigen deutlich, daß bei VDT-Benutzern, die mit Routine-Arbeiten betraut sind, auch die rein physiologischen Probleme häufiger auftreten. Man fand zum Beispiel, daß off-line Eingabe-Typistinnen orthopädische Behandlung wegen Rückenschmerzen häufiger nötig hatten als jede andere Kategorie von VDT-Benutzern. Dies unterstreicht die Forderung, den Computer so einzusetzen, daß weniger Routinearbeit entsteht – nicht umgekehrt!

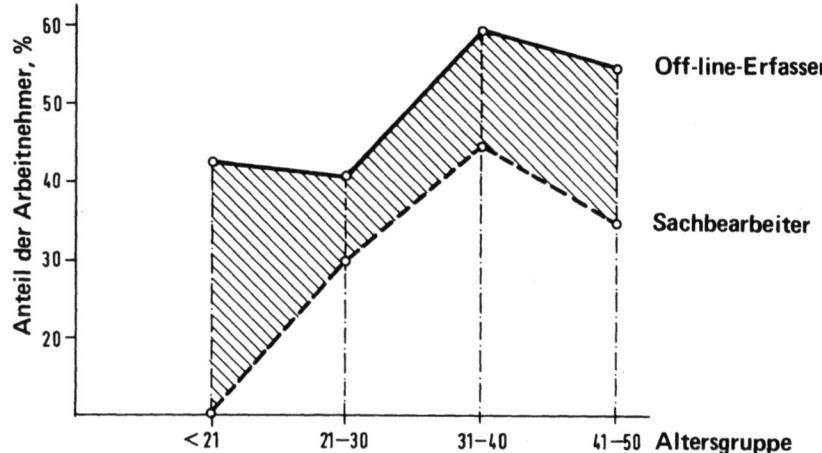

Abb. 5.38 Der Einfluß von Routinearbeit auf das Auftreten von Rückenschmerzen bei Bürokräften. Die erste Gruppe, off-line Typistinnen, klagen häufiger über Schmerzen im Rücken und suchen auch öfter den Arzt auf. Der Prozentsatz bei dem übrigen Büro-Personal ist bedeutend niedriger.

Ergonomische Anforderungen an VDTs und Aktivierung

Ein höherer Aktivierungsgrad deutet auf eine höhere Arbeitsbelastung hin. Beim Messen der Aktivierungsgrade in verschiedenen Berufsgruppen, die VDTs benutzen, wurde festgestellt, daß Fluglotsen die höchste Aktivierung aufweisen, bei ebenfalls sehr großer individueller Verantwortung. An nächster Stelle standen bestimmte Kategorien von Büropersonal, insbesondere solche mit schwierigen visuellen Aufgaben, beispielsweise die Beobachtung weiterer Anzeigen zusätzlich zum VDT. Sie wurden gefolgt von Eingabetypistinnen und anderen Bürokräften. Computer-Programmierer gehörten zu der Gruppe mit dem niedrigsten Aktivierungsgrad. Verglichen mit anderen Berufsgruppen werden VDT-Benutzer im mittleren Bereich der Aktivierungsskala untergebracht.

Es ist auch möglich, die ergonomischen Eigenschaften des VDTs zum Grad der Aktivierung in Bezug zu setzen. Die Ergebnisse dieser Untersuchungen haben zum Beispiel gezeigt, daß ein Zwei-Punkte-Unterschied in den Aktivierungsgraden zwischen den Benutzern von grauen Bildschirmen und den Benutzern von schwarzen Bildschirmen besteht. Diese Differenz ist vergleichbar mit den Angaben für Arbeiter in einem Aluminium-Schmelzwerk, in Tagschicht und in Nachtschicht. Eine noch etwas größere Differenz der Aktivierung wurde bei Benutzern matter und glänzender Tastenfelder beobachtet.

Diese Methode, den Grad der Anforderung an einen VDT-Benutzer mit den arbeitswissenschaftlichen Merkmalen der Anlage in Bezug zu setzen, ist nützlich und aufschlußreich. Es besteht ein ganz deutlicher Unterschied zwischen dem Anstieg der Aktivierung als Ergebnis einer anspruchsvollen Tätigkeit, und der Steigerung aufgrund arbeitswissenschaftlicher Mängel in der Ausführung der Anlage. Unterschiede aufgrund der Art der Arbeit sind leichter zu akzeptieren, da sie durch unterschiedlichen Fertigkeitsgrad sowie unterschiedliche Verantwortung und Autonomie bei den verschiedenen Berufsgruppen bedingt sind. Dagegen sind Unterschiede in der Aktivierung, die durch ergonomische Mängel in der Ausführung der Anlage verursacht werden, weniger leicht zu akzeptieren. Schon deshalb kommt den ergonomischen Kriterien für VDT- und Arbeitsplatz-Ausführung so große Bedeutung zu.

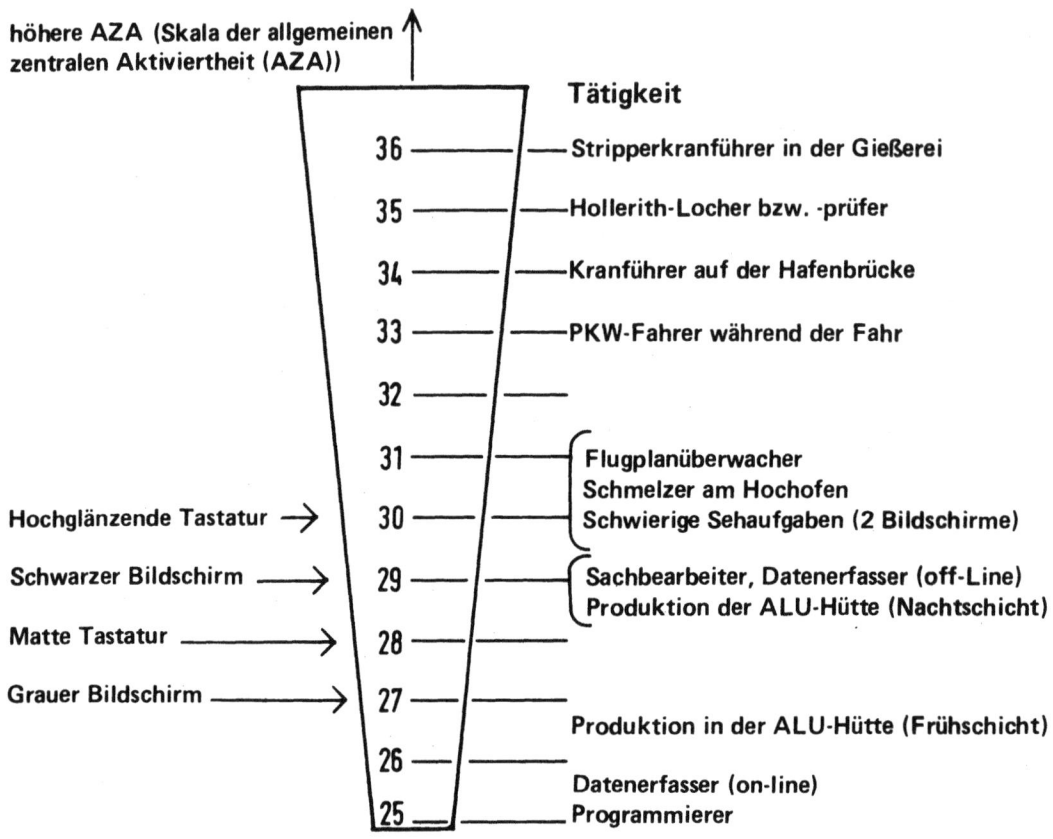

Abb. 5.39 Ein Vergleich zwischen der Aktivierung von VDT-Benutzern und anderen Berufsgruppen, unter Verwendung von AZA-Skala für allgemeine zentrale Aktivierung, wie sie von BARTENWERFER, Ref. B. 7, vorgeschlagen wird. Dieses Diagramm illustriert auch die Unterschiede in der Aktivierung, die durch bestimmte positive und negative ergonomische Aspekte der VDT-Konstruktion verursacht werden. Je höher die Stellung in dieser Skala, um so höher der Grad der Aktivierung.

Zum Thema der Ruhepausen

Es gibt keine Definition für eine 'Pause', die universell akzeptabel ist für alle Sozialpartner in der Industrie, d.h. Arbeitgeber, Arbeitnehmer und Gewerkschaften. Eine Ruhepause kann man interpretieren als Arbeitsunterbrechung, als besondere Ruheperiode, als eine Zeit der Untätigkeit, als Unterbrechung einer besonderen Phase einer Aufgabe, usw. Manche Autoren schließen auch Perioden der Untätigkeit in die Pausen ein, die aufgrund der Art und Organisation der Aufgabe auftreten, z.B. Wartezeiten im Dialog mit dem Computer. Andere rechnen solcherart bedingte Untätigkeit sogar zu den belastenden Aspekten einer Tätigkeit.

Bei den meisten Computer-Aufgaben könnte man solche Wartezeiten allenfalls in dem Sinne als Pausen werten, daß dem Körper eine gewisse Ruheperiode geboten wird, doch wird dadurch der allgemeine Streß, dem der Mensch unterliegt, nicht unbedingt geringer. Dies trifft besonders auf Wartezeiten zu, die eine psychische Belastung darstellen, weil ihre

Dauer unvorhersehbar ist und weil sie in kritischen Stadien der Arbeitsdurchführung auftreten!

Bezogen auf die Arbeit mit VDTs sollte man die Bezeichnung 'Pause' für eine Erholungspause von physiologischem und psychologischem Streß verwenden, der sich im vorangegangenen Arbeitsabschnitt aufgebaut hat. Die Art dieses Stresses und die relative Bedeutung der physiologischen und psychologischen Komponenten der Ermüdung können je nach der Eigenart der jeweiligen Aufgabe variieren. *Danach stellt ein Zeitraum, in dem der Mensch zwar untätig oder scheinbar untätig ist, aber sich nicht von der Aufgabe lösen kann, keine Pause dar.* Maßgeblich ist *der Erholungswert einer Pause, nicht die Dauer der Intervalle wirklicher oder scheinbarer Untätigkeit.*

Ermüdung und Pausen

Ermüdung ist ebenfalls ein sehr dehnbarer Begriff, für den es keine eindeutige Definition gibt. Wir wollen hier Ermüdung als Reaktion auf jede Art physischer oder psychischer Belastung verstehen, die sich als reversible Reduktion der Leistungsfähigkeit des menschlichen Körpers und seiner Organe bemerkbar macht.

Die Ursachen und Auswirkungen von Ermüdung können mit drei Grundbegriffen umschrieben werden:

- *Belastung*; Ermüdung ist das Ergebnis einer oder mehrerer Arten von physischer oder psychischer Belastung.

- *Insuffizienz*; Ermüdung führt zu verminderter physischer oder geistiger Leistungsfähigkeit, und

- *Reversibilität*; Ermüdung ist reversibel in dem Sinne, daß ihre Auswirkungen vorübergehender Natur sind.

Ermüdung kann in einer Vielzahl von Formen auftreten. Wenn man Ruhepausen für eine bestimmte Arbeit plant, dann sollte man die Arten der Ermüdung, denen die Arbeitsperson ausgesetzt sein könnte, und die zu erwartende Intensität dieser Ermüdungserscheinungen sehr sorgfältig erwägen. Dies ist entscheidend, wenn die Ruhepausen ihrem eigentlichen Zweck, der Erholung, dienen sollen.

Man kann zwischen den folgenden Arten und Ursachen für Ermüdung unterscheiden:

- *Ermüdung der Augen* verursacht durch Belastung des Sehsystems,

- *Muskelermüdung* verursacht durch statische, dynamische oder wiederholte Muskelbelastung,

- *allgemeine körperliche Ermüdung*, die durch physische Belastung des ganzen Körpers verursacht wird.

- *Geistige oder psychologische Ermüdung* verursacht durch geistige oder seelische Überbelastung,

- *Geschicklichkeits- oder nervliche Ermüdung* durch Belastung des psychomotorischen Systems,

- *chronische Ermüdung* verursacht durch die kombinierte Wirkung verschiedener Arten langanhaltender Ermüdung und

- Gefühle der Ermüdung aufgrund *lang anhaltender Monotonie* bei der Arbeit oder anderswo.

Natürlich könnte man die verschiedenen Typen von Ermüdung auch anders unterteilen oder andere Bezeichnungen dafür verwenden. Immerhin bietet diese Zusammenstellung eine brauchbare Basis für die Beurteilung der Ursachen und Symptome der Ermüdung bei verschiedenen Arbeiten und Aufgaben.

Messung der Ermüdung

Die Gewährung von Ruhepausen sollte in Relation stehen zu der Häufigkeit, mit der sich Ermüdungserscheinungen zeigen, und zu der Zeit, die für die Erholung gebraucht wird. Am besten ließe sich diese Abstimmung durch exakte Messung der Ermüdung bei der Arbeit vornehmen, aber in der Praxis ist dies sehr schwierig, und in vielen Fällen sogar unmöglich.

Von den drei vorher erwähnten Merkmalen der Ermüdung ist es vor allem die Verminderung der Leistungsfähigkeit, die sich einer genauen und zuverlässigen Messung entzieht und dadurch die Beobachtung von Ermüdung in der Praxis sehr erschwert. Viele Untersuchungen von VDT-Arbeiten haben gezeigt, daß die Leistungsfähigkeit eines Bildschirmbedieners kein Nachlassen zeigte, wenn man sie mit einer Reihe von Tests vor und nach der Arbeit maß, während jedoch andere Tests zeigten, daß subjektive Gefühle der Ermüdung tatsächlich auftraten. Es ist nicht möglich, die Merkmale von Ermüdung bei der Arbeit zuverlässig zu untersuchen, wenn man die Ermüdung nur mit der Arbeitsbelastung in Beziehung setzt, also rein quantitativ mit individueller Leistung oder Produktivität. Viele Menschen gleichen nämlich beginnende Ermüdung, durch größere Anstrengung, erhöhte Konzentration und Willenskraft aus, um mit der Arbeit weitermachen zu können — in manchen Fällen so sehr, daß die Leistung tatsächlich gesteigert wird.

Selbst die Frage, was eigentlich 'Belastung bei der Arbeit' ist, verursacht Probleme bei dem Versuch, Ermüdung zu messen. Das gilt besonders, wenn Unklarheit darüber herrscht, inwieweit Perioden der Untätigkeit eine Belastung darstellen. Aus den genannten Gründen taucht diese Frage besonders bei Arbeiten an Computeranlagen auf.

Zusätzliche Probleme treten auf, wenn das der Ermüdung ausgesetzte Organ selbst so robust ist, daß es keine oder kaum bemerkbare Ermüdungssymptome zeigt. Das ist zum Beispiel bei den Augen der Fall, die zu den leistungsfähigsten und robustesten Systemen im menschlichen Körper gehören. Der lichtempfindliche Teil des Auges, die Retina, läßt keinerlei Ermüdungserscheinungen erkennen. Die Augenmuskeln zeigen allerdings merkliche Symptome der Ermüdung, die jedoch auch durch Belastungen nicht visueller Art verursacht werden können, so daß die Messung dieser Symptome als Indikator für Augenermüdung nicht sehr zuverlässig ist.

In der Praxis können daher normalerweise weder die Ursachen noch die Auswirkungen von Ermüdung bei der Arbeit zuverlässig gemessen und in quantitativen Begriffen ausgedrückt werden. Alle Ermüdungstheorien können zwar bestimmte Aspekte des Ermüdungsvorgangs erklären und bieten auch manchmal ein Verfahren an, diese zu beobachten; aber bis heute ist noch keine in der Lage, den gesamten organischen Prozeß der Ermüdung zu beschreiben, geschweige denn, seine Messung zu erlauben.

Die Gewährung von Ruhepausen

Eine Ruhepause dient dazu, den Zustand tätigkeitsbedingter Ermüdung zu überwinden oder zu vermeiden, wobei nochmals betont werden soll, daß der Erholungswert und nicht die Dauer einer Ruhepause wichtig ist.

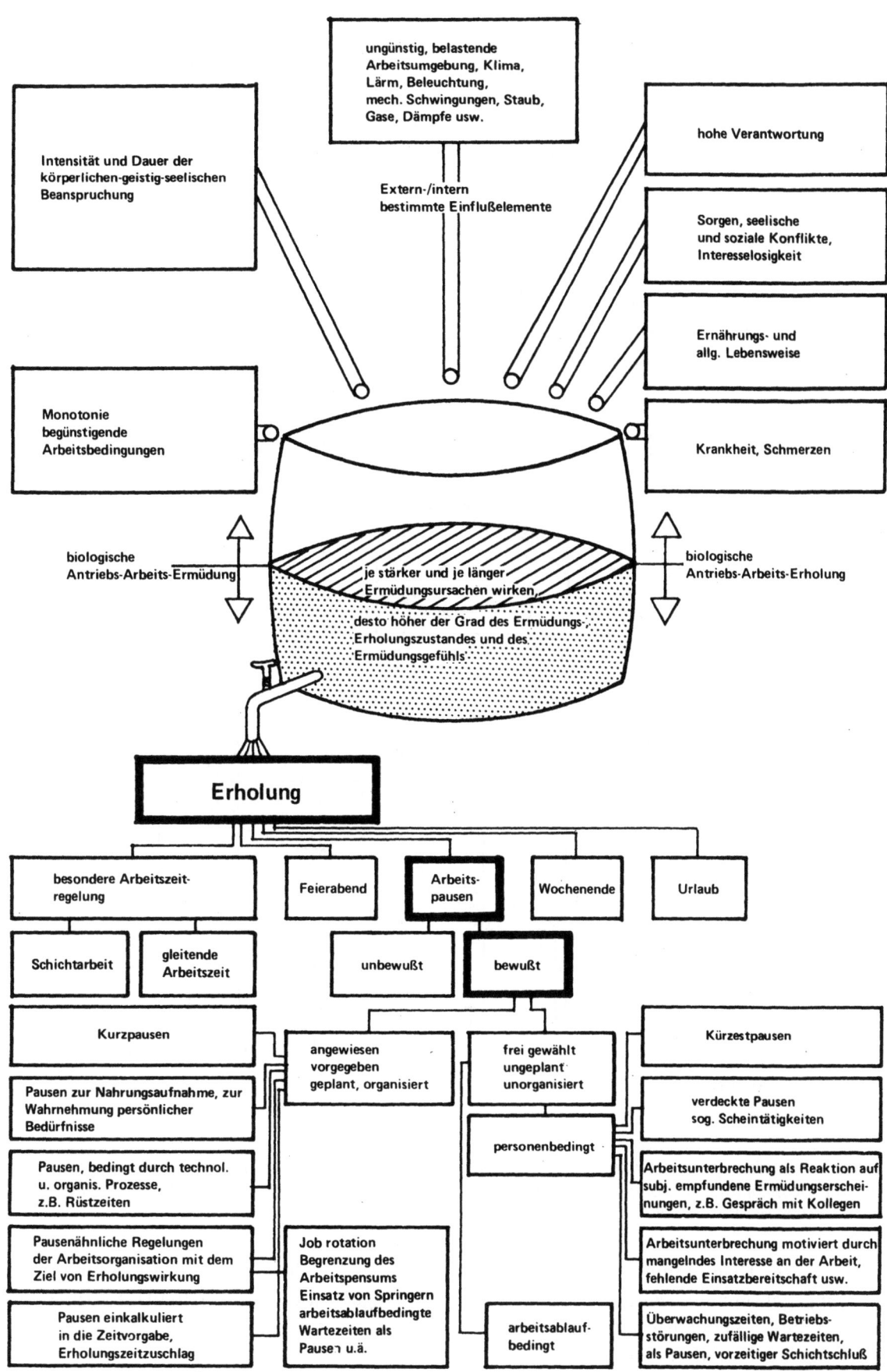

Abb. 5.40 Schematische Darstellung des Zusammenwirkens verschiedener Ermüdungsursachen und ihrer Beeinflussung durch Erholung. Ref. G. 10

Man unterstellt oft, daß der Erholungswert einer Ruhepause ausschließlich von ihrer Länge abhängt. In der Praxis ist jedoch nicht nur die Länge der Ruhepause wichtig, sondern auch die Frage, wann die Pause genommen wird. Um den Erholungswert von Ruhepausen zu maximieren, muß man ihre zeitliche Anordnung und ihre Dauer zusammen betrachten. Ein gutes Beispiel dafür ergibt sich aus der Beobachtung von Arbeiten, die physische Anstrengung erfordern, siehe Abb. 5.41.

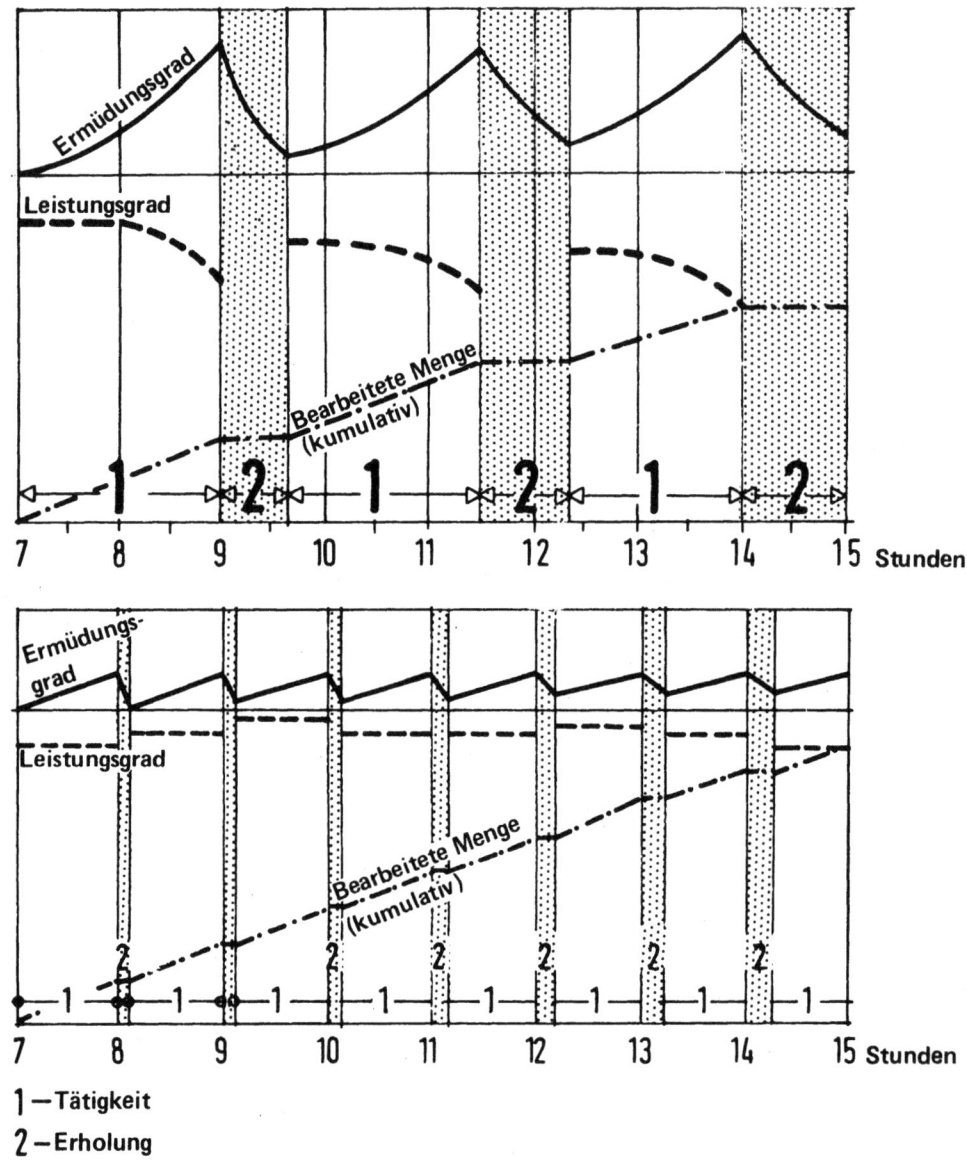

Abb. 5.41 *Leistung und kumulative Produktivität während einer Schicht mittelschwerer Handarbeit, wenn die Ruhepausen genommen werden (a) nachdem oder (b) bevor der Grad der Ermüdung weit fortgeschritten ist. Ref. B. 18*

Wie diese Diagramme zeigen, sind häufige Pausen, die vor dem Einsetzen starker Ermüdung genommen werden, viel wirksamer als längere aber weniger häufige Ruhepausen, die nach einer nennenswerten Reduzierung des Leistungsniveaus genommen werden, also nach längeren Perioden ununterbrochener Arbeit. Je nach Art der Tätigkeit kann man den Grad der Ermüdung deutlich reduzieren und — trotz einer Verkürzung der Gesamtarbeitszeit — die Gesamtleistung verbessern, indem man häufige aber kürzere Ruhepausen ansetzt, siehe Abb. 5.42.

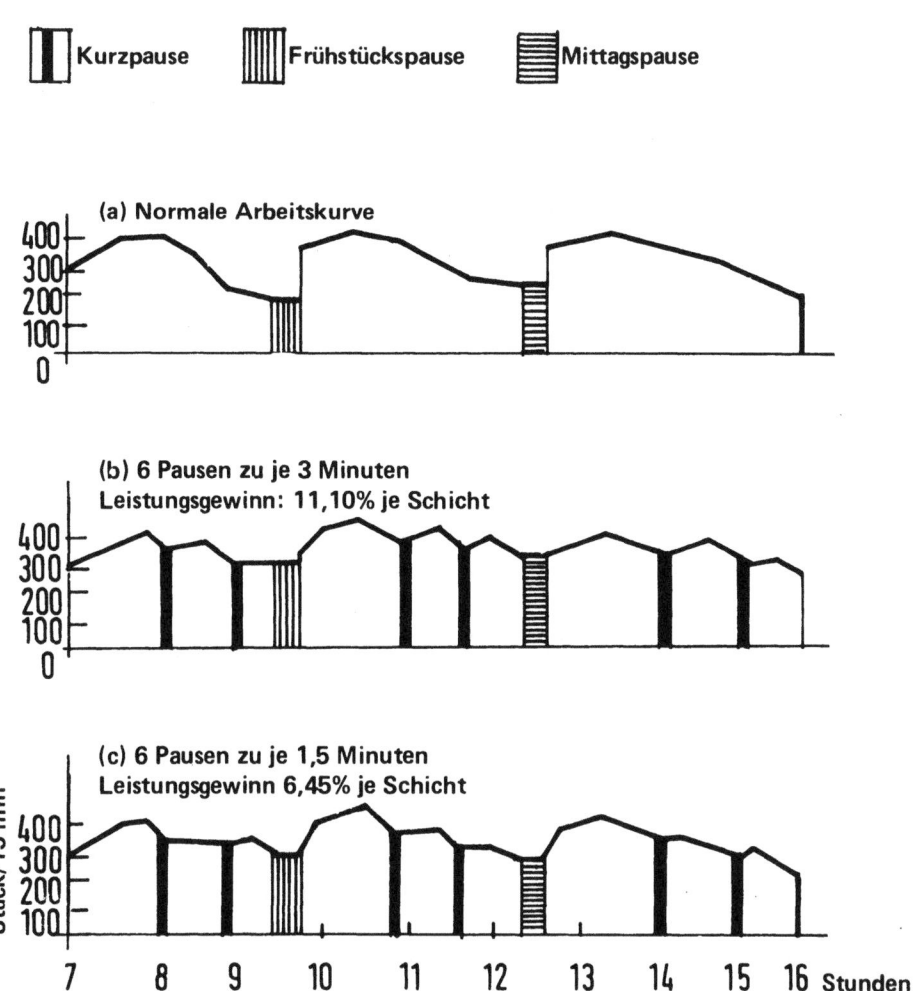

Abb. 5.42 Die Auswirkung unterschiedlicher Pausenstrukturen auf die Leistung. Ref. H. 5

Daß das gleiche Grundprinzip auch für Aufgaben gilt, die eine geistige Anstrengung erfordern, ist aus Abb. 5.43 zu ersehen. Man kann die Ergebnisse dieser Untersuchung wie folgt zusammenfassen:

- Die günstige Pausenregelung ist die, bei der die Pausen genommen werden bevor ein spürbarer Ermüdungsgrad einsetzt.

- Pausenzeiten zwischen 5 und 10% der Gesamtarbeitszeit werden durch die Erholungswirkung wettgemacht.

Pausen und Art der Tätigkeit

Das Bedürfnis nach Ruhe ist ebenso wichtig für das menschliche Wohlbefinden und die menschliche Zufriedenheit wie das Bedürfnis zu arbeiten. Aber die Gewährung von Ruhepausen ist nicht für alle Tätigkeiten gleich wichtig. Bei manchen Arbeiten, insbesondere solchen, die andauernde physische oder geistige Anstrengung erfordern und in Industriezweigen, bei denen das persönliche Einkommen stark produktivitätsabhängig ist, ist die Einrichtung festgelegter Ruhepausen während des Arbeitstages eine notwendige Schutzmaßnahme im Interesse des Wohlbefindens aller Arbeitnehmer. Bei vielen anderen Arbeiten dagegen, insbesondere bei solchen, wo die Art der Tätigkeit dem Einzelnen die Freiheit gibt, nach eigenem Ermessen zu pausieren, mag die Einrichtung solcher Zwangspausen oft als überflüssig betrachtet werden.

Deshalb muß man, wenn man die Gewährung von Ruhepausen in Verbindung mit einer bestimmten Arbeit erwägt, die Ergebnisse von Untersuchungen anderer Tätigkeiten mit Vorsicht auslegen. Die meisten Untersuchungen über den Erholungswert von Ruhepausen bezogen sich auf schwere körperliche Arbeit, und sicherlich kann man Regelungen, die sich auf solche Untersuchungen stützen, nicht unbesehen auch auf die Pausenanforderungen bei Verwaltungs- oder Büroarbeiten anwenden.

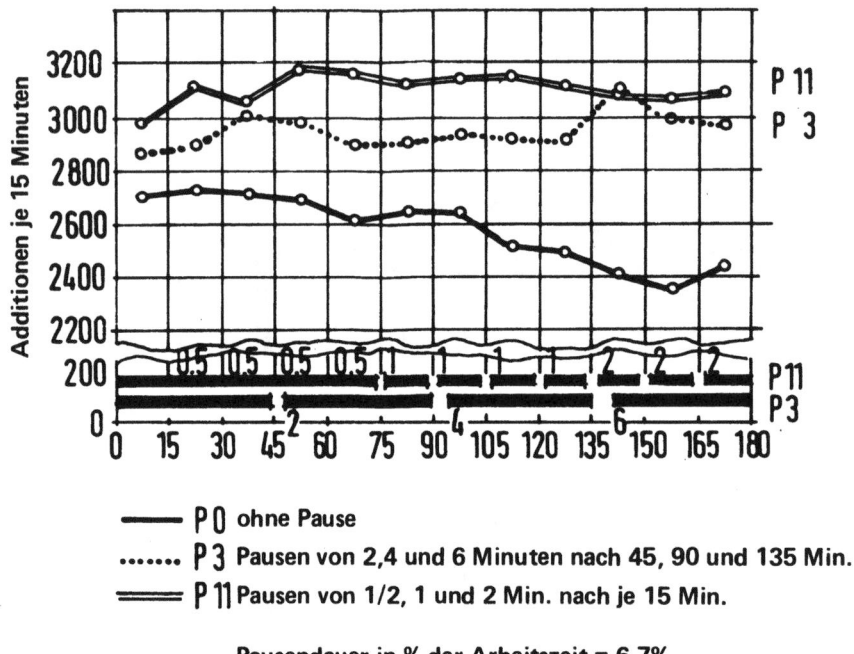

Abb. 5.43 Die Auswirkung der Pausenstruktur auf die Arbeitsleistung bei geistiger Anstrengung während einer Arbeitsperiode von drei Stunden, bei einer Gesamtdauer der Pausen von 12 Minuten. Ref. G. 8

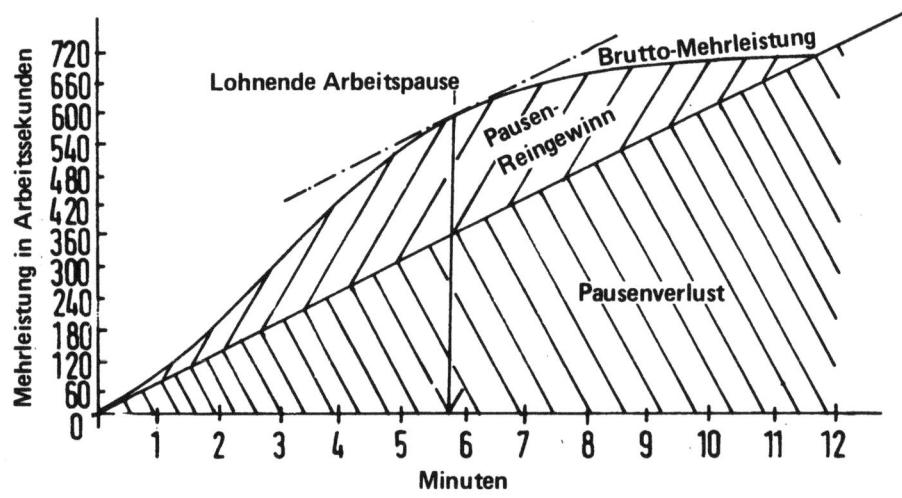

Abb. 5.44 Die Auswirkung unterschiedlicher Pausenlängen nach 2/3 einer zweistündigen Arbeitsperiode, bei der konzentrierte geistige Anstrengung gefordert wird, auf die marginale Erhöhung der Leistung. Ref. G. 7

In vielen Industriezweigen — und die Druck- und Verlagsindustrie ist hier ein gutes Beispiel — erfordert der Produktionsprozeß eine große Vielfalt an Fertigkeiten und Berufen mit eigenen charakteristischen beruflichen Anforderungen und Arbeitsbedingungen. In einer solchen Industrie muß der Arbeitsrhythmus vielleicht von einer zur anderen Abteilung verschieden sein, und selbst innerhalb einer Abteilung können Tempo und Rhythmus der Arbeit im Tagesverlauf erheblich variieren. Auch die unterschiedliche Intensität der mehr oder weniger kreativen Tätigkeit zum Beispiel in den verschiedenen Redaktions- und Produktionsabteilungen einer Tageszeitung macht deutlich, daß die Häufigkeit und Dauer von Ruhepausen in engem Zusammenhang mit der Art der Aufgabe überlegt werden muß.

In den meisten Fertigungsbetrieben kann man die festen Ruhepausen so einrichten, daß der Arbeitnehmer sich von der vorangegangenen Arbeitsperiode erholen kann, ohne daß der Produktionsplan dadurch gestört wird. Bei vielen Verwaltungsaufgaben dagegen kann eine ähnliche Festlegung von Ruhepausen selbst schon eine Belastung darstellen und überdies auch völlig überflüssig sein, weil es gar keine Zwangsläufigkeiten oder starre Strukturen für die Ausführung der Arbeit gibt. Dies gilt zum Beispiel ganz eindeutig für die Journalisten und Redakteure einer Zeitung.

Die Diskussion um die Gewährung von Ruhepausen ist noch keineswegs abgeschlossen, und vielleicht können diese wenigen Anmerkungen als Richtlinie dienen, wie man die Frage angehen könnte. Am wichtigsten ist es, daß man Ruhepausen in Zusammenhang mit der jeweiligen Aufgabe sieht und im Auge behält, daß die Ruhepausen nicht selbst zur Quelle für Unannehmlichkeiten und Streß werden dürfen.

Anhang I
ERGONOMISCHE CHECKLISTE FÜR BILDSCHIRMGERÄTE UND BILDSCHIRMARBEITSPLÄTZE

Vorwort

Die vorliegende Checkliste faßt die Empfehlungen dieses Berichts unter folgenden Gesichtspunkten zusammen:

- Gestaltung und Betriebseigenschaften von Bildschirmgeräten
- Gestaltung von Bildschirmarbeitsplätzen
- Gestaltung des Arbeitsraums für Bildschirmgeräte
- Umweltgesichtspunkte

Im Interesse einer einfachen Handhabung der Checkliste in der Praxis würde jeder Gesichtspunkt durch eine oder mehrere Fragen erfaßt. Die Antwort darauf kann entweder JA oder NEIN lauten. In den Fällen, in denen eine allgemeine Empfehlung gegeben werden kann, ist die empfohlene Antwort entsprechend vorgegeben. Zum Beispiel:

	JA	NEIN
Ist die Zeichenhöhe größer oder gleich 3,0 mm?	▶ ☐	☐

In manchen Fällen kann die Bedeutung, die einer bestimmten Forderung zugemessen wird, nicht allgemeingültig ausgedrückt werden. Bei dem großen Anwendungsbereich für Datensichtgeräte ist dies wohl unvermeidlich. In solchen Fällen wird keine Präferenz angegeben. Es wird ins Ermessen des Benutzers gestellt, die Optimallösung für die jeweilige Anwendung auszuwählen.

Beim Gebrauch dieser Checkliste sollte sich der Anwender vor der Schlußfolgerung hüten, daß das Bildschirmgerät oder der Arbeitsplatz vom ergonomischen Standpunkt optimal ist, wenn nur jede Frage im jeweils günstigen Sinne beantwortet wurde. Checklisten dieser Art haben vielmehr den Zweck, die Aufmerksamkeit der Gerätehersteller und Anwender auf wichtige Zusammenhänge zu lenken, die zwischen den Eigenschaften des Menschen bei der Arbeit selbst und den Gegebenheiten des Gerätes und der Arbeitsumwelt bestehen. Jedes dieser 'Elemente' stellt eine Grundkomponente der Situation 'Mensch bei der Arbeit' dar und schwankt in weiten Grenzen — wie ja nicht zuletzt auch die physischen Eigenschaften der Individuen selbst.

Die Anwendung der Richtlinien, wie sie in der Checkliste enthalten sind, sollte deshalb mit einer gewissen Vorsicht erfolgen. In jeder Arbeitssituation ist vor allem das Wohlergehen und das Wohlbefinden des *wirklichen Individuums* sicherzustellen. Der einzelne Mensch und seine Arbeit stehen im Mittelpunkt der Betrachtung.

Man muß im Umgang mit einer solchen Checkliste einen gewissen Grad von Flexibilität behalten. Jede Lösung muß notwendigerweise ein Kompromiß sein. Ein zu starres und bedingungsloses Festhalten an Empfehlungen, ohne ein gewisses Verständnis dafür, wie sie zustandegekommen sind und ohne ein gewisses Maß an gesundem Menschenverstand, ist sicher keine Erfolgsgarantie im Streben nach einer günstigen und förderlichen Arbeitsumwelt.

GESTALTUNG UND BETRIEBSEIGENSCHAFTEN VON BILDSCHIRMGERÄTEN

Der Bildschirm

Gestaltung der Zeichen

	JA	NEIN
1. Reicht die Anzahl der auf dem Bildschirm gleichzeitig darzustellenden Zeichen für die Arbeitsaufgabe aus?	▶☐	☐
2. Wenn die Anzeigekapazität geringer ist als die maximal erforderliche Kapazität für die Aufgabe — reicht dann wenigstens der Arbeitsspeicher im Bildschirmgerät (Bildspeicher) aus?	▶☐	☐
3. Erfolgt der Zugriff auf den Bildspeicher durch		
roll scrolling? (zeilenweises Abrollen)	☐	☐
page scrolling? (seitenweises 'Blättern')	☐	☐
pan scrolling? (kontinuierliches Abrollen)	☐	☐
4. Wird das 'scrolling' von der Klaviatur aus gesteuert?	▶☐	☐
5. Ist der Zeichensatz ausreichend für die Aufgabe?	▶☐	☐
6. Ist die Farbe der Zeichen auf dem Bildschirm		
weiß?	☐	☐
gelb?	☐	☐
grün?	☐	☐
andersfarbig?	☐	☐
7. Ist die Zeichenhöhe größer oder gleich 3 mm?	▶☐	☐
8. Gewährleisten Zeichenhöhe und Betrachtungsabstand einen Betrachtungswinkel von mindestens 16, vorzugsweise 20 Bogenminuten?	▶☐	☐
9. Für den Fall, daß die Zeichen durch eine Punktmatrix erzeugt werden: Verschmelzen die einzelnen Punkte genügend gut, so daß ein scharfes, sauber geformtes Abbild entsteht?	▶☐	☐
10. Ist die Auflösung der Punktmatrix		
5 x 7 ? (ausreichend)	☐	☐
7 x 9 oder größer? (vorzuziehen)	▶☐	☐
11. Beträgt die Zeichenbreite 70–80% der Zeichenhöhe von Großbuchstaben?	▶☐	☐
12. Ist die Strichbreite zwischen 12% und 17% der Zeichenhöhe?	▶☐	☐
13. Liegt der Abstand zwischen den Zeichen zwischen 20% und 50% der Zeichenhöhe?	▶☐	☐

	JA	NEIN

14. Beträgt der Reihenabstand zwischen 100% und 150% der Zeichenhöhe? ▶☐ ☐

15. Erlaubt das Datensichtgerät die Anzeige von großen und kleinen Buchstaben? ▶☐ ☐

16. Reichen die Unterlängen bei der Darstellung von Kleinbuchstaben bis unter die Grundlinie der Matrix? ▶☐ ☐

17. Ist es möglich, klar zwischen der Zahl 0 und dem Buchstaben O zu unterscheiden (es sollte beachtet werden, daß der Buchstabe Ø in einigen nordischen Alphabeten enthalten ist und nicht benutzt werden sollte, um die Zahl 0 darzustellen)? ▶☐ ☐

18. Ist es möglich, zwischen den folgenden Zeichen klar zu unterscheiden

    X und K ? ▶☐ ☐
    O und Q ? ▶☐ ☐
    T und Y ? ▶☐ ☐
    S und 5 ? ▶☐ ☐
    I und L ? ▶☐ ☐
    U und V ? ▶☐ ☐
    I und 1 ? ▶☐ ☐

19. Sind die Zeichen im Normalfall senkrecht, d.h. nicht schräg? ▶☐ ☐

20. Sind Kursivzeichen, d.h. schräggestellte Zeichen, für Unterscheidungszwecke verfügbar? ☐ ☐

21. Ist es möglich, den Bildschirm oder das Datensichtgerät um die vertikale Achse zu schwenken? ▶☐ ☐

22. Ist es möglich, den Bildschirm um seine horizontale Achse zu drehen? ▶☐ ☐

23. Für den Fall, daß der Bildschirm fest ist, ist er annähernd vertikal? ▶☐ ☐

24. Ist der obere Bildrand in Augenhöhe oder darunter? ▶☐ ☐

25. Entspricht die Gliederung der Anzeige der Gliederung eventuell benutzter Dokumente, z.B. Auftragsformulare? ▶☐ ☐

Kodierung, Format

	JA	NEIN

1. Ist Farbgebung ein mögliches Mittel der Anzeigekodierung? ☐ ☐

	JA	NEIN

2. Wie viele Farben müssen unterschieden werden

    1 – 5 ? ☐ ☐

    5 – 10 ? ☐ ☐

    mehr als 10 ? ☐ ☐

3. Wird die Leuchtdichte, d.h. eine gezielte Aufhellung als ein Mittel der Anzeigekodierung verwendet? ☐ ☐

4. Wie viele Helligkeitsstufen müssen unterschieden werden

    2 ? ☐ ☐

    3 ? ☐ ☐

    mehr als 3 ? ☐ ☐

5. Ist es möglich, zwischen den verschiedenen Helligkeitsstufen auch bei Maximaleinstellung deutlich zu unterscheiden? ▶☐ ☐

6. Ist ein Positionsanzeiger (Kursor) vorgesehen? ▶☐ ☐

7. Ist es möglich, den Kursor von den anderen Symbolen auf dem Schirm deutlich zu unterscheiden? ▶☐ ☐

8. Ist es möglich, mit der Tastatur graphische Symbole zu erzeugen? ☐ ☐

9. Ist es möglich, bestimmte Teile des Bildschirms blinken zu lassen? ☐ ☐

10. Beträgt die Blinkfrequenz zwischen 2 und 4 Hz? ▶☐ ☐

11. Ist es möglich, das Dauerblinken des Kursors zu unterdrücken? ▶☐ ☐

12. Ist es möglich, Zeichen verschiedener Größe wiederzugeben? ☐ ☐

13. Ist es möglich, Zeichen verschiedener Schriftarten wiederzugeben? ☐ ☐

14. Sind alle angezeigten Symbole eindeutig? ▶☐ ☐

15. Für den Fall, daß Filter benutzt werden, sind die Zeichen auf dem Bildschirm klar umrissen? ▶☐ ☐

16. Ist es möglich, die Richtung des Bildschirmes des Datensichtgeräts um seine vertikale Achse zu drehen? ▶☐ ☐

17. Ist es möglich, den Bildschirm um seine horizontale Achse zu drehen (Bildwinkel)? ▶☐ ☐

18. Falls der Schirm feststeht, ist er annähernd vertikal? ▶☐ ☐

19. Ist der obere Schirmbildrand in Augenhöhe oder darunter? ▶☐ ☐

	JA	NEIN

20. Entspricht das Anzeigeformat, wo dies in Betracht kommt, dem Format, das auf den Dokumenten benutzt wird, z.B. Auftragsformulare? ▶☐ ☐

21. Können Masken mit geschützten Datenfeldern erzeugt werden? ☐ ☐

Der Bildschirm und die Leuchtdichte

	JA	NEIN

1. Beträgt die Zeichenleuchtdichte

    mehr als 45 cd/m²? (Minimum) ☐ ☐

    zwischen 80 und 160 cd/m²? (bevorzugt) ▶☐ ☐

2. Ist die Zeichenleuchtdichte einstellbar? ▶☐ ☐

3. Bleiben die abgebildeten Zeichen auch bei maximaler Zeichenleuchtdichte scharf? ▶☐ ☐

4. Ist die Hintergrundleuchtdichte zwischen 15 und 20 cd/m² unter angemessenen Bürobeleuchtungsverhältnissen? ▶☐ ☐

5. Ist die Hintergrundleuchtdichte einstellbar? ▶☐ ☐

6. Ist der Kontrast zwischen den Zeichen und dem Hintergrund

    3 : 1 ? (Minimum) ☐ ☐

    5 : 1 ? (besser) ☐ ☐

    8 : 1 – 10 : 1 ? (optimal) ▶☐ ☐

7. Ist der Kontrast zwischen dem Bildschirmhintergrund und anderen Gegenständen am Arbeitsplatz, z.B. Dokumenten, besser als

    1 : 10 ? (annehmbar) ☐ ☐

    1 : 3 – 1 : 5 ? (vorzuziehen) ▶☐ ☐

8. Sind die angezeigten Bildzeichen stabil? ▶☐ ☐

Die Tastatur

Allgemeine Kriterien

	JA	NEIN

1. Sind Tastatur und Bildschirm voneinander getrennt aufstellbar, d.h. durch Kabel verbunden? ▶☐ ☐

2. Ist das Gewicht der Tastatur ausreichend, um unbeabsichtigtes Verschieben zu verhindern? ▶☐ ☐

	JA	NEIN

3. Liegt die Bauhöhe der Tastatur (gemessen an der mittleren Tastenreihe)

    unter 50 mm? (annehmbar) ☐ ☐

    30 mm? (vorzuziehen) ▶☐ ☐

4. Beträgt der Abstand zwischen Tischunterkante und mittlerer Tastenreihe weniger als 60 mm? ▶☐ ☐

5. Ist die Tastatur im Profil

    treppenförmig? ☐ ☐

    schräg? ☐ ☐

    schüsselförmig? ☐ ☐

6. Liegt der Neigungswinkel der Tastatur zwischen 5 – 15°? ▶☐ ☐

7. Sind die Oberflächen der Tastatur matt? ▶☐ ☐

8. Liegt der Reflexionsgrad dieser Oberflächen (nicht der Einzeltasten) zwischen 0,40 und 0,60? ▶☐ ☐

9. Beträgt das Leuchtdichteverhältnis zwischen Tastatur, Bildschirm und Belegen weniger als 1 : 3 oder 3 : 1? ▶☐ ☐

10. Ist vor dem Tastenfeld eine Handauflagefläche von mindestens 50 mm Tiefe vorhanden? ▶☐ ☐

Eigenschaften der Tasten

	JA	NEIN

1. Ist die Betätigungskraft zwischen 0,25 und 1,5 N? ▶☐ ☐

2. Beträgt der Tastenweg zwischen 0,8 und 4,8 mm? ▶☐ ☐

3. Beträgt das Diagonalmaß bei quadratischen Tastenoberflächen zwischen 12 und 15 mm? ▶☐ ☐

4. Beträgt der Mittenabstand zweier benachbarter Tasten zwischen 18 und 20 mm? ▶☐ ☐

5. Ist das Tastensymbol unempfindlich gegen Abrieb und Abnutzung, d.h. ist es in die Tastenoberfläche eingearbeitet? ▶☐ ☐

6. Sind die Tastenflächen zur Verbesserung der Tastsicherheit konkav ausgebildet? ▶☐ ☐

7. Bewirkt die Ausführung der Tastenoberfläche eine Minimierung von Reflexionen? ▶☐ ☐

8. Wird die Betätigung einer Taste durch ein Rückmeldesignal angezeigt, z.B.

    ein akustisches Klicken? ☐ ☐

    einem spürbaren Druckpunkt? ☐ ☐

    ein Einschnappen? ☐ ☐

		JA	NEIN
9.	Haben die Tasten eine geringe Fehlerrate?	▶☐	☐
10.	Welche Fehlerart kann bei einer Tastenfehlfunktion auftreten		
	keine Eingabe (Kontaktfehler)?	☐	☐
	mehrfache Eingabe (Taste klemmt)?	☐	☐
11.	Wird die gleichzeitige Betätigung zweier Tasten signalisiert?	▶☐	☐
12.	Ist die Tastatur mit einer Roll-over-Einrichtung ausgestattet		
	2-Tasten roll-over?	☐	☐
	n-Tasten roll-over?	▶☐	☐

Anordnung der Tasten

		JA	NEIN
1.	Entspricht die Anordnung der Alpha-Tasten (Buchstaben) der herkömmlichen Schreibmaschinennorm?	▶☐	☐
2.	Entspricht die Anordnung der numerischen Tasten (oberhalb der Alpha-Tasten) der herkömmlichen Schreibmaschinennorm?	▶☐	☐
3.	Sind die numerischen Tasten getrennt in einem Block zusammengefaßt		
	als alleiniger numerischer Tastensatz?	☐	☐
	oder als Hilfstastensatz zusätzlich zur Anordnung nach 2?	☐	☐
4.	Entspricht die Tastenanordnung im Ziffernblock		
	der Rechnernorm (7, 8, 9 oben)?	☐	☐
	der Fernsprechernorm (1, 2, 3 oben)?	☐	☐
5.	Ist die Null-Taste oder Abstandtaste unter angeordnet?	▶☐	☐
6.	Entspricht die Anzahl und Art der Funktionstasten den Anforderungen der Arbeitsaufgabe?	▶☐	☐
7.	Entspricht die Anordnung der Funktionstasten dem Arbeitsablauf?	▶☐	☐
8.	Sind Tastfehler kritisch für die erfolgreiche Durchführung einer Aufgabe, d.h. sind sie mehr als nur störend?	☐	☐

	JA	NEIN
9. Ist die Farbe der alphanumerischen Tasten neutral, z.B. beige oder grau, oder sind sie schwarz, weiß oder farbig (rot, gelb, grün oder blau)?	▶☐	☐

10. Heben sich die verschiedenen Funktionstastenblöcke deutlich von den übrigen Tasten ab durch

	JA	NEIN
Farbe?	☐	☐
Form?	☐	☐
Lage?	☐	☐
Abstand?	☐	☐
11. Sind besonders wichtige Funktionstasten farblich abgehoben?	☐	☐

12. Sind alle Tasten, deren unbeabsichtigte Betätigung schwerwiegende Folgen hat, besonders gesichert durch

	JA	NEIN
ihre Lage?	☐	☐
höheren Tastendruck?	☐	☐
Tastensperre?	☐	☐
Zwang zur gleichzeitigen Betätigung einer zweiten Taste?	☐	☐
13. Entsprechen die Symbole und Beschriftungen auf den Funktionstasten den gleichen Funktionen bei anderen in Gebrauch befindlichen Tastaturen, z.B. Schreibmaschinen oder anderen Bildschirmgeräten am gleichen Arbeitsplatz?	☐	☐
14. Sind Funktionstasten vorgesehen, die vom Benutzer programmiert werden können?	☐	☐

Weitere Eigenschaften von Bildschirmgeräten und -Systemen

	JA	NEIN
1. Ist die Wärmeabstrahlung vom Gerät so gering wie möglich?	▶☐	☐
2. Ist das Gerät unempfindlich gegen Stöße und Erschütterungen?	▶☐	☐
3. Ist der Benutzer hinreichend vor elektrischen Schlägen geschützt, auch wenn er das Gerät nicht zweckentsprechend behandelt?	▶☐	☐
4. Entspricht das Gerät allen geltenden Sicherheitsvorschriften?	▶☐	☐
5. Sind Benutzer und Reinigungspersonal darüber belehrt, welche Reinigungsmittel ohne Schaden für Bildschirm, Gehäuse und andere Komponenten verwendet werden können?	▶☐	☐

	JA	NEIN
6. Sind Datensichtgerät und Arbeitsplatz servicefreundlich gestaltet?	▶☐	☐
7. Sind einfachere Reparaturen, z.B. Ersatz der Sicherung, vom Benutzer selbst schnell und leicht durchzuführen?	☐	☐
8. Sind die Zuleitungen zum Datensichtgerät und zum Arbeitsplatz angemessen gesichert und abgedeckt?	▶☐	☐
9. Ist die Versorgungsspannung zur VDT-Anlage hinreichend gegen Schwankungen stabilisiert, wie sie z.B. aufgrund von Netzschwankungen, Netzspitzenbelastungen usw. auftreten können?	▶☐	☐
10. Wird der Benutzer durch ein Signal auf Störungen im VDT-System aufmerksam gemacht,		
durch einen akustischen Alarm?	▶☐	☐
durch einen optischen Alarm?	▶☐	☐
auf andere Weise?	☐	☐
11. Wird der Benutzer gewarnt wenn das Datensichtgerät nicht mehr in der Lage ist, Tasteneingaben zu speichern, z.B. wenn der VDT-Speicher voll ist?	▶☐	☐
12. Sind Datensicherungsprozeduren notwendig?	☐	☐
13. Wie wird dem Benutzer der Betriebsstatus des VDT angezeigt, z.B. wenn das Terminal im Sende-, Empfangs- oder Wartezustand ist:		
keine Anzeige?	☐	☐
Blinklichtanzeige?	☐	☐
Dauerlichtanzeige?	▶☐	☐
14. Ist die Reaktionszeit auch während der Spitzenbelastungszeiten hinreichend kurz?	▶☐	☐
15. Für den Fall, daß die Reaktionszeit sich wahrscheinlich erheblich ändert: Wird dem Benutzer eine Anzeige der Wartezeiten gegeben?	▶☐	☐
16. Für den Fall, daß Terminals sich in eine gemeinsame Übertragungsleitung zum Computer teilen: Kann jedes Terminal Information senden oder empfangen, unabhängig vom Status der anderen Terminals an der gleichen Leitung?	▶☐	☐
17. Sind besondere Vorsichtsmaßnahmen gegen statische Elektrizitätsentladungen getroffen, z.B. leitfähiger Teppichboden, evtl. mit einem unterlegten Kupfernetz?	☐	☐

ARBEITSPLATZGESTALTUNG

Schreibtische, Fußstützen

	JA	NEIN
1. Sind Arbeitsflächen in ausreichender Zahl vorhanden?	▶☐	☐
2. Sind die Arbeitsflächen groß genug?	▶☐	☐
3. Befinden sich alle Anlagenteile und Arbeitsmittel, die oft gebraucht werden, in normaler Armreichweite des Benutzers, d.h. im Griffbereich, ohne zusätzliche Körperbewegung?	▶☐	☐
4. Beträgt die Schreibtischhöhe zwischen 720 und 750 mm?	▶☐	☐
5. Beträgt die Höhe des Tastenfeldes vom Fußboden zwischen 720 und 750 mm?	▶☐	☐
6. Hat die Schreibtischplatte eine matte Oberfläche?	▶☐	☐
7. Ist der Reflexionsgrad der Schreibtischoberfläche:		
0,4 ? (optimal)	▶☐	☐
0,5 ? (annehmbar)	☐	☐
0,6 ? (maximal)	☐	☐
8. Ist die Beinfreiheit ausreichend?	▶☐	☐
9. Ist die Unterseite des Schreibtisches frei von Untertischeinbauten im Bereich der Schreibfläche und unter der Tastatur?	▶☐	☐
10. Beträgt der horizontale Spielraum für die Beine mindestens 800 mm, um ungehindertes Drehen zu ermöglichen?	▶☐	☐
11. Ist der Raum für die Beine mindestens 700 mm tief?	▶☐	☐
12. Ist der Raum für die Beine gegen die Wärmeabstrahlung vom VDT und anderen Geräten geschützt?	▶☐	☐
13. Ist ausreichend Platz vorhanden für das Aufbewahren von Papieren, Handbüchern, persönlichen Dingen?	▶☐	☐
14. Ist der Raum für die Beine frei von Hindernissen und Verstrebungen?	▶☐	☐
15. Kann der Benutzer den Arbeitsplatz umräumen, z.B. indem er die Anordnung des VDTs und anderer Geräteteile verändert?	▶☐	☐
16. Ist eine Fußstütze vorhanden, die über den ganzen Beinraum geht?	☐	☐
17. Wenn Fußstützen verwendet werden, sind diese verstellbar?		
in der Höhe?	▶☐	☐
in der Neigung?	▶☐	☐

	JA	NEIN

18. Kann die Fußstütze schnell und leicht verstellt werden, um sich den verschiedenen Körpermaßen der Benutzer anzupassen? ▶☐ ☐

19. Ist die Oberfläche der Fußstütze so beschaffen, daß man die Füße bequem bewegen kann, ohne abzurutschen? ▶☐ ☐

Stuhl

	JA	NEIN

1. Ist der Arbeitsstuhl normgerecht? ▶☐ ☐
2. Ist der Stuhl standfest, d.h. kann er nicht umkippen? (fünfarmiges Fußkreuz) ▶☐ ☐
3. Sind die Rollen selbstarretierend? ▶☐ ☐
4. Ist die Sitzhöhe leicht verstellbar? ▶☐ ☐
5. Ist der Sitzwinkel verstellbar? ▶☐ ☐
6. Ist die Vorderkante des Sitzes abgerundet, um das Einschneiden in die Oberschenkel zu verhindern? ▶☐ ☐
7. Ist der Sitz gepolstert? ▶☐ ☐
8. Ist die Höhe der Rückenstütze einstellbar? ▶☐ ☐
9. Läßt sich die Rückenstütze nach vorn und nach hinten verstellen? ▶☐ ☐
10. Können diese Einstellungen einfach und sicher ohne Aufstehen ausgeführt werden? ▶☐ ☐
11. Sind diese Einstellmechanismen gegen unbeabsichtigte Betätigung oder Selbstauslösung gesichert? ▶☐ ☐
12. Ist jeder einzelne Benutzer darüber informiert, wie er die optimale Einstellung seines Stuhles erreichen kann? ▶☐ ☐

Arbeitsmittel, Hilfsgeräte

Unterlagen

	JA	NEIN

1. Erfüllen die Unterlagen, die für die Arbeit gebraucht werden, die Anforderungen des Abschnitts I in Bezug auf:

    Zeichenform? ▶☐ ☐

    Kontrast zwischen Zeichen und Hintergrund? ▶☐ ☐

	JA	NEIN
2. Haben alle Belege eine matte Oberfläche?	▶☐	☐
3. Kann man alle für die Arbeit wichtigen Informationen leicht lesen?	▶☐	☐
4. Entspricht der Aufbau von z.B. Auftrags- oder Rechnungsformularen der Gliederung auf dem Bildschirm?	▶☐	☐

Unterbringung von VDT, Arbeitsmitteln und anderen Geräten

	JA	NEIN
1. Sind alle Arbeitsmittel und Geräteteile so untergebracht, daß (abgesehen von kurzen Unterbrechungen) der Benutzer eine optimale Arbeitshaltung einnehmen kann, entsprechend den folgenden Kriterien:		
Kopf um etwa 20° vorwärts geneigt	▶☐	☐
Wirbelsäule leicht nach vorne gebogen	▶☐	☐
Oberarme vertikal	▶☐	☐
Kein Drehen des Kopfes und Rumpfes	▶☐	☐
Oberschenkel ungefähr horizontal	▶☐	☐
Unterschenkel ungefähr vertikal	▶☐	☐
Ausreichende Beinfreiheit	▶☐	☐
Bei mehreren in schneller Folge abwechselnd betrachteten Objekten eine Abweichung von 15 bis 30° zur normalen Blickrichtung	▶☐	☐
2. Sind alle Arbeitsmittel und Geräte im Blick- und Arbeitsbereich untergebracht, entsprechend		
der Häufigkeit der Benutzung?	☐	☐
der Art ihres Gebrauchs?	☐	☐
ihrer Wichtigkeit?	☐	☐

UMGEBUNGSBEDINGUNGEN

Beleuchtung

	JA	NEIN
1. Beträgt die Beleuchtungsstärke zwischen 300 und 500 Lux?	▶☐	☐
2. Ist das Gesichtsfeld des Benutzers frei von direkten Reflexionen (vom Bildschirm, Tastenfeld, Schreibtisch, Papieren usw.)?	▶☐	☐
3. Gibt es im Gesichtsfeld des Benutzers Quellen für Blendlicht (Leuchten, Fenster etc.)?	▶☐	☐

	JA	NEIN

4. Sind die Leuchten mit Prismen- oder Rasterabdeckungen ausgestattet? ▶☐ ☐

5. Ist die Beleuchtungsanlage phasenverschoben geschaltet? ▶☐ ☐

6. Sind die VDT-Arbeitsplätze so angeordnet, daß die vorwiegende Blickrichtung der Benutzer

    parallel zu den Leuchten verläuft? ▶☐ ☐

    parallel zu den Fenstern verläuft? ▶☐ ☐

7. Sind die Fenster mit Außenjalousien versehen? ☐ ☐

8. Sind die Fenster mit Innenjalousien versehen? ☐ ☐

9. Sind die Fenster mit Vorhängen mit einem Reflexionsgrad im Bereich von 0,5 bis 0,7 versehen? ▶☐ ☐

10. Beträgt der durchschnittliche Reflexionsgrad der Decke mehr als 0,7? ▶☐ ☐

11. Beträgt der Reflexionsgrad der Wände zwischen 0,5 und 0,7? ▶☐ ☐

12. Beträgt der Reflexionsgrad des Fußbodens ca. 0,3? ▶☐ ☐

13. Sind die Lampen mit Startern ausgestattet, die das Flackern am Ende ihrer Lebensdauer verhindern? ▶☐ ☐

14. Werden die Leuchten regelmäßig gereinigt und gewartet? ▶☐ ☐

Klima im Raum

	JA	NEIN

1. Ist der Arbeitsraum klimatisiert? ▶☐ ☐

2. Kann die Raumtemperatur zwischen 21 und 23°C gehalten werden? ▶☐ ☐

3. Kann die relative Luftfeuchtigkeit zwischen 45 und 55% gehalten werden? ▶☐ ☐

4. Ist die Geschwindigkeit der Luftbewegung geringer als 0,1 m/s

    in Nackenhöhe? ▶☐ ☐

    in Taillenhöhe? ▶☐ ☐

    in Knöchelhöhe? ▶☐ ☐

5. Sind Benutzer oder andere Personen geschützt vor

    Wärmeabstrahlung vom VDT? ▶☐ ☐

    warmem Luftstrom von Kühlventilatoren? ▶☐ ☐

	JA	NEIN

6. Hat man gegen örtlich begrenzte Wärmezonen (unter dem Schreibtisch, in Ecken usw.) vorgebeugt? ▶ ☐   ☐

Lärm

	JA	NEIN

1. Beträgt der Geräuschpegel:

    weniger als 55 dB(A) in Arbeitsbereichen, wo ein hohes Maß an Konzentration gefordert wird? ▶ ☐   ☐

    weniger als 65 dB(A) in Bereichen, wo Routinearbeit gemacht wird? ▶ ☐   ☐

2. Liegen die Geräuschpegel der verschiedenen Geräte nicht mehr als 5 dB(A) über dem Hintergrundgeräusch

    beim VDT (Ventilatoren, Netzteil)? Aber nicht z.B. die auditive Rückmeldung von der Tastatur ▶ ☐   ☐

    bei anderen Geräteteilen? ▶ ☐   ☐

3. Sind die Umgebungsgeräusche frei von hohen Frequenzen? ▶ ☐   ☐

4. Ist der VDT-Raum von äußeren Geräuschquellen beeinflußt (benachbarte Räume, Straße)? ☐   ☐

5. Befinden sich im Arbeitsraum noch andere Geräte, z.B. Drucker, Fernschreiber, die störende Geräusche erzeugen? ☐   ☐

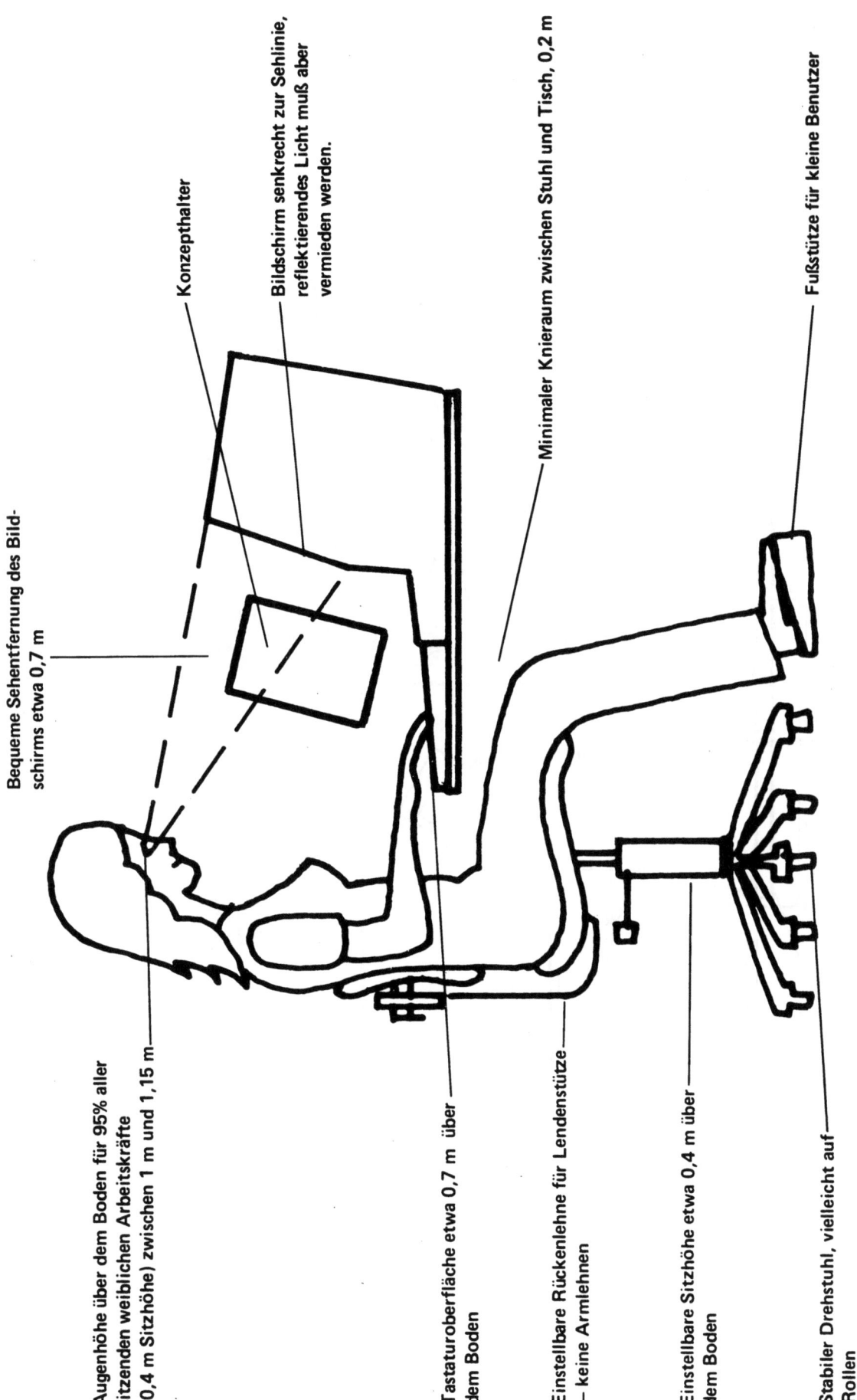

Übliche Abmessungen eines Bildschirmarbeitsplatzes

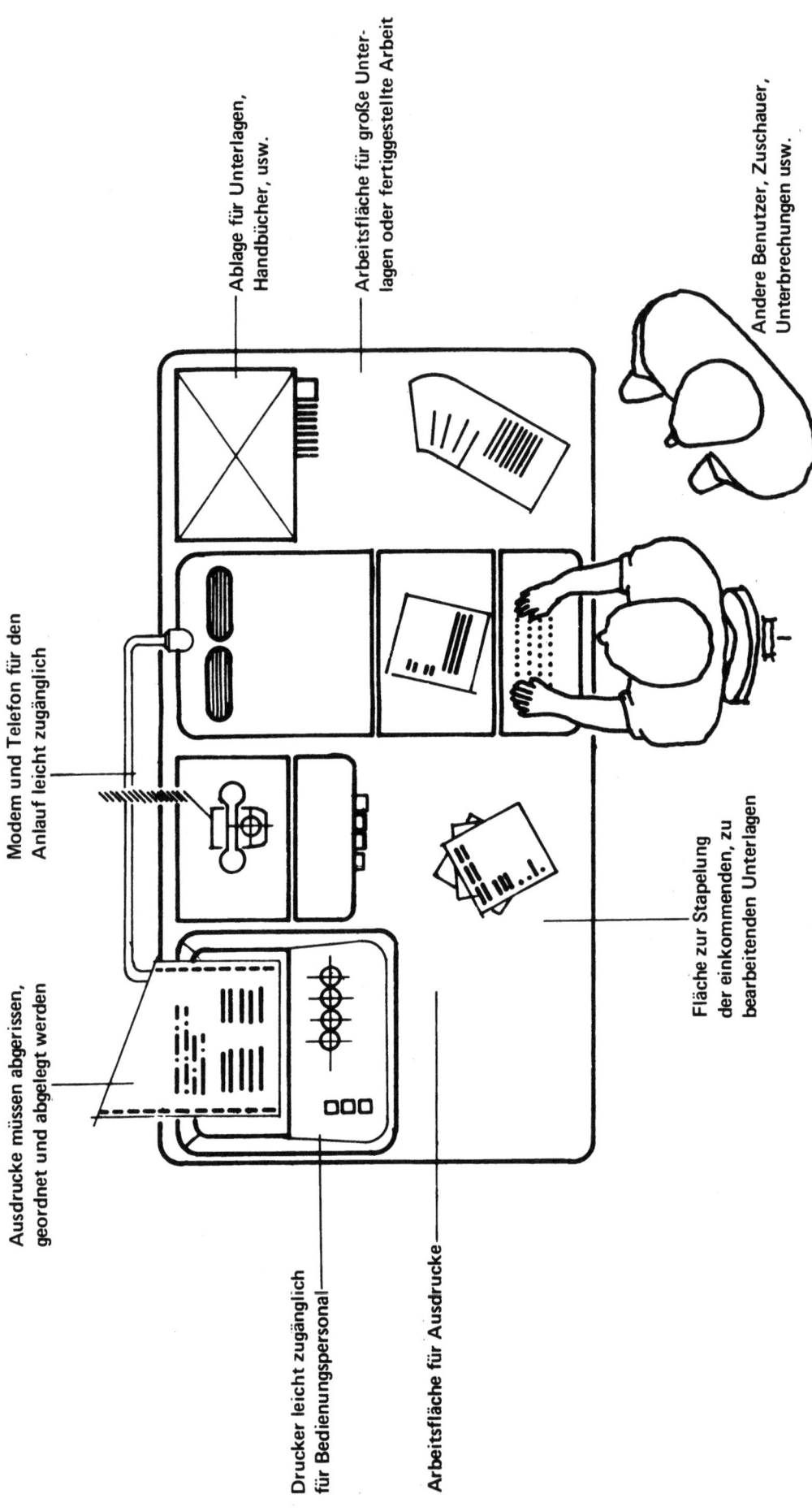

Arbeitsplatz für Bildschirm-Drucker mit Arbeitsflächen und Aufbewahrungsmöglichkeiten

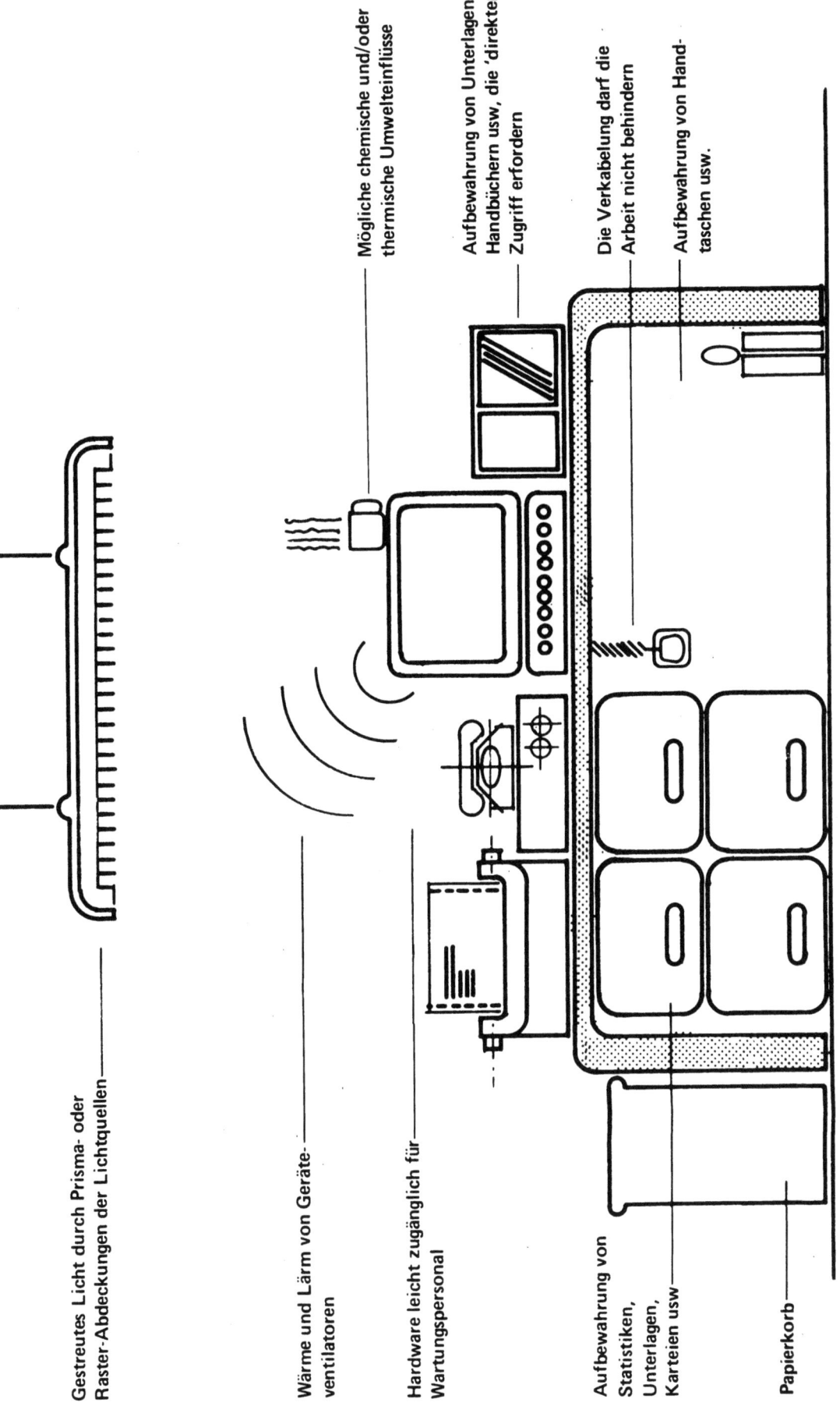

Zusätzliche Punkte die beim Arbeitsplatz für einen Bildschirm-Drucker beachtet werden müssen

Anhang II

SEHTESTS FÜR BILDSCHIRMBENUTZER

Zusammenfassung der Schlußfolgerungen

Im Hinblick auf die weitverbreitete Besorgnis um mögliche Auswirkungen von langer, ununterbrochener Arbeit am Bildschirmgerät auf das Sehvermögen, sowie angesichts der ohne System und Zusammenhang geplanten oder bereits stattfindenden Tests, wird hier eine Reihe von Sehtests für Bildschirmbenutzer empfohlen. Dieses Testprogramm sollte in verläßlicher, standardisierter Form allgemein erhältlich sein. Es stellt einen Kompromiß dar, dürfte jedoch der gegenwärtigen Situation angemessen sein.

Es wird nicht ausdrücklich dazu geraten, daß jeder VDT-Benutzer sich diesen Tests unterziehen sollte; grundsätzlich aber sollte man die Augen öfters überprüfen lassen, als das gewöhnlich getan wird. Das jedoch liegt außerhalb des Rahmens dieses speziellen Berichtes. Die Empfehlung geht vielmehr dahin, das Sehvermögen überall da — mit Hilfe der hier beschriebenen Tests — über einen längeren Zeitraum zu überwachen, wo besonders intensiv oder für längere Zeit am Bildschirm gearbeitet wird oder wo durch ungenügende Berücksichtigung arbeitswissenschaftlicher Erkenntnisse ernste Besorgnis wegen Übermüdung besteht.

Es soll noch einmal betont werden, daß die VET Advisory Group keinerlei Anzeichen dafür fand, daß ein gesundheitliches Risiko besteht. Sie ist aber der Meinung, daß weitere Untersuchungen im Laufe der Zeit dazu beitragen werden, alle eventuell noch vorhandenen Befürchtungen abzubauen. Zunächst liegt die Aufgabe hauptsächlich darin bei der Gestaltung, Ausführung und Anwendung von Datensichtgeräten arbeitswissenschaftliche Erkenntnisse ausreichend zu berücksichtigen.

Die vorliegende Ausarbeitung wird den verschiedenen von diesem Problem betroffenen Gruppen zur Stellungnahme vorgelegt. Natürlich werden bei der Verwirklichung dieses Vorhabens Schwierigkeiten auftreten; auch was die Probleme in der Anwendung angeht wird es notwendig werden, ausführliche Gespräche zu führen. Unternehmer und Gewerkschaften müssen dahingehend übereinkommen, was geschehen soll, wenn bei einem Arbeitnehmer so starke visuelle Probleme festgestellt werden daß ihm die Arbeit am Terminal auf keinen Fall zugemutet werden kann — also z.B. alternative Einsatzmöglichkeiten. Und da gibt es immer noch das Problem der richtigen Interpretation individueller Testergebnisse, da ja auch unter 'normalen' Umständen Sehfehler vorkommen. Anstatt nun die Probleme — die bei der Arbeit mit VDTs zweifellos bestehen — aufzudecken, könnte sogar behauptet werden, daß gerade durch die Einführung eines Sehtestprogramms neue Befürchtungen und Probleme entstehen.

Diese und andere Punkte sind noch zu klären. Es ist zu hoffen, daß eine Diskussion — auf der Grundlage von Informationen — die Erstellung eines umfassenderen und mehr detaillierten Berichtes und eines sorgfältig ausgearbeiteten Programms ermöglichen wird.

Stellungnahmen und Beiträge sind willkommen. Zusendungen bitte an VET Advisory Group, c/o D.J. Hart, IFRA, Washingtonplatz 1, D-6100 Darmstadt, Bundesrepublik Deutschland.

Einleitung

Bildschirmgeräte (VDTs) werden in zunehmendem Maße in Büros und an anderen Arbeitsplätzen verwendet. Sie werden nicht nur häufiger eingesetzt als vor ein paar Jahren, sondern auch intensiver. In manchen Industriezweigen hat sich die Arbeit am Terminal bereits zu einer Vollzeitbeschäftigung entwickelt. Oft ist die Einführung solcher Geräte mit einer einschneidenden Umgestaltung der Arbeitsorganisation verbunden, die eine radikale Veränderung im Arbeitsprozeß oder sogar den völligen Wegfall von einzelnen Arbeitsplätzen zur Folge haben kann. In einer solchen in ständigem Wechsel befindlichen Situation sind die Unternehmensleitungen oft nicht bereit oder auch gar nicht imstande, sich über die langfristigen Auswirkungen der Einführung von Computersystemen auf die Arbeitsplatzsituation zu äußern. Schon deshalb sind viele Projekte für die Anschaffung von Rechneranlagen durch erhebliche Ungewißheit behindert. Kommt dazu noch die Scheu, die die meisten Menschen ohnehin gegenüber größeren Veränderungen empfinden, dann wird Angst und Befürchtungen gegenüber dem Computer in weitem Maße Vorschub geleistet.

In manchen Industriezweigen mag die Sorge um zukünftige Arbeitsplätze durchaus realistisch und begründet sein. Dies ist offensichtlich ein Problem, das von der Gesellschaft als Ganzes zu lösen sein wird, wenn wir von dem ungeheuren Potential der Micro-Chip-Technologie profitieren wollen. Es besteht jedoch die ernstzunehmende Gefahr, daß weniger realistische und unbegründete Befürchtungen Fuß fassen: eine Entwicklung, die für niemanden von Vorteil wäre. Einen solchen Bereich, in dem zwar viel Besorgnis herrscht, aber kaum Fakten vorliegen, stellt die mögliche Gesundheitsgefährdung durch Bildschirmgeräte dar. Der Befürchtung, daß längere oder ständige Arbeit am Bildschirm bleibende Schäden der Augen oder der Sehfähigkeit verursachen könnte, ist in den Medien breiter Raum gegeben worden.

Die Frage wird weiter kompliziert dadurch, daß ein beträchtlicher Teil der arbeitenden Bevölkerung ohnehin schon an unkorrigierten oder unzureichend korrigierten Sehfehlern leidet. Die Schätzungen über die Anzahl der Betroffenen schwanken, doch kann man davon ausgehen, daß der Prozentsatz wahrscheinlich zwischen 20% und 30% liegt. Wenn nun Bildschirmbenutzern, die beim Augenarzt über visuelles Unbehagen oder Ermüdungserscheinungen der Augen klagten, eine Brille verschrieben wurde, so wurde dies unweigerlich auf die Arbeit am Bildschirmgerät zurückgeführt. Regelmäßige Sehtests für Bildschirmbenutzer wurden daher sowohl von den für industrielle Sicherheit am Arbeitsplatz zuständigen Stellen, als auch von den für eventuelle Ansprüche zuständigen Krankenversicherungen gefordert.

Trotz intensiver Forschungsarbeiten gibt es zur Zeit keinen Beweis für die Annahme, daß die Arbeit mit Bildschirmgeräten Augenschäden oder Beeinträchtigungen des Sehvermögens verursacht. Eines hat sich aber dabei gezeigt: Unnötige Ermüdungserscheinungen des Bildschirm-Bedieners sind oftmals die Folge ungenügender Berücksichtigung ergonomischer Erkenntnisse. Eine solche Ermüdung kann durch schlechte Körperhaltung aufgrund unzulänglicher Arbeitsgestaltung hervorgerufen werden, aber auch durch eine Vielzahl anderer — natürlich auch visueller — Faktoren. Es ist durchaus möglich, daß man eine solche Ermüdung als Unbehagen oder Überanstrengung der Augen empfindet, ganz unabhängig davon, ob sie tatsächlich visuell bedingt ist. Die Augen können somit sogar als Frühwarnsystem für den ganzen Körper dienen — indem sie als müde oder schmerzend empfunden werden, obwohl der Grund für die Ermüdung ganz woanders zu suchen ist.

Keines der oben erwähnten Probleme ist unvermeidlich. Die notwendigen arbeitswissenschaftlichen Kenntnisse sind heute vorhanden um Datensichtgeräte so zu gestalten, auszuführen und anzuwenden, daß die Arbeit daran nicht über Gebühr ermüdet. Wir verweisen hier auf den Hauptteil dieses Berichtes, der in enger Zusammenarbeit mit den Universitäten Berlin und Loughborough erarbeitet wurde und der die neuesten Ergebnisse dieser und anderer Forschungszentren zusammenfaßt.

Nichtsdestoweniger gibt es heute und in absehbarer Zukunft in vielen Unternehmen Bildschirmgeräte und Bildschirm-Arbeitsplätze, die diese Idealbedingungen nicht völlig erfüllen. Sie können Anlaß geben für unnötige oder übermäßige Ermüdungserscheinungen wie sie mancher Bildschirmbediener täglich erfahren muß. Obwohl es keinen Beweis dafür gibt, daß diese Ermüdung bleibende Schäden der Augen oder des Sehvermögens verursacht, so lassen sich doch auf lange Sicht Auswirkungen anhaltender Ermüdung durch Bildschirmarbeit nicht ausschließen. Es ist jedoch äußerst unwahrscheinlich, daß solche Veränderungen durch eine Überprüfung der Sehschärfe (der Fähigkeit des Auges, Einzelheiten scharf zu erkennen) festzustellen wären.

Arbeitswissenschaftliche Forschung hat gezeigt, daß die Art der Tätigkeit einen starken Einfluß auf den Grad der Ermüdung hat. Das Fernsehen oder die Arbeit mit Radarschirmen, beispielsweise, unterscheiden sich so sehr von der hier gemeinten Verwendung von Bildschirmgeräten, daß die in diesen Bereichen gewonnenen Erfahrungen für das vorliegende Problem nicht relevant sind.

Einige Firmen lassen bereits Sehtests für ihre Bildschirmbenutzer durchführen, oder treffen zumindest die Vorbereitungen dafür. Es wäre bedauerlich, wenn hierbei ungeeignete Testmethoden verwendet würden, oder wenn man es versäumte, die festgestellten Daten irgendwie vergleichbar zu machen und zu sammeln, um Tendenzen aufzudecken, die sonst vielleicht in isolierten Gruppenergebnissen verborgen blieben.

Dazu kommt, daß sich die bereits erwähnten Befürchtungen nur dann wirklich ausräumen lassen, wenn die erarbeiteten Ergebnisse von allen Beteiligten als gültig akzeptiert werden. Langzeiteffekte lassen sich nur durch Langzeitstudien ermitteln, da die verschiedenen VDT-Typen und die Arten ihrer intensiven Nutzung erst seit relativ kurzer Zeit existieren.

VET Advisory Group

In Anbetracht der oben geschilderten Situation wurde der Beschluß zur Gründung einer 'VDU Eye Test (VET) Advisory Group' (Beratungsgruppe für VDT-Sehtests) gefaßt, mit der Hauptaufgabe, eine Testreihe auszuarbeiten für die Überwachung des Sehvermögens von Bildschirmbedienern über einen Zeitraum von mehreren Jahren.

Sie stützte sich auf eine eintägige Vorbesprechung von Vertretern aus 25 interessierten Organisationen, die sich im April 1978 in Loughborough zusammenfanden. Die Mitglieder der Beratungsgruppe verfügen über bedeutende Erfahrung auf diesem Gebiet. Sie sind entweder Vertreter der interessierten Parteien oder stehen zumindest mit ihnen in engem Kontakt. Die Advisory Group besteht aus folgenden Mitgliedern:

	Dr. R. Owen	Medical Adviser – Trades Union Congress
	P.T. Stone	Head of the Vision and Lighting Research Group, Loughborough University
	Prof. R.A. Weale	Director of the Department of Visual Science, Institute of Ophthalmology, University of London
	Dr. E.H. Burgess	Medical Adviser's Office, Civil Service Department
Vorsitzender:	T.F.M. Stewart	IFRA Project Leader, Loughborough University
Schriftführer:	Dr. B. Malde	IFRA Project Member, Loughborough University

Außerdem haben die 'British Optical Association', 'The Health and Safety Executive' und verschiedene andere Organisationen ihre Hilfe zur Verfügung gestellt.

Bevor wir auf das in diesem Diskussionsbeitrag vorgeschlagene Testprogramm im einzelnen eingehen, noch ein Wort zu den von der Advisory Group aufgestellten Einschränkungen. Die Dringlichkeit des Bedarfs geeigneter Tests verlangte, daß alle vorgeschlagenen Tests überall in Großbritannien, zuverläßig und in einheitlicher Form, durchführbar sein sollten. Deshalb kamen keine Tests in Betracht, die nur mit hochspezialisierten Geräten oder ausschließlich in Labors durchgeführt werden können. Eine weitere Beschränkung bezog sich auf die Dauer der Tests, die nicht länger als eine halbe Stunde betragen sollten, um sowohl die Kosten als auch die Unannehmlichkeiten für die Betroffenen möglichst gering zu halten.

Eine geeignete Testserie wurde ausgearbeitet und von den Beteiligten akzeptiert. Sie ist sicher umfassend genug, um die Früherkennung von Schäden zu erlauben, ohne dabei übermäßig kompliziert zu sein. Fachkundige Anwendung des Programms wird vorausgesetzt.

Sehtests für Bildschirmbenutzer

Bei dieser Testreihe liegt das Schwergewicht auf jenen Eigenschaften des bildformenden Apparats, der Sehfähigkeit beider Augen und des okular-motorischen Systems, die zur Wahrnehmung eines einzigen, scharfumrissenen Bildes führen, wenn beide Augen am Sehvorgang beteiligt sind. Auf diese Fähigkeit des Auges kommt es an, wenn Zeichen auf einem Bildschirm, oder auch auf einem Quellendokument zu lesen sind. Es ist somit dieser Bereich, der uns die größte Sorge bereitet — ein Bereich übrigens, in dem der Mensch am ehesten in der Lage ist, ein Fehlverhalten der Augen zu entdecken, wie z.B. verschwommenes oder doppeltes Sehen. Folgende Tests werden empfohlen:

1. Sehschärfe ohne Hilfe
2. Refraktionsfeststellungen
3. Korrigierte Sehschärfe
4. Akkommodationsamplitude
5. Unterdrückung
6. Muskelausgleich im Fernbereich (Maddox-Stab)
7. Muskelausgleich in 1 m Entfernung (Maddox-Stab)
8. Muskelausgleich im Nahbereich (Maddox-Flügel)

Die *Sehschärfe ohne Hilfe* wird herkömmlicherweise in einem Buchstabentest ermittelt (Snellen-Tabelle), oder besser noch in einem Landolt-C-oder-E-Test. Sie wird als normal bezeichnet, wenn der Patient auf eine Entfernung von 6 m ein Ziel mit maximalem Kontrast und Detail auszumachen vermag, das in seiner Ausdehnung einer Bogenminute entspricht.

Wenn das Sehvermögen ohne Hilfe nicht normal ist, *kann* dies auf eine Fehlfunktion des bildformenden Apparats zurückzuführen sein. Dieser besteht aus Hornhaut, der Pupille und der Kristall-Linse. Fehlfunktion kann gewöhnlich mit Hilfe geeigneter Brillengläser ausgeglichen werden, die hauptsächlich aus *sphärischen* und manchmal aus *zylindrisch-refraktierenden* Oberflächen bestehen. Wenn letztere Verwendung finden, wie dies bei der Korrektur von Astigmatismus der Fall ist, so muß die *Achse* der zylindrischen Oberfläche angegeben werden. Sobald die Refraktion optimal verbessert worden ist, kann man das 'korrigierte' Sehvermögen bzw. die *'korrigierte Sehschärfe'* feststellen.

Entgegen der allgemein verbreiteten Vorstellung spielen die Kristall-Linsen bei der Entstehung des Bildes eine untergeordnete Rolle. Die Hornhaut ist die hauptsächliche Bildformeinrichtung. Die Linse steuert die Feineinstellung, eine Fähigkeit, die wir als *Akkommodation* kennen. Ebenso wie Refraktion wird sie in 'Dioptrien' (D) gemessen, drückt jedoch in Wirklichkeit einen Schärfebereich aus, also eine Dioptrie-Veränderung. Bei Kindern beträgt sie 12D, sinkt stetig während des Erwachsenenlebens und erreicht den Wert 0 etwa am Ende des sechsten Lebensjahrzehnts. Dies ist als Presbyopie bekannt.

Wenn beide Augen sehen können, aber nicht zu einer gemeinsamen, deckungsgleichen Wahrnehmung zusammenarbeiten, so nennt man den untätigen Wahrnehmungsteil *'unterdrückt'*. Oft ist dieses Phänomen eine Folge von Amblyopie, Schielen usw.

Der *Muskelausgleich* ist ebenso wichtig. Augen, die auf ein Ziel gerichtet sind, müssen sich so drehen, daß die Sehachse auf das Ziel gerichtet ist, und der Drehbereich (Konvergenz) muß mit dem Fokusierbereich für die betreffende Entfernung übereinstimmen. Diese Übereinstimmung kann für einige Sichtentfernungen korrekt sein, für andere nicht. *Maddox-Instrumente* stellen jedem Auge ein getrenntes Bild vor und ermöglichen dem Untersucher, abzuschätzen, ob beide Augen auf den gleichen Punkt gerichtet sind oder nicht. Ältere Augen haben es leichter je größer die Entfernung wird: Ihre Phoria (Diskrepanz zwischen Fokusier- und Konvergenz-Entfernung) nimmt ab, je größer die Sichtentfernung wird.

Durchführung der Tests

Wenn die Tests von einem Optiker oder Augenarzt durchgeführt werden, können verschiedene pathologische Zustände wie Star oder Glaukoma ebenfalls in einem frühen Stadium entdeckt werden. Die meisten Tests könnten — zumindest in Großbritannien — mit speziellen Sehtest-Apparaten, wie z.B. dem Keystone Telebinokular, dem Mavis-Tester oder dem Orthorater, auch von ausgebildeten Laien durchgeführt werden.

Es muß auch darauf hingewiesen werden, daß die hier empfohlenen Verfahren kein Ersatz für normale Gesundheitspflege sein können. Sicher wird eines der Ergebnisse dieser Testreihe darin bestehen, daß man bei einer Anzahl der getesteten Personen, ob Bildschirmbenutzer oder nicht, feststellt, daß sie eine Brille benötigen oder daß andere Gläser gebraucht werden. Diesen Personen wird man dann raten, sich an einen Augenarzt zu wenden. Oft werden sie für die Bildschirmarbeit eine besondere Verschreibung brauchen. Die Sehentfernung bei Bildschirmgeräten fällt nämlich zwischen die Nah- und die Fernbereiche, für die die Brillen normalerweise verschrieben werden.

Die Tests selbst liefern nur einen Teil der Daten, die erforderlich sind, um die Auswirkungen langanhaltender Bildschirmbenutzung überwachen zu können. Beispielsweise ist es wichtig zu wissen, wie lange eine Arbeitsperson täglich am Bildschirmgerät arbeitet. Es wird auch notwendig sein, ganz allgemein die Art der Arbeit einzutragen, da bei manchen Aufgaben, z.B. bei der reinen Dateneingabe, der Bildschirm weniger häufig betrachtet werden muß als bei anderen, z.B. beim Redigieren von Texten. Der mit dem Test Beauftragte sollte daher für jede Testperson ein Datenblatt ausfüllen, das die zusätzlichen Angaben über ihre Arbeit und die Benutzung des Bildschirms enthält, die erforderlich sind, um die Ergebnisse statistisch auswertbar zu machen. Ein Vorschlag, wie so ein Datenblatt aussehen könnte, ist beigefügt. Hierbei tauchen zwei Probleme auf, die noch zu lösen wären.

Als erstes stellt sich die Frage hinsichtlich der Einrichtung und des Betreibens einer Datenbank für die Testdaten. Das zweite Problem ist hiermit eng verbunden und bezieht sich auf die vertrauliche Behandlung von letztendlich medizinischen Daten. Schon deshalb wird das vorliegende Dokument als 'Diskussionsbeitrag' vorgestellt, um den betroffenen Parteien eine eingehende Erörterung dieser Probleme zu erlauben. Es wäre sehr zu hoffen, daß ein praktikabler Weg für den Aufbau einer zentralen Datei gefunden wird, da die Erkennung eventueller Trends nur auf diesem Wege möglich ist. Das Sehvermögen nimmt mit zunehmendem Alter ab und es ist daher wichtig, die Untersuchungen an einer ausreichenden Zahl von Personen durchzuführen, um feststellen zu können, ob Defekte häufiger als normal auftreten. In einigen Firmen wird es möglich sein, hierfür eine Datei über eine Kontrollgruppe von Nicht-Bildschirmbenutzern zu führen (wie dies beim U.K. Post Office geschieht, wo solche Tests auch angewendet werden), in den meisten Fällen ist diese Möglichkeit jedoch ausgeschlossen.

Eine solche Datenbank könnte mit niedrigem finanziellen Aufwand betrieben werden, da die teilnehmenden Unternehmen für die meisten direkten Sehtestkosten aufkommen. Das koordinierende Organ muß jedoch als verantwortlich und unabhängig anerkannt sein. In Großbritannien zum Beispiel könnte der 'Employment Medical Advisory Service of The Health and Safety Executive' als solches Organ wirksam sein.

VET SEHTEST - DATENBLATT

Von der Testperson auszufüllen:

Name: .... Geburtstag: ....

Firma: .... Geschlecht: ....

Stellung: ....

Haben Sie sich bereits einem Sehtest unterzogen? .... Wenn ja, wann? ....

Wie lange benutzen Sie schon ein Bildschirmgerät? ....

Fabrikat und Modell des benutzten Bildschirmgeräts? ....

Wie viele Stunden pro Tag benutzen Sie durchschnittlich ein Bildschirmgerät? ....

Ununterbrochen? .... Wenn nicht, für wie lange jeweils? ....

Kreuzen Sie die Kategorie an, die am besten Ihrer Arbeit am Bildschirmgerät entspricht.
Sind Sie hauptsächlich beschäftigt mit:

- ..... nur Eingabe
- ..... hauptsächlich Eingabe, aber auch Lesen auf dem Schirm
- ..... eine Mischung von Eingabe und Lesen
- ..... hauptsächlich Lesen, aber auch etwas Eingabe

- ..... Text
- ..... Daten
- ..... Programmbefehle

Wie viele Stunden pro Tag sehen Sie durchschnittlich fern? ....
Aus welcher ungefähren Entfernung? .... Meter

Vom Tester auszufüllen:

TEST	RECHTES AUGE	LINKES AUGE
Sehschärfe ohne Hilfe		
Refraktionsfeststellungen	SPH ZYL ACHSE	SPH ZYL ACHSE
Korrigierte Sehschärfe		
Akkommodationsamplitude (Dioptrien)	korrigiert für nah =	korrigiert für nah =
Unterdrückung	JA/NEIN	JA/NEIN
Muskelausgleich (Entf.) Maddox-Stab	H. V.	H. V.
Muskelausgleich (1 m) Maddox-Stab	H. V.	H. V.
Muskelausgleich nahe (33 cm) Maddox-Flügel	H. V.	H. V.

Derzeit getragene Brille: .... Entfernung ..... Nähe ..... nur zur Arbeit ......

Bermerkungen: ....

Neue Brille zu verschreiben: .... Entfernung ..... Nähe ..... nur zur Arbeit ......

Bermerkungen: ....

Unterschrift des Augenarztes ....

Datum .... Anschrift: ....

Datenblatt bitte sorgfältig ausfüllen und an das VET-Zentrum zurücksenden

Anhang III

LITERATURNACHWEIS

Vorwort

Im Laufe der vorliegenden Untersuchung wurde eine große Zahl von Referenzen berücksichtigt, die für das Thema wesentlich sind. Einige von diesen Referenzen sind im folgenden Literaturnachweis aufgeführt.

Angesichts der Zahl der verschiedenen Fachdisziplinen, die hierbei angesprochen sind und der vielen Gruppen aus Industrie, Hochschulen und Gesundheitswesen, die sich mit diesem Thema befaßt haben, kann nicht der Anspruch erhoben werden, daß dieser Literaturnachweis vollständig ist. Es wurden die Quellen angegeben, die nach Meinung der Autoren nützliches Grundlagenmaterial enthalten, das zum Teil in diesen Bericht einfloß.

A

1. ADAMS H.L., The comparative effectiveness of electric and manual typewriters in the acquisition of typing skill in a Navy radioman school. Journal of Applied Psychology, 1957, 41, 227-230.

2. ADAMS J.A., Response feedback and learning, Psychological Bulletin, 1968, 70, 486-504.

3. ADRIAN W., Physiologische und psychologische Blendung, Sueddeutsche Optikerzeitung, 21, 1966, 3-10.

4. ALDEN D.G., DANIELS R.W., KANARICK A.F., Human factors principles for keyboard design and operation: a survey review. Honeywell Micro Switch, PPBS 70-90, March 1970.

5. ALDEN D.G., DANIELS R.W., KANARICK A.F., Keyboard design and operation - a review of the major issues, Human Factors, 1972, 14, 275-293.

6. ALEXANDER S.N., Comments on standard versus Dvorak keyboards, Unpublished Memo March 9, 1965 to A.V. Austin, Direction National Bureau Standards. (Reported by Siebel 1972)

7. ALLEN S., Nusvensk frekvensordbok, del 1, Almqvist & Wiksell, Stockholm, 1970, 1, 1053.

8. ANDREW I.D.C., ANDERSON D.M., McKERRAL J.D., Ergonomics study for a naval console design, EMI Electronics Report No. DMP2895, 1967.

9. AUSTRALIAN POST OFFICE, Dvorak keyboard experiment - follow-up investigation, Australian Post Office, Melbourne, 1953.

10. A unified framework of methods for evaluating visual performance aspects of lighting. Commission de l'Eclairage, CIE No. 19 TC-3.1, 1972.

11. AYOUB M.M, Work place design and posture, Human Factors, 1973, 15, 3, 265-268.

B

1. BAINBRIDGE E.A., Human factors in the design of consoles, 1962, RAE Inst. of Aviation Medicine FPRC MEMO 179.

2. BAINBRIDGE L., The influence of display type on decision making, 1971, IEE Conference on Displays, Loughborough.

3. BALDWIN T.S., BAILEY L.J., Readability of technical training materials presented on microfiche versus offset copy, Journal of Applied Psychology, 1971, 55, 37-41.

4. BARMACK J.E., SINAIKO H.W., Human factors problems in computer generated graphic displays. Inst. for Defence Analysis AD.636.170 Arlington, Va.

6. BARTLEY S.H., Fatigue: Mechanism and Management, Springfield, CC. Thomas, 1965.

5. BARRETT W.J., The evaluation of microfilm readers, Journal of Micrographics, 1972, 6(2), 51-63.

7. BARTENWERFER H., Ueber Beanspruchung und Ermuedung bei psychischer Aktivitaet, Habil. Schrift, Marburg, 1965.

8. BARTENWERFER H., Psychische Beanspruchung und Ermuedung, in 'Handbuch der Psychologie', Band 9, A.Mayer, B.Herwig, Gottingen, 1970.

9. BEDWELL C.H., The problems associated with fine and other visually difficult concentrated tasks in industry, Ann. Occup. Hygiene, 1961, 3, 84-93.

10. BEDWELL C.H., The eye, vision and visual discomfort. Lighting Research and Technology, 1972, 4, 151-158.

11. BERTELSON P., DE CAE A., Experimental comparison of two types of numerical keyboard, Bulletin du CERP, 1961, 10, 131-144.

12. BESSEY E.G., MACHEN G.S., An operational test of laboratory determined optima of screen brightness and ambient illumination for radar viewing rooms, Journal of Applied Psychology, 1957, 41, 51-52.

13. BEYER P., SCHENK H.D., ZIELTOW E., Wirksamkeitsuntersuchungen zur Leuchtdichte- und Farbcodierung von Anzeigenelementen. Forschungsbericht 71-57, Deutsche Forschungs- und Versuchsanstalt fur Luft- und Raumfahrt, Braunschweig, 1971.

14. BINNIE C.D., DARBY C.E., HINDLEY A.Y., Electroencephalographic changes in epileptics while viewing television, British Medical Journal, 4, 1975, 378-379.

15. BLACKWELL H.R., Development and use of a quantitative method for specification of interior illumination levels. Illuminating Engineering 54 (1959).

16. BLACKWELL H.R., Development of visual task evaluations for use in specifying recommended illumination levels. Illuminating Engineering vol. 56, 1961, 543-544.

17. BODENSEHER H., A console keyboard for improved man-machine interaction, IEE Conference on MCI, Teddington, 1970.

18. BOHRS H., Angewandte Arbeitswissenschaft, 75, June 1978.

19. BOISSIN J.P., Aspect actuel de problemes poses par les terminaux d'ordinateurs, Air France document, 1976.

20. BORSCHKE A., Ueber die Ursachen der Herabsetzung der Sehleistung durch Blendung, Zeitschrift fur Psychologie und Physiologie der Sinnesorgane, 1904, 35, 161-194.

21. BOWEN H.M. GRADIJAN J.M., Graphical display of multiparametric information. USAF Reports AMRL-TDR-62-115 (Parts 1 & 2) Wright-Patterson Air Force Base, 1963.

22. BOWEN H.M., GUINESS G.B., Preliminary experiments on keyboard design for semi-automatic mail sorting, Journal of Applied Psychology, 1965, 49, 194-198.

23. BOYCE P.R., Current knowledge of visual performance, Lighting Research and Technology, 1973, 5, 204-211.

24. BRADLEY J.V., WALLIS R.A., Spacing of push-button on-off controls, Engineering and Industrial Psychology, 1959, 1, 107-119.

25. BRAUNSTEIN M., ANDERSON N.S., A comparison of reading digits aloud and keypunching, IBM Research Centre Memo RC-185, 1959.

26. BROOKS R., Search time and color coding, Psychonomic Science, 2, 1965, 281-282.

27. BROWN L.D., Measurement of fatigue in abnormal physical environments. In the effect of abnormal physical conditions at work, edited by C.N. Davis, P.R. Davies and F.H. Tyrer, Livingstone, Edinburgh 1967.

28. BRUTON D.M., Medical aspects of cathode ray rube display systems, Trans. Soc. Occup. Med., 22, 1972, 56-57.

29. BRYDEN M.P., Symmetry of letters as a factor in tachistoscopic recognition. J. Exp. Psychol. 80, 1967, 513-524.

30. BURGER C.E., DE JONG J.R., Aspects of ergonomic job analysis, Ergonomics, 1962, 5, 185.

31. BUSCH G.K., Probleme der Ergonomie bei der Anwendung von Sichtgeraeteanzeigen im Bank- und Versicherungswesen. Internationaler Bund der Privatangestellten, Fiet, Genf 1977.

C

1. CAKIR A., Die Gestaltung von Datenarbeitsplaetzen, Die Berufsgenossenschaft, Feb. 1978, 83-86.

2. CAKIR A., REUTER H.J., VON SCHMUDE L., ARMBRUSTER A., Anpassung von Bildschirmarbeitsplaetzen an die physische und psychische Funktionsweise des Menschen, Forschungsbericht April 1978, Der Bundesminister fuer Arbeit und Sozialordnung, Bonn, F.R.G.

3. CAMERON C., Fatigue problems in modern industry, Ergonomics, 1971, 14, 713-720.

4. CAMERON C., A theory of fatigue, Ergonomics, 1973, 16, 633-648.

5. CAMPBELL F.W., GREEN D.G., Optical and retinal factors affecting visual resolution, J. Physiol., 181, 1965, 576-593.

6. CARLSON B.O., STRABY A., Occupational health aspects of work with copying paper (Swedish), Reports of the CO-OPs Ergonomics Laboratory No. 1, 1974, Stockholm.

7. CARLSOO S., People with stiff back should not perform keying tasks (Swedish), Arbetsmiljoe, 1976(7), 23-25.

8. CARMICHAEL L., DEARBORN W.F., Reading and Visual Fatigue, Houghton Mifflin Co. Cambridge Mass. 1947 (483 pp).

9. CARMICHAEL L., Reading and visual work: A contribution to the technique of experimentation on human fatigue, Trans. New York Acad. Sciences, 1951, 14, 94-96.

10. CHAMBERS J.B., STOCKBRIDGE H.C.W., Comparison of indicator components and push-button recommendations, Ergonomics, 1970, 13, 4, 401-420.

11. CHRIST R.E., Review and analysis of colour coding research for visual displays, Human Factors, 17, 542-570, 1975.

12. CLAUER C.K., NEAL A.S., ERDMAN R.L., Evaluation of some display parameters with human performance measures, Proceedings of the 7th National Symposium of the Society for Information Display, 1966, 15-23.

13. COCKING R.W., In place of QWERTY, Daily Telegraph Supplement, No.301, 24.7.1970.

14. COFFEY J.L., A comparison of vertical and horizontal arrangements of alphanumeric material, Human Factors, 1961, 3, 93-98.

15. COLLINS B.L., Review of psychological reaction to windows, Lighting Research and Technology, 1976, 8, 80-88.

16. COLLINS J.B., PRUEN B., Perception time and visual fatigue, Ergonomics 1962, 5, 5.

17. CONNELL B., JOLLEY D.J., LOCKWOOD P., MERCER S., Activation of photosensitive epileptics whilst watching television; observations on line frequency, colour and picture content, Journal of Electrophysiological Technology, 1975, 1, 281-283.

18. CONRAD R., HULL A.J., The preferred layout for numeral data entry keysets, Ergonomics, 1968, 11, 165-173.

19. CONRAD R., LONGMAN D.J.A., Standard typewriter versus chord keyboard - an experimental study, Ergonomics, 1965, 8, 71-88.

20. CORKINDALE K.G.G., The evaluation of visual display, IEE Conference on Displays, Loughborough, 1971.

21. CORNOG D.Y., ROSE F.C., WALKOWICZ J.L., Legibility of alphanumeric characters and other symbols, National Bureau of Standards, Misc. Publications No 262-1, Washington 1964.

22. CORNOG J.R., ROSE F.C., Legibility of alphanumeric characters and other symbols, National Bureau of Standards, Misc. Publications No 262-2, Washington 1967.

23. CROUCH C.L., BUTTOLPH L.J., Visual relationships in office tasks, Lighting Design and Application, May 1973, 23-25.

D

1. DANIELS R.W., GRAF G.P., The influence of keyset interlocks on operator performance, Honeywell Micro Switch PO 08132, 1970.

2. DEININGER R.L., Desirable push-button characteristics, IEEETransactions Human Factors in Electronics, HFE-1, 24-30, 1960.

3. DEININGER R.L., Human factors studies of the design and use of push-button telephone keysets, Bell Telephone System Monograph 3643, Bell System Technical Journal 39, 995-1012, 1966.

4. DEININGER R.L., BILLINGTON M.J., RIESZ R.R., The display mode and the combination of sequence length and alphabet size as factors in keying speed and accuracy, IEEE Transactions Human Factors in Electronics HFE-7, 110-111, 1966.

5. DEININGER R.L., BILLINGTON M.J., MICHAELS S.E., Operator speed and accuracy with literal and combination codes for processor input, IEEE Transactions Man-Machine Systems, MMS-9, 10-14, 1968.

6. DESROSIERS E.V., The effect of image/surround brightness contrast ratios on student preference, attention, visual comfort and visual fatigue. Dissertation, Boston University School of Education, Boston, 1976.

7. DEVOS-PERTIPEZ C.A., A propos des facteurs d'ambiance au poste de terminal d'ordinateur, Dissertation, University of Lille, Department of Occupational Medicine, 1973.

8. DICKERSON E., Visual criteria aid job placement, International Journal of Occupational Health and Safety, May/June 1976, 39-41.

9. DIEHL M.J., SEIBEL R., The relative importance of visual and auditory feedback in speed typewriting, Journal of Applied Psychology, 1962, 46, 365-369.

10. DIETRISCH E., HILBERT D., Arbeitswissenschaftliche Aspekte bei der Gestaltung eines Mikrofilm-Lesearbeitsplatzes, Informatik, 1975, 22, 40-43.

11. DILL A.B., GOULD J.D., Flickerless regeneration rates for CRT displays as a function of scan order and phosphor persistence, Human Factors, 1970, 12, 5, 465-471.

12. DIN 66234 Teil 1, Characteritics for adapting display work places to man: character shapes, Feb. 1978.

13. DOLATTA T.A., SELFRIDGE O.G., Functional specifications for typewriter-like time sharing terminals, Princeton University Computer Centre, April 1968.

14. DUDEK R.A., COLTON G.M., Effects of lighting and background with common signal lights on human peripheral vision, Human Factors, 1970, 12, 4, 401-407.

15. DUNCAN J., FERGUSON D., Keyboard operating posture and symptoms in operating, Ergonomics, 1974, 17, 651-662.

16. DUNN R.F.H., Lighting in radar rooms, Light and Lighting, 1972, 65, 6-9.

17. DURAFFOURG J., JANKOVSKY F., LANTIN G., LAVILLE A., PINSKY L., TEIGER C., Le travail de correction sur ecran cathodique, Laboratoire de Physiologie du Travail et d'Ergonomie, CNAM, Paris, 1978.

18. DYSTER-AAS K., FRISTEDT B., Sight and lighting in industry, National Board of Occupational Safety and Health, AI-Rapport Nr.12, 1969, Stockholm.

19. DYSTER-AAS K., FRISTEDT B., Eye check-ups in occupational medicine, Ibid.

E

1. EARL W.K.N., GOFF J.D., Comparison of two data entry methods, Perceptual and Motor Skills, 1965, 20, 369-384.

2. EDWARDS E., LEES F., Information display in process control IEE Conference on Displays, Loughborough, 1972.

3. ELLIS K., Methods of scanning a large visual display, Occupational Psychology, 1968, 42, 181-188.

4. EMANUEL J.T., GLONEK R.J., Microscope operations, recommendations for workplace layout and fatigue reduction. Motorola Semiconductor Product Division, Phoenix, August 1974.

5. EVANS R.A., MARTIN W.K., A proposal for simple conversion of QWERTY keyboard typewriters into SI units, CEGB Generation Development and Construction Division, Southern Project Group, SPG TR8 1970, 1971.

F

1. FELL J.C., LAUGHERY K.R., STM-mode of presentation for alphanumeric information, Human Factors, 1969, 11, 4, 401-406.

2. FERGUSON D., An Australian study of telegraphists cramp, British Journal of Industrial Medicine, 1971, 28, 280-285.

3. FERGUSON D., Shiftwork and health, Pers. Pract. Bulletin, 1971, 27, 113-122.

4. FERGUSON D., DUNCAN J., A study of the effect of equipment design on posture, Proc. Australian and New Zealand Society of Occupational Medicine, 1972, 56-60.

5. FERGUSON D., DUNCAN J., Keyboard design and operating posture, Ergonomics 1974, 6, 731-744.

6. FERGUSON D.A., MAJOR G., KELDOULIS T., Vision at work, visual defect and the visual demand of tasks, Applied Ergonomics, 1974, 5, 2, 84-93.

7. FITTS P.M., Cognitive aspects of information processing 111 Set for speed versus accuracy, Journal of Experimental Psychology, 1966, 71, 849-857.

8. FOURCADE J., MARTIN J.P., DEFAYOLLE M., Attention visuelle - posture, Le Travail Humain, 1975, 38, 119-132.

9. Foerdergemeinschaft Gutes Licht, (FGL), Lichtanwendung, Richard Pflaum Verlag, 1976.

10. FORTUIN G.J., Visual Power and visibility, Dissertation Rijks Universiteit Groningen, 1951.

11. FREMMER H., Erfassung von Beanspruchung des Menschen und Ermittlung notwendiger Erholungszeiten, Angewandte Arbeitswissenschaft, Mitteilung des IfaA, Koln, 57, Aug. 1975.

12. FRY G.A., The relation of blur and grain to the upper limit of useful magnification, In E. Bennet et al, Human Factors in Technology, McGraw-Hill, New York 1963.

G

1. GEACINTOV T., PEAVLER W.S., Pupillography in industrial fatigue assessment, Journal of Applied Psychology, 1974, 59, 213-216.

2. GIBSON E.I., Principles of perceptual learning and development. Appleton, New York 1969.

3. GIDDINGS R.J., Contrast enhancement with CRT and other self-luminous display devices, IEE Conference on Displays, Loughborough, 1971.

4. GIDDINGS R.J., Alphanumerics for raster displays, Paper presented to 1970 ERS Conference, Elliot Flight Automation, 1970.

5. GOULD J.D., Visual factors in the design of computer controlled CRT displays, Human Factors, 1968, 10, 4, 359-376.

6. GOULD J.D., SCHAFFER A., Visual monitoring of multi-channel displays, IEE Transactions on Human Factors in Electronics, HFE-7, N2, 69-76, 1966.

7. GRAF O., Ueberlohnendste Arbeitspausen bei geistiger Arbeit, in 'Physiologische Arbeiten', E. Kraepelin, 1922.

8. GRAF O., Arbeitsphysiologie, Wiesbaden, 1960.

9. GRALL T.B., An experimental investigation of the quantitative effects of postural support on man's systemic stress mechanism, University of Loughborough, Department of Human Sciences, Dissertation, 1974.

10. GRANDJEAN E., Physiologische Arbeitsgestaltung; Leitfaden der Ergonomie, Thun/Munchen, 1967, 111.

11. GRANDJEAN E., Physiologische Untersuchung ueber die nervoese Ermuedungen bei Telefonistinnen und Bueroangestellten, Int. Zeitschrift fur angewandte Physiologie einschliesslich Arbeitsphysiologie, 1958, 17, 400-418.

12. GRANDJEAN E.P., WOTZKA G., SCHAAD R., GILGEN A., Fatigue and stress in air traffic controllers, Ergonomics 1971, 14, 159-165.

13. GREEN B.F., The time required to search for numbers on large visual displays, MIT Lincoln Laboratory Report 36, 1953.

14. GREEN D.G., CAMPBELL F.W., Effect of focus on the visual response to a sinusoidally modulated spatial stimulus, Journal of the Optical Society of America, 1965, 55, 1154-1157.

15. GREGORY M., POULTON E.C., Even versus uneven right hand margin and the rate of comprehension in reading, Ergonomics, 13, 4, 427-434, 1970.

16. GREGORY R.L., Eye and Brain - the psychology of seeing, World University Library, 1973.

17. GRIFFITH R.T., The mini-motion typewriter keyboard, Journal of the Franklin Institute 246.5, 1949, 399-425.

18. GRIND W.A., VAN DE BOUMANN A.M., A model of a retinal sampling united based on a fluctuation theory. Kybernitik 4, 1968, 136-141.

19. GROVER D., (ed), Visual display units and their application, IPC Science and Technology Press Ltd., London, 1976.

20. GUNNARSSON E., OSTBERG O., Fysisk och psykisk arbetsmiljo i ett terminalbaserat datasystem. Arbetarskyddsstyrelsen Undersokningsrapport 1977:35.

H

1. HAIDER M., SLEZAK H., Arbeitsbeanspruchung und Augenbelastung an Bildschirmgeraeten, Wien 1975.

2. HANES L.F., Human factors considerations in international keyboard arrangement, NCR Human Factors Report 72-55, 1972.

3. HANES L.F., KINKEAD R.D., Research in manual data entry, NCR Human Factors Report AT 47-18, 1971.

4. HANEY R.W., The effect of instructional format on a functional testing performance, Human Factors, 1969, 11, 2, 181-188.

5. HANHART A., Die Arbeitspause im Betrieb, Thalwil/Zurich, 1954.

6. HARING D.R., Computer driven display facilities for an experimental computer based library, AFIPS Proceedings 33, 1, 255-265, 1968.

7. HARMON G.H., User problems with micrographic imagery, Proc. National Micrographics Assoc. Ann. Conference 1975, 24, 69-72.

8. HARRIET J., QWERTY lives another day, Office Equipment News, 15, 16, 57, 1972.

9. HARRIS W.P., GREEN B.F., WILSON E.A., LIAUDANSKY L.H., The design of characters for the Charactron, MIT Lincoln Laboratory Tech. Report 117, 1956.

10. HART D.J., The human aspects of working with visual display terminals, IFRA Research Report 76/02, Feb. 1976.

11. HARTMANN E., Beleuchtung und Sehen am Arbeitsplatz, Muenchen 1970.

12. HARTRIDGE H., The visual perception of fine detail, Philosphical Transactions of the Royal Society of London, 1947, 232.B, 519-671.

13. HAUGWITZ T., Opthalmologische Probleme am Arbeitsplatz, Klinische Monatsblaetter fuer Augenheilkunde, 1967, 151, 101-108.

14. HAYMAN E., Design criteria for CRT alphanumeric displays, IEE Symposium on MMS, Cambridge 1969.

15. HECHT E. ZAJAC A., Optics, Addison-Wesley Publishing Company, 1974.

16. HEMINGWAY J.C., ERICKSON R.A., Relative effects of raster scan-lines and image subtense on symbol legibility on TV, Human Factors, 1969, 11, 4, 331-338.

17. HILLIX W.A., COBURN R., Human factors in keyset design, U.S. Navy Electronics Laboratory NEL Report 1023, 1961.

18. HIRSCH R.S., Effects of standard versus alphabetical keyboard formats on typing performance. Journal of Applied Psychology, 1970, 54, 6, 484-490.

19. HEMINGWAY J.C., ERICKSON R.A., Relative effects of raster scan-lines and image subtense on symbol legibility on TV, Human Factors, 1969, 11, 4, 331-338.

20. HITT W.D., SCHUTZ H.G., CHRISTNER C.A., RAY H.W., COFFEY L.J., Development of design criteria for intelligence display formats, Human Factors, 1961, 3, 86-92.

21. HOFLING G., Kopfschmerzen durch Leuchtstofflampen? Herne, Schilling Verlag, 1973.

22. HOISMAN A.J., HANNAH L.D., SCHARF E.S., An experimental investigation of intelligence information display parameters, American Institute for Research, AIR-C86-5/63, Pittsburgh, 1963.

23. HOLLER H., KUNDI M., SCHMID H., STIDL H.G., THALER A., WINTER N., Arbeitsbeanspruchung und Augenbelastung an Bildschirmgeraeten, Wien, Automationsausschuss der Gewerkschaft der Privatangestellten, 1975.

24. HOLLWICH F., DIECKHAUS B., MEINERS C.O., Die physiologische Bedeutung des Lichtes fur den Menschen, Lichttechnik, 1975, 27, 388-394.

25. HOLLWICH F., Leuchtroehrenlicht - Ist "Neonlicht" fuer die Augen schaedlich? Deutsche Medizinische Wochenschrift, 1976, 17, 678-679.

26. HOPKIN V.D., Some neglected psychological problems in man machine systems. 8th Conference of WEAAP, Zurich, Sept. 1969, 140-154.

27. HOPKINSON R.G., Magnitude of discomfort caused by high brightness, Nature, 1958, 181, 1076.

28. HOPKINSON R.G., COLLINS J.B., The ergonomics of lighting, Macdonald Technical and Scientific Press, London, 1970.

29. HOSOKAWA M., HIGASHIDA T., Studies on the fatigue of operators in telegraph and telephone services, Japanese Journal of Industrial Health, 1968, 10, 395-409.

30. HOWELL W.C., KRAFT C.K., Size, blur and contrast as variables affecting the legibility of alphanumeric symbols on radar type displays, WADC TR 59-536, 1959.

31. HUDDLESTON H.F., Evaluation of alphanumerics for a 5x7 matrix display, IEE Conference on Displays, Loughborough, 1971.

32. HULTGREN G.V., Work places for CRT terminals, STANSAAB Documentation Service, 1974.

33. HULTGREN G.V., KNAVE B., Discomfort glare and disturbances from light reflections in an office landscape with CRT display terminals, Applied Ergonomics, 1974, 5, 2-8.

34. HULTGREN G.V., KNAVE B., WERNER M., Eye discomfort when reading microfilm in different enlargers, Applied Ergonomics, 1974, 5, 194-200.

I

1. IBM 3270 Human Factors Study, File 5360/5370/53-09, IBM Systems Development Division, New York, 1972.

2. IES Lighting Handbook, Illuminating Engineering Society, 5th edition, Ed. J.E. Kaufman, 1972.

3. The Illuminating Engineering Society, IES Code for Interior Lighting, London, 1973.

4. IFRA Symposium proceedings, Editorial use of electronics, Paris, March 5/6 1974.

5. IFRA Symposium proceedings, The electronic ad department, Zurich, April 15/16 1975.

6. IFRA Symposium proceedings, Planning a newspaper system, Munich, February 12/13 1976.

7. IFRA Symposium proceedings, Electronic editing - nice or necessary? Amsterdam, March 9/10 1976.

8. IFRA Symposium proceedings, Electronic advertising systems, Munich, March 1/2 1977.

9. IFRA Symposium proceedings, Electronic editorial systems, London, May 3/4 1977.

10. ISO 2126, Alphanumeric keyboard operated with both hands, ISO, Geneva, 1971.

J

1. JANSEN J., Techniques de l'Eclairage, Philips Technical Library, 1956.

2. JEAVONS P.M., HARDING G.F.A., Photosensitive epilepsy, Clinics in Developmental Medicine No.56, Spastics International Medical Publications, London, 1975.

3. JEDEC Electron Tube Council, Considerations used in establishing the x-radiation ratings of monochrome and colour picture tubes, JEDEC publication No. 94, Washington D.C., June 1975.

4. JOHNSON E.W., WOLFE V.V., Bifocal spectacles in the etiology of cervical radiculopathy, Archives of Physical Medicine and Rehabilitation, 1972, 53, 201-205.

5. JONES J.C., Anthropometric data and fitting trials, The Architects Journal, 1963, 6, 317-325.

6. JONES M.R., Colour coding, Human Factors, 1962, 4, 355-365.

7. JONES C.H., HUGHES J.L., ENGVOLD K.J., A comparitive study of management decision making from computer terminals, AFIPS, 1970, 36.

8. JUDICH J.M., The effect of positive-negative microforms and front-rear projection on reading speed and comprehension, National Micrographics Association Journal, 1968, 2, 58-61.

K

1. KANARICK A.F., PETERSON R.C., Effects of value on the monitoring of multi-channel displays, Human Factors, 1969, 11, 4, 313-320.

2. KANNER, W., SOMMER J., WITTGENS H., Arbeitsbedingungen und psychosomatische Befindlichkeit des Maschinenpersonals in einem Rechenzentrum, in: Der aertzliche Dienst, amtliches Fortbildungs- und Mitteilungsorgan fur die Aerzte und die Psychologen der Deutschen Bundesbahn, Heft 11/12, Darmstadt 1975.

3. KAVALENKO I.G., Hygienic requirements in working with microfilms, Hygiene and Sanitation, 1970, 35, 344-348.

4. KERN J.L., The computer operator interface, Control Engineering, 1966, 13, 9, 114-118.

5. KINKEAD R.D., GONZALEZ B.K., Human factors design recommendation for touch operated keyboards, Honeywell Microswitch, March 1969.

6. KINNEY G.C., SHOWMAN D.J., The relative legibility of upper case and lower case typewritten words, Information Display, 1967, 4, 34-39.

7. KLEMMER E.T., A ten-key typewriter, IBM Research Memo RC-65, 1958.

8. KLEMMER E.T., Numerical error checking, Journal of Applied Psychology, 1959, 43, 316-320.

9. KLEMMER E.T., Communication and human performance, Human Factors, 1962, 4, 75-79.

10. KLEMMER E.T., Grouping of printed digits for manual entry, Human Factors, 1969, 11, 4, 397-400.

11. KLEMMER E.T., Keyboard entry, Applied Ergonomics, 1971, 2, 1, 2-6.

12. KLEMMER E.T., LOCKHEAD G.R., Further data on card punch operation performance, IBM Research Note NC39, 1961.

13. KLEMMER E.T., LOCKHEAD G.R., Productivity and erros in two keying tasks: a field study, Journal of Applied Psychology, 1962, 46, 401-408.

14. KOMOIKE Y., HORIGUCHI S., Fatigue assessment on key punch operators, typists and others, Ergonomics, 1971, 41, 1, 101-109.

15. KRAFT W.P., Job enrichment for production typists - a case study, in 'New perspectives in job enrichment', ed. J.R. Maher, New York, 1971.

16. KRIVOLAHVY J., KODAT V., CIZEK P., Visual efficiency and fatigue during the afternoon shift, Ergonomics, 1969, 12, 735-740.

17. KROCHMANN J., BEYER A., Untersuchungen ueber eine das Flimmern kennzeichnende Formel, Lichttechnik 14, 1962, 446-451.

18. KROEMER K.H.E., Ergonomics aspects of keyboard arrangement, Wright patterson AFB, 1972.

19. KROEMER K.H.E., Ueber den Einfluss der raeumlichen Lage von Tastenfeldern auf die Leistung an Schreibmaschinen, Int. Zeitung f. angew. Physiol. 1964, 20, 240-251.

20. KROEMER K.H.E., Vergleich einer normalen Schreibmaschinen-Tastatur mit einer "K-Tastatur", Int. Zeitung f. angew. Physiol. 1965, 20, 453-464.

21. KROEMER K.H.E., Zur Verbesserung der Schreibmaschinen-Tastatur, Arbeitswissenschaft, 1965, 4, 11-16.

22. KROEMER K.H.E., Ueber die Hoehe von Schreibtischen, Arbeitswissenschaft, 1963, 4, 132-140.

23. KROEMER K.H.E., ROBINETTE J., Ergonomics in the design of office furniture: a review of European literature, Int. Journal of Industrial Medicine and Surgery, 1969, 38, 115-125.

24. KROEMER K.H.E., Human engineering the keyboard, Human Factors, 1972, 14, 1, 51-63.

25. KRUGER H., Arbeitsphysiologische Beurteilung visueller Informationsuebermittlung, Arbeitsmedizin, Sozialmedizin, Praeventivmedizin I, 1977, 4-6.

26. KULLBERG J., Arbete vid bildskaermsterminaler ur ergonomisk synvinkel, Grafiska Forskningslaboratoriet, Stockholm, 1976.

L

1. LAKOWSKI R., Theory and practice of colour vision testing, A review, British Journal of Industrial Medicine, 1969, 26, 173-189, 265-288.

2. LANDIS D., SILVER C.A., JONES J.M., MESSICK S., Levels of proficiency and multidimensional viewpoints about problem similarity, Journal of Applied Psychology, 1967, 51, 3, 216-222.

3. LANYON R.I., GIDDINGS J.W., Psychological approaches to myopia; a review, American Journal of Optometry and Physiological Optics, 1974, 51, 271-281.

4. LEE D.R., BUCK J.R., The effect of screen angle and luminance on microfilm reading, Human Factors, 1975, 17, 461-469.

5. LICKLIDER J.C.R., Man-computer partnership, International Science and Technology, 1965, 18-26.

6. LOCKHEAD G.R., KLEMMER E.T., An evaluation of an 8-key word writing typewriter, IBM Research Report RC150, 1959.

7. LONGMORE J., Lighting of workplaces, Applied Ergonomics, 1970, 1, 5, 277-288.

8. LOVIE A.D., LOVIE P., The effects of mixed visual contrast schedules on detection times for both free and horizontally structured visual search, Ergonomics, 1970, 13, 6, 735-741.

9. LOWE R.T., Display systems design, in J.H. Howard, Electronic Information Display Systems, Spartan Books, Washington 1963.

10. LUCKETT L.W., CASE L.M., RACKLIN J.A., Radiation exposure from a cathode ray tube display device, 20th Annual Meeting Health Physics Society, Buffalo N.Y., July 1975.

11. LUCKIESH M., MOSS F.K., Muscular tension resulting from glare, Journal of General Psychology, 1933, 8, 455-460.

12. LUCKIESH M., MOSS F.K., Fatigue of convergence induced by reading as a function of illumination intensity, American Journal of Opthalmology, 1935, 18, 319-323.

13. LUNDERVOLD A.J.S., Electromyographic investigations of position and manner of working in typewriting, Acta. Physiolog. Scandinavia, 1951, Supplement No. 84.

14. LUTZ M.C., CHAPANIS A., Expected locations of digits and letters on ten-button keysets, Journal of Applied Psychology, 1955, 29, 314-317.

15. LUXEMBERG H.R., KUHN R.K., Display Systems Engineering, McGraw-Hill, New York, 1968.

M

1. MAAS J.B., JAYSON J.K., KLEIBER D.A., Effects of spectral difference in illumination on fatigue, Journal of Applied Psychology, 1974, 59, 524-526.

2. MATHO R.S., Eye strain from convergence insufficiency, British Medical Journal, 1972, 2, 564-565.

3. MAIRE F., Ergonomie, La Bacomiere, Boudry-Neuchatel, Suisse, 1965.

4. MAJEWSKI T.R., Factors affecting the punching speeds of Hollerith operators, mechanical factors outside the control of the operators, Cranfield Note No. 6, 1954.

5. MARTIN A., A new keyboard layout, Applied Ergonomics, 1972, 3, 1, 48-51.

6. MARTIN J., Design and man-computer dialogues, Englewood-Cliffs, N.J., Prentice-Hall, 1973.

7. MAUDERLI W., Report of radiation survey on a Harris 1100 editing and proofing terminal, Radiation Data Systems, Gainesville Fla., April 1972.

8. MAUDERLI W., Report of radiation suvey on a Harris 1500 video typewriter, Radiation Data Systems, Gainesville Fla., Sept, 1973.

9. MAUDERLI W., Report of radiation survey on the Harris 1600 terminal, Radiation Data Systems, Gainesville, Fla., Dec. 1974.

10. MAYFIELD C.E., A comparison of three arrangements of alphanumeric data for air traffic control displays, Franklin Institute Research Lab. Interim Report, Project B1860, Contract FAA/BRD 423, Federal Aviation Agency, Washington DC 20025, 1964.

11. MAYZNER M.S., Factors affecting information storage and retrieval in man, Report AD 486382, Department of Industrial Engineering, New York University, 1966.

12. MAYZNER M.S., GABRIEL R.F., The effect of spatial organisation of the stimulus on short-term retention, Journal of Psychology, 1964, 58, 17-21.

13. MAYZNER M.S., ADLER S., COHEN A., SCHOHBERG K.M., A study of the effects of irrelevant information, Journal of Psychology, 1965, 61, 257-262.

14. McLEAN M.V., Brightness contrast, colour contrast and legibility, Human Factors, 1965, 7, 521-526.

15. McCLEOD D., BANNON R.E., Microscopes and eye fatigue, Industrial Medicine and Surgery, 1973, 42, 2, 7-9.

16. McCORMICK E.J., Human Factors Engineering 1964, Second Edition, McGraw-Hill, New York.

17. MEIER H., Deutsche Sprachstatistik, Georg Olms Verlagsbuchhandlung, Hildesheim, 1967.

18. MENZEL W., Menschliche Tag-Nacht Rhytmik und Schichtarbeit, Benno Schwabe Verlag und Co., Basel/Stuttgart, 1962.

19. MICHAELS S.E., Qwerty versus alphabetic keyboard for operators of various skills, Bell Telephone Laboratory Report HF 13, 5, 1971.

20. MICHAL V., Visual fatigue, Ceskoslovenska Oftalmologie 1954, 10, 362-367. See also Building Research Station Library No. 76553.

21. MILLER R.B., Archetypes in man-computer problem solving, Ergonomics, 1969, 12, 4, 559-581.

22. MILLER R.B., Response time in man-computer conversational transactions, AFIPS Conference Proceedings, 1968, 33(1) 267-277, Washington, Thompson.

23. MINOR F.J., Experimental comparison of two keyboard interlock systems, Journal of Engineering Psychology, 1946, 3, 9-15.

24. MINOR F.J., REVESMAN S.K., Evaluation of input devices for a data setting job, Journal of Applied Psychology, 1962, 46, 332-336.

25. MONETA K.B., Optimum physical design of an alphabetical keyboard, Part 1 - survey of the literature, Post Office Engineering Department (U.K.), Research Report No. 20412, 1960.

26. MOOG P., Codierung von Informationen auf Sichtgeraeten, PDV-Berichte Nr. KFK-PDV 61, Gesellschaft fur Kernforschung, Karlsruhe, 1975.

27. MOON P., SPENCER D.E., The visual effect of non-uniform surrounds. JOSA 35, 1945, 233-248.

28. MOORE T.G., The design of tactile coding for machine control buttons, University of Loughborough, LUTERG 39, 1972.

29. MORFIELD M.A., WIESEN R.A., GROSSBERG M., YNTEMA D.B., Initial experiments on the effects of system delay on on-line problem solving, MIT Lincoln Lab. Tech. Note 1959, 5, 1969.

30. MORGAN C.T., COOK J.S., CHAPANIS A., LUND M.W., Human engineering guide to equipment design, McGraw-Hill, New York, 1963.

31. MOSS C.E., MURRAY W.E., PARR W.H., MESSITE J., KARCHES G.J., An electromagnetic radiation survey of selected video display terminals, DHEW/NIOSH, Cincinnatti, Ohio, 1977.

N

1. NEMITZ R., WALDHUBEL T., WENK S., OHM C., Forschung, Entwicklung und Einsatz neuer Technologien in der Text- und Datenerfassung und -Verarbeitung, Bielefeld, Feb. 1978.

2. NEWMAN K.M., DAVIS A.K., Relative merits of spatial and alphabetic encoding of information for a visual display, Journal of Engineering Psychology, 1962, 1, 102-126.

3. NEWMAN K.M., DAVIS A.K., Multidimensional non-redundant encoding of a visual symbolic display, U.S. Navy Electronics Lab. NEL Report 1048, 1961.

4. NICKERSON R.S., Man-computer interaction - a challenge for human factors research, Ergonomics, 1969, 12, 4, 501-517.

5. NICKERSON R.S., ELKIND J.I., CARBONELL J.R., Human factors and the design of time sharing computer systems, Human Factors, 1968, 10, 127-133.

6. NICKERSON R.S., PEW R.W., Oblique steps towards the human factors engineering of interactive computer systems, ARPA, AFOSRC, F44620-71-C-0065, 1971.

7. NITSCH J., Theorie und Skalierung der Ermuedung, Phil., Diss. TU Berlin 1971.

8. NOTTBOHM L., Arbeitsplatzgestaltung als Mittel zur Gesunderhaltung, Arbeitswissenschaft, 1967, 69-72.

9. NYGAARD K., BERGO O.T., The trade unions - new users of research, Proceedings of the ALTORG Conference on "The Impact of Computer and Automation on Management, Structure and Work Design", Berlin, International Institute of Management, 1974.

O

1. ONISHI N., NOMURA H., SAKAI K., Fatigue and strength of upper limb muscles of flight reservation operators, Journal of Human Ergology, 1973, 2, 133-141.

2. OSSANA J.F., SALZER J.H., Technical and human engineering problems in connecting terminals to a time sharing system, AFIPS Proceedings 1970, 37, 355-362.

3. OSTBERG O., CRTs pose health problems for operators, International Journal of Occupational Health and Safety, Nov/Dec 1975.

4. OESTBERG O., Office computerisation in Sweden; worker participation, workplace design considerations, and the reduction of visual strain. Proceedings of NATO Advanced Study Institute on Man-Computer Interaction, Athen, Sept. 5-18, 1976.

5. OSTBERG O., Review of visual strain with special reference to micro-image reading, Proceedings of the International Micrographics Congress, Stockholm Sept. 1976.

6. OSTBERG O., The physiology, psychology and measurement of glare, University of Lulea Technical Report 24T, 1977.

7. OSTBERG O., Terminals are not dangerous, Arbetsmiljoe, 1976, 1, 24-26.

8. OSTBERG O., Designing CRT workplaces. A handbook, Statskontoret, Stockholm, 1976.

9. OSTBERG O., HOLMGREN D., GUNNARSON E., Desks for CRT computer terminals - a review, Arbetarskyddsstyrelsen AMMF 101/76, Stockholm, 1976.

10. OSTBERG O., STONE P.T., Methods for evaluating discomfort glare aspects of lighting, Psychological Reports, Gothenborg, Sweden, 1974, 4, No. 4.

11. OSTBERG O., STONE P.T., BENSON R.A., Free magnitude estimation of discomfort glare and working task difficulty, Psychological Reports, Gothenborg, Sweden, 1975, 5, No. 15.

12. OSTBERG O., Interindividual differences in circadian fatigue patterns of shift workers, British Journal of Industrial Medicine, 1973, 30, 341-351.

13. OTTOSSON A., HOKFELT S., Belysning inom grafisk industri, Ljungforetagen, Orebro, 1975.

14. OWSOWITZ S. SWEETLAND A., Factors affecting coding errors, Rand Memo RM-4346-PR, AD 614415, Rand Corporation, Santa Monica, Cal.

P

1. PALME J., Interactive software for humans, FOA 1 Report 1975, Swedish National Defence Research Institute, C10029-M3(E5), Stockholm.
2. PAUL L.E., SARLANDIS K., BUCKLEY E.P., A human factors comparison of two data entry keyboards, 6th Annual Symposium of the IEEE Professional Group on Human Factors in Electronics, 1965.
3. PETERS T., Arbeitswissenschaft fuer die Bueropraxis, Kiehl Verlag, Ludwigshafen, 1973.
4. PETERS T., Datenterminalarbeitsplaezte aus arbeitsmedizinische-ergonomischer Sicht, Arbeitsmedizin, Sozialmedizin, Praeventivmedizin, Oktober 1975, 10, 193-196.
5. PETERS T., Was heisst eigentlich menschengerechter Arbeitsplatz und Bueroraumgestaltung? Fachtagung des AWV, Cologne, 1976-10-19.
6. PETERS T., Arbeitsmedizinische Forderungen an die Bildschirmtextverarbeitung, 5th European Congress for Text Processing, INTERTEXT, Nov. 1977.
7. PETERS J.R., BRISBANE A.D., An alphanumeric word module using planar Ga (As P) arrays in a programmed function keyboard, IEE Conference on Displays, Loughborough, 1971.
8. PHILLIPS A., Computer peripherals and typesetting, HMSO, London, 1968.
9. PLATH D.W., The readability of segmented and conventional numerals, Human Factors, 1970, 12, 5, 493-497.
10. POLLOCK W.T., GILDNER G.G., Study of computer manual input devices, Tech. Doc. Report No. ESD-TDR-63-545, 1963.
11. POOCK G.K., Colour coding effects in compatible and non-compatible display control arrangements, Journal of Applied Psychology, 1969, 53, 4, 301-303.
12. POOLE H.H., Fundamentals of display systems, Spartan Books, Washington 1966.
13. POULTON E.C., The measurement of legibility, Printing Technology, 12, 1968, 72-76.
14. POULTON E.C., Searching for letters or closed shapes in simulated electronic displays, Journal of Applied Psychology, 1968, 52, 348-356.
15. POULTON E.C., Arousing stresses can improve performance whatever people say, Aviation, Space and Environmental Medicine, 1976, 47, 1193-1204.
16. POULTON E.C., BROWN H.C., Rate of comprehension of an existing teleprinter output and of possible alternatives, Journal of Applied Psychology, 1968, 52, 16-21.
17. PRICE D.G., Whither keypunch? Datamation, June 1967.
18. PROMISEL D.M., Visual target location as a function of number and kind of competing signals, Journal of Applied Psychology, 1961, 45, 420-427.

Q

R

1. RADL G., Bildschirme nicht gesundheitsschaedlich, Berufspraxis, VDI-Nachrichten 18, 1978-05-05, 22.
2. RADL W., BURGER H., KVASNCKA E., SCHAAF E., THAU G., Psychische Beanspruchung und Arbeitsunfall, Dortmund 1975.
3. RADL-KOETHE H., SCHUEBERT E., Comparative studies of the legibility of light emitting numerals, IEE Conference on Displays, Loughborough, 1971.
4. RAYNOR K., McCONKIE G.W., What guides a readers eye movements? Vision Research, Vol 16, 828-837, Pergammon Press, London, 1976.

5. REMINGTON R.J., ROGERS M., Keyboard literature survey; Phase 1, bibliography, IBM Corporation, Systems Development Division, Technical Report TR 29, 0042, 43, 1969.

6. RESCHKE B., Eine empirische Studie zur Erfassung der Beanspruchung an Arbeitsplaetzen mit Datensichtgeraeten. Unveroeff. Diplomarbeit, Institut fuer Psychologie/Institut fuer Arbeitswissenschaft TU Berlin 1976.

7. REY P., The interpretation of changes in critical fusion frequency, In W.T. Singleton et al, 'Measurement of Man at Work', London, Taylor & Francis, 1971.

8. REY P., Sichtprobleme an Bildschirmen, Seminar "Visual problems and visual displays", Geneva 1977-11-16.

9. RICHE C.V., KINNEY G.C., Studies in display legibility, NATO AGARD Conference Proceedings No. 23, 1969.

10. RINGEL S., Information transfer from command-control displays, NAT AGARD Conference Proceedings No. 23, 1969.

11. RINGEL S., HAMMER C., Information assimilation from alphanumeric displays; amount and density of information presented, U.S. Army Personnel Research Office Report TRN-141, AD 601973, 1964.

12. RINGEL S., VICINO F.L., Information assimilation from alphanumeric displays; amount of information presented and removed, U.S. Army Personnel Research Office Report TRN-139, 1964.

13. ROEDLER F., Arbeiten aus dem Bundesgesundheitsamt zur Problematik fensterloser Raeume, Bundesgesundheitsblatt 13, 1970, 269-276.

14. ROHMERT W., Mechanisierung und Automatisierung aus Arbeitswissenschaftlicher Sicht, Arbeitsmedizin, Sozialmedizin, Arbeitshygiene, 1970, 12, 305-309.

15. ROHMERT W., Ermittlung von Erholungspausen fuer statische Arbeit des Menschen, Int. Zeitung f. angew. Physiolog. 1960, 18, 123-164.

16. ROHMERT W., LUCZAK H., Zur ergonomischen Beurteilung informatorischer Arbeit, Int. Zeitung f. angew. Physiolog. 1973, 31, 209-229.

17. RUBIN J., The viewing characteristics of negative vs positive microfilm images as they affect visual fatigue, National Micro News, 1957, No. 29.

18. RUPP B.A., HIRSCH R.S., Human factors of workstations with display terminals, IBM Document HFC-22, Nov. 1977.

S

1. SACKMAN H., Experimental analysis of man-computer problem solving, Human Factors, 1970, 12, 2, 187-201.

2. SCHMIDTKE H., SCHMALE H., Beziehungen zwischen Sehschaerfe und Arbeitserfolg, Arbeitsmedizinische Fragen in der Opthalmologie, Vol. 1, Symposium, Basel, Karger Verlag 1969.

3. SCHMIDTKE H., HOFFMANN E., SCHMIDTKE G., Die psychophysische Belastung an Ausgewaehlten Arbeitsplaetzen elektronischer Datenverarbeitungsanlagen. Siehe Soziale Probleme der Automation in Bayern. Bayerisches Staatsministerium fuer Arbeit und Soziale Fuersorge, 1969.

4. SCHOBER H.A.W., DEHLER H., KASSEL R., Accommodation during observation with optical instruments, Journal of the Optical Society of America, 1970, 60, 103-107.

5. SCHMIDTKE H., Die Ermuedung, Bern/Stuttgart 1965.

6. SCHULZ B., Arbeitswissenschaftliche Untersuchungen an Datensichtgeraeten, Unveroeff. Diplomarbeit TU Berlin 1976.

7. SCHULZE H.H., Organisation des Buero- und Verwaltungsbereiches. Stichwort in: Grochla E. (Hrsg.), Handwoerterbuch der Organisation, Stuttgart 1973.

8. SCHUTY H.G., An evaluation of formats for graphic trend displays, Human Factors, 1961, 3, 99-107.

9. SCHUTY H.G., An evaluation of methods for presentation of graphic multiple trends, Human Factors, 1961, 3, 108-119.

10. SEGAL J., Die physiologische Wirkung des Lichtes von Leuchtstoffroehren, Sowjetwissenschaft, Naturwissenschaftliche Beitraege (Berlin), 1961, 366-373.

11. SEPPAELAEA P., TURUNEN M., Ergonomics aspects of microfilm reading, Tyoeterveyslaitoksen Tutkimuksia, Helsinki, 1974, No. 87.

12. SHACKEL B., Ergonomics in the design of a large digital/computer console, Ergonomics, 1962, 5, 229-241.

13. SHACKEL B., SHIPLEY P., Man-computer interaction - a review of ergonomics literature and research, EMI Report DMP3472, 1970.

14. SHERMAN R.A., Eyes for the job, Industrial Medicine, 1970, 39, 60-63.

15. SHIFFRIN R.M., ATKINSON R.C., Storage and retrieval proceses in long-term memory. Psychol. rev. 76, 1969, 179-193.

16. SHURTLEFF D.A., OWEN D., Studies in display symbol legibility, Part IV: Leroy and courtney symbols. Mitre Corp. Bedford, Mass. 1966.

17. SIEGEL A.I., FISCHL M.A., Dimensions of visual information displays, Journal of Applied Psychology, 1971, 55, 470-476.

18. SILVER C.A., Decision quality as a means of visual display effectiveness, Journal of Applied Psychology, 1966, 50, 109-115.

19. SIMONS D.J., DAY E., GOODELL W., WOLFF H.G., Experimental studies of headache: Muscles of the scalp and neck as sources of pain, Research Publications of the Association of Research in Nervous and Mental Disease, 1942, 23, 228-244.

20. SIMPSON G.C., A comparison of the legibility of three types of electronic signal displays, Ergonomics, 1971, 14, 4, 497-507.

21. SMITH S.L., Colour coding and visual search, Journal of Experimental Psychology, 1962, 64, 434-440.

22. SMITH S.L., GOODWIN N.C., Blink coding for information display, Human Factors, 1971, 13, 3, 283-290.

23. SMITH W.A., Accuracy of manual entries in data collection devices, Journal of Applied Psychology, 1967, 51, 362-368.

24. SPENCER H., REYNOLDS L., Factors affecting the acceptability of microforms as a reading medium, Royal College of Art, London, Readability of Print Research Unit, 1976.

25. SOMMER J., Arbeitsleistung und Beleuchtung, Arbeit und Leistung, 1969, 23, 142-158.

26. SOMMER J., HERBST C.H., Einfluss der Beleuchtung auf die Arbeit and der Schreibmaschine, Lichttechnik, 1971, 23, 23-26.

27. STATSKONTORET Laegesrapport, Terminalfunktioner och terminalarbetsplats, Svenska Statskontoret, 1974-09-10.

28. STEFANSSON S.B., DARBY C.E., WILKINS A.J., BINNIE C.D., MARLTON A.P., SMITH A.T., STOCKLEY A.V., Television epilepsy and pattern sensitivity, British Medical Journal, 2, 1977, 88-90.

29. STENHOUSE STEWART D.D., Some observations on a tendency to near-point esophoria and possible contributory factors, British Journal of Ophthalmology, 1945, 24, 37-42.

30. STEWART T.F.M., OSTBERG O., MACKAY C.J., Computer terminal ergonomics, a review of recent human factors literature. University of Loughborough 1974.

31. STEWART T.F.M., Displays and the software interface, Applied Ergonomics, 7.3, 1976 137-146.

32. STEWART T.F.M., Designing systems for people, Advanced Data Entry Techniques Conference, London, Sept. 1978.

33. STEWART T.F.M., Human factors aspects of working with VDUs, in "Visual display units and their application", ed. D. Grover, IPC Science & Technology Press, London 1976.

34. STOCKBRIDGE H.C.W., Microshape-coded knobs or buttons for Post Office keys, CSEE, MOD Tech. Memo. 67, 1959.

35. STOCKBRIDGE H.C.W., Microshape-coded push buttons, CEPRE MOD Tech. Memo. 137, 1959.

36. STOCKER A.C., Display, paper and lighting: the visual system in command centres, Information Display, 1964, 1(1), 16-26.

37. STOCKER A.C., The size and contrast of hard-copy symbols, Information Display, 1966, 3(5), 36-42.

T

1. TAYLOR R.L., Reading spatially transformed digits. J. Exp. Psychol. 96, 1972, 396-399.

2. THOMAS M.P., Human coding performance; a review, University of Loughborough LUTERG 66, 1972.

3. THOMSON F.M., Polarity and projection mode effects on microform reading performance, Dissertation, Department of Industrial Engineering. Purdue University, 1974.

4. TIRRELL J.A., KLEMMER E.T., The effects of coding on keying rate, IBM Research Report RC-775, 1962.

5. TREIER P., Zur Ermuedungsproblematik und zur Pausengestaltung, Angewandte Arbeitswissenscahft, Mitteilung der IfaA, Koln, 75, June 1978.

U

1. UDRIS I., Beanspruchungsaspekte der Arbeitsorganisation im Dienstleistungssektor. Referat gehalten auf der 17. Arbeitstagung der Sektion Arbeits- und Betriebspsychologie des Berufsverbandes Deutscher Psychologen (BDP), Kiel, 1975.

2. UDRIS I., BARTH H., Mental load in clerical work, Proceedings of the 6th Congress of the International Ergonomics Association, 1976, 192-197, Santa Monica, Cal, Human Factors Society.

3. ULRICH E., Some experiments on the function of mental training in the acquisition of motor skills, Ergonomics, 1967, 10, 4, 411-419.

4. ULLRICH O.A., WALKUP L.E., Psychophysical aspects of micro-image reading, Battelle Technical Review 1966, 15, 10-14.

5. UNGAR P.E., Sight at work, Work study, March 1971, 46-48.

V

1. VAN COTT H.P., KINKADE R.G., Human engineering guide to equipment design, US Government Printing Office, Washington, 1972.

2. VAN GEFFEN L.J.H.J., A review of keyboarding skills, Advances in Computer Typesetting, 2-11, Proceedings of the International Typesetting Conference, IOP, London.

3. VARTABEDIAN A.G., Human factors evaluation of several cursor forms for use on alphanumeric CRT displays, IEEE Transaction on MMS 11, 2, 132-137, 1970.

4. VARTABEDIAN A.G., Legibility of symbols on CRT displays, Applied Ergonomics, 1971, 2, 3, 130-132.

5. VARTABEDIAN A.G., The effects of letter size, case and generation method on CRT display search time, Human Factors, 1971, 13, 4, 363-368.

W

1. WALLIS D., Human factors in the design and use of naval equipment, Royal Navy PRC Report RNP 60/962 1960.

2. WALTERS F., DC gas discharge matrix displays, IEE Conference on Displays, Loughborough, 1971.

3. WEALE R.A., Retinal illumination and age, Trans. IES, London, 1961, 26, 95.

4. WEAR L.K., DORF R.C., An interactive keyboard for man-computer communication, AFIPS Proceedings, 36, 1970.

5. WEICHARD H., Die Anpassung des Arbeitsplatzes an den Menschen aus arbeitsmedizinischer Sicht, Arbeitsmedizin, Sozialmedizin, Arbeitshygiene, 1966, 11, 393-397.

6. WEST L.J., Vision and kinesthesis in the acquisition of typewriting skill, Journal of Applied Psychology, 1967, 51, 161-166.

7. WESTON H.C., Visual fatigue, Illuminating Engineering, 1954, 49, 63-76.

8. WESTON H.C., Sight, Light and Work, Lewis, London, 1962 (2nd edition).

9. WESTON H.C., ADAMS S., Further experiments on the use of special spectacles in very fine processes, Reports of the Industrial Health Research Board, 1929, No. 57.

10. WHITFIELD D., Validating the application of ergonomics to equipment design - a case study, Ergonomics, 1964, 7, 165-174.

11. WOODSON W.E., CONOVER D.W., Human engineering guide for equipment design, Cambridge University Press, London 1964.

X

Y

1. YLLO A., The bio-technology of card punching, Ergonomics, 1962, 5, 75-79.

Z

1. ZARAT M., Cataracts in avionic environments, British Journal of Ophthalmology, 61, 1978, 380.

Anhang IV

GLOSSAR

A

Absorptionsgrad -- Verhältnis des absorbierten Lichtstroms zum auffallenden Lichtstrom.

Adaptation – Anpassung des Auges an die Leuchtdichte im Gesichtsfeld.

Akkomodation -- Dioptrische Anpassung des Auges an den Beobachtungsabstand.

Akustische Rückmeldung – Akustische Anzeige der erfolgten Betätigung einer Funktion, z.B. des Drückens einer Taste.

Akustischer Koppler – Ein Modem, das die Verbindung zwischen einer entfernt gelegenen Datenstation und der Zentraleinheit (dem Rechner) mit Hilfe eines konventionellen Telefonempfängers über eine öffentliche oder gemietete Telefonleitung ermöglicht.

Alphanumerisch – Zu einem Zeichenvorrat gehörend, welcher sowohl Buchstaben wie Ziffern enthält.

Aniseikonia – Ein Sehzustand, bei dem das Bild eines Gegenstandes auf der Netzhaut größer ist als auf der Netzhaut des anderen Auges, verursacht durch unterschiedliche Brechkraft der Brille.

Antwortzeit -- Zeitspanne zwischen dem Ende einer Eingabe und dem Anfang der darauf folgenden Antwort an einem Bildschirm.

Anwenderpaket – Ein Programm, oder eine Menge von Programmen, die entworfen wurden, um eine vorgegebene Funktion oder eine Menge von Funktionen zur Verfügung zu stellen, z.B. in Satztechnik, Textgestaltung.

Arbeitsspeicher -- Haupt- oder Kernspeicher eines Computers.

ASCII – Abkürzung von: American Standard Code for Information Interchange, genauer USASCII, die US-Version des ISO-7-Bit Datencode.

Astigmatismus – Sehfehler, der durch ungleichmäßige Krümmung der Cornea bedingt ist.

Asynchroner Datenübertragungskanal – Ein Übertragungskanal, der Daten ohne Synchronisation überträgt.

Asynchrones Modem -- Ein Modem, das keine Synchronisation mit dem angeschlossenen Terminal braucht.

Asynchrones Terminal – Terminal, das nach dem Start-Stop-Verfahren arbeitet.

Ausfallzeit – Die Zeit, in der der Rechner nicht zur Verfügung steht.

Ausweisleser – Lesegerät zum Lesen von Identitätskarten mit eingestanzter oder magnetisch kodierter Information.

B

Bandbreite – Der Frequenzbereich der Übertragung in einem Informationskanal bei definierter zulässiger Signalverzerrung oder bei Signalverlust. Die Bandbreite eines Telefonkanals beträgt etwa 3200 Hz.

Barrel distortion – s. Kissenverzeichnung.

Baud – Maßeinheit zur Kennzeichnung der Übertragungsgeschwindigkeit eines Datenkanals oder Übertragungssystems. Für eine Folge von binären Zeichen beträgt 1 Baud = 1 Bit/sec.

Befehl – Die elementare Funktionseinheit, die innerhalb einer logischen Ebene zur Verfügung steht.

Belegungszeit – Die Zeit, während der eine Kommunikationsleitung für Übertragungen benutzt wird.

Beleuchtungsstärke – Maß für die auf einer Fläche auftreffende Lichtmenge. Sie ist definiert als der auf die Flächeneinheit bezogene auffallende Lichtstrom (Einheit: Lux (lx), Abkürzung: E).

Beschleunigungsspannung – Spannung zwischen der Kathode einer CRT und der Röhrenfront, die den gebündelten Elektronenstrahl beschleunigt.

Bildformat – Die Struktur oder das Layout einer Anzeige z.B. in Spalten- oder Tabellenform oder aufgeteilt in schreibgeschützte und ungeschützte Bereiche usw.

Bildelementfolgefrequenz – Anzahl der Wiederholungen der aktiven Darstellung eines Bildelementes je Zeiteinheit.

Bildschirmgerät – Datenendstation (Terminal) mit einer Tastatur für die Eingabe von Daten und einem für die Ausgabe (Kontrolle) von Daten. Vorkommende Abkürzungen: DSG (Datensichtgerät) und VDT (Visual Display Terminal).

Bildschirm-Speicher – Der Speicher eines Bildschirmgeräts, der benötigt wird, um die gesamten Daten eines Vorganges aufzunehmen. Teile dieser Daten werden dann über den Anzeigespeicher visuell dargestellt.

Binärcode – Ein auf den Binärzahlen 'Null' und 'Eins' beruhendes Kodiersystem zur Darstellung von Buchstaben, Zahlen oder anderen Zeichen.

Binärzahl, Bit – Die kleinste Informations- und Speichereinheit in einem Rechner. Auch ein einzelner Impuls in einer Folge oder Impulsserie.

Blendung – Sehzustand, der durch eine unzweckmäßige Leuchtdichteverteilung, durch zu hohe Leuchtdichte oder zu große räumliche oder zeitliche Leuchtdichteunterschiede als unangenehm empfunden wird bzw. eine Herabsetzung der Sehleistung zur Folge hat.

Byte – Eine Gruppe, bestehend aus 8 Bit.

C

Code – Ein System von Symbolen und Regeln für Informationsdarstellung.

CPU, Zentraleinheit – (*C*entral *P*rocessing *U*nit), → Hauptrechner, → Host Computer.

CRT – *C*athode *R*ay *T*ube, Kathodenstrahlröhre.

CRT, Kathodenstrahlröhre – Eine elektronische Vakuumröhre, auf deren Vorderseite ein Leuchtstoff angebracht ist, der durch einen gebündelten Elektronenstrahl zum Leuchten gebracht werden kann.

D

Datei – Logisch zusammengehörende Einheit von Datensätzen.

Datenreduktion – Entfernen überflüssiger Informationen aus einer Informationsmenge.

DSG – *D*aten*s*icht*g*erät (siehe Bildschirmgerät).

Datenspeicher – Der Teil eines Terminals, in dem Daten während der Ausführung einer Operation gespeichert werden.

Datenübertragung – Die automatische Übertragung von Daten zwischen zwei Punkten, normalerweise zwischen einem Terminal und der Zentraleinheit. Die Daten werden über Telefonleitung, Telegraphennetz oder Funk übertragen.

Demodulation – Rückgewinnung eines einer Trägerwelle aufmodulierten Signals (s. Modulation).

Direktanschluß-Terminal – Ein Bildschirmgerät, welches direkt mit dem Computer oder einer Kontrolleinheit verbunden ist.

Directory-System – Inhaltsverzeichnis, z.B. Verzeichnis der Benutzernamen.

Dünnschichtfilter – Durch Aufdampfen hergestellte Filterschicht (Anti-Reflexfilter). Beträgt die Schichtdicke ein Viertel der Wellenlänge des Lichtes, so spricht man von einer $\lambda/4$-Schicht.

E

EBCDIC – *E*xtended *B*inary *C*oded *D*ecimal *I*nter*C*ode, ein Code mit 8 Bit je Zeichen, wird hauptsächlich von IBM benutzt.

Einbrennfestigkeit – Die Fähigkeit des Leuchtstoffes, örtlich konzentrierter Energiezufuhr durch der Elektronenstrahl zu widerstehen. In älteren CRT-Röhren sind oft Einbrennspuren der Zeilen deutlich zu sehen.

Einzelabfrage – Ein Vorgang, bei dem ein einzelnes Terminal angesprochen wird, eine Nachricht zu senden oder zu empfangen.

Einzelterminal – Ein Terminal, welches direkt mit einem Modem verbunden werden kann, d.h. ein Terminal, das nicht zu einer Terminal-Gruppe gehört.

Elektronenoptik – System aus magnetischen und/oder elektrostatischen Elementen, die zur Bündelung des von der Kathode der CRT-Röhre emittierten Elektronenstrahls dienen.

Energieabhängiger Speicher – Ein Speichermedium, in dem die Information verlorengeht, wenn die Energieversorgung (Stromzufuhr) unterbrochen wird.

Entropie – (eines Signals). Mittlerer Nachrichteninhalt eines Symbols. Sind im Mittel n Bits pro Symbol zu übertragen, um eine Nachricht zu übermitteln, so beträgt die Entropie n. Die Entropie der deutschen Schriftsprache beträgt ca. 1 Bit/Buchstabe, obwohl einschl. Buchstaben, Satz- und Pausenzeichen etwa 52 Buchstaben (entsprechend 5,7 Bit) vorhanden sind. Wenn bei der Datenübertragung 7 Bit übermittelt werden, sind 6 Bit redundant.

Erfassungsspeicher – Ein Zwischenspeicher (z.B. Lochstreifen, Karten, Platte usw.) auf dem off-line erfaßte Daten gesammelt sind, zwecks weiterer Verarbeitung auf dem Zentralrechner.

Ergänzungsspeicher, Hilfsspeicher, *Hintergrundspeicher*, Zubringerspeicher --
1. Ein Speicher mit viel höherer Kapazität als der Hauptspeicher, aber mit längerer Zugriffszeit. Die Daten können zwischen den beiden Speichern in Blöcken übertragen werden. 2. Jeder Teil des Zentralspeichers, der nicht Hauptspeicher ist.

F

Faksimileverfahren – Erzeugung eines Zeichens auf dem CRT-Bildschirm durch Kopieren einer vorgefertigten Maske.

Ferneingabe Terminal – Ein Bildschirmgerät mit eigenem Bildwiederholspeicher, Redigiermöglichkeiten und einer Modem-Schnittstelle.

Fernsehraster – Zerlegung eines Fernsehbildes in eine Reihe horizontaler Linien. Sowohl die Zahl der Linien pro Bild als auch die Zahl der Bilder je Zeiteinheit sind international genormt (z.B. 625 Zeilen je Bild mit 50 Halbbildern in der Sekunde).

Fernsprechkanal – Übertragungsweg mit beschränkter Bandbreite (meist 300 - 3500 Hz) zur Übertragung der Sprache sowie digitaler und analoger Signale.

Flimmern (Leuchtdichteflimmern) -- Vorgang, bei dem zeitlich aufeinanderfolgende Reize weder als getrennte noch als kontinuierliche Lichtreize wahrgenommen werden. Bei der CRT-Röhre wird die Flimmerempfindung u.a. durch die periodische Bildwiederholung hervorgerufen. (s. auch Flimmerverschmelzungsfrequenz).

Flimmerverschmelzungsfrequenz (FVF) -- Die FVF ist diejenige Frequenz eines intermittierenden Lichtes, oberhalb der die Lichtreize nicht mehr getrennt wahrgenommen werden können, sondern als kontinuierlich empfunden werden.

Formatierung -- Die Aufteilung der Bildschirmanzeige in schreibgeschützte Bereiche und in Bereiche, die durch den Benutzer in mannigfacher Art benutzt werden können.

Freies Format -- Anzeigeformat, das durch keine Formatierungsvorschrift begrenzt wird (z.B. Rechts- bzw. Linksbündigkeit, Tabellenform usw.).

Funktionstastatur – Tastensatz aus Tasten, die zur Auslösung komplexer Funktionen dienen, z.B. Löschen, Zeilensprung usw. Funktionstasten können zu bestimmten Funktionen fest zugeordnet oder frei programmierbar sein.

G

Gegenschreiben – Zustand in einem Computersystem, wenn zwei oder mehr Terminals zur gleichen Zeit versuchen, Daten zu übertragen.

Geschütztes Feld -- Ein festgelegtes Feld am Bildschirm, das gegen Überschreiben geschützt ist.

Geschützte Daten – Daten, die auf dem Bildschirm eines DSG's geschrieben stehen, die aber durch eine Eingabe des Operators nicht geändert werden können.

Gruppenabfrage – Abfrage einer ganzen Terminal-Gruppe über den Konzentrator. Durch diese Technik wird der Zeitverlust der Zentraleinheit gering gehalten (polling overhead), da die Kontrolle des Terminals der jeweiligen Gruppe vom Konzentrator vorgenommen wird.

Gruppenterminals – Ein Datennetz(werk), in dem an einem einzelnen Punkt zwei oder mehr Terminals an einer Übertragungsleitung oder einem Datenkanal hängen.

H

Halb-Duplex (Übertragungsweg) – Übertragungskanal, der in beiden Richtungen arbeitet, jedoch nicht simultan; auch Wechselverkehr bezeichnet.

Halb-Schritt-Verfahren – Methode zur Verbesserung der Zeichenform einer Punkt-Matrix durch Verschieben bestimmter Zeichenelemente um einen halben Punktabstand nach rechts bzw. links.

Hard-copy-Gerät – Ein Zeilendrucker, der als Datenendstation einer Datenverarbeitungsanlage fungiert und auf Kommandoeingabe durch einen Operator oder von einem Programm Informationen ausdruckt, die vorher nur auf dem Bildschirm eines Datensichtgerätes sichtbar oder aber in seinem Speicher enthalten waren.

Hardware – Sammelbezeichnung für alle physischen Bestandteile einer Datenverarbeitungsanlage; dazu gehören CPU, Terminals, Speichergeräte sowie die Ein/Ausgabe-Peripherie. Gegenbegriff: Software.

Host Computer – Der Zentralcomputer auf dem die Anwendungsprogrammpakete laufen. Der zentrale Computer in einem zentralisierten Rechnernetz.

Hyperopie (Weitsichtigkeit) – Refraktionsanomalie, durch die nur Bilder von fernen Objekten auf der Netzhaut scharf abgebildet werden.

I

Implosionsschutz – Vor der Frontplatte einer CRT-Röhre angebrachte Schutzeinrichtung, die den Benutzer im Falle eines Röhrenbruchs (Implosion) schützen soll.

Intelligentes Terminal – Terminal mit einem Mikroprozessor, der unabhängig von der Zentraleinheit Funktionen ausüben kann. Ein intelligentes Terminal kann heute über Rechenkapazitäten verfügen wie früher nur größere Rechner.

J

K

Kennung, Paßwort – Kennwort, das ein Benutzer vor der Dialogverarbeitung angeben muß. Durch das Paßwort wird geprüft, ob der Benutzer berechtigt ist, mit dem System zu arbeiten. Man kann durch Paßwörter besondere Programme und Dateien vor unberechtigter Benutzung schützen.

Kissenverzeichnung – Verzerrung eines CRT-Bildes aufgrund von unterschiedlichen Radien des Elektronenstrahls und der Röhrenfront. Ohne entsprechende Korrektur (z.B. durch Entzerrungsmagnete) wird eine gerade Linie als gebogen dargestellt.

Kommando – Einheit aus einem oder mehreren Befehlen.

Konzentrator – Einrichtungen zur besseren Ausnutzung von Datenübertragungs-Leitungen.

Kopf – Ein Geräteteil, das Daten auf einem Speichermedium lesen, schreiben oder löschen kann, z.B. feststehende oder sich bewegende Schreibleseköpfe, mit denen Daten auf Magnetplatten oder Trommeln gelesen, geschrieben oder gelöscht werden können. Zu der gleichen Geräteteilgruppe gehören auch die Einrichtung zum Lochen bzw. Lesen von Lochkarten.

Korngröße – Die Größe der Leuchtstoffelemente (Phosphor).

Kragenband – Bildschirmschutz mit einem unter Spannung stehenden Band, das im Falle einer Implosion das Herausfliegen von Röhrenteilen verhindert. In der Praxis wird durch das Band die Elektronenkanone zurückgehalten.

Künstliches Klicken – Auditive Rückmeldung durch ein künstlich erzeugtes Geräusch als Ersatz für das Druckgeräusch bei der Schreibmaschine.

Kurzstreckenmodem – Ein vereinfachtes Modem zur Übertragung auf kurzen Leitungen bis zu ca. 50 km. Der Einsatz erfolgt meist über Sonderleitungen mit einer größeren Bandbreite als auf Fernsprechkanälen.

L

Latenzzeit – Die Latenzzeit ist die Zeit, die benötigt wird, um das erste Zeichen einer gesuchten Datei im Speicher zu lokalisieren. Sie berechnet sich aus Zugriffszeit – Arbeitszeit.

Leitungsaufbau – Verbindung der Kommunikationspartner in einem Wählnetz.

Lichtstrom Nach der Empfindlichkeit des Auges für Tagessehen bewerteter Strahlungsfluß einer Lichtquelle.

Löschen – Die Möglichkeit, überflüssige Zeichenketten aus einem Text zu entfernen, wobei gleichzeitig die dabei entstehenden Leerzeichen gelöscht werden.

Lösch-Protokolldatei – Ein Speicherbereich, in dem alle oder ausgewählte Datenelemente (Items) gespeichert werden, die aus gelöschten ('killed') Informationseinheiten stammen, um eine Wiederbenutzung (einen Wiederaufruf) möglich zu machen, falls dies nötig sein sollte. Diese Eigenschaft ist sehr nützlich in informationsverarbeitenden Systemen, für die ein nicht mehr rückgängig zu machender Löschvorgang ernste Folgen haben könnte.

M

Mainframe -- Die Zentraleinheit (CPU) eines Großrechnersystems.

Maschinensprache – Eine Sprache, die der Computer ohne weitere zwischengeschaltete Übersetzungsvorgänge interpretieren kann. Ein Programm in Maschinensprache ist eine Menge von Instruktionen, die in maschineninterner Darstellungsweise aufbereitet sind und die die Maschine direkt umsetzen kann (lauffähiger Code).

Maskeneingabe -- Die Eingabe von Daten (Informationen) in vordefinierte (vorher festgelegte) Bereiche oder Felder auf dem Bildschirm. Dies ist nur bei Terminals mit einem Eingabepuffer möglich.

Mehrfachtasten-Bedienung – Funktionsauslösung bei simultaner Bedienung von mehr als einer Taste, kann zur Definition von neuen Funktionen, aber auch zum Schutz gegen unbeabsichtigte Bedienung von Tasten ausgenutzt werden.

Menü – Eine Sammlung von Begriffen, eine Liste oder ein Wortverzeichnis des Inhalts einer Datei, aus dieser Liste kann ein Operator Bedienfunktionen wählen.

Microcomputer -- Ein *Mikroprozessor* ist eine integrierte Schaltung, welche die Funktion der CPU (Zentraleinheit) ohne Speicher enthält. Er verfügt über einen bestimmten Befehlsvorrat und umfaßt insbesondere Befehlszähler, Befehlsregister, Datenregister, Rechenwerk, Adreßregister. Um einen *Minicomputer* zu erhalten, müssen weitere Schaltungen hinzugefügt werden, insbesondere Speicher, Ein/Ausgabeschnittstellen und Taktgenerator.

Mietleitung -- Ein Übertragungsweg (Telefon- oder Telexleitung), der von der Post zum alleinigen Gebrauch des Vertragspartners überlassen wird.

Mietnetz – Netzwerk von Mietleitungen.

Minicomputer -- Ein Computer, der mit integrierten Schaltkreisen arbeitet, aber weniger Speicherplatz als ein großer Computer (Großrechner) hat. Er ist normalerweise imstande, die gleichen oder ähnliche Aufgaben zu lösen. Kleine Datenverarbeitungsanlage, die mit einem Minimum an Software auskommt. Eine prinzipielle Abgrenzung gegenüber der normalen DV-Anlage ist kaum möglich.

Mischen – Vermischen — Zusammenhängen von zwei oder mehr Dateien (Datensätzen) zu einer(m) einzigen (einzelnen).

Modem – Eine Zusammenziehung der Begriffe: 'Modulator-Demodulator'. Ein Modem setzt serielle, digitale Daten, die ein Terminal aussendet, in Signale um, die über eine Telefonleitung übertragen werden können. Ebenso wandelt es Signale in serielle, digitale Daten um, damit sie vom empfangenden Terminal weiterverarbeitet werden können.

Modulation – Aufprägen einer zu übertragenden Nachricht einer hochfrequenten Schwingung.

Multiplex – Verfahren zur Übertragung mehrerer Nachrichten über einen physischen Übertragungsweg. Hierbei können die Nachrichten zeitlich verschachtelt (Zeitmultiplex) oder in unterschiedliche Frequenzbänder moduliert (Frequenzmultiplex) werden.

Multiplexer – Gerät zur Verschachtelung von mehreren Datenkanälen geringer Kapazität zu einer mit wesentlich höherer Übertragungskapazität.

Myopie – Kurzsichtigkeit. Refraktionsanomalie, durch die nur Bilder von nahen Objekten auf der Netzhaut scharf abgebildet werden.

N

Nachleuchtdauer – Zeitspanne, nach der die Leuchtdichte des aktivierten Gitterpunktes auf den n-ten Teil des Maximalwertes abgefallen ist (n = 10 oder 100).

Nachleuchten – Lichtemission eines Leuchtstoffes nach Abschalten der aktivierenden Energiequelle (z.B. Elektronenstrahl).

Nachrichtenformat – Regeln, die den Aufbau einer Nachricht bestimmen, z.B. Kopfanschrift, Adresse, Text und Nachrichten-Endemarkierung.

Nachrichtenkopf – Eine Folge von Zeichen, die einer Nachricht vorangestellt ist. Der Nachrichtenkopf enthält Informationen über die Adresse, Quelle und weitere Angaben über die folgende Nachricht.

Nachrichtenlenkung – Bei diesem Vorgang werden Nachrichten oder eine Menge von Nachrichten empfangen, zwischengespeichert bis die angesprochene (erwünschte) Ausgabestation empfangsbereit ist und dann zu ihrer Zielstation hin übertragen.

Nicht-gepuffertes Terminal – Ein Terminal ohne Kommunikationspuffer, z.B. ein Fernschreiber.

N-key roll-over – Charakteristik einer Tastatur, die bei gleichzeitigem Drücken von zwei oder mehr Tasten die Tastenfunktionen in korrekter Reihenfolge generiert.

Non-volatile storage – Ein Speichermedium, das die gespeicherten Informationen auch dann noch behält, wenn die Stromversorgung abgeschaltet wird, z.B. Magnettrommeln, Bänder, Platten usw.

O

Off-Line-System – Eine System-Konfiguration, bei der die Ein-Ausgabegeräte, z.B. die Terminals nicht in direkter Verbindung (Kommunikation) mit der Zentraleinheit stehen.

On-Line-System – Eine System-Konfiguration, bei der die Ein-Ausgabegeräte, z.B. die Terminals, in direkter Verbindung (Kommunikation) mit der Zentraleinheit stehen.

P

Page scrolling – Methode zum Abruf von Informationen aus dem Anzeigespeicher, bei der jeweils der ganze Bildschirminhalt entfernt und durch einen neuen ersetzt wird. Entspricht der seitenweisen Darstellung von gedruckter Information.

Pan scrolling – Methode zur Anzeige von Teilen des Anzeigespeichers, bei der die jeweils angezeigte Information langsam höher oder tiefer geschoben wird. Eine völlig ruckfreie Bewegung ist auf Rasterbildschirmen nicht möglich, man erreicht sie annähernd durch langsames Bewegen.

Parallel-Übertragung – Übertragungsart, bei der zeichen- bzw. byte-weise übertragen wird.

Parität – Die Bedingung, daß die Zahl der Informationseinheiten in einer Gruppe gerade oder ungerade ist, z.B. Zahl der Bits in einem Byte. Dient zur Fehlerprüfung für die Entdeckung von Übertragungsfehlern.

Paritätskontrolle -- Kontrolle der Geradzahligkeit binärer Einsen in einer Informationseinheit (z.B. einem Byte oder einem Wort). Ist das der Fall, dann liegt ein technisch bedingter Fehler bei den Daten vor. Durch das Prüfbit wird eine Veränderung der Daten im Speicher oder anderen Bereichen der Datenverarbeitungsanlage angezeigt. Im Prinzip kann man das Verfahren auch auf Geradzahligkeit aufbauen. Dann ist die Ungeradzahligkeit ein Fehlerzustand (Imparity-Kontrolle).

Periphergeräte -- Die Eingabe- und Ausgabeeinheiten, sowie die Hilfs- (Hintergrund-)speicher in einem Computersystem werden als periphere Geräte bezeichnet.

Permanentspeicher oder Nichtlöschbarer Speicher -- Ein Speichermedium, z.B. Lochkarte oder Lochstreifen, von dem die gespeicherte Information nicht wieder entfernt werden kann. Ein solches Speichermedium ist nicht wieder verwendbar.

Phosphor -- Leuchtstoff. Kristalline Substanz, mit der die Frontseite einer CRT-Röhre ausgekleidet wird. Durch Zuführung von Energie (z.B. durch den Elektronenstrahl) wird der Leuchtstoff zur Lichtemission angeregt.

Photopisches Sehen -- Sehen mit hell-adaptiertem Auge. Bei der Helladaptation ändert sich sowohl die spektrale als auch die absolute Empfindlichkeit des Auges sowie andere Sehfunktionen.

Plasma-Schirm -- Ein Schirm, der zur Zeichenerzeugung die Gasentladung ausnutzt. Er besteht aus einer Matrix getrennt ansteuerbarer Gasentladungsstrecken.

Polarisationsfilter -- Optisches Filter zur Entspiegelung und Kontrasterhöhung auf Bildschirmen. Das Filter läßt nur Licht in einer Polarisationsebene durch. Bei auffallendem Fremdlicht wird die Polarisationsebene des durchgelassenen Lichtes bei der Reflexion auf der Röhrenoberfläche gedreht und beim erneuten Durchgang durch das Filter gelöscht.

Polling -- Das Abfragen eines jeden Terminals in einem Terminal-Netzwerk durch den Rechner über seine Bereitschaft, Daten zu senden oder zu empfangen.

Polling overhead -- Die Zeit, die der Rechner bei der Routineabfrage aller Terminals verliert. Diese Abfrage wird ausgeführt um die Kontrolle über das ganze System zu behalten.

Presbiopie -- Alterssichtigkeit. Durch Abnahme der Fähigkeit der Augenlinse, sich zu krümmen, nimmt die Akkommodationsbreite mit zunehmendem Alter ab, der Nahpunkt wandert vom Auge weg. Eine Augenkorrektur durch Linsen kann den Nahpunkt näher an das Auge führen, jedoch nicht die Akkommodationsbreite vergrößern.

Prüfbit (check bit) -- Zusätzliches Bit in einem Byte oder einem Wort, das nicht der Datendarstellung, sondern der Sicherung dient.

Prüfbit (parity bit) -- Eine binäre Ziffer (Bit), die an eine Gruppe von Bits angehängt wird, um ihre Zahl immer gerade oder immer ungerade zu machen.

Programmiertes DSG -- Ein Datensichtgerät, dessen grundlegende externe und interne Characteristica in einem gespeicherten Programmkontrollabschnitt enthalten sind.

Protokoll -- Die Menge der Regeln, die den Informationsfluß innerhalb des Kommunikationssystems beschreiben.

Prozessorauslastung -- Prozentsatz der Summe der Zeiteinheiten, in denen der Prozessor rechnet, bezogen auf die Zeit, während der er zur Verfügung stand.

Punkt-Matrix – Darstellung eines Zeichens durch Auswahl geeigneter Punkte aus einer Matrix im Gegensatz zu Strichmatrix, Griffelverfahren, Faksimileverfahren.

Punkt-zu-Punkt-Verbindung -- Eine Leitung (Kommunikationsleitung) oder ein Kanal, der genau zwei Geräte miteinander verbindet, z.B. ein Terminal und die Zentraleinheit.

Q

R

Raster -- (Fernsehraster). Abtastmuster eines Bildes auf der CRT-Röhre.

Rasterabtastung -- Abtasten eines CRT-Bildes in horizontalen Linien. Die Technik stammt vom Fernsehempfänger und wird bei den meisten VDT's mit CRT-Röhren benutzt.

Rasterspeicher -- Kommerziell verfügbare integrierte Schaltkreise (IC's), die eine definierte Rasterfrequenz liefern, wenn sie durch den Zeichengenerator angesteuert werden.

Redundanz – (Weitschweifigkeit). Anteil der übertragenen oder dargestellten Informationsmenge, der ohne Informationsverlust eliminiert werden könnte. Die Redundanz ist das Verhältnis der eigentlich zuviel aufgewendeten Bits zu der Entropie der Nachricht.

Redundanzkontrolle -- Fehlererkennung mit Hilfe redundanter Nachrichtenkodierung. Der Empfänger kann durch Vergleich der empfangenen Signale mit möglichen Signalen zu einem gewissen Grad erkennen, ob fehlerhafte Übermittlung vorliegt: D. . d. . tsch. Spr . ch . . st r . d . ndant.

Reflexblendung -- Durch gerichtete Reflexionen auf Oberflächen hervorgerufene Blendungsempfindung.

Reflexionsfilter – Vor oder auf die Frontplatte einer Bildröhre aufgebrachtes Gitter (Gaze oder Draht), das die Spiegelung auf der Oberfläche herabsetzen soll.

Reflexionsgrad -- Verhältnis des reflektierten Lichtstroms zum auffallenden Lichtstrom.

Richtungsumkehr-Zeit – Die Zeit, die gebraucht wird, um in einem Ha͜ ͜exkanal die Richtung des Datenflusses umzukehren (steuern).

Roll-over – Charakteristik einer Tastatur, die bei fast gleichzeitigem Drücken von zwei oder mehr Tasten die Tastenfunktionen in der Reihenfolge der Signalauslösung interpretiert (s. auch two-key roll-over, n-key roll-over).

Roll-scroll -- Technik zur Darstellung einer neuen Informationszeile auf dem Bildschirm durch Verschieben aller bereits geschriebenen Zeilen um eine Zeile nach oben oder unten. Eine ähnliche Funktion besitzen alle Drucker mit Zeilenvorschub.

S

Sehschärfe – Fähigkeit des Auges zwei eng benachbarte Punkte getrennt wahrzunehmen.

Seitenverhältnis -- Verhältnis der Höhe zur Breite der Schreibfläche eines Bildschirmes.

Serielle Übertragung -- Übertragungsart, bei der Zeichen oder Bytes bitweise zeitlich nacheinander übertragen werden, z.B. beim Fernschreiber oder bei der Telegraphie, s. auch Parallel-Übertragung.

Schluß-Code -- Zeichenfolge zur Markierung des Endes einer Nachricht.

Schnittstelle -- Eine elektronische Schaltung, die die Kommunikation eines Gerätes oder einer Anlage mit einem anderen Gerät ermöglicht. Im übertragenen Sinne wird auch von Mensch-Maschine-Schnittstellen gesprochen.

Schreib-Lese-Kopf -- Einheit zum Lesen und Schreiben von Informationen auf eine magnetische Platte.

Schreibmarke -- Symbol (oder Zeichen) mit dessen Hilfe genau ein Zeichen auf dem Bildschirm markiert (identifiziert) werden kann, welches von einem Kommando oder einer Aktion betroffen sein soll.

Schreibmarken-Steuertasten -- Tasten, durch deren Benutzung die Bewegungen der Eingabemarke (des Cursors) auf dem DSG gesteuert werden können. Diese Tastenfunktionen werden bei Editieroperationen ebenso benötigt, wie für den schnellen und direkten Zugriff auf Zeichen, die an beliebiger Stelle auf dem Bildschirm stehen können.

Simplex (Übertragungsweg) -- Übertragungskanal, der nur in einer Richtung überträgt.

Simultanbetrieb -- Die vermeintliche Eigenschaft eines Computers mit mehr als einem Terminal zu einem Zeitpunkt zu kommunizieren.

Skotopisches Sehen -- Sehen mit dunkel-adaptiertem Auge (Nachtsehen).

Speicherröhre -- Spezielle CRT-Röhre, die die einmal geschriebene Information ohne Bildwiederholung darstellt.

Spooling -- (Abkürzung für: simultaneous peripheral operations on line). Daten, die eigentlich direkt an die Zentraleinheit oder zu irgendeinem peripheren Gerät geschickt werden könnten, werden auf einem Hintergrundspeicher zwischengespeichert. Damit wird eine bessere Auslastung der Pheripherie gewährleistet, da die Eingabe bzw. Ausgabe auf langsame periphere Geräte automatisch über schnelle externe Speicher wie Magnetplatten oder Magnetbänder geht.

Stand-alone processing system -- Ein Verarbeitungssystem, welches einfache (normale) Operationen unabhängig von einer Zentraleinheit bearbeiten kann.

Start-Stop-Verfahren -- Verfahren zur seriellen Datenübertragung, bei dem ein Zeichen oder ein Byte als kleinste Informationseinheit übertragen wird. Zwischen dem Empfänger und dem Sender ist bei diesem Verfahren keine Synchronisation notwendig.

Status poll -- Eine vom Computer ausgehende Abfrage des augenblicklichen Status eines Terminals.

Steuereinheit -- Hauptkomponente einer Datenverarbeitungsanlage, welche die gesamte Anlage überwacht, steuert und jeweils benötigte Informationen (Daten, Programme) vorrätig hält.

Steuerinformation -- Der Teil der Informationen einer übertragenen Gesamtnachricht, der benötigt wird, um die Übertragung der Daten von einem definierten Ursprungsort zu einem definierten Zielort zu kontrollieren und zu steuern.

Steuerzeichen -- Ein Zeichen, dessen Auftreten in bestimmten Zusammenhängen die Ausführung von Funktionen initiert (einleitet), verändert oder beendet. Im ASCII Datenkode gibt es 32 solcher Zeichen.

Stripping - Der Vorgang des Entfernens der Kopfanschrift und der Endemarkierung einer übertragenen Nachricht, um die wesentlichen Daten entweder bearbeiten oder ausgeben zu können.

T

Tabulator-Markierung - Symbole zur Kennzeichnung schreibgeschützter Bereiche auf der Anzeige, die aber, ähnlich wie auf der Schreibmaschine, ebenso zum Tabulieren benutzt werden können.

Taktgeber -- Eine Quelle, die Impulse zur Synchronisierung von Vorgängen liefert.

Taktgeschwindigkeit -- Die Impulsfrequenz des Taktgebers.

Taktile Rückmeldung - Rückmeldung einer Funktion, z.B. des Drückens einer Taste, durch Berührung.

Tastatursperre - Charakteristik einer Tastatur, bei der die Tastaturfunktionen gesperrt werden, wenn mehr als eine Taste gedrückt wird.

Tastenkraft -- Kraft, die benötigt wird, um eine Taste bis zur Aktivierung der Tastenfunktion zu drücken.

Tele-type kompatibles Terminal - Ein Terminal, das in der Funktions- oder Software-Ebene fernschreiber-kompatibel ist.

Terminal - Eine Ein- und Ausgabeeinheit für die Übermittlung und/oder den Empfang von Daten über einen Übertragungsweg.

Transmissionsgrad -- Verhältnis des durchgelassenen Lichtstroms zum auffallenden Lichtstrom.

Tubus - Vorsatz zur Vermeidung von Reflexionen auf dem Bildschirm in Form einer mechanischen Blende.

Two-key roll-over - Eine Tastatur-Besonderheit, die es ermöglicht, daß das fast gleichzeitige Anschlagen zweier Tasten in korrekter Folge abgearbeitet wird.

U

Übertragungsweg (-bus) -- Der Weg, über den Informationen in einem digitalen Rechner von einer beliebigen Quelle zu einem beliebigen Ziel transportiert werden.

Übertragungszeit - Die Zeit, während der eine Übertragungsleitung durch die Übertragung von Daten belegt ist.

Ungeschütztes Feld -- Jeder Bereich einer optischen Anzeige dessen Struktur oder Inhalt durch ein Kommando des Operators geändert werden kann.

UPS - (*Uninterruptable Power Supply*) Unterbrechungsfreie Stromversorgung. Eine stabilisierte Stromversorgung für einen Rechner, die ihn gegen Spannungsschwankungen bzw. Unterbrechungen der Versorgung schützt.

V

VDT -- *V*isual *D*isplay *T*erminal (siehe Bildschirmterminal).

Vektor-Verfahren – Verfahren, bei dem der Elektronenstrahl der Form der Zeichen nachgeführt wird. Das Schreiben des Zeichens geschieht ähnlich dem manuellen Schreiben.

Veränderliche Daten – Daten auf einem DSG-Bildschirm, die durch den Benutzer verändert, gelöscht oder neu hinzugefügt werden können.

Verdreher – Tippfehler, die durch Änderung der Reihenfolge von Zeichen entstehen, z.B. '53' anstelle von '35'. Wenn die Fehlerprüfung über die Quersumme von Zahlen erfolgt, bleiben Verdreher unentdeckt.

Voll-Duplex (Übertragungsweg) -- Übertragungskanal, der simultane Übertragung in beiden Richtungen zuläßt, s. auch Halbduplex, Simplex.

W

Wahlfreier Zugriff – Ein Dateiverwaltungssystem, bei dem auf Daten zugegriffen werden kann, unabhängig davon, wo sich die Datei befindet und wo die vorher abgefragten Daten gespeichert waren, im Gegensatz zum seriellen Zugriff auf Magnetbändern.

Wiederholtaste (Repetitionstaste) -- Eine Taste, die ihre Funktion etwa eine halbe Sekunde nach dem Niederdrücken automatisch so lange wiederholt, bis sie losgelassen wird.

Wirkungsgrad, Phosphor-Effizienz – Quotient aus der in Licht umgewandelten Leistung und aufgewendeten Leistung bei einem Leuchtstoff.

Wort – Kleinste adressierbare Speichereinheit im Arbeitsspeicher von Wortmaschinen; umfaßt gewöhnlich 8, 12 oder 16 Bits. Zwei Zeichen können beispielsweise in einem Wort eines 16-Bit Computers gespeichert werden. In einigen Computern wird das Prinzip der Verkettung von Worten benutzt, um eine größere Wortlänge zu erreichen.

Wortlänge – Die Anzahl von Bits oder Zeichen in einem Wort.

X

Y

Z

Zeichen – Die natürliche oder kodierte Darstellung einer Zahl, eines Buchstabens oder eines speziellen Symbols außer des Leerzeichens.

Zeichengenerator – Die Einheit, welche die Steuerinformationen liefert um Zeichen auf dem Bildschirm darzustellen.

Zeichenverbesserung – Verbesserung der Form der Zeichen bei vorgegebener Punkt-Matrix durch Verlängern oder Verlagern einzelner Elemente.

Zeilensprung – Verfahren, bei dem die Bildwiederholung durch zwei ineinander verschränkte Halbbilder vorgenommen wird (das erste Halbbild besteht aus den 1., 3., 5., ... Zeilen, das zweite aus den 2., 4., 6. ... Zeilen). Dieses Verfahren wird bei Heimfernsehern und einem Teil von VDT's benutzt.

Zittern (Synchronisationsstörung) – Bildfehler, bei dem einzelne Bildzeilen infolge schlechter Synchronisation oszillieren.

Zugriffzeit – 1. Bei elektronischen Digitalrechnern Zeit zwischen Speicheraufruf und Überführung der Information vom Speicher ins Rechenwerk bzw. vom Rechenwerk in den Speicher. 2. Eine den Speicher kennzeichnende Größe, die sich aus der Zeitspanne ergibt, die zwischen der Aufstellung einer Speicheradresse und der Beendigung des Lese- oder Schreibvorganges liegt. Sie setzt sich somit aus einer Wartezeit und einer Übertragungszeit zusammen.

Zusatztastatur – Zusätzlicher Tastenblock zur üblichen Tastatur, meist numerisch.

Zwei-Farben-Spritzverfahren – Verfahren zur Herstellung von Tasten, bei dem Tasten im zweistufigen Spritzguß hergestellt werden. Bei diesem Verfahren werden die Zeichen auf der Taste in die Oberfläche hineingeformt und sind deswegen besser haltbar.

Zykluszeit – Zeitspanne, die ein periodisch wiederkehrender Vorgang für einen einzigen Durchlauf benötigt. Als Zykluszeit bezeichnet man die benötigte Zeit, den Inhalt einer Adresse zu lesen oder zu schreiben. Die Zeit, die ein Computer braucht um eine Operation auszuführen; sie wird in Nano- oder Mikrosekunden gemessen.

Informatik-Spektrum

Organ der Gesellschaft für Informatik e.V.

Hauptherausgeber: Prof. Dr. W. Brauer, Fachbereich Informatik der Universität Hamburg

Herausgeber: F. L. Bauer, C. Behrens, Malte von Berg, A. Endres, H. Gabler, G. Goos, H. Görling, P. Mertens, H. Schappert, P. Schnupp

Redaktion: Dipl.-Inform. G. Rossbach, Hirschgasse 16, D-6900 Heidelberg

Die Informatik und ihre Anwendung sind heute aus Wissenschaft, Wirtschaft und Verwaltung nicht mehr wegzudenken. Die **Gesellschaft für Informatik** in Zusammenarbeit mit dem Springer-Verlag publiziert seit August 1978 die Zeitschrift **Informatik-Spektrum**. Diese Zeitschrift will mit ihren Beiträgen möglichst das gesamte Gebiet der Informatik abdecken, mit dem Ziel, den Informationsstand der Leser über das Fachgeschehen so umfassend und zeitgerecht wie nur möglich zu halten.

Die inhaltlichen Schwerpunkte sind:

Übersichtsartikel und einführende Darstellungen
für den ausgebildeten Informatikspezialisten und den Praktiker, der Anschluß an die Entwicklung der wissenschaftlichen Informatik sucht.

Berichte über Projekte und Fallstudien
die zukünftige Trends aufweisen.

„Das aktuelle Schlagwort"
erklärt Begriffe, die momentan im Gespräch sind.

Veranstaltungskalender
beitet eine möglichst vollständige Übersicht der europäischen und außereuropäischen Veranstaltungen auf dem Gebiet der Informatik.

GI Mitteilungen
die vom Präsidium der GI herausgegeben werden und einen gesonderten Teil bilden.

Mitglieder der Gesellschaft für Informatik erhalten die Zeitschrift im Rahmen der Mitgliedschaft.

Springer-Verlag
Berlin
Heidelberg
New York

Informatik-Fachberichte

Herausgegeben von W. Brauer, im Auftrag der Gesellschaft für Informatik (GI)

Band 24
N. Ryska, S. Herda

Kryptographische Verfahren in der Datenverarbeitung

1980. 123 Abbildungen, 16 Tabellen. V, 401 Seiten
DM 46,50   ISBN 3-540-09900-X

Der vorliegende Bericht gibt einen zusammenfassenden Überblick über den gegenwärtigen Stand der computerorientierten Kryptographie (Verschlüsselung; Chiffrierung) und über Aufbau, Analyse und Implementation von kryptographischen Verfahren in den verschiedenen Anwendungsgebieten und Organisationsformen der EDV. Neben einer grundlegenden Einführung in die Methoden und Verfahren computerorientierter Kryptographie steht die Darstellung der Integration von Kryptoverfahren in Datenbanken und Datenübermittlungssystemen. Darüberhinaus werden auf kryptographischen Verfahren beruhende Authentifizierungstechniken behandelt, die durch gesetzliche Regelungen einerseits und durch zunehmenden Einsatz verteilter Systeme andererseits an Bedeutung gewinnen. Auswahl und Einsatz dieser Verfahren orientieren sich hierbei an den verschiedenen system- und organisationsbezogenen Anwendungskriterien.
Neben traditionellen Einsatzformen der Kryptographie finden jüngere Entwicklungen auf diesem Gebiet Berücksichtigung, die die Möglichkeit zu neuen Kommunikationstechniken eröffnen.
Der Bericht vermittelt Unterstützung und Anregung für die Anwendungspraxis und wird darüber hinaus dem wachsenden wissenschaftlichen Interesse an diesem neuen Teilgebiet der Informatik gerecht.

Band 25

Programmiersprachen und Programmentwicklung

6. Fachtagung des Fachausschusses Programmiersprachen und Programmentwicklung der GI, Darmstadt, 11.-12. März 1980
Herausgeber: H.-J. Hoffmann
1980. VI, 236 Seiten (136 Seiten in Englisch).
DM 28,50   ISBN 3-540-09937-9

Der vorliegende Band enthält die Vorträge der 6. Fachtagung „Programmiersprachen und Programmentwicklung" des Fachausschusses 2 der Gesellschaft für Informatik. Im Vordergrund standen bei dieser Tagung neben den klassischen Themen wie Programmiersprachen, Entwurf und Compilerbau diesmal auch in starkem Maße Aspekte des Software-Engineering der ingenieurmäßig, strukturierten Entwicklung von Programmen.
Ein weiteres aktuelles Thema, das in einigen Vorträgen behandelt wurde, war „moderne Echtzeitsprachen, interaktive Sprachen". Besonderes Augenmerk galt dabei der neu entwickelten DOD-Sprache ADA.

Band 26
F. Gaffal

Datenverarbeitung im Hochschulbereich der USA

Stand und Entwicklungstendenzen
1980. IX, 199 Seiten.
DM 28,50   ISBN 3-540-09938-7

Dieses Buch beschreibt anhand konkreter und charakteristischer Beispiele den Einsatz der Datenverarbeitung für Lehre, Forschung, Verwaltung und Bibliotheksautomatisierung. Ausgangspunkt ist dabei der Aufbau des höheren Bildungswesens der USA und der allgemeinen Organisation und Struktur der Datenverarbeitung in diesem Bereich. Die Darstellung umfaßt spezielle Systeme für kostengünstiges Arbeiten im Dialog im Rahmen der Ausbildung und für computerunterstützten Unterricht ebenso wie Rechnernetze. Darüber hinaus werden große, leistungsfähige Verwaltungsrechenzentren der Universitäten sowie neuere Bibliotheksautomatisierungssysteme beschrieben. Das Buch vermittelt einen aktuellen Eindruck von der Entwicklung und dem derzeitigen Stand des Einsatzes der Datenverarbeitung im Hochschulbereich der USA und macht auf dieser Grundlage Aussagen zur möglichen Weiterentwicklung.

Band 27

Struktur und Betrieb von Rechensystemen

GI-NTG Fachtagung, Kiel, 19.-21. März 1980
Herausgeber: G. Zimmermann
1980. IX, 286 Seiten
DM 33,-   ISBN 3-540-09952-2

Der vorliegende Fachberichte-Band enthält die Beiträge der GI-Fachtagung „Struktur und Betrieb von Rechensystemen" in Kiel 1980. Es ist die 6. Veranstaltung dieser Art, die gemeinsam von den Fachausschüssen „Rechenorganisation und Betriebssysteme" der Gesellschaft für Informatik (GI) und „Technische Informatik" der Nachrichtentechnischen Gesellschaft (NTG) durchgeführt wird.
Mit Übersichten über aktuelle Fragen des Gesamtgebietes wird die gegenseitige Beeinflussung von Rechnerstrukturen und Betriebssystemen aufgezeigt. Aus den eingereichten Vorträgen wurden 6 Sitzungen zu folgenden Themen zusammengestellt: Entwurf, Bewertung; Modellierung; Horizontale Verlagerung; Kommunikation; Zuverlässigkeit; Innovative Architekturen; Neue Systeme. Der Schwerpunkt liegt auf den ersten drei Themenkreisen.

Springer-Verlag
Berlin
Heidelberg
New York

If you have any concerns about our products,
you can contact us on
ProductSafety@springernature.com

In case Publisher is established outside the EU,
the EU authorized representative is:
**Springer Nature Customer Service Center GmbH
Europaplatz 3, 69115 Heidelberg, Germany**

Printed by Libri Plureos GmbH
in Hamburg, Germany